苏州对口帮扶铜仁志

苏州市地方志编纂委员会办公室 编

古吴轩出版社

图书在版编目（CIP）数据

苏州对口帮扶铜仁志 / 苏州市地方志编纂委员会办公室编. -- 苏州：古吴轩出版社，2022.12
ISBN 978-7-5546-2022-9

Ⅰ．①苏… Ⅱ．①苏… Ⅲ．①扶贫－工作概况－苏州 Ⅳ．①F127.533

中国版本图书馆CIP数据核字(2022)第211039号

责 任 编 辑：李爱华
责 任 照 排：吴　静
责 任 校 对：周　娇

书　　　名：苏州对口帮扶铜仁志
编　　　者：苏州市地方志编纂委员会办公室
出 版 发 行：古吴轩出版社
　　　　　　地址：苏州市八达街118号苏州新闻大厦30F
　　　　　　电话：0512-65233679　　邮编：215123
印　　　刷：南京凯德印刷有限公司
开　　　本：787×1092　1/16
印　　　张：31.75
字　　　数：647千字
版　　　次：2022年12月第1版
印　　　次：2022年12月第1次印刷
书　　　号：ISBN 978-7-5546-2022-9
定　　　价：188.00元

如有印装质量问题，请与印刷厂联系。025-84713186

《苏州对口帮扶铜仁志》编辑人员

主　任：乐　江　陈兴南
副主任：王　炜　傅　强　陈其弟　邢　静
统　稿：齐　慎
编　辑：丁　瑾　金凯帆　朱　蕾　朱永平　李　妍　范志芳　杨伟娴
　　　　顾晓红　陆　晗　曹丽琴　蒋永方　程宏红　许　丹

苏州对口帮扶铜仁志

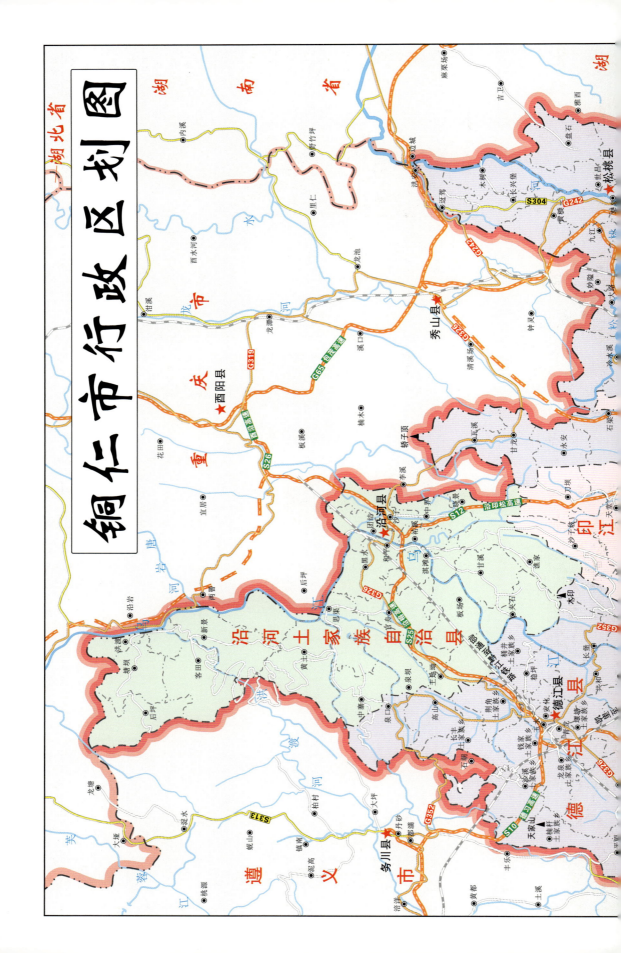

铜仁市行政区划图

湖北省

湖 南 省

重 庆 市

沿河土家族自治县

沿河县

印江县

德江县

松桃县

秀山县

酉阳县

思南县

德江县

务川县

遵义市

审图号：图黔D（2023）001号
江苏图博地理信息科技有限公司 编制

2015年5月17日，江苏省委副书记、省长李学勇（前排右三）率江苏省党政代表团到铜仁市考察，贵州省委副书记、省长陈敏尔（前排右四）等陪同考察

2017年12月10日，贵州省委副书记、代省长谌贻琴（中间左）率贵州省党政代表团访问江苏省。江苏省委副书记、省长吴政隆（中间右）与谌贻琴一行座谈交流东西部扶贫协作工作

　　2018年2月12日，江苏省委书记娄勤俭（左七）召开江苏省对口支援前方指挥部、对口帮扶贵州省铜仁市工作队主要负责人座谈会

　　2018年7月30日，江苏省委常委、苏州市委书记周乃翔（中间右列右六）率苏州市党政代表团到铜仁市考察，并召开苏州·铜仁扶贫协作联席会议

　　2018年8月20日，江苏省委副书记、省长吴政隆（中间右列左八）率团访问贵州省，与贵州省委书记孙志刚（中间左列右八），省委副书记、省长谌贻琴（中间左列右七）等领导召开贵州省江苏省经济社会发展暨苏铜对口帮扶座谈会

　　2018年8月21日，江苏省委副书记、省长吴政隆（前排左五）一行到铜仁市看望慰问江苏省对口帮扶贵州省铜仁市工作队第一批队员（第二排左起为沈健民、祝郡、赵启亮、孙道寻、李向上、陈世海、查颖冬、沈晶、杨亮、姜超、朱建荣、王晓东，第三排左起为黄文伟、潘建民、顾坚、徐文清、黄建浩、张皋、朱南新、刘飞、吴少华、娄子琛、刘森）

　　2018年8月21日，江苏省委副书记、省长吴政隆（右四）率江苏省党政代表团到铜仁·苏州产业园考察

　　2018年11月20日，江苏（苏州）·贵州（铜仁）扶贫协作工作座谈会在苏州市召开。贵州省委副书记、省长谌贻琴（中间左列右七），江苏省委常委、苏州市委书记周乃翔（中间右列右八）出席会议并讲话

2019年7月12日，苏州市委副书记、市长李亚平（中间右列左四）率党政代表团到铜仁市考察，并召开苏州·铜仁扶贫协作联席会议

2019年9月12日，贵州省委书记、省人大常委会主任孙志刚（前排左一），贵州省委副书记、省长谌贻琴（前排左三）率贵州省党政代表团到苏州市考察，与江苏省委书记、省人大常委会主任娄勤俭（前排左二），江苏省委副书记、省长吴政隆（前排左四）等共商扶贫协作和加强合作事宜

　　2020年1月22日，苏州市召开援外干部代表座谈会，江苏省委常委、苏州市委书记蓝绍敏（前排右五），苏州市委副书记、市长李亚平（前排右四）等市领导与援外干部代表合影

　　2020年8月4日，江苏省委书记、省人大常委会主任娄勤俭（左五）率江苏省党政代表团一行看望慰问江苏省对口帮扶贵州省铜仁市工作队第二批队员（第二排左起为赵启亮、姜超、王晓东、孙道寻、谷易华、查颖冬、陈世海、沈健民、祝郡、朱建荣、杨亮，第三排左四起为顾坚、赵中华，第三排左七起为吴鹏程、陈先冬、张皋、庄荣金、顾利青、陈剑、万文敏、李建平）及专业人才代表

　　2020年8月4~5日，江苏省委书记、省人大常委会主任娄勤俭（中间右列左二）率江苏省党政代表团到铜仁市考察，并与贵州省委书记、省人大常委会主任孙志刚（中间左列右三），贵州省委副书记、省长谌贻琴（中间左列右二）等领导召开江苏·贵州扶贫协作工作联席会议

　　2020年8月19~20日，江苏省委书记、省人大常委会主任娄勤俭（中间右二），省委副书记、省长吴政隆（中间右一）在苏州市会见贵州省委书记、省人大常委会主任孙志刚（中间左二），贵州省委副书记、省长谌贻琴（中间左一）等一行

2021年2月8日，江苏省委书记、省人大常委会主任娄勤俭（左七），省委副书记、省长吴政隆（左八）与江苏省对口支援前方指挥部及对口帮扶贵州省铜仁市工作队主要负责人座谈

2021年2月22日，苏州市召开援派干部代表座谈会。江苏省委常委、苏州市委书记许昆林（右三）出席会议并讲话

　　2021年5月5日，在江苏苏州·贵州铜仁东西部协作工作座谈会上，苏州市与铜仁市签订缔结友好城市协议。贵州省委副书记蓝绍敏（后排左二），江苏省委常委、苏州市委书记许昆林（后排右二），铜仁市委书记陈昌旭（后排左一），苏州市委副书记、市长李亚平（后排右一）出席会议

　　2021年5月28日，江苏省对口帮扶贵州省铜仁市工作队全体队员及部分支医、支教、支农人才结束在铜仁市的帮扶工作后回到苏州市

前言

2021年2月25日，习近平总书记在全国脱贫攻坚总结表彰大会上庄严宣告：我国脱贫攻坚战取得了全面胜利！

脱贫攻坚，是前无古人、世所罕见的伟大事业。20世纪90年代中期，党中央做出东西部扶贫协作与对口支援战略决策，对于打赢脱贫攻坚战、推进区域协调发展、实现共同富裕发挥了重要的支撑作用。党的十八大以来，以习近平同志为核心的党中央实施精准扶贫、精准脱贫，东部经济发达的市、区（县）结对帮扶西部贫困市（州）、区（县），结对帮扶工作不断精准化、深化和细化。根据党中央、国务院和江苏省委、省政府统一部署，从2013年开始至2021年5月，苏州市对口帮扶贵州省铜仁市。

八年间，苏州市委、市政府坚持以习近平新时代中国特色社会主义思想为指导，深入贯彻党中央和苏黔两省关于东西部扶贫协作工作的决策部署，坚持"输血"与"造血"相结合，当前与长远相结合，扶贫与扶智扶志相结合，发挥好政府作用与充分激发社会各方力量参与相结合，对口帮扶与双向协作相结合，创造了苏铜协作的帮扶模式，构建了产业深度合作巩固脱贫攻坚成效、"全面结对整村帮扶"模式、教育和医疗"组团式"帮扶、消费扶贫"五到位"联动模式等一系列东西部扶贫协作的创新实践；八年间，苏州市不断加大帮扶力度，落实结对帮扶目标任务，共向铜仁市投入财政援助资金和社会帮扶资金20多亿元，实施1200多个帮扶项目，覆盖铜仁市70多万贫困人口；八年间，一批批苏州市挂职干部、支教支医支农工作队员，从太湖之滨来到梵净山下，以咬定青山不放松的韧性与毅力，倾力奉献、苦干实干，与铜仁市人民接续奋斗、同心同向，持续深化产业、教育、医疗、农业等方面的交流合作，在合力战贫的生动实践中锻造脱贫攻坚精神；八年间，苏铜两市在市、县（市、区）"一对一"结对帮扶的基础上，不断推动帮扶协作工作向基层延伸，从市、县层面到镇、村建立起结对帮扶机制，形成自上而下的全方位、多层次、宽领域帮扶协作大格局，实现优势互补、要素重组、互利共赢，推动区域协调发展、协同发展、共同发展。2020年底，铜仁市下辖10个贫困县（区）全部顺利脱贫摘帽，取得脱贫攻坚历史性胜利。

习近平总书记在党的二十大报告中指出，十年来，对党和人民事业具有重大现实意义和深远历史意义的三件大事之一，就是完成脱贫攻坚、全面建成小康社会的历史任务，实现第一个百年奋斗目标。"这是中国共产党和中国人民团结奋斗赢得的历史性胜利，是彪炳中华民族发展史册的历史性胜利，也是对世界具有深远影响的历史性胜利。"志载盛世、知史鉴今，站在为新时代脱贫攻坚战留痕、为人民群众修志、为国家大事存史的高度，我们有责任把苏州市对口帮扶铜仁市脱贫攻坚的历史进程完整、系统地记载下来，把东西部扶贫协作的有效做法和丰硕成果呈现出来，把帮扶干部人才的先进事迹和宝贵精神记录下来。《苏州对口帮扶铜仁志》作为"苏州扶贫协作和对口支援志"系列图书之一，由苏州市地方志编纂委员会办公室组织编纂，承担对口帮扶任务的市有关部门、江苏省对口帮扶贵州省铜仁市工作队及各市（区）地方志工作机构参与编纂。

回首来路，才知道走出了多远；亲历奋斗，才明白付出的意义。在实现第二个百年奋斗目标的新征程上，苏州市将坚持以习近平新时代中国特色社会主义思想为指导，深入贯彻落实党的二十大精神，坚持以人民为中心的发展思想，全面推进乡村振兴，促进区域协调发展，巩固拓展脱贫攻坚成果，努力探索以共建共享迈向共同富裕之路！

凡例

一、本志以马克思列宁主义、毛泽东思想、邓小平理论、"三个代表"重要思想、科学发展观、习近平新时代中国特色社会主义思想为指导,力求全面翔实记述苏州市对口帮扶铜仁市的各项工作情况,反映苏州市东西部扶贫协作的成效。

二、本志上限为2013年,下限至2021年5月,部分内容适当追溯。部分统计数据截至2020年底,人物、大事记、荣誉、照片延至2021年12月。

三、本志按照"横分门类,纵述史实"原则,运用述、记、志、表、照、录等体裁,以志为主。

四、本志设8章28节,采用规范的语体文编写,大事记以编年体为主,辅以纪事本末体。本志的历史纪年、标点符号、数字和计量单位,均按照国家标准。不标明货币名称的均指人民币。

五、本志人物遵循"生不立传"原则,主要用以事系人方式记述,人物简表记录对口帮扶干部、人才。所列荣誉为省级及以上荣誉。

六、本志对频繁使用的名称,首次出现用全称、括注简称,之后用简称。涉及荣誉名、文件名、机构名、项目名等特殊情况时,保留全称。

七、本志数据和资料主要来源于江苏省对口帮扶贵州省铜仁市工作队、各工作组,苏州市发展和改革委员会,对口帮扶各部门(单位)和苏州市各市(区)地方志工作部门,以及档案、史志、报刊,一般不注明出处。

八、本志中"江苏省、贵州省"简称"苏黔";"苏州市、铜仁市"简称"苏铜";苏州市下辖4市6区分别简称张家港市、常熟市、太仓市、昆山市、吴江区、吴中区、相城区、姑苏区、苏州工业园区、苏州高新区；铜仁市下辖10区（县）分别简称碧江区、万山区、江口县、松桃县、玉屏县、石阡县、思南县、印江县、德江县、沿河县。

目录

概

述

铜仁市位于贵州省东北部,武陵山区腹地,东邻湖南省湘西州、怀化市,西接遵义市,南连黔东南州,北依重庆市酉阳、秀山等县,是贵州东联发展的桥头堡,素有"黔东门户"之称。2020年末,全市国土面积1.8万平方千米,聚居着汉、苗、侗、土家、仡佬等29个民族,下辖碧江区、万山区、江口县、玉屏侗族自治县、松桃苗族自治县、石阡县、印江土家族苗族自治县、思南县、德江县和沿河土家族自治县共2区8县,常住人口329万人,实现地区生产总值1327.79亿元。境内有梵净山、佛顶山、麻阳河三大国家级自然保护区,矿产、动植物资源和旅游资源丰富。

苏州市位于长江三角洲中部、江苏省东南部,东傍上海市,南接浙江省,西抱太湖,北依长江。2020年末,全市总面积8657.32平方千米,下辖张家港市、常熟市、太仓市、昆山市、吴江区、吴中区、相城区、姑苏区、苏州工业园区和苏州高新区4市6区,户籍人口744.33万人,实现地区生产总值20170.45亿元。苏州市境内河流、湖泊、滩涂面积占全市土地面积的36.6%,是著名的江南水乡,为全国首批24个历史文化名城之一。

2013年2月,国务院办公厅印发《关于开展对口帮扶贵州工作的指导意见》,明确东部6个省(直辖市)的8个城市与贵州省8个市(州)的结对帮扶关系,其中苏州市对口帮扶铜仁市。是年,苏州市和铜仁市签订《苏州铜仁对口帮扶合作框架协议》,两地东西部扶贫协作工作全面展开。苏州市是人文荟萃、经济发达的"人间天堂",铜仁市是资源丰富、生态优良的"桃源胜地",因为对口帮扶,"天堂"与"桃源"心手相连。

2016年7月,中共中央总书记、国家主席、中央军委主席习近平在银川市主持召开东西部扶贫协作座谈会后,苏州市对口帮扶铜仁市工作上升到全国东西部扶贫协作范畴。江苏省委、省政府明确,江苏省对口帮扶贵州省铜仁市工作由苏州市具体负责。苏州市、铜仁市(简称"苏铜")扶贫协作着重围绕组织领导、资金支持、产业合作、人才交流、劳务协作、"携手奔小康"等重点展开,取得明显成效,有力地助推铜仁市的脱贫攻坚。

强化组织领导。2013~2016年,在江苏省委、省政府和贵州省委、省政府的高度重视及正确领导下,苏铜两市市委、市政府按照国务院的决策部署,积极落实人员资金,不断深化产业合作,精心实施帮扶项目,开展大量富有成效的工作,助推铜仁市经济社会发展。双方分别成立对口帮扶工作领导协调小组,苏州市发布《苏州对口帮扶铜仁实施计划（2013~2015年）》《苏州对口帮扶铜仁工作五年规划（2016~2020年）》，苏铜两市下辖各10个县（市、区）开展"一对一"帮扶。2015年初，苏州市安排5名挂职干部组成苏州对口帮扶铜仁前方工作队，常驻铜仁市开展对口帮扶工作。5月16~17日，江苏省委副书记、省长李学勇，省人大常委会副主任史和平与贵州省委副书记、省长陈敏尔等，在铜仁市召开江苏省苏州市对口帮扶贵州省铜仁市工作座谈会，明确苏州市对口帮扶铜仁市工作的重点领域及工作安排。2016年10月，苏铜两市政府签订《东西部扶贫协作和对口帮扶合作框架协议（2016~2020年）》。苏州市对口帮扶铜仁市工作从起步磨合逐步向全面纵深发展。通过4年的发展，苏州市对口帮扶铜仁市工作从扶贫攻坚向职业教育、人才交流、园区共建、招商引资、旅游开发等全方位拓展，从单纯的"输血式"无偿支援向"造血式"互利合作发展，使得对口帮扶工作焕发出强劲的生命力，为扶贫协作工作打下坚实基础。

2016年12月，中共中央办公厅、国务院办公厅印发《关于进一步加强东西部扶贫协作工作的指导意见》，调整完善东西部扶贫协作结对关系，其中苏州市帮扶贵州省铜仁市。苏铜扶贫协作工作始终坚持以习近平新时代中国特色社会主义思想为引领，深入贯彻党中央和江苏省、贵州省（简称"苏黔"）两省关于东西部扶贫协作工作的决策部署，坚持"输血"与"造血"相结合，当前与长远相结合，扶贫与扶智扶志相结合，发挥好政府作用与充分激发社会各方力量参与相结合，对口帮扶与双向协作相结合，全力推动苏铜两地开展全方位、多层次、宽领域的扶贫协作工作。

2017~2021年，苏黔两省主要领导互访5次，苏铜两市主要领导互访22次，召开高层联席会议13次，深化交流互访，协商明确目标和思路，部署推动重点工作。2017年12月，贵州省委副书记、代省长谌贻琴率代表团到江苏省考察并对接苏铜扶贫协作工作，在苏州市召开江苏苏州·贵州铜仁扶贫协作联席会议。2018年8月，江苏省委副书记、省长吴政隆率领代表团到贵阳市、遵义市和铜仁市玉屏县、碧江区考察，召开贵州省江苏省经济社会发展暨苏铜对口帮扶座谈会，并见证27个总投资135.4亿元的帮扶项目成功签约。同年11月，贵州省委副书记、省长谌贻琴率贵州省代表团到江苏省苏州市对接扶贫协作工作，双方举行江苏（苏州）·贵州（铜仁）扶贫协作工作座谈会。2019年9月，贵州省党政代表团到苏州市考察，贵州省委书记、省人大常委会主任孙志刚，贵州省委副书记、省长谌贻琴与江苏省委书记、省人大常委会主任娄勤俭，江苏省委副书记、省长吴政隆举行高层扶贫协作座谈会。2020年8月，江苏省委书记、省人大常委会主任娄勤俭率江苏省党政代表团到贵州省考察交流，在铜仁市举行江苏·贵州扶贫协作工作联席会议，助力铜仁市坚决夺取脱贫攻坚收官战全面胜利。根据中央和苏黔两省有关东西部扶贫协作会议精神和双方实际，苏铜两市先后制定一系列中、长期东西部扶贫协作政策和工作规划、计划,并逐年制定实施年度扶贫协作工作要点。苏州市选派干部组建江苏省对口帮扶贵州省铜仁市工作队(简称"工作队")到铜仁市开展扶贫协作工作。4年来,苏铜两地各结对县(市、区)、有关市级机关和区(县)部门、国有企业、镇(乡、街道、开发区)、村(社区)间累计互访考察2586批29364人次。

高效资金帮扶。2013~2016年,苏州市制定项目资金管理暂行办法,并基本建立资金增长机制。落实帮扶资金总量超过2.3亿元,围绕美丽乡村、职业技校、农业产业化、人才培养等四大领域,参与建设4所中等职业技术学校、4个历史文化名村、3所希望小学,推进核桃及中药材等一批特色农业产业化项目,铜仁市干部2350人次参加在苏州市举办的培训48期。

2017~2020年,江苏省和苏州市财政帮扶资金逐年递增,4年累计支持铜仁市财政帮扶资金17.1亿元,年均增幅达58.2%。按照精准扶贫、精准脱贫要求,帮扶资金聚焦铜仁市"两不愁三保障"(即不愁吃、不愁穿,住房安全、义务教育、基本医疗有保障),抓产业就业重点,补住房饮水短板,强教育医疗弱项,重点向深度贫困县、极贫乡镇和深度贫困村倾斜,向易地扶贫搬迁安置点学校、医院、扶贫车间等配套设施建设倾斜。共实施美丽乡村、农业产业化、教育医疗、人才培养、劳务协作等方面帮扶项目1243个,铜仁市72.8万名贫困人口受益。先后投入东西部扶贫协作资金近3.6亿元,用于铜仁市易地扶贫搬迁移民安置点94所中小学校(幼儿园)、医院(卫生院、社区卫生服务中心)建设,覆盖贫困群众14.7万人。江苏省和苏州市社会各界向铜仁市捐赠扶贫物款超过2.7亿元,惠及铜仁市694个贫困村,困难群众12万人次。

加大人才支援。2013~2016年,苏州市选派5名干部组建苏州对口帮扶铜仁前方工作队到铜仁市开展挂职帮扶工作。铜仁市选派12名干部到苏州市各市(区)和开发区挂职锻炼。苏州市实施每年百名教师、百名医生、百名教授(专家)、百名艺术家、百家旅行社走进铜仁市的"三百工程""新三百工程"。苏铜两市教育部门、医疗卫生部门签订对口帮扶协议,按计划开展教育和卫生系统干部挂职、支教支医、培训交流等。两市文广电系统达成公共文化服务体系建设等多项合作协议,苏州市科协牵头建立"苏州帮扶铜仁教授专家库",发挥专业技术人才引领带动作用。

2017~2020年,苏州市累计选派420名党政干部到铜仁市挂职帮扶(含短期,其中工作队先后有33名队员为长期挂职)。1564名专业技术人才到铜仁市开展支教、支医、支农等专项帮扶,并在铜仁市打造教育、医疗"组团式"帮扶试点26个。帮助铜仁市培训党政干部8424人次,专业技术人才33217人次。铜仁市累计选派291名党政干部到苏州市挂职交流,3151名医生、教师等专业技术人才到苏州市结对医院、学校跟岗锻炼。苏铜两地组织部门创新优秀年轻干部培养模式。2017~2020年,采取"集中培训+

跟班锻炼+调研总结"方式,每年分两批选派100名优秀年轻干部到苏州市锻炼培训5个月。苏州市组织大型音乐剧《桃花笺》、苏剧现代戏《国鼎魂》、滑稽戏《顾家姆妈》、管弦乐《华乐苏韵》等优秀文艺表演到铜仁市演出,整合社会帮扶资金在铜仁市各区(县)建设移动图书馆(文化方舱)、"土家书屋"、新时代文明实践驿站等文化设施,进一步提升铜仁市贫困人口的文明素质。

深化产业协作。2013~2016年,苏铜两市达成对口帮扶农业合作协议,投入扶贫协作资金1900多万元,协同实施一批农业产业化项目,举办第二届铜仁市农产品交易会和第十三届苏州市优质农产品交易会等,开设铜仁农产品(苏州)实体体验推广中心,引导铜仁市农产品走向华东市场。搭建产业招商合作平台,推动昆山市与碧江区合作共建铜仁·苏州产业园。帮助铜仁市举办招商引资活动20余次,40余家苏州市企业落户铜仁市,总投资60.8亿元。加强旅游合作,铜仁市与苏州市多家知名旅游企业签订战略合作协议,在苏州市举办"美丽梵净山·铜仁过大年"旅游资源及产品苏州推介会、铜仁·苏州文化旅游活动周等旅游推介活动。铜仁市梵净山景区与苏州市拙政园景区开展"联谊结盟",并在拙政园设立铜仁文化旅游推广中心。

2017~2020年,苏铜两市各结对县(市、区)合作共建10个工业园区、9个现代农业园区。通过苏铜扶贫协作平台累计招引311家东部企业到铜仁市投资,实际完成投资额275.5亿元,带动4.7万名贫困人口增收。苏铜两市分别从生产、销售、物流、消费等层面制定消费扶贫优惠政策,共建农产品直供基地4.98万亩,重点农业企业33家,为江苏等东部地区提供优质茶叶、大米、蔬菜、水果、食用菌、中药材等铜仁市特色农产品。在苏州市设立铜仁"梵净山珍"(苏州)展示中心、铜仁"梵净山茶"苏州推广中心、铜仁优质农产品(苏州)推广中心等线上线下农产品展销中心(旗舰店、专柜)37个,中国农业银行苏州分行和苏州银行在手机App客户端开通苏铜消费扶贫(黔货出山)专区,苏宁控股集团有限公司支持铜仁亿创电商商务有限公司开设苏宁易购中华特色馆·铜仁馆。累计实现"黔货进苏"销售额29.9亿元,惠及建档立卡贫困人口12.7万余人。发挥苏州资源优势,助力梵净山景区成功申报世界非物质文化遗产和5A级景区;协调苏州专业团队,助力铜仁市古城规划建设;引导苏州苏高新集团有限公司、苏州新区高新技术产业股份有限公司、苏州文化旅游发展集团有限公司、苏州创元投资发展(集团)有限公司、树蛙部落有限公司等企业在铜仁市投资运营万山区牙溪生态农场、铜仁·苏州大厦、江口县云舍·姑苏小院、书香门第酒店、碧江区范木溪精品民宿等农文旅结合项目。帮助铜仁市在苏州市举办旅游推介活动近40次,广泛宣传铜仁市精品旅游线路和产品。2017年后,到铜仁市旅游的江苏省游客数量逐年递增,年均增幅在30%左右。

精准劳务协作。2013~2016年，苏铜两市人社部门签订人才战略框架协议和《铜仁·苏州劳务合作协议》，促进两市间人力资源有序流动。苏州市人社局捐赠对口帮扶资金100万元用于铜仁市的公共就业、社会保障服务能力建设。铜仁市在苏州市举办急需人才招聘会并组团参加苏州市人才交流会，成功引进各类急需人才120余人。

2017~2020年，苏铜两地从职业中介补贴、免费技能培训、就业保障服务等各方面制定出台一系列劳务协作扶持政策，鼓励铜仁市务工人员尤其是贫困劳动力到苏州市就业。双方互设劳务协作工作站11个、"铜仁之家"16个，对在苏州市就业的铜仁籍贫困劳动力实行"一人一档"服务。帮助铜仁市建成首个人力资源市场，启用"苏州·铜仁就业创业培训远程课堂""苏州·铜仁远程视频招聘平台"和"苏州·铜仁人才科技培训远程课堂"3个网络招聘就业、职业培训平台。实施职业技能人才千人培养计划，引导苏州技师学院等职业院校及35家重点用人企业与铜仁市贵州健康职业学院、铜仁市交通学校等中等、高等职业院校开展校校合作、校企合作，以"1+2""2+1""1.5+1.5"（苏州市2年、铜仁市1年或苏州市1年、铜仁市2年或苏州市和铜仁市各1.5年）等"订单"模式成批量培养技能人才。先后开设"订单班"28个，1292名铜仁籍学生到苏州市就读职业学校。2017年后，苏铜两地合作举办贫困劳动力职业技能免费培训班508期，培训贫困劳动力17572个；累计帮助44461个贫困劳动力实现就业，其中6615人在苏州市就业。2020年，面对新冠肺炎疫情，苏铜两地采取复工专列、包机、包车等"点对点"方式输送6195名铜仁籍务工人员到东部就业，并通过设立劳务协作专项资金等，着力解决铜仁市务工人员到苏州市返岗难、就业求职难和苏州市企业用工缺口大等问题。

携手共奔小康。2013~2016年，苏州市下辖的市（区）与铜仁市下辖的县（区）全部实现"一对一"结对帮扶。苏州市组织、宣传、统战、经信、科技、住建、商务、市容市政、水利水务、总工会、共青团、妇联、红十字会、工商联等部门开展对接和互访，签订框架协议，4年间，两市及各下辖县（市、区）、部门派出互动调研考察团队近500次。在全社会广泛开展以捐衣捐物、支教支医、助学济困等为重点的爱心帮扶活动。苏州市对铜仁市社会帮扶捐款捐物（折款）1000余万元。启动希望童园公益计划，筹得善款700万元。

2017~2020年，苏州市102个镇（街道、开发区）、379个村（社区、协会、商会、企业）、469所学校、136所医院与铜仁市119个贫困乡镇、417个贫困村、579所学校、208所医院（卫生院、疾病预防控制中心、妇幼保健院等医疗机构）结对帮扶，实现对铜仁市319个深度贫困村和乡镇以上中小学校、医院的结对帮扶全覆盖。苏州市工商联2018年以来先后组织52家行业商会和10家重点民营企业结对帮扶62个贫困村。整合苏州市各市（区）总工会、妇联、团委帮扶资金及社会资金，在铜仁市各结对区（县）易地扶贫搬迁安置点新建职工之家、青年之家、妇女之家、儿童之家、春晖社、社区组织培育服务共建站共34个，在安置点建设一批人力资源市场（服务点），引进东部劳动密集型企业在安置点设立扶贫微工厂、扶贫车间42个，有效解决部分搬迁移民的文化、就业服务需求。

2018年，铜仁市碧江区、万山区、玉屏县、江口县实现脱贫摘帽。2019年，石阡县、印江县实现脱贫摘帽。2020年，思南县、德江县、松桃县、沿河县实现脱贫摘帽。至此，铜仁全市10个贫困区（县）全部实现脱贫摘帽，累计有94.3万名建档立卡贫困人口成功脱贫。2021年2月25日，江苏省对口帮扶贵州省铜仁市工作队和碧江区工作组被党中央、国务院表彰为全国脱贫攻坚先进集体，工作队领队和1名队员被表彰为全国脱贫攻坚先进个人。

2021年4月，江苏省、苏州市深入贯彻中共中央总书记、国家主席、中央军委主席习近平视察贵州重要讲话精神、对深化东西部协作和定点帮扶工作的重要指示，及全国东西部协作和中央单位定点帮扶工作推进会等会议精神，坚持稳定、高效、有序原则，工作队会同铜仁市与广东省派驻铜仁市的东西部协作工作组，做好脱贫攻坚任务完成后的5年过渡期内干部队伍和帮扶工作平稳衔接，完成财政性资金安排实施项目的审计，通过"江苏企业+贵州资源""江苏市场+贵州产品""江苏总部+贵州基地""江苏研发+贵州制造"等模式，着力巩固拓展脱贫攻坚成果，推进产业转移，强化市场合作，促进区域协调发展，全面推进乡村振兴。5月5日，江苏苏州·贵州铜仁东西部协作工作座谈会在苏州市召开，苏州市与铜仁市签订缔结友好城市协议。5月27日，苏州·铜仁扶贫协作工作总结座谈会召开，会议向苏州市帮扶工作队和专业技术人才代表颁发省级纪念章，并对在2015~2020年东西部扶贫协作工作中表现优秀的369名援铜帮扶干部人才予以通报表扬。在圆满完成各项任务后，23名苏州市援派铜仁市干部及部分支医、支教、支农（简称"三支"）人才启程返苏。

2021年5月，根据国家新一轮东西部协作结对关系调整安排，苏州市不再帮扶铜仁市，苏州市、铜仁市缔结友好城市。站在新的历史起点，苏铜两市继续围绕教育、卫生、旅游、文化等方面开展合作，以合作促发展，以发展谋共赢。

大事记

2013 年

2月4日　国务院办公厅印发《关于开展对口帮扶贵州工作的指导意见》,明确苏州市对口帮扶贵州省铜仁市。

3月28日　苏州市人力资源和社会保障局(简称"苏州市人社局")和铜仁市人社局签订人才战略框架协议,明确苏州市方面每年接收6名铜仁市县处级干部到苏州市挂职,对科级干部采用集中培训的形式进行培养锻炼。

4月3日　江苏省委常委、苏州市委书记蒋宏坤,苏州市市长周乃翔在苏州市会见铜仁市委书记刘奇凡一行。

4月12日　第十六届中国苏州国际旅游节在苏州市金鸡湖畔开幕,铜仁市参加旅游节各类宣传活动,加强以梵净山景区为龙头的旅游产品在苏州市乃至华东市场的营销。

5月8~9日　苏州市副市长徐明率领代表团到铜仁市考察,两市政府召开苏州市对口帮扶铜仁市工作座谈会,并签订《苏州·铜仁对口帮扶合作框架协议》。

8月12~14日　共青团铜仁市委到苏州市对接两地共青团对口帮扶相关事宜,并签订《苏州共青团·铜仁共青团对口帮扶合作框架协议》。

8月23日　苏州市对口帮扶铜仁市工作座谈会在铜仁市举行。

9月2~4日　铜仁市政协主席陈达新率部分市政协委员、企业家代表到苏州市考察学习交流,并签署两市政协友好交流合作备忘录。

9月13日　苏州市政府发文成立苏州市对口帮扶铜仁市工作领导协调小组。苏州市副市长徐明任组长,市政府副秘书长陆伟跃任副组长。

9月29日　苏州市政府办公室印发《苏州对口帮扶铜仁实施计划(2013~2015年)》。

10月15~16日　江苏省发展和改革委员会(简称"江苏省发改委")副主任樊海宏率团到铜仁市开展调研帮扶工作。

10月23日　铜仁市委常委、军分区政委杜序良,副市长李树新,市政协副主席周建英一行到苏州市考察学习,落实对口帮扶有关工作,并与苏州市签署教育、卫生对口帮扶协议。

11月5日　铜仁市在苏州市举办2013年秋季招商引资项目推介暨签约活动。铜仁市委书记刘奇凡、苏州副市长徐明等参加活动。

11月5~6日　铜仁市委书记刘奇凡率党政考察团到苏州市考察。江苏省委常委、苏州市委书记蒋宏坤会见刘奇凡一行。

是月　石阡县委书记叶德恩一行到相城区考察访问。

12月24日　苏州市总工会主席温祥华率团到铜仁市考察交流,并举行两地总工会友好交流帮扶合作座谈会。

2014年

3月11~12日　苏州市副市长徐明率团到铜仁市考察调研对口帮扶工作并座谈,与铜仁市委书记刘奇凡等共商2014年对口帮扶事宜。

3月24~25日　江苏省委书记罗志军率省和苏州市党政代表团到铜仁市考察,并召开江苏省苏州市对口帮扶贵州省铜仁市工作座谈会。江苏省委书记罗志军、贵州省委书记赵克志出席会议并讲话。会上,苏州市向铜仁市捐赠2014年度对口帮扶资金3500万元。

3月24~26日　苏州市委常委、常务副市长周伟强,市委常委、组织部部长郭腊军率队到铜仁市调研对口帮扶工作。

4月15~18日　玉屏县县长杨德振率党政考察团到太仓市考察学习工业园区和城市建设等工作。太仓市委常委、副市长朱大丰,副市长赵建初出席座谈会并陪同考察。

4月16~17日　姑苏区委副书记、区长王庆华率团到江口县考察交流,并召开对口帮扶交流会。

7月29日　中国致公党(简称"致公党")江苏贵州帮扶项目签约捐赠仪式在松桃县举行。江苏省政协副主席、致公党江苏省委主委麻建国,贵州省政协副主席谢晓尧、致公党中央社会服务部部长李万通等出席签约仪式。

8月　苏州工业园区协助松桃县在园区会议中心举行松桃·苏州招商引资推介会,吸引一批在外发展的贵州籍企业家到松桃县投资,共签约项目5个,签约资金7.1亿元。

9月17日　江苏省委副书记、苏州市委书记石泰峰会见铜仁市委书记刘奇凡率领的铜仁市党政代表团一行,就深化苏铜交流合作共谋共商。

10月23日　吴江区委副书记、区长沈国芳率党政代表团到印江县考察交流。

11月19~20日　苏州高新区党工委副书记、管委会主任周旭东率党政代表团到万山区考察交流并对接对口帮扶工作。

2015 年

1月14日 苏州市选派王晋、沈晶、马春青、程锋4名挂职干部到铜仁市开展帮扶工作。铜仁市委书记刘奇凡在铜仁市人民大会堂会见苏州市委组织部副部长、市委老干部局局长周昌明和到铜仁市挂职的苏州市干部。

4月13~16日 江苏省发改委副主任郑晓荣率江苏省省级异地商会考察团到铜仁市考察交流。

5月13~15日 铜仁市人大常委会主任雷甘霖率考察组到苏州市考察。

5月15~17日 苏州市副市长徐明率领苏州市对口帮扶铜仁市前方负责人路军等到铜仁市考察对口帮扶工作。

5月16~17日 江苏省委副书记、省长李学勇率江苏省党政代表团到铜仁市考察,并出席江苏省苏州市对口帮扶贵州省铜仁市工作座谈会,深入推进对口帮扶工作。贵州省委副书记、省长陈敏尔等陪同考察座谈。会上,江苏省向铜仁市捐赠对口帮扶资金3499万元、教育发展资金1500万元,并签署《铜仁市·苏州市共建产业园区框架合作协议》。

6月26~29日 吴中区区长金洁、副区长王卫星率团到德江县考察交流,并签订两地政府间及6个对口部门间的协作协议。

7月24~27日 姑苏区委书记翟晓声率团到江口县考察交流,并召开两地帮扶协作交流座谈会。

8月5~6日 常熟市委书记惠建林率党政代表团到思南县考察交流。

9月9~10日 吴江区委常委、常务副区长沈金明率领吴江区党政考察团到印江县对接对口帮扶工作。吴江区向印江区捐赠100万元对口帮扶资金。

9月15日 苏州市副市长盛蕾率团到松桃县调研卫生事业发展情况。

是日 苏州高新区党工委委员、管委会副主任蒋国良率苏州高新区代表团到万山区开展对口帮扶工作。苏州高新区与万山区签订《苏州高新区管委会对口帮扶万山区人民医院设备购置项目协议书》,并向万山区人民医院捐赠120万元医疗设备购置款。

10月9~11日 苏州市人大常委会主任杜国玲一行到铜仁市考察交流,并就立法工作举行专题讲座。

10月13~14日 由铜仁市政府顾问、苏州市对口帮扶铜仁市前方负责人路军带队,铜仁市发改委常务副主任龙群跃及对口帮扶办相关人员组成调研组,到碧江区、江口县开展苏州市对口帮扶铜仁市"十三五"规划工作调研。

10月19~23日 受铜仁市扶贫开发办公室(简称"铜仁市扶贫办")和苏州市发展

和改革委员会(简称"苏州市发改委")委托,太仓市发改委联合太仓市农委、旅游局开办铜仁市"雨露计划——贫困村致富带头人培训"市级培训班。铜仁市8县2区50名学员参加学习培训。

10月22~23日　常熟市委副书记、市长王飏率团到思南县考察交流。

10月29~30日　张家港市委书记姚林荣,市委常委、组织部部长蔡剑峰,副市长邵军民率党政代表团到沿河县考察交流,并召开沿河·张家港经济发展座谈会。

11月5日　铜仁市文化旅游推广活动在苏州市拙政园举行,苏州市副市长王鸿声、铜仁市委副书记阳向东出席活动,并为铜仁文化旅游推广中心揭牌。

11月12~15日　苏州市副市长王鸿声率团到铜仁市调研对口帮扶工作,与铜仁市商讨公共文化服务、教育方面的新一轮对口帮扶有关事宜。

2016年

1月5~7日　铜仁市委书记夏庆丰,市委副书记、代市长陈晏率领铜仁市党政代表团到苏州市考察并召开苏州·铜仁对口帮扶座谈会。苏州市委副书记、市长周乃翔出席苏州·铜仁对口帮扶座谈会,共商2016~2020年对口帮扶工作事宜。

3月14~16日　太仓市委书记王剑锋率代表团到玉屏县考察交流。代表团召开结对帮扶座谈会并向玉屏县捐赠2016年度帮扶资金,两地签署教育、医疗卫生、城市规划对口帮扶合作协议书。

3月24日　贵州旅游推介团在苏州市举行铜仁旅游专场推介会,并发布针对苏州市民的铜仁市旅游优惠政策:苏州市居民持有效身份证件可免费游览铜仁市境内的18个景区,半价游览10个景区。

3月25日　印江县委书记田艳到吴江区考察,签订两地智慧交通项目合作协议。

3月28日　苏州市政府办公室印发《苏州对口帮扶铜仁工作五年规划(2016~2020年)》。

是月　苏州工业园区协助松桃县在苏州市举办贵州松桃—江苏苏州招商引资资源推介暨项目签约仪式,签订7个项目协议,签约资金30.4亿元。

4月11~12日　苏州市政协党组书记、副主席曹新平一行到铜仁市考察交流政协工作。

5月10~13日　苏州市人大常委会副主任曹福龙率苏州市发改委、财政局、园林局等部门到铜仁市调研对口帮扶项目建设情况并实地指导对口帮扶工作。

5月13~16日　苏州市人社局局长程华国率队到铜仁市开展对口帮扶工作。两市召开人力资源和社会保障工作对口帮扶座谈会。

5月24日　相城区委副书记、区长查颖冬一行到石阡县考察,就进一步推动对口帮扶工作进行深入交流与探讨。

5月26日　苏州市委副书记、市长曲福田率队到铜仁市,就进一步推进对口帮扶工作与铜仁市有关方面深入交流,并看望慰问苏州市在铜仁市的挂职干部。

5月31日至6月3日　苏州市委常委、秘书长王少东率团到铜仁市考察调研对口帮扶工作。苏州市委农村工作办公室(简称"农办")、苏州市水利局分别向铜仁市农业委员会(简称"农委")、铜仁市水务局捐赠对口帮扶资金100万元,苏州市广播电视总台向铜仁市广播电视台捐赠1辆8讯道电视转播车。

7月6日　由苏州市民族宗教事务局指导、苏州市民族团结进步促进会组织的第一期"红石榴伙伴"行动启动仪式在苏州工业园区职业技术学院举行。铜仁市33名获得县级及以上"优秀班主任"称号的少数民族小学中青年班主任和教育局代表到苏州市开展为期1周的交流活动。

8月6~9日　苏州市人大常委会主任陈振一率副主任徐国强、周玉龙等到铜仁市考察交流人大工作。

8月9~11日　苏州市委常委、苏州工业园区党工委书记王翔率团到松桃县考察,并召开对口帮扶工作座谈会。

8月10日　苏州市司法局局长朱正、市律师协会会长林晓克率团到铜仁市考察交流律师服务行业发展和公共法律服务体系建设工作,并向铜仁市司法局捐赠10台笔记本电脑。

8月28~30日　昆山市委副书记、市长杜小刚率党政代表团到碧江区考察交流,并召开对口帮扶工作座谈会,向碧江区捐赠灾后重建资金100万元。

10月8~9日　苏州市市长曲福田、副市长王鸿声到贵阳市参加东西部扶贫协作和对口帮扶贵州工作联席会议。9日,曲福田与铜仁市市长陈晏代表双方政府签订《东西部扶贫协作和对口帮扶合作框架协议(2016~2020年)》。

10月19日　苏州市考察团到铜仁市考察座谈。苏州市委副书记、统战部部长朱民出席座谈会并讲话。会上,苏州市向铜仁市捐赠对口帮扶资金255万元。

10月27日　中共中央办公厅、国务院办公厅印发《关于进一步加强东西部扶贫协作工作的指导意见》,明确北京、天津、上海、广东等东部9省(直辖市)13市分别与中西部14省(自治区、直辖市)20市(州)建立结对关系并签订协作协议。其中江苏省苏州市帮扶贵州省铜仁市。

11月10~12日　第一届常熟·思南教育对口协作交流活动在思南县举行。

2017 年

2月25日　苏州工业园区社会事业局、苏州工业园区慈善基金会联合苏州金螳螂公益慈善基金会投入资金45万元,与松桃县合作启动"千人工匠"培训对口帮扶项目第一期培训班,对200名18~40周岁的松桃籍精准脱贫户开展技能培训,辅助就业120人。

3月12日　苏铜两市人大常委会工作交流座谈会暨友好交流与合作备忘录签订仪式在苏州市举行。苏州市人大常委会主任陈振一、铜仁市人大常委会主任陈达新出席会议。

3月27~30日　苏州市教育局副局长、苏州国际教育园办公室主任高国华一行40人到铜仁市开展职业教育对口交流,苏州市高职院校与铜仁市结对学校分别签订"一对一"帮扶协议。

4月5日　苏州市副市长蒋来清率江苏省对口帮扶贵州省铜仁市工作队7名干部(查颖冬、沈晶、王晓东、赵启亮、刘飞、顾坚、张皋)到铜仁市参加挂职干部座谈会,铜仁市委书记陈昌旭,市委副书记、市长陈晏出席会议并讲话。苏州市政府党组成员、相城经济技术开发区管委会主任查颖冬作为工作队领队表态发言。

4月23日　苏州市政府党组成员、江苏省对口帮扶贵州省铜仁市工作队领队查颖冬主持召开工作队首次办公会议。会议审议工作队各项制度及工作队成员分工和成立临时党支部相关事宜,拟定《2017年苏州市对口帮扶铜仁市工作要点(征求意见稿)》。

4月24~26日　苏州市政府党组成员、江苏省对口帮扶贵州省铜仁市工作队领队查颖冬率铜仁市投资促进局、农委、商务局等部门到上海、江阴、张家港等地开展招商活动。

4月26日　常熟市中利集团苏州腾晖光伏技术有限公司投资的苗族自治县光伏发电扶贫电站项目在长兴堡镇正式开工建设,共涉及松桃县251个贫困村,计划装机总容量100.4兆瓦,总投资7亿元。6月实现并网发电。

4月28日　苏州市对口帮扶工作座谈会在苏州市召开。苏州市副市长蒋来清出席会议并部署对口帮扶工作。

5月3日　苏州康赛德生物农业有限公司和贵州松桃翔龙渔业发展有限公司合作建设的智能型鲴鱼养殖示范基地开工建设,该项目占地220亩,总投资近2000万元。

5月5日　苏州市政府办公室印发《2017年苏州市对口帮扶铜仁市工作要点》。5月15日,铜仁市转发该要点。

　　5月25~28日　苏州市委常委、副市长吴庆文,市政府副秘书长卢渊,市经济和信息委员会副主任李忠率苏州市6家企业负责人组成的考察团到铜仁市考察。

　　5月26日　苏州市中医医院会同江口县人民医院举办吴门医派拜师仪式,江口县人民医院18名年轻医生向苏州市中医医院院长葛惠男、骨伤科主任中医师姜宏、生殖医学科主任许小凤等9名苏州市中医医院名中医拜师学艺。

　　6月5~7日　铜仁市委书记陈昌旭,市委副书记、市长陈晏率铜仁市党政代表团到苏州市考察。6日,江苏省委常委、苏州市委书记周乃翔,苏州市委副书记、代市长李亚平,与铜仁市党政代表团就对口帮扶工作举行专题座谈。铜仁市各区(县)还分别到苏州市结对地区开展"一对一"互动交流与合作考察。

　　6月6日　"铜仁·苏州文化活动周"开幕仪式在苏州市公共文化中心成功举行,铜仁市委常委、宣传部部长夏虹,苏州市委常委、宣传部部长盛蕾分别在开幕仪式上致辞。

　　6月22日　东吴证券股份有限公司(简称"东吴证券")会同中国证券监督管理委员会江苏监管局(简称"江苏证监局")在石阡县枫香九校举行"同圆童梦"——东吴证券牵手石阡贫困学子捐赠仪式,向石阡县100名贫困学生共捐赠爱心资金20万元,并出资30万元援建枫香乡梨子园小学。

　　6月23日　江苏证监局、东吴证券到铜仁市考察座谈会暨东吴证券铜仁营业部揭牌仪式在铜仁市人民大会堂举行。会上,江苏省证券业协会与铜仁市沿河县签订沿河县淇滩镇竹元村办公医疗一体用房建设项目帮扶协议;东吴证券与玉屏县政府就产业基金、发债、挂牌上市等战略合作签订框架协议,与玉屏黔东玉安爆破工程有限公司签订新三板挂牌服务协议。

　　6月28日至7月2日　苏州市科学技术协会(简称"苏州市科协")党组书记、主席程波,副主席张亿锋带队到铜仁市开展对口帮扶工作。苏州市科协向铜仁市科协捐赠第二批18台科普信息化电子大屏,举行"智缘桥·山水情"苏州铜仁科技专家资源对接共享网络平台开通仪式,签订2017年合作计划书。

　　6月29~30日　苏州市人大法制委员会主任委员、常务委员会法律工作委员会主任陈巧生一行3人到铜仁市,与铜仁市人大常委会就《铜仁市梵净山保护条例》立法工作进行专题座谈。

　　7月19日　苏州市政府党组成员,铜仁市委常委、副市长,江苏省对口帮扶贵州省铜仁市工作队领队查颖冬率铜仁市扶贫办到安徽省宿州市灵璧县参加中利集团全国首个"光伏扶贫农场"并网发电暨贫困村光伏农场项目签约仪式。铜仁市扶贫办与中利集团苏州腾晖光伏技术有限公司签订在铜仁全市实施村级"光伏扶贫农场"项目的框架合作协议。

7月23日　松桃县委副书记、县长龙群跃，铜仁市政府副秘书长、江苏省对口帮扶贵州省铜仁市工作队队员沈晶等带队到苏州市开展招商考察，与苏州益友园林建设发展有限公司签署建设益友冠玉枇杷田园综合体项目的投资协议，建设总面积6万亩的高效生态农业园，其中益友冠玉枇杷田园综合体项目约300亩。

7月24~27日　苏州市政协副主席、中国民主建国会（简称"民建"）江苏省委副主委、民建苏州市委主委周晓敏带队到铜仁市参加苏州民建益友冠玉枇杷帮扶示范园挂牌仪式，向铜仁市人民医院捐赠一批医疗器械。

8月4日　苏州大学附属儿童医院与松桃县人民医院正式签署共同组建医疗联合体协议，并在松桃县人民医院举行揭牌仪式。

8月18~20日　"多彩贵州风之印象铜仁"旅游推介活动在苏州高新区泰迪农场举办。铜仁市委常委、副市长范国胜，苏州市副市长曹后灵等出席活动并致辞。

8月21~24日　苏州市政协副主席、工商联主席李赞，市工商联副主席邱良元率苏州市工商联（总商会）经贸考察团到铜仁市考察交流。苏州市工商联（总商会）、苏州市光彩事业促进会向全国重点贫困村——松桃县冷水溪镇通塔坪村捐赠10万元用于扶贫项目。苏州纳川投资管理有限公司与松桃县签订4亿元的首期融资项目协议。

8月28日　铜仁市政府主办的2017铜仁·苏州招商引资推介会在苏州会议中心举办。会议由苏州市政府党组成员，铜仁市委常委、副市长，江苏省对口帮扶贵州省铜仁市工作队领队查颖冬主持。苏州市副市长蒋来清出席推介会。

9月6~8日　苏州市副市长金洁，市政府副秘书长、市口岸办主任韩卫，市商务局局长方文浜等一行8人到铜仁市开展产业合作和商务考察交流。苏州市商务局向铜仁市捐赠10万元电子商务培训资金。

9月11~12日　铜仁市副市长刘岚率队到苏州市考察对接医疗卫生工作。苏州市副市长曹后灵会见刘岚一行。

9月12日　铜仁市思南县政府召开村镇膜法智慧水务项目现场交流会。位于苏州市相城区的立升净水科技公司在思南县石阶水村开展示范性膜法净水试点，免费为该村建设村级膜法净水站。

9月13~16日　苏州市科技局局长张东驰率苏州市科技服务中心及9家科技型企业代表团到铜仁市考察，并与铜仁市相关单位和企业座谈。

9月18日　"水墨太仓、笛韵侗乡"文艺交流演出在玉屏县文化艺术中心上演，由太仓市五洋丝竹乐团和玉屏县箫笛乐团联袂演出，这是太仓市、玉屏县两地国家级非物质文化遗产项目的文化对话与交流。

9月19~21日　苏州市副市长、高新区党工委书记徐美健率苏州高新区党政考察团到铜仁市考察。苏州高新区管委会与万山区政府签订对口帮扶协议，并捐资1500万元用于万山区妇幼保健院项目建设。

9月20~21日 贵州省委书记孙志刚在铜仁市调研，看望慰问来自江苏省的4名援黔医疗专家。

9月23日 2017年苏州大学临床医学硕士学位班开班仪式暨临床医学硕士入学资格考试在松桃县人民医院举行。43名学员参加考试。

9月25~28日 苏州市人社局、苏州市科协组织苏州市高校、科研院所等27名高层次人才，在铜仁市开展服务铜仁"大生态、大健康、大文化、大旅游、大数据"活动，服务指导项目19个。

9月28日 江苏省扶贫协作和对口支援工作推进会召开，会议学习贯彻习近平总书记系列重要讲话精神和扶贫开发战略思想，全面落实中央关于东西部扶贫协作和对口支援决策部署。江苏省委副书记、常务副省长黄莉新出席会议并讲话。

10月13日 苏州市召开扶贫协作和对口支援工作推进会，围绕贫困人口脱贫的中心任务，安排部署下一阶段工作。江苏省委常委、苏州市委书记周乃翔出席会议并讲话。

10月25日 江苏吴中集团全资设立苏州市"看见吴中"公益基金会。苏州大学附属理想眼科医院与铜仁市卫生和计划生育委员会（简称"铜仁市卫计委"）正式签署"看见吴中"公益项目合作协议书，4年内每年资助铜仁市30例符合条件的贫困家庭眼疾患者实施眼角膜移植手术。

10月30日 苏州市委副书记、代市长李亚平主持召开苏州市政府第21次常务会议，审议通过《苏州市东西部扶贫协作考核实施细则（试行）》《苏州市东西部扶贫协作工作分工职责实施细则》。

是日 苏州市委组织部副部长胡卫江、苏州市发改委副主任张伟率苏州市第二批16名帮扶铜仁挂职干部（陈世海、姜超、孙道寻、沈健民、李向上、朱建荣、祝郡、杨亮、黄建浩、吴龙、朱南新、刘森、黄文伟、潘建民、娄子琛、徐文清）抵达铜仁市。铜仁市召开苏州市对口帮扶铜仁市挂职干部座谈会。

11月2~4日 吴江区委副书记、区长李铭率吴江区党政代表团到印江县考察交流扶贫协作工作。吴江区向印江县捐赠150万元对口帮扶资金。

11月3日 由苏州市政府和铜仁市政府联合主办的苏州·铜仁扶贫协作劳动力招聘会暨劳务协作、校企合作签约仪式在铜仁市锦江广场举行。苏铜两市签署《苏州·铜仁对口帮扶劳务合作协议》，苏州市企业代表与铜仁市院校代表签订校企合作协议。

11月6~8日 姑苏区委副书记、区长，苏州国家历史文化名城保护区（简称"名城保护区"）党工委副书记、管委会主任徐刚率党政代表团到铜仁市江口县考察。双方举行对口帮扶合作备忘录签约仪式,姑苏区向江口县捐赠对口帮扶资金120万元。

11月8~10日 江苏省发改委在铜仁市召开江苏省对口帮扶工作协调会暨"十三五"扶贫协作规划评审会。

11月15~17日 张家港市委副书记、市长黄戟率党政代表团到沿河县考察。其间,在沿河县中等职业技术学校举行张家港·沿河助学帮扶基金成立仪式,该基金首期规模100万元,由张家港市财政局、旅游发展公司、张家港农村商业银行等单位捐赠。

11月17日 苏州市政府发文《市政府关于调整苏州市对口帮扶铜仁市工作领导协调小组的通知》。因人事调整,调整苏州市对口帮扶铜仁市工作领导协调小组,常务副市长王翔任组长,副市长蒋来清任常务副组长。

11月17~19日 苏州市委副书记、代市长李亚平率苏州市党政代表团到铜仁市考察访问,并出席苏州·铜仁扶贫协作座谈会暨合作项目签约和捐赠仪式。

11月17~19日 吴中区委书记唐晓东率党政代表团到德江县开展扶贫协作和对口帮扶工作。双方举行吴中·德江对口帮扶工作座谈会,并签订吴中区与德江县以及镇(街道)与镇"1+5"合作框架协议。吴中区向德江县捐赠对口帮扶资金200万元。

11月24~26日 太仓市委副书记、市长王建国率党政代表团到玉屏县考察。双方签订东西部扶贫协作战略合作框架协议、"携手奔小康"结对帮扶协议、劳务合作协议。太仓市向玉屏县捐赠100万元对口帮扶资金,用于资助100名贫困生及山村幼儿园提质升级改造工程。

11月25~27日 铜仁市政协副主席、松桃县委书记冉晓东率党政代表团到苏州工业园区考察,与苏州市委常委、苏州工业园区党工委书记徐惠民,苏州工业园区党工委副书记、管委会主任周旭东就苏州工业园区与松桃县扶贫协作工作召开联席会议,建立苏州工业园区·松桃县高层联席会议制度。

11月26日至12月1日 苏州市文化广电新闻出版局(简称"苏州市文广新局")党委书记、局长李杰率苏州图书馆、苏州市滑稽剧团到铜仁市开展文化交流。其间,苏州图书馆向铜仁市捐赠价值70万元的公共图书馆"文化方舱"1座,向碧江区、万山区和江口县捐赠500份"悦读大礼包";苏州市滑稽剧团在万山剧院献演《顾家姆妈》,在碧江区铜仁第三中学、第二完全小学分别举行"青春跑道""一二三,起步走"校园巡演。

11月27~29日 苏州市虎丘区人大常委会副主任蒋国良率队到万山区考察并召开两地扶贫协作交流座谈会。双方签订劳务协作协议、乡镇结对帮扶框架协议,苏州高新区向万山区捐赠扶贫协作资金100万元。苏州外国语学校与铜仁市第八中学签订校际结对帮扶合作协议。两区在铜仁体育馆联合举行苏州高新区万山专场招聘会。

11月30日　苏州市人大常委会秘书长顾杰受苏州市人大常委会主要领导委托，带队到江口县黑岩村开展对口帮扶。苏州市人大常委会向铜仁市捐赠美丽乡村建设对口帮扶资金100万元。

11月30日至12月1日　常熟市委书记王飏率党政代表团到思南县考察。苏州聚鑫堂生物科技有限公司与贵州五峰集团有限公司签约，投资2.5亿元合作成立聚鑫堂（思南）生物科技有限公司；常熟市梅李镇、沙家浜镇、古里镇、尚湖镇、辛庄镇分别与思南县邵家桥镇、孙家坝镇、鹦鹉溪镇、大河坝镇、香坝镇签署"一对一"结对帮扶协议。常熟市商务局向思南县商务局资助50万元物流补贴基金，助力"黔货出山"。

11月30日至12月2日　石阡县委副书记、县长田运栋率党政代表团到相城区考察。相城区与石阡县签署对口帮扶合作框架协议，相城区阳澄湖生态休闲旅游度假区、漕湖街道、澄阳街道分别与石阡县国荣乡、甘溪乡、聚凤乡签署"一对一"对口帮扶合作框架协议。

11月31日至12月2日　玉屏县委副书记、县长杨德振率党政代表团到太仓市考察交流，双方召开太仓玉屏东西部扶贫协作联席会议，太仓市委副书记、市长王建国参加会议。两地4个单位和部门签订合作协议。

12月2日　苏铜协作项目集中签约仪式在碧江区举行。碧江经济开发区与昆山国家高新技术产业开发区（简称"昆山高新区"）签订铜仁·苏州产业园合作协议，国家开发银行苏州分行与昆山高新集团有限公司签订铜仁·苏州产业园区建设扶贫合作备忘录，江苏盛鸿大业智能科技股份有限公司、江苏鸿典投资股份有限公司分别与碧江区政府签订智能装备制造和新型食品包装材料投资协议、冷链物流投资意向协议，江苏百佳惠瑞丰大药房连锁有限公司、淳华科技（昆山）有限公司分别与贵州健康职业学院、铜仁职业技术学院签订校企合作培训意向协议。国家开发银行苏州分行党委向碧江区委组织部捐赠5万元支持脱贫攻坚专项党费。

12月5日　万山区委书记田玉军率队到苏州高新区考察，苏州市副市长、高新区党工委书记徐美健，苏州市虎丘区人大常委会副主任蒋国良陪同考察并座谈交流。

12月10~11日　贵州省委副书记、代省长谌贻琴率团到江苏省开展东西部扶贫协作考察交流，并出席江苏苏州·贵州铜仁扶贫协作联席会议。苏铜两市政府签署《东西部扶贫协作助推脱贫攻坚合作协议》。

12月11~12日　吴江区副区长戚振宇带领代表团在印江县考察对接东西部对口帮扶协作工作。吴江区七都镇、桃源镇、震泽镇、平望镇分别与印江县朗溪镇、木黄镇、紫薇镇、合水镇签订合作框架协议，并各捐助10万元对口帮扶资金。七都镇隐读村、平望镇莺湖村分别与朗溪镇甘龙村、合水镇土洞村2个深度贫困村签订合作框架协议。

12月12~13日　铜仁市委副书记、代市长陈少荣率铜仁市政府代表团在苏州市、南京市考察招商。在苏州市期间,苏州市委副书记、代市长李亚平,副市长蒋来清陪同考察。

12月14~18日　沿河县委副书记、县长何支刚率团考察张家港市,并与张家港市领导召开座谈会,签署全面结对协议、农特产品基地建设及农业园区建设协议等多项合作协议。

12月21~22日　昆山市委副书记、市长杜小刚率团到碧江区考察,并与碧江区签订《东西部扶贫协作助推脱贫攻坚合作协议》。杜小刚到碧江区六龙山乡龙田组慰问因火灾受灾的村民,代表昆山市委、市政府捐赠房屋重建资金100万元。

是月　苏州市教育局从苏州各市(区)教育系统陆续选派100名中小学、中等职业院校的优秀校长、教育管理人员、一线教学骨干等到铜仁市相关结对区(县)进行为期1个月的教育交流与协作。

2018年

1月31日　由苏州和合文化基金会、苏州弘化社慈善基金会联合发起的2018年"苏铜携手·温情暖冬"衣物捐赠仪式在铜仁市江口县举行。苏州市政府党组成员,铜仁市委常委、副市长,江苏省对口帮扶贵州省铜仁市工作队领队查颖冬与苏州和合文化基金会、苏州弘化社慈善基金会、苏州寒山寺等捐赠方代表向铜仁市困难群众捐赠5000套羽绒服、50000双棉袜,价值265万元。

2月2~3日　苏州市相城区农业部门组织企业到铜仁市考察。铜仁市政府与苏州布瑞克农业大数据科技有限公司就发展农业大数据举行座谈会并签订战略合作框架协议。

2月12日　江苏省委书记娄勤俭主持召开省对口支援前方指挥部、对口帮扶贵州省铜仁市工作队主要负责人座谈会,听取工作情况汇报,向援派干部及其家人致以新春祝福。

3月2日　江苏省委常委、苏州市委书记周乃翔主持召开十二届市委第53次常委会议。苏州市副市长蒋来清在会上汇报苏州市扶贫工作和对口扶贫协作情况。

3月6日　沿河县泉坝、板场等乡镇近100名务工人员分乘两辆大巴车到张家港市务工。这是沿河县首次集中输出式务工,其中农村建档立卡贫困劳动力53个。

3月11~13日　苏州高新区党工委副书记、管委会主任,虎丘区委副书记、区长吴新明率党政代表团到万山区考察。双方举行苏州高新区·铜仁市万山区东西部扶贫协作2018年高层联席会议,全面签订"一对一"结对帮扶协议。苏州高新区、苏州胜利精密制造科技股份有限公司分别向万山区妇幼保健院、铜仁市交通学校捐赠对口帮扶资金500万元和100万元。

3月15~17日　苏州市政协副主席周晓敏带队到铜仁市考察。苏州市天灵中药饮片有限公司分别与江口县和贵州健康职业学院达成中药材采购和校企合作意向。

3月16日　江苏省政府副秘书长王志忠到铜仁市调研苏州市对口帮扶铜仁市工作。

3月19~21日　苏州市政府党组成员,铜仁市委常委、副市长,江苏省对口帮扶贵州省铜仁市工作队领队查颖冬带队到江苏省泰州市和苏州市考察,并举行铜仁市中医药产业招商推介会。

3月24日　在由贵州省委、省政府主办,贵州省委组织部、省人社厅、贵阳市政府承办的第六届人才博览会东西部扶贫协作人才工作恳谈会上,作为8个东西部扶贫协作人才交流的典型,江苏省对口帮扶贵州省铜仁市工作队沿河县工作组组长、沿河县委常委、沿河县副县长陈世海做《打好精准脱贫攻坚战是我们共同的奋斗目标》经验交流。

3月28日　由江苏省、苏州市、常熟市三级慈善总会,以及江苏波司登集团捐资1100万元援建的长坝波司登中心小学在思南县长坝镇举行奠基仪式。江苏省人大常委会原副主任、江苏省慈善总会会长蒋宏坤出席仪式并讲话。2019年3月28日,思南县长坝波司登中心小学正式投用。

4月2~3日　铜仁市委书记陈昌旭率党政代表团考察苏州市,推动苏铜两地深化合作交流。江苏省委常委、苏州市委书记周乃翔,苏州市委副书记、市长李亚平会见陈昌旭一行。

4月10日　苏州市召开全市扶贫协作和对口支援工作会议。江苏省委常委、苏州市委书记周乃翔出席会议并讲话。

4月10~12日　苏州市民政局局长李永根带队到铜仁市考察,并与铜仁市民政部门深入交流。

4月18日　苏铜两市人力资源和社会保障部门对口帮扶工作座谈会在苏州市召开,铜仁市驻苏州市劳务协作工作站揭牌成立。

4月18~21日　铜仁市委常委、宣传部部长夏虹率团到苏州市参加第七届中国苏州文化创意设计产业交易博览会。铜仁市参展企业在会上签订意向订单1600余万元。

4月23日　铜仁市万山区·苏州高新区东西部扶贫协作高层联席会议暨万山产业推介会在苏州高新区文体中心举行。两区签订《万山形象展示中心项目合作框架协议》《雷允上药业集团有限公司朱砂药材基地建设项目投资意向协议》等7个协议。

是月　印江县政府驻长三角招商办事处在吴江区揭牌成立。

5月3日　江苏省政府召开对口支援暨扶贫协作工作电视电话会议,总结江苏省对口支援暨扶贫协作工作,部署下一阶段任务。会前,江苏省委书记娄勤俭和省长吴政隆分别做出批示。

5月9~12日　江苏省政协副主席阎立一行到铜仁市调研,了解苏铜两市在医疗卫生和农业产业发展等方面的对口帮扶工作情况,并看望在松桃县人民医院帮扶的苏州市医疗专家。

5月10~12日　苏州市政协副主席程华国率市政协专题调研组一行8人到铜仁市考察并召开苏铜两地乡土人才队伍建设座谈会。

5月13~17日　苏州市政协副主席、农工党苏州市委主委周俊一行到铜仁市开展交流和对口帮扶系列活动,与农工党铜仁市委进行"深入开展健康脱贫"专题座谈,并与江口县人民医院、江口县教育局等签署对口帮扶协议。

5月14日　苏州市民族宗教事务局局长曹雪娟一行到铜仁市考察宗教工作,并对"红石榴伙伴"行动进行回访调研。

5月15~18日　苏州市农业委员会主任吴文祥带队到铜仁市考察调研,并与铜仁市农委举行座谈会。

5月17~19日　太仓市委书记、太仓港经济技术开发区党工委书记沈觅率党政代表团到铜仁市玉屏县考察,双方召开太仓·玉屏东西部扶贫协作党政联席会议,签订太仓港国家级开发区与贵州大龙经济开发区、玉屏经济开发区共建园区协议。

5月21日　苏州·铜仁贫困村创业致富带头人首期培育班在张家港市经济技术开发区(杨舍镇)善港村举办,著名农业专家赵亚夫等出席开班仪式。

5月24日　吴江区委书记沈国芳率党政代表团到印江县考察,对接吴印两地扶贫协作工作。沈国芳代表吴江区委、区政府向印江县捐助500万元,吴江区4个镇村及有关村(社区)分别与印江县7个乡镇15个深度贫困村签署结对帮扶协议,实现吴江区8个镇村与印江县各乡镇结对全覆盖。

5月26~27日　相城区委书记顾海东、相城区人大常委会主任屈玲妮率党政代表团到石阡县考察,并召开相城·石阡东西部扶贫协作联席会议。其间,举行相城·石阡共建现代农业产业园开工和石阡布瑞克农业大数据平台上线启用仪式。

6月1日　苏州市副市长曹后灵、铜仁市副市长刘岚为铜仁·苏州人力资源市场及铜仁·苏州人力资源能力提升中心揭牌,苏州市人社局向铜仁市人社局捐赠对口帮扶资金100万元,用于铜仁市公共就业和社会保障服务平台建设。

6月8日　江苏省对口支援前方指挥部、对口帮扶贵州省铜仁市工作队负责人座谈会在拉萨举行。江苏省对口支援西藏拉萨、新疆伊犁州、新疆克州前方指挥部和对口帮扶青海省、陕西省、贵州省铜仁市工作队主要负责人出席会议并做交流发言。

6月11日　吴江·印江旅游开发合作暨2018年百名劳模印江行正式启动。仪式上，吴江区总工会向印江县总工会捐助对口帮扶资金36万元。

6月12日　"非遗进园林"暨2018梵净山文化价值年系列活动"梵天净土·苏黔雅集"在苏州市拙政园举行。其间，苏铜两地举办非遗项目及非遗传承人表演交流、梵净山旅游资源推介、拙政园与梵净山两大景区合作签约、"2018梵净山文化价值年"苏州市拙政园站启动仪式等活动。苏州市副市长曹后灵、铜仁市副市长曹晓钟出席活动。

6月20~22日　苏州市副市长蒋来清率市政府副秘书长江皓、苏州市经济协作办公室主任钱宇等5人到铜仁市调研苏铜扶贫协作工作。蒋来清一行慰问苏州市在铜仁市帮扶挂职干部，对下一步工作提出要求。

7月4日　苏州市虎丘区人大常委会副主任蒋国良率团到万山区考察，并向万山区妇幼保健院项目捐赠对口帮扶资金100万元。

7月5日　"山地公园省·多彩贵州风"2018避暑度假游主题营销活动之"梵天净土·桃源铜仁"旅游推介会在南京市举行。松桃县与同程旅游、苗王城风景区与苏州随身信息技术有限公司分别签订战略合作协议。

7月6日　国家开发银行首席经济学家兼研究院院长刘勇，昆山市委常委、昆山高新区党工委书记、昆山高新区管委会主任管凤良一行到铜仁·苏州产业园调研，召开碧江区·昆山市铜仁·苏州产业园核心区建设推进会。

7月6~8日　苏州市副市长聂飙率团到铜仁市考察并出席2018中国梵净山生态文明与佛教文化论坛。

7月10日　常熟市委副书记、市长周勤第率党政代表团到思南县考察交流东西部扶贫协作工作，召开常熟·思南东西部扶贫协作联席会。周勤第代表常熟市委、市政府向思南县捐赠扶贫协作资金250万元，虞山高新产业园与思南经济开发区签订园区共建协议，常福街道与双塘街道签订"携手奔小康"结对帮扶协议，常熟市发改委与思南县扶贫办签订社会组织与贫困村帮扶协议。

7月12日　2018年贵州省铜仁市（苏州）招才引智推介会在苏州市举行。苏州市副市长聂飙，苏州市政府党组成员、铜仁市委常委、铜仁市副市长、江苏省对口帮扶贵州省铜仁市工作队领队查颖冬，铜仁市副市长杨同光出席会议。苏州大学护理学院与贵州健康职业学院、苏州市职业大学（苏州开放大学）与铜仁广播电视大学、苏州大学附属理想眼科医院与铜仁市人民医院、上海博尔捷企业集团与铜仁市人社局、亨通集团西安景兆信息科技有限公司与铜仁市碧江区、苏州市千人计划专家联合会与铜仁市科学技术局签订合作协议。

7月25日　吴中区委副书记、区长陈嵘率党政代表团到德江县开展东西部扶贫协作工作，吴中区向德江县捐赠对口帮扶资金340万元。吴中高新技术产业开发区与德江经济开发区签订共建园区协议，吴中区甪直镇、光福镇、金庭镇分别与德江县长丰乡、共和镇、稳坪镇签订对口帮扶结对协议，吴中区民政局与德江县民政局签订捐赠协议。

是日　苏州高新区党工委副书记、统战部部长宋长宝率团到万山区考察，召开扶贫协作座谈会，并签订《苏高新集团农业物流产业园（铜仁万山）项目合同书》等5个协议，并分别向万山区妇幼保健院、万山区教育局"同心逐梦"贫困助学金、万山区总工会捐赠对口帮扶资金100万元、20万元和5万元。

7月29~30日　江苏省委常委、苏州市委书记周乃翔率党政代表团到铜仁市考察，并出席苏州·铜仁扶贫协作联席会，看望慰问铜仁市人民医院的苏州市医疗专家。

8月1~3日　张家港市委书记朱立凡率党政代表团到铜仁市沿河县考察并召开东西部扶贫协作联席会议。张家港市与沿河县签订《张家港市全覆盖结对帮扶沿河自治县50个深度贫困村合作框架协议》。

8月2~4日　全国政协常委、江苏省政协副主席、致公党江苏省委主委麻建国率队到铜仁市开展帮扶活动。致公党苏州市委分别与石阡县教育局、旅游局、人社局、农牧科技局签订对口帮扶框架协议，向石阡县捐赠助教资金12万元、对口帮扶资金18万元。致公党江苏省委向印江县捐赠价值10万元药品和助教资金10万元。

8月3日　全国首个以土家文化为特色的24小时自助图书馆——"土家书房"在沿河县民族文化广场启用。

8月11日　苏州工业园区与松桃县高层联席会议在苏州市召开。苏州工业园区党工委副书记、管委会主任丁立新，松桃县委副书记、县长龙群跃出席会议，双方签署产业园区共建协议。

8月13日　"昆碧同圆梦"首期"亚香"夏令营活动在昆山市青少年宫启动。活动由昆山市教育局、碧江区教育局承办，由昆山亚香香料股份有限公司捐助100万元帮扶资金，专项用于碧江区贫困家庭孩子的奖学金和夏令营活动经费。

8月15日　贵州省委书记孙志刚肯定张家港市善港村与沿河县高峰村的整村帮扶工作，并表示典型案例可通过媒体宣传推广。

8月20~21日　江苏省委副书记、省长吴政隆率江苏省代表团到贵州省考察，召开贵州省江苏省经济社会发展暨苏铜对口帮扶座谈会，举行贵州省·江苏省经济合作暨扶贫协作项目签约仪式。

8月21~22日　昆山市委副书记、代市长周旭东率团到碧江区开展考察交流和走访慰问活动。

8月22~23日　苏州市委常委、常务副市长王翔，张家港市委常委、常务副市长卞东方，常熟市副市长雷波等一行到铜仁市考察。

8月23~24日　苏州市委常委、政法委书记俞杏楠率政法和信访部门主要负责人到铜仁市，就平安建设工作与铜仁市政法系统举行座谈会。

8月27~29日　苏州市委副书记朱民带队到铜仁市考察，与铜仁市委副书记、市长陈少荣等座谈交流，苏州市向铜仁市捐赠150万元对口帮扶资金和25台LED电子科普大屏。

8月28日　苏铜两地同步启动远程视频招聘系统。该系统在铜仁市设立3个站点，为苏州市企业和铜仁市求职者提供便捷、高效的招聘服务。

8月31日至9月3日　著名农业专家、2016年全国脱贫攻坚奖获得者、张家港市善港村现代农业首席顾问赵亚夫一行到铜仁市沿河县考察当地产业发展、生物多样性保护、农旅一体开发建设、东西部扶贫协作及脱贫攻坚工作，并回访2名在苏州市培训的贫困村创业致富带头人。

9月15日　江口县委书记杨华祥率团到姑苏区考察，与姑苏区委书记王庆华等就扶贫协作工作开展交流，双方签订姑苏区江口县劳务合作协议和特色产业园区共建协议，并为江口县驻姑苏区劳务协作工作站揭牌。姑苏区向江口县捐赠对口帮扶资金250万元。

9月21日　东西部扶贫协作共创品牌"梵净山·洲州茶"产品发布会在张家港市举行。张家港市农委与沿河县农特科技局签订"梵净山·洲州茶"品牌销售合作框架协议，并举行启动仪式。

9月27~29日　苏州市副市长陆春云率市环保、经济与信息化等部门负责人到铜仁市考察。苏州市政府党组成员、铜仁市委常委、铜仁市副市长、江苏省对口帮扶贵州省铜仁市工作队领队查颖冬，铜仁市副市长杨同光等会见或陪同考察。

10月8~9日　玉屏县党政代表团到太仓市对接东西部扶贫协作工作，召开联席会议。太仓市委书记沈觅，市委副书记、市长王建国等参加座谈。玉屏县皂角坪街道、亚鱼乡、大龙镇、平溪街道分别与太仓市沙溪镇、双凤镇、浮桥镇、娄东街道签订"携手奔小康"协议；玉屏县扶贫办与太仓市扶贫协作领导小组办公室签订人才交流协议，玉屏县民政局、文体广电新旅局、招商局分别与太仓市相关部门签订对口帮扶协议。

10月13~16日　苏州市人大常委会原副主任，市老区开发促进会、扶贫开发协会、合作经济研究会常务副会长江浩一行6人到铜仁市考察江口县云舍村、松桃县正大茶园和思南县城市规划建设工作。

10月15日　吴江区委副书记、代区长李铭率团到铜仁市印江县考察，召开两地党政联席会议，并慰问13名吴江区医疗专家。

10月15~16日　苏州市政协副主席陈雄伟一行考察江口县苏州对口帮扶项目和万山区朱砂古镇转型发展情况，与铜仁市政协就民族宗教工作进行交流。

10月16~17日　苏州市人大常委会副主任、市总工会主席温祥华一行到铜仁市考察易地扶贫搬迁安置点等，并召开苏铜两市总工会对口帮扶工作座谈会。苏州市总工会向铜仁市捐赠项目资金700万元。

10月21~24日　苏州市委统战部副部长、市工商联党组书记谢正才率团到铜仁市开展经贸交流及扶贫捐赠活动。苏州市工商联（总商会）、苏州市光彩事业促进会共向石阡县工商联捐赠对口帮扶资金和物资共计20万元。

10月22日　苏州银行股份有限公司党委书记、董事长王兰凤一行到铜仁市沿河县考察并举行苏州银行·沿河县捐赠暨金融扶贫合作协议签约仪式。

10月29日　江苏省委宣传部副部长杨力群率团到铜仁市调研苏铜扶贫协作工作并召开媒体座谈会。由江苏省委宣传部组织的中央人民广播电台、《中国日报》《新华日报》、江苏省电视台及《现代快报》采访团采访苏铜两地东西部扶贫协作成果。

11月5~6日　国务院扶贫办在广西壮族自治区河池市巴马县举办的全国"携手奔小康"培训班上，"张家港市、沿河自治县两个全覆盖打造东西部扶贫协作新模式""铜仁、苏州三机制打造东西部扶贫协作示范园区""苏州坚持扶贫与扶智扶志相结合"入选案例选编。

11月8~9日　首届昆山市·碧江区教育论坛在铜仁市碧江区召开。

11月9~10日　铜仁市2018年"黔货进苏"订货会在苏州高新区举办。苏州4家企业在订货会现场与铜仁市供应方签订合作协议，采购"梵净山珍"总金额超300万元。

11月19~22日　铜仁市委副书记、市长陈少荣率团到苏州高新区、常熟市、张家港市、昆山市等地考察。双方就东西部扶贫协作工作深入交流。江苏省委常委、苏州市委书记周乃翔，市委常委、常务副市长王翔，副市长蒋来清会见陈少荣一行或陪同考察。

11月20日　贵州省委副书记、省长谌贻琴率团到苏州市考察，召开江苏（苏州）·贵州（铜仁）扶贫协作工作座谈会。江苏省委常委、苏州市委书记周乃翔出席会议并讲话。

11月23日　苏州市召开东西部扶贫协作和对口支援工作推进会。苏州市委常委、常务副市长王翔出席会议并讲话，副市长蒋来清主持会议。

11月29日　苏州市文广新局党委书记、局长李杰一行到铜仁市考察，召开苏州·铜仁文化产业发展座谈会及启用"移动公共数字文化——文化方舱"。苏州市文广新局向铜仁市捐赠文化产业资金50万元。

11月29~30日　玉屏县委副书记、县长杨德振率考察团一行9人到太仓市交流考察。太仓市委副书记、市长王建国，副市长赵建初、许超震等陪同考察。

12月5~6日　苏州市委常委、市纪委书记、市监委代主任刘乐明，市纪委副书记、市监委副主任缪红梅一行到铜仁市考察，并召开苏州市在铜仁市挂职干部和"三支"人才代表座谈会。

12月5~7日　铜仁市委常委、宣传部部长夏虹和副市长邱祯国一行到张家港市学习考察城市建设和管理、全国文明城市及国家卫生城市创建工作。

12月6~7日　苏州市委常委、苏州工业园区党工委书记吴庆文带队到铜仁市松桃县考察对接扶贫协作工作。吴庆文慰问松桃县中医院的苏州市帮扶医疗专家。苏州工业园区统战部向松桃县中等职业学校和长兴中学314名建档立卡贫困生捐赠助学帮扶资金31.43万元。

12月11日　贵州省委常委、宣传部部长慕德贵在铜仁市开展脱贫攻坚督导工作期间，调研张家港市善港村对口帮扶的沿河县高峰村，并给予充分肯定。

12月14日　2018"黔货出山"暨铜仁农产品资源推介会在苏州市吴中区举行。推介会现场签约订单14个，签约金额达2.564亿元，其中铜仁市签约11个。

是年　经贵州省考核认定，铜仁市碧江区、万山区、玉屏县、江口县实现脱贫摘帽。

2019年

1月2日　"开启美好生活——中国金钥匙苏州地区2018年研讨会暨苏派慈善之夜"在苏州市举办。其间，举行中国金钥匙苏州协会携手苏派汽贸助力松桃脱贫攻坚活动，苏州市15家酒店与松桃县达成试用推广该县农产品协议，并现场募捐助学善款2万余元。

1月8~9日　苏州大学校长熊思东到铜仁市考察。铜仁市委副书记、市长陈少荣会见熊思东一行。熊思东应邀在铜仁学院做"新时代地方大学如何作为"主题讲座。

1月12日　铜仁市思南县鹦鹉溪镇训家坝村委会举行常熟·思南产业合作项目——训家坝白茶基地建设完工暨工资发放仪式，项目实施单位为近100名务工人员现场发放工资12万元。自2018年5月启动训家坝白茶基地建设后，累计用工1.5万余人次，发放工资280余万元。

1月15日　苏州高新区慈善基金会向铜仁市万山区640户未脱贫贫困户发放新年红包64万元。

1月26日　苏铜两市人社部门、铜仁市教育局、苏州技师学院等举行2019年教育扶贫免费"中级技工班"签约仪式。苏州技师学院当年在铜仁市招收30名建档立卡贫困初中毕业生就读。

2月1日　江苏省委副书记、省长吴政隆主持召开江苏省对口支援前方指挥部及对口帮扶贵州省铜仁市工作队主要负责同志座谈会,深入学习贯彻习近平总书记关于脱贫攻坚和扶贫协作重要论述,向对口帮扶干部及其家人致以新春祝福。

2月12日　江苏省委书记娄勤俭与江苏省对口支援前方指挥部及对口帮扶贵州省铜仁市工作队主要负责同志座谈,向广大援派干部及其家人表示诚挚慰问并致以新春祝福。

2月13日　苏州市召开援外干部代表座谈会,贯彻上级最新部署要求,研究部署进一步加强对口支援和扶贫协作工作措施。江苏省委常委、苏州市委书记周乃翔出席会议并讲话,苏州市委副书记、市长李亚平主持座谈会,市领导陆新、俞杏楠、蒋来清等出席座谈会。

2月15日　江苏省召开对口帮扶对口支援对口合作工作电视电话会议。会议学习习近平新时代中国特色社会主义思想,贯彻全国扶贫开发工作会议精神,传达省委书记娄勤俭、省长吴政隆关于做好对口帮扶、对口支援、对口合作的最新要求,部署2019年工作。

2月16日　太仓玉屏人力资源市场签约揭牌仪式在玉屏县举行。

2月19日　昆山市与碧江区举行人力资源座谈会暨校企合作签约仪式。昆山·碧江人力资源市场、昆山·碧江技能培训基地挂牌成立;昆山丘钛微电子科技有限公司等企业代表和铜仁职业技术学院、碧江区中等职业学校等职业学校签订校企合作框架协议;昆山市人社局向碧江区人社局捐赠共建人才资源市场专项资金30万元和技能培训器材价值70万元。

3月5~7日　苏州市副市长王飏带队到铜仁市考察文化旅游发展情况。两市签订2019年苏铜文化旅游合作协议。苏州市文化广电和旅游局(简称"苏州市文广旅局")向铜仁市文体广电旅游局(简称"铜仁市文广旅局")捐赠产业发展资金30万元。

3月5~7日　德江县委副书记、县长秦智坤率党政代表团到吴中区考察,并与吴中区委副书记、区长陈嵘等举行吴中·德江对口帮扶协作工作联席会。双方签订深度贫困村结对全覆盖框架协议、共建食用菌园区合作协议。

3月12~13日　贵州省人社厅副厅长徐海涛率队到苏州市对接劳务协作有关事宜。其间,苏铜两市人社部门签署2019年苏铜劳务合作协议书。

3月17日　铜仁市万山区亿创电子商务经营管理有限责任公司在苏州市南环桥农副产品批发市场设立的"黔货进苏"经营店正式营业。

3月25日　苏州高新区·铜仁万山区2019文化旅游交流活动开幕式暨"华乐苏韵"苏州民族管弦乐团万山专场音乐会在万山区委党校剧院举办。

是日　投资2.5亿元的铜仁·苏州大厦、投资1亿元的牙溪泰迪旅游综合体项目、投资1.5亿元的苏高新集团·食行生鲜供应链示范基地3个扶贫协作项目在万山区举行集中开工仪式。

是日　贵州省委常委、组织部部长李邑飞到沿河县调研，并深入沿河县中界镇高峰村东西部扶贫协作产业基地，详细了解张家港市对口帮扶沿河县助推产业发展、促进群众增收致富等工作。

3月25~26日　苏州高新区党工委书记，虎丘区委书记、区长吴新明率高新区党政代表团到万山区考察并召开苏州高新区·铜仁万山区东西部扶贫协作高层联席会议。苏州高新区与万山区签订文化共建和区级财政捐赠协议；苏州高新区文旅集团与丹都街道签订结对共建协议；绿叶科技集团有限公司向10个贫困村捐赠村企共建资金60万元，苏州乐米信息科技股份有限公司分别向万山区扶贫办、教育局捐赠价值80万元的智慧办公系统和价值120万元的智慧教育系统。

3月25~27日　全国政协常委、江苏省政协副主席、致公党江苏省委主委麻建国一行到铜仁市松桃县开展帮扶活动。其间，南京中医药大学和江苏省中医院专家到松桃县中医院开展"致福送诊"活动。

4月1日　苏州·铜仁茶产业产销对接招商会在苏州市举行，铜仁"梵净山茶"苏州推广中心正式在苏州市茶叶市场揭牌。

4月8日　钱七虎院士爱心捐赠仪式在昆山当代昆剧院举行。中国工程院院士、陆军工程大学教授、2018年度国家最高科学技术奖获得者钱七虎将800万元奖金全部捐赠给昆山市慈善总会，定向资助昆山市对口支援的新疆阿图什市和对口帮扶的铜仁市碧江区困难家庭学生上学。

4月9~11日　苏州市政府党组成员、铜仁市委常委、铜仁市副市长、江苏省对口帮扶贵州省铜仁市工作队领队查颖冬，铜仁市委常委、组织部部长赵继红，铜仁市副市长刘岚率铜仁市组织、人社、卫健、教育等部门负责人到苏州市对接教育医疗"组团式"帮扶工作。

4月12日　常熟市委副书记、市长焦亚飞率党政代表团到思南县考察并召开2019年常熟·思南东西部扶贫协作第2次联席会议。会上，双方共同为常熟大道揭牌。该路西起思剑高速思南西收费站，向东连接思南新老城区的小岩关隧道，全长1329.8米、宽22米，双向4车道。两地签订"组团式"医疗帮扶及乡镇卫生院全覆盖结对协议。两地农业农村局签署常熟市·思南县共建农业产业（茶叶）示范园区协议。

是日　相城区委常委、常务副区长潘春华带队到石阡县考察，双方签署苏州相城经济技术开发区·石阡县工业园区合作协议。

4月18日　碧江区首个集党建服务、日间照料、留守儿童和妇女关爱功能于一体的农村综合关爱中心——坝黄镇坪茶村"昆碧幸福里"开始试运行。该项目由昆山市财政投资80万元，改建原坪茶村"互助幸福院"而成。

4月19~22日　铜仁市委常委、宣传部部长夏虹率团到苏州市参加2019年第八届中国苏州文化创意设计产业交易博览会，并举办铜仁市2019文化产业招商引资暨旅游宣传推介会和"巾帼匠心·最美苏铜"——苏州、铜仁两地女性新手工艺展。

4月24日　江苏省对口支援工作领导协调小组更名为江苏省对口帮扶支援合作工作领导协调小组，并调整组成人员。省委书记、省人大常委会主任娄勤俭任第一组长，省委副书记、省长吴政隆任组长。

是日　张家港市委书记沈国芳率党政考察团到铜仁市沿河县考察，并召开张家港·沿河东西部扶贫协作联席会议。双方签订《2019年张家港沿河东西部扶贫协作协议》《"长江水·乌江情"党建引领促脱贫协议》《"长江水·乌江情"文明共建助脱贫协议》，张家港市捐赠100万元资助沿河县中等职业技术学校贫困生就学。

4月25日　由人民日报社、国务院扶贫办指导，人民网、《中国扶贫》杂志社联合主办的第二届中国优秀扶贫案例报告会在北京举行。江苏省对口帮扶贵州省铜仁市工作队碧江区工作组选送的"昆山市·碧江区'七结对'助力两地'携手奔小康'"典型经验入选。

4月25~27日　苏州市政协副主席王竹鸣率苏州市政协经农委、经科委有关领导及苏州市金天管理咨询有限公司、苏州市利飞纺织品有限公司2家企业的负责人到铜仁市考察。

4月27日　在贵州人才博览会上，苏州市政府与铜仁市政府签订《东西部扶贫协作人力资源开发战略合作协议》。

4月29日　由贵州省宇华凯旋酒店管理有限公司、苏州书香酒店投资管理集团有限公司联合打造的书香门第酒店在江口县正式开业。

4月30日　苏州市召开扶贫协作和对口支援工作会议，部署2019年主要工作任务。江苏省委常委、苏州市委书记周乃翔出席会议并讲话。苏州市委副书记、市长李亚平主持会议并做具体部署。

5月14日　苏州市委常委、苏州工业园区党工委书记吴庆文在苏州工业园区会见松桃县委书记李俊宏一行，共商帮扶工作。两区召开2019年度扶贫协作联席会议，签署《苏州工业园区·松桃县苗族自治县2019年对口帮扶协议》。苏州工业园区党工委副书记、管委会主任丁立新出席会议。

5月23日 《苏州·铜仁东西部协作结对帮扶残疾人"助力脱贫幸福工程"两年行动计划实施方案》正式发布。

5月26日 吴江区委书记王庆华率党政代表团到印江县考察并召开2019年第1次联席会议，吴江区向印江县捐助对口帮扶资金658万元；吴江区教育局与印江县教育局签署43所中小学全面结对暨"组团式"帮扶协议书；吴江区卫生健康委员会（简称"卫健委"）与印江县卫生健康局（简称"卫健局"）签订医疗系统全面结对暨"组团式"帮扶协议书，并通过医疗服务共同体（简称"医共体"）形式实现印江18家乡镇、开发区卫生院帮扶全覆盖。

5月27~30日 铜仁市委书记陈昌旭率铜仁市党政代表团到苏州市考察对接苏铜扶贫协作事宜，与江苏省委常委、苏州市委书记周乃翔等召开苏铜扶贫协作高层联席会议。

5月28~31日 江苏省工业和信息化厅副厅长李强率省工业信息化条线调研组到贵州省推进落实苏黔产业合作事宜，考察铜仁市苏黔合作项目进展情况。

5月29~31日 玉屏县委副书记、县长杨德振率队到太仓市考察，两地召开太仓·玉屏东西部扶贫协作座谈会。

5月31日 张家港市赠建的两个全国首创的新时代文明实践驿站在沿河县对外试开放，11月7日正式启用。

6月12~14日 苏州市委组织部副部长、市委"两新"工委书记、市委老干部局局长张娟带队，送苏州市新选派挂职干部谷易华、陈剑到铜仁市工作，与苏州市在铜仁市挂职干部座谈，并对2017年4月到铜仁市挂职期满的干部进行考核。

6月13日 苏州市东吴证券股份有限公司与铜仁市交通旅游开发投资集团有限公司签订新三板挂牌辅导协议，与石阡县、思南县、松桃县三地签订捐资帮扶协议。

6月17~19日 中华全国归国华侨联合会（简称"侨联"）常委、江苏省侨商总会常务副会长、江苏省华侨公益基金会副会长、苏州中文基置业顾问有限公司董事长顾文彬，江苏省侨商总会秘书长马云鹏，苏州市侨联主席沈晋华及有关企业负责人到铜仁市德江县考察。其间，顾文彬向德江县沙溪中心小学捐赠爱心助学金20万元。

6月19日 苏州市虎丘区人大常委会主任袁永生带队到铜仁市万山区考察，向万山区捐赠扶贫基金100万元、人大信息化建设与乡村发展产业资金30万元。

6月21~23日 江苏省（贵州铜仁）东西部扶贫协作干部培训会在铜仁市召开。国务院扶贫办社会扶贫司副司长王春燕、信息中心王爽应邀授课。江苏省级机关有关部门，江苏省对口帮扶陕西省、青海省、贵州省铜仁市工作队，江苏各设区市对口办

（发改委）和苏州市辖县级市（区）对口办、铜仁市及各区（县）扶贫办共120余人参加培训。

6月24~26日　吴中区委书记唐晓东率党政代表团到德江县考察学习，召开第2次吴中德江对口帮扶协作工作联席会议，签订义务教育学校、乡镇卫生院全面结对暨"组团式"帮扶协议书，吴中区政府向德江县政府捐赠1500万元，吴中区慈善基金会向德江县慈善总会捐赠20万元。

6月26~27日　铜仁市委副书记、市长陈少荣带队到苏州市考察对接扶贫协作工作，与苏州市委副书记、市长李亚平等会谈。

6月27日　国家发改委将玉屏县教育"组团式"帮扶作为第二批国家新型城镇化综合试点经验在全国推广。

6月27~28日　江苏省纪委监委驻省发改委纪检监察组组长蒋云峰率专项调研组到铜仁市督查调研驻在部门政治站位、职能处室履职尽责情况。

7月1日　贵州省、铜仁市分别召开脱贫攻坚"七·一"表彰大会。苏州市政府党组成员，铜仁市委常委、副市长，江苏省对口帮扶贵州省铜仁市工作队领队查颖冬等12名工作队队员被评为"全省脱贫攻坚优秀共产党员"，其余11名队员被评为"全市脱贫攻坚优秀共产党员"。

7月4~6日　苏州工业园区党工委副书记、管委会主任丁立新率队到松桃县对接调研，并与松桃县召开扶贫协作联席会议。

7月8~9日　相城区委副书记、区长张永清率队到石阡县对接调研，并与石阡县召开相城·石阡东西部扶贫协作联席会。会上，相城文商旅发展（集团）有限公司与石阡高原清泉有限公司签约。

7月8~10日　太仓市委副书记、市长王建国率队到玉屏县对接调研考察。两地召开玉屏·太仓东西部扶贫协作党政联席会，举行太仓港经济技术开发区捐赠玉屏经济开发区园区共建产业引导资金授牌仪式，签订太仓·玉屏农业园区共建协议以及教育、医疗"组团式"帮扶协议。

7月11~12日　苏州市委常委、姑苏区委书记黄爱军率党政代表团到江口县考察交流，并召开江口·姑苏东西部扶贫协作党政联席会。姑苏区向江口县捐助对口扶贫资金1000万元。

7月11~12日　昆山市委副书记、市长周旭东率团到碧江区对接东西部扶贫协作。双方召开联席会议，昆山市向碧江区捐赠资金1500万元，助力范木溪精品民宿项目开工建设。

7月11~13日　苏州市委副书记、市长李亚平率党政代表团到铜仁市考察交流，并召开苏州·铜仁扶贫协作联席会议。苏州市副市长蒋来清代表苏州市向铜仁市捐赠脱贫攻坚资金1000万元。

7月20日　苏州市教育局制定出台《苏州市—铜仁市东西部扶贫协作职业教育千人培养计划》。

7月21日　铜仁市万山区妇女联合会（简称"妇联"）与苏州高新区妇联签订刺绣技术引进协议，苏州高新区女企业家协会向万山区妇联捐赠"一起·看"公益书屋及图书，苏绣大师在易地移民搬迁安置点旺家社区巾帼锦绣坊进行现场培训教学。

7月22日　昆山市民政局向碧江区民政局捐赠帮扶资金30万元，精准帮扶碧江区790户未脱贫家庭，助推当年脱贫清零。

7月24日　梵净山珍·江口农特产品苏州体验馆在姑苏区开馆。

7月25~26日　铜仁市在苏州市举办"黔货进苏"产销对接活动，"梵净山珍"（苏州）展示中心正式开业。苏州市80余家采购企业与铜仁市的企业达成采购协议，采购金额近2亿元。苏州市科协举行《梵净山遇见太湖水》美食科普新书首发仪式。

7月29日　吴江区委副书记、区长李铭率党政代表团到印江县考察对接两地扶贫协作工作，并召开2019年度第2次党政联席会议。吴江区向印江县捐赠扶贫资金842万元，吴江区政府、印江县政府、江苏华佳集团签署共建蚕桑农业产业园协议。

8月1日　苏州·铜仁"人力资源服务零距离"劳务协作品牌创建活动举行，英格玛、文鼎集团等10家苏州优质人力资源服务机构与铜仁市10个区（县）结对签约。

8月1~7日　苏州市心理学会理事长、苏州大学教授吴继霞，苏州工业职业技术学院教授、党委组织部、党委统战部部长吴少华，台湾树德科技大学社会工作系副教授马长龄等5人组成的苏州市心理学会专家服务团一行深入铜仁市脱贫攻坚一线，为驻村干部做心理健康讲座并开展调研活动。

8月4~6日　吴中区委常委、副区长荣德明率队到德江县，召开两地社区（村）深度对接座谈会，签订吴中区·德江县"整村帮扶"全面合作框架协议。

8月13日　苏州市、铜仁市工商联对口帮扶工作座谈会在苏州市举行。会上，明确苏州市工商联50家直属商会与铜仁市50个贫困村（深度贫困村38个、一类贫困村12个）的结对帮扶关系，采取"1个商会+N个会员企业对1个村"的模式。

8月19~23日　苏州市科协组织苏州科技大学、中科院苏州产业技术创新与育成中心等单位专家到铜仁市开展科技帮扶活动，并召开"苏州百名教授专家进铜仁"帮扶座谈会。

8月21日　石阡县残疾人联合会（简称"残联"）与石阡县温泉开发有限责任公司就残疾人入股达成共识，实施"相城·石阡助力残疾人脱贫幸福工程"，整合江苏省东西部扶贫协作资金30万元和石阡县残联助残资金12.4万元,为5个乡镇212名重残贫困人口每人出资2000元入股到该公司。每位受益残疾人每年可优先享受不低于200元的股金红利。

8月22~26日　松桃县委副书记、县长龙群跃率队到苏州工业园区协商东西部扶贫事宜并召开座谈会。初步议定,松桃县每年给苏州工业园区提供总值2亿元的生猪12万头,与苏州正大针织有限公司签订总投资约3亿元的合作协议。

8月28日　全国首创的东西部扶贫协作驿站"两江家园"劳务协作驿站在张家港市投入使用,首批入驻12名沿河县获扶贫劳动力。

8月29~30日　在四川泸州、宜宾举办的全国"携手奔小康"行动培训班上,苏州高新区管委会领导做"高质量打赢脱贫攻坚战携手共赴'小康之约'"的经验交流发言,张家港市与沿河县"探索'三个三'结对帮扶新模式扶贫协作携手决胜深度贫困奔小康"、太仓市与玉屏县"率先打造教育组团式帮扶全国示范县"、昆山市与碧江区"着力打好'三张牌'深入推进东西扶贫协作"等入选培训班案例。

8月31日　华大集团首席运营官路军一行到铜仁市考察,并向铜仁市红十字会和卫健局分别捐赠价值320万元的BGISEQ高通量测序应用系统1套和150万元健康扶贫专项资金,用于铜仁市胎儿出生缺陷检测。

9月11~12日　贵州省委书记、省人大常委会主任孙志刚,省委副书记、省长谌贻琴率贵州省党政代表团到苏州市考察,与江苏省委书记、省人大常委会主任娄勤俭,省委副书记、省长吴政隆等共商扶贫协作和加强合作事宜。在苏州市期间,孙志刚、谌贻琴一行考察了苏州食行生鲜电子商务有限公司、张家港市善港村等。

10月16~18日　江苏省委统战部副部长、省工商联党组书记顾万峰,苏州市政协副主席、工商联主席李赞分别率江苏省和苏州市工商联到铜仁市开展对口帮扶工作。江苏省、苏州市工商联以及苏州苏汽集团联合向铜仁市工商联捐赠对口帮扶资金30万元。

10月16~18日　玉屏县党政代表团到太仓市调研对接。两地召开太仓·玉屏党政联席会议暨太仓港区·玉屏经开区区域合作座谈会。

10月17日　苏铜两市在全国第六个"扶贫日"举办"苏铜携手·同心圆梦"捐赠活动。铜仁市累计收到苏州市政府机关、学校、银行,企业协会、商会,社会慈善机构,国有企业、民营企业、外资企业和个人捐赠的扶贫资金1507.5万元,以及图书、学习用品、教学设备、衣物、农业生产器材等价值367.1万元的实物物资。

是日　苏铜生猪养殖基地建设及供应工作座谈会在铜仁市召开。

10月18日　在常熟市第一人民医院庆祝建院70周年活动上,常熟市第一人民医院与铜仁市思南县民族中医院的远程会诊系统正式启动。

10月22日 "大爱吴江·心心相印"吴江常青爱心帮困会帮扶印江捐赠仪式在印江博物馆举行。吴江常青爱心帮困会代表、原吴江市委书记汝留根向印江县委、县政府捐赠对口帮扶资金100万元，用于该县剩余贫困人口清零工作。

10月23日 苏州高新区·铜仁万山区东西部扶贫协作高层联席会议在万山区召开。两地签订共建万山区新时代文明实践中心协议，苏州高新区有关单位向万山区捐赠各类对口帮扶资金和物资价值463.4万元。

10月29~31日 苏州市体育局局长周志芳带队到铜仁市考察对接体育对口帮扶工作。

11月4~5日 铜仁市委副书记、市长陈少荣带队到苏州市考察。苏州市委副书记、市长李亚平会见陈少荣一行。

11月5~9日 铜仁市委常委、宣传部部长、统战部部长孟麟率队到苏州市，就两地宣传、统战系统推进东西部扶贫协作有关工作进行对接。苏州市委常委、宣传部部长金洁，市委常委、统战部部长姚林荣，以及苏州市宣传、统战部门相关领导出席座谈会或陪同考察。

11月7~8日 江苏省委组织部常务副部长王立平，苏州市委组织部副部长、市委"两新"工委书记、市委老干部局局长张娟到铜仁市考察东西部扶贫协作工作，并召开苏州市援铜干部座谈会。

11月8日 经国际天文学联合会小行星命名委员会批准，中科院南京紫金山天文台2009年1月26日发现的国际编号为"215021"号的小行星，被正式永久命名为"梵净山星"。

是日 2019消费扶贫市长论坛在苏州市举办。会上，苏州市副市长蒋来清做"共建消费扶贫区域合作新机制"交流发言。苏州市3个消费案例入选全国19个消费扶贫典型案例。

11月11日 江苏省对口帮扶贵州省铜仁市工作队等12个苏州市帮扶集体被贵州省扶贫开发领导小组授予"贵州省脱贫攻坚先进集体"称号，顾坚等7名帮扶干部人才被授予"贵州省脱贫攻坚先进个人"称号。

11月25~29日 苏州市人大常委会副主任、党组副书记王少东，苏州市人大常委会原副主任秦兴元一行到铜仁市开展"银发生辉"志愿服务活动。其间，苏州市委老干部局副局长邵建清向碧江区正光小学捐赠"爱心图书室"，苏州市科协党组书记、主席程波向铜仁市科协捐赠15万元用于沿河县天麻种植技术改良。

11月26日 在"大美昆山·情系碧江"文化旅游交流推介会上，昆山市文体广电和旅游局向碧江区文体广电旅游局捐赠价值20万元的体育器材和价值2万元的图书，双方举行2020年昆碧旅游年卡签约仪式及2019年昆碧旅游年卡分红仪式。

12月2日　万山区5所新启用中小学、幼儿园与苏州高新区相关学校签订结对帮扶协议，实现两区中小学校、幼儿园结对帮扶全覆盖。

12月9日　江苏省妇女儿童福利基金会向铜仁市万山区的109名贫困孤儿（含事实孤儿）每人发放1000元帮扶资金。

12月9~13日　苏州市供销社党组书记、理事会主任王向东带队到铜仁市考察，与铜仁市供销系统就2020年两地扶贫协作工作、共同推动"黔货进苏"达成共识。

12月12~14日　国家开发银行苏州市分行行长王少丹率相关处室负责人和苏州元禾控股有限公司、昆山高新集团有限公司、苏州金融租赁股份有限公司等金融企业负责人到铜仁市考察。

12月13~15日　铜仁市农业农村局组织全市10个区（县）47家企业到苏州市参加第十八届苏州市优质农产品交易会，苏州市免费向铜仁市提供40个展位，共展示展销近150种规格的优质绿色农产品，现场签订订单金额181.5万元。

12月17日　昆山·碧江"六个一"冬日送温暖助力脱贫攻坚清零行动在铜仁市碧江区川硐街道启动。昆山市广大党员干部和社会各界人士捐赠102万元资金及价值50万元过冬物资。

12月18~21日　苏州市红十字会副会长张献忠带队到铜仁市考察，并代表苏州市红十字会向铜仁市红十字会捐赠100万元对口帮扶资金。

是年　经贵州省考核认定，铜仁市石阡县、印江县实现脱贫摘帽。

2020年

1月2日　常熟市举行东西部结对扶贫劳务协作先进表彰暨关爱基金、务工人员之家成立仪式。16名优秀务工人员、15名优秀工作人员和11家优秀单位受到表彰。活动中，关爱基金和务工人员之家揭牌成立，首批关爱基金捐赠单位名单同时公布。

1月12日　"文明高新·情暖万山"结对帮扶工作协议签约捐赠仪式在苏州高新区举行。苏州高新区税务局向铜仁市万山区下溪乡铁门村捐赠文明共建资金10万元，苏州市轨道交通集团向万山区捐赠价值27.34万元的新时代文明实践活动"爱心包裹"。

1月15日　吴江区人社局联合苏州文鼎集团在印江县木黄镇举行"吴企来印·位来已来"东西部就业扶贫劳务对接巡回招聘会。木黄镇文鼎就业服务中心正式挂牌，苏州文鼎集团现场聘请13名村干部作为劳务协作联络员，并颁发"劳务经纪人"聘书。

1月24日　苏州市召开援外干部代表座谈会,贯彻中央和省最新部署要求,听取援外工作汇报,交流经验做法,研究部署进一步加强对口支援和扶贫协作工作措施。江苏省委常委、苏州市委书记蓝绍敏出席会议并讲话,苏州市委副书记、市长李亚平主持座谈会。

2月14日　江苏省召开全省对口帮扶支援合作工作电视电话会议,传达学习全国扶贫开发工作会议和国务院扶贫开发领导小组关于做好新冠肺炎疫情防控期间脱贫攻坚工作的通知精神,贯彻落实省委书记娄勤俭、省长吴政隆批示要求,总结交流2019年对口帮扶支援合作工作,安排部署2020年工作任务。

2月23日　铜仁市各区(县)342名务工人员(其中建档立卡贫困劳动力173个)搭乘G4328次务工专列赴苏州市复工。

是月　江苏省对口帮扶贵州省铜仁市工作队会同苏铜两市及各结对县(市、区)人社部门大力开展"点对点"有组织劳务协作工作,通过高铁专列、包机和包车等方式,累计向苏州市输送铜仁籍务工人员2497人,其中建档立卡贫困劳动力1435个。

2月28日　江苏省委常委、苏州市委书记蓝绍敏主持召开十二届市委第134次常委会议,听取苏州市发改委关于全国扶贫开发工作会议和江苏省对口帮扶支援合作工作电视电话会议有关情况汇报以及贯彻落实的有关建议。

3月6日　在收看收听中央决战决胜脱贫攻坚座谈会后,江苏省对口帮扶支援合作工作领导协调小组暨省扶贫工作领导小组召开会议,认真学习贯彻习近平总书记重要讲话精神和座谈会部署要求,研究推进江苏脱贫攻坚工作。江苏省委书记娄勤俭主持会议并讲话,省委副书记、省长吴政隆,省领导任振鹤、樊金龙、郭文奇、郭元强、赵世勇出席会议。

3月16日　苏州市委副书记、市长李亚平主持召开第92次市政府常务会议,审议《2020年度苏州市东西部扶贫协作工作要点》和《苏州市开展消费扶贫行动的实施方案》。

4月1日　苏州市扶贫协作和对口支援工作会议召开。江苏省委常委、苏州市委书记蓝绍敏出席会议并讲话。市委副书记、市长李亚平主持会议并做具体工作部署。

是日　太仓市政府、玉屏县政府签订生猪保供合作协议,先后在太仓市、苏州市建立玉屏农产品直销中心3个。

4月24日　苏州工业园区·松桃2020年东西部扶贫协作联席会议在苏州工业园区召开。苏州工业园区党工委副书记、管委会主任丁立新,松桃县委副书记、县长龙群跃出席会议。双方签署2020年度对口帮扶协议。

5月7日　石阡县委副书记、县长田运栋率队到相城区考察,双方召开相城·石阡东西部扶贫协作联席会议,签署生猪产销挂钩共建合作框架协议。相城区委副书记、代区长季晶,副区长黄靖等出席会议。

5月17日　铜仁市党政代表团到苏州市考察,对接交流东西部扶贫协作工作。江苏省委常委、苏州市委书记蓝绍敏,铜仁市委书记陈昌旭出席苏州·铜仁扶贫协作联席会议。双方举行苏铜扶贫协作项目和协议签约仪式,签约项目26个,总投资额27亿元。其中,产业合作类项目19个,总投资额23亿元;消费扶贫类项目7个,总采购额4亿元。签订协议5个,其中劳务协作类3个、扶智扶志类2个。

5月17~19日　松桃县委书记李俊宏率队到苏州工业园区对接东西部扶贫协作事宜暨开展招商引资活动。苏州市委常委、苏州工业园区党工委书记吴庆文会见李俊宏一行。

5月17~19日　印江县委书记田艳率党政代表团到吴江区开展考察交流活动。5月18日,召开吴江·印江2020年第1次党政联席会议,签署生猪产销挂钩共建合作框架协议。

5月18日　德江县委书记商友江率队到吴中区开展考察交流活动,召开吴中—德江2020年党政联席会议。两地签署2020年吴中区德江县东西部扶贫协作协议、吴中德江2020年劳务协作稳就业协议、太湖街道—龙泉乡结对帮扶协议。

是日　铜仁市人大常委会副主任、碧江区委书记陈代文率团到昆山市考察学习。陈代文和昆山市委常委、昆山高新区党工委书记、昆山高新区管委会主任管风良共同为"昆碧乐比邻"东西部扶贫协作展示中心揭牌。

5月19日　相城·石阡东西部协作产销对接石阡矿泉水自动销售启动仪式在相城区盛泽湖月季园举行。

5月19~21日　苏州市残联与铜仁市残联召开2020年苏铜两市残联扶贫协作工作推进会。双方签订15个扶贫协作项目,涉及对口帮扶资金超过140万元。

5月21日　张家港市委书记潘国强率党政代表团到沿河县考察。其间,举行新时代文明实践志愿服务指导中心"志愿沿河"网暨24小时新时代文明实践驿站启用仪式、张家港大道命名揭牌仪式。双方召开张家港·沿河东西部扶贫协作联席会议,签订2020年东西部扶贫协作协议,张家港市向沿河县中等职业学校捐赠100万元助学金,用于该校贫困生就学。

6月9日　苏州陈霞爱心慈善基金会铜仁爱心站揭牌捐赠暨铜仁市江苏商会·南京市宜兴商会助力铜仁脱贫攻坚协作会议在铜仁市召开。苏州陈霞爱心慈善基金会铜仁爱心站现场捐赠爱心基金10万元和价值10万元的爱心物资。

是日　中共苏州高新区对口帮扶铜仁市万山区工作组行动支部、农工党苏州高新区总支部、农工党铜仁市万山区支部三方举行脱贫攻坚合作协议签订仪式。农工党苏州高新区总支部向万山区人民医院捐赠价值3万余元的医疗设备。

6月22日　万山区委副书记、区长张吉刚带队到苏州高新区考察。双方召开苏州高新区·铜仁市万山区2020年东西部扶贫协作联席会议。苏州高新区经发委、社会事业局向万山区捐赠东西部协作资金1650万元和移动数字文化方舱1座。中共苏州高新区对口帮扶铜仁市万山区工作组行动支部成立。

6月23日　思南、常熟、泗洪、青铜峡四地美术、书法、摄影作品联展活动在思南县举行。四地宣传部、文联相关人员和美术家、书法家、摄影家60余人参加活动。

6月29日至7月5日　苏州市委宣传部副部长、市委网信办主任陈雪嵘带领苏州市委组织部、宣传部和苏州市文联、作家协会、广电总台等单位21名采访人员到铜仁市开展"援建初心·筑梦使命"主题采风活动。

7月1日　贵州省2020年脱贫攻坚"七一"表彰大会在贵阳市举行。贵州省委书记、省人大常委会主任孙志刚出席并讲话。省委副书记、省长谌贻琴宣读《中共贵州省委关于表彰全省脱贫攻坚优秀共产党员、优秀基层党组织书记、优秀村第一书记和先进党组织的决定》。江苏省张家港市对口帮扶贵州省沿河土家族自治县工作组党支部和苏州高新区对口帮扶铜仁市万山区工作组行动党支部被授予"贵州省脱贫攻坚先进党组织"称号，谷易华等12名帮扶干部人才被授予"贵州省脱贫攻坚优秀共产党员"称号。

是日　苏州市政府副秘书长、办公室主任张旗带队到铜仁市考察。

7月5~6日　德江县委副书记、县长秦智坤率党政代表团一行到吴中区考察交流并召开吴中—德江2020年第2次党政联席会议。

7月31日　铜仁市组团到苏州市参加2020年第九届中国苏州文化创意设计产业交易博览会，并举行文化旅游产业招商会，成功签约铜仁市碧江区文化旅游综合体建设、松桃乌罗苏缘小慢城综合体开发建设等8个文化旅游产业项目，投资金额7.2亿元。

8月3日　由江苏省妇联、省妇儿基金会联手江苏省国资委、苏州市妇联、张家港市共同组织实施的"苏黔精准扶贫·春蕾计划"项目捐赠仪式在铜仁市沿河县举行。项目计划分3年实施，通过腾讯公益平台联合社会爱心力量共同筹措，预计筹募资金676万元。所有款项全部用于帮扶贵州省铜仁市沿河县2587名建档立卡贫困户女童。

8月3~5日　太仓市委副书记、市长汪香元率队到玉屏县考察对接。其间，双方召开玉屏·太仓东西部扶贫协作党政联席会议。

8月4日　苏州高新区党工委副书记、虎丘区区长毛伟率团到万山区实地考察并召开高层联席会议。

8月4~5日　江苏省委书记、省人大常委会主任娄勤俭率党政代表团到铜仁市考察交流。两省在铜仁市举行江苏·贵州扶贫协作工作联席会议。两省间签署包括农产品加工、产业投资、旅游开发、职业教育等在内的27个合作项目协议，计划投资额70亿元。

8月4~5日　昆山市委书记吴新明率团到碧江区对接东西部扶贫协作。双方召开2020年碧江·昆山扶贫协作联席会议，共同为昆山碧江东西部扶贫协作昆碧爱基金揭牌。

8月5日　苏州市委常委、姑苏区委书记黄爱军率团到江口县考察，进一步推进两地扶贫协作，深化交流合作。

是日　贵州省商务厅党组书记、厅长季泓到万山区调研苏高新农产品供应链示范基地建设、运营等情况。

8月9~10日　江苏省国资系统消费扶贫专项活动在南京市举办，6家铜仁市农特产品生产、销售企业参展。江苏省副省长马欣、江苏省对口支援工作领导协调小组成员王志忠考察铜仁市展位。

8月10日　吴中区委副书记、代区长李朝阳率队到德江县开展帮扶考察，并召开吴中德江东西部扶贫协作高层联席会议。两地政府签订生猪保供协议、德江县第八中学远程教育合作协议；吴中区政府向德江县政府捐赠对口帮扶资金1500万元。

8月11日　常思远程医疗信息化平台全覆盖启动仪式暨基层医疗机构急诊急救技能培训班在线上开班。

8月12~13日　德江县委书记商友江率队到吴中区开展招商考察及东西部协作交流活动。

8月14~17日　苏州市纪委副书记邹洪凯一行到铜仁市考察东西部扶贫协作工作开展情况并召开座谈会。

8月17日　铜仁—苏州贫困村创业致富带头人培训班（市内班）第一期在铜仁市万山区开班，60名学员参加培训。

8月18日　吴江区委副书记、代区长王国荣率队到印江县开展对口帮扶工作，在印江博物馆召开吴江·印江2020年第2次党政联席会议。会上，王国荣代表吴江区向印江县捐赠东西部扶贫协作资金700万元。

8月19~20日　贵州省委书记、省人大常委会主任孙志刚，省委副书记、省长谌贻琴率党政代表团到江苏省考察。江苏省委书记、省人大常委会主任娄勤俭，省委副书记、省长吴政隆与代表团一行会见座谈，并举行2020江苏·贵州东西部扶贫协作项目签约活动。

8月22~23日　国务院扶贫办在云南省怒江州、保山市举办全国东西部扶贫协作培训班。江苏省对口帮扶贵州省铜仁市工作队碧江区工作组报送的"深化协作共建·携手共奔小康全力打造东西部扶贫协作典范"和万山区工作组报送的"东部驱动+贵州发

展　全力助推铜仁市万山区产业发展"入选2020年全国东西部扶贫协作培训班案例，碧江区工作组在培训会上做交流发言。

8月22~23日　相城区委副书记、代区长季晶率考察团到石阡县考察对接帮扶工作，并召开相城·石阡东西部扶贫协作联席会议。相城区向石阡县援助对口帮扶资金1500万元；相城区农业农村局与石阡县农业农村局签订石阡县相城区农产品直供基地框架协议；苏州相城源溶助学助困关爱基金向石阡县捐赠助学资金30万元。

8月24~25日　苏州市委常委、苏州工业园区党工委书记吴庆文一行到松桃县考察调研苏铜扶贫协作项目松桃第七完全小学、松桃民族中学、苏州工业园区引进项目新盛包装制品厂等，并慰问苏州市在松桃县的支教支医人员。

8月25~30日　由贵州省宣传部主办的"山海同行·决胜今朝"东西部扶贫协作"6+1"省级媒体主题采访活动在贵阳市举行启动仪式。

8月26日　贵州省委、省政府在贵阳市召开脱贫攻坚对口帮扶工作座谈会，贵州省委书记、省人大常委会主任孙志刚出席会议并讲话，省委副书记、省长谌贻琴主持会议。会上，上海市、大连市、青岛市、广州市、苏州市、杭州市、宁波市等东部对口帮扶城市工作队领队，中央组织部、民革中央等中央单位定点扶贫工作队队长或代表先后交流发言。

8月31日　由东西部扶贫协作资金在松桃县易地扶贫搬迁团山安置点投资1.1亿元修建的松桃第七完全小学和第八幼儿园正式开学，1000余名搬迁群众子女就近入学入园。

9月14日　江苏省委书记娄勤俭在上报中央办公厅的《江苏省及苏州市深入贯彻落实习近平总书记重要讲话精神倾力帮助贵州铜仁实现蜕变摆脱绝对贫困》信息专报上做出肯定性批示，要求通报市、县参阅借鉴。

9月15日　"苏铜携手·助学圆梦"项目签约暨助学金发放仪式在铜仁市碧江区矮屯安置区举行，苏州市总工会与铜仁市总工会签订项目合作协议，并向125名易地扶贫搬迁学生发放助学金54.7万元。

9月15~18日　苏州市委常委、副市长洪宗明率考察组到铜仁市考察。苏州市农业发展集团有限公司向沿河县捐赠对口帮扶资金50万元。

9月19~21日　苏州市委常委、组织部部长陆新率队到铜仁市考察并召开座谈会。

9月24日　苏州高新区党工委书记、虎丘区委书记方文浜率队到万山区调研经济社会发展情况。铜仁市人大常委会副主任、万山区委书记田玉军陪同调研。

10月26日　苏铜两地妇联共同举办的苏州·铜仁妇联东西部扶贫协作捐赠暨"梵净匠心·指尖生花"锦绣计划培训开班。苏州市妇联向铜仁市妇联捐赠30万元资金用于锦绣计划培训、儿童之家建设和贫困学子助学。

10月27~28日　国务院扶贫办在宁夏回族自治区临夏州举办的全国东西部扶贫协作"携手奔小康"行动培训班现场观摩活动上,"创新支教'组团式'打造帮扶全国'样板县'""凝聚各方力量携手共奔小康——苏州昆山帮扶铜仁碧江结对帮扶案例""两地携手稳就业东西协作战贫困——太仓·玉屏构建劳务协作长效机制""携手同心战深贫　合力打好歼灭战"入选案例选编。

11月3日　梵净山珍松桃馆开馆仪式暨松桃农特产品"黔货出山"消费扶贫产销对接会在苏州阳澄湖半岛旅游度假区举行。

11月18日　由苏州市苏剧传习保护中心精心打造,国家一级演员、国家级非物质文化遗产项目(昆剧)代表性传承人、中国戏剧梅花奖"二度梅"获得者王芳领衔主演的苏剧传承版《国鼎魂》在铜仁市碧江区会议中心上演。演出期间,苏州市文化部门向铜仁市捐赠45万元文化艺术培训经费,并举行苏州铜仁艺术培训基地揭牌仪式。

12月24日　昆山高新区向碧江区人民医院捐赠1套价值159万元的华大智造远程超声机器人MGIUS—R3医疗设备。

是日　苏铜两市科技局联合举办的"苏州科技行·走进铜仁"暨"苏铜情·共圆科技兴农梦"揭榜比拼大赛在铜仁市举行。7个专家团队成功中榜,并在现场签订科技项目合作协议书。

12月25日　由人民日报社、国务院扶贫办指导,人民网、《中国扶贫》杂志社联合主办的第三届中国优秀扶贫案例报告会上,昆山市和碧江区"六化联动"助推乡村振兴助力脱贫攻坚,常熟市与思南县"铸强产业造血主轴、打造产业脱贫硬核"入选"防止返贫"和"产业扶贫"优秀案例。沿河县委常委、副县长,江苏省对口帮扶贵州省铜仁市工作队沿河县工作组组长陈世海入选"最美人物"优秀案例。

12月31日　新华社24小时大型全媒体直播《大国小村的那些脱贫故事》,连线"铜仁之家"苏州市吴江站之温暖异乡年活动。吴江区人社部门领导与铜仁籍务工人员共跳摆手舞,欢乐打糍粑,开心包馄饨、品特产,热热闹闹一起过新年。

是年　经贵州省考核认定,思南县、德江县、松桃县、沿河县实现脱贫摘帽。

2021年

2月8日　江苏省委书记、省人大常委会主任娄勤俭,省委副书记、省长吴政隆与江苏省对口支援前方指挥部及对口帮扶贵州省铜仁市工作队主要负责人座谈。

2月22日　2021年苏州援派干部代表座谈会召开。江苏省委常委、苏州市委书记许昆林出席并讲话,苏州市委副书记、市长李亚平主持座谈会。

2月24日 江苏省对口支援协作合作工作电视电话会议召开。江苏省委书记娄勤俭、省长吴政隆做出批示。省委常委、常务副省长樊金龙出席会议并讲话。

2月25日 全国脱贫攻坚总结表彰大会在北京人民大会堂举行。江苏省对口帮扶贵州省铜仁市工作队、江苏省对口帮扶贵州省铜仁市工作队碧江区工作组荣获全国脱贫攻坚先进集体表彰;江苏省对口帮扶贵州省铜仁市工作队领队、铜仁市委常委、铜仁市副市长(挂职)、苏州市政府党组成员查颖冬,贵州省铜仁市扶贫开发办公室综合科副科长(挂职)、苏州市相城区政府办公室副主任张皋荣获全国脱贫攻坚先进个人表彰。

3月23日 贵州省委副书记蓝绍敏到铜仁市碧江区滑石乡白水大米生产基地、万山区牙溪生态农场调研脱贫攻坚工作。

4月7日 "在希望的田野上"——苏铜缘·山水情公益活动在铜仁市举行。现场,中华慈善总会、深圳市涌容资产管理有限公司、东吴证券股份有限公司等社会各界爱心力量向铜仁市捐赠善款及物资价值3430万余元。

4月23日 贵州省召开脱贫攻坚总结表彰大会。贵州省委书记、省人大常委会主任谌贻琴出席并讲话,省委副书记、省长李炳军主持会议,省政协主席刘晓凯出席,省委副书记蓝绍敏宣读表彰决定。江苏省对口帮扶贵州省铜仁市工作队思南县工作组等4个苏州市帮扶集体被评为贵州省脱贫攻坚先进集体,汤留弟等6名帮扶干部人才被评为贵州省脱贫攻坚先进个人。

5月5日 江苏苏州·贵州铜仁东西部协作工作座谈会在苏州市召开,苏州市与铜仁市签订缔结友好城市协议。贵州省委副书记蓝绍敏,江苏省委常委、苏州市委书记许昆林,铜仁市委书记陈昌旭出席会议并讲话。苏州市委副书记、市长李亚平主持会议。

5月27日 苏州·铜仁扶贫协作工作总结座谈会在铜仁市召开。会议上,向工作队和专业技术人才代表颁发省级纪念章,并对在2015~2020年东西部扶贫协作工作中表现优秀的369名援铜帮扶干部人才予以通报表扬。会上,双方签署《苏州市·铜仁市东西部扶贫协作交接书》。江苏省苏州市对口帮扶贵州省铜仁市工作至此结束。

是日 由苏高新集团有限公司投资2.5亿元建设,总建筑面积2.45万平方米的铜仁·苏州大厦落成典礼在万山区举行。

5月28日 23名江苏省对口帮扶贵州省铜仁市工作队员及部分"三支"人才圆满完成对口帮扶铜仁的任务,启程返回苏州市。

10月31日 中共江苏省委、江苏省人民政府发文对全省脱贫攻坚暨对口帮扶支援合作工作表现突出集体予以通报表扬,苏州高新区对口帮扶铜仁市万山区工作组等8个对口帮扶工作组被评为"三对"工作先进集体。

是日　中共江苏省委、江苏省人民政府发文表彰全省脱贫攻坚暨对口帮扶支援合作先进集体和先进个人,江苏省(苏州市相城区)对口帮扶贵州省铜仁市工作队石阡县工作组等3个苏州市帮扶铜仁市的集体被评为先进集体,陈世海等11名帮扶铜仁干部人才被评为先进个人。

12月18日　江苏省委常委、苏州市委书记曹路宝主持召开十三届市委第7次常委会会议,听取苏州市对外合作交流有关事项汇报,肯定苏州市对口帮扶铜仁市工作,要求持续巩固拓展脱贫攻坚成果同乡村振兴有效衔接工作。

第一章

组织领导

2013年2月,国务院办公厅印发《关于开展对口帮扶贵州工作的指导意见》,对新时期做好对口帮扶贵州省工作做出全面部署,明确东部8个城市与贵州省8个市(州)"一对一"的结对帮扶关系,其中苏州市对口帮扶铜仁市。对口援黔工作期限初步确定为2013~2020年。

2013年起,苏铜两市结成对口帮扶关系。东西部扶贫协作的具体组织推进工作由江苏省对口帮扶支援合作工作领导协调小组(江苏省对口支援工作领导协调小组)负责,实行省里统一协调、设区市负总责、县(市、区)抓落实的工作机制。苏州市和铜仁市分别成立对口帮扶工作领导协调小组,苏州市由市委常委负责,全市各部门、系统主要负责人参与,苏州市各县级市(区)主要负责人在东西部扶贫协作和对口帮扶工作中分工明确,落实前方工作队有关工作安排。两地党政领导定期互访对接,协力推进帮扶项目,在职责分工、干部选派、帮扶规划及资金管理等方面建立健全工作机制,全面做好对口帮扶工作,发挥强有力的组织领导职能。

第一节　帮扶机构

2013年9月13日,苏州市政府成立苏州市对口帮扶铜仁市工作领导协调小组,建立由市、县(区)和部门共同推动的帮扶工作机制,进一步加强对口帮扶铜仁市工作的组织领导;铜仁市相应成立东西部扶贫协作工作领导小组。两市共同研究编制《苏州对口帮扶铜仁实施计划(2013~2015年)》,确定3年帮扶实施建设项目。苏州市下辖的县级市(区)与铜仁市的区(县)全部实现"一对一"结对帮扶,具体为:张家港市—沿河县、常熟市—思南县、太仓市—玉屏县、昆山市—碧江区、吴江区—印江县、吴中区—德江县、相城区—石阡县、姑苏区—江口县、苏州工业园区—松桃县、苏州高新区—万山区。两市政府每年签订年度对口帮扶合作框架协议,各县(市、区)及有关部门均分别签订协议,落实主体责任。

2014年7月25日,为切实做好全省对口支援工作,江苏省委、省政府印发文件,将江苏省对口援藏援疆工作领导协调小组更名为江苏省对口支援工作领导协调小组,由省委、省政府主要领导担任第一组长、组长。2015年初,苏州市选派5名干部到铜仁市碧江区、松桃县、思南县、沿河县等地挂职,组成苏州对口帮扶铜仁前方工作队开展帮扶工作。2016年,苏铜两市组织编制《苏州对口帮扶铜仁工作五年规划(2016~2020年)》。

2016年7月,中共中央总书记、国家主席、中央军委主席习近平在银川市主持召开东西部扶贫协作座谈会后,苏州市对口帮扶铜仁市工作上升到全国东西部扶贫协作范畴。12月7日,中共中央办公厅、国务院办公厅印发并实施《关于进一步加强东西部扶贫协作工作的指导意见》,进一步强化责任落实、优化结对关系、深化结对帮扶、聚焦脱贫攻坚,提高东西部扶贫协作和对口支援工作水平,推动西部贫困地区与全国一道迈入全面小康社会。并明确江苏省帮扶陕西省、青海省西宁市和海东市,苏州市帮扶贵州省铜仁市。12月30日,中共江苏省委办公厅、江苏省人民政府办公厅印发并实施《关于深入推进东西部扶贫协作工作的实施意见》,明确江苏省与贵州省、苏州市与铜仁市的结对关系,要求各结对帮扶市原则上要选择2个优强县(市、区)对接对方市2个重点区(县),探索开展乡镇、行政村之间结对帮扶。承担对口帮扶任务的县(市、区)要把精准扶贫、精准脱贫作为重要内容。

2017年,江苏省对口支援工作领导协调小组办公室印发《江苏省携手奔小康行动结对帮扶名单》的通知,江苏省委、省政府进一步明确苏州市10个市(区)与铜仁市10个区(县)之间实施的"一对一"精准帮扶关系。4月,苏州市从市商务局、常熟市、相城区和苏州工业园区选派7名干部组建江苏省对口帮扶贵州省铜仁市工作队到铜仁市开展帮扶工作,由苏州市政府党组成员、相城经济技术开发区管委会主任查颖冬担任工作队领队。10月,苏州市从其余7个市(区)增派16名党政干部到铜仁市其余8个区(县)挂职,实现对铜仁市10个区(县)派驻工作组全覆盖。11月7日,苏州市政府印发《苏州市东西部扶贫协作考核实施细则(试行)》和《苏州市东西部扶贫协作工作分工职责实施细则》,落实市各级各部门在组织领导、人才支援、资金支持、产业合作、劳务合作、"携手奔小康"等方面工作职责,加强考核督查。

2019年4月24日,江苏省委办公厅、省政府办公厅印发文件,将江苏省对口支援工作领导协调小组更名为江苏省对口帮扶支援合作工作领导协调小组,并调整组成人员,省委书记、省长分别继续担任第一组长、组长。是年,工作队首批23名队员2年挂职期满。工作队领队、10个区(县)工作组组长及2名科级干部延长一个任期继续留在铜仁市工作,其余干部进行轮换。

2021年5月,根据国家新一轮东西部协作结对关系调整安排,苏州市不再帮扶贵州省铜仁市。苏州市、铜仁市缔结友好城市。工作队与广东省派驻铜仁市的东西部协作工作组完成工作交接后,结束在铜仁市的对口帮扶工作返回苏州。

一、领导机构

1997年4月25日，为认真贯彻中央扶贫开发工作会议精神，加强对口扶贫协作的组织领导，市委、市政府决定成立苏州市对口扶贫协作领导小组。冯大江任组长，包国新、孟焕民、王健荣、池伯贤任副组长。成员由各县级市、苏州高新区、苏州工业园区、市属有关委办局的负责人组成。市对口扶贫领导小组办公室具体协调全市工作开展。

2007年5月18日，中共苏州市委办公室、市政府办公室发出《关于调整苏州市对口扶贫协作领导小组成员的通知》。明确因人事调整和工作需要，经市委、市政府研究决定，市对口扶贫协作领导小组成员调整。市委常委、常务副市长曹福龙任组长，市政府副秘书长徐美健、市发改委主任申建华任副组长。成员：市委组织部副部长、市委非公经济工委书记温祥华，市委宣传部副部长郦方，市发改委副主任刘庆龙，市经贸委副主任万嗣洪，市教育局副局长袁迪，市科技局副局长刘春奇，市民政局副局长庞剑萍，市财政局副局长陈雄伟，市劳动和社会保障局副局长赵坚，市农林局副局长秦建国，市外经贸局副局长任辉，市文广局副局长吴国良，市卫生局党委副书记单弘，市旅游局副局长朱俊彪，团市委副书记蔡剑峰，市工商联副会长邱良元，张家港市副市长蒋来清，常熟市副市长俞惠良，太仓市常务副市长盛蕾，昆山市常务副市长周雪荣，吴江市副市长王永健，吴中区副区长薛明仁，相城区副区长蒋炜鼎，苏州工业园区党工委副书记潘云官，苏州高新区管委会副主任蒋国良。领导小组办公室设在市发改委，刘庆龙兼任办公室主任，周治钢兼任办公室副主任。

2013年9月13日，苏州市政府发文《市政府关于成立苏州市对口帮扶铜仁市工作领导协调小组的通知》。成立苏州市对口帮扶铜仁市工作领导协调小组，副市长徐明任组长，市政府副秘书长陆伟跃任副组长。成员：市委组织部副部长、老干部局局长周昌明，市委宣传部副部长王燕红，市发改委主任游膺，市经信委主任周群信，市教育局局长顾月华，市科技局局长黄戟，市民政局局长李永根，市财政局局长吴炜，市人社局局长程华国，市规划局局长凌鸣，市农委党委书记、副主任秦建国，市商务局局长唐晓东，市卫生局（食药监局）局长张月林，市旅游局局长朱国强，市工商联副主席陈丽新，张家港市副市长丁学东，常熟市副市长沈一平，太仓市副市长赵建初，昆山市副市长夏小良，吴江区副区长汤卫明，吴中区副区长沈伟民，相城区副区长茅冬文，姑苏区副区长徐刚，苏州工业园区管委会副主任黄海涛，苏州高新区管委会副主任蒋国良。领导协调小组下设办公室，办公室设在市发改委，游膺兼任办公室主任，刘伟民兼任办公室副主任。

2017年11月17日，苏州市政府发文《市政府关于调整苏州市对口帮扶铜仁市工作领导协调小组的通知》，因人事调整，调整苏州市对口帮扶铜仁市工作领导协调小组。常务副市长王翔任组长，副市长蒋来清任常务副组长，市政府副秘书长沈志栋、市政府副秘书长江皓、市发改委主任凌鸣任副组长。成员：市委组织部副部长胡卫江,市委宣传部副部长陈雪嵘,市经信委主任周伟,市教育局局长张曙,市科技局局长张东驰,市民政局局长李永根,市财政局局长吴炜,市人社局局长朱正,市住建局局长邵庆,市规划局局长张剑,市农委主任吴文祥,市商务局局长方文浜,市文广新局局长李杰,市卫计委主任谭伟良,市旅游局局长朱国强,市政府国资委主任盛红明,团市委书记万利,市妇联主席谢建红,市科协主席程波,市供销合作总社主任周春,农发行苏州市分行行长陈一兵,国开行苏州分行副行长杜勇,市工商联副主席邱良元,张家港市副市长王松石,常熟市副市长雷波,太仓市副市长顾晓东,昆山市副市长金健宏,吴江区副区长戚振宇,吴中区副区长王卫国,相城区副区长黄靖,姑苏区副区长张文彪,苏州工业园区管委会副主任黄海涛,虎丘区人大常委会副主任蒋国良。领导小组办公室设在市发改委,具体负责牵头组织协调对口帮扶铜仁市的日常工作。市发改委主任凌鸣兼任办公室主任,市发改委副主任张伟兼任办公室副主任。文件规定,对口帮扶铜仁市工作领导协调小组组成人员工作如有变动,由相应岗位人员自行递补,不再另行发文。

2017年11月27日,中共苏州市委办公室发文《市委办公室、市政府办公室关于调整苏州市对口扶贫协作领导小组成员的通知》。因人事调整和工作需要,经市委、市政府研究决定,市对口扶贫协作领导小组成员调整。市委常委、副市长王翔任组长;副市长蒋来清任常务副组长;市政府副秘书长、市政府金融办主任沈志栋,市政府副秘书长江皓,市发改委主任凌鸣任副组长。成员：市委组织部副部长胡卫江;市委宣传部副部长陈雪嵘;市委统战部副部长、市民宗局局长曹雪娟;市经信委主任周伟;市教育局局长张曙;市科技局局长张东驰;市民政局局长李永根;市财政局局长吴炜;市人社局局长朱正;市规划局局长张剑;市农委主任吴文祥;市商务局局长方文浜;市文广新局局长李杰;市卫计委主任谭伟良;市旅游局局长朱国强;市政府国资委主任盛红明;团市委书记万利;市妇联主席谢建红;市科协主席程波;市供销合作总社主任周春;农发行苏州市分行行长陈一兵;国开行苏州分行副行长杜勇;市工商联副主席邱良元;张家港市副市长王松石;常熟市副市长雷波;太仓市委常委、副市长顾晓东;昆山市委常委、副市长金健宏;吴江区副区长戚振宇;吴中区副区长王卫国;相城区副区长黄靖;姑苏区委常委、副区长,保护区党工委委员、管委会副主任张文彪;苏州工业园区党工委委员、管委会副主任黄海涛;虎丘区人大常委会副主任蒋国良。领导小组办公室设在市发改委,具体负责牵头组织协调市东西部扶贫协作的日常工作。市发改委主任凌鸣兼任办公室主任,市发改委副主任张伟兼任办公室副主任。文件规定,市对口扶贫协作领导小组组成人员工作如有变动,由相应岗位人员自行递补,不再另行发文。

根据市文件精神,各市（区）政府成立相应的对口扶贫协作领导小组,组织协调各地扶贫协作和对口支援工作。苏州市对口扶贫协作领导小组办公室每年按照国家下达苏州市的东西部扶贫协作任务和年度工作计划,对苏州市东西部扶贫协作任务进行分解,印发任务计划给工作队(组)和市对口扶贫协作领导小组成员单位落实,确保完成各项工作任务。

2017年2月13日,苏州市召开援外干部代表座谈会。江苏省委常委、苏州市委书记周乃翔(右四)出席会议并讲话,苏州市委副书记、市长李亚平(右三)主持座谈会

二、工作机构

2015年1月,根据江苏省委、省政府和苏州市委、市政府有关工作要求,苏州市组建苏州对口帮扶铜仁前方工作队,选派5名干部到铜仁市挂职开展帮扶工作。路军作为铜仁市政府顾问、苏州对口帮扶铜仁前方工作队负责人,王晋、沈晶、马春青和程锋分别挂任碧江区、松桃区、沿河县和思南县的副区(县)长、开发区副主任。至2017年2月,苏州对口帮扶铜仁前方工作队负责苏州市帮扶铜仁市的前方各项工作。

2017年4月5日,江苏省委组织部、省人力资源和社会保障厅联合印发《关于东西部扶贫协作干部选派管理工作的通知》,要求根据东西部扶贫协作结对关系,从有关设区市和省直单位选派干部组成对口帮扶工作队(工作组)。根据结对县(市、区)关系,对口帮扶贵州省铜仁市工作队由苏州市选派人员组成,设领队1名(副厅级),挂任铜仁市党政班子相应职务;2名处科级工作人员,挂任受帮扶地相应职务。对口帮扶干部挂职期间以扶贫工作为主,由帮扶地和受帮扶地共同管理,日常管理以受帮扶地为主。对口帮扶工作队领队(工作组组长)做好工作对接、沟通协调和人员管理等工作。

2017年10月9日,江苏省委组织部、省人力资源和社会保障厅联合印发《关于增派东西部扶贫协作干部有关工作的通知》,根据省委、省政府要求,江苏省相关设区市进一步扩大与受帮扶地区贫困县结对范围,实现结对全覆盖。有关设区市向新增的结对贫困县(区)各选派2名干部担任联络员,其中1名处级干部,挂任受帮扶地党政班子相应职务;1名科级干部,挂任受帮扶地相应职务。按照通知要求,苏州市委组织部对新结对的铜仁市8个贫困县(区)各选派2名干部开展帮扶工作。确保铜仁市有1名厅级干部担任工作队领队,铜仁市10个贫困区(县)至少各有1名处级挂职干部。

2017年,江苏省对口帮扶贵州省铜仁市工作队作为对口帮扶铜仁市的工作机构,首批有23名队员,具体负责苏州市对口帮扶铜仁市各项工作,并设置碧江区、万山区、江口县、松桃县、玉屏县、石阡县、思南县、印江县、德江县、沿河县10个工作组落实对应县（区）的帮扶。

铜仁市根据中共中央办公厅、国务院办公厅《关于进一步加强东西部扶贫协作工作的指导意见》要求，明确岗位职责分工，厅级干部作为对口帮扶铜仁市工作队领队并挂任铜仁市委常委、副市长，处级干部作为工作组组长，主要在贫困区（县）党委、政府挂职，科级干部一般挂任贫困区（县）扶贫开发领导小组办公室副主任，均明确主要分管联系扶贫开发工作，主抓东西部扶贫协作工作。铜仁市相应在市级及所辖10个区（县）全面建立东西部扶贫协作工作机构，机构均设于各级扶贫部门，并在铜仁市扶贫办设工作专班，分为综合协调、产业合作、项目资金、人才交流培训、劳务输出协作、民生帮扶、社会动员7个小组开展工作。

苏铜双方工作部门和结对帮扶单位实施定期和不定期的交流机制，探讨交流合作思路，协商交流合作项目，通报工作进展，增强工作的针对性和有效性。

2017年4月5日，铜仁市召开苏州市首批援铜挂职干部座谈会，铜仁市委书记陈昌旭（中间左列右五）、苏州市副市长蒋来清（中间右列左五）出席会议并讲话。苏州市政府党组成员、相城经济技术开发区管委会主任查颖冬（中间右列左四）作为江苏省对口帮扶贵州省铜仁市工作队领队表态发言

2019年6月13日，苏州市委组织部副部长、市委"两新"工委书记、市委老干部局局长张娟（右列左五）带队，送工作队第二批部分队员到铜仁市挂职，并举行苏州对口帮扶铜仁挂职干部座谈会

2020年10月9日，苏州市委常委、组织部部长陆新（前排左四）看望慰问江苏省对口帮扶贵州省铜仁市工作队第二批队员

第二节　帮扶机制

苏州市与铜仁市确立东西部扶贫协作关系后,江苏省、苏州市与贵州省、铜仁市党政主要领导积极开展高层互访,建立对口帮扶联席会议制度,召开省市各级电视电话会议、市委常委会、市政府常务会议、扶贫协作和对口支援工作推进会等专题会议,研究部署和协调推进扶贫协作工作。双方领导协调小组成员单位互访频繁,建立对口帮扶工作协商沟通机制,苏州市各市(区)相继带着资金、项目到铜仁市开展对口帮扶等工作。

一、高层联席会议

江苏省、苏州市和贵州省、铜仁市坚持每年党政主要领导至少互访1次,确定帮扶重点,研究部署和协调推进对口帮扶工作。

2013年4月3日,江苏省委常委、苏州市委书记蒋宏坤,苏州市市长周乃翔在苏州市会见铜仁市委书记刘奇凡一行。

2014年3月24日,江苏省委书记罗志军、贵州省委书记赵克志出席在铜仁市召开的江苏省苏州市对口帮扶贵州省铜仁市工作座谈会并讲话。罗志军强调,全国对口帮扶贵州省工作启动会之后,江苏省委、省政府高度重视,切实加强组织领导,支持苏州市做好对口帮扶铜仁市工作。要创新思路,加大推进力度,认真落实好扶贫开发攻坚、增强基本公共服务能力、深化经济技术交流合作、加强干部和人才培养交流等四大任务。一是着力坚持规划引领,按照守住发展和生态两条底线的要求,统筹好生产、生活和生态空间。二是着力突出民生优先,将教育、卫生、农村环境等民生工程放在首位,改善群众的生产生活条件。三是着力强化产业支撑,坚持以产业为引领,把铜仁市最有优势的产业搞上去,带动经济社会全面发展。四是完善帮扶机制,加强双方党委、政府之间的交流沟通,建立健全社会参与机制,更加注重运用市场力量推动双方的合作。会上,江苏省委常委、苏州市委书记蒋宏坤和铜仁市委书记刘奇凡分别介绍两市经济社会发展情况及对口帮扶工作情况。苏州市向铜仁市捐赠2014年度对口帮扶资金3500万元。9月17日,江苏省委副书记、苏州市委书记石泰峰会见铜仁市委书记刘奇凡率领的铜仁市党政代表团一行,就深化苏铜交流合作共谋共商。石泰峰强调苏铜两市要以对口帮扶工作为契机,着眼战略全局,不断深化两市在产业发展、资源开发、城乡建设、干部培养等方面的交流合作,做到优势互补、共赢发展、造福于民,打造东西部合作的亮点和品牌。

2015年5月16~17日，江苏省委副书记、省长李学勇，省人大常委会副主任史和平，苏州市市长周乃翔与贵州省委副书记、省长陈敏尔，铜仁市委书记、市长夏庆丰等，在铜仁市召开江苏省苏州市对口帮扶贵州省铜仁市工作座谈会，明确苏州市对口帮扶铜仁市工作的重点领域及工作安排，同时向铜仁市捐赠2015年度对口帮扶资金3499万元和教育帮扶专项资金1500万元。李学勇在座谈会上强调，结合"十三五"规划，苏铜对口帮扶工作要推动"四个加强"：一是加强扶贫开发，助力农民增收；二是加强基本公共服务建设，助力改善农村生产生活条件；三是加强产业合作，助力提高自我发展能力；四是加强干部人才交流培训，助力增强内生动力。周乃翔表示要从精心编制新一轮帮扶规划、着力加强农业对接合作、推动完善基本公共服务、加快推进产业园区建设、大力开展人才交流培训等五方面，拓宽帮扶领域，加大推进力度。

2016年5月26日，苏州市委副书记、市长曲福田率团到铜仁市调研考察，与铜仁市委书记夏庆丰座谈时明确，启动"新三百工程"——"十三五"期间苏州市每年选派百位专家（教授）、百位艺术家、百家旅行社走进铜仁市开展帮扶工作。借助苏州市人才资源优势，发挥专业技术人才的引领和带动作用，指导帮扶铜仁市教育文化旅游事业工作，促进铜仁市文化产业和旅游产业振兴。10月9日，在贵阳市召开的东西部扶贫协作和对口帮扶贵州工作联席会议上，苏州市市长曲福田与铜仁市市长陈晏代表双方政府签订《东西部扶贫协作和对口帮扶合作框架协议（2016~2020年）》，在完善结对帮扶关系、促进产业合作、开展劳务输出对接、实施教育医疗科技帮扶、深化干部人才培训交流、推动旅游开发合作、动议社会广泛参与等7个方面达成共识。

2017年6月6日，苏州铜仁对口帮扶工作座谈会在苏州市召开，江苏省委常委、苏州市委书记周乃翔，苏州市委副书记、代市长李亚平，铜仁市委书记陈昌旭，市委副书记、市长陈晏出席会议。苏铜两市协商明确对口帮扶工作要求，进一步拓宽合作渠道，以合作促发展，以发展谋共赢，使对口帮扶工作帮在改革创新上、扶在实体经济上、落在民生改善上，进一步聚焦帮扶重点，集中优势力量，从具体政策、资金、项目领域落实好产业发展、城市建设、智力支持、科技教育、医疗卫生、社会管理、商贸物流和人才交流等方面的深度合作，并就深化双方对口帮扶机制、深化双方产业合作、深化双方人才培养达成共识，形成《苏州铜仁对口帮扶工作座谈会会议纪要》。11月17~19日，苏州市委副书记、代市长李亚平率代表团到铜仁市考察调研对口帮扶工作，并与铜仁市委书记陈昌旭，铜仁市委副书记、代市长陈少荣等举行苏州·铜仁扶贫协作座谈会暨合作项目签约、捐赠仪式。会议强调要进一步完善扶贫协作工作机制，大力实施"携手奔小康"行动，两市所辖县（市、区）进一步深化"一对一"对接。要进一步聚集精准帮扶战略重点，集中优势力量，充分发挥苏州市在开发区建设方面的优势，深化产业协作。要持续深化两地教育人才合作,拓宽苏州市对口帮扶铜仁市"新三百工程"内容,健全干部双向挂职交流机制,积极开展劳务协作、人才支持、助医助学。要进一步拓宽双方合作发展渠道,实现苏州市乃至江苏省的优势资本与铜仁市的优质资源强强联合。要进一步提高扶贫协作工作水平,突出目标导向、结果导向,为铜仁市2020年打赢脱贫攻坚硬仗奠定坚实基础。会上,苏州市发改委、国家开发银行苏州分行与国家开发银行贵州分行、铜仁市扶贫办,碧江区政府与江苏盛鸿大业智能科技股份有限公司,松桃县政府与苏州文化旅游发展集团有限公司,铜仁市商务局与苏州市农业发展集团有限公司分别签订合作协议;苏州市政府向铜仁市特殊教育学校捐赠200万元,东吴证券分别向思南县、石阡县捐资助学100万元。12月10~11日,贵州省委副书记、代省长谌贻琴率团访问江苏省,与江苏省委书记娄勤俭,省委副书记、省长吴政隆举行会谈,并在苏州市与江苏省委常委、苏州市委书记周乃翔,苏州市委副书记、代市长李亚平等领导举行江苏苏州·贵州铜仁扶贫协作联席会议,铜仁市委副书记、市长陈少荣随团参加考察。会议议定,一是进一步完善帮扶合作机制。按照"优势互补、强强合作、效率最优、县县结对"的原则,完善合作伙伴关系,坚持以贫困户为重点,精准到户、到人,拓宽职能部门间交流合作的渠道,在产业合作、农业发展、旅游开发、教育卫生帮扶等方面出实招,加快实现观念互通、思想互通。加强组织协调和前后方的联系,聚焦协调难度大的改革举措,及时研究解决合作中的重大问题,共同做好配套服务,全力推进项目落地和工作落实,确保圆满完成各项帮扶目标任务。二是进一步强化产业园区帮扶合作。参照苏滁现代产业园建设模式,引进先进的规划建设理念,深化昆山市与碧江区的合作,推进苏铜两市携手将铜仁·苏州产业园打造成为东西部合作高端装备制造业基地。三是用好国土资源部《关于支持深度贫困地区脱贫攻坚的实施意见》等政策,积极探索支持铜仁市耕地占补平衡指标和碳排放指标以及建设用地分解指标在苏州市场流转。四是进一步深化干部双向挂职任职交流,促进教育、医疗、工业、专业技术等方面对铜仁市的人才培养和培训交流合作。会上,苏州市政府与铜仁市政府签订《东西部扶贫协作助推脱贫攻坚合作协议》。

2018年,苏铜两市制定《铜仁市·苏州市东西部扶贫协作工作高层联席会议制度》。4月2~3日,铜仁市委书记陈昌旭率铜仁市党政代表团考察苏州市,推动苏铜两地深化合作交流。7月29~30日,江苏省委常委、苏州市委书记周乃翔率队到铜仁市考察交流并召开苏州·铜仁扶贫协作联席会,铜仁市委书记陈昌旭主持会议。周乃翔强调苏州市将聚焦基层结对帮扶,在实现贫困人口脱贫更精准上下功夫,把帮扶资金和项目更多向贫困村、贫困群众倾斜,确保扶到点上、扶到根上;聚焦增强造血功能,在产业合作更精准上下功夫,注重由"输血"向"造血"转变,推进产业合作,带动贫困人口脱贫;

聚焦促进就业增收，在劳务协作更精准上下功夫，重点围绕贫困人口就业培训、开展就业服务，提供就业岗位、贫困人口就业脱贫等工作；聚焦业务能力提升，在人才培养更精准上下功夫，在帮助铜仁市发展经济的基础上，向人才培养和智力支持领域拓展。同时，进一步完善对口帮扶工作机制，拓宽双方合作发展渠道，在旅游、文化、农业等方面寻找更多结合点和合作领域，推动扶贫协作和对口支援工作再上新台阶。会上，苏州市向铜仁市捐赠脱贫攻坚对口帮扶资金1000万元。8月20~21日，江苏省委副书记、省长吴政隆率领代表团到贵阳市、遵义市和铜仁市玉屏县、碧江区考察，深入贯彻落实习近平总书记关于东西部扶贫协作的重要指示要求和党中央、国务院重大决策部署，共商苏黔扶贫协作及两省合作发展大计。其间，召开贵州省江苏省经济社会发展暨苏铜对口帮扶座谈会，举行贵州省·江苏省经济合作暨扶贫协作项目签约仪式，有27个总投资135.4亿元的项目成功签约。吴政隆等领导出席铜仁·苏州产业园核心区建设启动暨重点项目集中开工仪式。贵州省委书记孙志刚，省委副书记、省长谌贻琴等领导出席座谈会和签约仪式并发表讲话。在铜仁市考察期间，吴政隆强调江苏省苏州市与贵州省铜仁市开展对口扶贫协作是党中央交给江苏省的一项重大政治任务，是对江苏省的高度信任，也是江苏省义不容辞的政治责任。江苏省将坚决贯彻落实习近平总书记关于对口帮扶的重要指示精神和全国东西部扶贫协作经验交流会议精神，带着责任、饱含深情、满怀感恩，聚焦脱贫、突出精准，坚定不移落实对口扶贫协作重大任务，与铜仁市同心协力、并肩作战，着力在推动扶贫协作上取得更大实效，共同打赢脱贫攻坚战，携手迈向全面小康社会。11月20日，贵州省委副书记、省长谌贻琴率贵州省代表团赴苏州市对接扶贫协作工作，双方举行江苏（苏州）·贵州（铜仁）扶贫协作工作座谈会。江苏省委常委、苏州市委书记周乃翔出席会议并讲话。就进一步加强与江苏省及苏州市的深度对接合作，谌贻琴提出四点意见：一是携手推动产业合作取得更大进展，二是携手推动"黔货进苏"取得更大进展，三是携手推动劳务协作取得更大进展，四是携手推动人才帮扶取得更大进展。对做好下步扶贫协作，周乃翔提出四点建议：一是加强产业互动，在深化产业协作上取得更大进展；二是加强要素互动，在增进民生福祉上取得更大进展；三是加强人员互动，在人才队伍建设上取得更大进展；四是加强基层互动，在凝聚帮扶合力上取得更大进展。

2019年5月27~30日，铜仁市委书记陈昌旭率党政代表团到苏州市考察调研。5月27日，苏铜两市召开苏州·铜仁扶贫协作联席会议，江苏省委常委、苏州市委书记周乃翔，铜仁市委书记陈昌旭出席会议并讲话。会议商定两市进一步深化互访交流，市、县（市、区）、乡镇（街道）党政主要领导每年至少互访2次，总结推广"善港模式"，实现部门间、县（市、区）间、乡镇间等层级帮扶结对全覆盖；进一步强化攻坚合力，深入实施

"两个三百"工程,足额落实项目资金,抓实劳务协作、人才帮扶和教育医疗帮扶等举措,推动已出列区(县)贫困人口2019年底动态清零,未出列县顺利摘帽;进一步优化合作空间,按照"市级统筹、资源整合,优势互补、飞地发展,各记其功、互利共赢"的原则,打破区域限制、点面结合,推动铜仁市各区(县)与苏州市对口帮扶市(区)招引企业落户苏州·铜仁产业园、大龙开发区、铜仁高新区、万山经济开发区等园区平台,配套建立完善引进区(县)和落户区(县)税收和利益分配机制,推动迁入地、迁出地及双方对口协作市(区)发展"飞地经济",并形成会议纪要。其间,陈昌旭一行先后到苏州市10个市(区)考察并分别召开座谈会。6月26~27日及11月4~5日,铜仁市委副书记、市长陈少荣带队到苏州市考察对接扶贫协作工作。苏州市政府党组成员,铜仁市委常委、副市长,江苏省对口帮扶贵州省铜仁市工作队领队查颖冬,铜仁市政府秘书长罗洪祥等随同考察。苏州市委副书记、市长李亚平,副市长蒋来清等出席会谈。7月11~13日,苏州市委副书记、市长李亚平率苏州市党政代表团到铜仁市调研对接,并在12日召开苏州·铜仁扶贫协作联席会议。苏州市委副书记、市长李亚平,铜仁市委书记陈昌旭出席会议并讲话。会议议定苏铜两地切实扛起责任使命,继续坚持现有帮扶政策,抓好双方合作项目,落实筛选项目、推进实施、深化结对等协作事项,充分发挥铜仁·苏州产业园平台作用,做优做实两地县(市、区)结对共建产业园。探索推荐消费扶贫模式,研究制定"黔货进苏"扶持政策,加大对铜仁市旅游资源的宣传力度,加大招商力度。加强基层干部、贫困村致富带头人培训,探索"组团式"帮扶工作,鼓励引导苏州市各类专业人才到铜仁市发展,提高劳动技能水平,夯实产业发展基础。会上,苏州市政府向铜仁市政府捐赠对口帮扶资金1000万元。9月11~12日,贵州省党政代表团到苏州市学习考察,贵州省委书记、省人大常委会主任孙志刚,省委副书记、省长谌贻琴与江苏省委书记、省人大常委会主任娄勤俭,省委副书记、省长吴政隆举行高层扶贫协作座谈会。江苏省委常委、常务副省长、省委秘书长樊金龙,江苏省委常委、苏州市委书记蓝绍敏,贵州省委常委、省委秘书长刘捷,贵州省副省长吴强,铜仁市委书记陈昌旭,苏州市委副书记、市长李亚平等参加会议。会上,吴政隆对苏黔两省、苏铜两市开展的东西部扶贫协作工作给予充分肯定,表示将坚决贯彻习近平总书记关于东西部扶贫协作重要论述和党中央决策部署,树牢"四个意识",坚定"四个自信",做到"两个维护",认真落实苏黔两省签署的扶贫协作协议和签约项目,在产业扶贫、劳务协作、人才智力支援、双方合作协作等方面加大力度,努力为贵州省、铜仁市打赢脱贫攻坚战、全面建成小康社会贡献江苏力量。孙志刚、谌贻琴代表贵州省委、省政府和全省人民对江苏省长期以来的帮助表示衷心感谢,希望苏黔两省、苏铜两市之间更加紧密地开展扶贫协作,在产业帮扶、黔货进苏、人才支援、劳务协作、文化旅游等方面进一步加大合作力度。娄勤俭表示江苏省将聚焦脱贫攻坚补短板,支持苏州市从资金支持、产业合作、劳务协作、人才支援等方面加大精准帮扶力度,助力铜仁市如期实现全面小康。在苏州市期间,孙志刚、谌贻琴一行考察了苏州食行生鲜电子商务有限公司、张家港市善港村、苏州生物医药产业园等。

2020年5月17日,铜仁市党政代表团到苏州市考察,对接交流东西部扶贫协作工作。江苏省委常委、苏州市委书记蓝绍敏,铜仁市委书记陈昌旭出席苏州·铜仁扶贫协作联席会议并讲话。蓝绍敏在讲话中表示,苏铜两地互补性强,合作空间广阔,在疫情防控常态化的背景下,不仅要做到"面对面""屏对屏",更要做到"心连心""实打实",携手推动产业转型升级与深化合作交流相结合,以合作促发展,以发展谋共赢。会上,举行苏铜扶贫协作项目和协议签约仪式,双方签约项目26个,总投资额27亿元。6月16~17日,铜仁市委副书记、市长陈少荣率团到苏州市考察。苏州市委副书记、市长李亚平会见考察团一行。8月4~5日,江苏省委书记、省人大常委会主任娄勤俭率江苏省党政代表团到铜仁市考察交流。两省在铜仁市举行江苏·贵州扶贫协作工作联席会议,助力铜仁市坚决夺取脱贫攻坚收官战全面胜利,促进新形势下两省合作深化拓展,实现共赢发展。娄勤俭表示,苏黔两省要深入贯彻落实习近平总书记重要讲话指示精神,紧密携手、深化合作,共同在危机中育新机、于变局中开新局。一方面,江苏省将助力铜仁市坚决夺取脱贫攻坚收官战全面胜利,确保与全国人民一道迈入全面小康社会。另一方面,江苏省要促进新形势下两省合作深化拓展,在构建"双循环"新发展格局、打造美丽中国样板以及教育人才、远程医疗、文化旅游、公共服务等领域合作上取得更多丰硕成果、实现共赢发展,让两省人民的情谊像碧螺春、梵净山茶一样清香醇厚。会后,两省签署包括农产品加工、产业投资、旅游开发、职业教育等在内的27个合作项目协议,计划投资额70亿元。8月19~20日,贵州省委书记、省人大常委会主任孙志刚、省委副书记、省长谌贻琴率党政代表团到江苏省学习考察,推进扶贫协作。江苏省委书记、省人大常委会主任娄勤俭,省委副书记、省长吴政隆与代表团一行会见座谈。孙志刚代表贵州省委、省政府和全省人民对江苏省长期以来给予贵州省的帮助支持表示衷心感谢。表示贵州省要确保高质量打好收官战,夺取脱贫攻坚战全面胜利,为开启现代化建设新征程奠定坚实基础。希望得到江苏省一如既往的帮助和支持,进一步抢抓国家构建"双循环"新发展格局机遇,深化两省协作、合作,在更宽领域、更深层次、更高水平上实现互利共赢。娄勤俭强调要着眼于有效应对各种风险挑战和加快构建新发展格局,进一步发挥优势、取长补短,互学互鉴、相互支持,加强合作、加深友谊,把议定的事项落到实处,不断拓展合作空间、深化合作领域,以高质量协作合作造福两地人民,大力推动美丽江苏与多彩贵州建设,共同为全国发展大局做出新的更大贡献。吴政隆和谌贻琴分别介绍两省经济社会发展和扶贫协作情况。双方举行集中签约仪式,内容涉及农产品和中医药产品研发生产销售、教育医疗帮扶、文化旅游合作等,贵州省有关市、部门、企业分别与江苏省有关高校、医院、企业签署10份合作协议。

2013~2016年,苏黔两省党委、政府主要领导互访2次,苏铜两市党委、政府主要领导互访5次。2017~2020年,苏黔两省党委、政府主要领导互访5次,苏铜两市党委、政府主要领导互访17次,召开高层联席会议13次,协商明确目标和思路,部署推进扶贫协作工作。苏州市所辖10个县级市(区)加强与帮扶地区领导的会商制度建设,与帮扶地区研究建立联席会议制度、重大事项集中会办制度。

2021年5月5~6日,贵州省党政代表团到江苏省考察。江苏省委书记娄勤俭、省长吴政隆分别在南京市会见贵州省委副书记蓝绍敏一行。娄勤俭表示,多年的对口扶贫协作将江苏省与贵州省紧紧连在一起,苏铜两市不仅共同圆满完成了党中央赋予的脱贫攻坚任务,而且结下了深厚的友谊。尽管中央调整新一轮东西部结对帮扶关系,江苏省不再对口帮扶铜仁市,但两省间继续深化合作、实现优势互补、促进共同发展已经打下坚实基础。江苏省要深入学习贯彻习近平总书记视察两省时的重要讲话指示精神,按照中央关于深化对口协作帮扶工作的最新部署要求,立足新发展阶段、贯彻新发展理念、构建新发展格局,高标准做好对口帮扶衔接工作,拓展产业、生态、旅游、消费等方面合作,以更长远眼光在教育、医疗等领域探索深度合作,相互学习、相互支持,努力为全国发展大局做出新的更大贡献,让两省人民群众的日子越来越美好。蓝绍敏代表贵州省委、省政府递交致江苏省委、省政府的《感谢信》。5日,江苏苏州·贵州铜仁东西部协作工作座谈会在苏州市召开,苏州市与铜仁市签订缔结友好城市协议。贵州省委副书记蓝绍敏,江苏省委常委、苏州市委书记许昆林,铜仁市委书记陈昌旭出席会议并讲话。苏州市委副书记、市长李亚平主持会议。蓝绍敏代表贵州省委、省政府向苏州市长期以来大力支持贵州省发展、全力对口帮扶铜仁市表示感谢。许昆林表示,开展东西部协作和定点帮扶,是党中央着眼推动区域协调发展、促进共同富裕做出的重大决策。苏州市与铜仁市自2013年结对以来,两地协作成绩显著、经验宝贵。2021年是中国共产党成立100周年,也是"十四五"规划开局之年。苏州将认真学习贯彻习近平总书记在全国脱贫攻坚总结表彰大会上的重要讲话精神和关于深化东西部协作和定点帮扶工作的重要指示精神,认真落实党中央、国务院和江苏省委、省政府决策部署,不折不扣完成好巩固拓展脱贫攻坚成果同乡村振兴有效衔接的各项任务,切实加强劳务协作、产业协作、消费协作拓展。以苏州市与铜仁市缔结为友好城市为新契机,大力传承弘扬脱贫攻坚精神和两地协作形成的好经验、好传统、好作风,携手推动产业转型升级与深化合作交流相结合,继续围绕教育、卫生、旅游、文化等方面开展合作,以合作促发展,以发展谋共赢。

2013年4月3日，铜仁市委书记刘奇凡（左）率队到苏州市考察，与苏州市市长周乃翔（右）交流对口帮扶工作

2016年5月26日，苏州市委副书记、市长曲福田（右三）一行到铜仁市考察，与铜仁市委书记夏庆丰（右一）、市长陈晏（右四）共商新一轮对口帮扶工作

2018年4月2日，铜仁市委书记陈昌旭（左一）率党政代表团考察苏州市。江苏省委常委、苏州市委书记周乃翔（左二），苏州市委副书记、市长李亚平（左三）会见陈昌旭一行

2018年11月19~22日，铜仁市委副书记、市长陈少荣（左五）带队到常熟市江苏中利集团股份有限公司考察

2019年5月27~30日，铜仁市委书记陈昌旭（中间左列左九）率党政代表团到苏州市考察，对接苏铜扶贫协作事宜

2019年7月12日，苏州市委副书记、市长李亚平（前左三）率苏州市党政代表团到铜仁市万山区电商生态城考察"黔货出山"工作

2020年5月18日，在苏州市考察期间，铜仁市委书记陈昌旭到苏州技师学院看望在该校就读的铜仁籍贫困学生

2020年6月16~17日，铜仁市委副书记、市长陈少荣（左）率团到苏州市考察。苏州市委副书记、市长李亚平（右）会见陈少荣一行，共商对口帮扶事宜

2021年5月5日，江苏苏州·贵州铜仁东西部协作工作座谈会在苏州市召开，苏州市与铜仁市签订缔结友好城市协议

二、专题会议

2017年4月28日，苏州市政府召开对口帮扶工作座谈会。会议明确健全对口扶贫协作制度，坚持高层定期互访，并召开双方联席会议，进一步加强与铜仁市10个区（县）之间"一对一"精准帮扶关系，全面落实助推结对帮扶地区实现同步小康的政治责任。7月6日，铜仁市召开第二届市委常委会第27次会议，专题研究苏州市对口帮扶工作。会后，铜仁市委办公室、市政府办公室印发实施《关于积极主动对接苏州扎实落实对口帮扶重点工作实施意见》。8月3日，铜仁市专题召开苏州市对口帮扶工作推进会，协调部署苏铜扶贫协作重点任务。10月13日，苏州市召开扶贫协作和对口支援工作推进会，江苏省委常委、苏州市委书记周乃翔出席会议并研究部署下一阶段扶贫协作工作。周乃翔要求，苏州要以紧扣贫困人口脱贫谋划扶贫开发工作，科学谋划扶贫协作规划，把帮

扶资金和项目更多向贫困村、贫困群众倾斜，着力研究精准帮扶办法，瞄准建档立卡贫困人口脱贫精准发力，广泛动员社会力量参与；要以深化产业合作培育脱贫内生动力，支持特色产业发展，加快推进开发园区建设，鼓励苏州市企业到受援地投资兴业，加强科技合作；要以扩大劳务协作促进贫困人口就业，完善对接机制，开展技能培训，实施精准服务；要以加快人才培养强化脱贫智力支持，加强干部培训，提高教育水平，加大支卫力度；要以加强交流交往拓展扶贫协作视野，完善交流合作机制，创新丰富活动形式，做好服务管理。要把帮助深度贫困地区脱贫攻坚摆上重中之重位置，聚焦贫困人口脱贫目标任务，下足"绣花功夫"，加大各方帮扶力度，因地因户精准施策，扎实推进深度贫困地区脱贫攻坚。10月下旬，铜仁市召开苏铜扶贫协作工作推进会，全面部署年度考核迎检工作，专题研究东西部扶贫协作工作实施方案、分工职责、建立工作专班、实施市级考核办法等文件，并经铜仁市委二届第57次常委会审议通过并印发实施。10月30日，苏州市委副书记、代市长李亚平主持召开苏州市政府第21次常务会议，审议通过《苏州市东西部扶贫协作考核实施细则（试行）》和《苏州市东西部扶贫协作工作分工职责实施细则》。11月8~10日，江苏省发改委在铜仁市召开江苏省对口帮扶工作协调会暨"十三五"扶贫协作规划评审会。苏铜两地人大会议还形成《苏州市人大常委会铜仁市人大常委会友好交流与合作备忘录》。

2018年3月2日，苏州市委十二届第53次常委会议召开，专题研究部署扶贫协作工作。会议要求将打好"精准脱贫攻坚战"与实施12项"三年行动计划"结合起来，确保中央和省委各项任务要求在苏州市得到不折不扣落实。4月10日，苏州市召开全市扶贫协作和对口支援工作会议，江苏省委常委、苏州市委书记周乃翔出席会议并讲话。周乃翔强调对口帮扶铜仁市脱贫攻坚是苏州市的重点任务，要帮助铜仁市实现到2020年现行标准下贫困人口实现脱贫、贫困县全部摘帽、解决区域性整体贫困的目标，时间紧，任务重。要聚焦增强造血功能，在深化产业合作上下更大功夫；要聚焦促进就业增收，在强化劳务协作上下更大功夫；要聚焦当地人才培养，在脱贫智力支持上下更大功夫；要聚焦基层结对帮扶，在实现贫困人口脱贫上下更大功夫；要聚焦提高保障能力，在细化扶贫举措上下更大功夫；要牢牢把握到2020年对口地区全面实现脱贫攻坚的目标，坚持真情实意、真金白银、真抓实干；要健全投入体系，加强资金保障，配齐配强干部；要强化精准要求，聚焦深度贫困地区和贫困人口，不断提高脱贫质量；要凝聚各方力量，创新工作机制，广泛动员企业、社会组织和爱心人士参与对口帮扶工作。是日，苏州市委十二届第56次常委会议召开，听取市发改委关于苏州市扶贫协作和对口支援进展情况的汇报，研究部署苏州市集中打好东西部扶贫协作及脱贫攻坚战今后三年的行动计划和举措。5月3日，江苏省政府召开对口支援暨扶贫协作工作电视电话会议，认真学习贯彻习近平新时代中国特色社会主义思想,传达江苏省委书记娄勤俭和省长吴政隆批示,总结2017年江苏省对口支援暨扶贫协作工作取得的成绩和经验,部署新形势下东西部扶贫协作和对口支援工作任务,确保江苏省对口支援和扶贫协作工作走在全国前列。5月11日,江苏省省长吴政隆主持召开省长办公会,听取东西部扶贫协作资金安排情况。11月2日,江苏省召开东西部扶贫协作工作协调会,会议围绕2018年江苏省承担的全国东西部扶贫协作各项目标任务,重点就人才选派、资金支持及产业合作等工作进行深入部署。23日,苏州市召开东西部扶贫协作和对口支援工作推进会,围绕年度扶贫协作和对口支援工作任务,对标对表"国考"明确的各项指标和任务。

2019年2月15日,江苏省召开对口帮扶对口支援对口合作工作电视电话会议。会议认真学习习近平新时代中国特色社会主义思想,深入贯彻全国扶贫开发工作会议精神,部署2019年工作。2月25日,江苏省委常委、苏州市委书记周乃翔主持召开十二届市委第88次常委会,专题研究脱贫攻坚工作,及时把思想统一到党中央的决策部署上来,充分发挥党委、政府在推动东西部扶贫协作工作方面的组织制度优势,进一步完善工作落实机制,加大对所属市(区)的统筹指导力度,逐级压实责任。3月25日,苏州市市长李亚平主持召开市政府第61次常务会议,审议《2019年度苏州市东西部扶贫协作工作要点》,研究确定年度东西部扶贫协作工作重点。4月30日,苏州市委、市政府召开全市扶贫协作和对口支援工作会议,江苏省委常委、苏州市委书记周乃翔出席会议并讲话。周乃翔强调要按照扶持对象、项目安排、资金使用、措施到户、因地派人、脱贫成效等"六个精准"要求,精准出点子、谋对策,精准抓统筹、强推进,真正扶贫扶到点上、扶到根上。要抢抓"一带一路"和长江经济带建设机遇,发挥苏州市开放创新优势,契合受援地产业基础和发展需求,重点在口岸共建共用、商贸物流合作、产业优势互补等方面加强合作。要瞄准建档立卡户,紧盯"两不愁三保障"目标,帮助解决衣、食、住、行以及教育、医疗等基本问题。要培育脱贫内生动力,更加注重"造血式"扶贫,特别是加强农业先进技术指导服务,促进农业产业园区共建,提高农业产业化水平。要充分发挥苏州市开发园区建设管理的经验优势,支持昆山市与碧江区共建园区。要强化脱贫智力支持,将扶贫与扶心、扶智与扶志紧密联系在一起,重点加强对受援地基层干部、贫困村致富带头人的培养,帮助受援地打造一支留得住、能战斗、带不走的人才队伍。要把帮助深度贫困地区脱贫攻坚摆在重要位置,排出时间表、画出路线图,调动各方面的资源和力量,将精准扶贫工作层层分解、件件落实,扎实推进深度贫困地区脱贫攻坚。10月23日,江苏省委常委、苏州市委书记蓝绍敏主持召开十二届市委第112次常委会会议。会议学习习近平总书记对脱贫攻坚工作重要指示精神和国务院总理李克强批示精神,部署苏州市东西部扶贫协作和对口支援工作,全力以赴打赢脱贫攻坚战。是年,苏州市政府分管市长多次召开专题会议,研究帮扶目标任务分解,落实财政帮扶资金、人才支援、劳务协作等事宜。

2020年2月28日,苏州市委十二届第134次常委会议召开,听取苏州市发改委关于全国扶贫开发工作会议和江苏省对口帮扶支援合作工作电视电话会议有关情况汇报以及贯彻落实的有关建议。3月6日,江苏省对口帮扶支援合作工作领导协调小组暨省扶贫工作领导小组召开会议,认真学习贯彻习近平总书记重要讲话精神和座谈会部署要求,研究推进江苏脱贫攻坚工作。江苏省委书记娄勤俭主持会议并讲话。3月16日,苏州市政府召开第92次常务会议,传达中央决战决胜脱贫攻坚座谈会会议精神,审议《2020年度苏州市东西部扶贫协作工作要点》和《苏州市开展消费扶贫行动的实施方案》。3月21日,苏州市通过视频的形式,专门召开全市打好三大攻坚战工作推进会。4月1日,苏州市扶贫协作和对口支援工作会议召开,全面落实应对疫情及脱贫攻坚收官战的各项举措。江苏省委常委、苏州市委书记蓝绍敏出席会议并讲话,强调要坚持以习近平新时代中国特色社会主义思想为指导,在中央和省委、省政府的坚强领导下,紧绷"精神之弦"、拉满"实干之弓",啃下最后的"硬骨头",携手助力对口帮扶地区如期脱贫摘帽,坚决打赢这场破釜沉舟、不胜不休的脱贫攻坚战。要聚焦"国考"要求争做"优秀中的优秀",在组织领导、人才支援、资金支持、产业合作、劳务协作和"携手奔小康"等方面精准发力。要将就业和消费扶贫摆在更加重要位置,着力解决受援地农产品销售问题,持续推进脱贫攻坚与乡村振兴制度的有效衔接,探索建立解决相对贫困的长效机制。要聚焦突出问题抓好"重点中的重点",围绕"两不愁三保障",瞄准建档立卡贫困人口脱贫持续发力,把援助资金和项目更多向深度贫困县、贫困村、贫困群众倾斜,坚决助力受援地完成剩余建档立卡贫困人口脱贫和贫困县摘帽任务。要聚焦堡垒攻克打好"硬仗中的硬仗",对帮扶深度贫困地区脱贫攻坚采取非常之计,拿出非常之举,使出非常之力,确保深度贫困地区顺利完成脱贫攻坚。6月12日,苏州十二届市委152次常委会召开,专题部署苏州市克服疫情影响,全力做好收官之年东西部扶贫协作和对口支援工作。是年,江苏省、苏州市召开电视电话会议、市委常委会、市政府常务会议等重要会议20余次,研究部署、扎实推进扶贫协作工作。

2021年1月7日、3月8日和4月27日,江苏省委常委、苏州市委书记许昆林分别主持召开十二届市委第181次、第186次和第192次常委会,分别学习贯彻落实中央农村工作会议精神及全国巩固拓展脱贫攻坚成果同乡村振兴衔接工作会议精神,学习习近平总书记在全国脱贫攻坚总结表彰大会上的重要讲话精神,贯彻落实总书记关于东西部协作重要指示和银川推进会议精神及对东西部协作考核评价办法的意见。1月27日,苏州市政府召开专题会议,对做好东西部协作和乡村振兴衔接工作进行专题部署。

2月22日,苏州市委召开援外干部专题会议,江苏省委常委、苏州市委书记许昆林出席会议并讲话,强调援派工作是中央和省委赋予苏州市的重大政治责任,也是苏州市建设社会主义现代化强市的应有之义,要扛起担当、接续奋斗、永葆本色,努力为全国发展大局贡献苏州力量。2021年是建党100周年,是"十四五"规划开局之年,也是巩固拓展脱贫攻坚成果、实现同乡村振兴有效衔接的关键之年。要接续奋斗不松劲,以更优状态提升工作。按照摘帽不能摘帮扶的要求,继续以奋进之姿、决胜之势,在帮扶地区乡村振兴的大舞台上施展拳脚、建功立业。坚持帮扶标准不降、支持力度不减,确保帮扶地区小康建设经得起检验、老百姓生活质量继续提高。要把握发展规律,正确处理好当前与长远的关系、"输血"与"造血"的关系、脱贫攻坚与乡村振兴的关系,因地制宜、创新发展,进一步为帮扶地区在产业提升、基础建设、民生改善等方面,打基础、立长远,多做凝心聚力的工作,打造更多品牌亮点。要把援外工作放在苏州市发展的中心大局中去谋划,在与帮扶地区协同发展、联动发展上多思考、多探索,进一步推动形成优势互补、携手发展的新局面。2月24日,江苏省对口支援协作合作工作电视电话会议召开。江苏省委书记娄勤俭、省长吴政隆做出批示。省委常委、常务副省长樊金龙出席会议并讲话。5月27日,苏州·铜仁扶贫协作工作总结座谈会召开。铜仁市委书记陈昌旭为江苏省对口帮扶贵州省铜仁市工作队和专业技术人才代表颁发省级纪念章。江苏省政府副秘书长王志忠、苏州市副市长蒋来清出席会议并讲话;苏州市政府党组成员、铜仁市委常委、铜仁市副市长、江苏省对口帮扶贵州省铜仁市工作队领队查颖冬发言;铜仁市委常委、组织部部长赵继红宣读通报表扬文件,对在2015~2020年东西部扶贫协作工作中表现优秀的369名援铜帮扶干部人才予以通报表扬。会上,双方签署《苏州市·铜仁市东西部扶贫协作交接书》。江苏省对口帮扶贵州省铜仁市工作队代表及"三支"代表发言。

2017年10月13日,苏州市召开扶贫协作和对口支援工作推进会

2018年4月10日,苏州市召开全市扶贫协作和对口支援工作会议

2018年5月3日，江苏省政府召开对口支援暨扶贫协作工作电视电话会议。江苏省委常委、常务副省长樊金龙（前排中）出席会议并讲话

2019年2月15日，江苏省召开对口帮扶对口支援对口合作工作电视电话会议

2019年4月30日，苏州市召开全市扶贫协作和对口支援工作会议

2020年2月14日，江苏省对口帮扶支援合作工作电视电话会议召开

2020年4月1日，苏州市召开全市扶贫协作和对口支援工作会议

2020年9月2日，江苏省对口帮扶支援合作工作领导协调小组召开全省对口帮扶支援合作工作推进会

三、互访对接

江苏省、苏州市和贵州省、铜仁市党政主要领导,以及四套班子相关领导把东西部扶贫协作工作作为一项重要政治任务抓紧抓实抓好,每年带队主动开展双向对接交流,及时协调解决重要事项。省直、市直各部门发挥自身优势,开展广泛交流活动。10个县(市、区)党政负责同志每年均到对方县(市、区)开展互访交流,调研对接扶贫协作有关工作,召开扶贫协作联席会议研究部署和协调推进扶贫协作工作,推进年度帮扶项目。

2013~2016年,苏铜两市及各县(市、区)、部门派出互动调研考察团队近500次。双方组织部、宣传部、统战部、经济和信息化局、教育局、卫生健康委员会、科技局、住房和城乡建设局、商务局、农业农村局、文化广电旅游局、市容市政局、水利局、总工会、共青团、妇女联合会、科学技术协会、红十字会、工商业联合会等部门开展对接和互访,签订框架协议,两地进一步增进友谊,交流合作取得成效。

2017年,苏铜两市四套班子领导,有关市直机关、县(市、区)和市属国有企业之间开展互访交流和考察活动近80次,县(市、区)的交流交往人数达1500人次以上。

2018年,苏铜两地党政负责人调研对接互访共21次293人次(其中省级8人次、地厅级48人次),江苏省和苏州市党政负责人到铜仁市调研对接19次51人次,苏州市各市(区)负责同志到铜仁市调研对接411人次,其他调研对接631人次。

2019年,江苏省、苏州市党政负责人到贵州省及铜仁市调研对接12次127人次(其中省级1人次、地厅级14人次),苏州市到铜仁市其他层级调研对接391次3694人次。贵州省及铜仁市党政负责人到江苏省及苏州市调研对接13次297人次(其中省级8人次、地厅级54人次),铜仁市到苏州市其他层级调研对接考察181次2781人次。

2020年,苏铜两地党政主要领导、有关领导先后开展互访对接27次482人次,高频次互访推动各项合作协议签订共66项。全年开展互访交流671次6905人次,各结对县(市、区)主要领导全部完成互访,并召开联席会议22次。

2021年,苏州市到铜仁市调研对接158人次,铜仁市到苏州市调研对接216人次。1月16日,江苏省政府副秘书长王志忠、苏州市副市长蒋来清先后到铜仁市和贵阳市听取和对接落实中央关于调整东西部协作关系做好过渡期衔接工作贵州省铜仁市方面的意见及建议。

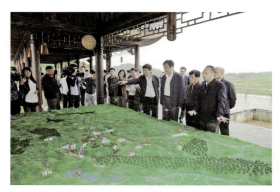

2013年5月8~9日，苏州市副市长徐明（前排右三）率领代表团到铜仁市考察，与铜仁市委书记刘奇凡（前排右二），市委副书记、市长夏庆丰（前排右一）等召开苏州市对口帮扶铜仁市工作座谈会

2015年10月9~11日，苏州市人大常委会主任杜国玲（右三）一行到铜仁市考察交流，并就立法工作举行专题讲座

2015年11月12~15日，苏州市副市长王鸿声（前排右三）率队到铜仁市对接商讨新一轮对口帮扶工作，并考察铜仁市交通学校等苏州市援建项目

2016年5月31日至6月3日，苏州市委常委、秘书长王少东（后排左五）率团到铜仁市考察，并召开考察座谈会暨捐赠仪式

2017年9月7日，苏州市副市长金洁（前排右四）率团到铜仁市对接交流

2018年5月12日，江苏省政协副主席阎立（左三）一行到铜仁市调研，慰问在松桃县支医的苏州大学附属第一医院医疗专家

2018年5月13~17日，苏州市政协副主席、农工党苏州市委主委周俊（右二）一行到铜仁市交流访问

2018年7月5日，贵州省委常委、省委秘书长刘捷（前排站立左二）在石阡县国荣乡调研脱贫攻坚工作

2018年7月8日，苏州市副市长聂飚应邀出席2018中国梵净山生态文明与佛教文化论坛并致辞

2018年8月22日，苏州市委常委、常务副市长王翔（前排右三）率团到铜仁市思南县鹦鹉溪镇翟家坝茶叶产业基地考察

2018年8月24日，苏州市委常委、政法委书记俞杏楠（后排左三）一行到铜仁市考察，调研铜仁市公安局指挥中心平安警务云建设

2018年8月27~29日，苏州市委副书记朱民（左四）带队到铜仁市万山区电商生态城考察"黔货出山"工作

2018年10月15~16日，苏州市政协副主席陈雄伟（中）一行到铜仁市考察宗教文化建设工作

2018年12月5日，苏州市委常委、市纪委书记、市监委代主任刘乐明（前排中）到铜仁市考察，看望慰问江苏省对口帮扶贵州省铜仁市工作队部分队员

2018年12月7日，苏州市委常委、苏州工业园区党工委书记吴庆文（前排左二）到铜仁市考察松桃县大坪场镇农业产业园

2018年12月11日，贵州省委常委、宣传部部长慕德贵（前排左二）在铜仁市开展脱贫攻坚督导工作期间，来到张家港市善港村对口帮扶的沿河县高峰村调研，对善港村帮扶工作给予肯定

2019年3月6日，苏州市副市长王飏（右二）到铜仁市考察万山区电商生态城

2019年3月25日，贵州省委常委、组织部部长李邑飞（左二）在沿河县中界镇高峰村考察东西部扶贫协作农业产业园

2019年3月25~27日，全国政协常委、江苏省政协副主席、致公党江苏省委主委麻建国（左三）带队到松桃县考察并开展"致福送诊"活动

2019年4月25日，苏州市政协副主席王竹鸣（中）率队到铜仁市考察，苏州市政府党组成员、铜仁市委常委、铜仁市副市长、江苏省对口帮扶贵州省铜仁市工作队领队查颖冬（左），铜仁市政协副主席冉晓东（右）会见王竹鸣一行

2019年6月21日，国务院扶贫办社会扶贫司副司长王春燕（前排左二）一行考察万山区电商生态城，听取"黔货进苏"和苏州高新区与铜仁市万山区的扶贫协作情况汇报

2019年6月21日，江苏省发改委副主任张世祥（前排右一）携江苏省（贵州省铜仁市）东西部扶贫协作干部培训班学员考察万山区易地搬迁小区扶贫车间

2019年11月8日，江苏省委组织部常务副部长王立平（左二）率团在江口县黑岩村调研"花红黑岩"党建工作

2020年6月3~4日，贵州省副省长胡忠雄（右三）一行在铜仁·苏州产业园调研贵州山久长青智慧云科技有限公司

2020年6月12日，贵州省副省长吴强（右二）一行到铜仁市碧江区裕国香菇基地调研食用菌产业发展情况

2020年9月16日，苏州市委常委、副市长洪宗明（右四）到铜仁市万山区苏高新农产品供应链示范基地考察

2020年10月13~16日，江苏省工信厅副厅长李强（前排右三）带队到铜仁市考察，推动苏黔两省主要领导互访期间议定合作项目落实

2020年10月17~19日，苏州市政协主席周伟强（前排左二）率委员企业家到铜仁市考察，并看望慰问苏州市在铜仁市的挂职干部

2020年11月4日，江苏省商务厅副厅长朱益民（前排左二）一行到铜仁市考察铜仁·苏州产业园建设发展情况并召开座谈会

2020年11月6~7日，苏州市副市长陆春云（前排右二）一行到铜仁市考察

2020年11月15~18日，铜仁市委常委、组织部部长赵继红（左三）带队到苏州市对接人才协作工作，考察太仓市西北工业大学太仓长三角研究院

2021年3月23日，贵州省委副书记蓝绍敏（右四）到铜仁市万山区牙溪生态农场调研

第三节　帮扶规划

2013年起，根据中央和苏黔两省有关东西部扶贫协作会议及政策文件精神和双方实际，苏铜两市制定一系列中长期东西部扶贫协作政策和工作规划、计划，并逐年制定实施年度扶贫协作工作要点，优化完善两地扶贫协作工作的顶层设计，有力有序有效推动苏铜扶贫协作工作。

一、规划编制

2013年，国务院办公厅《关于开展对口帮扶贵州工作的指导意见》明确帮扶方有关方面要会同受帮扶地区组织编制对口帮扶规划，先期开展编制2013~2015年帮扶工作计划，而后以5年为周期编制规划，报本市、省人民政府批准实施，并报国家发展和改革委员会备案。是年，根据国家发展改革委办公厅《关于印发对口帮扶贵州规划编制工作大纲的通知》的要求，苏州市会同铜仁市组织编制《苏州对口帮扶铜仁实施计划（2013~2015年）》。9月29日，由苏州市政府办公室印发。计划明确深入推进扶贫开发攻坚、增强基本公共服务能力、深化经济技术交流合作、加强干部和人才培养交流等主要任务及9个方面的全面加强帮扶合作交流，明确两市所辖县（市、区）建立"一对一"结对帮扶关系。2013~2015年，江苏省计划安排9000多万元对口帮扶资金，专项用于苏州市对口帮扶铜仁市美丽乡村、职业技校、农业产业化、干部人才培训等12个帮扶项目的建设。

2016年，苏州市会同铜仁市按照"项目跟着规划走，资金跟着项目走"的要求，组织编制《苏州对口帮扶铜仁工作五年规划（2016~2020年）》，明确对口帮扶的指导思想、基本原则、发展目标和主要任务，并与铜仁市国民经济和社会发展规划、脱贫攻坚规划等其他规划目标、任务有机衔接。该规划由苏州市发改委报苏州市政府、铜仁市扶贫办报铜仁市政府批准后实施，并报国家发改委备案。3月28日，由苏州市政府办公室印发。规划明确今后5年内苏州市继续支持铜仁市农业产业化建设、进一步深化教育合作帮扶、进一步实施医疗卫生帮扶工程、铜仁市积极开展承接苏州市产业转移和共建产业园区工作等12项重点任务。同时，江苏省财政统筹安排5年22169万元帮扶资金，组织实施美丽乡村、教育扶持、共建产业园区、农业高效示范园区、农业产业化、人才培养等对口帮扶铜仁市示范项目；并进一步明确两市所辖县（市、区）"一对一"结对帮扶关系不变。完成制订"十三五"期间苏州市对口帮扶铜仁市援建项目实施计划表，逐年安排帮扶项目和资金投入。10个县（市、区）根据市级规划相继出台对口帮扶5年规划或计划，明确帮扶目标、帮扶内容和帮扶工作重点。

2017年10月31日，江苏省发改委组织专家，结合苏铜两市实际和扶贫协作的新要求，对2016年制定实施的《苏州市对口帮扶铜仁工作五年规划（2016~2020年）》进行修编，并由苏州市政府办公室印发《苏州市对口帮扶铜仁工作五年规划（2016~2020年）修编稿》，组织实施美丽乡村、教育扶持、共建产业园区、农业高效示范园区、农业产业化、人才培养等对口帮扶铜仁市示范项目。明确江苏省财政统筹安排5年41049万元帮扶资金保障帮扶工作规划的顺利开展，进一步优化苏铜扶贫协作顶层设计，使苏铜扶贫协作工作更科学、更规范、更具实效。

2017年11月30日，江苏省发改委编制出台《江苏省对口帮扶贵州省铜仁市扶贫协作规划》，明确江苏省对口帮扶贵州省铜仁市的指导思想、基本原则、主要目标、重点任务、帮扶资金及项目安排和保障措施。提出在江苏省和苏州市社会各界支持下，通过自身努力和外部帮扶，到2020年，通过产业扶贫、劳务协作、职业技能培训带动铜仁市建档立卡贫困群众摆脱贫困，扩大各类干部和专业技术人才交流规模，全力帮助铜仁市实现现行标准下贫困人口全脱贫、国家扶贫开发工作重点县（区）和片区全部摘帽，赢得脱贫攻坚战的全面胜利。同时，通过扶贫协作工作的不断深入，推动苏黔两省、苏铜两市在更宽领域形成全方位的交流合作、优势互补、相互促进的发展格局。

二、工作要点制定

2017年起，苏铜两地扶贫协作主管部门研究制定年度对口帮扶工作要点，分解落实责任部门和项目目标,并分别由苏铜两市政府办公室印发实施。10个县(市、区)根据工作实际每年制定工作要点和年度工作目标,科学有序分解工作任务,确保精准高效地完成扶贫协作工作任务和年度帮扶项目计划。

2017年4月28日,《2017年苏州市对口帮扶铜仁市工作要点》经苏州市政府对口帮扶工作座谈会审议通过,苏州市政府办公室5月5日印发,铜仁市政府办公室5月15日转发。文件明确,苏州市对口帮扶铜仁市工作按照习近平总书记关于东西部扶贫协作和对口帮扶"认清形势、聚焦精准、深化帮扶、确保实效"的十六字要求,结合铜仁市建设"一区五地"、与全国同步建成小康社会的发展目标,进一步明晰对口帮扶的工作原则和指导思想,从资金帮扶、产业合作、科技人才协作、教育、医疗、文化等方面开展工作,确定对口帮扶工作的年度目标是助推铜仁市年内实现19.5万贫困人口脱贫,519个贫困村出列,碧江、万山两区和玉屏、江口两县退出贫困县行列。

2018年4月18日,《2018年苏州市对口帮扶铜仁市工作要点》由苏州市政府办公室印发。文件明确,苏州市对口帮扶铜仁市工作以习近平新时代中国特色社会主义思想和党的十九大精神为指导,坚决贯彻习近平总书记主持召开并发表重要讲话的银川东西部扶贫协作座谈会、太原深度贫困地区脱贫攻坚座谈会和成都打好精准脱贫攻坚战座谈会精神,围绕实现全面小康助力脱贫攻坚,瞄准铜仁市深度贫困县、深度贫困乡镇、极贫村、建档立卡贫困人口四大群体精准扶贫,充分发挥苏州市各地、各部门的优势资源,在教育、文化、旅游、卫生、科教等领域精准帮扶;在组织领导、人才支援、资金支援、产业合作、劳务协作、"携手奔小康"等6个方面全面精准发力,提高苏铜扶贫协作工作实效。助力铜仁市印江县、石阡县脱贫摘帽,松桃县、思南县、德江县年内完成脱贫摘帽80%的工作量,沿河县完成脱贫摘帽40%的工作量,减少贫困人口14.26万人的年度脱贫攻坚总体目标。

2019年3月25日,《2019年度苏州市东西部扶贫协作工作要点》经苏州市政府第61次常务会议审议并原则通过。工作要点要求各地各部门深入学习贯彻习近平总书记关于脱贫攻坚系列重要讲话精神,围绕2019年受援地脱贫攻坚任务目标,对照国家《东西部扶贫协作考核办法(试行)》明确的东部地区6个方面22项指标体系,通过开展全方位、多层次、宽领域的帮扶活动,在组织领导、人才支援、资金支持、产业合作、劳务协作和"携手奔小康"等方面精准发力,助力铜仁市年内实现11.08万贫困人口脱贫,300个贫困村出列,松桃、思南、德江3个贫困县脱贫摘帽,沿河县完成脱贫摘帽80%工作量。同时要把防止受援地返贫摆到更加重要的位置,巩固帮扶成效,争取苏州市东西部扶贫协作工作走在全省乃至全国的前列。

2020年3月16日,《2020年度苏州市东西部扶贫协作工作要点》经苏州市政府第

92次常务会议审议并原则通过。工作要点围绕2020年受援地脱贫攻坚任务目标，拟提出在组织领导、人才支援、资金支持、产业合作、劳务协作和"携手奔小康"等6个方面精准发力，不断拓展合作空间，全力助推铜仁市深度贫困县沿河县如期脱贫退出，有效巩固已摘帽县脱贫成果，助力受援地贫困人口全部脱贫，实现同步全面小康，并完成脱贫攻坚与乡村振兴的有效衔接。

三、帮扶协议签署

2013年，苏州市和铜仁市签订《苏州·铜仁对口帮扶合作框架协议》，两地东西部扶贫协作工作全面展开，形成多层次、多形式、宽领域、全方位的扶贫协作格局。

2016年10月9日，在贵阳市召开的东西部扶贫协作和对口帮扶贵州工作联席会议上，苏州市政府和铜仁市政府签订《东西部扶贫协作和对口帮扶合作框架协议（2016~2020年）》，为"十三五"时期扎实开展东西部扶贫协作和对口帮扶工作打下坚实的基础。协议坚持"民生为本、教育为先、产业为重、人才为要"工作方针，开展多形式、多层次、多渠道的帮扶活动，在结对帮扶关系、促进产业合作、开展劳务输出对接、实施教育医疗科技帮扶、深化干部人才培训交流、推动旅游开发合作、动员社会广泛参与等7个方面达成了初步共识，推动形成"优势互补、长期合作、聚焦扶贫、实现共赢"的新格局，经过5年帮扶，苏州市助推铜仁市在贫困地区现行国家扶贫标准下的农村贫困人口全部脱贫，贫困县全部摘帽，区域性整体贫困全面解决。

2017年12月11日，江苏苏州·贵州铜仁扶贫协作联席会议举行，开启两地全方位深层次合作篇章。在贵州省委副书记、代省长谌贻琴，江苏省委常委、苏州市委书记周乃翔见证下，铜仁市委副书记、代市长陈少荣，苏州市委副书记、代市长李亚平共同签署《东西部扶贫协作助推脱贫攻坚合作协议》，双方在产业合作、人才交流、农业发展等方面深化务实合作。

2018年4月22日，国务院扶贫开发领导小组办公室召开全国扶贫办公室（经济合作办公室、对口支援办公室）主任座谈会，对进一步细化量化东西部扶贫协作有关工作进行研究。会后，国务院扶贫办汇总各省市工作计划的统计表，按东部地区和西部地区分别设计考核主要指标，起草《2018年东西部扶贫协作协议书》样本。从2018年开始，每年东部9省（直辖市）（13个城市单独列入省级之间代签）分别与结对省（自治区、直辖市）签订协议，明确财政援助资金、人才支援和劳务协作3个方面指标。2018年7月4日，江苏省政府和贵州省政府签署《2018年东西部扶贫协作协议》。在2019年、2020年全国东西部扶贫协作和中央单位定点扶贫工作推进会上，江苏省（苏州市）和贵州省（铜仁市）分别签订2019年、2020年东西部扶贫协作协议书。

在苏铜扶贫协作大框架下，苏州市与铜仁市签订落实年度对口帮扶合作框架协议，并积极推进各项工作。两地教育、医疗、人才、农业农村、旅游、文化等部门分别签订协议，苏州市各市（区）及有关部门与铜仁市结对区（县）分别签订协议，明确帮扶责任主体，确保帮扶任务有效落实。在江苏省级财政的支持下，安排落实对口帮扶资金，制定项目资金管理暂行办法，建立对口铜仁市帮扶资金增长机制。

2019年4月27日，在第七届贵州人才博览会上，结合铜仁市决战脱贫攻坚对人才的需求实际，围绕"引进高端、强化中端、做大初端"人力资源开发目标，苏州市政府与铜仁市政府签订《东西部扶贫协作人力资源开发战略合作协议》，从加强急需紧缺人力资源开发合作，全面推进人才项目绑定化"组团式"帮扶，建立苏州市与铜仁市相关行业急需紧缺人才交流机制，大力开展双向间校校合作、校企合作，全面加强有组织的劳务输出合作等方面进一步加大东西部人才资源扶贫协作力度。

四、特色规划、方案

《苏州对口帮扶铜仁"新三百工程"实施方案》　2016年9月30日，经苏州市政府专题会议讨论同意由市政府办公室印发。方案明确"十三五"期间，苏州市每年选派百位教授（专家）、百位艺术家和百家旅行社走进铜仁市开展对口帮扶工作，促进苏铜两市教育、科技、文化和旅游交流合作，进一步提升铜仁市教育、文化发展水平，增强铜仁市公共文化服务体系建设，助推铜仁市旅游产业跨越发展，为助推铜仁市在2020年与全省全国同步小康提供力所能及的人才保障、智力支持和产业支撑。

《江苏省深入推进东西部扶贫协作三年行动方案（2018—2020年）》　2018年10月，由江苏省对口支援工作领导协调小组办公室印发。该方案明确了2018~2020年江苏省推进东西部扶贫协作工作的总体要求和工作重点，提出了资金支持、产业合作、劳务协作、人才支援、社会协同和"携手奔小康"等6大帮扶行动，并明确各部门和单位的责任分工及4项工作保障措施，助力陕西省、青海省西宁市和海东市以及贵州省铜仁市到2020年全面打赢脱贫攻坚战。

《苏州市东西部扶贫协作三年行动实施方案（2018—2020年）》　2018年10月23日，由苏州市对口扶贫协作领导小组办公室印发实施。方案要求承担帮扶任务的各结对市（区）落实帮扶责任，市直相关部门按照职能分工履行好行业帮扶职责，重点做好6个方面的主要任务，目标是到2020年帮助铜仁市及所辖10个县（区）、西安市周至县实现现行标准下贫困人口全部脱贫、贫困县全部摘帽，区域性整体贫困全面解决。

《苏州市开展消费扶贫行动的实施方案》　2020年3月17日，由苏州市政府办公室印发。方案提出围绕促进受援地贫困人口增收脱贫、稳定脱贫和构建长效机制，坚持政府引导、社会参与、市场运作、创新机制。组织开展多形式的农产品产销对接活动,搭建多类型的展示对接平台,推广苏高新集团·食行生鲜供应链示范基地做法,建多样的农产品营销渠道,实现贫困群众稳定增收,推动铜仁市和周至县及其他受援贫困县绿色优质农产品进入苏州市市场,确保销售额增长25%以上。

第四节 考核督查

2017年后,国务院扶贫开发领导小组统一组织对东西部扶贫协作工作的考核。江苏省苏州市作为参加帮扶的东部地区,贵州省铜仁市作为被帮扶的中西部地区,均被列入考核评价对象,参加2017~2020年的每年度考核。

一、国家级考核

2017年8月8日,为推动参与东西部扶贫协作的各省(自治区、直辖市)加大工作力度,提高帮扶工作水平,促进中西部贫困地区如期完成脱贫攻坚任务,国务院扶贫开发领导小组制定印发《东西部扶贫协作考核办法(试行)》。

按照《东西部扶贫协作考核办法(试行)》规定,国务院扶贫开发领导小组统一组织考核工作,由国务院扶贫办牵头,会同中央组织部、中央统战部、国家发展改革委、教育部等国务院扶贫开发领导小组成员单位组成考核工作组。对纳入考核的东部9个省(直辖市)13个市,考核的主要内容是组织领导、人才支援、资金支持、产业合作、劳务协作和"携手奔小康"行动。对纳入考核的西部12个省(自治区、直辖市)14个市(州),考核的主要内容是组织领导、人才交流、资金使用、产业合作、劳务协作和"携手奔小康"行动。每年末,东西部扶贫协作各省(自治区、直辖市)和市(州),对照考核内容形成自评报告,征求结对省份或市(州)意见后,报送国务院扶贫办。次年1月底前,考核工作组组织东西部扶贫协作省(自治区、直辖市)、市(州)有关人员,以省(自治区、直辖市)为单位统一编组,按照回避原则统筹确定考核对象,开展交叉核查,提出评价意见建议。次年2月底前,考核工作组根据交叉考核情况,综合考虑平时工作情况和创新性做法,分析确定初步考核结果,形成考核报告,提出考核等次建议,报国务院扶贫开发领导小组审定。考核结果分为好、较好、一般、较差四个等次。国务院扶贫开发领导小组每年向党中央、国务院报告考核结果,并在一定范围内通报。

2019年6月5日,国务院扶贫开发领导小组印发《东西部扶贫协作成效评价办法》,

同时废止《东西部扶贫协作考核办法（试行）》。按照《东西部扶贫协作成效评价办法》规定，东西部扶贫协作成效评价纳入脱贫攻坚成效考核，由国务院扶贫开发领导小组统一组织，脱贫攻坚期间每年开展1次。国务院扶贫办会同中央组织部、中央统战部、国家发展和改革委员会、教育部、国家民族事务委员会、财政部、人力资源和社会保障部、自然资源部、农业农村部、国家卫生健康委员会、全国工商业联合会、中国残疾人联合会组成工作组，负责成效评价工作的具体实施。主要评价协作双方完成东西部扶贫协作协议和创新工作情况。东部地区扶贫协作协议完成情况包括组织领导、人才支援、资金支持、产业合作、劳务协作、"携手奔小康"6个方面21个指标，工作创新情况包括5个指标；中西部地区扶贫协作协议完成情况包括组织领导、人才支援、资金使用、产业合作、劳务协作、"携手奔小康"6个方面19个指标，工作创新情况包括5个指标。每年末，东西部扶贫协作各省（自治区、直辖市）和市州对照成效评价内容形成自评报告，征求结对市意见后，报送国务院扶贫办。工作组组织开展实地交叉考核及综合评议，有关评价情况和评价等次建议，纳入年度脱贫攻坚成效考核报告，经国务院扶贫开发领导小组审议后，报党中央、国务院审定。评价结果分为综合评价好、综合评价较好、综合评价一般、综合评价较差四个等次。

在国务院扶贫开发领导小组组织的全国东西部扶贫协作成效考核中，2017年、2019年、2020年，江苏省、贵州省、苏州市与铜仁市均被评为"好"的等次；2018年，江苏省、贵州省、苏州市与铜仁市获得"较好"的等次。2018~2021年，根据中共中央办公厅、国务院办公厅每年东西部扶贫协作考核通报，国务院扶贫办（国家乡村振兴局）就当年东西部扶贫协作考核有关情况对苏州市进行反馈，苏州市对口支援工作领导协调小组办公室研究制订并上报考核反馈问题整改方案和落实情况报告，解决苏州市在东西部扶贫协作工作中存在的问题和不足，确保问题查找到位、原因剖析到位、整改落实到位。

二、省市级考核

2017年，根据国家《东西部扶贫协作考核办法（试行）》明确的东部地区6个方面22项指标，江苏省对口支援工作领导协调小组结合实际印发《江苏省东西部扶贫协作考核办法（试行）》。由江苏省对口支援工作领导协调小组办公室负责省东西部扶贫协作考核工作，围绕组织领导、人才支援、资金支援、产业合作、劳务协作、"携手奔小康"等6个主要方面，通过自查评估、交叉考核、第三方核查等方式，对江苏省参加苏黔扶贫协作的苏州市、各结对县（市、区）进行考核。考核结果定期通报，并按考核结果表彰激励、问责追究。

　　2017年11月8日，苏州市政府印发《苏州市东西部扶贫协作工作分工职责实施细则》《苏州市东西部扶贫协作考核实施细则（试行）》。从组织领导、人才支援、资金支持、产业合作、劳务协作、"携手奔小康"、扶贫宣传工作等7个方面对苏州市东西部扶贫协作工作进行职责分工。苏州市及所辖各市（区）做好接收国务院扶贫开发领导小组和江苏省对口支援工作领导协调小组统一组织考核工作，从2017年到2020年，每年开展1次。苏州市内考核工作根据国务院扶贫开发领导小组和江苏省对口支援工作领导协调小组的考核安排同时进行。平时工作主要采取抽查的方式进行，考核工作由市对口扶贫协作领导小组办公室牵头，会同领导小组成员单位组成考核工作组，并邀请相关市（区）及对口帮扶地区牵头单位参与。主要考核组织领导、人才支援、资金支持、产业合作、劳务协作、"携手奔小康"等6个方面情况。考核工作组根据考核自查评估报告、交叉考核结果、核查结果，综合考虑平时工作中示范性、特色性、创新性做法和中央领导、中央有关部门、帮扶双方省（自治区、直辖市）党委和政府肯定的情况，汇总形成考核报告，提出考核等次建议，报苏州市对口扶贫协作领导小组审定。苏州市对口扶贫协作领导小组对年度考核等次为"好"和"较好"的进行通报表扬。

第二章
资金帮扶

2013年起，江苏省、苏州市按照国家东西部扶贫协作工作资金支援的要求，围绕深入推进扶贫开发攻坚、增强基本公共服务能力、深化经济技术交流合作、加强干部和人才培养交流四大重点任务，对铜仁市在美丽乡村、教育扶持、共建产业园区、农业高效示范园区、农业产业化、人才培养等方面给予资金帮扶，在资金安排上依据国务院要求建立正常的增长机制并列入当地财政预算统筹安排，在铜仁市建成一批能够明显改善民生、具有示范效应作用、对当地经济跨越式发展和社会全面进步产生较大影响力的帮扶项目。

第一节　资金管理

2014年4月，根据国务院办公厅《关于开展对口帮扶贵州工作的指导意见》的有关规定和江苏省政府要求，江苏省发改委会同省财政厅研究制定《江苏省苏州市对口帮扶贵州省铜仁市项目资金管理暂行办法》，对帮扶铜仁市项目建设安排和资金使用管理作具体规定。对口帮扶资金实行专款专用，接受省财政厅、省审计厅监督检查。对口帮扶资金用于对口帮扶铜仁市的重点民生工程、干部和人才培养交流、公益性基础设施、产业发展以及社会事业领域等一批具有示范作用的项目建设。

2017年5月，江苏省对口支援工作领导协调小组印发《关于切实做好江苏省东西部扶贫协作资金和项目管理等对口帮扶工作的通知》，对东西部扶贫协作资金的安排、使用和管理做具体规定。资金拨付由省财政厅按照省对口支援工作领导协调小组批准的年度帮扶资金规模和拨付计划，在每年4月（2017年为5月）和7月分两次将对口帮扶资金统一拨付到受帮扶省指定的财政账户。通知要求对口帮扶铜仁市资金由苏州市与铜仁市共同商定安排，加强对扶贫项目和对口帮扶资金的管理，明确项目实施主体和相关责任，充分发挥帮扶工作队（组）的桥梁纽带作用，认真做好项目筛选和论证，推进项目有序实施、规范运作，确保项目取得实效，确保资金使用安全。

2017年8月26日，按照国家、省有关要求，江苏省对口帮扶贵州省铜仁市工作队会同铜仁市扶贫办共同商谈制定,并由铜仁市政府印发《铜仁市关于江苏省苏州市对口帮扶项目和资金管理办法》。在资金安排方面,结合《苏州对口帮扶铜仁工作五年规划(2016~2020年)》中已安排对口帮扶资金情况,由苏州市与铜仁市共同协商,提出"十三五"时期各年度的具体项目清单,明确对口帮扶资金的用途、类型和配套的资金量,兼顾区(县)间平衡,将帮扶资金分配安排到产业合作、劳务协作、人才支援、助医助学等方面,将2016~2020年苏州市对口帮扶每年增补到的资金按因素分配法安排到铜仁市各区(县)或铜仁市部门的帮扶项目上,实现铜仁市各区(县)苏州市对口帮扶资金和项目全覆盖,对深度贫困地区和"携手奔小康"的重点区(县)倾斜支持。铜仁市各区(县)政府和涉及项目实施的各市直部门是对口帮扶资金管理和使用的责任主体。铜仁市扶贫办负责编制年度帮扶项目建设具体实施计划建议和对口帮扶资金分配计划,并于每年10月30日前,将下年度帮扶项目建设计划建议报苏州市发改委审核后以文件形式下达计划,并报江苏省发改委备案。铜仁市扶贫办设立对口帮扶资金专户,实行专户管理、专款专用、专账核算。铜仁市扶贫办、财政局等部门和工作队结合自身职能职责,每年认真做好项目筛选和论证,把对口帮扶资金重点投向能够带动贫困群众增收的产业项目和"造血"项目,投向易地扶贫搬迁点的教育、卫生设施建设,以及贫困户危房改造、安全饮水,贫困村内道路、学校、卫生室、养老院等的民生工程建设项目,主动配合扶贫协作项目实施单位和管理单位对项目前期准备、资金协调、建设管理、竣工审计结算等各方面提供支持和帮助,共同做好帮扶项目的绩效情况的综合评估工作。铜仁市扶贫办每年12月25日前,向苏州市发改委、财政局报送本年度项目资金拨付使用明细情况,并报江苏省发改委、财政厅备案。

2017年11月,《江苏省对口帮扶贵州省铜仁市扶贫协作规划》出台,安排落实江苏省"十三五"期间对口贵州省铜仁市帮扶资金。江苏省对口贵州省铜仁市的帮扶资金由省级财政部门根据省对口支援工作领导协调小组要求,参照援藏、援疆资金筹集办法,按省、市财政共同承担方法予以及时足额筹措。根据扶贫协作的重点任务,"十三五"期间共组织实施产业合作、劳务协作、人才支援、助医助学及其他类型共5大类68个具体对口帮扶项目。

2018年,工作队会同铜仁市扶贫办出台《关于进一步加强江苏省苏州市扶贫协作资金和项目管理的通知》,加强资金监管,2018年(含)之后安排分配到县的江苏省苏州市扶贫协作资金直接划拨到铜仁市区(县),各区(县)扶贫办会同财政部门对扶贫协作资金进行专账管理、专项核算。苏州市各市(区)在省级统筹外,落实对口帮扶资金不得低于上一年额度,并于3月30日前拨付至铜仁市受援县(区)财政专户。铜仁市各区(县)扶贫办、工作组定期开展帮扶项目实施进度督查,不定期开展帮扶项目实施情况抽查，并将资金使用的绩效评估结果与资金投向挂钩，开展拟实施项目绩效评估，对资金使用效益低、与贫困户利益联结机制不明显的项目予以调整。在帮扶项目实施过程中，工作队（组）进行跟踪了解，配合解决实施过程中遇到的问题和困难，及时掌握对口帮扶资金执行和帮扶项目进展的相关情况。会同项目实施单位，进一步健全帮扶项目与建档立卡贫困户的利益联结机制，确保帮扶资金和项目真正帮到点上、扶到根上，更好发挥帮扶项目的示范引领作用。社会团体和各界群众捐赠的帮扶资金，按照捐赠意向定向使用。督促铜仁市扶贫协作主管部门和有关单位，抓好已竣工项目的审计工作。

2021年，按照中央和苏黔两省、苏铜两市对东西部协作结对关系调整过渡期衔接工作方案要求，工作队会同受援地扶贫协作主管部门认真细致梳理苏铜扶贫协作工作。形成财政帮扶资金项目、社会捐赠资金物资项目、在岗的东部专技人才、引进企业、产业园区、扶贫车间等共建类项目，审计后未完成整改项目，"携手奔小康"行动和档案资料等交接资料明细表，并详细列出需东西部双方继续支持的有关项目和工作清单，在5月27日苏州·铜仁扶贫协作工作总结座谈会上，工作队与铜仁市举行签字交接仪式。同时，工作队按照稳定、高效、有序的原则，积极配合铜仁市与广东省东莞市洽谈协商，协助做好结对关系调整过渡期内两地干部人才、产业就业、消费协作等重点工作和衔接，促进铜仁市东西部协作工作有序过渡。

第二节　资金使用

苏州市帮扶铜仁市东西部扶贫协作资金主要由江苏省级、苏州市级财政对口帮扶资金和各市（区）帮扶资金等构成，聚焦"两不愁三保障"，按照"项目跟着规划走，资金跟着项目走"的原则，精准高效用于产业扶贫、就业扶贫、基础设施、教育扶贫、基本医疗扶贫、人才交流及干部培训、文化文明等。"携手奔小康"镇村结对的对口帮扶资金、社会帮扶资金作为重要的补充，让扶贫协作项目不断向基层延伸。

一、资金帮扶概况

2013年，江苏省、苏州市对口帮扶铜仁市4大类6个项目3000万元。完成总投资5000万元的江口县云舍历史文化名村项目的整体规划编制和景观设计，总投资2.4亿元的铜仁市交通学校项目的苏州教学1号楼竣工验收。2014年，江苏省拨付对口帮扶铜仁市项目资金3500万元，实施松桃县桃花源美丽乡村项目、铜仁工业学校教学楼等4

个项目, 苏州市多渠道筹集对口帮扶资金1320余万元, 用于扶持铜仁市社会事业发展。2015年, 江苏省财政拨付对口帮扶铜仁市项目资金3499万元, 拨付教育帮扶专项资金1500万元用于铜仁民族师范学院硬件建设, 苏州市多渠道募集帮扶资金1310万元。2016年, 江苏省政府统筹拨付对口帮扶铜仁市资金5000万元, 用于碧江区多个农业产业建设、松桃县黑木耳种植等; 苏州市各级政府部门及社会各界向铜仁市提供对口帮扶资金2565.3万元, 捐物折款1078.3万元。

2013~2016年, 围绕美丽乡村、教育协作、农业产业化、人才培养四大领域, 苏州市落实对口帮扶资金总量超过2.3亿元, 社会帮扶捐款捐物折款1000余万元, 参与建设4个历史文化名村、4所中等职业技术学校、3所希望小学, 实施印江县新寨镇茶园农水配套工程、石阡五峰山观光农业项目、德江县核桃基地、玉屏县中药材基地、思南县金银花基地、碧江区农业大数据、松桃县正大乡茶园等一批特色农业产业化项目, 在当地发挥积极的带动效应。完成48期累计2350人次的铜仁市干部在苏培训。苏州市所辖10个县级市 (区) 均与铜仁市的10个区 (县) 进行"一对一"帮扶, 开展资金援助、物资捐赠等活动。累计投入3000余万元, 帮助建成或捐助碧江区锦江广场社区影院、玉屏县市民广场建设、万山区人民医院医疗设备、铜仁八中图书馆、松桃姑苏图书馆等50多个项目; 开展社会资金援助843.5万元, 捐物折款45.1万元。苏州市委农办、市水利局、市人社局分别向铜仁市农委、水务局、人社局捐赠对口帮扶资金100万元, 苏州市广电总台向铜仁市广播电视台捐赠8讯道电视转播车1辆, 苏州市委统战部向铜仁市捐赠55万元 (同心工程项目)。

2017年, 江苏省级及苏州市级财政安排9221万元, 涉及项目26个, 其中美丽乡村

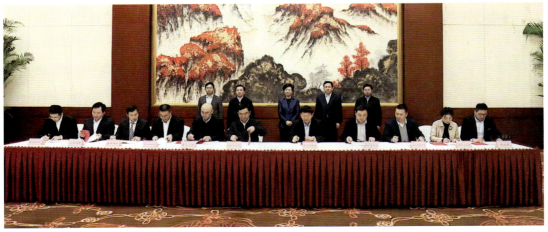

2017年12月11日, 江苏苏州·贵州铜仁扶贫协作联席会议暨签约仪式在苏州市举行, 贵州省委副书记、代省长谌贻琴 (后排右三)、江苏省委常委、苏州市委书记周乃翔 (后排右二) 出席

2018年8月21日，江苏省委副书记、省长吴政隆（左四）率江苏省党政代表团到铜仁·苏州产业园考察，并出席产业园核心区建设启动暨重点项目集中开工仪式

2020年5月17~19日，铜仁市党政代表团到苏州市考察。江苏省委常委、苏州市委书记蓝绍敏（后排右四），铜仁市委书记陈昌旭（后排右三）参加苏州·铜仁扶贫协作联席会议，并出席签署2020年东西部扶贫协作签约项目仪式

2020年8月4日，苏铜扶贫协作项目和协议签约仪式在铜仁市举行，江苏省委书记、省人大常委会主任娄勤俭（左五），贵州省委书记、省人大常委会主任孙志刚（左四），贵州省委副书记、省长谌贻琴（左三）出席签约仪式

项目8个、农业产业化项目12个、教育扶持项目2个，共建产业园区、建设现代高效农业示范园、劳务协作、人才培训项目各1个；协调苏州市各县级市（区）、市级有关部门向结对区（县）、部门捐赠对口帮扶资金3150万元（当年到账1565万元），涉及项目9个，其中苏州高新区支持1500万元用于万山区妇幼保健院建设；社会帮扶资金2171万元。整合扶贫协作和对口帮扶资金用于脱贫攻坚比例为100%，并基本按各地贫困人口数量分配。实施帮扶项目覆盖铜仁市10个贫困县，24个乡镇，40个贫困村，带动贫困户6887户，贫困人口22208人。是年完成铜仁市特殊学校"苏州楼"、江口县红心猕猴桃种植、玉屏县油茶抚育、印江县泉溪村和青山村食用菌种植、沿河县玫瑰园旅游接待木屋旅馆、大龙开发区西南侗苑现代高效农业示范园等10个项目，万山区生态山地刺葡萄、生猪养殖项目等8个帮扶项目实施进度超过70%。此外，南京—铜仁每周二、四、六往返航班合作经营协议于2017年8月19日到期，经工作队汇报争取，在8月17日由江苏省委副书记、常务副省长黄莉新召开的对口扶贫协作专题会议上，明确南京—铜仁定期航班补贴政策继续延期两年，江苏省政府每年拨付航班运营补贴500万元。

2018年，苏州市县两级上缴江苏省东西部扶贫协作资金4.5亿元，江苏省级及苏州市级累计向铜仁市援助财政帮扶资金3.7亿元。其中，省市财政统筹安排2.85亿元，县级市（区）及镇（街道、开发区）另外援助0.86亿元；投入"携手奔小康"县财政援助资金3.5亿元，其中投入深度贫困地区财政援助资金1.1亿元。社会帮扶资金4541万元，捐物折款1349万元。共在铜仁市实施美丽乡村、共建产业园区、农业高效示范园区、农业产业化、教育医疗、人才培养、劳务协作等方面帮扶项目244个，有效带动6.95万名建档立卡贫困人口脱贫，其中贫困残疾人脱贫4160人。

2019年，江苏省、苏州市累计落实财政帮扶资金5.5726亿元，其中省市3.88亿元、县乡级1.6926亿元。全年实施教育医疗、就业创业、劳务协作、美丽乡村、农业产业、人才培训等帮扶项目501个，有效覆盖铜仁市建档立卡贫困人口28.9万人。投入1.56亿元用于易地扶贫搬迁安置点学校24所、医院（社区卫生院）23所的配套设施建设，在易地扶贫搬迁安置点兴建扶贫车间26个，覆盖建档立卡贫困人口10万多人，解决1000多名贫困人口稳定就业问题。社会各界捐赠帮扶资金7368.1万元，惠及铜仁市贫困人口超4万人。投入深度贫困地区（深度贫困县、极贫乡镇、深度贫困村）财政援助资金3.4亿元，占援助资金总数的61%；投入县以下基层资金5.1亿元，占援助资金总数的92%。投入未摘帽的3个贫困县财政援助资金2.123亿元，占援助资金总数的37.9%。向拟出列的3个县159个深度贫困村每个村拨付资金50万元，共拨付7950万元。特别整合东西部扶贫协作资金和苏铜两市残联资金，推动实施"助力脱贫幸福工程"，为铜仁市2739名贫困残疾人提供股金分红，使200多名具有一定劳动能力的贫困残疾人获得就业机会。

2020年,江苏省和苏州市累计支持铜仁市财政帮扶资金6.75亿元,县(区)均投入财政帮扶资金6750万元;社会各界投入帮扶资金9271万元,覆盖贫困人口12万多人。实施帮扶项目457个,惠及建档立卡贫困人口34.8万余人。其中,江苏省各级财政援助资金6.64亿元用于区(县)项目,4.52亿元统筹资金的50%安排至国务院挂牌督战的深度贫困县沿河县。苏州市聚焦易地扶贫搬迁安置点的"教育医疗配套设施建设+扶贫车间+就业",统筹2.3亿元财政帮扶资金和0.3亿元社会帮扶资金,专门用于铜仁市各区(县)易地扶贫搬迁安置点教育、医疗、文化等配套设施建设,新建学校、医院28所,文化活动场所6个。克服疫情影响,推动苏铜两地10个共建工业园区入驻企业于4月上旬实现全面复工复产。在苏黔两省领导互访、铜仁市党政代表团考察苏州市和铜仁(苏州)文旅产业招商推介会期间,先后签订项目合作协议75个,其中产业项目协议50个,计划总投资102.1亿元。

2017~2020年,江苏省及苏州市累计支持铜仁市财政帮扶资金17.1亿元。抓产业就业重点,补住房饮水短板,强教育医疗弱项,重点向深度贫困县、极贫乡镇和深度贫困村倾斜,向易地扶贫搬迁安置点学校、医院、扶贫车间等配套设施建设倾斜,所有东西部扶贫协作有限的资金,从源头上依据贫困人口数进行综合分配的基础上,调增深度贫困县、贫困县、极贫乡镇和深度贫困村资金分配权重。共实施美丽乡村、农业产业化、教育医疗、人才培养、劳务协作等方面帮扶项目1243个,使铜仁市72.8万名贫困人口受益。先后投入东西部扶贫协作资金近3.6亿元,用于易地扶贫搬迁移民安置点94所中小学校(幼儿园)、医院(卫生院、社区卫生服务中心)建设,覆盖贫困群众14.7万人。在玉屏县、德江县、印江县、沿河县建成一批食用菌基地,在思南县、印江县建成一批茶叶基地,在碧江区、石阡县、松桃县建成白玉枇杷、百香果、蓝莓等经果林基地,有效推动铜仁市特色农林产业的发展。同时,江苏省和苏州市社会各界向铜仁市捐赠扶贫物款超过2.4亿元,惠及铜仁市贫困村694个,困难群众12万人。

二、各县(市、区)资金帮扶概况

张家港市结对沿河县 2016年,张家港市投入财政帮扶资金100万元,帮扶项目2个。2017年起,江苏省、苏州市帮扶资金进入。2019年,张家港市区镇结对资金进入。至2021年5月,张家港市累计投入各类财政帮扶资金3.72亿元,其中江苏省、苏州市财政投入帮扶资金3.1亿元、张家港市财政投入帮扶资金6188万元,居苏州市各市(区)首位。实施产业发展等各类帮扶项目317个,县域东西部扶贫协作对口帮扶资金总量位居贵州省第一,超半数资金(2.4亿元)用于产业发展,实施产业项目173个。张家港市区镇结对帮扶沿河县乡镇（街道）资金累计780万元，社会各界累计捐赠沿河县款物3393万元，其中资金2770万元。

常熟市结对思南县 2017年，常熟市投入各类财政帮扶资金3800万元用于孙家坝镇迎春村美丽乡村农旅一体化打造、翟家坝生态茶园建设、大河坝镇黑鹅溪村乡村旅游提升、邵家桥镇珠池坝村民生改善及产业发展，以及思南县黄牛产业。

2018年，投入各类财政帮扶资金4278万元，其中常熟市财政投入帮扶资金353万元，为思南县扶贫产业发展、基础设施提升、社会事业保障等方面提供保障。其中，投资1040万元建设邵家桥镇、板桥镇1310亩柚子经济带；400万元建设鹦鹉溪镇翟家坝村1000亩生态茶园，年内吸纳劳动力120余个，其中贫困人口近40人；投入42.1万元建设鹦鹉溪镇炉岩村应急抗旱工程项目，为肖家组、大山组2个村民组220人解决饮水难题。

2019年，投入各类财政帮扶资金6991.05万元。其中，苏州市财政帮扶资金5271.05万元，实施扶贫项目47个，惠及贫困群众3万余人；常熟市财政帮扶资金1510万元，实施扶贫项目24个，覆盖贫困群众1500人；常熟市乡镇帮扶资金210万元，用于结对乡镇民生工程。

2020年，投入各类财政帮扶资金3973万元，其中常熟市财政投入帮扶资金3863万元，实施产业发展、劳务协作、人才培训、基础设施等扶贫项目38个，资金使用率达95%。

至2020年，常熟市累计帮助思南县争取各类财政帮扶资金1.65亿元，其中常熟市财政投入帮扶资金4315万元、社会帮扶资金超5000万元，实施产业发展、基础设施、民生保障等扶贫项目近200个，聚焦59个深度贫困村，惠及贫困群众10万余人。

太仓市结对玉屏县 2014年，太仓市投入帮扶资金100万元，支持玉屏县现代农业科技展示馆建设。2015~2016年，太仓市投入200万元，支持玉屏县老寨民乐文化广场和玉屏县凉庭寨农业观光园区建设。

2017年，投入各类财政帮扶资金1100万元，其中江苏省、苏州市帮扶资金900万元，太仓市财政帮扶资金200万元，实施玉屏县油茶抚育等扶贫项目5个。项目带动贫困人口脱贫8910人，实施14所山村幼儿园提质升级改造，资助贫困学生100人，帮扶发展油茶产业2万亩，帮扶建设乡村旅游项目3个。社会帮扶资金7.82万元，资助困难户和贫困生。

2018年，投入各类财政帮扶资金2222.67万元，其中江苏省、苏州市帮扶资金963.32万元、太仓市财政帮扶资金1000万元、7个结对乡镇帮扶资金230万元、部门帮扶资金29.35万元。实施田坪镇食用菌（茶树菇）基地一期建设等扶贫项目12个。项目覆盖贫困人口12146人，其中帮扶贫困残疾人507人。用于14个深度贫困村帮扶资金375万元，产业帮扶资金1355万元，劳务协作资金238.32万元，易地扶贫搬迁学校、医院等基础设施资金600万元。社会帮扶资金327.1万元。

2019年，投入各类财政帮扶资金5552.56万元，实施龙江新区安置区小学建设等项目38个。项目覆盖贫困人口31856人，其中用于产业帮扶资金2489万元、劳务就业协作资金252.56万元、教育扶贫资金2320万元、基本医疗资金401万元、残疾人扶贫资金55万元。社会帮扶资金（物资）393.89万元。

2020年，投入各类财政帮扶资金4683.54万元，其中260万元为乡镇结对帮扶资金、350万元为园区共建产业引导资金，实施项目14个，项目覆盖贫困人口3808人。社会帮扶资金（物资）284.3万元。

2014~2020年，太仓市向玉屏县捐赠资金（物资）14871.88万元，其中政府帮扶资金13858.77万元。

2021年3月和4月，太仓市教育局、沙溪镇分别到玉屏县考察，捐赠慰问金和消费扶贫资金共计13.3万元。

2017年11月，太仓市政府向玉屏县100名贫困学生及山村幼儿园提质升级改造工程捐助100万元

昆山市结对碧江区　2014年，昆山市援助碧江区帮扶资金100万元，昆山市红十字会资助100名贫困大学生助学金5万元。2015年，昆山市援助碧江区帮扶资金100万元，主要用于碧江区瓦屋乡克兰寨村至湖南省麻阳县拖冲乡兰山村出境公路项目建设。2016年，昆山市援助碧江区帮扶资金466万元，主要用于资助碧江区桐木坪乡九年一贯制学校灾后重建项目；投入苏州市帮扶资金1000万元，建设碧江区灯塔街道马岩村农业园区连栋蔬菜大棚。

2017年，昆山市投入财政帮扶资金150万元，主要用于支持小江口至金竹园沿线公路建设。鲲鹏通讯（昆山）有限公司与铜仁市政府、碧江区政府签订项目协议，投资5亿元在产业园建设智能通信终端生产项目。使用苏州市帮扶资金500万元实施铜仁·苏州产业园控制性详细规划和枇杷种植项目。

2018年，投入昆山市财政帮扶资金1150万元，主要用于碧江经济开发区核心区基础设施建设以及和平乡油茶产业扶贫、川硐街道冰糖柚脱贫攻坚产业发展等9个项目。帮助建档立卡贫困户1445人脱贫，其中残疾贫困户111人。向碧江区捐赠社会帮扶资金403万元。昆山市慈善总会向碧江区捐赠衣物2.5万件，价值约250万元。投入苏州市帮扶资金3343.32万元，实施易地扶贫搬迁安置区白岩溪小学建设项目等18个项目。

2019年，投入昆山市财政帮扶资金1810万元（含区镇结对帮扶资金310万元），投入苏州市财政帮扶资金6412.56万元，实施范木溪精品民宿等27个项目，带动1.5万人

脱贫,其中残疾贫困户161人。

2020年,投入昆山市财政帮扶资金2400万元(含区镇结对帮扶资金350万元、各类社会帮扶资金500万元),使用苏州市财政帮扶资金2158.54万元,实施铜仁·苏州产业园、范木溪精品民宿、种植业帮扶等18个项目。

至2020年,昆山市累计帮助碧江区争取各类财政帮扶资金1.7亿元。2021

2020年8月,昆山市向碧江区捐助2020年财政帮扶资金1500万元

年,昆山市部分区镇、昆山市慈善总会、亚香香料等企业向碧江区捐赠资金565万元。

吴江区结对印江县　2014~2016年,吴江区财政每年安排100万元支援印江县,用于建设印江县老年人照料中心、凤仪美丽乡村建设项目、印江县网格信息化服务管理平台建设项目等。

2017年,吴江区投入各类财政帮扶资金390万元,其中,江苏省、苏州市帮扶资金200万元,吴江区财政帮扶资金150万元,各镇(区)帮扶资金40万元。社会帮扶资金(物资)172.18万元。

2018年,投入各类财政帮扶资金3282.65万元,其中,江苏省、苏州市帮扶资金2624.65万元,吴江区财政帮扶资金500万元,各镇(区)帮扶资金158万元。社会帮扶资金(物资)383.2万元,资助困难学子416人。

2019年,投入各类财政帮扶资金3941.33万元,其中,江苏省、苏州市帮扶资金2251.33万元,吴江区财政帮扶资金1510万元,各镇(区)帮扶资金180万元。社会帮扶资金(物资)472.34万元,其中吴江常青爱心帮困会捐赠100万元,用于印江县贫困人口清零。

2020年,投入各类财政帮扶资金4159.5425万元,其中,江苏省、苏州市帮扶资金2469.5425万元,吴江区财政帮扶资金1500万元,各镇(区)帮扶资金190万元。社会帮扶资金(物资)652.42万元,其中吴江慈善总会2次合计捐赠170万元,用于印江县贫困人口清零及贫困家庭助学。

2021年,吴江区"美美与共""面包树"等公益助学持续跟进,捐赠社会帮扶资金(物资)41.7万元。

2020年8月18日,吴江区向印江县捐赠对口帮扶资金700万元

吴中区结对德江县 2013~2016年，吴中区财政向德江县捐赠330万元对口帮扶资金，其中2013年50万元、2014年100万元、2015年80万元、2016年100万元。

2017年，投入江苏省、苏州市对口帮扶资金876万元，吴中区财政对口帮扶资金300万元。各区镇落实对口帮扶资金110万元，社会各界累计捐赠资金（物资）9.39万元。

2018年，投入江苏省、苏州市对口帮扶资金2992万元，吴中区对口帮扶资金340万元。各区镇落实对口帮扶资金270万元，区慈善总会、红十字会、工商联、团委、妇联等14家单位联合相关村（社区）和企业，共计捐赠帮扶资金315万元、物资价值58万元。

2019年，投入江苏省、苏州市对口帮扶资金1432万元，吴中区对口帮扶资金1500万元。各区镇落实对口帮扶资金270万元；相关村（社区）和企业向德江县77个深度贫困村捐赠对口帮扶资金212.5万元；吴中区教育局结对帮扶德江县教育局，捐赠资金98.4万元、物资价值68万元；社会各界捐赠资金153.6万元。德江县利用对口帮扶资金实施东西部扶贫协作项目63个。

2020年，投入江苏省、苏州市帮扶资金5593万元，吴中区对口帮扶资金1500万元。各区镇落实对口帮扶资金290万元，社会各界捐赠资金1573.4万元、物资价值84.7万元。德江县利用对口帮扶资金实施东西部扶贫协作项目47个。

相城区结对石阡县 2014~2015年，相城区向石阡县投入财政资金170万元。其中2014年80万元、2015年90万元。

2016年，相城区投入各类财政帮扶资金120万元，其中，江苏省、苏州市帮扶资金20万元，区级财政帮扶资金100万元。支援石阡县农业产业化、肉牛养殖、畜禽养殖、基础设施建设等项目6个，带动贫困人口实现脱贫672人。

2017年，投入各类财政帮扶资金2080万元，其中，江苏省、苏州市帮扶资金1900万元，区级财政帮扶资金120万元，镇级财政帮扶资金60万元。实施项目6个，带动贫困人口实现脱贫2152人。

2018年，投入各类财政帮扶资金3878.65万元，其中，江苏省、苏州市帮扶资金3183.65万元，区级财政帮扶资金500万元，镇级财政帮扶资金195万元。

2019年，投入各类财政帮扶资金3101.935万元，其中，江苏省、苏州市帮扶资金1361.935万元，区级财政帮扶资金1500万元，镇级财政帮扶资金240万元。实施项目30个，带动贫困人口实现脱贫

2020年8月22日，相城区向石阡县捐赠对口帮扶资金1500万元

1.8781万人，其中建档立卡贫困残疾人1385人。

2020年，投入各类财政帮扶资金3768.5425万元，其中，江苏省、苏州市帮扶资金2018.5425万元，区级财政帮扶资金1510万元，镇级财政帮扶资金240万元。实施项目37个，带动贫困人口实现脱贫3.1473万人，其中建档立卡贫困残疾人805人。

至2020年，相城区向石阡县投入各类财政帮扶资金13119.1275万元。其中，江苏省、苏州市帮扶资金8484.1275万元，区级财政帮扶资金3880万元，镇级财政帮扶资金755万元。

姑苏区结对江口县 2014年，姑苏区安排区级帮扶资金80万元用于江口县教育设施建设。同年9月，投入苏州市财政帮扶资金1500万元支持云舍游客服务中心及湿地公园建设，这是苏铜帮扶协作第1个落地项目。2015年，姑苏区安排区级财政帮扶资金100万元用于脱贫攻坚相关项目。

2016年，投入苏州市财政帮扶资金80万元用于江口县德旺乡茶寨村建设茶叶加工厂，区级财政帮扶资金100万元用于脱贫攻坚相关项目。

2017年，投入苏州市财政帮扶资金100万元用于江口县凯德街道明星村红心猕猴桃种植项目，区级财政帮扶资金120万元用于江口县发展石蛙、蜜蜂养殖项目。

2018年，投入江苏省、苏州市财政帮扶资金2469.16万元用于江口县基础设施、猕猴桃和茶产业种植等项目，区级财政帮扶资金500万元用于江口县旅游产业发展、干部培训等项目，姑苏区人大常委会帮扶资金100万元用于江口县凯德街道凯市村冷水鱼养殖项目，街道帮扶资金40万元用于江口县10个乡镇（街道）脱贫攻坚。

2019年，投入江苏省、苏州市财政帮扶资金1282.56万元用于江口县易地扶贫搬迁安置点中学、幼儿园建设及乡村旅游等项目，区级财政帮扶资金1000万元用于江口县铁皮石斛、油茶产业等项目，苏州市残联帮扶资金15万元用于江口县凯德街道金钟村贫困残疾人入股分红项目，街道帮扶资金55万元用于江口县10个乡镇（街道）脱贫攻坚相关项目。

2020年，投入江苏省、苏州市财政帮扶资金1853.54万元用于江口县易地扶贫搬迁安置点学校建设及冷水鱼养殖等项目，区级帮扶资金1000万元用于江口县新建就业扶贫车间、特色梅花鹿养殖、龙虾养殖等产业项目发展，苏州市残联帮扶资金20万元用于江口县凯德街道金钟村贫困残疾人入股分红项目，街道帮扶资金60万元用于江口县10个乡镇（街道）防贫预警资金池发展。

苏州工业园区结对松桃县 2014~2017年，苏州工业园区财政安排200万元，支援松桃县正大现代高效农业产业示范园区茶园和松桃综合型生产性服务业集聚区项目建设。2017年，社会各界累计捐赠资金（物资）263.5万元。其中，博世汽车有限公司捐资

30万元用于樟桂小学食堂建设,苏州金螳螂建筑装饰股份有限公司捐资60万元建设松桃县3所村级卫生室。

2018年,苏州工业园区投入区级财政帮扶资金587万元,社会各界累计捐赠资金(物资)428.908万元。东吴证券股份有限公司助学金援助松桃县100名贫困学生20万元。12月,苏州工业园区统战部援助松桃县200名学生、114名贫困户资金31.4万元。

2019年,苏州工业园区投入区级财政帮扶资金1587万元,社会各界累计捐赠资金(物资)515.1854万元。6月,东吴证券股份有限公司党委投入资金20万元援建松桃县团龙村卫生室1间。11月,苏州工业园区星湾学校投入资金10万元援建松桃县音乐舞蹈教室1间。

2020年,苏州工业园区投入区级财政帮扶资金1597万元,社会各界累计捐赠资金(物资)569.92万元。3月,苏州工业园区慈善总会援助松桃县资金100万元用于疫情防控。

苏州高新区结对万山区　2014年,苏州高新区捐资100万元用于铜仁市第八中学图书馆项目。2015年,捐资120万元用于万山区人民医院医疗设备购置项目。2016年,捐资100万元用于铜仁市第六中学教学楼项目建设。2017年,苏州市及苏州高新区共援建万山区项目5个。

2018年,投入各类财政帮扶资金2538万元,其中,江苏省、苏州市帮扶资金1391万元,区级帮扶资金960万元,乡镇结对帮扶资金100万元,部门结对帮扶资金87万元,实施项目29个。社会帮扶资金及折价物资金额共计302万元,实施项目32个。两区首创的苏州市对口帮扶铜仁市专项扶贫基金苏州高新区慈善基金会铜仁市万山区扶贫基金筹集500余万元,首批64.4万元用于支援万山区未脱贫的贫困户。

2019年,投入各类财政帮扶资金5101.56万元,其中,江苏省、苏州市帮扶资金3411.56万元,区级帮扶资金1500万元,乡镇及部门结对帮扶资金190万元,实施项目42个。社会帮扶资金及折价物资金额共计1058.64万元,实施社会扶贫项目65个。

2020年,投入各类财政和社会帮扶资金5455.1485万元,其中,财政帮扶资金3943.5425万元(含区级自筹1650万元及部门乡镇资金160万元,用于县以下基层财政资金3766.45万元),社会帮扶资金及折价物资金额共计1511.606万元。实施项目41个。

2016~2020年,万山区获得江苏各级

2017年9月20日,苏州市副市长、高新区党工委书记徐美健(右)代表苏州高新区向万山区捐赠1500万元,用于万山区妇幼保健院项目建设

财政帮扶资金1.2468亿元,实施扶贫项目121个,与52800余名建档立卡贫困户建立利益联结机制。苏州高新区慈善基金会铜仁市万山区扶贫基金先后募集投入949.8万元,实施项目23个,带动贫困人口脱贫3800余人。

第三节　民生项目

　　铜仁市易地搬迁扶贫群众共有29.36万人,其中跨区域搬迁12.6万人,分别占贵州省易地扶贫搬迁和跨区域搬迁群众的16.3%和53.8%,搬迁工作难度大,做好搬迁后续的扶持工作难度更大。铜仁市采取超常规举措,开展铜仁市历史上规模空前的易地扶贫搬迁工作,做好搬迁"前半篇文章",全面完成29.36万人易地扶贫搬迁任务,加上水库移民、生态移民,有近30万群众搬出世世代代居住的偏僻山沟。苏州市对口帮扶铜仁市,在易地扶贫搬迁点的教育、卫生设施,以及贫困户危房改造、安全饮水,乡镇级和村级道路、学校、卫生室、养老院等民生工程建设项目上投入大量资金,帮助铜仁做好脱贫"后半篇文章",确保"搬得出、稳得住、可就业、逐步能致富"。

　　本节对民生重点帮扶项目作选介。其他产业项目、劳务项目等见相关章节。文中所涉东西部扶贫协作资金(扶贫协作资金、财政帮扶资金)包括江苏省级统筹财政资金、苏州市级财政资金及苏州市10个板块县区和镇(街道、开发区)级结对财政资金,社会帮扶资金包括省、市、各结对市(区)捐赠受援区(县)的社会援助资金和物资等。

一、教育设施项目

　　铜仁市交通学校教学楼　位于万山区茶店办事处开天村塘边村民组。2013年6月1日开工建设,新建教学楼3栋,每栋5层,建筑面积19493平方米。2014年,苏州市投入扶贫协作资金共1000万元,主要用于修建一号教学楼。一号教学楼建筑面积6395.4平方米,内设教室45个,可容纳学生3000人。2014年9月,苏州市援建教学楼竣工验收并投入使用,是2014年贵州省唯一的当年建设、当年完工并投入使用的学校。

铜仁市交通学校教学楼

铜仁工业学校　位于碧江区川硐教育园区。2014年5月经铜仁市人民政府批准成立,是铜仁市教育局和铜仁职业技术学院共同领导下的一所市级全日制公办中等职业学校。2014年,苏州市援助1000万元用于教学楼建设。教学楼总建筑面积7200平方米,可容纳学生3000人。项目2014年6月10日开工,2015年3月17日完工,并于2015年8月投入使用。

玉屏县大龙镇第二幼儿园　2018年投入使用,为全日制公办幼儿园。学校占地面积10亩,建筑面积4527.56平方米,教学规模12个班,可容纳幼儿400余人。总投资1800万元,其中太仓市投入扶贫协作资金200万元。幼儿园招生覆盖大屯村、第一居委会、第二居委会、第三居委会以及大德新区,解决了附近易地

大龙镇第二幼儿园

扶贫搬迁对象、进城务工人员子女及当地学龄前儿童入园需求,大幅减少了农户因幼儿外出就读新增的交通、食宿等各项支出。2020年有教职工44人,在园幼儿379人,其中建档立卡贫困户子女63人。

玉屏县大龙开发区易地扶贫搬迁德龙新区安置点幼儿园　该项目是玉屏县、大龙经济开发区为解决易地扶贫搬迁户3~6岁孩子就学需求新建的一所全日制公办幼儿园。学校占地面积6427平方米,建筑面积5106.72平方米。总投资2200万元,其中太仓市投入扶贫协作资金200万元。该项目规划设置12个班(大、中、小班各4个),可容纳幼儿480人。幼儿园于2018年4月正式开园,接纳德江县易地扶贫搬迁户子女及该区域内适龄幼儿入园就学。

思南县长坝波司登中心小学　由江苏省、苏州市、常熟市三级慈善总会联合江苏波司登集团共同捐赠1100万元援建。该项目于2018年3月28日启动,2019年3月28日竣工投用。学校坐落在铜仁市思南县最偏远的长坝镇,占地面积40亩,新建教学楼、综合楼、食堂、操场以及常思园校园小品各1座,改扩建学生宿舍2座、教师宿舍1座。该校落成投用后,改善了长坝镇包括5个深度贫困村在内的15个行政村中1119户贫困家庭适龄儿童的上学条件。

长坝波司登中心小学

思南县双塘常福希望小学　2018年7月12日,江苏省常熟虞山高新区常福街道组织江苏鸽球环保科技集团有限公司、圣峰建设有限公司、常熟市泽众家用纺织品有限公司、常熟市昌盛印染有限公司、常熟市亚细亚纺织装饰有限公司、常熟市琴达针织印染有限公司6家企业与思南团县委、县教育局签订协议,累计向该县援助爱心捐款310万元,其中,250万元用于在思南县双龙小学建设名为"常福楼"的教学楼1栋,60万元用于资助贫困学生。受助后的思南县双龙小学更名为"双塘常福希望小学"。2019年6月27日,"常福楼"正式揭牌投用。

沿河县中等职业学校实训建设项目　2018年,张家港市投入扶贫协作资金105万元为沿河县中等职业学校添置实训设备,包括幼儿保健、舞蹈、音乐、酒店、电子、汽车、护理等专业相关设备246件。项目2019年4月完成。工程交付使用后,500名贫困人员从中受益。2019年4月,张家港市再次出资105万元,用于沿河县中等职业学校添置汽修、服装、农艺、电子、酒店专业实训设备。项目于2019年12月31日结束。该项目使建档立卡贫困人口60人受益,其中建档立卡贫困残疾人2人。

沿河县中界镇黄家洞幼儿园　2018年,张家港市投入扶贫协作资金30万元,总投资380万元新建黄家洞幼儿园,建设校舍1700平方米。工程于2019年10月竣工。

铜仁市第十二中学(打角冲中学)　位于碧江区灯塔街道打角冲易地扶贫搬迁安置点。2018年,投入扶贫协作资金1000万元,新建9023.7平方米的教学楼;投入扶贫协作资金900万元,新建6496平方米的图书综合楼。项目主要解决碧江区易地扶贫搬迁集中安置的打角冲、白岩溪、正光3个安置点贫困人口就学,可覆盖搬迁贫困群众11249人,解决贫困学生1851人就学问题。

铜仁市第三十二小学(白岩溪小学)　位于碧江区灯塔街道白岩溪易地扶贫搬迁安置点。2018年,投入扶贫协作资金800万元,新建3566.72平方米的教学楼;投入扶贫协作资金365万元,新建1756.2平方米的食堂。2020年,投入扶贫协作资金230万元,新建1150平方米的教学楼。

玉屏第一中学校园电视台及智慧教室　项目自2019年3月开始建设,太仓市投入扶贫协作资金120万元,当年9月投入使用。其中,校园电视台采用先进设备,设有实景区、虚景区和嘉宾区;智慧教室(也称"未来教室")可全程360度视频录音、录像,装有最新吸尘隔音板,可容纳48名学生进行课堂学习,同时容纳60名老师听课观摩。

铜仁市第三十三小学食堂　位于碧江区灯塔街道打角冲易地扶贫搬迁安置点,属易地扶贫搬迁安置学校。2019年,投入扶贫协作资金529万元,新建2175平方米的食堂。

碧江区正光小学教学楼　位于碧江区灯塔街道正光易地扶贫搬迁安置点,属易地扶贫搬迁安置学校。2019年,投入扶贫协作资金1211万元,新建1.12万平方米的教学楼。

万山区第三幼儿园

万山区第三幼儿园 位于丹都街道易地扶贫搬迁安置点旺家社区。2019年投入扶贫协作资金206万元,项目建筑面积4258平方米,设立12个班级,可容纳幼儿360人,解决当地近2000户易地搬迁贫困户幼儿教育问题。

铜仁市第二十一幼儿园保教综合楼 位于碧江区灯塔街道矮屯易地扶贫搬迁安置点,属安置点配套建设学校。2019年,苏州市投入扶贫协作资金712万元,新建4046平方米的保教综合楼。

沿河县官舟镇第二幼儿园 2019年4月,苏州市投入扶贫协作资金500万元,总投资1262万元,新建官舟镇第二幼儿园。其中土建工程912万元、设施设备230万元、附属工程120万元,建筑面积3981平方米。项目业主单位为沿河县教育局。2019年12月竣工。项目带动建档贫困人口5963人,其中建档立卡贫困残疾人口23人,贫困人口人均年增收150元。

德江县易地移民安置点第七幼儿园 2019年5月开工。由吴中区投入扶贫协作资金400万元,在玉水街道楠木园社区新建教学楼、综合楼、运动场、厕所、附属工程等基础设施。2019年8月竣工。解决贫困户子女就学232人,实现带动、覆盖脱贫人口462人。

德江县长堡镇幼儿园维修项目 2019年7月开工。由吴中区投入扶贫协作资金62.5万元,用于灯塔村幼儿园、杨井坪村幼儿园维修。2019年10月竣工。实现带动、覆盖脱贫人口52人。

凯德街道易地扶贫安置点凯德民族学校、第三幼儿园 位于江口县凯德街道办事处金钟社区。2019~2020年共投入东西部扶贫协作资金3101万元建设凯德民族学校、第三幼儿园,解决凯德街道张家湾及洞湾两处易地扶贫搬迁安置点适龄儿童少年就近就学问题。2019年建成投入使用,覆盖两个搬迁点2832户10306人(其中贫困人口1781户7848人),可向凯德街道张家湾及洞湾两处易地扶贫搬迁安置点建档立卡贫困群众提供工勤岗位5~10个,解决初中学位750个、小学学位1080个、幼儿园学位480个,确保易地扶贫搬迁安置点居民能够享受到普惠、优质九年义务教育资源及幼龄儿童教学。

石阡县下屯中学（易地扶贫搬迁安置点）教学楼和学生宿舍　2019年，投入东西部扶贫协作资金1302万元，建设学生宿舍5307.07平方米（其中男生宿舍2785.07平方米、女生宿舍2522平方米）及配套设施。项目建成后，新增学生床位450张。

石阡县下屯中学（易地扶贫搬迁安置点）教学楼和学生宿舍

沿河县黄土镇安置点配套幼儿园　2020年，投入东西部扶贫协作资金1100万元，新建黄土镇安置点幼儿园3840平方米及附属工程，购置教学设备，带动建档立卡贫困人口1161人。后被沿河县教育局命名为"沿河土家族自治县江苏幼儿园"。

沿河县思州新区移民安置点中等职业技能实训设备　2020年，张家港市投入扶贫协作资金100万元，为贫困生购置职业技能教学实训设备，主要购置计算机专业、电子电器专业、农艺专业基地设备。带动建档立卡贫困人口400人。

德江县第八中学项目　2020年3月开工，9月正式开班办学。吴中区投入扶贫协作资金1450万元，总建筑面积30922平方米，其中建设教学楼10843平方米。解决贫困户子女就学1800人，实现带动、覆盖脱贫人口3600人。

德江县第八中学项目

铜仁市第二十二幼儿园保教综合楼　位于碧江区灯塔街道打角冲易地扶贫搬迁安置点，属安置点配套建设学校。2019年，苏州市投入扶贫协作资金775万元，新建4046平方米的保教综合楼。

铜仁市第二十三幼儿园保教综合楼　位于碧江区灯塔街道白岩溪易地扶贫搬迁安置点，属安置点配套建设学校。2019年实施。该校占地面积6487.65平方米，设置12个教学班，可容纳幼儿360余人。总投资1578万元，其中苏州市投入扶贫协作资金558万元，新建4046平方米的保教综合楼。

玉屏县第二小学扩建项目　2020年实施。该项目规划扩建18个班，新增学位810个，总建筑面积9435.57平方米，总投资4905.4万元，其中，江苏省东西部扶贫协作资金100万元，太仓市扶贫协作资金370万元。项目覆盖皂角坪街道新区安置点、双桥工业园区保障性住房安置点等县城区易地扶贫移民安置点393户1549人,其中贫困人口1428人。

玉屏县德龙三期安置点幼儿园(大龙第四幼儿园) 2020年实施。该项目是玉屏县为满足易地移民搬迁户3~6岁孩子就学需求,新建的一所全日制公办幼儿园。总投资约2200万元,其中太仓市投入扶贫协作资金800万元。占地面积2851.15平方米,建筑面积5106.72平方米。内设高标准的幼儿活动室、保健室、图书室、多功能室、厨房,每个班配有现代化的网络电视、电子钢琴、中央空调、教玩具及图书,设有洁净温馨的睡眠室、科学适宜的盥洗设施,是3~6岁儿童生活、学习、游戏的乐园。设置12个班(大、中、小班各4个),为德江县易地扶贫搬迁户子女及该区域内适龄幼儿提供学位480个。

玉屏县大龙开发区易地扶贫搬迁德龙新区安置点小学 2020年实施。规划设置24个班,可新增学位1080个,总建筑面积3835.78平方米。太仓市投入扶贫协作资金400万元,通过先建后补的方式进行建设。项目建成后,免去易地扶贫搬迁群众子女入学的后顾之忧,同时缓解大龙小学的服务压力,有利于德龙新区和大龙街道鲢鱼塘村适龄儿童的健康成长和学校的规范化管理,提高教育教学质量。

沿河县夹石镇石灰安置点配套幼儿园 2020年,投入东西部扶贫协作资金750万元,新建幼儿园2278平方米及附属工程,购置教学设备,带动建档立卡贫困人口954人。后被沿河县教育局命名为"沿河土家族自治县江苏张家港幼儿园"。

沿河县土地坳大面坡安置点配套小学学生宿舍 2020年,投入东西部扶贫协作资金350万元,新建学生宿舍1272平方米及附属工程,购置教学设备,带动建档立卡贫困人口899人。

沿河县塘坝镇大垭口安置点配套中学学生宿舍和食堂 2020年,投入东西部扶贫协作资金335万元,新建学生宿舍和食堂3644平方米及附属工程,购置教学设备,带动建档立卡贫困人口751人。

沿河县土地坳镇集镇安置点配套中学综合楼 2020年,投入江苏省东西部扶贫协作资金500万元,新建综合楼1515平方米,带动建档立卡贫困人口1629人。

沿河县易地扶贫搬迁安置点校外教育基地 2020年,张家港市投入扶贫协作资金200万元,在官舟镇、思州新区建设校外教育基地,配置相关设施设备及管理系统,带动建档立卡贫困人口7046人。

玉屏县龙江新区安置区小学(麻音塘中心完小) 总投资1.975亿元,其中太仓市投入扶贫协作资金900万元。占地面积3.94万平方米,建筑面积3.24万平方米。项目建有行政办公楼、专用教学楼、普通教学楼、教师宿舍、食堂、风雨操场等教学设施,有效解决易地搬迁群众及周边群众子女易地上学困难,从而促进项目覆盖的贫困户有效脱贫,巩固脱贫成效。2020年学校设置20个班,有学生820人、教师51人,并负责管理指导麻音塘街道辖区内5所村小的教育教学业务。

玉屏县田坪镇第二小学 属易地扶贫搬迁安置点配套学校。规划建设24个班,新增学位1080个,总建筑面积21221.32平方米。发改批复总投资9514.1万元,2020年太仓市投入扶贫协作资金1100万元。项目建成后,该区域内适龄学生及易地搬迁群众子女可就近入学就读。

松桃县易地扶贫搬迁团山安置点江苏小学

松桃县易地扶贫搬迁团山安置点江苏小学 2020年,投入东西部扶贫协作资金3200万元,新建普通教学楼5339.9平方米,主连廊312.7平方米,综合办公楼2860.31平方米,综合教学楼5262.94平方米,可容纳5586名易地扶贫搬迁安置点及周边适龄学生就读。

松桃县易地扶贫搬迁团山安置点第八幼儿园 2020年,投入东西部扶贫协作资金300万元,修建综合教学楼3120平方米及相关附属工程,可容纳300名幼儿就近就读。

松桃县易地扶贫搬迁团山安置点第八幼儿园

印江县实验小学 2019年,投入东西部扶贫协作资金600万元用于教学楼及教学辅助用房和附属设施建设,帮助改善学校办学规模、基础设施、师资力量等条件。学校占地面积73370平方米,有教学楼5栋、教室100间、艺术楼1栋,规划办学规模为3500人,覆盖普同、甲山、南湖、坪兴寨等多个移民安置点。开通扶贫直通车,往返于学校和各个易地扶贫安置点,解决学生就读交通问题。2020年,继续拨付东西部扶贫协作资金350万元用于印江县实验小学普同校区基础配套设施项目建设。

铜仁市第二十四幼儿园教学楼 位于碧江区灯塔街道正光易地扶贫搬迁安置点,属安置点配套建设学校。2020年,投入东西部扶贫协作资金600万元,新建4046平方米的保教综合楼。

松桃县易地扶贫搬迁后坪安置点第四幼儿园 2020年实施。项目总投资1244万元,其中投入东西部扶贫协作资金300万元,建设教学综合楼3120平方米,并完善相关附属工程,可容纳300名安置点幼儿就读。

印江县易地扶贫搬迁县城安置点第六小学学生食堂　2020年,吴江区投入东西部扶贫协作资金350万元用于易地扶贫搬迁县城安置点第六小学学生食堂建设项目,主要用于新建学生食堂11753平方米、堡坎250立方米、围墙100米及给排水等附属工程。该项目使贫困人口867人受益。

铜仁市第十四中学　位于万山区。投入东西部扶贫协作资金500万元。该项目于2020年8月建成投用,可容纳3700余户易地搬迁贫困户家庭的适龄子女就读。

铜仁市第二十九小学　位于万山区。2020年3月开始实施,同年10月建成投用。项目总建筑面积18413平方米,总投资6330万元,其中东西部扶贫协作资金500万元。2020年,该校已招收学生1180人。

铜仁市第十四中学

铜仁市第二十九小学

二、基本医疗项目

印江县老年人照料中心　位于印江县城北2千米处,毗邻城市农业公园,依山傍水,环境优美。2014年,吴江区财政安排对口帮扶资金100万元,用于援建印江县老年人照料中心项目。2016年11月,该项目主体完工,进入装修。项目建成后成为县城老年人颐养天年的好去处。

玉屏县第二人民医院　位于田坪镇杨柳新区,2016年建设,2018年12月投入使用,为玉屏县委、县政府2017年民生"十件实事"之一。项目占地8.5亩,总规划建筑9543平方米。总投资约3500万元,其中太仓市投入扶贫协作资金300万元用于医院综合楼室内装修。该项目的建成使田坪镇医疗设备及就医环境得到明显改善,为辖区易地扶贫搬迁户334户1735人提供更为便利优质的医疗条件。

玉屏县龙江新区卫生服务站　位于麻音塘街道龙凤大道龙江新区,占地面积约1000平方米,建筑面积约2000平方米,2018年太仓市投入扶贫协作资金200万元。拥有彩色多普勒B超机、全自动血球分析仪、全自动生化仪、C14呼气检测仪等设备。服务对象覆盖龙江新区易地扶贫搬迁建档立卡贫困人口及周边常住人口3万余人。

昆碧幸福里　位于碧江区坝黄镇坪茶村。2018年7月，投入东西部扶贫协作资金80万元启动建设，占地面积约1666.68平方米，内设党建服务中心、公共服务中心、老年人日间照料中心、儿童关爱中心、妇女就业培训中心5个中心，配套仓库、菜园、鱼塘及文体设施。2019年4月18日试运行，年运行维护经费50万元，由昆山市民政局、慈善总会、青商会、张浦镇企业商

昆碧幸福里

会及张浦镇金华村退休老书记汤仁青等社会力量共同承担。昆碧幸福里是江苏省对口帮扶贵州省铜仁市工作队碧江区工作组经过调研成立的碧江区首个综合关爱中心，探索"精准扶贫+政府支持+社会力量"模式，覆盖该村五保户17人、留守儿童65人、留守妇女62人。

德江县村卫生室建设工程　2019年3月开工，11月竣工。吴中区投入扶贫协作资金200万元。新建德江县村卫生室19个，改建（置换）村卫生室2个，维修村卫生室12个，覆盖贫困人口1.3万人，实现了德江县村级卫生室全覆盖。

沿河县思渠镇敬老院建设工程　2019年4月，张家港市投入扶贫协作资金100万元，加上其他统筹资金600万元，总投资700万元建设思渠镇敬老院。项目由沿河县民政局组织实施。工程于当年12月完工。交付使用后，带动建档立卡贫困残疾人26人，可吸纳50名老人入住。2020年，张家港市投入扶贫协作资金410万元，建设敬老院2997平方米，带动建档立卡贫困人口20人。

碧江区正光社区卫生服务中心改造工程　属易地扶贫搬迁安置点配套项目。2019年，投入东西部扶贫协作资金130万元，改造房屋392平方米，采购医疗设施设备，改造局域网等。

碧江区打角冲社区卫生服务中心改造工程　属易地扶贫搬迁安置点配套项目。2019年，投入东西部扶贫协作资金300万元，改造房屋412.8平方米，实行污水处理、局域网改造、DR防辐射工程，采购医疗设施设备等。

沿河县各安置点卫生室建设工程　2019年4月，分别投入东西部扶贫协作资金39.5万元、24.73万元、36.8万元、70.91万元、22.56万元、37.1万元，为黄土镇打老丫安置点、晓景乡三合安置点、官舟镇安置点、思州安置点、土地坳安置点、夹石镇石灰安置点建设卫生室和购置设施设备。工程均在12月竣工，共带动建档立卡贫困人口

993人。

思南县乡镇结对医院基础配套建设工程 2019年7月启动，2020年5月完工。常熟市投入扶贫协作资金50万元，完成邵家桥镇向家湾村、塘头镇蜂桶槽村、塘头镇下寨村、枫芸乡樱桃村、思林乡赶场坝村、鹦鹉溪镇核桃坝村、长坝镇枫香坨村、张家寨镇双联村、瓮溪镇上坝田村、凉水井镇王家山村10个村卫生室的业务用房建设，每个村卫生室5万元。每个村卫生室建筑面积60平方米，建设内容包括业务用房基础、主体、内外装修、门窗安装、水电安装。该项目提升所在乡镇（街道）3558户农户（其中贫困户685户）的就医问题，也提高涉及乡镇卫生院远程会诊的看病就医条件。

石阡县易地扶贫搬迁安置点医疗配套项目 2020年，投入东西部扶贫协作资金400万元，用于配置石阡县本庄镇茶溪村、本庄镇葛龙坡村安置点、国荣乡楼上村安置点、甘溪乡坪望村、甘溪乡双龙村安置点、五德镇团结村安置点、县城安置点（平阳社区）等村（点）配套医疗设施。项目建成后惠及贫困人口共计11293人。

万山区丹都街道旺家社区第二卫生服务站 属易地扶贫搬迁安置点配套项目。2020年，投入江苏省东西部扶贫协作资金60万元建设，覆盖搬迁贫困户17964人，2020年5月投用。

万山区丹都街道旺家社区第二卫生服务站

印江县木黄镇卫生院 2020年4月启动实施，是年10月建成使用。项目总投资8099.55万元，其中政府自筹7099.55万元，吴江区投入东西部扶贫协作资金1000万元。项目总占地面积26669.02平方米，设置床位200张，总建筑面积25166.29平方米。该建设项目竣工投入使用后，为木黄镇生态移民搬迁户709户2979人（其中安置在木黄镇集镇的88户313人）以及辖区内4.71万名当地群众提供优质公共卫生服务。

木黄镇卫生院

思南县思林乡敬老院建设项目 2020年4~9月，常熟市投入扶贫协作资金50万元建设，覆盖全乡14个村特困供养人员74人。该项目极大程度上改善思林乡14个村特困供养人员生活质量和生活条件，有效解决了分散特困供养人员照料护理难问题。

三、基础设施项目

铜仁市智慧交通运输体系建设　2014年7月，吴江区交通运输局通过结对帮扶，与铜仁市交通运输局、清华大学苏州汽车研究院签署三方合作协议书，由三方下属企业即吴江智远信息科技公司、铜仁市交通建设工程总公司、苏州清研安远信息科技发展有限公司共同出资成立铜仁市智慧交通投资管理有限公司，并确立"政府引导、企业运行、市场运作、合作共建"的建设和发展模式。11月，铜仁市智慧交通投资管理有限公司注册成立，注册资本1200万元，吴江智远信息科技公司控股60%，其他两方各控股20%。2015年2月，第一个智慧交通项目——"铜仁市主城区出租车监管和服务系统"启动建设。6月，完成铜仁市智慧交通信息指挥中心项目建设，接入"12328"交通运输服务热线，搭建"6903700"电话召车热线。是年，吴江智远信息科技公司派出2名中层干部担任铜仁市智慧交通投资管理有限公司副总经理，并仿照苏州科技企业的管理模式建立公司管理体系，招聘铜仁市人才，建立铜仁市本土运营团队，并帮助培训。

2016年3月25日，吴江区交通运输局与印江县交通运输局、铜仁市智慧交通投资管理有限公司签订《贵州省印江土家族苗族自治县智慧交通信息指挥中心工程建设合作协议书》。该项目主体投资127.6万元，吴江智远信息科技公司无偿捐赠价值63.8万元的信息中心大屏、服务器与相关软件平台等硬软件设备设施，作为对印江方的支持，同时提供技术支撑。11月，铜仁市智慧交通投资管理有限公司与苏州清研安远信息科技发展有限公司合作承建铜仁市"GIS-T"交通综合大数据平台一期项目。是年，完成印江县智慧交通信息指挥中心（铜仁市智慧交通信息指挥中心印江分中心）建设，建成印江县出租车监管系统和地质灾害监测预警系统，印江县出租汽车、公交车智能终端信息设备投入使用；驾培机构、客运场站纳入远程监控平台，并在贵州省率先进行县（区）级"12328"交通运输服务热线的对接。

2017年7月，铜仁市智慧交通投资管理有限公司划归铜仁市交通旅游开发投资集团有限公司。8月，吴江区交通运输局合作建设的铜仁市"GIS-T"交通综合大数据平台项目被列入贵州省2017年第一批政府大数据应用省级典型示范项目。2018年8月，通过增资，铜仁市交通旅游开发投资集团有限公司以60%的股份完成对铜仁市智慧交通投资管理有限公司的绝对控股，并于12月底前完成变更手续。

印江县网格信息化服务管理平台建设　2016年，吴江区财政安排帮扶资金100万元，其中50万元用于印江县网格信息化服务管理平台建设项目，对县城区和乡镇（街道）集镇所在地实行网格化服务管理，全县被划分为35个网格，其中城区20个、乡镇15个。在每个网格内配备信息终端，明确1名或多名信息员，适时上传社会综合治理、社会维稳、民情等相关信息到县网格信息管理中心，运用大数据，对收集到的信息进行研判，适时掌控全县社会治安状况。

沿河县黑水镇产业路项目　2017年8月，张家港市投入扶贫协作资金54万元，硬化黑水镇朝阳村立刚生态绿壳蛋鸡养殖场产业路1.35千米。其中，主路1120米，路面宽4米；支路6条230米，路面宽3.5米。路基铺12厘米厚大渣基层、8厘米厚碎石基层，路面为18厘米厚C30水泥混凝土，错车道4处，安装涵管1处。同时，张家港市投入扶贫协作资金46万元，硬化黑水镇朝阳村崔家坨至立刚生态养殖场产业路1.15千米。其中，主路850米，路面宽4米；支路3条300米，路面宽3.5米。路基铺12厘米厚大渣基层、8厘米厚碎石基层，路面为18厘米厚C30水泥混凝土，错车道3处，安装涵管1处。两个工程均由黑水镇政府实施，于2018年1月完工。投用后，覆盖1个贫困村，带动贫困人口525人。2018年，张家港市投入扶贫协作资金8.2万元、26.4万元和23万元，分别为黑水镇氽塘村新修产业路1.4千米，为龙塘村新修产业路2.2千米，硬化杨寨村杨宅路570米。工程于12月完工。分别覆盖贫困户12户36人、20户60人和30户103人。2019年4月，苏州市投入扶贫协作资金36万元，为黑水镇新建爱群村干岭至福家坪、关子堡、猴子洞产业路3千米，宽4.5米，错车道9处，边沟30厘米×30厘米；涵洞4处，灌浆管涵内空70厘米，每个涵管1米，共24个涵管；软基路段铺块石、大渣垫层，全程再铺5厘米厚碎石。工程于12月完工。交付使用后，覆盖贫困村1个，贫困户172户565人。2019年11月，张家港市区镇结对资金出资10万元，用于黑水镇尖山村大洪门至李家组通组公路建设；苏州市投入扶贫协作资金10万元，用于黑水镇杨寨村核桃基地产业路建设。工程均于12月竣工。交付使用后，分别带动建档立卡贫困人口43人；带动建档立卡贫困人口58人，其中建档立卡贫困残疾人1人。

玉屏县亚鱼乡凉庭寨接待中心景观灯、显示屏项目　2017年，投入江苏省财政帮扶资金33.68万元，在凉庭寨农业观光园区接待中心安装景观灯82盏。投入江苏省财政帮扶资金28万元，用于凉庭寨接待中心显示屏安装。上述两个项目的实施，较大地改善了玉屏县亚鱼乡凉庭寨农业观光园区的设施环境。

松桃县盘石镇响水洞村立面改造项目　2017年5月开工建设，2018年4月完工建成，共投入东西部扶贫协作资金500万元对30栋房屋进行立面改造，覆盖贫困户30户112人。房屋立面的改造，

2017年，松桃县盘石镇响水洞村房屋立面改造后，人居环境优美

为响水洞村建设美丽乡村、发展乡村旅游创造条件。

沿河县淇滩镇饮水安全项目　2018年,张家港市投入扶贫协作资金153万元,为淇滩镇钟岭村建设饮水安全项目。工程2019年1月完工。竣工交付使用后,覆盖贫困户108户364人。2019年4月,张家港市投入扶贫协作资金50万元,用于淇滩镇三壶村并报寨、老寨组及学校饮用水安全项目。工程12月竣工。带动建档立卡贫困人口480人,其中建档立卡贫困残疾人6人,贫困人口人均增收80元。

思南县大河坝镇农村钻水项目　2018年,常熟市货架商会捐赠20万元用于思南县大河坝板溪畜禽养殖有限公司温氏生猪代养基地钻水项目。项目实施后,按照8%的固定分红利益链接到贫困户56户250人。全村179户599人因钻水项目而受益,全村贫困群众全部喝上放心水,建档立卡贫困户入户通水率达100%。

石阡县大沙坝乡邵家寨村进寨路项目　2018年,总投资200万元建设,其中投入江苏省扶贫协作资金110万元。项目于2018年12月完工,覆盖全村300余户,方便1500余人出行。

石阡县大沙坝乡邵家寨村进寨路项目

沿河县淇滩镇竹园村通组公路和翰林村产业路建设项目　2018年,张家港市投入扶贫协作资金105万元,新建淇滩镇竹园村大竹园至老村委会通组公路900米、高二头至蔺华通组公路1.05千米、火炭溪至学校通组公路300米。工程2019年1月完工。交付使用后,方便97户贫困户出行,285人从中受益。2019年1月,张家港市区镇结对资金出资10万元,用于淇滩镇翰林村较子顶白山羊养殖产业路项目建设。工程12月竣工。交付使用后,带动建档立卡贫困人口55人,其中建档立卡贫困残疾人1人。

沿河县团结街道狮马村和红花盖村建设项目　2018年,张家港市投入扶贫协作资金40万元,为团结街道狮马村新建并硬化联户路5千米,道路厚度10厘米,宽1米。同年,张家港市出资122.65万元用于红花盖村乡村旅游基础设施建设。建设产业路2.7千米,路面宽4.5米,错车道8处,边沟30厘米×30厘米1条,涵管1道;硬化联户路5.5千米,路面宽0.8~1米,厚度10厘米,标准C20混凝土;安装太阳灯80盏;硬化文化广场500平方米,厚度15厘米,标准C20混凝土。工程均于2019年12月完工。交付使用后,分别覆盖贫困户103户389人和100户320人。

石阡县大沙坝乡邵家寨村进寨路项目　总投资200万元,其中东西部扶贫协作资金110万元。项目于2018年12月全面完工,覆盖全村300余户,方便1500余人出行。

沿河县中界镇联山村和高峰村产业路建设项目 2019年4月,苏州市投入扶贫协作资金50万元,为中界镇联山村新建花椒产业路3.3千米,涵洞8个,错车道10处,路基宽度4~4.5米,软基处填大渣。工程于12月完工。交付使用后,覆盖贫困村1个,贫困户41户,带动建档立卡贫困人口194人,其中建档立卡贫困残疾人6人。2019年11月,苏州市投入扶贫协作资金30万元,用于中界镇高峰村小池子桃子窝产业路建设。工程于12月竣工。交付使用后,带动建档立卡贫困人口117人,其中建档立卡贫困残疾人2人。2020年,江苏省投入扶贫协作资金83万元,用于高峰村子弟坝至暗塘苦竹槽产业路硬化1.86千米,宽4米,带动建档立卡贫困人口197人。

沿河县夹石镇三孔村通组产业路建设项目 2019年4月,苏州市投入扶贫协作资金250万元,为夹石镇三孔村通硬化通组(产业)公路5千米(含堡坎),宽度4~4.5米,C25混凝土厚大于等于15厘米,每千米设置错车道至少3处。工程于12月完工。交付使用后,覆盖贫困村1个,贫困户175户,贫困人口723人,可带动260人脱贫致富。

沿河县晓景乡侯家村至盖上产业路等项目 2019年,张家港市投入扶贫协作资金55万元,新建晓景乡侯家村至盖上产业路4.5千米,路面宽4.5~5米,设置错车道13处(长10米、宽6米),沟渠的地方铺设涵管,软基路段夯填大渣。工程于9月完工,带动建档立卡贫困人口329人,其中建档立卡贫困残疾5人。2020年,江苏省投入扶贫协作资金225万元,用于晓景乡侯家村中药材产业路硬化4.5千米,带动建档立卡贫困人口336人。

沿河县中界镇高峰村饮水安全项目 2019年4月,张家港市投入扶贫协作资金113.33万元,建设中界镇高峰村安全饮用水项目。工程于12月竣工。竣工后,带动建档立卡贫困人口185人,其中建档立卡贫困残疾人5人。

沿河县沙子街道龙凤村路路灯及垃圾房等项目 2019年4月,苏州市投入扶贫协作资金50万元,为沙子街道龙凤村路安装太阳能路灯120盏;购垃圾箱5个、垃圾转运车1辆;建4米×2米砖混结构垃圾房1个,建浆砌石堡坎18立方米、C25混凝土硬化地面24平方米;维修公路20米,建浆砌石堡坎80立方米、C25混凝土硬化路面90平方米。工程于12月完工。交付使用后,覆盖贫困村1个,贫困户111户,贫困人口450人,其中贫困残疾人6人。

德江县人居环境改善补短板项目 2019年6月,吴中区帮助德江县全力补齐基础设施短板,共投入东西部扶贫协作资金2188.3万元,用于稳坪镇油庄村等6村、长堡镇上堡村等8村、高山镇谭家村等6村、泉口镇大土村等12村、共和镇青杠堡村等3村、共和镇神溪村等8村、龙泉乡岸山村等4村、沙溪乡空山村等2村、长丰乡出水村等8村的人居环境改善建设,治理安全隐患,维修人饮工程,治理排洪工程。工程于当年9月竣工。实现带动、覆盖贫困人口4079人。

德江县枫香溪镇人畜饮水安全建设项目 2019年6月，吴中区投入扶贫协作资金100万元，用于枫香溪镇洞湾村等9村人畜饮水安全建设。工程于12月竣工。实现带动、覆盖贫困人口1532人。

德江县全县农村生态建设排污沟项目 2019年7月，吴中区投入扶贫协作资金897.5万元，用于德江县21个乡镇（街道）农村生态建设排污沟建设。工程于12月竣工。实现带动、覆盖贫困人口452人。

沿河县泉坝镇泉塘村、黄池村、马家村产业路项目 2019年11月，张家港市区镇结对资金出资10万元，用于泉坝镇泉塘村村委会至陈德好房产业路项目建设。工程于12月竣工。交付使用后，带动建档立卡贫困人口522人，其中建档立卡贫困残疾人11人。2019年11月，苏州市投入扶贫协作资金10万元，用于泉坝镇黄池村堡上至梁子上产业路建设。工程于12月竣工。交付使用后，带动建档立卡贫困人口188人，其中建档立卡贫困残疾人2人。2020年，江苏省投入扶贫协作资金52万元，用于硬化黄池村黄池组李永贵房至堡上组产业路1.3千米，带动建档立卡贫困人口952人。2020年，江苏省投入扶贫协作资金119.81万元，用于硬化马家村产业路3千米，其中堡上至大坳、马家坳至高山尖各1.5千米，带动建档立卡贫困人口235人。

沿河县后坪乡茶园村产业路建设项目 2019年11月，苏州市投入扶贫协作资金10万元，用于后坪乡茶园村产业路建设。工程于12月竣工。交付使用后，带动建档立卡贫困人口546人，其中建档立卡贫困残疾人2人。2020年，江苏省投入扶贫协作资金144万元，硬化茶园村梅子坳至张家坪产业路3千米，路面宽4米，带动建档立卡贫困人口192人。

相城区漕湖街道卫星村与石阡县甘溪乡坪望村结对示范村建设项目 2019年，相城区投入扶贫协作资金200万元，建设东西部协作联建党支部阵地文化、乡村治理文化及宣传点、智能温室大棚1200平方米、雨水收集池80平方米、围栏网300米、鱼塘2800平方米、排水沟240米、生产便道480米，购买增氧设备1套，完成新建改建蓝莓种植地22亩。项目覆盖农户497户1872人，其中，贫困户171户684人，残疾人49人。通过土地流转、提供就业岗位、入股分红等方式，持续推进产业发展带动贫困群众脱贫致富，发放分红资金1.5万元。

沿河县新景镇毛家村、姚溪村产业路项目 2019年11月，苏州市投入扶贫协作资金50万元，用于新景镇毛家村冉家组产业路硬化。工程于12月竣工。交付使用后，带动建档立卡贫困人口300人，其中建档立卡贫困残疾人3人。2019年11月，苏州市投入扶贫协作资金10万元，加上其他资金10万元，总投资20万元用于新景镇毛家村产业路建设。工程于12月竣工。交付使用后,带动建档立卡贫困人口300人,其中建档立卡贫困残疾人3人。2020年,江苏省投入扶贫协作资金99万元,改扩建、硬化姚溪村通组断头路1.89千米,带动建档立卡贫困人口494人。

碧江区川硐街道小江口村道路改造项目 2018年以前,小江口村是碧江区8个省级深度贫困村之一,山多地少。昆山市与碧江区结对之后,昆山市锦溪镇与川硐街道、锦溪镇顾家浜村(经济强村)与小江口村先后建立结对帮扶关系。2020年,投入乡镇结对帮扶资金80万元,在小江口村实施道路改造工程,改造、硬化道路5.06千米。

印江县缠溪镇周家湾村茶叶及经果林园区产业路硬化项目 2020年,吴江区投入东西部扶贫协作资金100万元,用于缠溪镇周家湾村茶叶及经果林园区产业路硬化项目,主要用于硬化产业路2.5千米,宽3.5~4米,混凝土厚15厘米,垫层碎石10厘米,混凝土标号C25。该项目让贫困人口209人受益。

印江县天堂镇2020年产业路建设项目 2020年,吴江区投入东西部扶贫协作资金100万元,用于天堂镇2020年产业路建设项目。主要用于百户村硬化产业路1.08千米,宽4.5米,混凝土标号C25,混凝土厚18厘米;天堂村硬化产业路350米,宽3.5米,混凝土标号C25,混凝土厚18厘米;曹家村硬化产业路1.3千米,宽4.5米,混凝土标号C25,混凝土厚18厘米;九龙村开挖产业路2.5千米,宽4.5米。该项目让贫困人口1329人受益。

印江县朗溪镇河西村水果交易市场建设项目 2020年,吴江区投入东西部扶贫协作资金100万元,用于朗溪镇河西村水果交易市场建设项目。用于新建水果交易市场820平方米(包括水果摊位18个,规格4米×4米)。该项目让贫困人口373人受益。

印江县罗场乡两河村小型公益基础设施建设项目 2020年,吴江区投入东西部扶贫协作资金100万元,用于罗场乡两河村小型公益基础设施建设项目。新建桥梁1座,全长64米,其中,引道长20米,桥梁长44米;桥梁全宽5.5米,其中,行车道宽4.5米,两侧护栏各宽0.5米;桥型为2-16米钢筋混凝土T梁。该项目让贫困人口313人受益。

德江县潮砥镇人居环境改善项目 2020年5月,吴中区出资50万元,用于潮砥镇牌坊村等6村人居环境改善。工程于10月竣工。实现带动、覆盖贫困人口539人。2020年5月,吴中区投入扶贫协作资金780万元,用于枫香溪镇洞湾村等5村、稳坪镇枫香村等10村、长堡镇灯塔村等11村、高山镇高桥村等6村、共和镇茶坨村等6村、平原镇河石村等9村、楠杆乡金盆村等3村、长丰乡场湾村等10村、沙溪乡舒家村等13村、荆角乡训山村等11村、桶井乡场坝村等10村的贫困户住房补短板建设,实现带动、覆盖贫困人口8713人。

沿河县思渠镇高山村道路硬化项目 2020年,江苏省投入扶贫协作资金200万元,用于新建、硬化思渠镇高山村上银童至水爬岩组通组道路3.5千米,其中,新开挖500米,硬化高山村入户路2.5千米,带动建档立卡贫困人口276人。

沿河县中寨镇金山等村道路硬化项目　2020年,江苏省投入扶贫协作资金300万元,用于硬化中寨镇金山村道路1.1千米、清河村道路2.5千米、勤俭村道路2.9千米,带动建档立卡贫困人口2545人。

沿河县夹石镇村组道路硬化项目　2020年,江苏省投入扶贫协作资金250万元,硬化夹石镇河坝、桃园、踩经3个村组内道路5.6千米,带动建档立卡贫困人口1274人。江苏省投入扶贫协作资金200万元,硬化夹石镇敖家等村组内道路4.41千米,其中敖家大坡头0.84千米、大坝村0.93千米、三阳村0.97千米、桃园村0.45千米、凤仙村1.22千米,带动建档立卡贫困人口500人。江苏省投入扶贫协作资金164万元,硬化村组断头路4千米,带动建档立卡贫困人口948人。

沿河县淇滩镇产业路项目　2020年,江苏省投入扶贫协作资金140万元,在淇滩镇洋南等村新建产业路13.7千米,其中茶坛村5千米、洋南村1.7千米、翰林村3千米、蔺华村4千米,带动建档立卡贫困人口231人。

思南县邵家桥镇坪原村渡口改造建设项目　2020年4月,为方便区域内乌江两岸群众跨江出行,常熟市投入扶贫协作资金30万元,为邵家桥镇坪原村渡口改造左右岸连接公路、清理港池、码头、梯步、平台、扣环、渡口碑等。项目于2020年6月完工,覆盖坪原村、凤鸣场村、边江村、江寨村4个行政村,农户1357户,总人口5404人,其中建档立卡贫困户292户1182人。项目建成后为当地人民群众安全便捷出行提供保障。

思南县农村老旧住房透风漏雨专项整治项目　2020年4~6月,常熟市投入扶贫协作资金280万元,按照《贵州省农村老旧住房透风漏雨整治认定标准(试行)》组织开展全面排查,将全县1400户群众房屋危险性评定为B级,对存在屋顶渗漏、门窗破损、围护结构透风等现象的房屋进行整治。通过整治,全县1400处房屋实现"顶不漏雨、壁不透风、门窗完好"的整治目标,农村群众基本居住条件和卫生健康条件得到改善。

玉屏县皂角坪街道枹木垅村猕猴桃基地配套设施建设项目　2020年,太仓市投入乡镇财政帮扶资金30万元,用于皂角坪街道枹木垅村新建产业路400米、管理房60平方米、蓄水池64立方米、灌溉设施1套,为该村猕猴桃基地完成配套建设,创造发展条件。

玉屏县产业路建设项目　2020年,太仓市分别投入乡镇财政帮扶资金30万元,用于大龙街道鲢鱼塘村和麻音塘街道九龙村老寨组产业路建设。鲢鱼塘村产业路长540米,宽3.5米,厚15厘米,为C25砼路面;九龙村老寨组产业路长700米,宽3.5米,厚18厘米。项目建成后方便村民出行。

第三章

人才帮扶

苏铜两市结成对口帮扶关系,两地按照中央关于加强人才交流的要求,互相选派优秀干部挂职,注重强化人才帮扶,推动"输血式"对口扶贫向"造血式"合作发展转变。

2015~2021年,江苏省、苏州市先后组建苏州对口帮扶铜仁前方工作队、江苏省对口帮扶贵州省铜仁市工作队,苏州市委组织部先后选派3批38名党政干部到铜仁市长期挂职开展对口帮扶工作。苏铜两地大力实施"三百工程""新三百工程"和"三支"人才计划(苏州市每年选派医疗、教育、农技方面专家,到铜仁市开展1个月以上帮扶)等,全面建立两地医疗卫生单位和教育系统对口帮扶关系,工作队将"三支"人才纳入援派干部人才队伍统一管理、从严管理。通过"组团式"支教、支医、支农等方式,加大教育、卫生、科技、文化、社会工作等领域的人才支持,把东部地区的先进理念、人才、技术、信息、经验等要素传播到西部地区,促进两地观念互通、思路互动、技术互学、作风互鉴。

至2021年,苏州市共选派425名党政干部到铜仁市挂职帮扶(含短期),1719名专业技术人才到铜仁市开展支教、支医、支农等专项帮扶,并在铜仁市打造教育、医疗"组团式"帮扶试点26个。苏州市组织部门接收铜仁市303名党政干部到苏州市挂职交流,3505名医生、教师等专业技术人才到苏州市结对医院、学校跟岗锻炼。苏州市发挥培训资源优势,帮助铜仁市培训党政干部10774人次。苏铜双方在促进观念互通、思路互动、技术互学、作风互鉴等方面开展深度合作,实现扶贫与扶智扶志相结合,为决胜贫困注入人才动力。

第一节　干部派遣

2015年开始,苏州对口帮扶铜仁前方工作队和江苏省对口帮扶贵州省铜仁市工作队共3批38名党政干部到铜仁市长期挂职开展对口帮扶工作。前方工作队发挥桥梁纽带作用,当好苏铜两地的"双面绣""双面胶",统筹协调"后方"苏州市和"前方"铜仁市的资源和力量,坚持"把他乡当故乡、把挂职当任职、把口碑当奖杯",尽职履责抓好苏铜扶贫协作的各项工作,得到贵州省委省政府、铜仁市委市政府和广大干部群众的高度认可,形成全社会广泛参与、积极推动苏铜扶贫协作工作的强大合力。

一、苏州对口帮扶铜仁前方工作队

2015年,苏州市选派苏州市直部门及张家港市、常熟市乡镇机关的首批5名挂职干部到铜仁市开展帮扶工作。路军担任铜仁市政府顾问、前方工作队负责人,王晋、沈晶、马春青和程锋分别挂任碧江区、松桃区、沿河县和思南县的副区(县)长、开发区副主任。

第一批帮扶干部在铜仁市工作期间,苏铜两市建立起密切的沟通联络机制,苏州市10个板块与铜仁市所辖10个区(县)一一结对,编制工作计划和五年规划,各县(市、区)及有关部门每年签订年度对口帮扶合作协议,形成区域协同、部门联动的全覆盖的对口协作格局。帮扶干部坚持感情为基,积极协调苏州市相关部门、企业和干部帮扶铜仁市的发展;坚持产业为重,围绕美丽乡村、职业技校、农业产业化、人才培养等四大领域,推动实施一批帮扶项目,开展农业、工业、旅游业等多领域的经济交流。以铜仁·苏州产业园区建设为契机,实施精准招商,发挥好铜仁市生态、劳动力等优势;坚持民生为本,帮助铜仁市建设基本公共服务体系,推动铜仁市的民生发展,协调卫生、教育领域的资金、物资帮扶;坚持人才为要,组织好铜仁市干部到苏州市培训,提升干部的管理能力和专业技术水平。实施每年百名教师、百名医生、百名教授(专家)、百名艺术家、百家旅行社走进铜仁市的"三百工程""新三百工程",在发展经济的基础上,向教育、文

2015年5月8日,铜仁市政府顾问、苏州对口帮扶铜仁前方工作队负责人路军(左列右四)与铜仁市直相关部门及碧江区相关负责人召开共建苏州产业园调研座谈会

2015年10月13~14日,由铜仁市政府顾问、苏州对口帮扶铜仁前方工作队负责人路军(左四)率队,到碧江区、江口县开展苏州市对口帮扶铜仁市"十三五"规划工作调研,调研组一行考察江口县第二小学建设

化、卫生、科技等领域合作拓展的"五位一体"战略部署。

第一批帮扶干部同时做好优势资源的推介和帮扶、募集等活动。促成铜仁市引进项目6个,总投资8.92亿元,到位资金3.2亿元;推动长三角地区企业家到铜仁市开展教育帮扶工作,募集230余万元捐款改造建设希望童园;募集240余万元捐款建设山村幼儿园,化解城区"大班额";募集40余万元捐款支持农村妇女创业就业,增加群众收入,真正为推动铜仁市经济发展开展卓有成效的工作。

二、江苏省对口帮扶贵州省铜仁市工作队

2017年4月,江苏省委组织部、省人力资源和社会保障厅联合印发《关于东西部扶贫协作干部选派管理工作的通知》,要求根据东西部扶贫协作结对关系,从有关设区市和省直单位选派干部组成对口帮扶工作队(工作组)。由苏州市选派首批7名队员组成江苏省对口帮扶贵州省铜仁市工作队到铜仁市工作。10月,苏州市按照省委要求又增派16名党政干部到铜仁市长期挂职。工作队第一批队员共23名,实行每两年定期轮换。苏州市政府党组成员、相城经济技术开发区管委会主任查颖冬作为工作队领队并挂任铜仁市委常委、副市长,苏州市商务局副调研员沈晶挂任铜仁市政府副秘书长,10名来自苏州市10个市(区)的处级干部孙道寻、杨亮、祝郡、赵启亮、姜超、朱建荣、王晓东、沈健民、李向上、陈世海分别担任碧江区、万山区、江口县、松桃县、玉屏县、石阡县、思南县、印江县、德江县、沿河县工作组组长,在铜仁市对口区(县)党委、政府挂职常委、副区(县)长。11名科级干部朱南新、徐文清、娄子琛、顾坚、吴龙、潘建民、刘飞、刘森、黄文伟、黄建浩挂任对口区(县)扶贫办副主任,张皋挂任铜仁市扶贫办副科长,均明确主要分管联系扶贫开发工作,主抓东西部扶贫协作工作。

2019年,工作队首批23名队员两年挂职期满,工作队领队、10个区(县)工作组组长及2名科级干部延长一个帮扶周期,另外1名处级干部和9名科级干部进行工作轮换,苏州市委组织部副调研员谷易华挂任铜仁市政府副秘书长,李建平、吴鹏程、陈先冬、徐震、万文敏、陈剑、庄荣金、顾利青、赵中华挂任铜仁市各对口区(县)扶贫办副主任。2021年5月,随着中央调整新一轮东西部结对帮扶关系,江苏省不再对口帮扶铜仁市,第二批工作队队员结束在铜仁市的帮扶工作返回苏州市。

江苏省对口帮扶贵州省铜仁市工作队两批队员紧紧围绕助力铜仁市到2020年全面建成小康社会目标,对标对表国务院扶贫开发领导小组办公室东西部扶贫协作考核指标要求,结合苏铜两地实际,在把握东部所能、西部所需的基础上,持续加强"立体式"

组织领导，推动"组团式"人才帮扶，严格"滴灌式"资金使用，深化"造血式"产业合作，扩大"交互式"消费扶贫，推进"订单式"劳务协作，凝聚"融合式"帮扶合力，不断推动苏铜扶贫协作工作高质量发展，助力94.3万名建档立卡贫困人口脱贫，市辖10个国家级贫困区（县）全部摘帽，脱贫攻坚战取得决定性胜利。工作队队员矢志担当作为，深入基层、脚踏实地，以"绣花"功夫做好苏铜扶贫协作各项工作。组织在铜仁市挂职帮扶的党政干部、专业技术人才等成立临时行动支部，定期到扶贫一线为贫困人口解决生产生活困难，并先后开展"三个一"计划（每名工作队员联系一个帮扶项目、挂钩一个贫困村、帮扶一户贫困户）、"三学三比"活动（学理论、比党性，学先进、比作风，学本领、比贡献），努力打造一支政治强、业务精、作风实、纪律严的工作队伍。严格执行工作队政治思想建设、议事决策、项目资金管理、干部人才队伍管理、日常运转及服务保障等方面管理制度，认真贯彻执行苏黔两省、苏铜两市关于作风建设的相关规定和要求，主动接收派出地和挂职地双方监督，将作风建设持续抓、扎实抓、盯住抓。在铜仁市四年，工作队员未出现违规违纪行为。2017~2020年，工作队连续两次被评为贵州省脱贫攻坚先进集体；所有工作队队员在铜仁市年度考核均为"优秀"，第二批23名工作队员全部获得省级以上荣誉称号，15名工作队队员被铜仁市政府荣记二等功。2021年2月25日，工作队、碧江区工作组和工作队领队查颖冬、队员张皋分别被党中央、国务院授予全国脱贫攻坚先进集体、全国脱贫攻坚先进个人。

2018年2月1日，江苏省对口帮扶贵州省铜仁市工作队召开年度工作会议，总结2017年度工作情况，研究2018年度工作计划

2018年5月17日，江苏省对口帮扶贵州省铜仁市工作队印江县工作组组长，印江县委常委、副县长沈健民（右一）到木黄镇后河村调研

2018年5月17日，江苏省对口帮扶贵州省铜仁市工作队万山区工作组组长，万山区委常委、副区长杨亮（左二）陪同苏高新集团董事长贺宇晨（左五）一行在万山区就苏高新集团·食行生鲜供应链中心项目考察选址

2018年5月19日，江苏省对口帮扶贵州省铜仁市工作队石阡县工作组组长，石阡县委常委、副县长朱建荣（左一）到石固乡调研当地生猪养殖产业情况

2018年11月6日，江苏省对口帮扶贵州省铜仁市工作队队员，铜仁市政府副秘书长沈晶（左二）到万山经济开发区调研苏高新集团·食行生鲜农产品供应链中心项目

2019年1月14日，江苏省对口帮扶贵州省铜仁市工作队江口县工作组组长，江口县委常委、副县长祝郡（右一）到民和镇太平寨村走访慰问困难群众，送去新春慰问金

2019年3月29日，江苏省对口帮扶贵州省铜仁市工作队，思南县工作组组长，思南县委常委、副县长王晓东（右二）到翟家坝村调研

2019年4月11日，江苏省对口帮扶贵州省铜仁市工作队德江县工作组组长，德江县委常委、副县长李向上（右一）到钱家乡肉牛养殖基地调研

2019年4月28日，江苏省对口帮扶贵州省铜仁市工作队碧江区工作组组长孙道寻（右三）走访陈家寨村大平坡组贫困家庭

2019年5月7日，苏州市政府党组成员，铜仁市委常委、副市长，江苏省对口帮扶贵州省铜仁市工作队领队查颖冬（前左二）到铜仁·苏州产业园调研富亨光电项目建设情况

2019年7月3日，江苏省对口帮扶贵州省铜仁市工作队松桃县工作组组长，松桃县委常委、副县长赵启亮（左三）到长兴堡镇白果村鸡头米种植基地调研

2019年11月22日，江苏省对口帮扶贵州省铜仁市工作队队员，铜仁市政府副秘书长谷易华（左一）到万山区调研牙溪村泰迪旅游综合体项目

2020年4月26日，江苏省对口帮扶贵州省铜仁市工作队沿河县工作组组长，沿河县委常委、副县长陈世海（左一）走访慰问沙子街道岩门村贫困户

2020年5月，江苏省对口帮扶贵州省铜仁市工作队玉屏县工作组组长，玉屏县委常委、副县长姜超（左三）走访玉屏县枪木垅村贫困家庭

第二节　干部人才培训

　　苏州市在重视择优选强帮扶干部队伍、提供坚实人员保障的同时,更重视对铜仁市当地人才的培训援助。注重加大对铜仁市党政干部的挂职锻炼、集中培训等方面的力度,为当地建设发展提供组织保证;注重组织专技人才、基层群众到苏州市开展专业对口交流,加强职业技能、劳动技能培训,培训农村致富带头人。在人才培养形式上,采取双向挂职、跟班锻炼、集中培训等途径,坚持扶贫与扶智扶志相结合。工作队(组)设立人才帮扶专项经费,制订人才帮扶年度计划,逐年实施年度干部人才交流培训项目。充分利用东部发达城市人力资源富集优势,发挥群团组织、基层组织、社会团体作用,鼓励培训机构到铜仁市创办各类分支机构、开展联合办学,鼓励和支持优质医疗机构到铜仁市开办医疗机构、开展医疗合作,鼓励和引导进一步参与专家指导、专题培训、网络培训等,有计划地培养当地人才。

一、双向挂职

　　苏州市和铜仁市通过互派干部,开展多渠道、多层次的双向挂职、实地观摩、学习培训,推动铜仁市党员干部观念和作风转变,提升素质和能力,增强发展信心和决心,为决胜贫困注入强劲动力。

　　2013~2016年,铜仁市选派12名干部到苏州市张家港市、太仓市、常熟市、昆山市等地挂职锻炼,苏州市选派5名干部到铜仁市碧江区、松桃县、思南县、沿河县开展挂职帮扶工作。特别在两市共建的铜仁·苏州产业园建立健全互派领导干部挂职联络机制。昆山高新区派经济发展局副局长刘平挂任碧江经济开发区管委会主任助理,昆山高新区经济发展局办公室主任金敏峰挂任碧江经济开发区经济发展局副局长,具体对接联络共建园区工作。

　　2017年,苏州市派遣23名干部到铜仁市开展挂职帮扶,铜仁市选派56名优秀年轻党政干部到苏州市挂职锻炼。6月3日,经苏铜两地组织部门对接协调,铜仁市从市委办公室、工商局、碧江经济开发区、松桃县、思南县、铜仁高新区共选派6名优秀年轻干部,分到苏州市吴中经济技术开发区、张家港经济技术开发区、昆山高新技术产业开发区、相城经济技术开发区、常熟经济技术开发区和浒墅关经济技术开发区挂任管委会副主任。2018年，苏州市向铜仁市选派169名党政交流干部；铜仁市组织126名优秀年轻干部到苏州市挂职，其中7名县处级干部在苏州市有关县级市（区）开发区（高新区）挂任管委会副主任；苏铜两地专业技术人才交流1585人次。2019年，苏州市向铜仁市选派挂职干部129名、专业技术人才408名；铜仁市选派57名优秀年轻干部到苏州市挂职锻炼（其中县处级干部11名），选派373名专业技术人才到苏州市交流学习。2020年，苏铜两市互派党政挂职干部109人次，其中苏州市向铜仁市选派党政挂职干部57名。

2017~2020年，铜仁市累计选派291名党政干部到苏州市挂职交流，3151名医生、教师等专业技术人才到苏州市结对医院、学校跟岗锻炼。苏州市到铜仁市党政干部均挂职于扶贫办等部门，分管联系东西部扶贫开发工作。铜仁市到苏州市挂职干部挂职单位覆盖苏州市东西部扶贫协作主要职能部门和苏州市10个县级市（区）政府办公室，专职分管扶贫协作工作，实现苏州市与铜仁市东西部扶贫协作干部双向挂职良性互动，更好促进东西扶贫协作工作的整体推进。特别是铜仁市选派30名县处级干部到苏州市有关开发区（高新区）挂任管委会副主任，学习苏州市投资融资、招商引资、企业服务与激励、效能管理及园区景区开发建设等方面的先进经验和理念，强化经济工作能力。

苏州各市（区）根据实际，选派年轻干部和专业技术干部到铜仁市结对区（县）开展跟班锻炼。张家港市与沿河县签订《张家港市与沿河县干部人才交流培训及就业保障百千万工程协定》，双方组织选派区镇（街道）机关干部互相挂职。2017年，沿河县安排10名科级干部到张家港市跟班学习。2018年，张家港经济技术开发区、常阴沙现代农业示范园区、塘桥镇、乐余镇派出57名年轻干部分别到结对帮扶的沿河县团结街道、中界镇、泉坝镇、经开区、新景镇、黄土镇、思渠镇、谯家镇和夹石镇挂职锻炼，沿河县安排21名党政干部到张家港市挂职学习6个月。2019年，张家港市与沿河县推动干部双向挂职向镇村基层延伸，张家港市派出153名干部到沿河县结对乡镇、部门挂职，其中挂职1月以上的93人；沿河县也派出38名干部到张家港市锻炼1个月以上，安排23名党政干部到张家港市各区镇挂职4个月。苏州高新区党工委组织部选派6名干部到万山区梅花村挂职，开展梅花村整村推进工作。2020年，张家港市派出5批83名干部到沿河县机关、镇村挂职，沿河县也派出25名干部到张家港市挂职。2017~2020年，张家港市选派335名党政干部到沿河县挂职锻炼1个月以上，沿河县组织选派69名党政干部到张家港市挂职学习3个月以上，两地双向挂职培训交流力度在全国东西部扶贫协作县（市、区）中持续居于领先地位。

2018年1月17日，铜仁市委组织部在苏州市召开优秀年轻干部培训锻炼（第一期）专题座谈会

2018年3月12日，铜仁市优秀年轻干部到苏州干部学院进行第二期专题培训

2019年5月14日，张家港市乐余镇10名青年干部到沿河县开展为期1个月的挂职锻炼

2020年1月9日，援铜干部、玉屏县大湾村第一书记许立在雅鹿酒坊包装大湾米酒

二、党政干部人才培训

开展对口帮扶工作以来，苏州市结合铜仁市社会经济发展需要和相关职能部门业务需求，采取"走出去、请进来"的方式积极开展党政干部培训，把专家"请进来"的同时，组织铜仁市大量党政干部、专业技术人员到苏州市参加培训，帮助铜仁市党政部门干部和专业技术人员不断学习新理论、新知识、新技术、新信息，建设高素质创新型干部人才和技术人才队伍。

2013~2014年，铜仁市在苏州市举办县处级干部班、中青年干部培训班、公务员能力素质提升班、非公经济代表人士专题班12期，培训干部720余人次。2015年，举办培训班15期，培训干部900余人次。2016年，举办培训班21期，培训干部1050人次。2013~2016年，苏州市完成48期累计2350人次的铜仁市干部在苏培训。

2017年，苏州市协助铜仁市到苏开展各类干部人才教育培训1600余人次，其中两地组织部门合作举办县处级干部班、中青年干部培训班、少数民族干部培训班等15期，累计培训党政干部800人次。苏铜两地组织部门创新优秀年轻干部培养模式，从9月开始，采取"集中培训+岗位锻炼+调研总结"的方式，用3年时间选派300名优秀年轻干部，每年分2批共100人到苏州市培训锻炼，每批培训锻炼时间为5个月，其中4个月"集中培训+跟班锻炼"在苏州市，1个月"调研总结"在原工作单位。2017年9~12月，铜仁市首批50名后备干部在苏州市完成培训锻炼，分经济专题、民生专题、调研总结三个阶段，前两个阶段每个阶段集中学习15天，后一阶段调研总结为跟班锻炼45天。在第一期学员中，1名学员通过遴选被提拔为副县级领导干部，1人被提拔为正科级领导干部。2018年，铜仁市在苏州市举办培训班49期，培训干部2708名，协调铜仁市1192名专业技术人才到苏州市交流学习。2019年，苏州市接收铜仁市373名专业技术人才到苏州市交流，帮助铜仁市在苏州市举办各级各类党政干部培训班42期2053人次。累计有9595名教师、医生等专业技术人才到苏州市进修或就地接收苏州市专家培训，为铜仁市创业致富带头人开办培训班12期，培训带头人1126人，325人创业成功，带动贫困人口2760人。全年共引进先进技术57项。2020年，铜仁市选派487名教师、医生到苏州市交流学习。苏州市帮助铜仁市在苏州市举办党政干部培训班51期，培训党政干部2619人；举办教师、医生等专业技术人员培训班223期，17665人参训。苏州市向铜仁市输出先进技术79项。2017~2020年，苏州市发挥培训资源优势，帮助铜仁市培训党政干部8424人次、专业技术人才33217人次，接收铜仁市300名优秀年轻干部到苏州市培训锻炼5个月。支持张家港市善港农村干部学院承担铜仁市创业致富带头人培训任务，完成3373名创业致富带头人培训工作，其中1454名已成功创业。该院成为全国第三家贫困村创业致富带头人培训基地。

2021年，铜仁市在苏州市开展党政干部培训2期112人次。

表3-1　2013~2020年铜仁市党政干部到苏州市部分培训情况

单位：人次

序号	培训班名称	培训人数	培训时间	培训地点
1	铜仁市县处级领导干部培训班	50	2013.9	苏州干部学院
2	铜仁市中青年干部培训班	50	2013.9	苏州干部学院
3	铜仁市公务员能力素质提升班	50	2013.10	苏州干部学院
4	铜仁市人才开发专题培训班	50	2013.11	苏州干部学院
5	铜仁市中青年干部培训班	50	2014	苏州市
6	铜仁市公务员能力素质提升班	50	2014	苏州市
7	铜仁市卫生干部管理培训班	50	2014.7.21~7.30	苏州市

续表

序号	培训班名称	培训人数	培训时间	培训地点
8	铜仁市县级干部培训班	50	2015.4	苏州市
9	铜仁市中青年干部培训班	55	2015.4	苏州市
10	思南县招商引资干部培训班	25	2015.7	常熟市
11	"雨露计划·贫困村致富带头人培训"市级示范班（乡村旅游）培训班	50	2015.10.19~10.23	太仓市发改委、农委、旅游局
12	铜仁市旅游行政管理专题培训班	102	2015.10.25~11.2	苏州干部学院
13	思南县党政领导干部（中青年干部）能力素质提升专题培训班	43	2016.5.16~5.21	常熟市
14	铜仁市乡镇人大主席培训班	200	2017.5.2~5.7	苏州大学
15	铜仁市共青团干部专题培训班	50	2017.5.22~5.26	苏州市委党校
16	思南县2017年度村干部示范培训班	—	2017.7.18~7.22	常熟市委党校
17	铜仁市旅游行政管理干部综合提升培训班	23	2018.1.16~1.20	苏州市
18	铜仁市优秀年轻干部培训班（共2期）	100	2018.3.11~3.24，5.2~5.15，9.1~9.14，11.4~11.17	苏州干部学院
19	铜仁市行政审批制度改革专题培训班	50	2018.3.26~4.1	苏州市编办培训中心
20	铜仁市少数民族干部培训班	51	2018.4.18~4.24	苏州市委党校
21	思南县2018年党务工作者暨优秀年轻干部素能提升专题培训班	49	2018.4.23~4.29	常熟市
22	铜仁市人才工作联络员培训班	50	2018.5.6~5.12	苏州干部学院
23	铜仁市县处级领导干部培训班（共2期）	99	2018.5.8~5.17，9.15~9.21	苏州市委党校
24	铜仁市中青年干部培训班（共2期）	104	2018.5.8~5.17，10.17~10.26	苏州市委党校
25	沿河县贫困村两委干部、农村致富带头人培育班	43	2018.5.21~5.30	张家港市
26	德江县2018年中青年干部培训班（共2期）	97	2018.6.10~6.17，10.21~10.27	吴中区
27	铜仁市劳模先进工作者素质提升专题培训班	48	2018.6.10~6.16	苏州市委党校
28	思南县2018年基层一线干部暨农村致富带头人脱贫攻坚专题培训班	48	2018.6.24~6.30	常熟市
29	铜仁市老干部工作培训班（共2期）	100	2018.7.2~7.8，7.11~7.17	苏州干部学院
30	铜仁市经济开发区园区建设培训班	50	2018.8.25~8.31	苏州干部学院
31	玉屏县2018年中青年干部培训班	50	2018.9	太仓市

续表

序号	培训班名称	培训人数	培训时间	培训地点
32	铜仁市城管系统干部培训班	50	2018.9.3~9.9	苏州干部学院
33	贫困县创业致富带头人专题培训班（第4、5、6期）	297	2018.9.10~9.19，10.10~10.19，10.21~10.30	张家港市善港农村干部学院
34	松桃县新任副科级干部、中青年干部到苏州工业园区学习培训班	103	2018.10.14~10.21	苏州工业园区
35	铜仁市第16期女性干部培训班	50	2018.10.17~10.26	苏州市委党校
36	江口县驻村干部集中轮训班（共9期）	450	2018.10.21~12.25	苏州干部学院
37	铜仁市优秀年轻干部能力提升专题培训班	95	2018.11.1~11.7	苏州市委党校
38	江口县政协委员能力提升培训班	50	2018.11.4~11.8	姑苏区
39	铜仁市妇联干部培训班	50	2018.11.5~11.11	苏州干部学院
40	铜仁市2018年选调生初任培训班	60	2018.11.11~11.22	苏州市委党校
41	铜仁市贫困县乡村基层干部专题培训班	100	2018.11.22~11.28	苏州市委党校
42	石阡县党政领导干部培训班	31	2018.11.26~11.28	相城区
43	铜仁市计生协会干部培训班	100	2018.12.1~12.7	苏州干部学院
44	万山区党组织书记履职能力专题培训班	50	2018.12.10~12.14	苏州高新区
45	铜仁市优秀年轻干部培训班（共2期）	100	2019.3.10~3.25，5.5~5.18，8.30~9.12，10.27~11.11	苏州干部学院
46	铜仁市少数民族干部培训班	45	2019.3.17~3.23	苏州市委党校
47	铜仁市中青年干部培训班（共2期）	48	2019.4.18~4.27	苏州市委党校
48	铜仁市县处级领导干部培训班（共2期）	90	2019.4.18~4.27，10.16~10.25	苏州市委党校
49	铜仁市玉屏县中青年干部培训班（共2期）	106	2019.4.21~4.27，9.15~9.21	苏州市委党校
50	思南县2018年党务工作者暨优秀年轻干部素能提升专题培训班	49	2019.4.23~4.29	常熟市委党校
51	玉屏县2019年春季中青年干部培训班、干部能力提升培训班、玉屏县2019年秋季中青年干部培训班、玉屏县村第一书记和驻村干部履职能力提升培训班	155	2019.4~12	太仓市
52	思南县2019年政协委员能力素养提升培训班	50	2019.5.13~5.19	常熟市委党校
53	吴中区全域旅游创新管理专题培训班	50	2019.5.20~5.24	吴中区
54	思南县妇女干部能力素质提升培训班	46	2019.5.20~5.26	常熟理工学院

续表

序号	培训班名称	培训人数	培训时间	培训地点
55	铜仁市青年企业家和农村致富带头人专题培训班	50	2019.6.16~6.22	苏州干部学院
56	铜仁市网络舆情发现力、研判力、处置力专题培训班	50	2019.7.1~7.7	苏州干部学院
57	思南县2019年脱贫攻坚一线干部专题培训班	46	2019.7.8~7.14	常熟市委党校
58	印江县2019年领导能力与领导艺术专题培训班	50	2019.7.28.~8.1	吴江区
59	石阡县党政领导干部乡村振兴战略专题培训班（共2期）	90	2019.8.22~8.26，10.19~10.23	相城区
60	铜仁市第17期女性干部培训班	49	2019.9.15~9.21	苏州市委党校
61	铜仁市优秀农村致富带头人专题培训班	100	2019.9.22~9.28	苏州市委党校
62	沿河县妇女干部培训班	49	2019.9.23~9.29	张家港市
63	铜仁市玉屏县第一书记和驻村干部履职能力提升培训班	52	2019.10.15~10.20	苏州市委党校
64	铜仁市中青年干部培训班	55	2019.10.16~10.25	苏州市委党校
65	印江县城镇转型与休闲旅游文化建设专题培训班	50	2019.10.23~10.28	吴江区
66	铜仁市碧江区人大代表履职能力培训班	53	2019.11.16~11.22	苏州市委党校
67	松桃县优秀年轻干部能力提升班	49	2019.11.24~11.30	苏州工业园区
68	德江县2019年科级领导干部、下派支书培训班	127	2019.12.1~12.3	吴中区
69	德江县2020年东西部协作科级领导干部培训班	50	2020.6.14~6.20	苏州乡村振兴学堂
70	玉屏县2020年中青年干部培训班	50	2020.6.17~8.14	苏州市委党校
71	铜仁市少数民族干部培训班	60	2020.6.27~7.4	苏州市委党校
72	德江县2020年春季中青年干部培训班	51	2020.6.28~7.4	苏州乡村振兴学堂
73	铜仁市劳动监察人员能力提升培训班	44	2020.7.6~7.10	苏州市
74	铜仁市万山区党政干部能力素质提升班	100	2020.7.6~7.12，9.6~9.12	苏州市委党校
75	石阡县中青年干部培训班（第11、12期）	104	2020.7.11~7.15，8.31~9.6	相城区委党校
76	铜仁市县处级领导干部培训班（共2期）	104	2020.7.16~7.24，10.11~10.20	苏州市委党校
77	铜仁市中青年干部培训班（共2期）	103	2020.7.16~7.24，10.11~10.20	苏州市委党校
78	铜仁市开发区改革和创新发展培训班	50	2020.7.19~7.25	苏州大学
79	铜仁市网络舆情应急处置与舆论引导专题培训班	50	2020.7.20~7.26	苏州科技大学
80	铜仁市科技助力脱贫攻坚扶贫专题培训班	50	2020.7.25~7.31	苏州科技大学

续表

序号	培训班名称	培训人数	培训时间	培训地点
81	沿河县 2020 年到张家港市交流学习培训班（共 3 期）	150	2020.8.2~8.9，8.9~8.16，8.17~8.24	张家港市
82	铜仁市大数据平台经济暨大数据与实体经济深度融合专题培训班	48	2020.8.9~8.15	苏州科技大学
83	江口县雏鹰人才培训班	45	2020.8.11~9.8	苏州市委党校
84	铜仁市扶贫干部综合能力大提升暨东西部扶贫协作专题培训班	50	2020.8.16~8.22	苏州大学
85	思南县 2020 年新提拔干部综合素能提升培训班	52	2020.8.16~8.22	常熟市委党校
86	玉屏县"两委一队三个人"专题培训班	50	2020.8.16~8.22	苏州市委党校
87	苏州·铜仁脱贫攻坚就业扶贫工作骨干培训班	52	2020.8.17~8.21	苏州市
88	松桃县党政领导干部综合能力提升专题培训班（共 2 期）	135	2020.8.23~8.29，8.30~9.5	苏州工业园区
89	铜仁市建筑业高质量发展专题培训班	50	2020.8.23~8.29	苏州大学
90	铜仁市机构编制业务培训班	50	2020.8.27~9.2	苏州干部学院
91	江口县百名督查督办团队培训班	58	2020.8.30~9.3	苏州大学
92	铜仁市优秀年轻干部培训班	50	2020.8.31~9.14，11.1~11.16	苏州干部学院
93	铜仁市政协委员履职能力提升示范培训班	49	2020.9.6~9.12	苏州干部学院
94	玉屏县 2020 年科级干部培训班	50	2020.9.8~9.15	苏州市委党校
95	碧江区 2020 年基层党务工作者抓党建促贫专题培训班	71	2020.9.13~9.19	昆山市委党校
96	铜仁市第 18 期女性干部培训班	49	2020.9.20~9.26	苏州市委党校
97	铜仁市档案业务培训班	40	2020.9.20~9.26	苏州干部学院
98	思南县产业发展专题培训班	52	2020.9.20~9.26	常熟市
99	碧江区第 9 期中青年干部培训班	65	2020.9.20~9.26	昆山市委党校
100	江口县 2020 年科级干部培训班	48	2020.9.20~9.29	苏州市委党校
101	印江县 2020 年党建引领下的乡村治理模式专题培训班	50	2020.9.21~9.25	吴江区委党校
102	铜仁市总工会工会主席履职能力提升班	50	2020.9.24~9.30	苏州科技大学
103	铜仁市国有企业、公立医院党组织书记和党务工作者培训班	50	2020.9.24~9.30	苏州市高级人才太湖培训中心
104	铜仁市文化旅游产业发展和文旅融合发展专题培训班	49	2020.10.10~10.16	苏州大学
105	铜仁市领导干部法治思维能力提升专题培训班	49	2020.10.10~10.16	苏州大学

续表

序号	培训班名称	培训人数	培训时间	培训地点
106	铜仁市党外代表人士培训班	50	2020.10.11~10.17	苏州干部学院
107	江口县2020年政协委员能力提升培训班	50	2020.10.11~10.15	姑苏区
108	乡村振兴战略专题培训班（共2期）	100	2020.10.19~10.23，10.26~10.30	吴江区委党校
109	铜仁市环境保护与治理专题培训班	50	2020.10.23~10.29	苏州科技大学
110	铜仁市数据治理与互联网+政务服务创新专题培训班	50	2020.10.23~10.29	苏州科技大学
111	印江县乡村振兴中的产业振兴路径专题培训班	50	2020.10.26~10.30	吴江区
112	碧江区2020年科级干部培训班	60	2020.11	昆山市委党校
113	铜仁市聚力产才融合加快战略性新兴产业集群发展专题培训班	54	2021.5.31~6.5	苏州科技大学

2017年7月，共青团铜仁市委组织团干部到苏州市举办专题培训班

2017年7月，铜仁市第15期女性干部培训班在苏州市举办

2018年3月19日至5月20日，铜仁市县处级领导干部到苏州市进行培训

2018年5月22日，铜仁市教育信息化管理干部领导力能力提升培训班在苏州市电化教育馆举办

2018年6月10~17日，德江县中青年干部培训班在吴中区苏州乡村振兴学堂举办

2019年5月23日，思南县妇女干部能力素质提升专题培训班在常熟理工学院举办

第三节　教育帮扶

2013年，苏州市教育局与铜仁市教育局签订教育对口帮扶合作协议书。铜仁幼儿师范高等专科学校与苏州幼儿师范高等专科学校、铜仁职业技术学院与苏州农业职业技术学院分别签署对口帮扶协议。2016年3月18日，苏州市和铜仁市双方教育部门签订《苏州—铜仁教育对口帮扶合作协议（2016~2020年）》，明确两市教育合作帮扶长远规划，在人才培养及教育科研、教育信息化、中职教育、中小学（幼儿园）学校结对、院校对口帮扶、强化专题交流合作等6个方面重点开展结对帮扶，确保帮扶合作取得实效。两市教育部门按计划开展教育行政管理干部挂职、教师支教以及师资培训项目。苏州市教育局及各市（区）教育系统组织教育专家团、选派骨干教师到铜仁市进行帮扶支教活动，引入新型教学模式和新型载体的示范应用试点，以教学实践带动当地教师提高教学水平。同时承接铜仁市中小学后备干部与骨干教师的培训工作，借力信息化手段助推两地优质教育资源共享，促进教育扶贫落地见效。双方教育系统确定具体的对口帮扶教育行政部门，打造"组团式"教育。

苏铜双方不断加大职业教育帮扶、高等教育帮扶协作力度，完善职业院校结对帮扶工作机制，苏州市人力资源和社会保障部门、人力资源服务机构、职业教育集团、高等职业院校、中等职业院校加强与铜仁市相关部门、院校的结对帮扶，在联合办学、专业设置、师资培训、毕业生就业、产学研结合等方面加强交流协作，实现两地职业院校结对帮扶全覆盖，深化两地高等院校的全方位合作。

在教育帮扶中，苏州市的挂职干部、教师直接参与铜仁市学校的教育管理、课堂教学、德育管理、实践活动、科研引领、学校管理等工作，在帮助推进工作的同时，充分发挥示范引领作用。苏州市相关学校以常态化的教育教学管理对铜仁市跟岗教师和挂职干部予以开放，通过大量的工作交流、课堂观摩，召开问题研讨会、专家讲座等，毫无保留地把好的经验和做法展示给铜仁市同行，助其更新教育理念，提高专业水平，提升管理能力，为打造一支永远不离开的教育扶贫工作队奠定基础，提高教育对口帮扶协作的效率。

至2020年，铜仁市10个区（县）579所学校与苏州市10个市（区）469所学校实现"一对一"结对帮扶，苏州市实现对铜仁市319个深度贫困村和乡镇以上中小学校的结对帮扶全覆盖。

一、支教帮扶与培训交流

支教帮扶　在苏州市委组织部、铜仁市委组织部的推动下，两地教育主管部门通力合作，苏州市选派优秀校长、学科领军人、支教团队等到铜仁市帮扶，铜仁市定期选派教育行政干部、校长（园长）、教师、教科研人员到苏州市挂职培训，通过跟岗学习、集中培训和送教上门等方式，支教帮扶进一步深入开展。

2013年10月22日，铜仁市教育局与苏州市教育局签订教育对口帮扶合作协议书，明确教育行政管理干部培养、教师培训、教育科学研究、教育实训基地建设等帮扶机制。2013~2015年，苏州市教育系统开展挂职、支教和师资培训300余人次。2015年，苏州市首批5名教师前往铜仁市开展支教活动，铜仁市152名教师到苏州市开展各类培训，另有107名教师到苏州市挂职1个学期。

2016年，根据《苏州—铜仁教育对口帮扶合作协议（2016~2020年）》中加强人才培养及教育科研帮扶，建立教育行政管理干部培养、教师培训、教科研等帮扶机制，铜仁市定期选派教育行政干部、校长（园长）、教师、教科研人员到苏州市挂职培训等内容，苏州市和铜仁市教育局共商落实资金援助、人员培训、挂职交流与考察学习等方面的具体实施方案。苏州市教育局共组织教育专家团4批次27人次到铜仁市进行帮扶支教活动，选派5名骨干教师到铜仁市支教1年，以教学实践带动当地教师提高教学水平。承接铜仁市中小学后备干部和骨干教师的培训工作，先后接收行政干部和校长挂职学习52人次，骨干教师培训3批次110人次，特教教师分学科培训300人次，教科研人员培训50人次，教育工程管理人员培训50人次。

2017年，苏州市选派294名教育专家、骨干教师到铜仁市开展帮扶活动，其中100名教师开展为期1个月的支教活动。苏州市教育局牵头，从苏州市各市（区）教育系统陆续选派100名中小学、中等职业院校的优秀校长、教育管理人员、一线教学骨干等到铜仁市相关结对区（县）开展为期1个月的教育交流协作。铜仁市各级各类教育管理干部、校长、教师到苏州市考察10多次，参加培训550人次。205名苏州市教师到铜仁市举办培训讲座30余场，为铜仁市培训教师1万余人次。2017~2020年，苏州市教育局、铜仁市教育局每年联合印发铜仁市骨干校长、教师挂职及跟岗学习工作方案，加强两市教育系统对口帮扶工作衔接。按照春、秋两学期，每期50人，铜仁市骨干校长、教师到苏州市中小学开展为期1个月的挂职、跟岗学习，苏州市10个市（区）的教育局统一接收，并安排到所属的重点学校考察学习、跟班培训，挂职（跟岗）人员全程参与跟岗学校管理和教育教学活动。

2018年，苏州市实施教育帮扶项目11个，落实帮扶资金5321.5多万元，援建学校8所，建成校舍面积24587.3平方米，资助贫困学生680人次。根据《2018年苏州—铜仁两市教育对口帮扶合作实施方案》，进一步明确两市各县（市、区）教育局"一对一"对口帮扶挂职责任，原则上苏州市每个市（区）3所幼儿园、10所小学、5所初中、2所普通高中、1所中职与铜仁市相关学校建立"一对一"帮扶关系，两市6所特殊教育学校开展"一对一"帮扶。苏铜结对学校共计219家，其中，幼儿园25所、小学79所、初中42所、高中14所、职业学校14所、特殊学校4所。苏州市选派122名教师到铜仁市各区（县）挂职交流，300余人次教育专家、骨干教师到铜仁市开展帮扶活动。承接铜仁市17批次1827余人次的各类培训，200名校长、教师为期1个月的挂职、跟岗实习。帮助铜仁市建成中国西南教育大数据应用中心。

2019年，苏铜两市教育局制定《2019年苏州—铜仁两市教育对口帮扶合作实施方案》，苏州市帮扶铜仁市教育项目35个，资金1.53亿元。苏州市教育系统选派挂职干部8名、挂职教师122名赴铜仁市。苏州市教育局点对点对铜仁市教育战线开展各类专业培训达20期，培训人员近1000人次；加上苏州市10个市（区）与铜仁市结对区（县）的专业培训，全年共开展铜仁市教育战线各种专业培训70期，培

2019年3月10日，张家港市教育局第20期中青班学员到铜仁市支教支管工作座谈会召开

训11268人次。铜仁市教育系统选派到苏州市挂职干部3名、挂职教师247人。

2020年，苏铜两市教育局制定《2020年苏州—铜仁两市教育对口帮扶合作实施方案》，组织苏州市各市（区）教育主管部门领导带队到铜仁市各区（县）走访调研9次，

接待铜仁市及各区（县）访问6次。苏州市教育系统选派赴铜仁市挂职教师107名，铜仁市教育系统选派赴苏州市挂职教师212名。苏州市423所学校与铜仁市539所学校结对，采取"一对一"或"一对二"的方式，基本实现结对帮扶"双向"全覆盖。科学应对疫情挑战，通过线上对口帮扶培训项目，培训近500人次。

2020年6月22日，苏州高新区教育局与铜仁市万山区教育局签订教育技术转让协议

送教培训 2016年11月末，张家港市教育局选派7名骨干教师到沿河县开展1周的短期支教，支教教师均开设示范课并做专题讲座。2017年，张家港市教育骨干在沿河县中等职业学校、沿河县第四中学、沿河县民族小学、团结街道店子村小学、中界镇中心完全小学等学校开班授课，培训学员500余人次。

2017年4月20~21日，太仓市朱棣文小学诸立等4名教师到玉屏县大龙小学开展帮扶活动，就"如何简约开放课堂，突出核心问题"进行交流和研讨。4月25~28日，苏州市名校长、太仓市实验小学校长钱澜带领太仓市实验小学部分骨干教师一行7人到玉屏县印山民族小学开展帮扶支教活动，执教7节示范课。11月，相城区教育局选派9名教育专业人才在石阡县第一初级中学、石阡县第二初级中学、石阡县第一小学等中小学校，与石阡县骨干教师进行"同课异构"教学展示活动。12月，张家港市教育局先后选派2批共10名教师到沿河县支教1个月，在6所初中、7所小学开设15节示范课及8场专题讲座，观摩30节课并进行研讨交流。

2018年6月12日，吴江区高中教学名师送教印江活动启动仪式在印江中学举行，55名教师和教育管理干部开展19场（节）讲座和示范课，10名教师开展1个月的支教活动。7月1~5日，吴江区教育局副局长王卫明带领第二批41人送教团队到印江县开展教育帮扶，举办五大学科20余堂示范课。7月，石阡中学50名教师到相城实验中学参加骨干教师暑期培训。11月23日，太仓市朱棣文小学8名教师到玉屏县大龙小学开展送教帮扶活动，开设4节教学公开课，做1场家庭教育专题讲座。12月5日，昆山市培本实验小学、昆山高新区西塘实验小学的教育骨干到碧江区，与结对帮扶的铜仁市第十一小学、第三小学开展校际交流教学研讨活动，碧江城区学校的语、数、英教师代表100余人到场观摩。从2018年暑期开始，苏州高新区教育局每年选派10余名教育专家到万山区开展为期1周的暑期集中"充电"培训，每次开设讲座近30场，培训2000多人次，培训内容包含中小学学科专业知识及中小学班主任工作、新教师心理健康、普通话等。

2018年6月12日，吴江区高中教学名师送教印江活动启动仪式在印江中学举行

2018年8月21~24日，苏州高新区22名教育专家到万山区开展为期4天的教师暑期集中培训

　　2019年5月8~12日，南京师范大学附属石湖中学7名骨干教师到德江县思源实验学校开展专家送教，开设讲座3场、示范课6节。9月22~26日，吴中区组织教学管理干部8人，深入德江县初中学校，开展示范课5节、专题讲座5场。6月10日至7月14日，太仓市艺术幼教中心骨干教师陆永芬到玉屏县实验幼儿园帮扶支教，将太仓市艺术幼教中心近几年"课程游戏化"建设成果与当地教师进行分享。6月18~20日，相城区"组团式"教育帮扶组深入课堂调研，参与指导石阡县实验小学语文、数学、英语听评课教研活动。6月21~28日，中国敬业奉献好人、全国创新型十佳名教师、全国优秀发明辅导员、昆山市退休教师金敏到贵州省铜仁市第二小学、第五小学、第八小学连续开展多场专题讲座。11月19~20日，吴江区援黔教育帮扶专家团联合印江县思源实验中学组成20余人的帮扶送教团队到印江刀坝初级中学开展"送教、送培"帮扶活动。12月10~12日，江苏省苏州第十中学校党委书记徐磊一行6人到贵州省江口中学访问，带去数学、英语、物理、生物4堂研究课，并深入各教研组交流研讨，两校续签友好合作协议书。

　　2020年9月，吴中区支教教师参加李国平工作室2020年教学研讨系列活动，受邀开设语文、数学、英语三门学科5节示范观摩课。9月19日，小学语文、数学、英语周末教研活动暨苏州市吴中区教育帮扶活动分别在德江县第一小学、第四小学等开展，6名吴中区教师开展"示范课+专题讲座"形式的教育帮扶活动。11月，吴中区教育局选派15名骨干教师，开展以小学段教学为主题的新一轮支教活动，分别在德江县第五小学、德江县第七中学等学校开展5场座谈会、5场专题讲座（报告）、5节示范课、5节观课议课活动。2016~2020年，常熟市先后派出63名管理干部和骨干教师前往思南县开展讲座、交流、研讨，举行专题研讨活动50多场、专题讲座30多场，提供优质展示课20多节。姑苏区建立侍作兵和朱文华名师工作室，开展讲座24次、示范课11节、校长沙龙1次，培训教师5000余人次。

信息化教学　2014年,苏州市教育培训中心专家在铜仁市开展教育信息化教师应用能力培训。2016年,苏州市电化教育馆共选派2批15人次优秀教师,到铜仁市为165人次各中小学校的信息技术、网管教师和区(县)教育局电教专业干部开办教育信息化应用能力培训班。是年开始,苏州工业园区和松桃县教育部门明确教育帮扶围绕信息化展开。5月,松桃县教育局副局长滕建勋一行到苏州工业园区对接教育东西部扶贫协作工作,双方明确就教育信息化相关工作开展帮扶并签订帮扶协议。7月23~28日,苏州工业园区教师发展中心信息中心到松桃县调研支援教育信息化工作,制定《苏州工业园区与松桃县教育信息化帮扶举措备忘录》,捐赠课堂交互及时反馈系统28套、微课资源1万节,教育信息化建设基本框架成型。

2017年9月,"苏州工业园区—松桃县"教育帮扶启动会在苏州工业园区星洲小学和松桃县第一完全小学召开,迈出两地"线上帮扶"第一步。2018年,苏州工业园区教育局与对口帮扶单位松桃县教育局签订学习资源共建共享协议,无偿向松桃县教育局捐赠微课资源2.2万节,实现智慧教育背景下教育资源开放共享,推动两地教育信息化建设与应用。苏州工业园区和松桃县两地教育部门以"远程互动课堂"建设为载体,以常态课堂教学研究为重点,加强双方教学联通。

2017年9月20日,"苏州工业园区—松桃县"教育帮扶活动(首场)在苏州工业园区翰林小学举行,翰林小学副校长、江苏省优秀工作者、苏州市名教师、苏州市学科带头人、园区十杰教师胡修喜为两地四校的孩子们执教《天火之谜》

2019年,苏州市教育局在《苏州—铜仁两市教育对口帮扶合作实施方案》中,明确把探索实践网络远程教育作为促进教育扶贫迅速落地见效的有效形式。按照《网络帮扶直播课堂试点工作方案》,全年面向铜仁市6所学校(城区小学1所、村小5所)五年级各1个班级,试点建设语文、数学及科学直播课堂。通过开展慕课、微课、翻转课堂等新型教学模式和新型载体的示范应用试点,使苏州市名师课程资源即时即刻传递至对口帮扶学校,在助力铜仁市相关学校共享苏州市优质教育资源的同时,为铜仁市建设中国西南教育大数据应用中心提供有效帮助。9月开始,苏州工业园区星海小学、星洲小学、第二实验小学、翰林小学、新城花园小学、娄葑实验小学、星洋学校、独墅湖学校、第一中学、工业技术学校、星汇学校和西安交通大学苏州附属中学12所结对学校制订远程互动计划,并开展远程课堂互动教研活动。两地结对学校采用"易加在线课堂"平台、"苏州线上教育(园区中心)"平台以及其他交流方式,开展远程互动活动80余次。10月17日,常熟市石梅小学与思南县结对学校许家坝小学率先开通"远程直播课堂",由教师施建军执教六年级语文《少年中国说》,顾勤燕执教五年级英语《Unit4 Hobbies》。课堂直播活动后,两地教师进行空中课堂教学研讨活动。11月12日,苏州工业园区与松桃县"远程互动课堂"教学研讨活动在苏州工业园区星海小学举行。是年,张家港市安排6名教育信息化专家型教师到沿河县开展系列讲座。太仓市新区第三小学还利用智慧云服务平台,开放学校教育教学资源,与玉屏县朱家场镇中心完全小学教师实现资源共享。

2020年5月,思南县正式启动2020年乡镇结对学校基础配套设施建设项目,在思南县大坝场中学、孙家坝中学、香坝初级中学、塘头小学、许家坝第二小学、陇水小学等6所乡镇小学建设智慧教育云课堂,一期项目每个学校各1间,共建设6间云课堂教室,惠及学生6757名和教师443名。6月、10月,相城区珍珠湖小学、石阡龙井小学开展"开启云端教科研搭建互学新平台"云教研活动。8月,吴中区构架远程教育"双师课堂"平台,以德江县第八中学为试点,建设3个年级共6间听课教室,以同步帮扶直播、在线帮扶教研、精准帮扶推送3种形式进行。9月1日,"常熟·思南智慧教育云课堂"开通仪式分别在常熟市实验中学昭文校区、思南县孙家坝中学举行,常熟市实验中学崇文校区执行校长张立通过云课堂上公开课《昆明的雨》。至2020年底,思南县6所公立学校可随时按课表计划与常熟市10所公立学校和11所新民工子弟学校进行教育结对,课程涵盖主要文化课程以及音乐、科学等课。太仓市与玉屏县教育部门合作,积极探索线上线下融合的教师协同发展模式,把玉屏第一中学打造成玉屏县信息化教研基地。

2020年10月30日,相城区珍珠湖小学和石阡龙井小学开展云教研活动

特色论坛 2016年7月6日,由苏州市民族宗教事务局指导、苏州市民族团结进步促进会组织的第一期"红石榴伙伴"行动启动仪式在苏州工业园区职业技术学院举行。铜仁市33名获得县级及以上"优秀班主任"称号的少数民族小学中青年班主任和教育局代表受邀到苏州市开展为期1周的交流活动。活动内容涵盖教育理念分享、教育场所观摩、苏式文化体验等多个方面,通过团队交融、专题讲座、互动沙龙等形式,教师们在相互交流的过程中得以拓宽思路,更新教学发展理念,提升教学能力水平,增进苏铜两地各民族间的交往、交流、交融。2018年7月11~17日,第三期"红石榴伙伴"行动邀请33名铜仁市获得县级及以上优秀称号的少数民族小学教师和2名铜仁市民族事务委员会代表到苏州市开展课堂教学与参观研学、经验交流与文化体验。2019年7月10~16日,第

四期"红石榴伙伴"行动邀请33名铜仁市获得县级及以上优秀称号的少数民族小学教师和2名铜仁市民族事务委员会代表到苏州市开展交流活动。2016~2019年,由苏州市民族宗教事务局指导、苏州市民族团结进步促进会组织的四期"红石榴伙伴"行动共有来自铜仁市的134名少数民族优秀小学教师参加,超过80家次爱心单位为活动提供近90万元的现金和实物支持,近300人次爱心人士为活动提供超过6500小时志愿服务。

2019年7月11日,第四期"红石榴伙伴"行动组织参观苏州博物馆

常熟市、思南县两地教育局自2016年起,每年举办常熟·思南教育对口协作交流周活动,"虞山教育论坛""乌江教育论坛"成为两地教育交流的品牌。2016年11月10~12日,第一届常熟·思南教育对口协作交流活动在思南县举行;2020年9月21~25日,第七届常熟·思南教育对口协作交流周在常熟市举行。常熟市和思南县教育部门共举办七届常熟·思南教育对口协作交流周活动,通过"名校结亲""跟岗研修""跟培计划"等措施,常熟市、思南县两地教师积极互动、深入交流,开展经验交流会60多次、课堂展示200多节、教科研论坛30多场。

2019年9月23~27日,第六届常熟·思南教育对口协作交流周活动举行

2018年11月8~9日,首届"昆山市·碧江区教育论坛"在碧江区举行,昆山市、碧江区两地教育相关领导、校长、骨干教师等300余人参加论坛。2019年11月29~30日,昆山市·碧江区教育论坛暨昆山市中小学校长讲坛(第九期)在昆山震川高级中学举行,分昆碧"共育美好"教育研讨、

2018年11月8~9日,首届"昆山市·碧江区教育论坛"在碧江区举行

昆碧"结对合作"教育座谈、昆碧"同课异构"教研活动、"美好教育"特色展示等4个系列活动,碧江区教育代表团,昆山市各中小学校长、幼儿园园长等约400人参加会议。

二、教育"组团式"帮扶

2018年6月开始,为深入贯彻落实中共中央组织部、人力资源和社会保障部、国务院扶贫开发领导小组办公室《关于聚焦深度贫困地区打好精准脱贫攻坚战加强东西部扶贫协作挂职干部人才选派管理工作的通知》文件精神,苏州市与铜仁市受帮扶区(县)充分沟通,从下辖10个市(区)的教育、卫生和农业系统中遴选一批有志于扶贫事业的优秀教师、医护专家和农业技术人员,陆续前往铜仁市各结对帮扶区(县)开展"组团式"支教、支医和支农"三支"工作,开展21个教育和医疗"组团式"帮扶试点。苏州市教育局集中选派100名教师到铜仁市挂职交流,挂职时间按照春、秋两个学期,每学期1个月。2019年,苏州市445所学校与铜仁市552所学校建立结对帮扶关系,实现对铜仁市乡镇以上中小学校结对帮扶全覆盖,苏州市派111名校长、骨干教师到铜仁市开展"组团式"教育帮扶。至2020年,铜仁市10个区(县)579所学校与苏州市10个市(区)469所学校实现"一对一"结对帮扶,苏州市实现对铜仁市319个深度贫困村和乡镇以上中小学校的结对帮扶全覆盖,开展教育和医疗"组团式"帮扶试点28个。通过打造"组团式"教育,帮扶学校选派优秀校长、支教团队进驻铜仁市开展教育帮扶,让苏州市的先进教育教学理念和优秀管理经验植入学校和管理全过程,实现帮扶从"参与式"到"植入式"转变,从管理理念到技术革新全方位提升铜仁市中小学校管理水平,构建人才培养和教育培训一体化精准帮扶机制。太仓市与玉屏县合作开展的教育"组团式"帮扶模式作为国家发展和改革委员会第二批新型城镇化试点经验在全国推广。

张家港市沿河县"组团式"教育帮扶　2018年,张家港市教育系统与沿河县教育系统签订"组团式"帮扶协议,张家港市11所直属学校、51所乡镇学院与沿河县12所县直学校、63所中心园校结对,在全国县域教育系统东西部扶贫协作中率先构建各个乡镇、各类学校、各个学段"三个全覆盖"的帮扶机制。2019年,张家港市第二中学、东渡实验小学、南沙中学等62所中小学与沿河县88所中小学结对帮扶,在铜仁市各区(县)中率先在教育方面实现"组团式"帮扶全覆盖。8月,张家港市选派第三职业高级中学教师卢庆生等组建帮扶小组到沿河县中等职业学校开展教育帮扶。指导编制沿河县职校汽修专业人才培养方案,参与并帮助沿河县职校汽修专业顺利通过2019年铜仁市专业评估。开展"一对一""一对多"的师徒结对模式,组织沿河县职校汽修专业教师开展"同题异构"课堂教学活动,采用推门听课、课后与教师单独点评的方式将东部职业教学理念传输到沿河县职校。编制沿河县职校汽修专业实训基地建设方案,协助完成电焊、机电、汽修3

个实训室建设，帮助沿河县职校成功申报精品课程"汽车电器设备构造与维修"。在沿河县职校推广张家港市第三职业高级中学"7S"管理经验，培育"7S"班级、学生代表，组织定期评比，选树流动红旗样板班级。

常熟市思南县"组团式"教育帮扶　先后4批共计70名常熟市教师到思南县支教，开创"常思育人"教育"组团式"帮扶模式。全县本科上线率从2014年的38.2%提升至2019年的61.8%。其中思南中学2019年本科上线率达98%，连续多年位列铜仁大市第一。2020年，常熟市共选派10名教师到思南民族中学、思南县第三中学、思南县中等职业学校等3所学校开展教育帮扶。其中，7名高中教师对思南县民族中学开展为期2个月的"组团式"帮扶，为该校建立"常思共建实验班"3个，为学生上课91节，听课95节，开展研讨、教研、讲座等36次，帮助该校教师提升教育理念、改进教学方法；2名初中教师对思南县第三中学开展为期半年的教育帮扶，为学生上课227节，听课80节，开展研讨、教研、讲座等42次。至2020年，常熟市83所学校与思南县各个学校建立"一对一""多对一"帮扶关系，形成从学前教育、基础教育、高中教育，到职业教育、特殊教育的全覆盖教育帮扶链条。

太仓市玉屏县"组团式"教育帮扶　2018年8月，太仓市选派太仓市实验中学校长陆振东、太仓市第二中学副校长严卫中、太仓市实验中学德育处主任方志文分别担任玉屏第一中学校长、副校长、校长助理，到玉屏第一中学开展"组团式"支教工作。针对玉屏县教育管理、教师面貌和育人方式与东部教育差异现状，支教团队以德育全天候无缝隙管理、建立德育发展共同体、打造学生自主管理平台，教育以鼓励良性竞争、细节化过程管理、推广家校合作教学为主要内容，开展支教帮扶，并取得明显成效。玉屏第一中学2019年初三毕业班中考平均分超出该县第二名学校39分，并成功入选贵州省第七批人才基地和中华优秀文化传承学校。2019年6月，国家发展和改革委员会将玉屏县教育"组团式"帮扶作为第二批新型城镇化试点经验在全国推广。2019年8月，太仓·玉屏教育"组团式"帮扶入选全国典型案例，在四川举办的全国"携手奔小康"行动培训班上正式发布；2020年，入选国务院扶贫办全国"携手奔小康"行动案例。2020年，陆振东教育团队再延长1年支教时间，并明确玉屏第一中学为玉屏县义务教育一体化改革初中教育联盟牵头学校，由陆振东出任联盟理事长，面向全县推广玉屏第一中学的精细化管理模式和"组团式"支教帮扶经验，玉屏第一中学教育教学经验快速、全面地向县域内的黔东民族寄宿制中学、大龙中学、田坪中学和大部分小学辐射，县域内中小学的教育管理模式、教师成长、学生行为发生质的改变，东部优秀的管理理念深入玉屏县教育系统。7月25日，"贵州省玉屏县东西部协作教育人才基地"在玉屏第一中学揭牌。教育人才基地聘请贵阳市教育科学研究所的各学科资深教研员作为导师，对玉屏县除体育外的中考科目任课教师进行为期1年的教学指导,进一步提升教师队伍的教育教学能力,强化玉屏县教育教学水平。

昆山市碧江区"组团式"教育帮扶　2019年5月,昆山市整合调动全市教育资源,陆续选派36名由校领导、中层干部、骨干教师组成的帮扶团队到铜仁市第八小学,校领导和中层干部挂任铜仁市第八小学副校长、德育处主任和校长助理,从学校管理、教育教学、德育建设、家校合作、人才培养、学生特长、硬件设施等方面着手,开展教育"组团式"帮扶。利用昆山"组团式"教育帮扶资金12万元,建设网络教室,成立第八小学新媒体工作室,坚持德育为先,教学为本,将"中医药"和"劳动教育"带进学校,通过"一对多"即一名教师结对多名教师的方式,认真传教,同课异构,依托"空中课堂"开展"网授+面辅"试点,促进结对教师共同提高。推动"家校合作、科技航模、创新发明",积极对接昆山市青科协,争取一批无人机及航模器材,在铜仁市第八小学开展科技创新项目交流活动,并辐射带动铜仁市第五小学等10所学校。铜仁市第八小学教学质量从2018年碧江区第13名迅速提升至2019年的第4名,并获得碧江区2018—2019年度和2019—2020年度教学质量三等奖,实现从薄弱校到优质校的蜕变。

2020年,双方联合组建的碧江区昆山俊龙航模社团在"放飞梦想"全国青少年纸飞机通讯赛总决赛中,获得第一名3项,第二名5项,第三名1项,一、二、三奖数十个,其中章思思打破"纸飞机留空计时赛"小学女子组全国纪录。

吴江区印江县"组团式"教育帮扶　2019年5月26日,吴江区与印江县2所高中、1所职业中学、19所初中、23所乡镇(街道)中心完全小学、6所幼儿园,总计51所学校建立结对帮扶关系,实现与印江县中心小学(中心完全小学以上级别)的结对全覆盖。8月起,吴江区教育局按照"1名副校长+2名中层管理+7名骨干教师"配备支教团队,选派三批教师21人,组成帮扶团队到印江县思源实验中学开展"组团式"帮扶工作,以"植入式"和"重塑性"帮扶方式,逐一制订德育管理类、教学管理类、家校管理类等12个相关子方案,整理汇编成帮扶调研专刊、《思·研》教育教学专刊,推动新思源实验中学塑造"向善向上向美"品牌。组建"多彩土家伞""言爱合唱社""梵净舞蹈社"3个艺术社团,"风火轮篮球社"1个体育社团,1个信息技术CTS社团,1个印江书法社团;深化课堂教学改革,开展教学"六认真"大督查,实施"青蓝工程"等活动,有效提升学校教学教育管理水平。

吴中区德江县"组团式"教育帮扶　2019年,吴中区与德江县教育局签订《吴中区—德江县乡镇(街道)公办中心完全小学以上义务教育学校全面结对暨教育"组团式"帮扶协议书》,采用"一对一"或"一对二"的方式,结对义务教育学校59对,学前教育学校4对,高中阶段教育学校3对,特殊教育学校1对;打造德江县第二小学教育"组团式"帮扶点1个。8月,建成投用楠木园移民安置点德江县第七幼儿园,解决贫困户子女就学232人。吴中区教育局选派徐勇等10名骨干教师到德江县开展教育"组团式"帮扶。2020年,与吴中区中小学(园)建立"一对一"结对帮扶67对,其中,义务教育学校60对,学前教育学校4对,高中阶段教育学校3对;辐射德江县22个乡镇(街道),公办义务教育学校166所,师生近70000人。6月,吴中区教育局选派吴中区宝带实验小学王雪芳等10名教师,以德江县第五小学为"组团式"帮扶中心学校,辐射德江县第七中学、德江县第三小学,开展第二轮"组团式"帮扶。在德江县学校举办公开展示课22节、专题讲座8场,听课140余节,培训7期700多人次,辐射德江县全部义务教育学校。9月,建成投用楠木园易地移民安置点德江县第八中学,总建筑面积30922平方米,其中教学楼10843平方米,解决贫困户子女就学1800人。

相城区石阡县"组团式"教育帮扶 2019年6月14日,相城区教育局选派4名行政领导和6名骨干教师到石阡县实验小学开展工作,启动"组团式"对口帮扶。2020年4月,相城区教育局制定《2020年相城—石阡教育"组团式"帮扶实施方案》。5月、9月,相城区教育局选派两批10名教师组成的帮扶团队到石阡县汤山中学等开展教育"组团式"帮扶,开展全方位的集中巡课、听课、评课和交流研讨。帮扶团队还先后走访石阡县实验小学、溪口中学、中坝中学、龙井中学、万屯幼儿园等多所乡村学校,与当地教师交流学科教学、开设讲座、参加听课、教研活动,发挥教育帮扶的辐射作用。2017~2020年,相城区42所学校与石阡县50所学校建立结对帮扶关系,派出29所学校教师49人次到石阡县7所学校开展支教帮扶1个月以上。

姑苏区江口区"组团式"教育帮扶 2019年,姑苏区共派教师15人到江口县第二小学实施"组团式"帮扶工作试点。顾颖带领支教团队起草并制定师徒结对方案,开启"平面模式培养"的同时,尝试"立体模式培养",实行一师多徒制,多层次、多维度地开展结对活动,覆盖全校各年级、各学科,结对总人数达60人次。2020年,姑苏区21所中小学、幼儿园与江口县35所中小学、幼儿园建立结对帮扶关系,实现对江口县乡镇及以上公办学校帮扶结对的全覆盖。姑苏区教育部门以江口县第二小学为试点,开展教育"组团式"帮扶,创新实施教师成长"青蓝结对"工程,并成立朱文华、侍作兵两位特级教师名师工作室江口工作站,常态化开展送教送学、教学研讨、名师公开课活动。江口县教师成长迅速,江口县1人成为省级名师,10人成为省级乡村名师,建立名师工作室10个;4人成为市级名校长,6人成为市级名班主任,7人成为市级名教师;13人成为县级名校长,49人成为县级名班主任,88人成为县级名教师。江口县学校管理能力不断提升,江口县实验幼儿园成功创建"省级示范性幼儿园",江口县第二小学创建"全国文明校园"、江口县凯德民族学校等学校创建"全国篮球示范校""全国排球示范校"。

苏州工业园区松桃县"组团式"教育帮扶 2019年,苏州工业园区39所学校与松桃县70所乡镇级以上中小学、1所中职学校、1所特殊教育学校、1所私立学校共73所学校通过"组团式""一对一""一对多"帮扶模式结对，实现乡镇级以上中小学签约结对全覆盖。两地教育局确定松桃县第四中学作为"组团式"帮扶试点学校，9月，苏州工业园区教育局委派苏州大学附属中学副校长金烨为领队的10人帮扶团队，到松桃县第四中学进行为期1年的"组团式"教育帮扶。帮扶团队长期蹲点学校各学科组，指导教研组、备课组开展教研和学科教学实践活动，借助苏州工业园区智慧教育优势，在两地学校开展网络互动教学和教研。苏州工业园区从学校管理、教育教学、教师培训、校园文化、信息化建设等方面进行指导和跟进。至2020年，松桃县乡镇级以上中小学实现与苏州工业园区学校签约结对全覆盖，受帮扶学校达89所，学段涵盖幼儿园到高中。开展实地交流互访100余次。通过线上探讨、线下人才交流，苏州工业园区教学理念、校园文化建设模式、"苏式"教育管理经验逐步融入松桃县教育。

苏州高新区万山区"组团式"教育帮扶 2019年8月，苏州高新区实验小学校教育集团选派副校长陆伟、教科室副主任孙大武、总务处副主任邹伟卫到铜仁市第四小学开展"组团式"帮扶，先后开设万山区小学数学、英语和中小学美术名师工作室，以线上、线下平台同步实施为途径，精准帮助铜仁市第四小学及周边学校共同培养骨干教师。每周至少用半天时间去1所学校指导，帮助城区及周边学校教育质量整体提升；参加中共苏州高新区对口帮扶铜仁市万山区行动支部党建下乡帮扶活动，每月1次送教下乡；定期举办教育管理专题讲座。2020年3月，苏州高新区实验小学副校长陆伟带领教科室主任汪明峰、教导处主任王剑锋继续扎根铜仁市第四小学；9月，苏州高新区实验小学校长助理崔小兵接过接力棒。帮扶团队通过建立区级校长工作室和英语、数学名师工作室，协助万山区教育局教师服务中心培养骨干教师，以铜仁市第四小学为阵地，帮扶周边，辐射全区，走出一条深度融合与协作双赢的万山区教育发展新路，实现当地教育内涵式高质量有特色发展。

2018年8月，太仓市"组团式"教育帮扶团队到玉屏第一中学开展活动

常熟市帮扶思南支教队"常思育人"临时行动支部

2019年4月18日，张家港市南沙中学教师张彩虹在沿河县中寨镇初级中学开展沿河县、张家港市同课异构教研活动

2019年4月25日，苏州高新区与万山区教育系统举行教育帮扶座谈会，会上签订两区中小学校结对帮扶全覆盖协议

2019年4月，苏州市虎丘中心幼儿园与江口县实验幼儿园全面结对

2019年5月29日，昆山市教师黄娴在铜仁市第八小学上英语展示课

2019年6月14日，相城—石阡教育"组团式"帮扶交流活动暨启动仪式在石阡县实验小学举行

2020年6月17日，苏州工业园区帮扶教师陶彩红在松桃县孟溪镇完全小学上语文公开课

2020年7月2日，吴江区"组团式"教育帮扶团队在印江县思源实验中学开展英语示范展示课

2020年9月10日，吴中区教师张慧俊在德江县第五小学为德江县部分小学的数学教师上数学示范课

表3-2　2013~2020年苏州市与铜仁市结对学校一览

序号	苏州市学校	铜仁市学校
1	张家港高级中学	沿河民族中学
2	江苏省梁丰高级中学	沿河县第二高级中学
3	张家港市暨阳高级中学	沿河县第三高级中学
4	张家港市第一中学	沿河县第三中学
5	张家港市东渡实验学校	沿河县第四中学
6		沿河县思源实验学校
7	张家港市梁丰初级中学	沿河县第五中学
8	张家港市常阴沙实验学校	沿河县官舟中学
9	张家港市常阴沙实验学校（初中部）	沿河县新景镇初级中学
10	张家港市常阴沙实验学校（小学部）	沿河县新景镇中心完全小学
11	张家港市常阴沙幼儿园	沿河县新景镇中心幼儿园
12	张家港中等专业学校	沿河县中等职业学校
13	张家港市港区初级中学	沿河县第六中学
14	张家港市南沙中学	沿河县中寨镇初级中学
15	张家港市护漕港中学	沿河县晓景乡初级中学
16	张家港市第二中学	沿河县中界镇初级中学
17	张家港市第三中学	沿河县泉坝镇初级中学
18	张家港市锦丰初级中学	沿河县淇滩镇初级中学
19	张家港市妙桥中学	沿河县黄土镇初级中学
20	张家港市鹿苑中学	沿河县思渠镇初级中学
21	张家港市崇实初级中学	沿河县谯家镇初级中学
22		沿河县谯家镇铅厂初级中学

续表

序号	苏州市学校	铜仁市学校
23	张家港市崇真小学	沿河县甘溪镇中心完全小学
24	张家港市崇真幼儿园	沿河县甘溪镇中心幼儿园
25	张家港市后塍学校	沿河县甘溪镇初级中学
26	张家港市云盘实验幼儿园	沿河县实验幼儿园
27	张家港市世茂幼儿园	沿河县民族幼儿园
28	张家港市特殊教育学校	沿河县特殊教育学校
29	张家港市中兴小学	沿河县第十完全小学
30	张家港市金港中心幼儿园	沿河县沙子街道中心幼儿园
31	张家港市南沙小学	沿河县中寨镇中心完全小学
32	张家港市南沙幼儿园	沿河县中寨镇中心幼儿园
33	张家港市德积小学	沿河县晓景乡中心完全小学
34	张家港市德积幼儿园	沿河县晓景乡中心幼儿园
35	张家港市暨阳实验小学	沿河县中界镇中心完全小学
36	张家港市杨舍镇中心幼儿园	沿河县中界镇中心幼儿园
37	张家港市梁丰小学	沿河县泉坝镇中心完全小学
38	张家港市白鹿幼儿园	沿河县泉坝镇中心幼儿园
39	张家港市东湖苑幼儿园	沿河县团结街道黑獭中心幼儿园
40	张家港市锦丰中心小学	沿河县淇滩镇中心完全小学
41		沿河县黑水镇中心完全小学
42	张家港市锦丰中心幼儿园	沿河县淇滩镇中心幼儿园
43		沿河县黑水镇中心幼儿园
44	张家港市三兴幼儿园	沿河县和平街道星河幼儿园
45	张家港市塘桥中心小学	沿河县黄土镇中心完全小学
46	张家港市妙桥幼儿园	沿河县黄土镇中心幼儿园
47	张家港市青龙小学	沿河县思渠镇中心完全小学
48	张家港市鹿苑幼儿园	沿河县思渠镇中心幼儿园
49	张家港市乐余中心小学	沿河县谯家镇中心完全小学
50		沿河县谯家镇铅厂完全小学
51	张家港市乐余中心幼儿园	沿河县谯家镇中心幼儿园
52	张家港兆丰学校（小学部）	沿河县夹石镇中心完全小学
53	张家港兆丰学校（初中部）	沿河县夹石镇初级中学
54	张家港市凤凰中心小学	沿河县官舟镇第一完全小学
55		沿河县官舟镇第二完全小学
56		沿河县官舟镇第三完全小学
57		沿河县官舟镇第四完全小学
58	张家港市凤凰中心幼儿园	沿河县官舟镇中心幼儿园

续表

序号	苏州市学校	铜仁市学校
59	张家港市凤凰中学	沿河县官舟第二中学
60		沿河县板场镇初级中学
61	张家港市港口幼儿园	沿河县板场镇中心幼儿园
62	张家港市港口学校（小学部）	沿河县土地坳镇中心完全小学
63	张家港市港口学校（初中部）	沿河县土地坳镇初级中学
64	张家港市飞翔幼儿园	沿河县土地坳镇中心幼儿园
65	张家港市南丰中学	沿河县塘坝镇初级中学
66		沿河县后坪乡初级中学
67	张家港市南丰小学	沿河县塘坝镇中心完全小学
68		沿河县后坪乡中心完全小学
69	张家港市南丰幼儿园	沿河县塘坝镇中心幼儿园
70		沿河县后坪乡中心幼儿园
71	张家港市大新中心幼儿园	沿河县客田镇中心幼儿园
72		沿河县洪渡镇中心幼儿园
73	张家港市大新中心小学	沿河县洪渡镇中心完全小学
74	张家港市大新实验学校（小学部）	沿河县客田镇中心完全小学
75	张家港市大新实验学校（初中部）	沿河县客田镇初级中学
76		沿河县洪渡完全中学
77	张家港市合兴初级中学	沿河县黑水镇初级中学
78	张家港市合兴小学	沿河县民族小学
79		沿河县第三完全小学
80		沿河县第四完全小学
81		沿河县第九完全小学
82	张家港市塘市小学	沿河县实验小学
83		沿河县第二完全小学
84		沿河县第六完全小学
85		沿河县第七完全小学
86		沿河县第八完全小学
87	张家港市徐市小学	沿河县板场镇第二完全小学
88		沿河县板场镇中心完全小学
89	常熟市第一中学	思南县第三中学
90	常熟市外国语初级中学	思南县唐乔初级中学
91	常熟市崇文小学	思南县田秋小学
92	常熟市大义中心小学	思南县许家坝第二小学
93	常熟市昆承小学	思南县第二小学
94	常熟市东南实验小学	思南县孙家坝小学
95	常熟市实验小学	思南县第一小学

续表

序号	苏州市学校	铜仁市学校
96	常熟市昆承中学	思南县第五中学
97	常熟市海虞中学	思南县思源实验学校
98	常熟市沙家浜中学	思南县三溪中学
99	常熟市唐市中学	思南县孙家坝中学
100	常熟外国语学校	思南民族中学
101	常熟市浒浦高级中学	思南县第六中学
102	常熟高新园中等专业学校	思南县中等职业学校
103	常熟市兴福小学	思南县塘头小学
104	江苏省常熟中学	思南中学
105	常熟市中学	思南县第八中学
106	常熟市实验中学	思南中学初中部
107	常熟市滨江实验中学	思南县思林中学
108	常熟市练塘中学	思南县瓮溪中学
109	常熟市报慈小学	思南县文军希望小学
110	常熟市新区小学	思南县瓮溪小学
111	常熟市石梅小学	思南县许家坝小学
112	常熟市王淦昌中学	思南县第九中学
113	常熟市义庄小学	思南县长坝小学
114	常熟市实验幼儿园	思南县实验幼儿园
115	常熟市绿地幼儿园	思南县第二幼儿园
116	常熟市游文幼儿园	思南县乌江艺术幼儿园
117	常熟市职业教育中心校	思南县中等职业学校
118	常熟市滨江职业技术学校	思南县中等职业学校
119	常熟市特殊教育学校	思南县特殊教育学校
120	常熟市梅李幼儿园	思南县塘头幼儿园
121	常熟市张青莲幼儿园	思南县许家坝幼儿园
122	常熟市报慈幼儿园	思南县张家寨幼儿园
123	常熟市崇文幼儿园	思南县亭子坝幼儿园
124	常熟市赵市中心小学	思南县邵家桥小学
125	常熟市淼泉中心小学	思南县鹦鹉溪小学
126	常熟市王庄中心小学	思南县大河坝小学
127	常熟市杨园中心小学	思南县香坝小学
128	常熟市游文小学	思南县双龙小学
129	常熟市梅李中学	思南县邵家桥中学
130	常熟市周行中学	思南县长坝中学
131	常熟市古里中学	思南县鹦鹉溪中学

续表

序号	苏州市学校	铜仁市学校
132	常熟市尚湖中学	思南县大河坝中学
133	常熟市辛庄中学	思南县香坝中学
134	常熟市梅李高级中学	思南书生高级中学
135	常熟市东张中学	思南县大坝场中学
136	常熟市徐市中心小学	思南县思林小学
137	常熟市珍门中心小学	思南县邵家桥毛坝小学
138	常熟市尚湖高级中学	思南县梵净山中学
139	常熟市东张中心小学	思南县大坝场小学
140	常熟市碧溪中心小学	思南县兴隆乡中心小学
141	常熟市浒浦学校	思南县兴隆中学
142	常熟市谢桥中心小学	思南县板桥小学
143	常熟市谢桥中学	思南县板桥中学
144	常熟市东南实验小学	思南县三道水小学
145	常熟市常清中学	思南县三道水中学
146	常熟市董浜中心小学	思南县枫芸乡中心小学
147	常熟市董浜中学	思南县枫芸中学
148	常熟市白茆中心小学	思南县天桥乡中心小学
149	常熟市白茆中学	思南县天桥中学
150	常熟市森泉中学	思南县东华中学
151	常熟市福山中心小学	思南县文家店小学
152	常熟市福山中学	思南县文家店中学
153	常熟市梅李幼儿园	思南县第五幼儿园
154	常熟市赵市中学	思南县合朋溪中学
155	常熟市莫城中心小学	思南县宽坪乡中心小学
156	常熟市莫城中学	思南县宽坪中学
157	常熟市商城小学	思南县合朋溪小学
158	常熟市颜港小学	思南县胡家湾小学
159	常熟市孝友中学	思南县胡家湾中学
160	常熟市琴湖小学	思南县亭子坝小学
161	常熟市锦荷中学	思南县亭子坝中学
162	常熟市沙家浜小学	思南县凉水井小学
163	常熟市大义中学	思南县凉水井中学
164	常熟市练塘中心小学	思南县第四小学
165	常熟市辛庄中心小学	思南县青杠坡小学
166	常熟市杨园中学	思南县青杠坡中学
167	常熟市张桥中学	思南县瓦窑九年制学校

续表

序号	苏州市学校	铜仁市学校
168	常熟市石梅小学	思南县张家寨小学
169	常熟市元和中学	思南县张家寨初级中学
170	常熟市任阳中心小学	思南县杨家坳小学
171	常熟市任阳中学	思南县杨家坳中学
172	常熟市绿地实验小学	思南县第五小学
173	常熟市世茂实验小学	思南县第三小学
174	常熟市大义幼儿园	思南县双塘第二幼儿园
175	太仓市第一中学	玉屏县黔东民族寄宿制中学
176	太仓市实验中学	玉屏县大龙中学
177	太仓市城厢镇第一小学	玉屏县田坪镇中心完全小学
178	太仓市实验小学	玉屏县印山民族小学
179	太仓市经贸小学	玉屏县平溪镇中心完全小学
180	太仓实验幼教中心	玉屏县实验幼儿园
181	江苏省太仓高级中学	玉屏民族中学
182	江苏省太仓中等专业学校	玉屏县中等职业学校
183	太仓市第二中学	玉屏县田坪中学
184	太仓市城厢镇第四小学	玉屏县皂角坪中心完全小学
185	太仓市科教新城实验小学	玉屏县第二小学
186	太仓市艺术幼教中心	玉屏县平溪中心幼儿园
187	太仓市弇山小学	玉屏县大屯小学
188	太仓市陆渡中学	玉屏县朱家场镇中学
189	太仓市新区第三小学	玉屏县朱家场镇中心完全小学
190	太仓市陆渡中心小学	玉屏县亚鱼乡中心完全小学
191	太仓市新区第四小学	玉屏县彰寨九年制民族学校
192	太仓市科教新城南郊小学	玉屏县新店寄宿制学校
193	太仓市朱棣文小学	玉屏县大龙小学
194	太仓市新区第二小学	玉屏县田坪镇长岭小学
195	太仓市沙溪实验中学	玉屏县大龙中学
196	太仓市明德小学	玉屏县龙江小学
197	太仓市新湖小学	玉屏县兴隆小学
198	太仓市城厢镇幼教中心	玉屏县平溪第二幼儿园
199	太仓市科教新城幼教中心	玉屏县皂角坪中心幼儿园
200	太仓市镇洋小学	玉屏县德龙小学
201	江苏省昆山中学	铜仁市第二中学
202	昆山震川高级中学	铜仁市第十五中学
203	昆山市第二中等专业学校	铜仁市碧江区中等职业技术学校

续表

序号	苏州市学校	铜仁市学校
204	昆山市娄江实验学校	铜仁一中初级中学
205		铜仁市第十二中学
206		铜仁市和平中学
207	昆山市新镇中学	铜仁市第三中学
208		铜仁市漾头中学
209	昆山市玉山中学	铜仁市第四中学
210		铜仁市瓦屋中学
211	昆山开发区青阳港学校	铜仁市第五中学
212		铜仁市寨桂九年一贯制学校
213		铜仁市桐木坪乡九年一贯制学校
214	昆山市城北中学	铜仁市第九中学
215		铜仁市白水九年一贯制学校
216	昆山市第二中学	铜仁市第十中学
217		铜仁市坝黄中学
218	昆山市葛江中学	铜仁市第十一中学
219	昆山市玉山镇第一中心小学	铜仁市实验小学
220		铜仁市云场坪小学
221	昆山市华东康桥学校国际部	铜仁市逸群小学
222	昆山开发区兵希小学	铜仁市漾头小学
223		铜仁市第三十三小学
224	昆山市实验小学	铜仁市第二小学
225		铜仁市和平小学
226	昆山高新区西塘实验小学	铜仁市第三小学
227		铜仁市滑石小学
228	昆山市柏庐实验小学	铜仁市第五小学
229	昆山市城北高科园中心小学	铜仁市第六小学
230	昆山市城北中心校	铜仁市第七小学
231		铜仁市瓦屋小学
232	昆山市裕元实验学校	铜仁市第八小学
233	昆山市玉山镇振华实验小学	铜仁市南长城小学
234	昆山市玉山镇第三中心小学校	铜仁市第十小学
235	昆山市华东康桥学校国际部	铜仁市第十小学
236	昆山市培本实验小学	铜仁市第十一小学
237		铜仁市六龙山小学
238	昆山市娄江实验学校	铜仁市第十二小学
239	昆山市玉峰实验学校	铜仁市第十五小学
240		铜仁市坝黄小学

续表

序号	苏州市学校	铜仁市学校
241	昆山开发区实验小学	铜仁市第十八小学
242	昆山开发区青阳港学校	铜仁市第十四小学
243	昆山市玉山镇朝阳小学	铜仁市第十九小学
244	昆山开发区石予小学	铜仁市第二十一小学
245	昆山经济技术开发区包桥小学	铜仁市第二十五小学
246	昆山经济技术开发区中华园小学	铜仁市第二十六小学
247	昆山市周市镇永平小学	铜仁市第三十二小学
248	昆山市机关幼儿园	铜仁市实验幼儿园
249	昆山高新区鹿城幼儿园	铜仁市第一幼儿园
250		铜仁市第二十二幼儿园
251	昆山市北栅湾幼儿园	铜仁市第二幼儿园
252	昆山市实验幼儿园	铜仁市第三幼儿园
253		铜仁市第二十三幼儿园
254	昆山市绣衣幼儿园	铜仁市第五幼儿园
255	昆山高新区九方城幼儿园	铜仁市第十六幼儿园
256	昆山高新区翰林幼儿园	铜仁市第二十一幼儿园
257	江苏省吴江中等专业学校	印江县中等职业学校
258	江苏省震泽中学	贵州省印江中学
259	吴江同里中学	印江县刀坝初级中学
260	吴江北厍中学	印江县木黄中学
261	吴江盛泽第二中学	印江县沙子坡中学
262	吴江盛泽第一中学	印江县天堂中学
263	吴江经济开发区实验初级中学	印江县新寨镇初级中学
264	吴江鲈乡实验小学	印江县第三完全小学
265	吴江思贤实验小学	印江县第四完全小学
266	吴江实验小学	印江县第二完全小学
267	吴江经济开发区天和小学	印江县沙子坡镇中心完全小学
268	吴江经济技术开发区长安花苑小学	印江县第六完全小学
269	吴江区松陵小学	印江县第五完全小学
270	吴江区金家坝小学	印江县合水完全小学
271	吴江区平望实验小学	印江县木黄民族小学
272	吴江区七都小学	印江县新寨镇完全小学
273	震泽实验小学	印江县板溪完全小学
274	吴江区山湖花园幼儿园	印江县实验幼儿园
275	吴江区花港迎春幼儿园	印江县第二幼儿园
276	吴江中学	印江县第一中学
277	震泽初级中学	印江县洋溪镇初级中学

续表

序号	苏州市学校	铜仁市学校
278	吴江区实验初级中学	印江县思源实验中学
279	吴江区松陵第一中学	印江县板溪初级中学
280	汾湖实验初级中学	印江县罗场初级中学
281	吴江区运西实验初中	印江县杉树镇初级中学
282	吴江区七都中学	印江县朗溪初级中学
283	吴江区平望第二中学	印江县合水初级中学
284	苏州湾实验初级中学	印江县第三中学
285	吴江区横扇中学	印江县第四中学
286	吴江区菀坪学校	印江县缠溪镇初级中学
287	吴江区庙港中学	印江县杨柳镇初级中学
288	笠泽实验初级中学	印江县第二中学
289	吴江区八都学校	印江县紫薇镇九年一贯制学校
290	盛泽实验初级中学	印江县中兴街道九年一贯制学校
291	汾湖实验小学	印江县罗场完全小学
292	吴江区同里实验小学	印江县杉树镇完全小学
293	吴江区庙港实验小学	印江县朗溪镇中心完全小学
294	吴江区盛泽实验小学	印江县天堂镇中心完全小学
295	吴江区盛泽小学	印江县刀坝镇中心完全小学
296	吴江区北门小学	印江县缠溪镇完全小学
297	吴江区八坼小学	印江县洋溪镇中心完全小学
298	吴江区梅堰实验小学	印江县杨柳镇中心完全小学
299	吴江区东太湖实验小学	印江县第一完全小学
300	吴江区松陵小学	印江县黔江小学
301		印江县特殊教育学校
302	吴江区铜罗小学	印江县木黄镇第二完全小学
303	吴江区苏州湾实验小学	印江县实验小学
304	吴江区实验幼儿园	印江县第一幼儿园
305	吴江区盛泽实验幼儿园	印江县木黄镇幼儿园
306	吴江区平望幼儿园	印江县新寨镇幼儿园
307	吴江区八坼幼儿园	印江县缠溪幼儿园
308	江苏省吴中中等专业学校	德江县中等职业学校
309	江苏省木渎高级中学	德江县第一中学
310	吴中区迎春中学	德江县实验中学
311		德江县第八中学
312		德江县民族中学
313	吴中区幼儿教育中心园	德江县实验幼儿园
314		德江县第四幼儿园

续表

序号	苏州市学校	铜仁市学校
315	吴中区城区幼儿园	德江县第二幼儿园
316		德江县第三幼儿园
317	苏州市吴中区木渎实验小学	德江县第一小学
318	吴中区东山实验小学	德江县第二小学
319	吴中区碧波实验小学	德江县第三小学
320	吴中区宝带实验小学	德江县第四小学
321	吴中区苏苑实验小学	德江县第五小学
322	吴中区城西中学	德江县第四中学
323		德江县第五中学
324	吴中区石湖中学	德江县思源实验学校
325		德江县第七中学
326	吴中区苏苑高级中学	德江县第二中学
327	吴中区特殊教育学校	德江县特殊教育学校
328	吴中区木渎实验中学	德江县荆角乡学校
329		德江县桶井乡初级中学
330	吴中区胥口中学	德江县长堡镇初级中学
331		德江县枫香溪镇袁场初级中学
332	苏州太湖国家旅游度假区香山中学	德江县钱家中学
333	吴中区光福中学	德江县共和镇中学
334	吴中区长桥中学	德江县龙泉乡初级中学
335	吴中区碧波中学	德江县高山镇初级中学
336	吴中区甪里中学	德江县长丰乡初级中学
337	吴中区临湖第一中学	德江县泉口镇初级中学
338	吴中区东山莫厘中学	德江县合兴镇初级中学
339	吴中区木渎南行中学	德江县复兴镇初级中学
340	吴中区藏书中学	德江县平原镇初级中学
341	苏州大学附属尹山湖中学	德江县楠杆乡初级中学
342	吴中区临湖实验中学	德江县枫香溪镇枫溪初级中学
343	吴中区横泾中学	德江县潮砥镇初级中学
344	吴中区西山中学	德江县稳坪镇初级中学
345	吴中区越溪中学	德江县沙溪乡初级中学
346	吴中区石湖实验小学	德江县第六小学
347	吴中区吴中实验小学	德江县第七小学
348	吴中区独墅湖实验小学	德江县第八小学
349	苏州太湖国家旅游度假区香山实验小学	德江县钱家乡完全小学
350	吴中区光福中心小学	德江县共和镇完全小学
351	吴中区甪直实验小学	德江县煎茶镇希望小学

续表

序号	苏州市学校	铜仁市学校
352	吴中区车坊小学	德江县煎茶镇第三小学
353	吴中区东山中心小学	德江县煎茶镇中心完全小学
354	吴中区木渎姑苏实验小学	德江县安家渡小学
355	苏州香雪海小学	德江县厦阡小学
356	苏州太湖国家旅游度假区舟山实验小学	德江县乐泉小学
357	吴中区长桥中心小学	德江县龙泉乡中心完全小学
358	苏州吴中经济技术开发区实验小学	德江县堰塘乡中心完全小学
359		德江县堰塘乡朱家沟学校
360	吴中区东湖小学	德江县高山镇中心完全小学
361	苏州叶圣陶实验小学	德江县长丰乡中心完全小学
362	吴中区临湖第一中心小学	德江县泉口镇中心完全小学
363	吴中区木渎范仲淹实验小学	德江县合兴镇中心完全小学
364	吴中区木渎南行实验小学	德江县复兴镇中心完全小学
365	吴中区藏书实验小学	德江县平原镇中心完全小学
366	吴中区郭巷实验小学	德江县楠杆乡民族小学
367	吴中区胥口中心小学	德江县长堡镇中心完全小学
368	吴中区胥口实验小学	德江县枫香溪镇八一爱民学校
369	吴中区临湖实验小学	德江县枫香溪镇袁场完全小学
370	吴中区横泾实验小学	德江县潮砥镇中心完全小学
371	吴中区西山中心小学	德江县稳坪镇中心完全小学
372	吴中区木渎中心小学	德江县桶井乡中心完全小学
373	吴中区越溪实验小学	德江县沙溪乡中心完全小学
374	江苏省外国语学校	德江县煎茶中学
375	相城区黄桥实验小学	石阡县第一小学
376		石阡县青阳小学
377	相城区望亭中心小学	石阡县白沙小学
378	相城区太平中学	石阡县白沙中学
379	相城区蠡口第二小学	石阡县本庄小学
380	相城区蠡口中学	石阡县本庄中学
381	相城区陆慕实验小学	石阡县第二小学
382		石阡县第三小学
383	相城区陆慕高级中学	石阡县第三高级中学
384	相城区漕湖学校	石阡县国荣乡九年制学校
385		石阡县甘溪中学
386	相城区黄埭实验小学	石阡县甘溪小学
387	相城区玉成实验小学	石阡县河坝小学
388	江苏省相城中等专业学校	石阡县中等职业学校

续表

序号	苏州市学校	铜仁市学校
389	相城区蠡口中学	石阡县河坝中学
390	相城区蠡口实验小学	石阡县花桥小学
391		石阡县溪口小学
392	相城区望亭中学	石阡县花桥中学
393	相城经济开发区澄阳小学	石阡县聚凤小学
394	相城第一实验小学	石阡县雷屯小学
395	相城区渭塘实验小学	石阡县龙硐小学
396		石阡县实验小学
397	相城区珍珠湖小学	石阡县龙井小学
398	相城实验中学	石阡县龙井中学
399	相城区东桥中心小学	石阡县龙塘小学
400	相城区蠡口实验幼儿园	石阡县龙塘幼儿园
401	相城区东桥中学	石阡县龙塘中学
402	相城区北桥中学	石阡县聚凤中学
403	相城区元和小学	石阡县坪地场小学
404	相城区渭塘中学	石阡县坪地场中学
405	相城区湘城小学	石阡县坪山仡佬族侗族乡九年制学校
406	苏州大学实验学校	石阡县大沙坝九年制学校
407		石阡县龙硐中学
408	相城区黄桥中学	石阡县青阳中学
409	江苏省黄埭中学	石阡县石阡中学
410	相城实验中学	石阡县汤山中学
411	相城区特殊教育学校	石阡县特殊教育学校
412	相城区御窑小学	石阡县五德小学
413	相城区蠡口第二中学	石阡县五德中学
414	相城区太平实验小学	石阡县石固九年制学校
415	相城第三实验中学	石阡县溪口中学
416	相城区阳澄湖小学	石阡县晏明小学
417	相城区北桥中心小学	石阡县枫香仡佬族侗族乡九年制学校
418	相城区阳澄湖中学	石阡县晏明中学
419	相城区望亭中学	石阡县民族中学
420	相城区黄埭中心小学	石阡县中坝小学
421	相城区春申中学	石阡县中坝中学
422	相城第一实验幼儿园	石阡县荆坪幼儿园
423	相城区御窑幼儿园	石阡县第四幼儿园
424	相城区陆慕中心幼儿园	石阡县甘溪幼儿园
425	苏州旅游与财经高等职业技术学校	江口县中等职业学校

续表

序号	苏州市学校	铜仁市学校
426		江口县实验幼儿园
427	苏州市虎丘中心幼儿园	江口县第二幼儿园
428		江口县第三幼儿园
429	苏州市东中市实验小学	江口县第二小学
430	苏州市第十二中学校	江口县民和镇初级中学
431	苏州市草桥中学校	江口县闵孝中学
432	苏州市金阊教育集团	江口县第三小学
433	苏州市平江实验学校	江口县第一小学校
434	苏州市吴门教育集团	江口县桃映镇中心完全小学
435		江口县太平镇中心完全小学
436	苏州市善耕教育集团	江口县双江镇镇江完全小学校
437		江口县凯德完全小学
438	苏州市金阊新城实验集团	江口县怒溪镇中心完全小学
439	苏州市金阊新城实验小学校	江口县闵孝镇中心完全小学
440	苏州市平江实验学校	江口县民和镇中心完全小学
441	苏州市沧浪实验小学校	江口县官和乡中心完全小学
442		江口县德旺乡中心完全小学
443	苏州市金阊外国语实验学校	江口县坝盘镇民族完全小学
444	苏州市阊西实验幼儿园	江口县太平镇中心幼儿园
445	苏州市阊西实验幼儿园	江口县怒溪镇中心幼儿园
446		江口县桃映镇中心幼儿园
447		江口县坝盘镇中心幼儿园
448	苏州市平江实验幼儿园	江口县民和镇中心幼儿园
449		江口县官和镇中心幼儿园
450		江口县德旺镇中心幼儿园
451	苏州市姑苏区常青实验幼儿园	江口县闵孝镇中心幼儿园
452		江口县双江镇中心幼儿园
453	苏州市善耕实验小学校	江口县凯德民族学校
454	苏州市平江中学	江口县第三中学
455	苏州市教育教学研究院附属实验学校	江口县桃映镇初级中学
456	苏州市第二十四中学校	江口县民族中学
457	苏州市沧浪中学校	江口县第四中学
458	苏州市第十二中学校	江口县何坝九年一贯制学校
459	苏州市第十中学校	贵州省江口中学
460	苏州市胥江实验中学校	铜仁学院附属中学
461		江口县淮阳中学
462	苏州工业园区独墅湖学校	松桃县乌罗镇中学

续表

序号	苏州市学校	铜仁市学校
463	苏州工业园区星海小学	松桃县第一小学
464	苏州工业园区星洲小学	松桃县第二小学
465		松桃县第六完全小学
466	苏州工业园区第二实验小学	松桃县实验小学
467	苏州工业园区娄葑实验小学	松桃县孟溪镇完全小学
468	苏州工业园区翰林小学	松桃县盘信镇民族完全小学
469	苏州工业园区新城花园小学	松桃县长兴镇小学
470	苏州工业园区工业技术学校	松桃县中等职业学校
471	西安交通大学苏州附属中学	松桃县第三高级中学
472	苏州工业园区仁爱学校	松桃县特殊教育学校
473	苏州大学附属中学	松桃县第六中学
474	苏州工业园区天域幼儿园	松桃县孟溪幼儿园
475	苏州工业园区星洋学校	松桃民族寄宿制中学
476	苏州工业园区星海实验中学	松桃民族寄宿制中学
477	苏州工业园区星湾学校	松桃县盘信镇第二完全小学
478		松桃县大兴镇完全小学
479		松桃县牛郎镇完全小学
480		松桃县正大镇完全小学
481	苏州工业园区跨塘实验小学	松桃县大路镇小学校
482		松桃县妙隘乡完全小学
483	苏州工业园区星湖学校	松桃县太平营中心完全小学
484		松桃县九江完全小学
485		松桃县第十中学（群希学校）小学部
486	苏州工业园区第八中学	松桃县第二中学
487	苏州工业园区星澄学校	松桃县迓驾镇中学
488		松桃县木树镇中学
489		松桃县黄板镇中学
490	苏州工业园区星港学校	松桃县盘石镇民族学校
491		松桃县芭茅中学
492		松桃县长坪中学
493	苏州工业园区东沙湖学校	松桃县大路镇中学
494		松桃县妙隘乡中学
495	苏州工业园区莲花学校	松桃县普觉镇中学
496	苏州工业园区唯亭实验小学	松桃县乌罗镇小学校
497		松桃县冷水完全小学
498		松桃县石梁乡小学校

续表

序号	苏州市学校	铜仁市学校
499	苏州工业园区第一中学	松桃县盘信民族中学
500	苏州工业园区星湾学校	松桃县长兴中学
501	苏州工业园区金鸡湖学校	松桃县大兴中学
502		松桃县正大乡中学
503		松桃县牛郎镇中学
504	苏州工业园区文萃小学	松桃县第四完全小学
505		松桃县世昌完全小学
506		松桃县盘石镇民族完全小学
507		松桃县第十五完全小学
508	苏州工业园区胜浦实验小学	松桃县普觉镇小学
509		松桃县寨英镇小学
510		松桃县沙坝乡小学
511	苏州工业园区星汇学校	松桃县第八中学
512	苏州工业园区星澜学校	松桃县第十中学（群希学校）
513		松桃县九江中学
514		松桃县世昌中学
515	苏州工业园区娄葑学校	松桃县寨英镇中学
516		松桃县邓堡中学
517		松桃县沙坝中学
518	苏州工业园区唯亭学校	松桃县永安中学
519		松桃县甘龙中学
520		松桃县瓦溪中学
521	苏州工业园区斜塘学校	松桃县大坪场镇中学
522	苏州工业园区星浦学校	松桃县冷水溪镇中学
523		松桃县石梁乡中学
524	苏州工业园区方洲小学	松桃县大坪镇完全小学
525		松桃县平头镇完全小学
526		松桃县长坪镇小学
527	苏州工业园区新加花园幼儿园	松桃县第二幼儿园
528	苏州工业园区新洲幼儿园	松桃县第三幼儿园
529	苏州工业园区青剑湖学校	松桃县孟溪中学
530	苏州工业园区车坊实验小学	松桃县永安乡小学
531		松桃县甘龙镇小学
532		松桃县瓦溪乡小学
533	苏州工业园区第二高级中学	松桃民族中学
534		铜仁市明德衡民中学

续表

序号	苏州市学校	铜仁市学校
535	苏州工业园区景城学校	松桃县第五中学（高平学校）
536	苏州工业园区第三实验小学	松桃县第三完全小学
537		松桃县第五中学小学部（高平学校）
538		松桃县木树镇小学
539		松桃县迓驾镇小学
540		松桃县黄板镇小学
541	西安交通大学苏州附属初级中学	松桃县平头镇中学
542		松桃县太平营中学
543	苏州工业园区新城花园幼儿园	松桃县实验幼儿园
544	苏州工业园区尚城幼儿园	松桃县乌罗镇幼儿园
545	苏州工业园区景城幼儿园	松桃县大坪场镇幼儿园
546	苏州工业园区翡翠幼儿园	松桃县大路镇幼儿园
547	苏州工业园区钟园幼儿园	松桃县第四幼儿园（育才幼儿园）
548		松桃县甘龙镇幼儿园
549	苏州工业园区新馨幼儿园	松桃县冷水溪镇幼儿园
550	苏州工业园区翰林幼儿园	松桃县永安乡幼儿园
551	苏州工业园区华林幼儿园	松桃县瓦溪乡幼儿园
552	苏州工业园区星慧幼儿园	松桃县第八幼儿园（天龙湖幼儿园）
553	苏州工业园区东延路实验学校	松桃县天龙湖小学
554	苏州实验中学	万山区民族中学
555	苏州外国语学校	铜仁市第八中学
556	苏州高新区第一初级中学校	万山区仁山学校
557		铜仁市第十七中学
558	苏州高新区实验初级中学	铜仁市第六中学
559	苏州学府中学校	铜仁市第二十一中学
560	苏州高新区第二中学	万山区鱼塘侗族苗族乡初级中学
561	苏州高新区第五初级中学	万山区大坪侗族土家族苗族乡初级中学
562	苏州市阳山实验学校	万山区高楼坪侗族乡民族中学
563	苏州高新区实验初级中学马运路校区	万山区黄道侗族乡民族中学
564	苏州高新区实验初级中学青城山路校区	万山区敖寨侗族乡民族中学
565	苏州高新区实验初级中学金山路校区	万山区下溪侗族乡民族中学
566	苏州高新区实验小学	铜仁市第四小学
567	苏州高新区文星小学	铜仁市第二十二小学
568	苏州市枫桥中心小学	万山区冲脚小学
569	苏州市浒墅关中心小学	铜仁市第三十四小学

续表

序号	苏州市学校	铜仁市学校
570	苏州高新区狮山实验小学	万山区万山镇完全小学
571	苏州高新区东渚实验小学	万山区鱼塘侗族苗族乡民族中心完全小学
572	苏州高新区秦馀小学	万山区大坪侗族土家族苗族乡中心完全小学
573	苏州新区枫桥实验小学	万山区高楼坪侗族乡民族中心完全小学
574	苏州市阳山实验小学	万山区黄道侗族乡民族中心完全小学
575	苏州科技城实验小学	万山区敖寨侗族乡民族中心完全小学
576	苏州高新区通安中心小学	万山区下溪侗族乡民族中心完全小学
577	苏州高新区成大实验小学校	铜仁市第二十四小学
578	苏州高新区狮山中心幼儿园	万山区第一幼儿园
579	苏州高新区阳山实验幼儿园	万山区幼儿园
580	苏州高新区成大实验幼儿园	万山区茶店街道幼儿园
581	苏州高新区通安实验幼儿园	万山区鱼塘侗族苗族乡幼儿园
582	苏州高新区文星幼儿园	万山区大坪幼儿园
583	苏州科技城实验幼儿园	万山区高楼坪幼儿园
584	苏州高新区竹园幼儿园	万山区黄道侗族乡幼儿园
585	苏州高新区实验幼儿园	万山区敖寨侗族乡幼儿园
586	苏州高新区新升幼儿园	万山区下溪侗族乡幼儿园
587	苏州高新区镇湖实验小学校	铜仁市第二十八小学
588	苏州高新区星韵幼儿园	万山区第三幼儿园
589	苏州高新区文昌实验幼儿园	万山区第十二幼儿园

三、职业教育与高等教育帮扶

受制于产业经济薄弱,职业教育发展基础薄弱一直是铜仁市教育发展的短板,也是影响铜仁市经济发展的重要瓶颈。苏州市与铜仁市不断加大职业教育帮扶协作力度,完善职业院校结对帮扶工作机制,苏州市人力资源和社会保障部门、人力资源服务机构、职业教育集团、中高等职业院校加强结对帮扶,在联合办学、专业设置、师资培训、毕业生就业等方面加强协作,实现两地职业院校结对帮扶全覆盖。实施"东西协作职业教育千人培养计划",大力推进校校、校企合作,采取"1+2""2+1"等模式订单式培养技能人才,提升贫困劳动力的职业技能水平,保障其稳定就业,促进贫困劳动力的输出转移。"东西协作职业教育千人培养计划"实施以来,开办校校合作、校企合作试点(班)28个,1292名铜仁籍贫困学生通过"1+2""2+1"等方式在铜仁市、苏州市就读职业学校,成功打造"1+1+1"读书助贫帮扶品牌(1名建档立卡贫困学生到苏州市就读+1名学生家长到苏州市就业+1户贫困家庭长期脱贫)。

苏铜两地加大高等教育帮扶协作力度。持续深化两地高等院校的全方位合作，充分利用帮扶城市高等教育资源，在师资培训、学科建设、学生交流、教育科研、产学研结合等领域开展合作交流。此外，铜仁市争取苏州市高等院校在铜仁市设立研究生工作站、开设分校等，探索产学研协同培养机制，推动两地高校和教育科研部门协同育人，教科研深度融合，加强铜仁市高等院校学术能力建设，更好地发挥"教育智库"作用，增强服务地方经济建设和社会发展的功能。

合作办学　2014年，铜仁市中职学校专业教师、教学管理人员到张家港中等专业学校考察学习。选派思南县、玉屏县中职学校5名数控、电子专业骨干教师到太仓丰武光电集团进行为期半年的企业实践。万山区中职学校选派2名汽修专业教师到苏州金龙汽车集团进行为期1个月的实践学习。

2016年，根据苏铜两市教育部门签署的《苏州市—铜仁市职业学校结对帮扶框架协议》，苏州市12所职业院校分别与铜仁市13所中职学校结成对子，建立"一对一"帮扶工作制度，在联合办学、师资培训、专业建设、技能教学、干部挂职、学生交流、实训室建设等方面，明确并落实帮扶任务和措施。通过邀请苏州市教育专家团队走进铜仁市各中职学校，开展技能指导、教学研讨、专题讲座、示范课、访谈交流等活动，对铜仁市467名专业教师进行"手把手"指导，促进职业教育对口帮扶工作升级。

2017年，苏铜两市教育部门签订《苏州市—铜仁市中等职业教育"2+1"合作办学协议》。协议明确，合作专业的铜仁市中职学生在籍第三年全部转到苏州市就读，并注册苏州市高等职业技术学校学籍。在苏州市就读期间，班主任仍由铜仁市两所中职学校派驻，负责学生日常管理。铜仁市师生在苏州市期间将享受生活费和学杂费等补助。铜仁市中职学生毕业后获苏州市高等职业技术学校中专毕业证书。苏州市人社局与铜仁市高职院校签订政校企合作框架协议，科沃斯机器人股份有限公司、江苏恒力化纤股份有限公司等9家苏州市知名企业与铜仁职业技术学院、铜仁幼儿师范高等专科学校、贵州工程职业学院等4所高校、5所职校签署校企合作协议，昆山市仁宝集团、纬创资通（苏州）有限公司等优质企业与铜仁市6所职校合作开办"昆山班"订单式培养技能人才。11月，张家港·沿河助学帮扶基金成立暨首批基金捐赠仪式在沿河县中等职业学校举行，首期100万元，重点帮助沿河县贫困学生解决就学困难，加强职业技能培训。

2017年3月30日，苏铜两市职业教育对口交流座谈会在铜仁市召开

　　2018年，苏州市职业教育考察团到铜仁市深入开展交流合作，召开座谈会17次，签订合作协议14份，明确帮扶项目70多项。苏州市12所职业学校与铜仁市13所中职学校紧密对接，开展联合办学、专业建设和教师培训，从办学、培养、实习到就业实现职教扶贫工作优势互补、共进共赢。贵州健康职业学院与苏州工业职业技术学院、苏州大学护理学院，铜仁广播电视大学与苏州开放大学，苏州大学与铜仁学院，南京审计大学与铜仁市政府先后签订专业学科共建协议或人才培养协议。当年有426名铜仁籍贫困学生到苏州市就读职业学校。张家港市扶贫协作资金出资150万元用于沿河县教育局对沙洲职业工学院2018年度在沿河县计划招生的学生进行补助。沿河县学生就读沙洲职业工学院期间，对建档立卡的贫困学生每人每年综合资助1万元，一般农户家庭学生5000元，一般贫困户家庭学生8000元，五保、低保贫困户家庭学生1万元。根据最终录取学生数量及建档立卡贫困户数量，据实列支。助学项目于2018年10月完成，沿河籍214名学生被沙洲职业工学院录取就读，实际支付149.3万元，102名建档立卡贫困生从中受益。根据扶贫资金专款专用的原则，结余7000元用于2019年沿河县就读沙洲职业工学院学生资助项目。常熟市在第四届常熟·思南教育对口协作交流周上详细制定职业教育交流周实施方案，搭建江苏省常熟中等专业学校、常熟高新园中等专业学校、常熟市滨江职业技术学校与思南县中等职业学校的交流平台，并引入伯乐汽修联盟、江苏山水江南酒店管理有限公司等企业参与，构建起"3+1+X"的常思两地职业教育对口协作新模式。5月28日，常熟山水江南酒店管理班冠名仪式在思南县职校阶梯教室举行。12名2016级酒店管理班学生进入山水江南酒店实习，71名学生获得山水江南酒店管理班入学资格。6月10日，相城中等专业学校与石阡县中等职业学校签订数控应用技术班共同培养合作协议。太仓市启动实施"职教富民"协作行动，设立150万元专项资金，打造"千人工匠"计划，太仓市和玉屏县两地中等职业学校开展深度教育协作，在汽修、数控两个专业实施"现代学徒制"的改革试点，帮助玉屏县职业学校做好人才培养方案和课程标准制定、实训基地建设等工作，支持玉屏县职业学校教师参加"德国手工业行会HWK中德职教认证合作项目"的专项培训，承担玉屏县职业学校学生到太仓市参加专业模块化培训，全面提升玉屏县职业学校的教学质量和办学水平。苏州工业园区工业技术学校2018年起与松桃县职业学校采用"2+1+N"联合办学模式，苏州工业园区工业技术学校积极帮助制订实训室的场地建设方案、无人机专业实训设备清单，协助松桃县职业学校专业课教师制订无人机专业人才培养方案，连续3年开展信息化教学对口帮扶。协调苏州创飞智能科技有限公司资深无人机工程师免费教授专业课程，开展对口帮扶松桃县职业学校无人机专业的建设。

2018年9月，214名沿河籍新生到沙洲职业工学院报到入学，并在沙洲职业工学院迎新晚会上表演民族歌舞

2018年5月7日，苏州工业职业技术学院与贵州健康职业学院举行校际合作签约仪式，苏州工业职业技术学院党委委员、组织部（统战部）部长、汽车工程系党总支书记（兼）吴少华（右二）挂任贵州健康职业学院副院长

　　2019年，苏州市教育局整合全市职教优势资源，启动实施"东西协作职业教育千人培养计划"，出台《苏州市—铜仁市东西部扶贫协作职业教育千人培养计划》。文件明确，苏州市职业学校或技师学校与铜仁市中职学校和技工学校，采取"2+1""1+2"等分段式订单式培养模式，在电子商务、高星级酒店运营与管理、汽车运用与维修、服装设计与工艺、数控技术应用、机电技术应用、电气自动化设备安装与维修、机电一体化等办学实力强、就业前景好的专业进行联合办学。2019~2020年，每年招收500名学生入学（中职教育470人、技工教育30人），两年共计招收1000人。招生对象主要是铜仁籍初

中应（往）届毕业生，并优先招录农村建档立卡贫困家庭子女。为确保联合办学质量，苏州市职业（技师）学校与铜仁市联办学校共同制订教学计划、课程设置等，每年至少选派1名专业教师到联办学校进行指导。学生毕业后，由苏州市职业（技师）学校颁发毕业证书，并负责毕业生就业推荐工作，选择较好的岗位优先保障学生就业。学生在铜仁市或苏州市就读期间，可享受国家和贵州省或江苏省资助政策，且铜仁籍农村贫困家庭子女就读苏州市联办学校实行全免费，由铜仁市每年从东西部扶贫协作资金中补助铜仁籍贫困学生当年就读学校每人每年5000元，直至该生完成学业。从办学、培养、实习到就业实行一条龙服务，培养技能人才，提高就业能力，促进稳定就业。是年，苏州市12所职业学校与铜仁市13所中等职业学校开展联合办学、专业建设和教师培训，招生15个班817人，其中，"2+1"模式招生429人，"1+2"模式招生70人。苏州高等职业技术学校与碧江区中等职业学校、思南县中等职业学校合作办学，招收服装设计与工艺专业、电子商务专业共107人，其中来自精准扶贫家庭47人。张家港市出资350万元，用于2019年度沙洲职业工学院在沿河县招收300名学生及对2018年就读的沿河籍学生进行补助。项目于12月结束，沿河籍297名学生被沙洲职业工学院录取就读。与沙钢集团有限公司、永钢集团有限公司等10家企业签约，以企业冠名班形式，对沿河籍学生开展订单式培养。相城中等专业学校与石阡县中等职业学校签订"1+2"联合办学协议，9月招收首届学生。苏州工业园区工业技术学校2019年先后迎接松桃县职业学校教师到校进行教学大赛、技能大赛、无人机专业考证培训和网络管理员高新技术考证培训等活动。在两校教师的共同努力下，松桃县职业学校教师在教师能力大赛中获省级一等奖1名、二等奖1名、三等奖3名。是年，苏铜两地人力资源和社会保障及教育部门联手打造"1+1+1"读书助贫帮扶品牌项目，苏州技师学院、苏州高等职业技术学校等开设"铜仁班"。从过去教师层面的交流到人才培养的深度合作，苏州市和铜仁市职业教育帮扶协作已经迈入高质量推进的新阶段。

2020年，铜仁籍贫困学生到东部就读职业学校的有1292人（含"2+1""1+2"合作培养模式），毕业后就业26人。张家港市出资505.6万元，用于资助2018~2020年沿河籍在沙洲职业工学院就读的学生。是年，沙洲职业工学院招录贵州籍学生400人，其中沿河籍367人（实际报到就读311人，其中，沿河籍285人，建档立卡贫困户学生141人）。"政校企协同推进'张家港—贵州沿河'高等职业教育精准帮扶的实践探索"获2020年苏州市教育教学成果奖（高等教育类）二等奖。苏州农业职业技术学院与江口中学联合办学，招录4名江口籍学生开设"江口班"，并对成功就读"江口班"的江口籍学生实施学费、生活费减免政策，其中2名学生是建档立卡贫困户。石阡县中等职业学校42名学生到相城中等职业学校就读，其中贫困学生21名。张家港中等专业学校与沿河县中等职业学校开展"2+1"职业教育合作,机电、汽修2个班招生50名,均为建档立卡贫困户学生。吴中区与德江县建立中职教育"2+1""1+2"的合作办学新模式,德江县选送3名学生就读苏州技师学院,100名学生到吴中中等职业学校实训基地顶岗实习、培训。

2021年,张家港市专项安排东西部扶贫协作资金373.7万元,用于资助沿河县就读沙洲职业工学院贫困学生557人。

帮扶协作 2018年8月,贵州省江苏省经济社会发展暨苏铜对口帮扶座谈会召开后,苏州大学和铜仁学院签署对口帮扶协议。2018年12月20~26日,根据对口帮扶协议,苏州大学为铜仁学院40名党务思政干部提供免费培训,并取得很好成效。铜仁学院材料与化学党支部、农林工程与规划学院教工第二党支部先后被教育部作为全国样板党支部创建单位。铜仁学院申请新增硕士学位授予单位期间,苏州大学动员各方力量和资源,全力帮助和支持申硕工作,效果明显。在苏州大学的对口帮扶下,铜仁学院的综合办学实力有显著提升。2018年,铜仁学院以贵州省第一的成绩通过应用型高校转型发展试点工作中期评估。同年,获得由国务院专项审核通过的第六届黄炎培职业教育奖"优秀学校奖"荣誉称号,是贵州省唯一获奖的本科院校。铜仁学院在"2020软科中国大学排名"中上升明显。

2020年8月19日,在2020江苏·贵州东西部扶贫协作项目签约仪式上,铜仁市政府与苏州大学签署深化合作协议,旨在实现"苏大模式"与"铜仁行动"的无缝对接。

2019年1月8日,苏州大学校长熊思东到铜仁市考察并应邀在铜仁学院做"新时代地方大学如何作为"主题讲座

第四节　医疗帮扶

2013年,苏州市与铜仁市签订《苏州对口帮扶铜仁医疗卫生事业发展(2013~2015年)合作协议》,苏铜两市之间的医疗卫生对口帮扶由此起步。苏州市按照国家相关要求,坚持以"技术支援为主、采取多种形式、注重实际效果,促进共同发展"原则,每年制定年度帮扶工作要点,各医疗机构根据工作要点制订详细帮扶计划,帮扶内容包括医疗救治、卫生监督、疾病预防控制、妇幼保健、血站建设等多方面。2014年,苏州市分批派出38名医疗卫生专家到铜仁市开展对口帮扶,提高当地医疗卫生服务水平。2015年8月

14日,苏州市卫生和计划生育委员会印发《苏州市对口帮扶铜仁市"三百工程"医疗卫生工作实施方案》。每年选派100名左右医疗卫生专业技术人员到铜仁市、县两级医疗卫生机构对口帮扶,帮助提高铜仁市、县两级医疗卫生机构的管理及服务能力,促进铜仁市医疗卫生事业健康可持续发展。2019年,苏州市卫健委与铜仁市卫健局联合印发《铜仁市对接苏州市医疗组团帮扶工作实施方案(2019~2022)》,开展医疗"组团式"帮扶。

至2020年,铜仁市已创建三级以上医院6家,其中县级医院中三级以上医院有5家,占贵州全省三级以上县级公立医院总数的42.8%,占比在全省各市(州)排第一。成功创建二级甲等妇幼保健院7家,县级等级妇幼保健院占比达80%,在贵州全省市(州)排第一。苏州市卫生健康系统共派出160余批次795人次医疗专家到铜仁市开展驻地医疗帮扶。苏州市136家卫生医疗机构与铜仁市208家县级综合医院、中医院、妇保院、妇计中心、乡镇卫生院全面建立结对帮扶关系,提高基层医疗卫生机构服务能力水平,铜仁市域内医疗服务能力显著增强,基本达到"危急重病不出县、大病疑难症不出市"的救治目标。铜仁市"五着力"扎实推进东西部医疗卫生对口帮扶入选2020年度贵州全面深化改革优秀案例。

2021年1月,贵州省卫健委对2016~2020年援黔医疗卫生对口帮扶工作表现突出的优秀集体通报表扬,苏州市卫健委、苏州大学第一附属医院、江苏盛泽医院、苏州大学第二附属医院、昆山市中医医院、苏州市中西医结合医院、张家港市第一人民医院、吴江区卫健委、常熟市卫健委、苏州市立医院、苏州市中医医院、太仓市中医医院、常熟市第一人民医院、相城区卫健委获优秀帮扶集体通报表扬,刘建刚、夏正、姜惠芬获特殊贡献奖,王秀竹、尤晨、卢丁、朱寅、华文良、刘华、刘健、严志强、吴玉燕、吴诗诚、汪益、陆海英、陈栋、周炳元、贾彤、徐国民、翁冶军、褚云锋、戴超获优秀帮扶个人通报表扬。是年,苏州大学附属医院继续选派2021年第三批医生到石阡县帮扶,延续两地医疗帮扶的情谊。

一、"组团式"医疗帮扶

2015年8月,苏州市卫生和计划生育委员会印发《苏州市对口帮扶铜仁市"三百工程"医疗卫生工作实施方案》。11月,苏州市卫计委组织市属医疗机构及各市(区)卫计委(局)到铜仁市对接实施"三百工程"。各对口单位之间充分沟通交流,根据双方实际情况制订切实可行的帮扶计划。苏州市共派出19名医疗卫生专家到铜仁市开展帮扶工作,同时,接收铜仁市56名专业技术人员、16名卫生技术人员到苏州市培训进修挂职。苏州市中心血站悉心指导铜仁市中心血站开展科研工作。2016年,苏州市各对口医疗卫生机构派出39名专家到铜仁市现场指导,铜仁市卫生系统选派安排78人次到苏州市对口单位考察学习。

2017年,苏州市累计派驻铜仁市帮扶专家137人,帮扶医疗专家在铜仁市诊疗3.6万余人次,开展医疗新技术128项,开展手术1584例、手术示教798次、疑难病例讨论585次、教学查房1687次、学术讲座152次、义诊7586人次。苏州市在原有两地医院结对帮扶工作的基础上,新增苏州大学附属第一医院、苏州大学附属第二医院、苏州市中医医院为帮扶医院,分别对口石阡县人民医院、松桃县人民医院、江口县人民医院,确保铜仁市各县医院有一所三级医院为对口帮扶医院,重点提升县级医院服务能力。其中苏州大学附属第二医院、苏州市中西医结合医院、苏州大学附属儿童医院分别与松桃县人民医院、松桃县民族中医院、松桃县人民医院以医疗联合体形式结对帮扶,覆盖松桃县30家医院(含乡镇医院)。

2017年4月17日,苏州大学附属第二医院院长孙光夏(前排左一)与松桃县副县长张伶俐(前排右一)共同为苏州大学附属第二医院对口帮扶医院揭牌

2017年8月4日,苏州大学附属儿童医院与松桃县人民医院组建医疗联合体

2018年,苏州市23家卫生计生单位与铜仁市20家卫生计生单位建立对口帮扶关系,苏州市派出158名医护专家到铜仁市帮扶,铜仁市派出253名医疗卫生人才到苏州市进修学习,围绕双方协商确定的帮扶重点科室(专科)及胸痛中心、卒中中心、创伤中心等医疗建设重点开展帮扶工作,帮扶专家在铜仁市诊疗10000余人次,开展医疗新技术帮扶88项,开展手术500余例、手术示教300次、教学查房300余次,开展疑难病例讨论80余次,新

2018年9月12日,常熟市卫生系统与思南县基层医疗卫生机构举行对口帮扶医疗队援医工作座谈会

增中医治疗技术3项,增加中医医疗技术诊治550人次。6月开始,苏州市陆续到铜仁市各结对帮扶区(县)开展"组团式"支教、支医和支农"三支"工作。苏铜两市共有53家医疗卫生单位结成"一对一"的帮扶关系,实现铜仁市县(区)级以上医疗卫生单位帮扶工作的全覆盖。

2019年,苏州市卫健委与铜仁市卫健局联合印发《铜仁市对接苏州市医疗组团帮扶工作实施方案(2019~2022)》,进一步明确帮扶重点。苏铜两市围绕建立现代医院管理制度、"5+2"重点科室和临床重点专科建设("5"指5个当地发病率高、诊疗需求大、外转率较高的核心专科,"2"指重症医学、急诊急救科)、"互联网+医疗健康"、医联体建设、振兴中医药发展、提升公共卫生水平、提升基层卫生健康服务能力、卫生健康人才队伍建设、全面深化医药卫生体制改革、加强公立医院党的建设10个方面进一步深化帮扶工作。在帮扶方式上,明确由苏州市各帮扶单位组建帮扶团队,选派1名具有一定管理经验的干部担任受援医院副院长,其帮扶时间不少于1年,其他帮扶人员可担任科室负责人,帮扶时间3个月以上,实行同一专科定期轮转。在帮扶范围上,还明确帮扶工作向基层、公共卫生、重点专科和中医专科延伸。4月10日,张家港市卫健委到沿河县开展对口帮扶工作,张沿两地率先实现县级医院、镇级卫生院、公共卫生单位结对帮扶"三个全覆盖"。按照《实施方案》要求,碧江区、万山区、江口县、石阡县、印江县、思南县、德江县、沿河县等区(县)分别与昆山市等对口帮扶市(区)签订乡镇卫生院对口帮扶全覆盖协议。其中,思南县、石阡县、印江县、万山区分别以医管委、受援单位等文件形式明确帮扶专家担任受援医院副院长、护士长、科副主任等职务,印发《东西部扶贫协作医疗卫生到铜帮扶服务工作细则》,指导各受援助单位规范服务好到铜仁市帮扶医疗专家。苏州市各支援医院组建帮扶团队,选派1人担任受援医院副院长,帮扶团队其他人员担任科室(学科)负责人,协同加强受援医院安全管理、绩效考核、人才培养、

2019年4月10日,张家港市卫健委与沿河县卫健局签订医疗帮扶全覆盖协议

2019年4月12日,苏州市中西医结合医院与德江县人民医院召开第六轮对口帮扶工作座谈会

文化建设等。苏州市有22家三级医院帮扶铜仁市18家二级以上县级公立医院,实现对口帮扶县级以上医院全覆盖。是年,苏州市派出专家到铜仁市帮扶1个月以上的有211人,铜仁市派出到苏州市进修学习1个月以上的医务人员200人、短期培训108人。铜仁市当地多家受援医院的微创手术、介入治疗等取得突破性进展,急重症救治水平明显提高,超声、产科、新生儿科、重症医学等多个学科水平得到提升,其中,石阡县人民医院发展成为三级医院,江口县人民医院康复科创建成为当地省级重点专科。

2020年8月19日,苏州大学附属第一医院与铜仁市人民医院签署医疗联合体框架合作协议,苏州大学附属儿童医院与铜仁市妇幼保健院签署对口协作协议。铜仁市成功创建三级乙等县级综合医院2家、三级县级综合医院2家、三级乙等中医医院2家。是年,苏州市120名卫生专业人才到铜仁市开展挂职帮扶。在抗击新冠肺炎疫情期间,苏州市派驻铜仁市各地的医疗专家发挥重要作用。工作队和吴江区、苏州工业园区等区相关部门成立工作专班,调度企业在防疫措施到位的前提下火速复工,提供箱式房及部分设施,有效保障贵阳市公共卫生救治中心应急工程项目将军山医院一期工程建设材料的供应。

至2020年,在"组团式"医疗帮扶下,铜仁市人民医院、思南县人民医院、玉屏县人民医院、德江县民族中医院列入建立健全现代医院管理制度省级试点医院。印江县人民医院、碧江区中医医院等6家成功创建为三级乙等中医院。德江县妇幼保健院成功建立小儿推拿中心和小儿药浴中心,并成功申请获得省级无痛分娩试点单位等。苏州市以结对帮扶、组团下沉、分片包干等方式,按照"一对一"或"一对多"模式对铜仁市176家乡镇卫生院(社区卫生服务中心)结对帮扶全覆盖,指导疾控机构提升应急处置、流行病学调查、实验室建设能力和慢性病防控水平。

至2020年,苏州市卫生健康系统共派出160余批次共795人次医疗专家到铜仁市开展驻地医疗帮扶,开展医疗新技术200余项、教学查房2000余次、手术及示教3200余例次、学术讲座200余次,诊疗患者5万余人次,以"带来一项技术、创建一个学科、培养一个人才、留下一种精神"为目标,取得医疗帮扶积极效果。张家港市先后选派18个专业15批次70名医疗技术骨干到沿河县开展医疗帮扶(含1个月以下短期帮扶),共接诊门急诊患者2万余人次,开展危急重症会诊1000多人次、手术600多例。常熟市选派2名常熟市级公立医院领导班子成员挂职思南县卫健局副局长和2家县级公立医院副院长,共派出7批次77名医生到思南县开展帮扶,帮助受援医院建设"2+5"重点专科,推进两地8家医院建设3个医共体,累计帮助思南县成功实施危重病患手术600余台次,实施门诊及住院诊疗22000余人次、会诊315次、义诊38次,实行"远程诊疗"40多例。太仓市共派驻玉屏县医疗机构帮扶医疗专家127名,诊疗6649人次,会诊及疑难病例讨论67次,进行学术讲座21次,业务培训985人,手术示教137次,教学查房172次,开展新项目、新技术6项。昆山市选派医护专家团队19批次53人次到碧江区挂职帮扶,昆山市援碧医疗队共开展门急诊诊疗3860余人次、手术340例、手术示教220例、教学查房890次,开展会诊和疑难病例讨论260人次,举办各类业务培训和学术讲座324次,培训医护人员5270人次。吴江区共派驻61名医疗专家驻点帮扶印江县,帮扶专家在印江县医院任科室副主任,发挥学科带头人作用。在印江县人民医院,帮扶专家团共诊疗8717人次、住院患者6149人次、教学查房554次、手术示教522例、会诊及疑难病例讨论3457次、下乡义诊27次,累计开展新技术、新业务63项,医疗技术引进合作10项。促使印江县孕产妇连续3年实现"零死亡",成为铜仁市唯一实现"零死亡"的区(县)。普外科成功完成首例胸腔镜下转移性肺癌切除术,填补该院胸腔镜技术空白。姑苏区共派出47名骨干医师到江口县支医,开展义诊和学术讲座共计89次,覆盖乡镇卫生院,受诊群众及培训医生达2200余人次。吴中区、相城区各选派14批次33人次、12批次39人次到德江县、石阡县开展医疗卫生对口帮扶。苏州工业园区选派77名

医疗专业人才到松桃县开展医疗技术脱贫,巡回义诊28个乡镇全覆盖。苏州高新区选派43名医疗技术骨干至万山区人民医院开展医疗帮扶工作,开展义诊和知识讲座63次,会诊及疑难病例讨论126次,教学查房50余次,手术300余台,手术示教150余次,新项目、新技术15项,帮助万山区人民医院成功创建二级甲等医院,指导感染科重点专科复审通过,完善远程医疗服务会诊系统,提高对疑难重症的诊疗能力。

2020年6月29日,石阡县卫生健康系统与苏州市相城区东西部协作交流座谈会暨管理培训班在相城区举办

表3-3 2013~2020年苏州市与铜仁市结对医院一览

序号	苏州市医疗机构	铜仁市医疗机构
1	苏州大学附属第一医院	铜仁市人民医院
2		石阡县人民医院
3	苏州大学附属儿童医院	铜仁市妇幼保健院
4	苏州市中心血站	铜仁市中心血站
5	苏州市立医院	铜仁市妇幼保健院
6		铜仁市人民医院

续表

序号	苏州市医疗机构	铜仁市医疗机构
7	苏州市疾病控制中心	铜仁市疾病控制中心
8	苏州市卫生监督所	铜仁市卫生监督所
9	张家港市中医医院	沿河县泉坝镇卫生院
10	张家港市妇幼保健所	沿河县妇幼保健院
11	张家港市中医医院	
12	张家港市第一人民医院	沿河县人民医院
13	张家港市第二人民医院	沿河县中寨镇卫生院
14		沿河县板场镇卫生院
15		沿河县沙子街道社区卫生服务中心
16		沿河县晓景乡卫生院
17	张家港市第三人民医院	沿河县思渠镇中心卫生院
18		沿河县黄土镇中心医院
19		沿河县中界镇人民医院
20	张家港市第五人民医院	沿河县甘溪镇中心卫生院
21		沿河县夹石镇中心医院
22		沿河县谯家镇中心卫生院
23		沿河县新景镇卫生院
24	张家港市第六人民医院	沿河县和平街道社区卫生服务中心
25		沿河县淇滩镇卫生院
26		沿河县官舟镇中心卫生院
27		沿河县黑水乡卫生院
28	张家港市凤凰镇人民医院	沿河县土地坳镇卫生院
29	张家港市南丰镇人民医院	沿河县塘坝镇卫生院
30		沿河县后坪乡卫生院
31	张家港市大新镇人民医院	沿河县客田镇中心卫生院
32		沿河县洪渡镇中心医院
33	张家港市澳洋医院	沿河县团结街道社区卫生服务中心
34	常熟市第一人民医院	思南县民族中医院
35	常熟市中医院	思南县妇幼保健院
36		思南县民族中医院
37	常熟市第二人民医院	思南县人民医院
38	常熟市海虞卫生院	思南县长坝镇卫生院
39	常熟市第五人民医院	思南县塘头镇卫生院
40		思南县关中坝街道社区卫生服务中心
41		思南县凉水井镇卫生院
42		思南县板桥镇卫生院
43		思南县天桥乡卫生院

续表

序号	苏州市医疗机构	铜仁市医疗机构
44	常熟市梅李人民医院	思南县许家坝镇卫生院
45		思南县邵家桥镇卫生院
46		思南县思唐街道社区卫生服务中心
47		思南县胡家湾乡卫生院
48	常熟市支塘人民医院	思南县许家坝镇卫生院
49		思南县青杠坡镇卫生院
50		思南县杨家坳乡卫生院
51	常熟市沙家浜卫生院	思南县孙家坝镇卫生院
52	常熟市辛庄中心卫生院	思南县香坝镇卫生院
53		思南县三道水乡卫生院
54		思南县文家店镇卫生院
55	常熟市古里中心卫生院	思南县鹦鹉溪镇卫生院
56		思南县宽坪乡卫生院
57		思南县枫芸乡卫生院
58	常熟市练塘中心卫生院	思南县大河坝镇卫生院
59		思南县大坝场镇卫生院
60	常熟市董浜卫生院	思南县思林乡卫生院
61	常熟市碧溪卫生院	思南县兴隆乡卫生院
62	常熟市莫城街道社区卫生服务中心	思南县合朋溪镇卫生院
63	常熟市常福街道谢桥社区卫生服务中心	思南县双塘街道社区卫生服务中心
64	常熟市琴川街道兴隆社区卫生服务中心	思南县亭子坝镇卫生院
65	常熟市虞山街道社区卫生服务中心	思南县张家寨镇卫生院
66	常熟市东南街道社区卫生服务中心	思南县瓮溪镇卫生院
67	太仓市第一人民医院	玉屏县人民医院
68	太仓市中医医院	玉屏县中医院
69	太仓市疾病预防控制中心	玉屏县疾病预防控制中心
70	太仓市卫生监督所	玉屏县卫生监督局
71	太仓市妇幼保健所	玉屏县妇幼保健院
72	太仓市沙溪人民医院	玉屏县田坪镇中心卫生院
73	太仓市城厢镇社区卫生服务中心	玉屏县朱家场镇中心卫生院
74	太仓市浏河人民医院	玉屏县亚鱼乡卫生院
75	太仓市璜泾人民医院	玉屏县大龙镇中心卫生院
76	太仓市双凤人民医院	玉屏县平溪街道社区卫生服务中心
77	太仓市港区医院	玉屏县新店镇卫生院
78	昆山市中医医院	铜仁市中医院
79	昆山市巴城社区卫生服务中心	碧江区环北社区卫生服务中心
80	昆山市千灯社区卫生服务中心	碧江区河西社区卫生服务中心

续表

序号	苏州市医疗机构	铜仁市医疗机构
81	昆山市花桥社区卫生服务中心	碧江区灯塔社区卫生服务中心
82	昆山市震川社区卫生服务中心	碧江区市中社区卫生服务中心
83	昆山市蓬朗社区卫生服务中心	碧江区金滩社区卫生服务中心
84	昆山市柏庐社区卫生服务中心	碧江区打角冲社区卫生服务中心
85	昆山市第二人民医院	碧江区坝黄镇卫生院
86	昆山市第三人民医院	碧江区漾头镇卫生院
87	昆山市第四人民医院	碧江区川硐镇卫生院
88	昆山市第五人民医院	碧江区云长坪镇卫生院
89	昆山市第六人民医院	碧江区桐木坪乡卫生院
90	昆山市花桥人民医院	碧江区和平乡卫生院
91	昆山市锦溪人民医院	碧江区瓦屋乡卫生院
92	昆山市淀山湖人民医院	碧江区云龙山乡卫生院
93	昆山市周庄人民医院	碧江区滑石乡卫生院
94	江苏盛泽医院	印江县妇幼保健院
95		印江县人民医院
96	吴江区疾病控制中心	印江县疾病控制中心
97	吴江区卫生监督所	印江县卫生监督所
98	吴江区第一人民医院	印江县人民医院
99	吴江区中医医院	印江县中医医院
100	吴江区第四人民医院	印江县中医医院
101		印江县天堂镇卫生院
102	吴江区第五人民医院	印江县中医医院
103		印江县合水镇卫生院
104	吴江区松陵卫生院	印江县木黄镇卫生院
105	吴江区盛泽社区卫生服务中心	印江县缠溪镇卫生院
106	吴江区黎里中心卫生院	印江县板溪镇卫生院
107	吴江区同里镇卫生院	印江县沙子坡镇卫生院
108	吴江区青云中心卫生院	印江县罗场乡卫生院
109	吴江区菀坪镇卫生院	印江县洋溪镇卫生院
110	吴江区平望镇梅堰卫生院	印江县刀坝镇卫生院
111	吴江区盛泽镇南麻卫生院	印江县中兴街道卫生服务中心
112	吴江区桃源镇铜罗卫生院	印江县新寨镇卫生院
113	吴江区平望社区卫生服务中心	印江县杨柳镇卫生院
114	吴江区横扇镇卫生院	印江县杉树镇卫生院
115	吴江区七都镇庙港卫生院	印江县朗溪镇卫生院
116	吴江区七都卫生院	印江县紫薇镇卫生院
117	吴江区同里镇屯村卫生院	印江县经济开发区卫生服务中心

续表

序号	苏州市医疗机构	铜仁市医疗机构
118	吴江区黎里镇金家坝卫生院	印江县峨岭街道卫生服务中心
119	吴江区北厍社区卫生服务中心	印江县龙津街道卫生服务中心
120		德江县人民医院
121	苏州市中西医结合医院	德江县民族中医院
122		松桃县民族中医院
123	吴中区人民医院	德江县妇幼保健院
124		德江县平原镇中心卫生院
125	吴中区甪直人民医院	德江县复兴镇中心卫生院
126		德江县合兴镇卫生院
127		德江县龙泉土家族乡卫生院
128	吴中区长桥人民医院	德江县钱家土家族乡卫生院
129		德江县沙溪土家族乡中心卫生院
130	吴中区尹山湖医院	德江县煎茶镇中心卫生院
131		德江县堰塘土家族乡卫生院
132	吴中区光福人民医院	德江县长堡镇卫生院
133		德江县共和镇卫生院
134	吴中区东山镇中心卫生院	德江县高山镇中心卫生院
135		德江县长丰土家族乡卫生院
136	吴中区木渎镇卫生院	德江县泉口镇卫生院
137	吴中区胥口镇卫生院	德江县楠杆土家族乡卫生院
138	吴中区临湖镇卫生院	德江县稳坪镇中心卫生院
139	吴中区临湖镇浦庄卫生院	德江县桶井土家族乡卫生院
140	吴中区金庭镇卫生院	德江县枫香溪镇卫生院
141	吴中区越溪街道社区卫生服务中心	德江县潮砥镇卫生院
142	吴中区横泾街道社区卫生服务中心	德江县荆角土家族乡卫生院
143	吴中区城南街道社区卫生服务中心	德江县青龙街道社区卫生服务中心
144	吴中区香山街道社区卫生服务中心	德江县玉水街道社区卫生服务中心
145	相城人民医院	石阡县中医医院
146		石阡县妇幼保健计划生育服务中心
147	相城区中医医院	石阡县花桥镇中心卫生院
148		石阡县白沙镇中心卫生院
149		石阡县妇幼保健计划生育服务中心
150	相城区第二人民医院	石阡县龙塘镇中心卫生院
151		石阡县中坝街道社区卫生服务中心
152		石阡县疾病预防控制中心
153	相城区第三人民医院	石阡县大沙坝乡卫生院
154		石阡县坪地场乡卫生院

续表

序号	苏州市医疗机构	铜仁市医疗机构
155	相城区漕湖人民医院	石阡县枫香乡卫生院
156		石阡县甘溪乡卫生院
157	相城区元和街道卫生院	石阡县聚凤乡卫生院
158		石阡县五德镇中心卫生院
159	相城区太平街道卫生院	石阡县本庄镇中心卫生院
160		石阡县石固乡卫生院
161	相城区黄桥街道卫生院	石阡县汤山街道社区卫生服务中心
162		石阡县青阳乡卫生院
163	相城区阳澄湖镇卫生院	石阡县河坝镇卫生院
164		石阡县坪山乡卫生院
165	阳澄湖生态休闲旅游度假区卫生院	石阡县国荣乡卫生院
166		石阡县龙井乡卫生院
167	相城区东桥卫生院	石阡县泉都街道社区卫生服务中心
168	相城区疾病预防控制中心	石阡县疾病预防控制中心
169	苏州市中医医院	江口县人民医院
170		江口县中医医院
171	苏州市姑苏区妇幼保健所	江口县妇幼保健院
172	苏州市姑苏区疾病预防控制中心	江口县疾病预防控制中心
173	苏州市姑苏区卫生监督所	江口县卫生监督所
174	姑苏区彩香村社区卫生服务中心	江口县坝盘镇卫生院
175	姑苏区横街社区卫生服务中心	江口县官和乡卫生院
176	姑苏区留园社区卫生服务中心	江口县闵孝镇卫生院
177	姑苏区娄江社区卫生服务中心	江口县太平镇卫生院
178	姑苏区南环社区卫生服务中心	江口县双江街道卫生院
179	姑苏区润达社区卫生服务中心	江口县桃映镇卫生院
180	姑苏区三香社区卫生服务中心	江口县凯德街道卫生院
181	姑苏区双塔街道社区卫生服务中心	江口县德旺乡卫生院
182	姑苏区桐星社区卫生服务中心	江口县民和镇卫生院
183	姑苏区沧浪新城社区卫生服务中心	江口县怒溪镇卫生院
184	苏州大学附属儿童医院	松桃县人民医院
185	上海交通大学医学院附属苏州九龙医院	松桃县人民医院
186	苏州工业园区疾病防治中心	松桃县疾病预防控制中心
187	苏州大学附属第二医院	松桃县人民医院
188	苏州工业园区星塘医院	松桃县民族中医院（医共体）
189		松桃县妇幼保健院
190	苏州工业园区星湖医院	松桃县民族中医院（医共体）
191	苏州工业园区星海医院	松桃县人民医院（医共体）

续表

序号	苏州市医疗机构	铜仁市医疗机构
192	苏州工业园区星浦医院	松桃县人民医院（医共体）
193	苏州科技城医院	万山区人民医院
194		万山区谢桥街道办事处社区卫生服务中心
195	苏州高新区人民医院	万山区中医医院
196	苏州高新区疾病预防控制中心	万山区疾病预防控制中心
197	苏州高新区妇幼保健计划生育服务中心	万山区妇幼保健计划生育服务中心
198	苏州高新区枫桥街道社区卫生服务中心	万山区万山镇社区卫生服务中心
199	苏州高新区浒墅关镇社区卫生服务中心	万山区大坪乡卫生院
200	苏州高新区通安镇卫生院	万山区下溪乡卫生院
201	苏州高新区狮山街道社区卫生服务中心	万山区敖寨乡卫生院
202	苏州科技城卫生服务中心	万山区黄道乡卫生院
203	苏州西部生态城社区卫生服务中心	万山区高楼坪乡卫生院
204	苏州高新区阳山街道社区卫生服务中心	万山区鱼塘乡卫生院
205	苏州高新区横塘人民医院	万山区茶店街道办事处社区卫生服务中心

二、医卫技术援助与创新

在东西部扶贫协作机制下，苏州市对铜仁市大力开展援黔医疗卫生对口帮扶工作，着力破解当地群众"看病难、看病远"的难题，创新推行重点专科遴选、建设和考评"三机制"，建设一批临床重点专科，开展新项目、新技术，切实提升铜仁市当地发病率和病种外转率前五位的疾病的诊疗服务水平，减轻患者因外转而产生的医疗费用负担，巩固脱贫攻坚成果。

重点专科建设　铜仁市依托苏州市支援医院专科优势，坚持"重点突破、错位发展、优势互补、一体推进"原则，从县级以上医疗机构中遴选市域内发病率和外出就诊率较高病种的临床专科，全力打造3个国家级、15个省级、80个市级临床重点专科。围绕铜仁市的临床重点建设专科，援建双方还建立专科联盟，支援单位采取"组团式"帮扶受援单位建设专科。在帮扶医院和支医队员的努力下，铜仁市受援医院的诊疗水平有巨大的进步，在县域、市域范围内开创许多"首例"和"第一"。

2017年，苏州大学附属第一医院援黔专家指导石阡县人民医院开展首例床旁纤维支气管镜技术、显微镜神经外科手术、多发脑内肿瘤切除术。3月3~5日，吴江区第二批对口帮扶医疗队到印江县人民医院开展支医工作，队长为妇产科吕弘道，成员为妇产科王利明、茅惠群，医疗队向印江县人民医院赠送腹腔镜单极电凝钳1把。半年时间里，茅惠群参与并指导手术60余例；参与大型巡回义诊、下乡义诊，进社区、进校园、进科室举办讲座、现场教学100余次；帮助开展腹腔镜下子宫肌瘤剥除术、腹腔镜下子宫腺肌瘤挖除术等新技术、新业务。吴中区派出2批次3人次援黔医疗队，在德江县人民医院开展为期3个月的专家门诊、专题讲座、义诊等活动，完成住院诊疗700余人次，开展手术近70例，指导规范性操作74例，参与会诊及疑难病例近15例，培训8次，开展新技术3种，举办讲座3次。苏州市中西医结合医院专家顾红芳指导德江县人民医院首次采用Sturmdorf缝合法。苏州市中医医院医生陈宣伊帮扶松桃县人民医院建立不孕不育门诊，使当地院门诊已经完全有能力进行不孕症的例筛，子宫输卵管造影从每年10人次增加到每月10人次以上，让松桃县不孕不育妇女不出县就能享受专家的诊疗。

2018年，苏州大学附属第一医院神经外科副主任医师刘建刚继2017年3个月帮扶后再次来到石阡县人民医院驻点帮扶并挂职副院长。石阡县人民医院在刘建刚等医疗专家团队的帮扶下，成功创建为贵州省第九家县级三级综合医院，建成贵州省首家县级医院脑卒中防治中心，并在静脉溶栓治疗、胸腔镜微创外科、神经外科等方面成功开展首例手术。张家港市卫健委选派7批次26人次医疗专家驻点帮扶，累计接门诊、急诊患者、住院患者7790余人次，开展全院性学术讲座12次、科室业务讲座19次、科室业务培训108次、教学查房138次、手术示范72台次、手术指导202台次，参与会诊疑难病例讨论73次，开展新技术、新项目24例，下乡开展健康扶贫义诊4次，并选派1名科室主任担任沿河县人民医院副院长，选派2人担任医院科室副主任；选派18名医疗专家到沿河县人民医院开展永久性双腔心脏起搏口器置入等高难度手术，填补沿河县医院在该领域的空白。在吴中人民医院专家王娟的指导下，德江县妇幼保健院填补水囊引产术和无痛分娩的空白，成功开展20余例无痛分娩。吴中人民医院专家范秋红指导德江县妇幼保健院首次开展利多卡因雾化治疗小儿痉挛性咳嗽，为解决山区村民看病难、雾化不便问题，开展德江县首家医院出租家庭雾化机器模式，并定期随访患儿。相城区第三人民医院医生吴玉燕帮助石阡县中医医院建立儿童保健科，填补当地空白。

2019年，苏州市各支援单位指导铜仁市建设市级临床重点专科34个，开展新技术、新项目48项。铜仁市人民医院肿瘤科通过与帮扶医院共建，外出诊疗患者占比从2017年的26%下降到9%，市外来诊出院患者占比从2017年的2%提高到15%，市内患者实现就近就诊。在苏州大学附属第一医院对口帮扶下，石阡县人民医院成为贵州省第九家通过三级综合医院认定的县级医院，医院的普外科、儿科、骨科成功升级为市级重点专科，神经外科、心血管内科、神经内科、中医科成为市级重点建设专科，县域内外转诊率同比下降10%，县域内住院就诊率达到90%。铜仁市人民医院大病救治病种从2017年的8种增加到2019年的30种，国家明确的30种大病均可在市内救治。张家港市派出15名医疗专家帮助新建沿河县人民医院耳鼻喉科、县妇保医院中医科以及泉坝、塘坝、后坪3个卫生院针灸科等5个临床科室，加强重点学科（专科）建设，助推沿河县人民医院创建全国县级综合医院中医院示范单位、二级甲等医院的复审进程，开展小针刀疗法、关节整复技术、盆底功能障碍性疾病的康复治疗等18项新技术，填补沿河县相关领域技术空白。常熟市第六批医疗卫生专家团队到思南县开展对口帮扶，共诊疗门急诊患者超1500人次、住院患者800余人次，开展住院手术218台，参与会诊和疑难病例讨论71人次，开展新技术18项、新项目13项，帮助制定医疗管理制度5项、优化诊疗流程103个，培训受援医院医务人员超2300人次，参与健康扶贫、下乡义诊、家庭医师签约等活动20余次，服务群众超3000余人次。吴中区为德江县人民医院、德江县妇幼保健院引进经骨缝合技术、督脉灸、中心静脉穿刺置管术等8项技术。德江县人民医院新生儿科在苏州市中西医结合医院专家王镇指导下，成功完成首例经细管肺表面活性物质注入技术，为危重新生儿救治再添"利器"。德江县人民医院妇科三级以上手术比例从2017年的12%提高到50%，县外来诊患者比例从2017年的8%提高到20.6%。7月17日，在昆山市人民医院神经外科医生王建指导下，碧江区中医医院成功完成首例开颅手术。7月29日，在苏州市立医院陈杰等帮扶专家的指导下，铜仁市人民医院借助全球高端医用直线加速器Elekta Infinity，成功施行该院首例肿瘤病人立体定向放疗（SBRT），标志着该院肿瘤治疗技术已达国内先进水平。12月1日，苏州高新区人民医院耳鼻咽喉头颈科主任王鑫在万山区人民医院，成功为一位严重鼻息肉、鼻窦炎患者实施鼻内窥镜手术，填补万山区人民医院该项技术的空白。相城人民医院专家陈栋带领石阡县医护团队对高龄股骨转子间骨折患者创新开展抢救性PFNA内固定术，配合锁骨骨折、转子骨折、髌骨骨折等先进医疗技术、手术方式，打破传统的治疗理念，挽救当地多名高龄患者的生命。

2020年，贵州省卫健委评估通过铜仁市立项建设的14个省级临床重点专科，为贵州全省第一。张家港市支医人才在沿河县开展首例鼻内窥镜下难治性鼻出血双极电凝止血术、内镜下+支撑喉镜下喉部新生物射频切除术、关节镜下微骨折术、关节镜下半月板缝合术、关节镜下冻结肩松解术、胸腔镜下双侧T3/T4交感神经切断术等手术，填补沿河县人民医院五官科、骨科、胸外科等多项技术空白。张家港市第一人民医院王君等医生帮助沿河县人民医院新建胸外科，实施首例胸腔镜下转移性肺癌切除术，填补该院胸腔镜技术空白。在玉屏县人民医院挂任副院长的太仓医生孙异锋积极推行"6S管理"工作，推动耗材精细化管理项目（SPD）成功落地玉屏县人民医院，打造贵州省内耗材精细化管理的"玉屏模式"；消化内科专家毛秋卉带教玉屏县人民医院消化科内镜，神经内科医生唐甲凡帮助医院创建卒中防治中心，心血管内科主任医师华文良帮助医院建设胸痛中心，并顺利通过"国家级胸痛中心（基层版）"的验收。6月，在苏州大学附属第二医院帮扶专家陈寒冰的指导下，松桃县人民医院B超室开展全县首例肝脏超声造影检查。7月，吴江区援黔普外科专家刘文主刀，印江县人民医院11个科室会诊，援黔专家康复医学沈旭早期介入，成功救治从28楼跌落的儿童。在玉屏县中医院帮扶的太仓骨科专家胡培植开展的全髋关节手术被《贵州日报》报道。

至2020年，借鉴苏州市区域医疗中心建设经验，在苏州市对口医疗帮扶下，铜仁市在市县两级公立医院建立11个胸痛中心、7个卒中中心、2个创伤中心，全市医疗救援效率和能力明显提升，切实保障人民的生命安全。石阡县脑卒中防治中心获得贵州省首批卒中中心建设单位授牌，先后收治7例急性缺血性脑卒中患者，并成功实施静脉溶栓治疗。太仓市医疗帮扶团队帮助玉屏县人民医院创建卒中防治中心和胸痛中心，并顺利通过"国家级胸痛中心（基层版）"的验收。吴江区选派的医疗帮扶团队开展印江县内首次急诊冠脉介入手术，助力印江县人民医院胸痛中心顺利通过中国胸痛中心总部认证，成功获批"中国基层胸痛中心"。吴中区医疗帮扶团队为德江县妇幼保健院建立小儿推拿中心、小儿药浴中心，引进18项新技术。思南县民族中医院重症医学科在常熟市医疗团队帮扶下初具规模，可独立开展多项新技术，泌尿外科也能独立开展多项微创手术。常熟市援思医疗队累计帮助思南县引进新技术85项，填补当地医疗技术空白42项，创下当地医疗技术首例38项。昆山市医疗团队在碧江区中医医院开展腹腔镜下胃癌根治术、直肠癌根治术和腹腔镜下子宫切除术、甲状腺切除术、植皮术、肱骨下段粉碎性骨折内固定术新技术、脊柱手术、经皮肾镜钬激光碎石术、前列腺等离子电切术等近30项手术新技术。

2019年5月15日，思南县患者送锦旗感谢常熟市医疗队队员孟逸芳（左二）

2019年5月22日，江苏盛泽医院副院长吕荣林率专家团队到印江县人民医院，指导升三级医院创建内审工作

2019年5月23日，张家港市第一人民医院肿瘤内科主任医师刘卓（右四）为2岁半女童全麻取出食道中异物

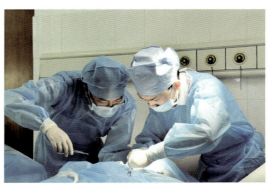

2019年12月2日，苏州大学附属第二医院专家姜林森指导松桃县人民医院医生开展腹膜透析技术

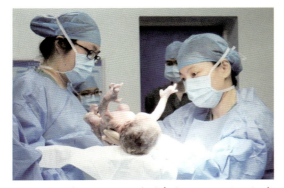

2020年4月28日，苏州高新区人民医院妇产科医生陆海英（右一）在万山区人民医院抢救危重产妇，帮助产妇顺利产下一名婴儿

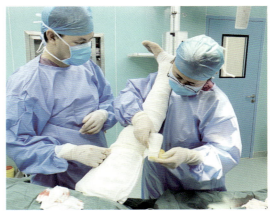

2020年6月4日，昆山中医院心血管外科医生王艳（右一）在碧江区中医医院进行当地首例下肢静脉曲张微创手术

远程医疗　在苏州市专家培训、指导下，铜仁市改造优化全市医疗机构网络，实现财政、医保和卫生专网三网融合，全市卫生健康信息数据互联互通。铜仁市打通与苏州市卫生信息平台的接入端口，实现两地信息平台互联互通，市内7家医疗机构分别与苏州市支援单位建立远程医疗服务关系。围绕"互联网+医疗健康"开展帮扶，苏州市医疗健康信息化建设专家进入铜仁市卫生健康信息化建设专家库，对铜仁市受援医疗卫生单位在开发建设一体化信息平台、卫生专网等方面进行远程或现场指导，推进帮扶医院与受援医院实现远程医疗服务关系全覆盖。德江县、思南县、印江县等地开通平台预约挂号就诊、检验检查结果自助查询等线上服务，以"数据跑路"减少患者跑路、排队。建成铜仁市医疗健康大数据中心，并依托中心建成市医疗健康大数据、医院大数据等平台

和基层院内业务、医院业务等系统以及区域远程影像、心电诊断中心，实现医疗机构数据统一和资源共享。

2017年，吴中区为德江县引进新型医疗器械"城镇医疗一体化系统"，为村卫生室提供居民电子建档、基础检测、健康教育、远程会诊等全流程的基础医疗服务，德江县有60个村卫生室一体机投入使用。2018年，常熟市第二人民医院与思南县人民医院开通远程会诊系统。2019年，开通常熟市第一人民医院与思南县民族中医院远程会诊系统。7月2日，苏州科技城医院与万山区人民医院通过网络远程教学方式开展相关知识远程培训，苏州科技城医院神经内科主任蔡增林、神经内科主治医师李晓静分别做题为"神经系统疾病诊断思路""科研课题设计书的基本格式""自主神经参数和应激特征预测短暂性脑缺血发作或轻微中风后的继发性缺血""癫痫持续状态的诊疗"的远程讲座，万山区全院医师及实习医生共计70余人参加培训。8月11日，常熟市、思南县两地举办远程医疗信息化平台全覆盖启动仪式，思南县人民医院、思南县民族中医院与常熟市3家市级医疗机构实现远程诊疗的互通互连，共成功施行远程诊疗40余病例。2019年，铜仁市人民医院、思南县民族中医院、思南县人民医院、万山区人民医院、石阡县人民医院分别与支援单位建立远程诊疗服务平台，累计远程会诊医疗85次。

2020年5月，常熟市中医院与思南县民族中医院开通远程会诊系统。建立以思南县卫健局远程骨干网络和常熟市卫健委智慧医疗系统为核心，以思南县人民医院为中转站，覆盖常熟市15家医院和结对的思南县28家乡镇卫生院的远程诊疗网，逐步实现帮扶医院与受援医院远程医疗服务关系全覆盖，支援、受援双方能够开展常态化的远程医疗技术咨询和远程会诊服务。常思"互联网+医疗"帮扶模式在东西部扶贫协作中开创先河。6月4日，印江县人民医院与苏州市第九人民医院、江苏盛泽医院、吴江区中医医院建立远程医疗，开展远程交互式会诊16人次，使疑难、危重症病人得到及时、有效救治。随后印江县中医医院、妇幼保健院也加入系统，各乡镇卫生院如有需求也可以随时加入。10月，沿河县和江口县两县人民医院分别与苏州大学附属理想眼科医院、苏州口腔医院签订眼科、口腔科远程医疗支持协议，通过建立

2019年10月18日，在常熟市第一人民医院建院70周年庆典活动上，常熟市第一人民医院与思南县民族中医院远程会诊系统启动

对口帮扶合作关系,推动双方开展远程医疗技术咨询和会诊服务,专家团队实时"云坐诊"方便区域人民群众的就医需求。

三、中医药事业发展

苏铜两地围绕振兴中医药事业,发挥传统中医学优势,引入吴门医派等知名中医流派落户铜仁市,培养流派人才,帮扶医院与铜仁市各中医院建立远程医疗协作关系。把苏州市优质医疗资源和中医特色技术带到铜仁市,推动铜仁市中医药事业的全面发展。

2016年12月13日,苏州市中医医院与江口县人民医院签订《援黔医疗卫生县医院对口帮扶协议》。经双方共同努力,由苏州市中医医院向国家中医药管理局申请,同意在江口县人民医院设立苏州市中医医院"全国中医学术流派传承工作室建设单位吴门医派杂病流派传承工作室江口县人民医院工作站",同时成立以葛惠男、姜宏、许小凤名老中医为代表的"吴门医派名中医专家传承工作室"。2017年5月26日,江口县人民医院遴选出18名品学兼优的年轻医生分别向葛惠男、姜宏、许小凤等9位名老中医进行拜师。苏州市中医医院充分利用"吴门医派"在诊治急性传染病、危重感染性疾病和杂病方面的特色优势,常态化开展送教送学、教学研讨、名师公开课及送医巡诊、中医进修等活动,推动中医药创新发展。

2017年,按照援黔中医医院对口帮扶全覆盖启动大会的安排,苏州市启动援黔中医医院对铜仁市帮扶全覆盖工作。昆山市医疗帮扶团队帮扶碧江区中医医院建成3个地级市中医重点专科,协助申报省级科研课题2项,申报市级科研课题5项,并在各科室建立中医综合治疗室,开展临床及护理人员中医药诊疗技术示教及适宜技术培训

2017年5月26日,苏州市中医医院与江口县人民医院对口帮扶揭牌仪式上,苏州市9位名中医收江口县人民医院医生为徒

2018年6月6日,苏州市昆山市、铜仁市碧江区东西部医疗协作和中药发展精准扶贫签约揭牌仪式举行,昆山市中医医院与碧江区中医医院签订创建三级医院帮扶协议

600余人次,新增中医适宜技术10类22项。铜仁市地处山区,具有中药材资源优势,苏州市医疗团队协助铜仁市当地将中药材资源优势有效转化为产业优势,支持苏州市中药材企业和中医医院在铜仁市建立种植或加工基地,并在院内制剂等方面开展广泛合作。是年,经江苏省对口帮扶贵州省铜仁市工作队思南县工作组牵线搭桥,常熟市企业苏州聚鑫堂生物科技有限公司与贵州五峰集团有限公司合作设厂,促成中药材原液提纯项目落户思南经济开发区,该项目实施后,通过"企业+基地+农户"的模式,逐步带动贫困户脱贫摘帽。

2018年,苏州高新区促成万山区引进雷允上药业集团有限公司,在万山经开区投资3000万元建设占地50亩的朱砂药材基地,并促成与贵州健康职业学院签订校企合作协议,采取产教融合"2+1"人才培养模式,在2018~2019学年度招收中药学专业订单班2个100人。昆山市中医医院与贵州同德药业有限公司签署《中医药产业合作战略协议》,并牵头促成石阡县、松桃县、碧江区的3个药材基地与贵州同德药业有限公司达成合作,共建石阡佛顶山中药材产业示范基地,进一步规范道地药材商品规格等级,推动当地中药材生产规范化、规模化、产业化。

2019年7月,太仓市中医内科专家徐军奇和中医妇科专家谢雅贞帮助玉屏县中医院筹办首届中医养生节活动,为当地基层医务人员传授多项中医适宜技术,还被玉屏第一中学聘为校外辅导员,开展为期1年的"中医文化进校园活动"项目。吴中人民医院中医科主治医师任元庆为德江县妇幼保健院新成立的中医科建立中药库房,规范中药的分类与存放,对毒、麻、贵重药品登记分类存放。年末,在昆山市帮扶团队的共同努力下,碧江区中医医院各项运行指标达到三级中医医院水平,成功创建为三级中医院。

2020年,苏州市中西医结合医院选派博士王鑫等帮扶专家组团到松桃县中医院开展医疗帮扶。采用现代管理学SWOT分析方法,促进松桃县中医院重点学科发展。向松桃县苗医药学会会长唐海华、副会长龙光桥等苗医了解苗医药传承现状和具体应用;联合贵州中医药大学在松桃县两位支医医生,为苗医药科制订科教提升系列课程,帮助松桃县中医院强化苗医基础科教能力。石阡县中医医院在相城人民医院支援下成功创建贵州省中医骨伤科重点学科。

四、公共卫生服务

巡诊义诊　苏州市各医疗机构除帮扶建设受援医院外,多次派出医疗队到铜仁市各区(县)送医下乡,努力提升当地医疗水平。2016年,上海交通大学医学院附属苏州九龙医院、苏州大学附属儿童医院和苏州工业园区星海医院、星湖医院、星浦医院、星塘医院等先后与松桃县签订帮扶协议,苏州市派出专业人才77名到松桃县开展医疗技术脱贫,巡回义诊28个乡镇全覆盖。2017年5月23日,苏州市中医医院院长葛惠男率专家组赶到江口县人民医院举行为期5天的大型义诊及教学讲座活动。6月28日,苏州大学附属儿童医院感染科主任到松桃县人民医院开展医疗卫生帮扶,指导手足口病治疗工作并举办相关健康讲座。9月27日,苏州大学附属儿童医院组织"千名医生走基层"活动,派出5名专家为当地近100名患儿提供义诊、健康咨询服务。

2018年5月7日,常熟市卫生和计划生育委员会率常熟市第一人民医院、第二人民医院、中医院的10名医疗专家到思南县,开展第四批医疗卫生对口帮扶工作,在思南县的3个月中,他们多次到偏远乡镇深度贫困村开展"深度贫困村专家义诊巡诊活动"。10月起,苏州市中西医结合医院专家李海勇、荣蓉,开展每月到各帮扶乡镇义诊咨询活动;11月,德江县妇幼保健院围绕"有爱,有未来"主题,携手吴中区援黔专家,在德江县步行街开展义诊咨询活动;同月,援黔专家参加德江县政协组织的"脱贫攻坚进山村·送法送医送科技"三下乡活动,义诊咨询200余人次。相城区在石阡县帮扶的医护人员,提供残疾人"送医上门"精准康复服务,建立"健康家庭档案",1409名残疾人享受到健康支持性服务,305名重度残疾人享受到家庭医生个性化康复服务。相城区第三人民医院的刘华、吴玉燕夫妇到石阡县支医13个月,走遍石阡县19个乡镇(街道),随访1025户4328人,进行家庭医生健康指导。

2019年,常熟市卫生和健康系统劳模志愿者服务队利用1天时间在思南县城乡开展4场"健康扶贫,常熟医疗专家走进思南"大型组团义诊讲座活动,严优江、张碧波等知名专家接收群众心内科、普外科、眼科、妇产科、重症医学科等咨询和问诊。吴江区帮扶印江县专家医疗团队走遍印江县人民医院、印江县中医医院两家医共体成员单位,开展免费送医送药义诊活动,组织对基层医务人员开展常见病、多发病学术讲座。4月,苏州高新区的7名支医人员与万山区人民医院的医疗人员一同组成送医下乡服务队,到大坪乡白果村最偏远的矮龙组进村入户帮扶。7月5日,苏州科技城医院驻万山区人民医院挂职副院长汪益、泌尿外科医生戴超、骨科医生曹成、神经内科医生张莹、麻醉科医生夏炎志以及万山区人民医院医疗骨干50余人参加"初心向党·医心为民"义诊活动,共接待群众义诊咨询300余人,现场免费为7名高血压患者和6名糖尿病患者办理慢性病鉴定表,上门为10名行动不便的群众开展残疾鉴定,发放健康宣传资料500余份。9月,苏州市中西医结合医院驻德江县人民医院骨科专家朱寅、新生儿科专家王镇联合德江县人民医院,开展2019年"服务百姓健康行动"大型义诊周活动;德江县民族中医院携手苏州市中西医结合医院帮扶专家史秀丽、申小娟开展义诊活动,义诊300余人。12月16~17日,苏州市科协、苏州市护理学会一行11人,到万山区人民医院、江口县人民医院及中医院开展现场查房、专题授课及惠民义诊。

　　2020年5月30日，张家港市医疗帮扶专家到沿河县黑水镇开展脱贫攻坚健康扶贫义诊活动，为260多名群众进行健康体检和义诊服务，免费为群众测血压200人次、血糖120人次，发放健康宣传册200余册。8月12~15日，常熟市卫健委组织开展"名中医思南行"活动，选派常熟市第一、第二届名中医张小龙、何炜、邵晨东、金鸥阳等专家走进思南县民族中医院开展专家义诊活动，弘扬吴门医派。苏州市中西医结合医院驻地帮扶专家朱寅开展为期13个月的帮扶，下乡义诊300多人次。10月12~16日，苏州市卫健委副主任陈小康带领专家团队到铜仁市开展"医路先锋铜仁行"党建帮扶活动，苏州大学附属理想眼科医院和苏州口腔医院专家团队到沿河、江口两县人民医院眼耳鼻喉科、口腔科开展巡诊。12月15~17日，苏州医学会专家团11人到铜仁市开展学术交流和义诊活动，受益群众5000余人次。至2020年，昆山市医护团队深入碧江区乡镇、村、社区、学校，参与"送医下乡"义诊活动158人次，义诊4900多人次，累计发放健康教育宣

2017年9月27日，苏州大学附属儿童医院医生何海龙（左三）到松桃县人民医院开展义诊

2019年6月28日，相城区漕湖人民医院医生阙振峰（右一）在石阡县坪山乡长溪村参加义诊活动

2019年10月，苏州工业园区娄葑社区卫生服务中心群力站负责人王秀竹在松桃县参加义诊活动

2020年12月，太仓市援铜医生在玉屏县开展街头义诊

传单17种近3000份，为当地老百姓提供高血压、糖尿病、高脂血症等常见慢病筛查和防治宣教。

卫生监督、疾控防治　苏州市卫健委所属机构帮助铜仁市卫生监督机构围绕职业卫生执法监督、卫生行政处罚案卷质量等内容进行集中授课，使执法人员处置能力得到大幅度提升。苏州市派驻铜仁市各地医疗专家有效指导疾控机构提升应急处置、流行病学调查、实验室建设能力和慢性病防控水平。同时加强对采供血机构的指导，全方位提高铜仁市公共卫生服务能力和水平。

2017年3月22~26日，苏州高新区卫生监督局6名监督员为万山区200名医疗机构从业人员和卫生监督协管员做有关医师依法执业的专题讲座，并为万山区卫生监督局提供2万元的援助资金。3月23日，苏州高新区疾病预防控制中心与万山区疾病预防控制中心签署发展合作协议，接收万山区疾病预防控制中心结核病防控、急性传染病防控条线2名骨干医师进行为期4个月的脱产进修培训。苏州高新区疾病预防控制中心主任归国平组织疾病预防控制中心突发公共卫生事件应急处置、传染病防控、慢性非传染病防控、免疫规划、微生物检验和卫生监测等方面的业务骨干到万山区疾病预防控制中心开展业务培训和指导。6月，面对松桃县儿童手足口病多发情况，苏州大学附属儿童医院指派3名医生到松桃县人民医院指导防治工作，当地病情得到有效控制。太仓市结合玉屏县实际开展公共卫生科研课题研究，提升玉屏县医疗卫生技术服务水平。

2018年6月19~22日，江苏省医院协会医院感染管理专业委员会主任委员、江苏盛泽医院副院长张卫红、苏州市医院感染管理质控中心主任乔美珍到达印江县，义务为印江县人民医院新院区建设感控审图。7月6日，吴江区援黔医疗专家队中2名卫生监督、疾病控制管理干部到对口单位跟岗帮扶。8月6日，印江县疾病预防控制中心副主任任鹏一行3人应邀到吴江区疾病预防控制中心交流学习。姑苏区探索"发展式医疗帮扶"新模式，与江口县疾病预防控制中心、卫生监督所、妇幼保健院建立常态化工作对接交流机制，姑苏区选派区属疾病预防控制中心、卫生监督所、妇幼保健院、社区卫生服务中心等多部门医疗卫生人才到江口县挂职帮扶，指导江口县疾病预防控制中心、卫生监督所、妇幼保健院各机构开展规范化、标准化建设。10月22日，苏州市与铜仁市的卫生应急大队在苏州市举行两市疫情应急处置联合演练。

2020年春节期间，贵州省启动突发公共卫生事件一级响应。1月29日，苏州高新区支援万山区医生汪益、朱建洲，姑苏区支援江口县医疗卫生系统专家陆沄鹏、挂职干部杨扬，放弃春节与家人团聚，主动请战，分别返回万山区人民医院和江口县，投身抗疫防疫一线。挂任江口县疾病预防控制中心流行病防治科科长的陆沄鹏被推荐为铜仁市新冠肺炎疫情防控专家组成员，指导并参与该县疾病预防控制中心开展流行病学调查、消杀、采样等工作，主动参与江口县人民医院、江口县中医医院发热病人和疑似病例的会诊，他和同事们累计完成流行病学调查个案53份，累计核酸采样监测4900余人次。在江口县卫生监督所挂职的杨扬作为执法专家投入江口县的各家医疗机构、密切接触者隔离观察点及公共场所，全面开展疫情防控的督查工作。

2020年2月，苏州高新区人民医院检验科医生朱建洲（右一）在万山区人民医院指导标本检测

2020年2月2日，姑苏区支援江口县医疗卫生系统专家陆沄鹏（前一）在江口县疾病预防控制中心开展标本检测

五、特色医疗行动

"看见吴中"公益项目　2017年10月25日，苏州市"看见吴中"公益项目活动走进铜仁市启动会在铜仁市人民医院举办。由江苏吴中集团有限公司全资设立的苏州市看见吴中公益基金会、苏州大学附属理想眼科医院与铜仁市卫计委正式签署"看见吴中"公益项目合作协议书。根据协议，苏州市看见吴中公益基金会将携手苏州大学附属理想眼科医院，在未来4年内每年资助铜仁市30例符合条件的贫困家庭眼疾患者实施眼角膜移植手术。活动当天，铜仁市首批6名来自贫困家庭的眼疾

2017年10月25日，苏州市"看见吴中"公益项目走进铜仁市活动正式启动。苏州市看见吴中公益基金会携手苏州大学附属理想眼科医院为铜仁市贫困眼疾患者免费提供眼角膜移植手术

患者获得眼角膜移植手术救助，得以重见光明。至2020年，看见吴中公益基金会已资助160多例贫困角膜盲症患者成功移植角膜，恢复光明。

　　隆力奇·爱家眼科慈善基金会救助斜弱视专项基金　　2018年5月14日,隆力奇·爱家眼科慈善基金会救助斜弱视专项基金与农工党苏州市委员会、苏州大学附属理想眼科医院签署公益项目合作协议书,为贫困家庭的斜弱视患者免费提供斜视矫正手术和弱视训练。当天下午,苏州大学附属理想眼科医院一行专家来到铜仁市第十五小学开展青少年斜弱视现场筛查,并发放成人及儿童防紫外线太阳镜、全家护眼手册、对数视力表等理想光明公益包200余份。

　　"情暖心窝"专项救助基金　　由金螳螂公益慈善基金会设立,主要针对人群是患有先天性心脏病或重度耳聋的困难家庭的孩子。2016年,在基金会的支持下,苏州大学附属儿童医院启动首期救助行动,帮助松桃县的先天性心脏病患儿到苏州市救治。2020年6月4日,铜仁市一个名叫安安的女婴刚出生就被确诊为完全性肺静脉异位引流。9日晚上10点,苏铜两地架起健康帮扶桥梁,历经9个多小时、1500多千米的长途跋涉,安安被顺利送达苏州大学附属儿童医院。15日上午,苏州大学附属儿童医院心胸外科主任李炘为安安实施心脏畸形矫正术,彻底打开孩子的"生命通道",并专门为患儿提供"情暖心窝"专项救助基金进行爱心援助。至2020年,"情暖心窝"项目累计救助支出223.54万元,救助65名来自全国的患儿,其中,资助先天性心脏病患儿54名,资助耳聋患儿11名。

　　太仓市非遗进玉屏　　2019年,太仓市中医医院帮扶玉屏县中医院引进江苏省太仓市非物质文化遗产督脉灸药物配方,助力玉屏县中医院发展中医特色专科。太仓市第一人民医院帮扶玉屏县人民医院引进江苏国衡医疗科技有限公司SPD项目,促使医院信息化建设和精细化管理再次提档升级,成为贵州省领先的智慧医疗样板医院。2020年11月26日,SPD项目正式启动,作为铜仁市2020年东西部协作重点项目之一,由太仓市第一人民医院和江苏国衡医疗科技有限公司、国药控股苏州有限公司进行对口帮扶,该项目让耗材管理更科学。

六、培训指导

　　苏铜对口帮扶双方每年初根据工作实际,共同商定外派进修学习计划,并严格按计划推进。

　　2015年,铜仁市卫生系统先后派出3批40余名技术骨干到苏州市交流学习,并在苏州市成功举办一期铜仁市卫生干部管理培训班。

　　2016年8月7日至9月3日,玉屏县人民医院分4批共46人到太仓市第一人民医院参加医院管理培训。2017年,玉屏县有8批12名医务人员到太仓市进修。9月,在苏州市卫生部门的支持下,苏州大学临床医学硕士学位班在松桃县人民医院试点开班,首批录取当地医院年轻医生38人。

2018年1月10日至7月10日，玉屏县人民医院杨洪波等3人到太仓市第一人民医院分别开展泌尿外科、心血管内科、感染科业务进修学习。年内有4批31名医务人员到太仓市进修或培训。9月，江苏盛泽医院与印江县人民医院共同承办国家级继续教育项目第四届医疗质量与安全管理学术会，这是铜仁市卫生系统规模最大、档次最高的一次学术会议。是年，张家港市安排沿河县15名中层以上干部、3名骨干医生到张家港市第一人民医院跟班学习。张家港市第一人民医院接收沿河县人民医院全院94名中层以上干部轮流到张家港市跟班培训1个月，并接收安排沿河县人民医院12名管理干部和骨干医生、护士到张家港市进修3~6个月。张家港市红十字会先后两次派员帮助沿河县开展7场应急救护培训，共培训600人。

2019年，铜仁市共派出医务人员226人到苏州市进修学习超6个月以上，选派33名住院医生到苏州市参加3年期规范化培训。3~5月，苏州市中医医院为江口县人民医院召开"护理管理工具"培训、感染性疾病防治能力提高班及神经及骨关节康复学术交流会"等。4月30日，张家港市扶贫协作资金出资55.67万元，作为2019年度卫生系统对口帮扶培训交流项目资金，用于沿河县卫健局开展卫生系统人员培训，现场集中培训22个乡镇（街道）医务人员和409个村级卫生室的医生。人才培训项目带动建档立卡贫困人口30人，贫困人口人均年增收60元。张家港市红十字会到沿河县开展3场应急救护培训，培训学员200人；关爱沿河县留守儿童，举办心理健康知识讲座2场，覆盖小学生约250人。6月3~5日和9月2~30日，玉屏县卫生健康局分别派出县人民医院、县中医院等单位的25名医务人员到太仓市开展业务学习培训。是年，玉屏县卫生医疗机构还派出7批35名医务人员，到太仓市璜泾人民医院等医院交流学习。8月2日，苏州大学临床医学高级研修班启动会（同等学历医学硕士研究生班）在铜仁市人民医院举行。铜仁市各级医疗机构的53名临床医生现场报名参加内科学、外科学、儿科学、妇产科学、麻醉学等16个二级临床学科的高级研修班。11月25日，常熟市卫健委派遣医疗帮扶工作组分两批分别在思南县塘头镇卫生院和许家坝镇卫生院举办乡镇卫生院管理能力提升培训班，对医疗质量管理、核心制度执行、护理能力提升、院内感染防控等课题进行讲解，共培训思南县卫生院、社区卫生服务中心分管院长、职能科室负责人、科组长等140余人次，做到结对单位培训全覆盖。11月25~29日，石阡县乡镇（街道）卫生院（社区卫生服务中心）院长（主任）21人参加相城区·石阡县东西部协作健康扶贫乡镇（街道）卫生院（社区卫生服务中心）院长（主任）管理培训班。

2020年，苏州市承接铜仁市住院医师规范化培训36人。8月23~29日、8月30日至9月5日、9月6~11日，玉屏县人民医院派出3批53名医务人员到太仓市第一人民医院开展业务学习培训。10月12~16日，松桃县医疗卫生系统基层干部能力提升培训班在苏州工业园区培训管理中心开班，松桃县24人参训。是年，由江苏盛泽医院、印江县人民医院联合举办的江苏医院管理专家贵州印江行"东西部协作现代医院管理新进展"培训班在印江县人民医院召开。德江县选派医疗人才26人到吴中区挂职学习，其中2人到苏州大学附属第一医院规培3年。石阡县卫生技术人才60人参加石阡县卫健系统与相城区东西部协作交流座谈会暨管理培训班。万山区每年选送20余名医疗卫生骨干到苏州高新区多个二级以上医院、区卫生监督所、区疾病预防控制中心进行为期3个月以上的专科进修培训，苏州高新区选派10余名临床骨干、预防医学专家进行短期技术指导、交流和帮扶，结合万山区实际开展公共卫生科研课题研究，提升万山区的医疗技术和卫生服务水平。

结对帮扶后，苏州市卫生系统加强对铜仁市卫生系统高级职称晋升指导，晋级晋职人数大幅增长。2020年通过高级职称人数383人，是2017年的4.3倍，在贵州省评晋的正高职称通过107人，约占全省总数的六分之一，排名第一，有效提升铜仁市域内医疗机构的人才储备量。昆山市制定医技人员继续教育工作方案，推广昆山市医疗经验，组织医务人员35人到昆山市中医医院检验科、疼痛科（护理）、骨科、消毒供应科、ICU进行重点进修学习，派出医院管理人员、各乡镇（街道）卫生院（社区卫生服务中心）业务人员短期培训、交流学习180余人次，相城人民医院接收石阡县中医医院骨科、呼吸内科、妇产科、血透室、ICU、麻醉科、影像科等业务骨干和中层干部41人进修学习。

2018年9月7~8日，由江苏省医学会主办、江苏盛泽医院与印江县人民医院共同承办的国家级继续教育项目第四届医疗质量与安全管理学术会在印江县召开

2019年6月6日，姑苏区妇幼保健所援铜医生叶茜（后站立者）在江口县坝盘镇卫生院进行孕产妇健康管理培训

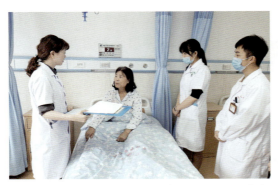

2019年6月17日，昆山市人民医院援铜医生赵蕾（左一）在碧江区川硐卫生院指导教学查房

2020年5月19日，太仓市支医领队孙异锋在玉屏县第一人民医院举办"戒烟门诊的开设与品牌创建"讲座

2020年5月24~30日，苏州高新区帮助万山区40名卫生系统干部进行专题培训

2020年12月11日，相城区第二人民医院护士长石开霞（左一）在石阡县中医医院急诊科指导医疗工作

第五节　科技帮扶

　　2015年开始，苏州市围绕铜仁市对教育、卫生、人工智能、电子信息、山地高效农业、高端装备制造、现代金融等重点发展产业的人才需求，先后实施"三百工程""新三百工程"和"三支"人才计划，每年组织教师、医生、农业专家、科技人才和导游各100名到铜仁市开展人才支援活动。苏州市农业科技专家围绕产业发展、农产品栽植、管护、绿色防控等领域，深入田间地头，在学科建设、人员培训、机械化作业、农药管控、品牌创建、技术支撑、营销体系等方面加大精准帮扶力度，并与当地农技专家一起，共建农业

产业示范园区,设立农产品直供基地,成立农业产业化发展课题研究组,开展农业新品种、新技术、新模式的示范推广,帮助铜仁市打造"永久牌"的技术队伍,带动当地群众脱贫致富。2020年,农技专家组成员面对新冠肺炎疫情,服从组织安排,奔到农业一线,下沉村组开展工作。苏州市通过嵌入式工作带动铜仁市本地专技人才业务水平提升,为铜仁市带去苏州市的经验。

一、科技计划揭榜比拼

2020年,苏州市科技局与铜仁市科技局签订推进东西部扶贫协作备忘录,合作布局建设成果转移转化远程视频系统、苏大天宫(铜仁)孵化器,举办线上成果转移转化对接会,促成2项以上苏州市及东部发达地区行业先进技术向铜仁市转移转化。

2020年12月,苏州市科技局与铜仁市科技局签订科技项目合作协议书,围绕合作内容确定两局建立苏—铜科技项目合作专项资金,苏州市科技局拨付铜仁市科技局80万元,其中,20万元用于举办2020年揭榜比拼大赛,60万元用于支持揭榜比拼大赛6个合作项目初期实施。对铜仁市黄精、天麻、红薯等三大产业发展技术需求难题给予支持,以技术榜单形式向全国发布,寻找适宜的科研团队破解榜单技术难题,提升铜仁市农业产业技术科技水平,提高农产品的科技附加值,优化铜仁市农业产业结构,促进两地一、二、三产融合发展和苏铜两地科技协作可持续发展。24日,苏州市科技局、铜仁市科技局在铜仁市举办"苏铜情·共圆科技兴农梦"揭榜比拼大赛,共揭榜比拼出6个项目予以合作支持,包括天麻保鲜技术集成化研究与应用、天麻系列产品开发及加工技术研究与应用、武陵山区甘薯品种选育及推广、红薯资源化利用研究与应用、武陵山片区黄精品种选育与栽培关键技术研究、道地药材黄精高端产品研发及产业化应用研究,实施期为3年,所需支持经费由苏州市科技局、铜仁市科技局以及需求企业三方共同投入,投入比例为40%、40%、20%,即每年每个项目苏州市科技局及铜仁市科技局分别支持10万元,企业投入资金5万元。

二、农业"组团式"帮扶

铜仁市是农业大市,自建立对口帮扶关系起,苏州市农业委员会与铜仁市农业部门和农业企业进行对接交流,签署对口帮扶农业合作协议。

2015年7月14~20日,由苏州市发改委及苏州大学商学院教授朱学新、副教授张腊娥及社会学院副教授陈晓红和苏州市东山吴侬碧螺春茶叶专业合作社董事长宋甫林组成的专家组到铜仁市,开展农业产业化发展专项课题研究。2016年5月,苏州市农业委员会与铜仁市农业委员会签署《苏州·铜仁农业对口帮扶合作协议》。明确加强农产品生产、加工和流通领域合作,推进农业龙头企业交流与合作,加强技术合作与交流三个方面的帮扶合作重点。铜仁农产品(苏州)实体体验推广中心开馆。2018年,苏州市10个市(区)按照人才支援选派计划,推出"全链式"助农帮扶,精心选派农业农技专家到铜仁市下辖区(县)开展"组团式"支农帮扶活动,在技术援助的同时,提升受援单位的管理水平。针对铜仁市"茶叶、林果、食用菌、生猪养殖"四大主导产业规模小、布局散、配套差、见效慢的痛点,苏州市每年选派60名左右农业技术专家到铜仁市挂职,其中,半年以上不少于20名,1年以上不少于10名。坚持把助推铜仁市种养殖户增收致富作为着力点。在选派去铜仁市的农业专家中,有高级兽医师、高级农艺师、农机工程师、农业综合行政执法人员等,有服务1年的,也有服务半年或1个月的。

2018年起,吴江区先后派出18名农业技术人员到印江县开展农业"组团式"帮扶,在农业重要数据调查、农产品产销对接、农业技术指导和引进等方面做了大量工作,支农人员深入印江县17个乡镇(街道),走访农业企业、合作社、种养殖户100多户次,对食用菌、茶叶、蜂蜜、中药材、畜禽养殖,青贮饲料种植等提供技术支持,形成"2+N"("2"是食用菌和茶叶两大主导产业,"N"代表生态畜牧)的农业发展模式,制作完成印江县名特优农产品目录(5大类20个产品,包括每个产品的详细介绍,每种产品的生产厂商和联系方式,每个目录中的产品都进行实地考察),策划并协助拍摄印江县农产品宣传片1部。常熟市派出农业专家4批18人次,举办各类培训、讲座46场次,培训1000余人次,共指导编制农产品生产标准3个,引进新品种10个,指导农户300余人次、养殖企业60余家,参与常熟市对思南县鹦鹉溪镇翟家坝村的整村帮扶工作,帮助该村常思共建茶叶基地实施绿色防控,指导食用菌大棚种植,帮助村合作社成功注册"翟家坝"品牌商标。张家港市扶贫协作出资加大对铜仁市、沿河县创业致富带头人的培育、培训力度,在沿河县建立农业技术对口帮扶办公室,设立2个"专家门诊",派出市蔬菜办和林业站7名专家开展技术帮扶。至2021年5月,张家港市支农团队人均下乡进村入户行程超1万千米,累计进行实验室样本检测3万余例,培训种养殖户1100余人次。太仓市农业农村局与玉屏县农业农村局签订科技合作协议书,加强科技交流合作,促进科技成果转化,并挑选太仓农业技术团队,长期派驻玉屏县,帮助玉屏县围绕四大主导产业组建产业扶贫技术专家组。玉屏县农技人员到太仓市开展农业新品种、新技术、新设备的应用与推广,露地和设施蔬菜栽培管理技术,乡村振兴和新农村示范建设等培训。相城区农业农村局组织派遣专业技术人员13人次到石阡县支农,深入农业生产一线探索高效山地农业种植模式,着重调整、调优当地种植结构,示范、推广新优品种、新技术,建立蓝莓产业园等,积极有效提高当地农民收入。姑苏区协调苏州市蔬菜研究所与江口县闵孝现代高效农业（扶贫）产业示范园签订帮扶协议，苏州农业职业技术学院、苏州市农业科学院等单位到江口县开展农业技术指导、人才交流等活动，通过对当地蔬菜、野生猕猴桃等作物的调查，提出系统建议和规划。吴中区农业农村局与德江县农业农村局签订《"一村一品"战略合作框架协议》。支农小组联合当地农业执法大队和植保站开展专项执法行动，对当地养牛业采取"三勤"的疫病防控措施，对德江县农药销售者进行集中培训，编写《作物病虫害防治情报》。苏州高新区委派支农人员到万山区顺丰竹荪种植专业合作社发酵菌棒层架栽培技术示范基地、白瑞种植专业合作社黄桃基地进行农业技术指导，举办黄桃采摘节，拓展农业旅游功能，提升农业旅游产业。苏州工业园区将芡实等新品种引进松桃县，安排15名技术员常驻松桃县长兴堡镇、普觉镇指导芡实、茭白、富硒百香果等种植，推动当地农民增收。

2018年11月16日，苏州市姑苏区对口帮扶江口县支农专家座谈会在江口县举行

2019年5月31日，苏州高新区派驻万山区农业技术人员在梅花村竹荪养殖大棚指导技术

2020年6月16日，太仓市派驻玉屏县农业技术人员在玉屏县田坪镇马家屯村的百亩辣椒种植基地帮农户解决辣椒种植过程中的技术问题

2020年8月6日，石阡县农业农村局工作人员交流培训会在相城区在水一方会议中心召开

三、技术推广转化

苏州市农业技术团队长期派驻铜仁市,帮助铜仁市围绕四大主导产业组建产业扶贫技术专家组,全面实施农技推广特聘计划,为种养殖户提供精准决策咨询和生产技术指导。接力上海资源,建设受援地现代农业科技馆,使其成为受援地科技农业、高效农业、循环农业、休闲观光农业的示范基地和展示窗口。

农业产业结构调优　碧江区滑石乡自古就是"白水贡米"的产地,但由于技术力量薄弱、基础设施水平较低,"白水贡米"清香软糯的品质没有得到充分发挥,也影响品牌推广。2019年,昆山市、碧江区两地农业农村部门探索"组团式"帮扶,组建"昆山—碧江"优质稻米产业化开发技术协作联盟,采用1名高级专家+5名技术骨干的"1+5"帮扶模式,以"白水贡米"生产基地为中心,特邀中国工程院院士、扬州大学教授张洪程为技术总顾问,成立技术顾问团队,因地制宜推动当地高标准农田建设,开展育种育苗、水肥管理、耕作移栽等方面技术指导,并引入"常农粳12""南粳46"等昆山市水稻品种试种。2020年4月30日,"白水贡米"获得国家农产品地理标志登记证书;11月30日,"白水大米"获得绿色食品认证证书。滑石乡老麻塘村获批农业农村部第九批全国"一村一品"示范村镇。碧江区形成以"四大主导产业"(果蔬、食用菌、油茶、生态牧业)和"两大特色产业"(白水贡米、珍珠花生)为主的农业产业结构发展模式。

吴江区支农人员深入田间地头,认真调研、分析印江县农产品优势和特色,深入研究农业产业结构调整的可行性,重点走访一批食用菌种植企业、合作社,撰写《印江县食用菌产业发展现状与思考》,并向当地农业主管部门建议,利用当地优质牛羊肉资源,将印江县冷鲜牛羊肉打进长三角市场,把印江县农业"2+N"发展模式打造成"3+N"。复制吴江区"粮改桑"经验,帮助印江县实施"粮改饲"项目,推广面积从以往不足千亩一跃到2020年的7800亩,亩均产值2500元,比种植玉米增值1200元,仅该项就带动印江县农户增收超900万元。

相城区支农人员指导在相城·石阡共建现代农业产业园区种植350亩枇杷、100亩蓝莓、50亩猕猴桃、50亩红心李等特色经济水果和兼具实用观赏的美国红枫、欧洲白桦、花海紫薇等花木,兴建占地5000余平方米的现代科技大棚,用于种苗产业化培育、农业科技成果展示以及发展高效产业孵化中心,进一步延伸产业链,提高农产品附加值。

吴中区支农人员针对德江县荆角乡存在大量野生猕猴桃资源的情况,积极探索当地野生猕猴桃商品化的可能性,指导当地村民人工授粉以提高野生猕猴桃产量。对当地蔬菜、鲜果等不易储存作物提出"小范围规模化,大范围多样化"的种植模式建议,使李子等不易保存作物延长上市期,并有效预防大规模病虫害暴发。

绿色防控　针对柑橘大实蝇危害,吴江区支农专家提出"植物检疫+生态调控、理化诱控+科学用药"的绿色防控技术,并编制《印江柑橘大实蝇防控策略》。2019年6月15日,昆山市农业农村局5名专家到碧江区指导农业生产,两地农业执法、植保单位举行合作签约仪式,现场捐赠信息化执法装备1套、1600亩的生物农药。7月,吴中区支农专家季远全覆盖走访德江县各类农林作物种植点,针对德江县当地蚜虫防治工作,推广氟啶虫酰胺和氟啶虫胺腈轮换使用办法,有效减少之前使用的菊酯类与烟碱类等对蜜蜂不友好的杀虫剂,保护当地生态环境。并结合吴中区绿色防控的模式与经验,为茶叶、柑橘等经济作物设计绿色防控方案,在田间示范讲解生物农药使用要点、黄板悬挂诀窍、杀虫灯安装位置选择等技术细节。

　　2020年夏季,碧江区水稻害虫稻纵卷叶螟的迁入量是往年的10倍,严重威胁粮食生产安全。昆山市援碧农业专家汤留弟带领碧江区植保技术人员迅速制定科学的绿色防控方案,并引进先进高效植保机械,全面有效控制稻纵卷叶螟的危害。昆山市农业专家组织开展外来有害生物监测与防控技术、稻瘟病防治现场指导、无人植保机使用操作规范等培训,在碧江区大力开展绿色防控技术的推广与应用,建立

2020年6月22日,昆山市派驻碧江区农业技术人员汤留弟(左三)在滑石乡现场指导"白水贡米"种植

绿色防控核心示范区1个,面积500亩,辐射面积2000亩,化学农药减量15%以上。认证无公害产地8万亩,获批无公害产品18个、有机食品3个、绿色食品1个、地理标志保护产品2个。常熟市支农专家围绕思南县地方的茶叶绿色防治、百合栽培、水稻病虫害防治等研究形成3篇论文刊登在省级、国家级农业期刊上。

　　新品种新技术推广　　2018年,苏州工业园区娄葑街道、斜塘街道合作,在松桃县普觉镇、长兴堡镇发展芡实种植,前期推广种植29.6亩,挂职副县长全程负责芡实项目试种工作。5月8日至10月5日,苏州工业园区娄葑街道群力社区组织多名芡实技术指导员,分3批到普觉镇大元村、岑塘村传授芡实种植技术,并安排1名技术员长驻,芡实种植试验项目在大元村取得成功,6.3亩收获芡实306千克(冰鲜),亩产值近万元。松桃县近百人掌握芡实种植技术,为扩大种植规模提供技术保障,次年量产200多亩。吴江区选派金福源、张卫东、蒋留泉等6名农业技术专家到印江县支农。金福源在帮扶印江县期间,在期刊上发表文章5篇,完成调研报告3篇,其中《农业重要数据核实报告》和《农民专业合作社调研报告》被评为贵州省十佳优秀调研报告,并刊登在《贵州农业资源区域发展》上,制作完成印江县名特优农产品目录(5大类20个产品),策划并协助拍

摄印江县农产品宣传片1部,制定一套规模蛋鸡标准化养殖技术并进行指导,完成吴江印江共建蚕桑产业园项目的前期选址和方案撰写。石阡县农牧科技局与苏州益友园林建设发展有限公司签订《引进益友冠玉枇杷产业及技术合作协议书》,引种益友冠玉枇杷产业、种苗及种植技术。张家港市输出到沿河县农业技术14项。

2019年11月,吴江区派驻印江县农业技术人员金福源(左一)对印江县农民进行蛋鸡标准化养殖技术指导

2019年,张家港市先后选派7名专家对口技术帮扶,举办农作物病虫害、蔬果种植、林地养鸡等农业技术培训,为75名贫困劳动力进行现场培训和指导,开展非洲猪瘟的防控工作,完成沿河县《园艺产业现状及发展模式思考》《植保工作调研报告》等调研分析,助推产业发展。5月9日,石阡县农牧科技局与苏州忆乡源生态农业有限公司签订协议书,引进忆乡源蓝莓产业项目。8月,苏州市科协通过项目立项,组织苏州科技大学、中科院苏州产业技术创新与育成中心等相关专家专题到沿河县开展调研,对天麻生产提供针对性的建议,并捐赠一套15万元的天麻生产消毒设备,用于改良天麻生产消毒技术,探索出"基地+农户"合作经营新模式。

2020年6月30日,相城区派驻石阡县农业技术人员李志峰(右二)与本庄镇黎坪坝的农民在相城·石阡共建现代农业产业园区收获蓝莓

2020年7月9日,张家港市派驻沿河县农业技术人员钱惠平到谯家镇山羊养殖场进行疾病诊疗

2020年,昆山市支农团队整合农业帮扶资金200余万元,为碧江区引进无人植保机、旋耕机、联合收割机以及碾米机、真空包装机等现代农业生产机械,提高农业生产效率;使用新型生物农药、性诱剂、高效低毒低残留农药及"稻鸭""稻鱼"共育等防虫治

虫技术,全区化学农药使用量减少20%以上,实施"稻鸭""稻鱼"综合种养模式4748亩。苏州工业园区选派支农专业技术人才8人次到普觉镇、木树镇等地指导芡实、茭白、富硒百香果等种植。5月,娄葑街道群力社区的3名技术人员带8000余株茭白秧苗到松桃县开展试验性种植,指导当地农户种植茭白。是年,常熟市、姑苏区累计分别为思南县和江口县引入农作物新品种10个、15个。

四、"百名教授专家进铜仁"

2016年,苏州市与铜仁市启动实施"新三百工程"。苏州市"十三五"期间每年选派百位教授(专家)、百名艺术家、百家旅行社走进铜仁市开展帮扶工作,发挥苏州市专业人才的引领和带动作用。8月26日,苏州市科协制定《"苏州百名教授专家进铜仁"实施方案》,方案明确"十三五"期间,根据铜仁市各地、各领域、各行业对科技、人才等创新资源的需求,每年组织100名苏州市教授专家分批次分区域开展多种形式的对口帮扶活动。苏州市科协同铜仁市组织部、人才办制订帮扶工作计划,围绕助力乡村振兴、产业发展、消费扶贫等重点,根据铜仁市方面提出的专家需求,按照"自愿报名、义务服务"的原则,搭建"智缘桥·山水情"两地科技人才资源数据交流网络平台,通过网络发布专家信息和需求信息,广泛组织发动市科技社团、高校、企业的教授专家加入"苏州帮扶铜仁教授专家库",初期建立108名成员的"苏州帮扶铜仁教授专家库",每年组织100名苏州市教授专家分批次分区域到铜仁市开展志愿服务。12月中旬,首批6名教育、医疗卫生、大数据等方面教授专家前往铜仁市,以专题报告、现场考察、座谈交流等形式与铜仁市有关部门和单位进行对接。苏州市科协依托苏州市作为中国科协创新驱动助力工程示范市平台,向上协调全国专业学会"国家队"增援对口帮扶工作,将全国学会高层次专家资源导入铜仁市。

2017年,"苏州100名教授铜仁行"活动教授(专家)库扩充到160余人,苏州市科协组织30余批550多名苏州市名教师、劳模、医生、教授(专家)、医生、旅行社(导游)帮扶铜仁市。10月开展的苏州市高层次人才服务铜仁"大生态、大健康、大文化、大旅游、大数据"活动,被列入国家人力资源和社会保障部2017年西部和东北地区高层次人才援助项目,苏州市选派高校、科研所等20家单位27名专

2017年9月26日,苏州市高层次人才服务铜仁"大生态、大健康、大文化、大旅游、大数据"活动启动会召开

家,为铜仁市大扶贫、大数据、大旅游等产业发展"把脉",提供智力援助,共实施项目19个。举办"铜仁全域旅游发展"主题沿江论坛,来自苏州市旅游规划、管理与运营的专家为铜仁市全域旅游业建言献策。

2018年7月19日,苏州市科协组织冷链物流专家到铜仁市开展冷链物流技术应用专题培训。8月7~10日,苏州市科协组织田园综合体规划方面的7名资深专家到松桃县、石阡县等地开展专题考察调研,详细了解当地特色农产品产业的发展现状,对现有测绘数据、水文资料、农产品布局方案提出合理改进建议,为每一个产业基地提出规划方向、重点和主题。会同苏州市委老干部局组织部分离退休干部专家代表、捐资助学代表,以及部分市(区)老干部工作部门负责同志到铜仁市开展"铜仁最美印象"图片展、铜仁老干部工作者培训班、苏州"银发先锋"结对帮扶等活动。11月6~10日,在"银发先锋"交流活动中,苏州市委原副书记、市人大常委会原副主任黄炳福围绕苏州市改革

2018年7月18~21日,苏州市科协组织冷链物流专家到铜仁市进行专题考察调研,并就冷链物流技术应用进行培训

2018年8月31日至9月3日,著名农业专家、全国脱贫攻坚奖获得者、张家港市善港村现代农业发展首席顾问赵亚夫(左六)一行到沿河县官舟镇黄龙村指导产业发展项目

2018年11月7日,苏州市委原副书记、市人大常委会原副主任黄炳福(主席台左)在铜仁市举办"苏州改革开放的创新与实践"专题讲座

开放的创新与实践做专题讲座。中国好人、全国离退休干部先进个人、苏州市慈善楷模、离休干部杨自中，走进铜仁市民族中学，看望资助的学生。常熟市农科所总农艺师端木银熙前往碧江区滑石乡白杨坪大米专业合作社、老麻塘村指导大米的生产工艺，调研农作物育种情况，并到思南县指导畜牧业生产。

2019年，苏州市科协先后组织苏州科技大学、中科院苏州产业技术创新与育成中心等单位专家到铜仁市开展科技帮扶活动，对天麻生产提供针对性的建议，并捐赠一套15万元的天麻生产消毒设备，用于改良天麻生产消毒技术。5月6~9日，苏州市科协、苏州工业园区科协到松桃县开展天文科普教育考察对接，并捐赠价值10万元的天文望远镜，促成星海实验中学与贵州群希学校结对。5月14~16日，组织中国金属学会专家到松桃县实地考察、指导锰矿污染治理和生态修复方案；组织中科院天文专家在铜仁市委"新时代学习大讲堂"做天文科普报告。5月23~25日，组织中国制冷学会专家为沿河县编制冷链物流体系建设规划，为当地加强农产品产地冷链物流体系建设提供建设性的方案，为空心李外销解决最后冷链物流上的难题，也为铜仁市其他农产品冷链运输提供参照案例，打通铜仁市农产品流通的"最初一公里"。8月3~7日，组织苏州市心理学会专家为一线扶贫干部进行心理疏导减压等。11月25~29日，组织苏州市老干部、老专家到铜仁市开展"银发生辉"志愿服务活动。12月3~9日，苏铜两市科协联合在苏州干部学院举办铜仁市科技助力脱贫攻坚培训班。姑苏区、吴中区、相城区、吴江区和常熟市科协都组织人员到铜仁市结对区（县）开展科普宣教活动。

2019年12月7日，苏州大学心理学系党支部成员为江口县脱贫攻坚一线干部提供心理咨询疏导服务

2020年，苏州市科协对沿河县科协的爱媛38技术改良项目、土专家天麻种植实验站项目等5个项目予以市级科普项目立项，提供每个项目10万元的帮扶经费。苏州市科协及苏州高新区、相城区、吴中区科协等组织江苏省市县"银发人才"志愿服务铜仁行、刺绣大师及企业家到万山区对口帮扶、专家到石阡县和德江县帮扶等活动，并组织了1期铜仁市科技助力脱贫攻坚培训班。

至2021年，专家库共有各类专家335名，每年组织10多批次120余人次到铜仁市实地考察调研，开展各类帮扶活动。苏州市财政累计投入专项资金510万元，组织教授专家走进铜仁市360余人次，落实帮扶项目35个，实现"小项目、大效应"。

五、农村创业致富带头人培训

2015年10月19～23日，受铜仁市扶贫办和苏州市发改委的委托，由太仓市发改委牵头，联合太仓市农委、太仓市旅游局开办铜仁市"雨露计划·贫困村致富带头人培训"市级示范班（乡村旅游）培训班，以培养一批能够带动铜仁市乡村旅游发展的优秀干部，加快铜仁市贫困村脱贫致富的速度。太仓市邀请国内知名乡村旅游专家进行授课，同时带领50名学员到太仓市乡村以及周边地区实地考察。

2018年，张家港善港农村干部学院获批国务院贫困村创业致富带头人（善港）培训基地，全年苏州市在张家港善港农村干部学院举办苏州·铜仁贫困村创业致富带头人培育班11期1159人次，其中382人已成功创业，并带动贫困人口就业4191人。新景镇姚溪村全村15名致富带头人组建沿河姚溪志飞茶叶农业专业合作社，种植茶叶7000余亩。6月19日，石阡县脱贫攻坚指挥部办公室印发《石阡县贫困村创业致富带头人培育三年行动实施方案》，制定《石阡县2018年至2020年创业致富带头人培训管理办法》，举办创业致富带头人培训班2期，培训195人，成功创业15人，带动贫困人口就业3210人，实现增收38万元。

2018年6月23日至7月1日，在张家港善港农村干部学院举办苏州·铜仁贫困村创业致富带头人第二期培育班

2018年10月10日，第五期苏州·铜仁贫困村创业致富带头人培育班学员参观赵亚夫事迹展示馆

2019年，苏州市为铜仁市贫困村创业致富带头人开办培训班12期，培训带头人1126人，325人创业成功，带动贫困人口就业2760人。4月21～28日，太仓市投入帮扶资金37.56万元用于玉屏县贫困村创业致富带头人专题培训项目，98名来自玉屏县贫困村的学员到太仓市学习种养殖技术知识，现场观摩新农村产业模式。张家港市出台《沿河县贫困村致富带头人培训管理扶持政策（试行）》，对致富带头人带领贫困户创业在扶贫资金项目安排上给予倾斜，在融资贷款上给予贴息，在物流成本上给予补贴。6月，苏州市扶贫

协作资金出资118.15万元，其中张家港市扶贫协作资金15万元，加大对铜仁市创业致富带头人的培育、培训力度。该项目年内累计为铜仁市开展10期培训班，培训1023人，带动建档立卡贫困人口就业170人。9月16~22日，常熟市农业农村局联合思南县农业农村局组织2019年常熟—思南创业致富带头人（茶产业）培训班，来自思南县涉茶的贫困村集体经济组织法定代表

2019年4月21日，玉屏·太仓2019年农村创业致富带头人培训班开班仪式在太仓市举行

人、农民茶叶专业合作示范社和农垦贫困茶场的技术人员、县茶桑局技术干部共44名学员在江苏农林职业技术学院学习茶叶种植、加工工艺，到江苏省茶叶产区考察。

2020年，江苏省级资金出资77.33万元，安排铜仁市创业致富带头人1142名到张家港市参加培训。

2018~2020年，苏州市、铜仁市合作举办32期3427人次参加的苏州·铜仁贫困村创业致富带头人培训班，已成功创业1489人，带动贫困人口就业10748人。苏州市科协依托苏州干部学院，联合铜仁市科协等有关部门每年举办1期农村科技致富带头人培训班，来激活铜仁市"田秀才、土专家"脱贫致富示范带头作用，共组织4批150余名铜仁市各区（县）科技致富带头人、驻村干部到苏州市交流培训、现场实训。同时在部分社区（村）援助50台科普电子大屏，运用互联网手段传播科学知识和科学精神，提升农民科学素质和科技致富本领。

第六节　文化帮扶

2015~2020年，苏铜两市文化广播电视系统达成公共文化服务体系建设等多项合作协议，印发《苏州对口帮扶铜仁"新三百工程"百位艺术家帮扶铜仁工作方案》。苏州市文化系统组织开展"水乡缘·山乡情"苏铜文化结对等系列活动，组织大型音乐剧《桃花笺》、苏剧现代戏《国鼎魂》、滑稽戏《顾家姆妈》、管弦乐《华乐苏韵》等优秀戏曲到铜仁市演出，整合社会帮扶资金在铜仁市各区（县）建设移动图书馆（文化方舱）、"土家书屋"、新时代文明实践驿站等文化设施，深化苏铜两市的文化合作和人才交流，累计向铜仁市捐助各类文化帮扶资金400多万元。

一、文化交流

2013年11月2~3日,由中共苏州市委宣传部、中共铜仁市委宣传部主办的2013铜仁·苏州文化旅游活动周——"梵天净土·桃源铜仁"走进苏州系列活动在苏州市公共文化中心举办,活动包含"寻梦梵净山"——美丽铜仁书画摄影和文学作品展、梵净山非物质文化遗产和旅游商品现场制作展等。2014年11月4日,铜仁市组织花灯剧《严寅亮与"颐和园"》参加第六届苏州(张家港)长江流域戏剧艺术节展演,并荣获艺术节优秀剧目奖。

2016年,苏州市文广新局印发《苏州对口帮扶铜仁"新三百工程"百位艺术家帮扶铜仁工作方案》,内容包括舞台艺术的传承保护及创作生产、美术创作生产、艺术理论研究、公共文化交流、民间手工艺的传承保护与创新发展、演艺市场的营销及美术展览的策划推广。苏州市文广新局到铜仁市开展"水乡缘·山水情"文艺精品展演,并向铜仁市广播电视台捐赠8讯道电视转播车1辆。11月,百名苏州市艺术家在铜仁市进行为期1周的交流活动,开展2场文艺演出,举办美术展览,受到当地群众的好评。昆山市投入30万元援建铜仁市铜仁互联网数字社区影院,成为贵州省首家互联网数字社区影院。

2016年5月31日,苏州市广电总台向铜仁市广播电视台捐赠8讯道电视转播车1辆

2017年6月6日,铜仁·苏州文化活动周在苏州市公共文化中心举行,13个极具铜仁市民族特色的文艺节目在"梵净情·水乡缘"铜仁民族文化走进苏州文艺晚会上演出。活动周期间,还展出100件反映铜仁市人文自然风貌、经济社会发展成果、苏州市对口帮扶成果的书画、摄影作品。8月16~18日,吴中区与德江县开展以"吴中·德江文化周"为主题的活动,以文艺探讨、参观考察等方式,促进两地文化艺术家、文化类专家学者进行交流与合作,鼓励和引导影视拍摄、演艺创作、图书出版、室内演出、动漫产业等文化创意领域的优势企业到德江县投资开发相关影视或动漫产品。9月18日,"水墨太仓 笛韵侗乡"文化交流专场演出在玉屏县文化艺术中心上演,太仓市五洋丝竹乐团和玉屏县箫笛乐团联袂表演丝竹和箫笛,给玉屏县人民送上一场视听盛宴。10月29日至11月1日,由苏州市各市(区)文化产业主管部门负责人、文化产业专家、重点文化企业主要负责人组成的苏州市文化创意产业考察团一行30人到铜仁市开展对口交流活动。召开苏州·铜仁文化事业和文化产业发展座谈会,签署政府间项目合作协议,另有

5个文化产业投资项目达成初步合作意向。苏州图书馆向铜仁市捐赠一座价值70万元的公共图书馆"文化方舱"，向碧江区、万山区和江口县捐赠500份"悦读大礼包"；苏州市滑稽剧团在万山剧院献演《顾家姆妈》，在碧江区铜仁第三中学、第二完全小学分别举行"青春跑道""一二三，起步走"校园巡演。《顾家姆妈》经由"铜仁微文化"公众号直播平台面向网络用户在线直播，同时吸引14余万名网民上网观看。11月20日，《张家港市—沿河县文化广电交流合作框架协议书》签订，张家港市与沿河县就文化广电人才交流培训、广电技术设备支持、公共文化服务建设扶持等达成协议。

2017年10月29日至11月1日，苏州市文化创意产业考察团一行赴铜仁市对接交流，并签订5个产业合作项目协议

2017年11月27日晚，"水乡缘·山乡情"苏州·铜仁文化结对系列活动在铜仁市启动。苏州市滑稽剧团为铜仁市观众展演现代滑稽戏《顾家姆妈》

2018年，苏州市投入帮扶资金400多万元对铜仁市开展文化产业园设计规划、非遗数字化、公共图书馆"文化方舱"等苏州市文化帮扶项目10余个。苏州市专家为铜仁市文化系统开展党建、文博、图书馆、文化市场综合执法、文化产业、文艺人才培训共6期400余人。苏州博物馆与贵州傩文化博物馆开展对口帮扶，在展馆改造、陈列大纲更新、藏品展陈设计等方面加大帮扶力度，助推铜仁傩文化博物馆申报第十五届"全国博物馆十大陈列展览精品"项目。铜仁市20余家文创企业1200多种文化产品参加第七届中国苏州文化创意设计产业交易博览会，两地文化企业家开展考察交流合作。7月，常熟市旅游局、常熟市旅游协会、常熟市对口帮扶思南县工作组联合举办2018"印象思南"主题摄影大赛，通过定格思南县游览中幸福、美好、和谐的瞬间来宣传思南县，提升思南县旅游的知名度和影响力。经过一个半月的征集活动，大赛组委会从参赛作品中选出56幅作品进行评比，最终评选出一、二、三等奖及优秀奖和网络人气奖。其间，常熟市委常委、宣传部部长孙健率队到思南县开展宣传思想文化帮扶，召开常熟·思南对口帮扶及宣传思想文化座谈会暨"思南好声音"微矩阵上线仪式。张家港市出资扶贫协作资金89.55万元，帮扶沿河县的文化建设；出资扶贫协作资金110万元，用作沿河县地方特色

文艺交流演出、张家港市精品文艺交流演出、非遗文化展、讲座等项目费用。8月3日，"长江水·乌江情"——张家港·沿河两地文化交流周美术作品展在沿河县举办，作品以长江之名，汇聚80余件两地优秀的美术作品，集中展示张家港市、沿河县在社会、经济、文化、民生、自然生态等方面的成果。其间，张家港市派出31名文化艺术人才到沿河县开展交流活动，沿河县也派出35名文化艺术人才到张家港市交流学习。9月4日，苏州高新区到万山区的双创产业园举办"诗意山水·绣美高新"摄影展，共展出100幅苏州市的摄影作品。10月，在中国（张家港）长江文化艺术节期间，"乌江水·长江情"沿河县·张家港市文化周活动举办。张家港市向沿河县捐建国内首个24小时"不打烊"的"土家书屋"，苏州玉龙景展网络科技有限公司出资30万元，为沿河县拍摄VR全景城市宣传片《魅力沿河》。10月18~21日，苏州市非物质文化遗产办公室组织4位评委以及缂丝织造技艺、制扇技艺、苏绣、红木雕刻、剪（刻）纸、苏式卤汁豆腐制作技艺、叶受和苏式糕点制作技艺、碧螺春制作技艺等8项非物质文化遗产代表性项目的传承单位或技艺传人，到铜仁市对口交流并参加"2018年铜仁市文创大赛暨'两赛一会'活动"。10月25日，太仓市文广新局与玉屏县文广新局共建朱家场镇文化站、枹木垅村综合性文化服务中心示范点，并捐赠价值10万余元的图书与电脑等设备。11月29日，苏州市文广新局局长李杰一行到铜仁市考察交流，双方就下一步加强帮扶合作，共建苏铜文化创意园、引进文化企业、建立苏铜文创企业家商会、打造铜仁市文艺精品文化达成共识。苏州市文广新局向铜仁市捐赠文化产业资金50万元。苏州市歌舞剧院为1000余名市民上演大型音乐剧《桃花笺》。姑苏区在第二届中国（姑苏）文创精英挑战赛设立"江口梵净山文创产品设计"分赛，深入挖掘梵净山文化内涵，推动梵净山文创产品开发。

2018年4月18~21日，铜仁市委常委、宣传部部长夏虹（右一）率队到苏州市参加第七届中国苏州文化创意设计产业交易博览会，并举办苏州·铜仁两地女性手工业者携手创新发展论坛

2018年9月4日，苏州高新区委常委、宣传部部长朱奕红（右一）为"诗意山水·绣美高新"苏州高新区赴铜仁市万山区摄影交流展揭幕

2019年3月25日，苏州高新区·铜仁万山区2019文化旅游交流活动开幕式暨"华乐苏韵"苏州民族管弦乐团万山专场音乐会在万山区委党校剧院举办。4月，张家港市扶贫协作资金出资110万元，用于张家港·沿河文化交流乡镇协作。两地继续联合开展举办"长江水·乌江情"2019年张家港市—沿河县文化交流周活动，完成黔东特区革命委员会旧址全国爱国主义教育基地的申报工作；举办"携手逐梦"文化工作者交流座谈会，帮助沿河县健全公共文化服务体系；举办"传承文化根脉·共创精彩生活"非遗交流活动和"同饮一江水·共唱新时代"文化志愿者走进沿河活动，并邀请沿河县青少年到张家港市参加第21届、22届全国"贝贝杯"青少年足球赛，深入推进两地交流。江苏省对口帮扶贵州省铜仁市工作队沿河县工作组完成2019年度苏州市社会科学基金项目（应用对策类）立项项目《新时代文明实践中的文化精准扶贫研究——以贵州沿河县文明实践驿站建设为例》的研究。重点挖掘沿河县当地文化内涵，实施惠民文化工程，引导当地群众开展具有地方特色的文化文艺活动。9月，苏州大学艺术学院《看见大山》（铜仁非遗文化再生与活化项目成果）公益项目团队深入铜仁山区，与当地艺人合作，把当地的非遗文化与现代艺术元素进行整合，打造出涵盖家具、家居、诞生礼、服装、首饰、生态农产品、旅行用品、户外用品八大系列帮扶产业，推动实现"在地扶贫"。11月10~13日，由江苏省委宣传部作为指导单位，江苏省文化发展基金会、《扬子晚报》、铜仁市扶贫开发领导小组、铜仁市委宣传部联合举办的"祖国，我亲爱的祖国"——庆祝中华人民共和国成立70周年全国著名诗人走进贵州铜仁采风活动开展，江苏省委原副书记、江苏省文联名誉主席、中国作家协会会员顾浩，江苏省委宣传部原部务委员、江苏省文联原副主席、江苏省文化发展基金会理事长、中国作家协会会员李朝润，高级记者、新华日报社党委委员、《扬子晚报》总编辑王文坚等8位全国著名诗人聚焦苏铜扶贫协作成果，进行采风创作。苏州市非物质文化遗产办公室帮助建设铜仁市非遗数据库，从资金、技术上帮助铜仁市文琴戏和龙灯钹2个贵州省级非物质文化遗产代表性项目进行数字化资源采集和整理。11月4日，苏州市文化广电和旅游局组织获得第十六届中国文化艺术政府最高奖——文华大奖，由梅花奖得主王芳领衔主演的苏剧现代戏《国鼎魂》到铜仁市举办专场演出。11月5~9日，苏州市文化广电和旅游局组织苏州市戏剧、音乐、舞蹈等艺术门类专家8人到铜仁市采风交流，苏州市文艺创作中心主任、国家一级作曲家罗成和苏州市文艺创作中心一级编剧江洪涛为铜仁市艺术工作者做音乐和戏剧创作专题讲座。是月，常熟市文体广电和旅游局、思南县文体广电旅游局与常熟市对口帮扶思南县工作组、常熟市体育彩票管理中心以及常熟市创意设计协会联合举办文化旅游文化创意商品创意设计大赛。推动思南县"喜文化"这一非物质文化遗产的传承和保护。通过专项推介等广泛发动，共吸引50家企业、100多位设计师参与,征集到作品(产品)近300件。翌年5月15日,专家评委们根据比赛规程评选出最佳工艺设计奖、最佳功能实用奖、最佳市场潜力奖、最佳包装创意奖、最佳文化传承奖以及入围奖、设计之星奖等31个奖项。

2019年3月25日晚,苏州高新区·铜仁万山区2019文化旅游交流活动开幕式暨"华乐苏韵"苏州民族管弦乐团万山专场音乐会在万山区委党校剧院举办

2019年7月18日,张家港市—沿河土家族自治县文化交流周开幕

2020年5月7日,苏州日报报业集团"范群工作室"主任、3次获得中国新闻奖的范群,到铜仁市挂职铜仁日报社社长助理,标志着苏铜扶贫协作开辟了全新的融媒传播文化创意产业领域。6月,苏州日报社和铜仁日报社联手开展"苏报入黔——记录脱贫攻坚决胜点"大型融媒体新闻行动,写下《乡愁是一座小小的院子——江南在这头,梵净山在那头》《凋敝苗寨一夜网红,"篱笆墙的影子"里长出新"部落"》《乌江畔的玻璃书房,黔山娃读书的"十二时辰"》等数十篇报道。6月23日,思南、常熟、泗洪、青铜峡四地美书摄作品联展活动在常熟市举行首展。7月29日巡展至思南县。展出四地文艺家们创作的作品120件,以"决胜全面小康、决战脱贫攻坚"为主题,全方位、多视角地展现四地"小康路上"的灿烂与辉煌。是年,常熟市融媒体中心纪录片团队先后3次

2020年6月23日,常熟、泗洪、思南、青铜峡四地文联共同举办的"小康路上四地美术书法摄影作品展"开幕

到思南县,拍摄纪录片《山路弯弯》,通过对翟家坝村田茂珍、冉景辉、蔡芬3个贫困户的跟踪拍摄,记录他们的脱贫之路。10月22日,太仓市文化交流团到玉屏县开展两地非物质文化遗产的学习交流。11月30日,山高水长昆碧情——昆山·碧江美术书法摄影作品交流展在碧江区首展,展出昆碧两地118位艺术家的121件美术、书法、摄影作品。张家港市、沿河县两地共同创作的《更好的日子还在后头》获评江苏省第十四届"五星工程奖"。是年,苏州市地方志办公室参与编写中央宣传部2020年主题出版重点出版物《苍山如海:东西部扶贫协作丛书·从苏州到铜仁》,展现苏州市与铜仁市结对帮扶、决战决胜脱贫攻坚的历程、成绩和经验,翌年1月,由贵州人民出版社、江苏人民出版社联合出版。

　　2021年4月,苏州市地方志办公室组织10个市(区)方志部门到铜仁市搜集资料,着手编纂《苏州对口帮扶铜仁志》,全面记录苏州市帮扶铜仁市决战决胜脱贫攻坚的历程和成果。4月7日晚,"在希望的田野上"苏铜缘·山水情公益活动在铜仁市举行,通过公益晚会演出的形式总结宣传苏铜两市开展东西部扶贫协作取得的突出成果。4月13~17日,

山高水长昆碧情——昆山·碧江美术书法摄影作品交流展(昆山站)在昆山市艺术宫举办。4月28日,铜仁市苏州评弹艺术培训基地授牌暨苏州评弹培训班开班仪式在铜仁幼儿师范高等专科学校举行。江苏省曲艺家协会副主席、苏州评弹博物馆副馆长袁小良为铜仁幼儿师范高等专科学校苏州评弹艺术培训基地授牌,同时为铜仁市袁小良评弹文化传习基地授牌。

2021年4月7日,"在希望的田野上"苏铜缘·山水情公益活动在铜仁市举行

二、文化设施

移动公共数字文化空间——文化方舱

2017年,在苏州市文化创意产业考察团到铜仁市开展对口交流活动时,由苏州市文广旅局向铜仁市捐赠,包含亲子阅读、地方文化展示、儿童科普体验、数字文化体验、远程教学、公共志愿服务等多个功能模块,是集公共文化、科技普及、数字体验等功能于一体的"互联网+公共服务"平

苏州市文广旅局赠送给铜仁市的"移动公共数字文化空间——文化方舱"

台,空间价值70万元。2018年11月29日,苏州市援建"移动公共数字文化空间——文化方舱"启用仪式在碧江区图书馆举行。"移动公共数字文化空间——文化方舱"包含的各类优秀文艺作品和先进信息技术,打通公共文化服务"最后一公里"。

"24小时"土家书房 2018年,张家港市出资扶贫协作资金59.8万元用于在沿河县城建设"24小时"土家书房及购买智能化设备、图书等。该书屋由张家港市文化广电新闻出版局、张家港市图书馆设计承建,主体采用与沿河县建筑风格"马头墙""梁角高翘"相结合的简约箱式结构和外形,提供纸质和数字资源的24小时开放的阅读空间,具有全国首创人脸识别智能管理系统,市民可通过人脸识别进入书房,采用身份证认证、微信认证、手机号认证等多种认证方式借阅,有电子门禁、全景云监控、语音提示、自动售卖机、智能便捷灯光等智能化设备,率先引入儿童优先阅读理念,具备多功能远程服务功能,是全国首个以土家文化为特色的24小时自助图书馆,开创24小时主题自助图书馆先河。书屋藏书3000余册,涵盖成人读物、少儿读物、党建、地方文献等多个类别。项目于是年6月下旬投入试运行,8月3日正式启用。张家港市图书馆还为沿河县土家书房捐赠图书、电子标签转换设备等价值4.63万元。试运行期间,土家书房接待读者8000余次,外借图书超过600册。

"24小时"土家书房

"思南好声音"微矩阵小程序 由常熟市委宣传部援建思南县新媒体发布管理平台的项目。2018年6月开始研发,矩阵内开设有"幻灯片、矩阵、咨讯、视频、活动、榜单"等栏目;7月中旬在研发团队的指导下完成思南县28个乡镇(街道)、县直部门单位及县域内近60个重点微信公众号的授权和管理员身份的审核及设置流程,同步进入调试试运行。各授权的微信公众号发布内容皆可从"思南好声音"小程序内查看,便于受众通过一个平台获取多方有效信息,通过提供统一平台,增强各信息发布单位之间的交流学习,不断巩固提升全县宣传效果和拓展宣传范围。8月11日,"思南好声音"微矩阵上线。

24小时新时代文明实践驿站及朗读亭项目 2019年4月,张家港市扶贫协作资金出资160万元,用于建设新时代文明实践驿站2处。一处位于沿河县政府广场,建筑面积60平方米,藏书2100册;另一处位于沿河县民族风情街,建筑面积40平方米,藏书3100册。2处驿站设计面积100平方米,包含主体工程与内部装潢、装饰建设和购买2

套智能化设备等内容。11月7日建成启用。项目带动建档立卡贫困人口67人,带动建档立卡贫困残疾人1人。此外,由张家港市捐建,位于沿河县政府广场新时代文明实践驿站旁的朗读亭也于11月15日建成开放,这是贵州省内继思南县朗读亭之后的第二个朗读亭。朗读亭采用智能化管理,24小时开放,开放第一个月就接待1000余人次,成为"网红"日常打卡地。2020年,张家港市扶贫协作资金出资200万元,全国首创在易地扶贫搬迁安置点官舟镇和舟社区、团结街道黄板社区配套建设2个24小时新时代文明实践驿站、1个新时代文明实践志愿服务指导中心以及全国西部地区首个县级志愿服务网"志愿沿河"。2个24小时新时代文明实践驿站面积分别为95平方米、130平方米,藏书各5000册,采用智能化管理,24小时开放,为安置点易地扶贫搬迁人口10229人(其中建档立卡贫困人口6965人)和周边5所学校8923名学生(其中建档立卡贫困学生2759人)提供服务。

2020年,易地扶贫搬迁安置点官舟镇和舟社区的孩子们在张家港市资助建设的24小时新时代文明实践驿站前开心地合影

矮屯农家书屋示范点 2019年,由苏州市新闻出版局援建。按村民阅读习惯设置分区,新上架图书5000册,各类设备设施投入30万元。2020年6月,昆山市图书馆投入26万元,将矮屯农家书屋升级改造为全自助式昆山市图书馆分馆,与总馆通借通还,为当地读者提供更丰富的阅读资源和更便利的阅读服务。

"常思在线"交流信息平台 2020年5月,常熟市和思南县在"思南常熟"微信公众号的基础上,开发建设"常思在线"交流信息平台。该平台集交流活动信息录入、查询、发布,医疗、教育、农业专家互动咨询等多种功能于一体。结对单位在开展交流活动中,通过手机登录专属的单位管理用户名,适时将活动信息录入上传,实现进度时时提醒、资料一键导出,为日常考核资料的收集整理、国扶办系统资料的及时录入提供便捷,并能督促结对单位"全覆盖"活动目标任务的有序实施,规范两地长远交流机制的信息化基础。

旺家社区"移动公共数字文化空间"项目 2020年5月16日,苏州苏大信息科技有限公司与万山区旺家社区签订交接仪式,铜仁市首个易地扶贫搬迁社区"移动公共数字文化空间"正式落户旺家社区。该文化空间是苏州高新区对口帮扶万山区易地扶贫搬迁安置点的标志性建设项目,由苏州高新区慈善总会(基金会)捐资80万元建设,是集公共文化、科技普及、数字体验等功能于一体的"互联网+公共服务"公共移动数字文化空间，也是铜仁市第一个为社区量身打造的科技教育载体。空间设置亲子阅读、地方文化展示、儿童科普体验、数字文化体验、远程教学、公共志愿服务等多功能模块，带给搬迁安置居民一种全新的文化知识获取体验。

苏州高新区投入80万元慈善基金建设的"移动公共数字文化空间"在万山区旺家社区交付使用

第四章

产业合作

发展产业是实现脱贫的根本之策。苏州市按照精准扶贫、精准脱贫要求,围绕铜仁市脱贫攻坚目标,"输血"与"造血"并举,持续加大帮扶资金投入、招商引资和消费扶贫力度,助力铜仁市加快提高产业发展水平、提升产业经济质量,把产业扶贫作为最直接、最有效的办法,用于产业发展的帮扶资金总量超过6.5亿元,先后实施食用菌、空心李等特色农林产品种植和畜牧养殖、乡村旅游等产业项目400多个,使28万余名建档立卡贫困户通过就业务工、分红、土地流转等利益联结方式受益,增强贫困地区造血功能、帮助群众就地就业。

苏州开发区建设经验在铜仁市推广,至2020年,两地结对县(市、区)合作共建10个工业产业园区、9个现代农业园区,累计引导入园企业133家,实际完成投资额89.81亿元,直接吸纳贫困人口就业1926人。着力提高铜仁市各类省级产业园区建设水平和产业承载能力。铜仁·苏州产业园加快装备制造产业园建设,先后获评"产城融合示范区"和国家级、省级"双创"示范基地,2020年实现工业总产值190亿元、税收13亿元。

加强招商引资。推动江苏省等东部地区向外转移产业向铜仁市集聚。开展苏铜两地产业合作研究,并形成《铜仁与苏州产业合作重点研究报告》,明确以依托铜仁市自然资源、市场面向西南地区,能提升铜仁市经济运行质态的新能源、装备制造、大健康、农特产品加工、水产业、新型建材、大数据、文化旅游、节能环保类企业为招商引资重点,推动苏铜两地开展广泛的招商合作。

全力推动消费扶贫。苏铜两市分别从生产、销售、物流、消费等层面制定消费扶贫优惠政策,政府引导苏州农发集团等农产品生产、经销企业与铜仁市共建特色农产品直供基地4.98万亩,培育重点农业企业33家,为江苏省等东部地区提供优质茶叶、大米、蔬菜、水果、食用菌、中药材等铜仁市特色农产品。2017~2020年,铜仁市累计实现"黔货进苏"销售额29.9亿元,惠及建档立卡贫困人口12.7万余人。

大力开展旅游合作,发挥苏州资源优势,助力梵净山景区成功申报世界非物质文化遗产和AAAAA级景区;协调苏州专业团队,助力铜仁古城规划建设;引导苏州苏高新集团有限公司、苏州新区高新技术产业股份有限公司、苏州文化旅游发展集团有限公司、苏州创元投资发展(集团)有限公司等企业在铜仁市投资运营万山区牙溪生态农场、铜仁·苏州大厦、江口县云舍·姑苏小院、书香门第酒店、碧江区范木溪精品民宿等农业文化旅游结合项目。帮助铜仁市在苏州市举办旅游推介活动近40次,广泛宣传铜仁市精品旅游线路和产品。

第一节　农业产业合作

　　2013年东西部扶贫协作开始,苏州市利用自身产业优势,对铜仁市投入帮扶资金和人才资源,精心谋划项目,精准选择项目,建成一个个山区现代农业样板,让一座座青山变成金山。铜仁市借助苏州市的资金、市场、技术等优势,大力实施产业扶贫,不断深化产业革命。2013~2016年,苏州市投入扶贫协作资金1900多万元,实施印江县新寨镇茶园农水配套工程、石阡五峰山观光农业项目、德江县核桃基地、玉屏县中药材基地、思南县金银花基地、碧江区农业大数据、松桃县正大乡茶园等一批特色农业产业化项目,全面推进提升铜仁市传统农业向产业化、规模化方向发展。苏铜两地职能部门就铜仁市农业产业化发展的课题进行研究,并完成《铜仁市农业产业化发展研究报告》,为苏铜农业合作提供理论支撑。2016年后,苏州市将拨付铜仁市的财政帮扶资金的超过四分之一投向能够有效带动贫困人口脱贫增收的产业项目,推动苏铜两市在农产品生产、加工和流通领域的合作,并建立健全与贫困户的利益联系机制,充分调动贫困户加入产业扶贫项目的积极性,形成德江县食用菌、思南县茶叶等特色产业集群。太仓市落实帮扶资金8534.6万元,针对玉屏县四大主导产业,实施投资900万元的油茶抚育、500万元的田坪食用菌(茶树菇)基地建设、210万元的黄桃种植、360万元的田坪镇塘合村集体经济香猪养殖、100万元的皂角坪街道铁家溪村生态养猪等项目,有力助推主导产业的发展与壮大,有效带动建档立卡贫困户脱贫。

　　通过"公司+合作社+基地+农户"合作形式,建成沿河县天然富硒绿色食品开发有限公司等一批农特产品种植和加工龙头企业,全力推进农业产业合作,培育重点农业企业33家,与苏州市农产品生产、经销企业共建绿色农产品种植基地4.98万亩,养殖牲畜55万只(头),积极开展苏州市招商推介活动和产销对接洽谈会,通过发展加工、搞活流通、开拓市场、打造品牌等,实现农业生产规模化、专业化、特色化,让贫困群众不仅仅收益租金、薪金,更有股金分红,确保贫困群众持续稳定获得收益。2020年,昆山市和碧江区"六化联动"助推乡村振兴助力脱贫攻坚,常熟市与思南县"铸强产业造血主轴、打造产业脱贫硬核"入选国务院扶贫开发领导小组办公室、人民日报社主办的第三届中国优秀扶贫案例。

一、农业产业园区

沿河县高峰村有机农业产业园 2017年,张家港市经济开发区(杨舍镇)善港村驻高峰村扶贫工作队通过实地考察、走访调研、咨询专家,在沿河镇中界镇高峰村建设有机农业产业园1个,建设大棚及设施农业涉及土地面积58.7亩。发展示范种植美国香瓜7亩、红玫糯玉米4亩。产业发展惠及该村贫困户50户,119人从中获利。2018年,张家港市将扶贫协作资金200万元用于中界镇高峰村集体经济入股贵州苏黔农业产业开发有限公司,在农业产业园新建连栋薄膜温室大棚5712平方米、GP-832大棚13552平方米、大棚配套喷滴灌设备、基地水泥道路、排水灌溉沟渠及种苗农资等。建设项目总投资230万元,12月完工。覆盖贫困户47户,贫困人口185人。2019年4月,苏州市扶贫协作资金出资220万元,继续发展该产业项目,新建养殖大棚6栋2160平方米、发酵猪舍1000平方米,购买母猪、仔猪、羊、鹌鹑、鸡雏,平整场地及建设配套设施等,12月完成。利益分配采取保底分红或股份分红利益联结机制。除之前的贫困残疾人185人外,项目又带动建档立卡贫困残疾人员6人,贫困人口人均年增收248元。同时,张家港市扶贫协作资金出资100万元,苏州银行定向捐赠150万元,累计投资250万元,在高峰村新建茶叶加工厂房970平方米(框架结构一层)及购置加工设备,12月完工。年内还新增投资105.37万元,发展经果林种植33亩、吊瓜10亩、灵芝种植7亩,修建简易水池300立方米。

张家港市把高峰村有机农业产业园作为两地共建示范园区,提供管理策划、人员培训、技术服务、产品营销等咨询指导支持。园区新增入驻企业2个,29个建档立卡贫困劳动力在园区就业。三年累计到位资金9100万元,其中对口帮扶财政资金投入1972万元,初步形成"三园三业一中心"(有机农业产业园、茶叶公园、生态养殖园,种植业、养殖业、旅游业,贫困村创业致富带头人培训中心)的产业发展形态。2020年,两地农业部门又在高峰村有机农业产业园挂牌成立东西部农科协作基地。是年,江苏省扶贫协作资金出资110万元,为高峰村建设含输送、萎凋、烘干、揉捻、发酵、解块等的茶叶加工设备一套及安装配套电线等,带动建档立卡贫困人口197人。江苏省扶贫协作资金出资81万元,建设高峰村生态养殖场基础设施项目,建围栏3000米,信息智能设备1套,封闭式自动化大门1套,集中消毒设施1套,小型冷藏运输车辆1台,带动建档立卡贫困人口197人。江苏省扶贫

沿河县高峰村有机农业产业园

协作资金出资197.53万元,建设高峰村有机产业园配套基础设施项目,建经果林和瓜蒌地围栏2500米,信息职能设备1套、小型保鲜库600立方米,道路及排水等配套设施,改造灵芝大棚12个4995平方米,带动建档立卡贫困人口197人。江苏省扶贫协作资金出资20万元,以"村社合一"发展茶叶管护项目,购买磷肥300千克,黄板6900张,带动建档立卡贫困人口16人。

松桃县大坪场镇农旅一体化现代高效农业示范园区 2018年,苏州工业园区与松桃县签订共建农业园区框架协议。园区规划面积约1000亩,总投资额约3亿元。2019年,枇杷、碧螺春、芡实等苏州特色农作物相继被引入农业产业园区,农旅一体园区初步成型。园区共引导13家企业投资,投资额4.75亿元。2020年,大坪场镇农旅一体化现代高效农业示范园区,覆盖镇江村、干串村、岩牛村、后屯村、坳田村、水冲村6个村,先后引进精品水果种植、鱼苗养殖、富硒茶追肥、植保无人机等项目,逐步建成松桃优质农特产品的稳定供应基地。有省级龙头企业1家,市、县级扶贫龙头企业6家,专业合作社6家,企业到园区实际投资额1300万元。苏州工业园区共投入扶贫协作资金2466万元,就地就近带动农户200多户1000余人脱贫,园区农业人均增收2000元。

松桃县大坪场镇农旅一体化现代高效农业示范园区

印江县新寨镇新寨茶叶示范园区 该项目覆盖新寨镇后坝村、团山村、新寨村、善都村、新坪村。2018年,启动茶叶提质增效示范园区建设项目,吴江区投入东西部扶贫协作资金710万元。在示范园区共新植茶树200亩,改造低产茶园1800亩,管理幼龄茶园1250亩,新增茶叶加工设备20台(套),新建工厂房1000平方米,新修产业路3千米。该项目让贫困人口1939人受益。2020年,吴江区先后投入东西部扶贫协作资金957万元,主要用于园区现代水利设施建设(含水源工程1处、200平方米调节池1座、管道22.33千米)、茶园提质增效建设(包括新植茶园1500亩、中低产茶园改造600亩、幼龄茶园管护800亩)、7个村集体经济入股350万元及园区配套电力设施建设(变压器、沟渠)。辐射带动园区

印江县新寨镇新寨茶叶示范园区

范围内农户806户1997人（其中贫困户157户577人）发展茶叶产业，茶叶品质和管护水平显著提升。

相城·石阡共建现代农业产业园 位于石阡县本庄镇黎坪村。2018年4月13日，相城区政府与石阡县政府签订《相城区—石阡县共建现代农业产业示范园区框架协议》，建设集产业扶贫、休闲观光、采摘体验、科普基地于一体的农业产业示范园。该项目投入东西部扶贫协作资金3100万元，从苏州市引进蓝莓、枇杷、猕猴桃、美国红枫、欧洲白桦等优质品种用于苗木繁殖，相城区选派专业人才对园区工人进行一系列苗木管理技术指导与培训。园区面积共1000亩，其中枇杷350亩、蓝莓85亩、猕猴桃55亩、其他名优新品水果60亩、彩叶林195亩、花冠木100亩。建设完成1500米围栏、50亩防鸟网设施及160米护栏、5120平方米现代科技大棚。惠及建档立卡贫困户53户258人。利益联结黎坪、岩门、龙屯等10个村部分建档立卡人口600人，发放分红资金15万元。2019年12月10日，相城·石阡共建现代农业产业示范园区获评铜仁市市级现代高效农业示范园区。至2020年，通过土地流转、就业务工、项目分红等方式覆盖贫困群众600名，累计分红25万元。

相城·石阡共建现代农业产业园

太仓·玉屏农业产业示范园区 2018年12月10~14日，玉屏县组织20名农技人员到太仓市开展为期5天的培训学习，围绕农业产业化、农业园区建设等，先后组织学员参观太仓市现代农业园区等农业示范基地。2019年7月8~10日，太仓市委副书记、市长王建国率队到玉屏县对接调研考察，两地召开玉屏·太仓东西部扶贫协作党政联席会，签订太仓·玉屏农业园区共建协议。2020年，引进上海孙桥溢佳农业技术股份有限公司、太仓戈林农业科技有限公司实施玉屏县白芨优质产业基地项目，完成中药材白芨种植280亩。当年两企业到园区实际投资额1600万元，入驻园区企业吸纳就业339人，其中贫困人口就业63人。至2021年，太仓·玉屏农业产业示范园农特产品直供基地扩建到2500亩，在苏州市设立"黔货出山"旗舰店增加到5个。

吴中·德江共建农业产业园 位于德江县合兴镇鸟坪村。2019年3月，吴中区、德江县签订《吴中区德江县东西部扶贫协作食用菌园区共建合作协议》，按照"1+X"（"1"是指一个主导产业：食用菌，"X"是指实施的桶井乡同心社区基地、稳坪镇基地、煎茶镇新场社区基地等）模式推进园区共建，累计投入资金5468万元，建设食用菌基地3个，农业产业基地1个。全年引导入驻园区企业1个，实际投资额613.2万元，吸纳贫困人口就业数28人。2020年,投入东西部扶贫协作资金1600万,新建办公楼160.57平方米,生产厂房1896平方米,智能温室3840平方米,配套食用菌生产设备及食用菌加工设备等。每年吴中区采购近120万元。全年引导入驻园区企业3个,实际投资额717.57万元,入驻企业吸纳就业人口219人(其中贫困人口就业107人)。

吴中·德江共建农业产业园

常熟·思南共建农业产业示范园区 2019年4月12日,常熟市和思南县在思南乌江酒店会议室签订常熟市·思南县共建农业产业(茶叶)示范园区合作协议,以进一步放大思南县茶产业带动脱贫的效益。两地政府计划用5年时间,通过争取各类帮扶资金、整合社会资金资源等方式,带动资金10亿元支持共建园区建设,重点打造"四基地、一中心",即共建茶叶基地1万亩、柚子基地1万亩、油牡丹基地5万亩、黄牛基地1个(养殖场17个)、农产品加工中心1个。同时大力发展百合、青花椒、食用菌、跑山鸡、精品水果等种养产业,不断优化园区产业结构。2019年翟家坝村茶叶基地首采即为村集体创收10余万元,带动当地农民就近务工7.2万人次;建成黄牛养殖场17个、柚子种植基地1530亩,累计为贫困户分红240余万元;种植3600多亩油牡丹,减调低效玉米648亩,带动农户务工1.2万人次,增收100余万元;引入江苏省农村科技服务超市,依托入园常熟市企业,培养大批地方技术骨干及熟练工人,为思南县农业产业发展提供技术支撑。园区累计投入东西部扶贫协作资金5000万元,吸引贵州品界农业发展有限公司、贵州思常农业科技发展有限公司、贵州常思食品有限公司等企业入驻。

碧江区滑石乡白水贡米产业扶贫协作产业园 作为昆山市与碧江区东西部扶贫协作中最具代表性的农业扶贫产业项目之一,是集农事、观光、采摘体验和产销为一体的农旅融合项目。2019年9月12日,碧江区2019年农村产业革命现场推进会在滑石乡召开。会议现场,江苏一多文化创意有限公司、江苏社区集网络科技连锁有限公司、昆山市粮油购销有限责任公司、昆山绿色农产品开发有限公司、上海捷强烟草糖酒(集团)有限公司(昆山)配销

碧江区滑石乡白水贡米产业扶贫协作产业园

中心与碧江区白水大米专业合作社签订东西部扶贫协作1000亩农产品直供基地协议1个、供销协议4个。2020年，滑石乡白秧坪农村合作社与仙云谷农工坊（苏州）贸易有限公司签订白水大米直销订单5000亩。

沿河官舟食用菌产业园　位于沿河县官舟镇。2019年，江苏省扶贫协作资金投入1亿元，联合当地自筹资金5500万元，在官舟镇马脑村建成黑木耳智能化菌包厂和170亩黑木耳示范种植基地。至2020年9月，基地一期107亩已排棒70万棒，日产6万吨智能化菌棒加工厂项目已竣工投产。项目带动建档立卡贫困人口1.4万人。2020年，年产干木耳975吨，产值4900余万元，覆盖当地农户7096户26963人，其中建档立卡贫困户1011户3229人，带动长期就业人口104人，聘用临时工8679人，发放农户务工费455.7万元、土地流转费24.5万元。

沿河官舟食用菌产业园区

二、畜牧养殖繁育基地（项目）

玉屏县温氏一体化养殖项目　2014年3月14日，太仓广东温氏家禽有限公司投资玉屏县一体化养殖项目在玉屏县正式签约，该项目采用"企业+村办基地+农户"模式，总投资4亿元，形成年产生猪32万头的规模。2015~2017年，温氏公司精准扶贫养殖户28户，户户都赢利，养殖大户全年创利10~20万元。

印江县朗溪镇甘龙村林下养鸡项目　2017年，吴江区投入扶贫协作资金80万元，发展林下养鸡项目。林下养鸡项目修建林下生态养殖标准鸡舍40个共计800平方米、养殖围栏5000米、管理房80平方米、堆粪场100平方米，安装水电含10平方米蓄水池5个，养殖脱温鸡苗8000羽，该项目共计带动甘龙村建档立卡贫困户37户，其中土地流转带动10户，增加集体收入34.6万元，分红24.19万元，带动147人脱贫。

沿河县淇滩镇铜鼓村肉牛养殖项目　2017年12月，张家港市投入扶贫协作资金80万元，按每户7843.14元量化到102户建档立卡贫困户，用于入股贵州沿河梓瑜生态农业有限公司扩建肉牛养殖基地，新增肉牛养殖50头，分配采取"保底分红+股份分红"方式，当年每户分得保底分红金627.45元。该肉牛产业项目总投资325.6万元，其中张家港市扶贫协作资金80万元、国家财政扶贫资金60万元、经营主体自筹资金185.6万元，于2018年12月竣工。覆盖贫困户102户，贫困人口332人。

松桃县孟溪镇安山村智能化鲟鱼养殖示范基地项目　2017年3月，由苏州康赛德生物农业有限公司和贵州松桃翔龙渔业发展有限公司合作建设松桃智能化鲟鱼养殖示范基地,项目占地226亩,总投资近2000万元。由1个鲟鱼养殖基地、1个鲟鱼育种基地、1个水产养殖培训中心、1个农旅一体化休闲中心组成。

松桃县智能化鲟鱼养殖示范基地

江口县桃映镇小屯村特色梅花鹿养殖项目　2017年,由姑苏区苏铜朝阳鹿业科技发展有限公司投资建设,2018年苏州市投入东西部扶贫协作资金198万元,支持建成标准养殖基地1.2万平方米、标准养殖圈舍34个,储蓄饲料仓库3000平方米。2019年,深化"龙头企业+合作社+农户"的产业发展模式,以土地租赁、劳务用工、利益联结、饲料代种、农户代养、结对帮扶等6种形式,带动周边6个贫困村集体经济发展,惠及贫困群众875户超3000人。通过务工,人均年增收3200元;通过青贮饲料种植,户均年增收1800元;通过土地流转,群众年收益达8.3万元。该公司与桃映镇匀都村、万民村、瓮稿村、妙石村等签订养殖协议,每村入股50万元资金,由公司负责养殖,第一年以入股资金的5%进行分红,从第二年开始按每头鹿固定1800元计算,村级按照固定利润的60%进行分红。该项目于2019年接受铜仁市第二次项目现场观摩会观摩,并在2019年铜仁市重大项目建设成果观摩专题片上亮相,成为东西部协作的样板项目、精品项目。2020年投入东西部扶贫协作资金200万元,建成养生配制酒标准厂房1600平方和一体化生产线。截至2020年底,建成占地55亩集养殖、加工为一体的梅花鹿养殖基地,养殖梅花鹿近600头。苏铜朝阳鹿业科技发展有限公司注册苏铜酒业有限公司,"鹿野仙盅"系列养生配置酒正式投产,在苏铜两地分别建立销售公司,2020年销售额超2000万元。

江口县桃映镇的苏铜朝阳鹿业科技发展有限公司

江口县凯德街道凯市村小龙塘冷水鱼养殖基地　2018年3月,由铜仁市级重点龙头企业贵州东亿农业发展有限公司投资建设,总投资1.1亿元,占地面积150亩,新建养殖池50000平方米、育苗棚3500平方米,年繁育鱼苗500万尾,年产商品鱼150万千克,实现年产值5800万元、年利润1600万元,是贵州省最大的冷水鱼繁养生产基地。

2020年4月,苏州市投入东西部扶贫协作资金274万元,建设冷水鱼标准化养殖池17个,面积共10800方米,开展冷水鱼基地标准化建设,采用"公司+基地+农户"(公司提供鱼苗、饲料、技术服务,农户负责建设适度规模鱼池养殖,公司负责回收、深加工和销售)的运作模式,当年11月建成投用,项目覆盖农户178户678人,其中贫困户169户652人。

江口县小龙塘冷水鱼养殖基地

松桃县长兴堡镇大花村蛋鸡养殖项目 2018年3月开始实施,同年12月建设完工。项目总投资117万元,其中东西部扶贫协作资金90万元。新建蛋鸡养殖场1200平方米,养殖鸡苗15000羽。项目覆盖贫困户155户602人,截至2020年,贫困户累计分红21.6万元,户均增收1400元。

松桃县长兴堡镇大花村蛋鸡养殖项目

沿河县土地坳镇马场坝村黄牛养殖项目 2018年4月,苏州市投入扶贫协作资金150万元,用于马场坝村黄牛养殖项目。项目建设周期为4月至12月,建设内容为买牛140头,建栏圈1000平方米、隔离房200平方米、青贮窖500立方米,种草28亩,添置智能管理设备、公示牌等。以马场坝村集体经济入股贵州鑫源农林科技有限责任公司,公司自筹资金10万元。辐射带动贫困户85户。

沿河县土地坳镇马场坝村黄牛养殖项目

松桃县长兴堡镇肉牛养殖项目 2018~2019年,苏州工业园区安排东西部扶贫协作资金300万元,用于长兴堡镇灯阳村肉牛养殖项目,项目养殖西门塔尔牛200头,带动长兴堡镇大地村、灯阳村、白果村建档立卡贫困户116户407人脱贫。

松桃县肉牛养殖项目

松桃县林下养殖项目 2018~2020年,共计投入东西部扶贫协作资金1035.4万元,在松桃县盘信镇实施楼台村绿壳蛋鸡养殖项目、小隆村蛋鸡养殖项目,在妙隘乡实施林下蛋鸡养殖项目,在瓦溪乡入股贵州省同仁望乡生态农业开发有限公司蛋鸡养殖项目,在乌罗镇实施林下肉鸡养殖项目,在九江街道杨柳社区实施4万羽商品蛋鸡标准化养殖示范基地项目、在木树镇上石花村实施林下养鸡项目,在世昌街道石花社区建设林下肉鸡养殖基地,在盘石镇邓现村建设蛋鸡标准化养殖基地。项目带动贫困人口11854余人脱贫,贫困户分红50余万元,人均增收4000余元。

玉屏县新店镇沙水坪村肉牛养殖场项目 该项目总投资283.16万元,其中,2018年投入东西部扶贫协作资金195万元、市级脱贫攻坚专项基金88.16万元。2018年12月全面竣工并投入生产,建成养殖圈舍6栋、草料房2栋及其他相关配套基础设施,饲养肉牛380头。采取"扶投公司+企业+农户"模式。每年收益的70%作为玉屏县"10113"扶贫产业分红资金,分配给利益联结贫困户;20%作为村级工作资金;10%由新店镇农夫康农业开发有限公司作为扩大新店镇辖区产业发展及管理维护资金。该养殖模式实现年收益90余万元,带动新店镇2016年、2017年脱贫户及建档立卡户人均增收300元以上,惠及615户2087人。

玉屏县皂角坪街道枹木垅村邓溪肉牛养殖示范基地项目 投入太仓市扶贫协作资金180万元,新建标准化养牛圈舍1500平方米、给水工程1套,购买犊牛150头。项目于2018年12月全面竣工并投入使用。采取"村委会+农户"的发展模式,由村委会聘请专业饲养员进行饲养管理,带动4名贫困人口就业,项目所得纯利润的70%用于建档立卡贫困户分红,20%作为村集体经济用于村级公益事业建设,10%用于养殖基地后续管理维护。项目覆盖枹木垅村贫困户81户288人。

沿河县泉坝镇白山羊养殖项目 2018年6月,苏州市帮扶泉坝镇以村集体经济入股形式发展努比亚山羊养殖。后因努比亚山羊羊种无法及时购买到,2019年改为当地白山羊养殖。苏州市扶贫协作资金出资263.4万元,经营主体自筹资金82.79万元,总投资346.19万元,在泉坝镇捷克村、捷梁村、大泉村、岩园村养殖白山羊1112只,购置养殖设施等。其中大泉村294只、捷梁村196只、捷克村295只、岩园村327只。项目于12月完成,覆盖贫困村2个、深度贫困村2个,贫困户345户,贫困人口1525人,带动贫困群众849人。

思南县黄牛基地 分布在思南县许家坝镇、鹦鹉溪镇、张家寨镇、邵家桥镇等13个乡镇、19个村。2018年以来,为打响"思南黄牛"国家级地理标志品牌优势,在1500万元东西部扶贫协作资金支持下,新建标准化黄牛养殖场17个。基地采用"村集体+能人(大户)+贫困户"模式运行,17个黄牛养殖场目前已全部完工,存栏黄牛865头、出栏

355头,实现新增产值400万元,分红资金达93.72万元,带动18个村建档立卡贫困户1263户5052人,户均增收489元,有力助推贫困农户脱贫奔小康。基地全面建成并投产后,基地黄牛存栏可达2500头,可有效提升"思南黄牛"品牌价值。

碧江区漾头镇生态冷鱼养殖农旅一体化项目　2018年,苏州市扶贫协作资金出资100万元,在漾头镇建设38亩鱼塘,其中恶滩组鱼塘15亩、溪房组鱼塘10亩、桐木坪组鱼塘13亩。

沿河县中界镇生猪养殖项目　2019年,张家港市扶贫协作资金出资100万元,作为农业产业化村集体经济入股沿河县协力生态农业种养农民专业合作社发展生猪养殖业,采取"效益分红+保底分红"利益联结机制,保障贫困户收益。项目资金中,中界镇志强村34万元、大宅村33万元、三会溪村33万元。覆盖非贫困村1个、深度贫困村2个,贫困户211户,856名贫困群众从中受益。

沿河县淇滩镇洋南村生猪养殖扩建项目　2019年4月,张家港市扶贫协作资金出资100万元用于扩建洋南村生猪养殖规范猪舍1350平方米及配套设施,建门卫室(消毒室、更衣室)20平方米、管理用房210平方米、养殖场前门(自动收缩门设备)1套、后门(铁门)1套,购买消毒系列设备1套等。项目12月完工,覆盖贫困户123户,带动建档立卡贫困人口586人,带动建档立卡贫困残疾人2人。

玉屏县皂角坪街道铁家溪村撒坝猪扩繁场建设项目　2019年,太仓市投入扶贫协作资金100万元,建设带保育运动场的一体化母猪舍725平方米、后备母猪育种舍326平方米、公猪舍120平方米、饲料加工房40平方米、粪污处理氧化贮存池100立方米。项目于2019年8月开工建设,2019年12月投入使用。建成后常年存栏能繁母猪100头,年生产仔猪1200头。项目采取"村委会+合作社+农户"的发展模式,覆盖贫困农户117户,户均新增年收入超400元。项目70%用于建档立卡贫困户分红,20%作为村集体经济用于村级公益事业建设,10%用于合作社运转资金。

玉屏县大龙街道清水塘村晓龙水产养殖项目　2019年,太仓市投入扶贫协作资金30万元,以资金变股金的模式,入股贵州大龙晓龙水产养殖农民专业合作社,发展综合养殖产业。项目采取"政府扶贫资金+专业合作社+贫困户"的管理模式,专业合作社负责管理经营,政府、村委会、贫困户负责监督。分红资金收益作为清水塘村集体收益,用于村级后续扶持、巩固提升,利益联结覆盖该村贫困农户35户84人。

玉屏县亚鱼乡瓮袍村肉牛养殖项目　2019年太仓市双凤镇投入帮扶资金30万元,入股亚鱼乡瓮袍村村级合作社玉屏县健远种植农民专业合作社发展肉牛养殖,项目占地面积3亩,养殖肉牛80余头。项目采取"政府扶贫资金+专业合作社+贫困户"的管理模式,纯收入的70%作为亚鱼乡建档立卡贫困户分红资金,30%作为专业合作社管理经费及村集体经济收入,利益联结覆盖亚鱼乡建档立卡贫困户325人。

"二花脸"猪繁育示范基地　位于思南县鹦鹉溪镇踏溪村、塘头镇下寨村、天桥乡黄河村。2019年,基地获得常熟捐赠的国家级畜禽遗传资源保护品种太湖猪("二花脸")纯种母猪及商品猪100头,经过扩繁,存栏"二花脸"纯种母猪17头、二元母猪46头、杂交商品猪700余头,带动贫困户167户1759人。

2019年5月31日,常熟市"太湖二花脸"引种扩繁项目落户思南县

沿河县洪渡镇王沱村蛋鸡养殖项目及配套实施项目　2020年,江苏省投入东西部扶贫协作资金475万元,养殖蛋鸡5万羽,建四层五列层叠式全自动控温鸡舍1栋1748平方米及配套设施设备,带动建档立卡贫困人口42人。

思南县怒溪镇长江鲥鱼养殖项目　2020年1月,投入东西部扶贫协作资金100万元建设,5月底完工,项目总投资500万元。包括室内鱼池38个、室外鱼池500平方米、保温大棚3570平方米、产业路0.2千米、深水井2个、污水处理池500平方米、办公大楼1栋。2020年6月和10月,养殖基地从常熟市苏州康赛德生物农业有限公司购进鲥鱼苗近2万尾。该项目以"企业+村集体经济+贫困户"模式,带动怒溪社区集体经济发展,惠及怒溪社区贫困群众138户超445人。

江口县太平镇小龙虾养殖项目　2020年投入东西部扶贫协作资金100万元,建成三沛塘村小龙虾养殖基地165亩,养殖小龙虾297万尾,于2020年9月完成并投产使用。该项目以"龙头企业+农户"的发展模式覆盖贫困户56户,直接带动就业30人,人均增收2000元以上。至2020年底,务工贫困户年人均增收1.5万元,其他贫困户年人均增收超过500元。

江口县太平镇三沛塘村小龙虾养殖项目

德江县肉牛及人工种草补助项目　2020年3月,吴中区投入扶贫协作资金500万元,用于德江县22个乡镇(街道)344个村(社区)的肉牛及人工种草补助项目,9月竣工。项目对2019年10月1日至2020年9月30日期间,全县所有饲养能繁殖母牛的贫困户,实行产犊后建档立卡,采取"见犊补母"方式进行补助,每头母牛补助1000元,种

植高产优质牧草的贫困户每亩补助150元,覆盖贫困人口7120元。

玉屏县皂角坪街道瓮阳村林下散养梅香跑山猪项目 2020年7月,太仓市投入扶贫协作资金300万元,新建圈舍1908平方米、管理用房及饲料加工房324平方米,购买种猪5头、母猪50头、仔猪80头。当年末建成并投入使用。项目采取"村委会+合作社+农户"的发展模式,委托合作社进行管理运营,采取"保底分红+效益分红"方式进行利益联结,纯利润的70%作为覆盖的70户建档立卡贫困户的分红,30%作为村集体经济收入,村民每户年可增收2400元。

三、农副产品种植基地(项目)

思南县长坝镇金银花种植项目 2014年,苏州市投入扶贫协作资金200万元,在思南县长坝镇长坝社区种植金银花1000亩。项目于2014年12月完工。

松桃县正大乡茶园项目 2015年,苏州市投入扶贫协作资金100万元,在松桃县正大乡盘塘、包家、正光等村建设茶园。项目于2015年12月完工,共新建茶园808亩。项目建成后,增强松桃县优质茶叶生产能力,优化产业种植结构,并新增固定就业岗位8个。

碧江区灯塔街道马岩村蔬菜大棚建设及羊肚菌种植项目 2016年,投入苏州市扶贫协作资金1000万元,新建蔬菜大棚23栋。经农业专家对土壤、气候进行检测,推广种植生产周期短、见效快、效益高的羊肚菌,并把该项目列入东西部扶贫协作项目资金支持,由马岩村精准扶贫农民合作社负责管理运行。2019年,投入昆山市扶贫协作资金100万元,种植羊肚菌100亩。

碧江区百花渡冠玉枇杷示范基地项目 总面积1.23万平方米。2016年3月,民建苏州市委会员企业家蒋建华在百花渡景区投资建设首个益友冠玉枇杷示范基地,种植枇杷1800株,这是苏州市对接铜仁市第一个落地的扶贫与农旅结合项目。2017年7月25日,苏州民建帮扶基地——益友冠玉枇杷园揭牌。2018年,投入苏州市东西部扶贫协作资金120万元,种植冠玉枇杷60亩。冠玉枇杷是目前国内果形最大的白沙枇杷,果径6~10厘米,"果大质优、风味浓郁,适合铜仁发展"。

百花渡景区位于碧江区灯塔办事处马岩村,

2017年7月25日,苏州民建帮扶基地——益友冠玉枇杷园挂牌仪式举行,苏州市政协副主席、民建江苏省委副主委、民建苏州市委主委周晓敏(左三)参加活动

沿河县思渠镇一口刀村黄金李种植及配套设施项目　2017年11月,苏州市扶贫协作资金出资500万元,经营主体自筹资金506万元,总投资1006万元用于思渠镇一口刀村黄金李种植项目。500万元扶贫资金中,390万元用于种植黄金李(一口刀精品水果)650亩(其中20亩大苗),按每户52632元量化到95户建档立卡贫困户,每户分得保底分红金565元;110万元用于配套设施产业水和产业路建设。项目于2018年11月完工。利益分配采取"劳务+分红(保底分红+股份分红)"方式。项目完成后,覆盖1个深度贫困村,95户贫困户,314名贫困人口。

碧江区枇杷种植项目　2017年,投入苏州市扶贫协作资金300万元,在碧江区和平乡八村村种植枇杷200亩1000株,在坝黄镇苗哨溪村、木弄村种植枇杷200亩,在瓦屋乡克兰寨村发展枇杷种植100亩,采购苗木5000株、复合肥7.5吨、有机肥60吨、喷雾器2台、微耕机2台,割草机3台。

松桃县普觉镇东门村集体经济米豆腐加工厂项目　2017年实施,项目总投资90万元,其中东西部扶贫协作资金70万元,项目覆盖东门村贫困户80户,338人,采取"合作社+农户+基地"模式实施,产生效益后,纯利润的30%归村集体所有,剩余70%用于贫困户分红。

万山区山地生态刺葡萄产业示范园区基地项目　位于万山区下溪乡瓦田村。2017年,高新区投入扶贫协作资金400万元,为瓦田村山地生态刺葡萄建起避雨大棚。大棚建成后,不仅避免霜霉病,葡萄产量从每亩2500千克提至3500千克,每亩地的管护成本从原先的1500元降至500元,且成熟后不容易快速坏掉,拉长销售的时间,大幅提升利益。2018年,瓦田村葡萄产量达150余万千克、销售额300余万元,产业红利惠及全村1736人,人均增收1600元。

万山区山地生态刺葡萄产业示范园区基地

沿河县和平街道艾坝村特色水果种植新建项目　2017年12月,张家港市投入扶贫协作资金80万元,按每户10666.67元量化到75户建档立卡贫困户,用于入股贵州艺腾农业旅游综合开发有限公司,发展特色水果种植55亩,经营主体自筹资金86.75万元。分配采取"保底分红+股份分红"方式运行,当年每户分得保底分红金853元。该产业项目总投资166.75万元,于2019年3月竣工。项目覆盖贫困户75户,贫困人口253人。

印江县板溪镇食用菌产业发展整村推进项目　2017~2018年,吴江区投入东西部扶贫协作资金300万,主要用于新增全自动装袋机1套,新建252立方米保鲜库1座,新建灭菌间4间,新增接种箱6个,安装监控设备1套,新建252立方米保鲜库2座,新建生产管理房121平方米,安装变电变压器250千伏安1套。该项目让贫困人口199人受益。

江口县猕猴桃种植项目　2017~2020年,累计投入东西部扶贫协作资金460万元,用于凯德街道明心村、黑岩村猕猴桃种植项目。分别在凯德街道明心村建成猕猴桃种植基地341亩、黑岩村建成猕猴桃种植基地300亩及相关配套设施。项目覆盖明星村、黑岩村共计贫困户187户930人,直接带动80名群众务工,人均增收6000余元。

江口县凯德乡明星村红心猕猴桃种植项目

2018~2019年累计投入东西部扶贫协作资金406万元,分别建成闵孝镇闵家场村、双屯村猕猴桃种植基地1320亩和闵孝镇鱼粮溪村软枣猕猴桃基地300亩。该项目覆盖闵孝镇闵家场村、双屯村、鱼粮溪村共计贫困户408户1370人,直接带动约280名群众务工,2020年投产当年,带动贫困人口户均增收2000元。

思南白茶茶叶基地　位于思南县鹦鹉溪镇,于2017年启动,包括翟家坝村1000亩白茶基地、训家坝村1500亩白茶基地,带动全镇种植茶叶7500亩,由贵州品界农业发展有限公司负责管理运营。2018年,常熟市提供400万元的东西部扶贫协作资金,支持翟家坝村建起1023亩的白茶基地。常熟市还帮助引进企业负责技术指导,对接当地企业与茶园签订产销协议,解决销路问题。至2020年,基地累计培养地方技术骨干12人、熟练工人280人,发放农户务工工资900多万元、流转土地费用150万元,支付村集体经济组织定额分红资金70万元,实现鹦鹉溪镇14个村集体经济增收,帮助700余户贫困农户实现脱贫致富。基地还在常熟市设立思南白茶常熟推广中心,累计发展直营、加盟销售网点11个。鹦鹉溪翟家坝村、训家坝村白茶基地与所在贫困村签订30年茶青包收协议。2020年,引入贵州省内唯一成规模碧螺春工艺生产线,建成并投产年产5万千克名优茶叶的加工中心。该基地鲜茶产量达5万千克,加工销售干茶1万千克,村集体稳定增收超过200万元,发放务工收入1000余万元,带动群众户均增收1.2万元、年人

2021年,贵州品界农业发展有限公司建设贵州省首个5G智慧茶园

均增收5000元。2021年，贵州品界农业发展有限公司开始建设贵州省首个5G智慧茶园，引进基地可视化、产品溯源、病虫害智能监测、环境智能监测等功能，为思南茶产业发展插上科技的翅膀。

对口帮扶油茶抚育项目　位于玉屏县。建设总投资1000万元，2017年，太仓市投入东西部扶贫协作资金900万元。项目建设规模20000亩，主要覆盖平溪街道、皂角坪街道、田坪镇、朱家场镇、新店镇、亚鱼乡、大龙镇。项目采取"公司+合作社+基地+贫困户"模式，利益联结采取贫困户直接参与务工受益和固定分红受益的运行模式。第一批受益贫困户在田坪镇、朱家场镇、平溪街道所辖区域，其中共262户897人直接务工受益，2883户9788人以固定分红受益。第二批受益乡镇（街道）为亚鱼乡、大龙镇、皂角坪街道、新店镇，受益贫困户共计1941户，5928人。

2020年10月22日，玉屏县亚鱼乡亚鱼村村民将采收的油茶鲜果装袋

德江县桶井乡同心社区产业发展中心食用菌基地　2017年4月，吴中区投资1600万元，用于建设苏州市对口帮扶德江县桶井乡同心社区产业发展中心食用菌基地。项目计划用时3年，采取"村集体经济+公司+专业合作+贫困户"集中种植的模式，新建高标准食用菌生产示范基地400亩，2000平方米的生产厂房1座，食用菌加工生产设备1套，第一批覆盖贫困户155户，吸收贫困户就近务工100人。

2019年10月17日，苏州市对口帮扶援建重点项目同心社区产业发展中心贫困户分红大会现场

玉屏县田坪镇东西部扶贫协作食用菌基地项目　2018年1月开工建设，占地50亩，项目总投资1950万元，其中太仓扶贫协作资金500万元，建设食用菌钢架大棚43个，年种植菌棒800万棒，年产值2800万元左右。项目采取"公司+合作社+基地+贫困户"模式，直接务工受益贫困

玉屏县田坪镇东西部扶贫协作食用菌基地项目

人口85人，人均月收入2000元以上。项目覆盖全镇贫困户2018户7556人，户均增收1000元。

印江县紫薇镇竹园村新植茶园区建设项目 2018年，吴江区投入东西部扶贫协作资金441万，主要用于新植茶园2500亩，从茶苗采购、数量、调运、技术等方面做到严格把控，努力提高茶苗的成活率。该项目让贫困人口1568人受益。

印江县木黄镇高标准蔬菜示范基地建设项目 2018年，吴江区投入东西部扶贫协作资金392万元，主要用于建设清表工程（机械开挖、回填、破坎等）380亩、喷灌管网380亩、喷灌管沟380亩、水泵房建设1栋（建设筑工程86.36平方米、给排水工程86.36平方米、电气工程86.36平方米）、生态水池4000立方米。该项目让贫困人口800人受益。

碧江区川硐街道小江口冰糖柚种植项目 2018年，投入苏州市东西部扶贫协作资金210万元，在小江口村种植冰糖柚260亩，采购冰糖柚3年苗3.58万株。

沿河县土地坳镇霍山铁皮石斛项目 2018年4月，苏州市投入扶贫协作资金200万元，总投资240.77万元，以木坪村62.4万元、竹根坝村54.3万元、丰岩村68.2万元、竹花村15.1万元村集体经济入股贵州省德森现代农业科技有限公司，新建大棚3846平方米、苗床2885平方米、托盘9134个、基质2885平方米、滴灌水系统3846平方米，种苗2885平方米，建设周期9个月，至12月完成。覆盖贫困户173户678人，带动贫困户务工收入1000元以上。贫困户户均每年可获保底分红647.4元，四个村村集体每村每年可获保底分红1.2万元。

沿河县中寨镇"白叶一号"茶产业项目 2018年，在国务院扶贫办开发指导司的关心下，张家港市协助沿河县与浙江省安吉县黄杜村签订1200亩360万株茶苗捐赠协议，"白叶一号"落地沿河县中寨镇。"白叶一号"项目覆盖建档立卡贫困人口366户1530人，每户受捐茶苗9836株，折资4918元，持股1份，产业投产见效后，按股分红。11月，所有种植任务完成。2019年11月7日，苏州市扶贫协作资金先后出资38万元和76万元，经营主体自筹资金45万元，总投资159万元帮扶中寨镇大宅村发展"白叶一号"茶产业生产。项目带动建档立卡贫困人口290人，带动建档立卡贫困残疾人3人。同时，苏州市扶贫协作资金出资56万元，经营主体自筹资金6万元，总投资62万元帮扶中寨镇红色村发展茶产业生产，带动建档立卡贫困人口339人，带动建档立卡贫困残疾人3人；苏州市出资38万元，经营主体自筹资金2万元，总投资40万元，帮扶中寨镇清峰村发展茶产业生产，带动建档立卡贫困人口74人，带动建档立卡贫困残疾人2人；苏州市出资76万元，帮扶中寨镇移山村发展茶产业生产，带动建档立卡贫困人口406人，带动建档立卡贫困残疾人5人；苏州市出资90万元，帮扶中寨镇三会溪村发展茶产业生产，带动建档立卡贫困人口352人，带动建档立卡贫困残疾人2人；苏州市出资38万元，经营主体自筹资金5万元，总投资43万元帮扶中寨镇杨坪村发展茶产业，带动建档立卡贫困人口357人，带动建档立卡贫困残疾人5人。7个项目均于2019年12月完成，涉及大宅村、红色村、清风村、移山村、三会溪村、杨坪村6个村，苏州市累计投入扶贫协作资金412万元。

沿河县"洲州茶"生态茶产业项目　2018年，苏州市投入扶贫协作资金500万元，用于发展沿河县晓景乡暗塘村、高寨村、官家村和中寨镇志强村生态茶产业项目，包括厂房修建和加工设备的采购安装等。张家港市苏州嘉雄文化传播有限公司帮助沿河县打造"沿河·张家港'洲州茶'"公共品牌（"洲州"两字，首尾相连，寓意是原"沙洲"现张家港市与原"思州"现沿河县两地一家亲），主动帮助完成商标注册、包装盒设计、标准规范制定等工作，并无偿供沿河使用。沿河县建成贵州沿河洲州茶业有限责任公司，对全县茶叶实行统一品牌、统一包装、统一技术管理。"洲州茶"茶叶在执行梵净山茶叶鲜叶分级标准的基础上创建企业新标准。是年9月21日，"梵净山·洲州茶"产品发布会在张家港市举行，张家港市农业委员会与沿河县农特科技局签订"梵净山·洲州茶"品牌销售合作框架协议，举行"梵净山·洲州茶"产品启动仪式。2019年，"洲州茶"春茶首批完成加工，成功打开苏浙沪市场，拉动沿河22万亩生态茶产业发展，辐射带动贫困户348户，贫困群众1000余名从中受益。

沿河县中界镇村白茶基地　2018年6月，苏州市投入扶贫协作资金200万元，经营主体自筹资金4.5万元，总投资204.5万元，以村集体经济入股贵州苏黔农业产业开发有限公司，发展茶产业。新建白茶基地150亩、茶叶生产加工厂房1000平方米（砖混结构），购置生产加工设备1套和茶叶检测设备1套，安装350千伏安变压器1台。项目于2019年8月完工。利益

沿河县中界镇白茶基地

分配采取"劳务+分红（保底分红+股份分红）"方式，覆盖深度贫困村1个，贫困户44户，贫困人口146人。

沿河县姜花村冰糖橙产业项目　2018年，张家港市扶贫协作资金70万元入股塘坝姜花种养农民专业合作社，在姜花村实施冰糖橙种植150亩。项目包括购买苗木11100株，土地整理，打坑移栽，人工除草及壕刨，购买肥料16.65吨，土地流转100亩，购买农药和标示牌。并对2017年初在姜家组已实施的50亩冰糖橙一同管护。项目总投资

86.81万元,竣工后实行分红、土地租赁、基地务工,覆盖贫困户94户,贫困人口362人。2019年11月7日,苏州市扶贫协作资金出资10万元用于塘坝镇凤凰村冰糖橙管护工作。至年末,带动建档立卡贫困人口662人,带动建档立卡贫困残疾人3人。

德江县新场社区食用菌基地 2018年,吴中区投入东西部扶贫协作资金340万元,分配泉口镇入股贵州森德景观园林绿化有限公司建设新场社区食用菌基地项目,覆盖大土村2017年脱贫和未脱贫的69户、先洋村尚未脱贫的78户、先田村尚未脱贫的103户,共250户,建档立卡人口1129人。资金规模按照贫困户数的比例分配到各村,大土村90万元、先洋村110万元、先田村140万元。

印江县木黄镇新光村高标准蔬菜示范基地 2018年,吴江区投入东西部扶贫协作资金92万,主要用于建设清表工程(机械开挖、回填、破坎等)380亩、喷灌管网380亩、喷灌管沟380亩、水泵房1栋(建筑工程86.36平方米、给排水工程86.36平方米、电气工程86.36平方米)、生态水池4000立方米。该项目让贫困人口800人受益。

思南县柚子基地 位于思南县邵家桥镇和板桥镇。2018年,采取"合作社+村集体+农户"模式,投入东西部扶贫协作资金2090万元,涵盖邵家桥镇的珠池坝村、杜家寨村、先锋村、沙槽村、沙沟村、沙坪村、大龙头村和板桥镇的朝阳村、燎原村、水淹坝村、石庄田村、水洞村等12个村。建成柚子示范基地2000亩,解决当地劳动力就业230余人,带动贫困农户900余户3700多人实现增收脱贫。

松桃县黄板镇纳冲村农业观光园建设项目 2018~2019年,苏州工业园区投入东西部扶贫协作资金364.5万元,在农业观光园种植蓝莓100亩、玫瑰100亩,建滑草场10亩、紫薇花卉园200亩、荷花池5亩,安装园区安全防护栏400米及电力配套设施。累计分红53.513万元,发放劳务费约100万元,带动贫困户2395人脱贫。

松桃县鸡头米种植项目 2018~2020年,苏州市投入东西部扶贫协作资金173.7168万元,用于松桃县长兴堡镇、普觉镇、木树镇鸡头米种植项目。项目种植鸡头米270亩,通过土地流转、入股分红、务工等方式与959户建档立卡贫困户建立利益联结机制,帮助贫困户户均增收2000元,带动贫困户3223人脱贫。

松桃县木树镇种植的鸡头米

沿河县官舟镇马脑村葡萄园温室大棚项目 2019年4月1日,苏州市投入扶贫协作资金100万元,经营主体自筹资金12万元,总投资112万元新建葡萄园温室大棚和钢结构薄膜大棚,温室大棚1312平方米、钢结构薄膜大棚12184平方米。利益分配采取保底分红或股份分红利益联结机制。项目于12月完成。覆盖贫困村3个,贫困户212户,带动建档立卡贫困人口600人,带动贫困户脱贫致富321人。

沿河县晓景乡侯家村中药材(玉竹)基地项目　2019年4月1日,苏州市投入扶贫协作资金300万元,经营主体自筹资金445.3万元,总投资745.3万元。新建晓景乡中药材(玉竹)种植基地600亩,新建基地内产业道路9千米。利益分配采取保底分红和股份分红利益联结机制。项目于12月完成。覆盖非贫困村6个,贫困户1262户,带动建档立卡贫困人口4754人,带动建档立卡贫困残疾人56人,带动贫困户脱贫致富796人,贫困人口人均年增收254元。

思南县许家坝镇油用牡丹基地　涉及杨家山村、蒲家寨村、枫香坝村等13个村,覆盖贫困户1031户。2019年12月底,贵州思常农业科技启动油用牡丹基地建设,流转土地4000余亩,移栽油用牡丹3562亩。基地建成后,从苗木移栽到后期管护,累计带动当地农户就近就业1.5万人次,发放务工费180余万元、流转土地费用100余万元。2020年4月,思南县5万亩油用牡丹基地种植及产业化发展项目成功签约。并持续投入4000万元资金,带动周边乡镇发展油牡丹种植基地4.5万亩以上,充分利用东部的加工技术和市场优势发展油用牡丹加工,实现牡丹籽收入2亿元以上、加工产品收入8亿元以上,帮助8000名农村劳动力实现就近就业,人均年增收5000元。

思南县油用牡丹基地种植及产业化发展项目

玉屏县朱家场镇白芨优质产业基地　太仓市农业农村局根据太仓·玉屏农业园区共建协议牵头引进,由上海孙桥溢佳农业技术股份有限公司投资,于2019年3月29日签约,同年7月11日获批设立玉屏溢佳中草药科技有限公司。项目主要从事中草药繁育研发、技术推广、科技研究、种苗栽培,中草药的种植、销售、加工以及其他生物技术的咨询和自有相关科技的转让服务。建设1000亩白芨优质产业基地,总投资2980万元,当年投资900万元。其中,第一期种植350亩,第二期种植650亩。招录

玉屏县朱家场镇白芨优质产业基地项目

贫困户务工人员8名。

玉屏县朱家场镇精品水果种植项目 2019年投入太仓市扶贫协作资金107.4万元，完成黄桃种植512亩。项目采取"政府引导、项目扶持、示范带动、规模种植"的发展模式和"公司+基地+村集体经济+农户"的产业模式运作。项目优先使用贫困户家庭的劳动力，以项目投入资金的7.6%作为分红资金；由村集体组织，统一将农户土地有偿流转给企业，让农户土地资源变资产获得收益。

碧江区坝黄镇高坝田村蓝莓基地 位于坝黄镇西南部高坝田村。项目是昆山市与碧江区东西部扶贫协作中最具代表性的农业扶贫产业项目之一，是集农事、观光、采摘体验和产销为一体的农旅融合项目。2019~2020年，昆山市先后共投入扶贫协作资金765万元，在高坝田村种植1268亩蓝莓。昆山市张浦镇和碧江区坝黄镇"乡镇结对"、张浦镇七桥村与坝黄镇高坝田村"村村结对"，由高坝田村集体经济合作社与鲜活果汁工业（昆山）有限公司合作，公司提供蓝莓树苗、种植技术指导，合作社负责日常管理，采用"公司+合作社+农户"的经营模式，创新推出"采摘零售优先+企业包销"，由村合作社卖往碧江城区及周边区县，剩余蓝莓由结对帮扶的公司以每千克不少于20元的价格包销。项目利润的60%用于建档立卡贫困户分红，20%用于基础设施维护和完善，20%用于村集体经济积累。村民以每亩400元的租金将土地流转，以男工每天110元、女工每天90元的标准获得劳务费，年底人均分红约1600元。该项目带动188户726人就地就近就业，人均月增收1000余元。

碧江区坝黄镇高坝田蓝莓基地

松桃县沙坝河乡泡木村精品水果项目 2019年，苏州工业园区投入扶贫协作资金100万元，用于实施葡萄项目，项目共计带动泡木村贫困户56户163人脱贫，增加泡木村集体经济收入1.8万元，贫困户共分红4.2万元。

印江县刀坝镇共和村猕猴桃基地配套基础设施建设项目 2019年，吴江区投入县级结对帮扶资金196万元用于刀坝镇共和村猕猴桃基地配套基础设施建设项目，主要用于硬化产业路长5千米、宽4米、厚18厘米，混凝土路面C25。该项目让贫困人口71人受益。2020年，继续投入东西部扶贫协作资金100万用于该项目，主要用于新建砖混结构加工厂房408.25平方米，新建冷库800立方米及其他附属设施。该项目让贫困人口278人受益。

印江县合水镇蔬菜示范种植项目 2019年，吴江区投入县级结对帮扶资金158万元用于合水镇蔬菜示范种植项目，主要用于连片种植蔬菜2060亩。该项目让贫困人口

836人受益。

沿河县、印江县辣椒产业项目　2020年,苏州市分别投入东西部扶贫协作资金2398.51万元、297万元,用于沿河县、印江县辣椒产业项目。在沿河县种植辣椒3.8万亩,带动建档立卡贫困人口4649人。印江县辣椒产业项目让贫困人口5811人受益。

印江县紫薇镇食用菌示范园区建设项目　2020年,吴江区投入东西部扶贫协作资金400万元用于紫薇镇食用菌示范园区建设项目。永义村、幕龙村、官寨村、河坎村4个贫困村集体经济入股紫薇镇食用菌示园区。该项目积极推动食用菌分级销售,加强技术培训管理,提高食用菌产业的整体种植水平,推动产业链条式发展,把食用菌产业打造成稳增长、调结构、促发展的长效产业。该项目让贫困人口785人受益。

印江县紫薇镇食用菌示范园区建设项目

印江县木黄镇蔬菜示范基地配套冷库建设项目　2020年,吴江区投入东西部扶贫协作资金200万元,入股贵州梵净田园农业开发有限公司,用于该村蔬菜示范基地配套冷库建设。该项目让贫困人口347人受益。

石阡县石固乡桂花村蔬菜基地建设项目　2020年,相城区投入东西部扶贫协作资金200万元,建设全自动温室钢架大棚11744平方米、排水沟792米,硬化机耕道514米,安装薄膜11744平方米、遮阳网11744平方米。实施见效后,按照利益联结机制,分红3.5万元,户均增收160元。

石阡县石固乡桂花村蔬菜基地

万山区敖寨乡中华山村食用菌种植项目　2020年3月开始实施,同年9月建成,累计投入江苏省各级财政帮扶资金200万元,发展食用菌菌棒40万棒,购买食用菌菌棒装袋机2台,采取分红方式带动786名建档立卡贫困户。2020年投产当年,带动贫困人口人均增收127元。

四、农产品加工和推广中心

玉屏县现代农业科技展示馆项目　2013年12月22日,太仓现代农业园区专家组到玉屏县实地考察,对玉屏县现代农业展示馆建设进行帮助指导。2014年,由太仓现代农业园区聘请上海市专家帮助玉屏县规划建设现代农业科技展示馆,项目规划设计费100万元由太仓市政府支付。该馆于2014年6月开工建设,2015年5月1日开馆迎客。

石阡县聚凤乡现代高效生态油茶示范园项目 地处贵州省级自然保护区佛顶山脚下,是石阡县的西南大门。从2012年至2014年,利用产业扶贫资金1500万元(其中东西部扶贫协作资金200万元),对基地核心区5.5万亩野生低产油茶进行改造,新植油茶4260亩,改植茶园(合理进行套种)18600亩。现该茶园初见成效:完成茶青下树630吨,实现交易额3000万元;制成成品茶150吨,产值4500万元。2020年,园区引进石阡县城亿原生态农业有限责任公司和贵州良友现代农业科技开发有限公司接手高坪、高原两大集中连片茶场,改建聚凤乡高原茶场,从理念、技术、管理上对茶山进行全面升级更新,建立国内先进的山茶籽冷榨精深加工生产线,年生产能力达4000余吨。

铜仁农产品(苏州)实体体验推广中心 位于苏州木渎国际影视城。2016年6月12日开馆,由苏州黔净高原食品有限公司建立,有64家企业500多种产品入驻。主要以铜仁市优质农特产品为依托,旨在向苏州市民推荐优质的铜仁农产品,促进铜仁市经济的发展,让更多的人关注铜仁农业、了解铜仁农业、投资铜仁农业。

德江县优质农产品(苏州)推广中心 位于苏州木渎国际影视城。2017年8月15日,德江县(区)农商联动专班与苏州黔净高原食品有限公司合作建立德江县优质农产品(苏州)推广中心。在苏州国际影视城设立德江县农产品销售窗口,开展线上线下农产品宣传促销活动。

石阡智慧农业大数据平台 2018年2月,石阡县人民政府与布瑞克(苏州)农业互联网股份有限公司签订《石阡县农业大数据建设及智慧农业战略合作协议》,合作框架包括农业大数据、农牧人商城、农产品集购网、土地流转及标准化农地服务等4个方面。2018年5月27日,石阡布瑞克农业大数据平台正式启用。2019年,布瑞克公司优化整合提升石阡县农业大数据平台建设,初步积累石阡县本地10余个电商团队的主打产品、年销量、销售渠道等14项重要指标的信息数据采集,同时针对石阡县特色产品的全国电商市场数据进行监

2018年5月27日,铜仁市委常委、石阡县委书记皮贵怀(右二),苏州市政府党组成员、铜仁市委常委、铜仁市副市长、江苏省对口帮扶贵州省铜仁市工作队领队查颖冬(右一),相城区委书记顾海东(右三),相城区人大常委会主任屈玲妮(左一)共同启动帮扶项目——石阡布瑞克农业大数据平台

控采集和分析研究,为石阡县电商销售提供有力的数据支持。截至2020年底,农牧人团队累计已完成包括茶树菇、黑木耳、黄花菜、香菇等53个铜仁区域特色农产品品牌设计与上线销售工作;与多地干部学院合作,先后培训铜仁市基层干部、新型农业经营主体1500余人次,销售铜仁市特色农产品超千万元。

铜仁梵净山茶苏州推广中心　位于苏州茶叶市场内(南环西路25号)。2019年4月1日落成启用,委托贵州贵蕊农业发展有限公司负责运营管理。该中心是在苏州市农业农村局帮助下,联合铜仁市农业部门,为提高铜仁梵净山茶在苏州市场的销售量和知名度而设立的一个茶叶展示窗口。铜仁市拥有180余万亩茶园,全年茶叶产量10万吨。2019年,铜仁梵净山茶苏州推广中心与苏州市茶叶商会签订千万元以上的合作订单,有效带动铜仁市茶产业发展,助推铜仁脱贫攻坚。

2019年4月1日,铜仁梵净山茶苏州推广中心在苏州市茶叶市场开业,该中心集铜仁市生态茶叶及特色农产品展示、营销为一体

常思共建·思南农产品加工中心　位于思南县鹦鹉溪镇翟家坝村,占地面积11.8亩,包括厂房3000平方米、办公楼800平方米、服务用房700平方米,总投资3000万元,其中东西部扶贫资金800万元。加工中心建成后,贵州品界农业发展有限公司和贵州常思食品有限公司2家企业相继入驻。贵州品界农业发展有限公司在加工中心建成年生产能力15万千克(名优茶5万千克、大众茶10万千克)的加工生产线,第一批高档名优白茶于2020年3月上市,解决用工12000人次,实现400多户农户家庭增收。贵州常思食品有限公司在加工中心建设食用菌加工车间1个。带动鹦鹉溪镇10个村420户3500人实现增收致富,并培养大批名优茶加工技术骨干。常思两地围绕思南县农业四大主导产业逐步将加工中心打造成为集名优茶、食用菌等思南县优质农产品加工、农特产品展示以及集散为一体的综合型加工交易中心。

常思共建·思南农产品加工中心

"昆碧乐比邻"东西部扶贫协作展示中心　位于昆山华润国际社区商业街。2019年投入东西部扶贫协作资金100万元,场地由昆山高新集团有限公司帮扶支持,建成"昆碧乐比邻"农旅产品展示中心。展示中心有两层共300多平方米,第一层为农产品展销

专区，第二层为文化旅游及产业招商区。
仙云谷农工坊（苏州）贸易有限公司负责
运营，供货方面搭建"公司+公司+合作社"
模式，与铜仁市锦程投资集团、贵州五新
农业科技有限公司、贵州黔东武陵农业产
业扶贫有限公司等农产品公司和滑石白
秧坪大米专业合作社、绿怡生态蔬菜种植
专业合作社等合作社建立合作关系，涉及

"昆碧乐比邻"东西部扶贫协作展示中心

白水大米、梵净山油茶、珍珠花生等50种农副产品。销售方面，通过"线上+线下、零售+
采购、省内+省外"的销售模式，与苏州市民卡有限公司、昆山绿色农产品开发有限公司
达成线上、线下全面合作的初步意向，并与大润发等商超和电商平台接洽，扩大营销渠
道。2020年，带动农产品销售3.5万余吨，销售额达6.3亿元。

"梵净山珍"（苏州）展示中心　位于相城区阳城湖西路万家邻里生活广场下沉广
场（轨交孙武纪念园站出口），总面积880平方米，总投资200万元。展示中心于2019
年7月25日开业，有铜仁产品及贵州其他市州产品。展示中心集苏铜扶贫协作成果展
示、铜仁市农特产品展示、铜仁文化旅游展示以及投资环境展示于一体，设东西部扶贫
协作成果展示区、精品展示区、生态文化走廊3个区域，展销贵州9个市州1200多种农
特产品，其中600多种来自铜仁，600多种来自其他8个市州。自开业到2020年8月中
旬，销售额已超过1200万元。

苏高新农产品供应链示范基地　位于万山区高楼坪乡银星中路，2018年，苏高新
集团有限公司与万山区签订协议，共同投资建设的苏州·铜仁东西部协作重点项目——
苏高新农产品供应链示范基地，总投资1.5亿元，总占地4.7万平方米，于2019年5月开
工建设，7个月实现建成满租，着力构建集农产品收购、分拣、检测、包装、加工、冷链配

送等于一体的全产业链，直采万山区原生
态农产品，做到"一手牵农民，一手牵市
民"。基地引入苏州食行生鲜电子商务有
限公司、鸿海（苏州）食品科技股份有限
公司和铜仁亿创电子商务经营管理有限责
任公司3家农产品销售企业。2020年1月
16日竣工验收，5月26日全面投入运营。
该基地入驻企业——苏州食行生鲜电子商
务有限公司投入1000万元建成干货食用

苏高新农产品供应链示范基地

菌标准生产车间和牛羊肉加工标准生产车间；鸿海（苏州）食品科技股份有限公司投入3500万元完成农特产品前道加工车间、配送中心车间及农特产品深加工车间建设，并将投入2000万元建设40000立方米智能冷链中心。2020年，该基地累计销售铜仁市农特产品2256吨，销售额达1亿元，带动4700多户贫困户增收。

第二节　工业产业合作

　　产业园区是苏州区域经济发展的一大支柱，与苏州市合作共建产业园区，是铜仁市借鉴苏州市发展经验，承接苏州市转移产业，发展地方经济的重要举措。2015年，苏铜两市签订《铜仁市·苏州市共建产业园区框架合作协议》，铜仁·苏州产业园在铜仁市碧江区正式挂牌成立，并迅速成为苏铜产业合作的试验田、桥头堡和集聚区。2019年，苏州·铜仁扶贫协作联席会议议定进一步优化合作空间，聚焦产业发展和易地扶贫搬迁就业后续服务，按照"市级统筹、资源整合，优势互补、飞地发展，各记其功、互利共赢"的原则，打破区域限制、点面结合，推动铜仁市各区（县）与苏州市对口帮扶市（区）招引企业落户苏州·铜仁产业园、大龙经济开发区、铜仁高新技术产业开发区、万山经济开发区等园区平台，配套建立完善引进区（县）和落户区（县）税收和利益分配机制，推动迁入地、迁出地及双方对口协作市（区）发展"飞地经济"，带动贫困群众稳定增收、稳定致富。苏铜两地政府深化推动产业园合作，按照"核心共建，深化产业合作，狠抓招商培育，做大产业规模，完善功能设施配套，抓实产业富民"工作原则，真正做到"苏州所需，铜仁所能"。在制度建设、资金支持、优惠政策、行政审批等多方面进行支持园区建设，着力引导苏州市资金、人才、技术、管理等要素向共建园区集聚，借鉴苏州市"亲商理念""一站式服务"等，引进企业和项目落地，推动产业园区向纵深化发展。至2020年，两地结对合作工业园区10个。

　　苏铜两地逐步探索出依托园区产业、依托龙头企业、依托当地资源、依托地域文化、依托易地搬迁等多种模式。采取"企业+车间+贫困户"的方式在易地扶贫搬迁安置点发展"厂房式"扶贫车间，采取"合作社+难就业人员"的方式发展"合作社式"扶贫车间，采取"企业+订单+贫困户"的方式发展"居家式"扶贫车间，解决易地扶贫搬迁户就业难问题，让搬迁群众成为产业工人。至2020年，两地兴建的扶贫车间130个，成为铜仁市城区正光、矮屯、打角冲等易地扶贫搬迁户的就业基地，吸纳就业10069人，其中建档立卡贫困人口3278人。

一、工业产业园区

铜仁·苏州产业园　位于碧江经济开发区。前身为2011年2月设立的铜仁市循环经济工业园区，2012年10月获批省级经济开发区。2015年5月，苏州市与铜仁市签订《铜仁市·苏州市共建产业园区框架合作协议》，设立铜仁·苏州产业园，与碧江开发区合署办公。

2017年，投入苏州市扶贫协作资金100万元，邀请苏州工业园区规划设计院和新加坡邦城规划顾问有限公司编制《铜仁·苏州产业园控制性详细规划和产业发展规划》。规划东至马岩河、西至铜兴大道、南至大明边城与寨桂组团、北至五福大道，总用地面积约46.56平方千米，人口规模26.3万人，打造以工业产业功能为主体，以现代服务业为支撑，集生产科研、商贸物流、会议展览、文化体育、生活居住、休闲娱乐、旅游度假为一体，且有浓郁人文气息、生态气息，居住适宜、环境优美的现代化生态产业新城。

2018年，邀请上海同济大学编制《铜仁·苏州产业园核心区城市设计规划》，6.18平方千米核心区通过论证。2018年5月21日，铜仁市政府出台《支持铜仁·苏州产业园核心区建设若干意见》，确定启动6.18平方千米核心区建设。国家开发银行苏州分行为产业园提供总额20亿元融资服务。2020年9月，昆山市与碧江区投产建设高端装备制造产业园，占地205.69亩，总建筑面积13.76万平方米，总投资5.97亿元，由昆山国创投资集团有限公司负责园区整体规划投资建设和产业招商运营管理。至2021年，已完成200亩高端装备产业园的招标工作。

铜仁·苏州产业园核心区建设参照苏州市其他共建园区成功经验，按照"苏黔协调推动、苏铜主导主引、昆碧主抓主建"的模式，由昆山高新集团成立独资子公司——铜仁锦峰开发有限公司作为开发主体，具体负责区域内开发建设、招商引资和运营管理，根据建设需要配置一定数量的商住开发地块，以弥补项目开发资金缺口。碧江方负责区域内的征地拆迁，保障建设用地指标按时足额供应。探索国有企业参与市场化扶贫协作新模式，通过政府收税金、群众获薪金、两市享红金创新分享机制，2020年实现工业总产值190亿元、税收13亿元，成功引进国内外知名企业201家，其中规模以上工业企业50家；产业园区提供就业岗位近4万个，带动2.3万余人实现就近就业，入园工人平均年薪4万元；收益全部用于共建产业园区滚动发展，5年后将按照股份比例进行分红，进一步壮大产业园区规模。

铜仁·苏州产业园承接苏州市和昆山市产业转移，引进鸿典包装、同仁之光等东部产业转移项目36个，涉及资金31亿余元。开设扶贫车间8个，企业带动贫困人口就业206人。支持正光、矮屯、打角冲等6个易地扶贫搬迁安置点学校和医院建设，助推5万人的跨县易地扶贫搬迁。确定22个单体项目，实施同心湖大坝、人才公寓、规划展示馆

铜仁·苏州产业园　　　　　　　铜仁·苏州产业园中东部企业——同仁之光

等项目。加快完善园区服务功能,新建中小学及幼儿园11所、卫生服务中心(站)6所。

江口县凯德特色产业园　位于江口县城规划区域内,成立于2011年。园区规划面积11.3平方千米,可建设用地8.3平方千米,已建成5平方千米。2018年4月,江口县、姑苏区共同签署园区共建合作协议,结合园区"整顿清理、提质增效"工作方案,共建扶贫车间3个,成功引进贵州瀛黔农业发展科技有限公司、铜仁市佳伦仪表制造有限公司、江口县世佳电气科技有限公司,项目总投资4000余万元,年产值达6500余万元,实现利税1200余万元,吸纳贫困群众100余人,提供就业岗位300余个。

印江·吴江两江产业园　位于省级经济开发区印江经济开发区内。2018年3月,印江·吴江两江产业园诞生,吴江推介引进企业签约入驻园区。5月22日,苏州铁近机电科技股份有限公司与印江县签订《印江自治县铁近机电轴承生产建设项目投资协议书》,总投资2000万元。10月,苏州川禾生物科技有限公司与印江县就动植物维生素提取项目正式签约,一期计划投资2000万元。2019年1月,引进2000吨精制茶叶加工项目新安茶叶。4月,由印江农业龙头企业牵头的铜仁梵净山茶苏州推广中心正式开业。2020年4月9日,南通江山建筑装饰有限公司与印江县签订木材木屑加工生产项目,计划新建木材加工生产线2条和日产80吨菌棒木屑生产线1条。4月20日,苏州抱竹水业科技有限公司与印江县政府签订年产15万吨山泉水投资协议,计划投资3000万元。10月18日,苏州文鼎集团与印江县签订《印江自治县人力资源产业园暨平台经济产业园项目合同书》《印江·文鼎技工学校项目框架协议书》《印江自治县校企合作协议书》。2021年3月,印江县人力资源产业园暨平台经济产业园开票测试成功。至2021年4月,吴江区牵线搭桥引进24家企业落户印江县,印江·吴江两江产业园落户企业10家,项目涉及农特产品加工、大健康产业、现代物流、新型建筑材料、装备制造等五大产业链。

太仓·玉屏共建产业园区　位于玉屏经济开发区双桥产业园区内。2018年5月,太仓港经济技术开发区与玉屏经济开发区签署东西部扶贫协作园区区域合作协议，开展太仓·玉屏产业园区共建工作，将太仓的资本、技术优势与玉屏的资源、政策优势相结合，围绕合作园区、招商引资等重点工作加快产业园区建设，推动两地园区深度融合，实现共赢发展。是年，太仓港经济技术开发区拨付300万元用于共建产业园区建设和招商。2019年，挂牌成立

太仓·玉屏共建产业园区

太仓·玉屏共建产业园区。7月9日，太仓港经济技术开发区向玉屏经济开发区共建产业园区捐赠共建产业引导资金300万元，支持园区各项工作有序推进。2019年引导入驻玉屏经济开发区共建产业园区企业4个，实际投资总额23345万元。入驻园区企业吸纳贫困人口就业31人。2020年，引导入驻玉屏经济开发区共建产业园区企业8个，实际投资总额37225万元。其中贵州矽美仕绿色新能源有限责任公司投资2300万元，续建玉屏县太阳能新能源生产项目；伟建家庭用品（铜仁）有限公司投资3500万元，续建玉屏县智能家具项目；锦超服饰（贵州）有限公司投资3000万元建设玉屏县锦超服饰项目。入驻园区企业吸纳就业人口482人，其中贫困人口就业90人。至2021年4月，太仓·玉屏共建产业园区引进江苏北新能源科技、伟建家庭用品、矽美仕新能源、锦超服饰、溢佳中草药产业等东部项目15个，实际投资11.7亿元，项目带动建立扶贫车间20个、吸纳就业4253人。

贵州大龙经济开发区　位于玉屏县大龙镇。2018年5月，太仓港经济技术开发区与大龙经济开发区签署东西部扶贫协作园区区域合作协议。2018年5月15日，位于大龙经济开发区的贵州大龙锂电池梯次利用与回收项目签约，该项目通过太仓市东西部扶贫协作招商引资推介至玉屏县，由贵州北新能源科技有限公司开发建设，占地面积51亩，建筑面积34490平方米，总投资1亿元。同日，大龙经济开发区南策文院士工作站建设项目签约。该项目系通过太仓市东西部扶贫协作招商引资推介至玉屏县，由江苏北新能源科技有限公司开发建设，占地面积40亩，建设面积约2.3万平方米，总投资1亿元。2019年，投入江苏省级财政帮扶资金2300万元，助力大龙经济开发区发展。2020年，中集环境科技有限公司续投资金250万元，续建工业固体废物资源化综合利用项目。吸纳就业人口数16人，其中贫困人口8人。该年太仓市投入园区共建专项资金350万元，提升玉屏经开区、大龙经开区两个共建产业园区基础设施建设。

松桃经济开发区产业园区　位于松桃县蓼皋街道。2018年，苏州工业园区与松桃

县签订共建产业园区框架协议,在松桃县经济开发区共建产业园区。2019年,共建产业园区共引导13家企业投资,投资额4.75亿元。2020年,引导入驻园区企业9家,实际到位资金7.8224亿元,带动贫困人口133人就业增收。

高新区·万山区共建园区 位于万山经济开发区。2018年3月,苏州高新区浒墅关经济技术开发区与万山经济开发区签订共建产业园区框架协议。苏高新集团有限公司、苏州新区高新技术产业股份有限公司等国有资产公司多次到万山考察投资,推动项目落地。浒墅关经济技术开发区为共建产业园区定位、功能布局、管理策划、人员培训、区内关联产业及企业间的技术和管理理念合作等提供咨询指导支持。苏州高新旅游产业集团有限公司在铜仁市万山区投资建设铜仁市万山区苏高新文化旅游有限公司;苏州新港物业服务公司在万山区投资建设苏州新港物业服务有限公司贵州分公司;苏州新港市政绿化服务有限公司在万山区投资建设苏州新港市政绿化服务有限公司贵州分公司。2019年落户东部企业8家,总投资29.2亿元,其中苏州市企业3家,投资4.5亿元。2020年,引进东部企业7家落地共建园区,实际到位投资额1.794亿元,帮助140名贫困劳动力实现就近就业。其中,苏高新集团有限公司投资1.5亿元在共建园区建设的苏高新农产品供应链示范基地于5月正式投入运营,同时引进苏州食行生鲜电子商务有限公司、鸿海(苏州)食品科技股份有限公司、铜仁亿创电子商务经营管理有限责任公司入驻基地。至2020年,共引进11家东部企业落户贵州万山经开区,实际投资额4.21亿元,入驻园区企业吸纳贫困人口148人就近就业。

常熟·思南共建工业园区 位于思南县双塘工业园区。2018年7月,常熟市与思南县签订《常熟市·思南县东西部扶贫协作园区共建框架协议》,江苏省常熟虞山高新技术产业开发区(筹)与思南经济开发区围绕"园区共建、招商引企、旅游开发、黔货出山"等重点工作,在思南开发区建立合作园区。至2021年5月,共建工业园区先后引进思南顺嘉服装有限公司、贵州常思食品有限公司、贵州思常农业科技发展有限公司、贵州佩洁纺织科技有限公司等6家东部企业落户,建设扶贫车间6个,完成实际投资额3.581亿元,通过吸纳就业或利益联结机制带动建档立卡贫困人数310人,实现扶贫协作由"输血"向"造血"的转变。

吴中·德江共建产业园区 位于德江县。2018年7月,吴中区区长陈嵘率党政考察团到德江县考察并召开联席会议,吴中高新区和德江开发区签订《吴中·德江共建产业园区框架协议》。积极引导在吴中区有优势、在德江县能发展的装备制造、电子信息、生物制药、食品饮料、农产品深加工等企业到共建园区投资兴业。2019年,引导入驻企业1个,实际投资金额613.2万元,吸纳贫困人口就业28人。2020年,引导入驻企业3个,实际投资金额717.57万元,吸纳贫困人口就业107人。

相城·石阡共建产业园区   位于石阡县。2019年4月12日,为推进两地园区区域合作及产业转移协作开发建设,苏州相城经济技术开发区管委会与石阡县工业园区管委会签订苏州相城经济技术开发区和石阡县工业园区区域合作协议。2019年,引导入驻企业2个,实际投资170万元,吸纳贫困人口就业数43人。2020年,引导入驻企业1个,实际投资5000万元,吸纳贫困人口就业9人。

相城·石阡共建产业园

二、扶贫车间、加工工厂

玉屏县必登高扶贫车间   位于玉屏县田坪镇。2018年4月10日,必登高扶贫车间生产加工项目签约。该项目通过太仓市东西部扶贫协作招商引资推介至玉屏县,由玉屏县人民政府与贵州必登高鞋业有限公司共同建设,总投资80万元,主要生产皮鞋等皮具制品和服装、袜子、雨伞等产品。年产皮鞋40万双,主要销往澳大利亚、美国等国家。2019年上半年出口皮鞋20万双,出口订单产值200万美元。公司解决就业100余人,每年按7.6%分红给扶贫车间务工建档立卡人员,使人均增收5829元。

印江县巨泰鞋厂东西部扶贫协作车间   位于印江县兴民社区。该社区是印江县最大的易地扶贫搬迁安置点,于2018年10月建成,入住居民1900多户近9000人。面向兴民社区的扶贫车间,由吴江区投资近百万元建成,由印江县本土企业贵州省印江县巨泰鞋业有限公司运营管理。车间内设施设备齐全,承接国内多个鞋类知名品牌的生产订单。

印江县梵净汇浦抹茶生产加工建设项目   2018年,印江县合水镇大昔村启动梵净汇浦抹茶生产加工建设项目,总投资600万元,其中吴江区投入县级结对财政帮扶资金200万元、企业自筹资金400万元。该项目让茶罗村、高寨村、官庄村、坪峨村、石万村、新场村、落佑村、合水村、亚子坝村、鱼泉村10个村集体经济发展资金入股,让贫困人口1903人受益。

印江县合水镇梵净汇浦生态茶叶基地

石阡县坪地场乡黄花菜生产加工厂项目 2019年,该项目投入东西部扶贫协作资金340万元,建设黄花菜加工厂(1260平方米)、仓库、展厅、检验室等,建成黄花菜加工一体化生产线2条(日加工量30吨),完成种植黄花菜2000亩,覆盖全村贫困户670户2680人,解决就近就业30人。通过土地流转、提供就业岗位、入股分红等方式,带动贫困群众脱贫致富,发放分红资金2万元。

石阡县坪地场乡黄花菜生产加工厂

沿河县榨子村名优茶生产加工项目 2019年4月,江苏省东西部扶贫协作资金出资100万元,经营主体自筹资金100万元,总投资200万元在榨子村发展名优茶生产加工项目,作为致富带头人产业发展项目,购置名优茶生产设备18套(台)和大众茶生产加工线12套(台),扩建茶叶加工车间500平方米(钢结构厂房)、茶青处理车间200平方米(含库房)、管理用房200平方米、修建茶产业用水100立方米及配套设施等。利益分配采取保底分红或股份分红利益联结机制。项目于12月完成,覆盖非贫困村2个、贫困村3个,贫困户26户,带动建档立卡贫困人口110人。

沿河县联文村茶叶加工项目 2019年4月,江苏省东西部扶贫协作资金出资100万元,合作社自筹资金10万元,总投资110万元在板场镇联文村新建厂房1栋500平方米、管理房160平方米,购买茶叶生产加工设备等。利益分配采取保底分红或股份分红利益联结机制。项目于12月完成,覆盖深度贫困村1个,贫困户133户,带动建档立卡贫困人口421人、建档立卡贫困残疾人8人,带动贫困户脱贫致富162人,贫困人口人均年增收124元。

沿河县新景镇毛家村扶贫车间 2019年4月,张家港市将扶贫协作资金50万元量化到新景镇毛家村,作为集体经济入股贵州新景生态茶业有限公司建设扶贫车间,收购碾茶8.35万千克,采取"股份分红+保底分红+就业增收"的利益机制带动贫困户增收。项目于9月完工,带动建档立卡贫困人口287人、建档立卡贫困残疾人9人,贫困人口人均年增收115元。

沿河县黄土镇扶贫车间 2019年,张家港市扶贫协作资金出资100万元。其中,50万元量化到全镇所有建档立卡残疾贫困户;50万元量化到勇敢村、平原村,入股沿河县沿丰贝商贸有限公司兴建扶贫车间,采取"股份分红+保底分红+就业增收"的利益机制,带动贫困户脱贫致富。项目于8月完工,覆盖残疾人贫困户216户、贫困人口242

人、未脱贫户255户,受益群众1060人。

沿河县恒泰源服装加工扶贫车间 2019年4月1日,苏州市扶贫协作资金出资64万元(官舟镇石家山村和三角村各32万元),以集体经济入股官舟镇沿河恒泰源服装有限公司服装加工生产。利益分配采取"股份分红+保底分红+就业增收"利益联结机制。服装加工厂吸纳25名建档立卡贫困户就业。项目覆盖贫困村2个,贫困户211户,带动建档立卡贫困人口236人,带动贫困户脱贫致富198人。

沿河县官舟镇恒泰源服装加工扶贫车间

石阡县聚凤乡宝龙村油茶加工厂扶贫车间 2019年,相城区投入扶贫协作资金200万元,新建油茶加工基地3570平方米,购置油茶加工设备1套。项目建成后吸纳就业人员14人,其中建档立卡贫困人员10人,带动周边建档立卡户稳定增收。投产以来,带动200户贫困人口人均增收500元。

石阡县宏信服饰扶贫车间 位于石阡县汤山街道平阳社区。2019年,相城区投入东西部扶贫协作资金30万元购买100台缝纫机,用于帮助企业扩大生产规模和开展技能培训。该车间吸纳石阡19个乡镇(街道)的建档立卡贫困户劳动力560名就业,其中平阳社区安置点有145名,残疾人10名,每个人的月工资稳定在3000元以上。

印江县罗场乡生态茶叶及扶贫车间建设项目 位于印江县罗场乡茶元村、岭峰村、两河村、罗场村、清河村、合群村。2019年,吴江区投入县级结对帮扶资金196万用于生态茶叶及扶贫车间建设项目:40万元量化入股茶元村、岭峰村的集体经济茶园基地管护400亩,156万元量化到两河村、罗场村、清河村、合群村的集体经济入股扶贫车间建设及附属设施建设。该项目让贫困人口514人受益。

玉屏县伟建家庭用品扶贫工厂 位于玉屏经济开发区双桥移民安置区,2019年9月开始动工,同年12月建成投产。计划总投资5000万元,主营高档沙发、枕头、床垫等,项目分三期建设,一期项目建筑总面积6912平方米,投入太仓市扶贫协作资金300万元,主要包括内外装修及配

2020年,玉屏县双桥移民安置区伟建家庭用品扶贫工厂生产现场

套设施设备。一期投产后,实现年产沙发套65万件,解决就业岗位350人,实现为贫困户年增收入5万元以上。2020年末,有贫困户职工13人,月人均工资4500元。

玉屏县矽美仕绿色新能源扶贫工厂 位于玉屏经济开发区双桥移民安置区。2019年,太仓市投入扶贫协作资金400万元,用于厂房装修及相关配套设施,项目从2019年9月开始建设,2019年12月投产运营。企业共需用工150人左右,优先录用当地建档立卡贫困户,实现为贫困户年增收5万元左右。

玉屏县朱家场镇鱼塘村米粉加工建设项目 占地面积300平方米,总投资60万元,其中太仓市对口镇投入帮扶资金20万元。于2019年6月开工建设,2020年3月竣工。项目包含1栋木质厂房,及蒸汽锅炉、磨浆机、电动泵、切粉机、烘干设备等半自动生产流水线设备,主要生产、销售干米粉、湿米粉及其他简单农副加工产品。利益联结覆盖鱼塘村全体村民。

玉屏县锦超服饰(贵州)有限公司扶贫工厂 位于玉屏经济开发区双桥移民安置区内,总投资6000万元,以生产、加工、销售服装、针纺织品、服装面辅材料为主,建筑总面积9850平方米。2020年,投入太仓市扶贫协作资金700万元,主要用于室内装修和室外附属设施建设。项目于3月开工,完全达产后可解决就业岗位500余个,优先招聘本地建档立卡贫困户。至2020年末,已招聘员工100余人,其中建档立卡贫困户近50人,可为贫困户实现年增收5万元左右。

松桃县易地扶贫搬迁南站B区安置点就业扶贫车间 2020年建设完成,投入扶贫协作资金150万元,用于服装加工设备采购。建成后,带动50名贫困人口实现就近就业,人均收入月工资3000元。

思南县翟家坝村扶贫车间建设项目 2020年4~8月,常熟市投入东西部扶贫协作资金30万元,新建一个312平方米扶贫车间。项目建成后,带动项目区农户就近就业,扶贫车间稳定就业贫困户15人。项目区翟家坝村白茶基地及训家坝村生态种植基地带动约50人2000个工作日的临时就业,增加贫困群众收入。

思南县双塘街道扶贫车间建设项目 2020年3~9月,常熟顺嘉服装有限公司投资500万元建成思南顺嘉服装有限公司,常熟市投入东西部扶贫协作资金50万元,用于采购服装制作设备2套(2条生产流水线)以及机械配套设施设备。项目采取"企业+贫困户"的发展模式,带动25户以上建档立卡贫困户稳定就业,促进贫困户就近就业稳定增收脱贫。

沿河县新景镇姚溪村油菜加工项目 2020年,投入江苏省扶贫协作资金20万元,新建姚溪村榨油厂房100平方米,采购榨油机、提炼机、灌装机等榨油设备1套,购置包装瓶500个,带动建档立卡贫困人口494人。

第三节　商贸产业合作

　　苏铜两地抓住东西部扶贫协作机遇,不断拓展产业协作内涵,加强地区间招商合作,积极开展对口帮扶城市产业转移,增强"输血"和"造血"功能。至2020年,通过苏铜扶贫协作平台累计招引311家东部企业到铜投资,实际完成投资额275.5亿元,带动4.7万名贫困人口增收。

　　苏州金融行业助力打赢脱贫攻坚战。2016年起,东吴证券与贵州省铜仁市及其所辖石阡县、松桃县、思南县等4个国家级贫困地区结对帮扶,明确教育、产业、金融三大帮扶举措,形成多层次、多渠道、多方位的精准扶贫工作格局,累计捐款超过1100万元,直接帮扶建档立卡贫困学生近1000人。2017年,国家开发银行苏州分行、苏州市发改委与铜仁市扶贫办、国家开发银行贵州分行签订金融扶贫合作协议。国家开发银行苏州分行累计实现产业扶贫贷款发放5亿元,其中劳务协作扶贫贷款发放3.5亿元。2018年10月,苏州银行股份有限公司子公司——苏州金融租赁股份有限公司投入1.5亿元资金扶持沿河县文化旅游项目,并捐赠150万元用于沿河县中界镇高峰村茶叶产业。

一、招商合作

　　2013年,铜仁市政府在长三角地区设立杭州招商分局、苏州办事处(苏州招商分局),负责与包括江苏省在内的省份开展项目对接、引进与合作。11月,铜仁市在苏州市举办苏州·铜仁对口帮扶与合作发展2013年秋季招商引资项目推介暨签约活动,现场签约项目20个,投资总额为50.8亿元。是年,江苏省在铜仁市投资项目27个,投资总额96.85亿元,到位资金26.33亿元。

2013年11月5日,苏州·铜仁对口帮扶与合作发展2013年秋季招商引资项目推介暨签约活动在苏州市举办。铜仁市委书记刘奇凡(左二)、苏州市副市长徐明(左三)等参加活动

　　2014年,苏州市促成农业产业化企业广东温氏食品集团股份有限公司落户玉屏县,总投资4亿元。铜仁市到苏州市开展招商引资活动10余次,共签约年产1万吨葛根精粉生产加工项目、沿河广发烟花爆竹批发中心建设项目、万山区铅锌金银回收利用项目、

印江民兴驾校培训中心建设项目、再生铅建设项目、中州精英幼儿教育中心建设项目和革底茶叶加工厂建设项目7个项目,投资额7.4亿元。

2015年,苏州市为铜仁市举办多场招商推介活动,让更多的苏州市及长三角客商了解铜仁市。铜仁市组团参加第十八届中国苏州国际丝绸旅游节并举行多场铜仁市旅游资源推介会,与苏州市多家知名旅游企业签订战略合作协议,扩大铜仁"梵天净土·桃源铜仁"旅游品牌在长三角地区的影响力与吸引力。5月,苏州市和铜仁市签订共建铜仁·苏州产业园区(碧江经济开发区)合作框架协议。12月,21家铜仁市企业参加第十四届苏州市优质农产品交易会,达成订单32笔,现场销售收入100余万元,为铜仁市优质农产品走向华东市场奠定基础。

2016年,苏州市各级工商业联合会、商会发挥为招商引资牵线搭桥的作用,积极组织苏州市企业家到铜仁市进行项目考察,鼓励劳动密集、用地空间受限的苏州市企业向铜仁市产业转移。引导在苏州市有优势,在铜仁市有资源的苏商、台商和外商到铜仁市投资兴业,参与当地特色产业发展。至2016年底,苏州市共组织企业家到共建园区考察220余人次,成功签约项目4个。

2013~2016年,铜仁市以苏州市为中心,在长三角区域举办20余次招商引资活动,40余家苏州市企业签约落户铜仁市,总投资60.8亿元。

2017年,苏州市30批100余家企业到铜仁市考察,开展互访交流和考察活动68批次。苏州市配合铜仁市投资促进局以苏州为中心并辐射周边,在苏州市及长三角地区举办铜仁苏州招商引资推介会等招商活动50余次,并结合铜仁市资源禀赋特点,引导以苏州市企业为重点的长三角周边企业到铜考察87次,对接项目50余个,累计有49家企业落户项目50个,完成投资49亿元。铜仁·苏州产业园落户江苏企业项目6个,投资均超亿元。总投资6亿元的盛鸿大业高端智能装备(机器人)产业园、总投资20亿元的铜仁云田农副产品冷链物流中心项目、总投资15亿元的鸿典公司冷链物流商贸广场和食品包装新型材料项目于12月11日在苏州市签约。铜仁·苏州产业园全年完成工业投资35.6亿元,实现工业总产值140亿元,税收10亿元,累计吸纳建档立卡贫困户204户就业。12月22日,铜仁市人民政府办公室印发《关于引进苏州等东部地区企业及关联企业来铜投资优惠政策》,在土地供给政策、财税费减免政策、上市支持政策、战略性新兴产业扶持政策、总部经济补助政策、金融扶持政策等方面给予东部到铜仁市投资企业以优惠。是年,江苏省科技厅和常熟市、思南县两地党委政府,按照"江苏企业+思南资源、江苏市场+思南产品、江苏研发+思南制造、江苏总部+思南基地"工作思路,引导苏州漫香阁茶业有限公司进驻思南,成立贵州品界农业发展有限公司,把常熟市先进的茶叶种植、加工技术和经营理念带到思南县并加以推广,把思南县优质的茶叶产品引进常熟市市场,打造品牌,建立营销网络。思南县人民政府与苏州立升净水科技有限公司签订思南县村镇膜法智慧水务项目合作框架协议,对村镇新建饮水工程进行配套膜法建设。

2017年8月28日,铜仁苏州招商引资推介会在苏州举办

2017年11月19日,苏州·铜仁扶贫协作座谈会暨合作项目签约·捐赠仪式举办。国家开发银行苏州分行、苏州市发改委与国家开发银行贵州分行、铜仁市扶贫办签署金融扶贫合作协议

2018年,苏铜两市开展产业结构研究,并形成《铜仁与苏州产业合作重点研究报告》,明确以依托铜仁市自然资源、市场面向西南地区、能提升铜仁市经济运行质态的新能源、装备制造、大健康、农特产品加工、水产业、新型建材、大数据、文化旅游经济、节能环保类企业为招商引资重点,开展针对性招商。同时创新招商模式,打破行政区划限制,根据项目需求与地方资源供给的匹配程度,允许落户企业在铜仁全市范围选择最合适地区落户。苏州市全年引导江苏省等东部地区61家企业到铜仁市投资,完成投资58.6亿元,企业数比2017年增加27家。企业带动贫困人口脱贫1358人。苏铜两市县级对口帮扶单位均签署园区共建协议,建设共建园区12个,有30家企业落户园区,完成投资额42.68亿元。铜仁·苏州共建产业园上升为省级战略合作共建园区。铜仁市先后在南京市、苏州市、泰州市、上海市等地举办招商引资推介会,并利用中国国际大数据产业博览会铜仁市分论坛等平台加强产业协作。其中,布瑞克(苏州)农业互联网股份有限公司、江苏富亨节能科技有限公司、苏州铁近机电科技股份有限公司等25个江苏省项目签约投资总额超过70亿元。张家港市邀请沿河县企业参加"'一带一路'发展机遇研讨会",引进贵州苏贵农业发展有限公司等4家企业,完成投资4000余万元。张家港市还积极争取土地挂钩指标跨省流转2800亩,实现沿河县财政收益8.4亿元,产生收益全部用于保障沿河贫困地区安置补偿、公共服务和基础设施建设。苏州双阳鹿业有限公司于2018年从姑苏区外迁并落户铜仁市,建设投资总额3500万元,占地约200亩。苏州市先后投入东西部扶贫协作资金398万元,助力其建立标准养殖基地、养生配制酒标准厂房和一体化生产线。姑苏区引导浙江客商林美桃在江口县投资建设中药材铁皮石

斛林下仿野生种植基地,项目投资总额5000万元,在官和乡新田村、官和村建成示范基地500亩,种植铁皮石斛250万株,于2019年9月投产。苏州工业园区协助松桃县到苏州市开展招商引资工作4次,推动苏州市等东部沿海省市企业到松桃县考察12次,推动5家企业签订投资合作协议,投资总额7.22亿元。苏州工业园区苏州物流中心有限公司在松桃县投资设立全资子公司,开展物流和供应链管理咨询项目。

2018年3月19~21日,苏州市政府党组成员,铜仁市委常委、副市长,江苏省对口帮扶贵州省铜仁市工作队领队查颖冬(左列右三)带队到泰州市和苏州市考察招商,推介铜仁市中药材资源

2018年7月12日,贵州省铜仁市(苏州)招才引智推介会在苏州国际精英创业周活动期间举行

2018年7月16~20日,铜仁市政协副主席、工商联主席谢卫(右一)率团到苏州市开展招商引资活动,考察苏州路之遥科技有限公司

　　2019年,通过东西部扶贫协作平台,工作队先后引进苏州矽美仕绿色新能源有限公司、伟建实业(苏州)有限公司等78家以苏州市为主的东部企业落户铜仁市,完成投资64.9亿元,支持落户企业在厂房基建、生产用工等环节就地就近聘用建档立卡贫困户和采购原材料,充分发挥企业带贫作用,带动贫困人口5803人。是年实现三次产业项目落户铜仁全覆盖。苏高新集团·食行生鲜产业链中心建成投用。苏铜两地开展共建产业园

区18个（新建6个），引导到园区入驻企业49家，完成企业到园区实际投资额19.85亿元，吸纳贫困人口就业558人。其中，铜仁·苏州产业园全年完成工业总产值144亿元，实现税收12亿元，新签约项目32个，签约资金33亿元，到位资金12亿元，带动300余名建档立卡贫困户长期稳定就业。江苏华韶建设有限公司在德江县高山镇梨子水社区投资德江县全城旅游开发建设项目，投资近3.65亿元，吸纳就业贫困人口8人，带动贫困户11户。张家港市成功引进贵州创辉家具有限公司、贵州苏黔农业产业开发有限公司、贵州御锦农业旅游有限公司等7家企业落户沿河县，实际到账投资9.11亿元，解决92名建档立卡贫困劳动力就业。苏州工业园区引导到松桃县投资企业共24家，实际投资额约9.13亿元。苏州工业园区航港物流有限公司在松桃县设立的松桃物通咨询有限公司，深化与贵州松桃吉丰现代农业发展有限公司等当地龙头型物流贸易公司业务合作。苏州独墅湖科教创新区企业苏州硒谷科技有限公司在松桃县开展土壤硒资源普查、编制松桃县富硒功能农业产业发展规划，为共建农业园区茶叶基地提供有机生物硒营养强化技术，使该基地茶叶的硒含量从每千克0.186毫克提高到0.272毫克，亩均直接增加经济价值7万元。苏州高新区引导落户万山区的苏州等东部企业11家，实际投资7亿多元，特别是苏高新集团·食行生鲜供应链中心、苏州铠盟教育等项目，带动效应明显。9月8日，贵州内陆开放型经济试验区投资贸易洽谈会重头戏——深化东西协作招商引资大会在贵阳召开。苏州市副市长蒋来清，苏州市政府党组成员、铜仁市委常委、铜仁市副市长、江苏省对口帮扶贵州省铜仁市工作队领队查颖冬分率苏州市发改委，苏州澳洋集团、好孩子集团和铜仁市投资促进局及有关区（县）政府分管领导等参加会议。蒋来清作为东部帮扶城市代表做经验交流发言。在会议现场集中签约环节，苏铜两市2个项目现场签约，签约资金6.2亿元。会议期间，铜仁市与江苏省企业签订项目合作协议9个，签约资金14.4亿元，这些项目可为铜仁市创造就业岗位1100余个，创税5000万元以上。

2019年5月11日，石阡县在相城区举办招商资源推介会

2019年9月8日，苏州市副市长蒋来清作为东部城市代表在贵州省深化东西协作招商引资大会上做经验交流

2020年，工作队全年帮助铜仁市引进108家东部企业，实际完成投资91.52亿元，带动贫困人口近1.19万人。在苏黔两省领导互访、铜仁市党政代表团考察苏州市和铜仁（苏州）文旅产业招商推介会期间，先后签订项目合作协议75个，其中产业项目协议50个，计划总投资102.1亿元。同时，克服疫情影响，推动苏铜两地10个共建工业园区入驻企业于4月上旬实现全面复工复产，年内引导入园企业54家，完成实际投资额27.27亿元，吸纳贫困人口就业1368人。苏州高新区帮助引进东部企业新落地万山区13家、续建项目4个，实际到位投资额15.3704亿元。6月18日，苏州高新区和万山区产业合作"苏州企业+万山自然山水资源"的成果牙溪生态农场项目投入试运营，该项目由苏高新股份公司投资1.1亿元建设，是为万山区发展乡村旅游提供的样板工程，直接吸纳80名当地村民就业，并通过土地流转、房屋租赁等方式带动该村100余户村民增收致富。由苏高新集团投资2.5亿元建设，苏州高新区和万山区产业合作"东部企业优势+万山旅游服务资源"的成果铜仁·苏州大厦项目完成主体工程封顶，进入内部装修和市政绿化建设阶段。姑苏区依托东西部协作资源平台，推动"江苏研发+贵茶制造"，11月27日，引导贵茶（集团）有限公司与江南大学合作签约，依托江南大学食品学院学科优势，推动高校科研人员与贵茶（集团）有限公司进行技术合作、科研攻关，共同申报国家级、省级相关建设项目，推动抹茶产业多元化、长链条发展。推动"江苏市场+贵茶产品"，引导贵茶（集团）有限公司与金陵饭店集团合作签约，贵茶礼品茶、抹茶、客房袋泡茶上线金陵饭店集团（酒店会员）采购平台和积分兑换平台，礼品茶"线下"陈列售卖逐步布点推进。苏州工业园区推动苏州等东部省市企业到松桃考察投资，引导东部落户松桃项目25个，涉及农特产品、石材、中药材等领域，完成实际投资额13.86亿元，吸纳就业人数3789人。

2021年，工作队成功引导8家东部企业（含增资）落户铜仁市，完成投资2.09亿

2020年5月19日，印江·长三角区域招商引资推介会在吴江召开，70余家企业参会，3家吴江区企业与印江县政府签订投资（意向）合作协议

2020年6月22日，铜仁市万山区招商引资推介会在苏州高新区清山会议中心举办，会上签订3个项目合作协议

2020年11月27日，铜仁市举办办梵净山抹茶大会。梵净山珍食品研究院、江南大学国家技术转移中心江口分中心、江南大学贵茶集团抹茶联合研究中心集中签约

元，带动就业390人，其中脱贫劳动力151人。5月11日，贵州省举办"强省会"行动推介暨"苏商入黔"集中签约活动，江苏省委常委、统战部部长杨岳率省工商联及500余家江苏省企业、近80家上市公司和18个工业园区代表参加活动，签订合作项目超过70个，签约资金超880亿元。

二、金融帮扶

苏州市的金融系统按照国家金融扶贫政策要求，运用多种货币政策工具，调动力量参与对铜仁市的金融帮扶，为打赢脱贫攻坚战提供有力支撑。

开展金融业务 2016年以来，国家开发银行苏州分行、东吴证券股份有限公司等相继成立东西部扶贫协作工作领导小组，制定东西部扶贫协作工作方案，为铜仁市在资本市场发展方面提供全方位金融服务。2016年10月，东吴证券股份有限公司与铜仁市政府签署战略合作协议，12月，东吴证券获批在贵州省铜仁市成立营业部，2017年6月23日，东吴证券铜仁营业部揭牌，填补公司在中西部贫困地区营业网点的空白。2017年12月，成功发行东吴汇信桃源公路1号集合资产管理计划，帮助贵州省铜仁桃源公路开发建设有限责任公司募集资金3725万元。国家开发银行苏州分行会同国家开发银行贵州分行与苏州市发改委、铜仁市扶贫办签署东西部扶贫协作四方合作协议，明确合作目标与机制、合作重点和举措，建立四方联合工作机制。主动与苏州市发改委、市经信委、市旅游局及各区县相关部门对接苏州市企业到铜仁市投资的情况和项目，与有意向的企业联系。2017年，铜仁市扶贫办、国家开发银行贵州分行与国家开发银行苏州分行、苏州市发改委签订金融扶贫合作协议，国家开发银行苏州分行累计实现产业扶贫贷款发放5亿元，其中劳务协作扶贫贷款发放3.5亿元。12月，国家开发银行苏州分行会同昆山高新区主要领导到铜仁市碧江区调研铜仁苏州共建产业园区情况,并与昆山市高新集团签订支持铜仁苏州共建产业园区建设20亿元扶贫合作协议,为共建产业园区建设提供融资支持。

2018年1月,东吴证券帮助贵州铜仁玉安爆破工程股份有限公司成功挂牌新三板,该项目从立项到挂牌仅用时半年。2020年6月,促成正邦集团与石阡县签订合作协议,建设年出栏量50万头的生猪养殖基地,项目计划总投资8亿元。2020年7月3日,国家开发银行苏州分行行长王少丹带队到铜仁·苏州产业园考察并召开座谈会,推动苏铜金融扶贫协作工作。

2017年6月23日,江苏证监局、东吴证券到铜仁市考察、座谈,并举行东吴证券铜仁营业部揭牌仪式

2020年7月3日,国家开发银行苏州分行行长王少丹(左三)率队考察铜仁·苏州产业园中的百丽鞋业有限公司

开展融智服务　自2017年起,东吴证券连续两年选派东吴证券中小企业融资总部业务骨干俞斐、周翰到贵州省石阡县挂职县金融办副主任,挂职期1年,扎根当地,直接参与金融扶贫工作,东吴证券3位业务专家入选"苏州帮扶铜仁教授专家库",为苏州帮扶铜仁工作出谋划策。东吴证券组织专家团前往铜仁市召开资本市场培训会10余场,累计培训1000余人。多次携数十家优质挂牌企业实地走访近百家当地企业进行产业对

2020年9月7~12日,苏州东吴证券旗下东吴期货组织8名业务骨干到铜仁市及各区(县)开展13场金融知识专题培训

接，加强辅导培育重点企业。

2018年3月，国家开发银行苏州分行会同同济大学专家到铜仁·苏州产业园和碧江区瓦屋乡实地调研，提出相关控制性详细规划优化建议和工作推进意见，撰写瓦屋乡旅游产业开发建议。国家开发银行苏州分行支持贫困地区党组织抓党建促脱贫攻坚工作，向铜仁市碧江区党委组织部捐赠5万元专项党费，用于党建扶贫相关工作。

带动扶贫增收　苏州市金融部门利用"互联网+金融"等带动铜仁市当地脱贫增收。2018年10月，苏州银行捐赠资金150万元用于高峰村现代化生态茶园建设，购置茶园生产设备，改进茶叶包装，建设茶文化展示区200平方米。茶园建成后，苏州银行每年回购20万～30万元茶叶助推消费扶贫，实现茶园富民扶贫新路径。是月，苏州银行子公司苏州金融租赁股份有限公司与贵州乌江投资发展有限责任公司签订金融扶贫战略合作框架协议，投入资金1.5亿元，开发沿河乌江山峡风景名胜区黎芝峡景区佛指山—烽火台片区建设项目626.19公顷。以旅游产业助推脱贫攻坚，项目建成后年接待旅客约250万人次，直接带动贫困人口5000人脱贫致富。苏州银行利用230万客户和平台优

2019年8月1日，苏州银行在深圳举行A股上市。苏州银行手机银行"黔货进苏"平台同时上线

势以及行内员工的资源，建设手机银行"黔货进苏"扶贫馆。2019年8月，"黔货进苏"扶贫馆正式上线，截至2019年底，累计成交4644笔，交易额69.29万元。2020年6月28日，东吴证券联合控股子公司东吴期货有限公司在石阡县开展蛋鸡"保险+期货"试点项目。该项目覆盖石阡县本庄镇等5个乡镇的蛋鸡养殖合作社及养殖场，覆盖蛋鸡存栏约18万羽，为投保农户提供累计2000吨、保期4个月的鸡蛋价格保险60万元，为农户提供价格托底保障，投保农户主体实现保费"零支出"，填补铜仁市乃至贵州地区"保险+期货"金融手段服务"三农"实例的空白，为东西部对口帮扶模式创新提供新思路。东吴证券先后两次出资120万元定制采购铜仁市石阡县"牵手茶"4500份，以助推消费扶贫"黔货出山"。2021年，东吴证券向铜仁市乡村振兴局捐赠100万元作为2021年铜仁市防贫预警专项资金。

第四节　消费扶贫

苏铜两地不断强化消费扶贫，打通增收脱贫"快速路"，坚持政府社会并举、线上线下并行、供应需求并联、硬件软件并进，深化消费扶贫行动。引导苏州市农业发展集团有限公司、苏州食行生鲜电子商务有限公司等农产品生产、经销企业与铜仁共建特色农产品直供基地4.98万亩，培育重点农业企业33家。推动铜仁市及各区（县）在苏州市设立铜仁"梵净山珍"（苏州）展示中心、铜仁"梵净山茶"苏州推广中心等线上线下农产品展销中心（旗舰店、专柜）37个，到苏州市举办30余次农特产品推介活动。

苏铜以推进消费扶贫为重点，完善产销对接机制，开展多种形式的农产品产销对接活动，搭建多种类型的农产品营销平台，有效推动铜仁市绿色优质农产品进入苏州市市场，同时推广供应链加示范基地做法，引导农产品批发市场、商贸流通企业和机关、企事业单位、学校、医院等与贫困地区建立长期稳定的供销关系。广泛动员社会力量，将消费扶贫纳入"万企帮万村"精准扶贫行动，鼓励民营企业采取"以购代捐""以买代帮"等方式采购贫困地区农产品和服务，增加苏州"菜篮子""米袋子"有效供给的同时，带动贫困农户增收，助力脱贫攻坚。

2017~2020年，累计实现"黔货进苏"销售额29.5亿元，惠及建档立卡贫困人口12.6万余人。在2019年11月8日国家发改委举办的消费扶贫市长论坛上，"苏州市深化东西协作　助推消费扶贫""精准破解生产、流通、消费瓶颈制约　江苏太仓助推贵州玉屏主导产业由弱变强""'黔货进苏'助力铜仁市万山区消费扶贫"成功入选全国19个消费扶贫典型案例。苏州高新区和万山区的"'黔货进苏'助推消费扶贫"入选国务院扶贫办的2019年全国电商精准扶贫典型案例50佳。2020年9月，在国家发改委于延安举办的全国消费扶贫论坛上，"昆山·碧江探索消费扶贫'四个+'模式，助力决战决胜脱贫攻坚"入选优秀典型案例。

一、政府主导

2016年，苏铜两市农业农村委员会正式签署《苏州·铜仁农业对口帮扶合作协议》。2017年苏州市为铜仁市提供农产品交易会、茶叶博览会、创业博览会等具有影响力的展销平台70多个，以苏州市为重点，铜仁市每年在江苏省举办各类农特产品推介会、招商洽谈会，来自铜仁全市的各种农产品源源不断地涌入苏州市市场，100多种铜仁市农产品先后成功走入苏州市市场。11月19日,苏州市农业发展集团有限公司与铜仁市商务局签订"梵净山珍"农产品供销合作协议。

2018年,铜仁市累计在苏州市建立铜仁市农产品展示中心、旗舰店和专柜15个(含线上平台4个),10多个种类的铜仁绿色优质农副产品进入苏州市市场。苏州市全年通过采购,销售结对地区农特产品1.59亿元,带动贫困人口脱贫6040人。4月23日,苏州高新区与铜仁市万山区签订《农商联·食行生鲜合作备忘录》《亿创电子商务·食行生鲜合作协议》《农商联·大茂商贸合作协议》等帮扶项目协议。

2018年4月19~20日,苏州市农业委员会、铜仁市农业委员会召开碧螺春茶叶加工技术座谈会

2019年,苏州市先后参与举办2019年苏州·铜仁春季茶产业融合发展座谈会、贵州茶产业南京产销对接招商引资洽谈会、苏州中国农民丰收节、"买产品、献爱心、促脱贫"大礼包以及各类农产品展销会等系列消费扶贫活动。是年,在铜仁市实现消费扶贫5.72亿元,超过2万名贫困户直接受益、实现脱贫,有效带动15360余名贫困户增收脱贫。围绕建立消费扶贫工作长效机制,苏州市政府印发《2019年度苏州市东西部扶贫协作工作要点》,就消费扶贫的组织、重点工作、贫困村结对工作重点、采购贫困地区农产品等进行安排和部署。苏州市政府组织市发改委和农业农村局到铜仁市对接猪肉消费扶贫工作,明确按照"政府主导、企业参与、市场运行,互利共赢"原则建立生猪保供合作机制,将生猪保供作为消费扶贫重要内容。苏州市和铜仁市农业农村局专门发文,公布两地生猪规模养殖企业、生猪屠宰企业负责人名单和联系方式,搭建两地生猪产业合作桥梁。昆山市设立产销对接补贴资金500万元。苏州高新区首创出台专项补助办法,提升产销对接的积极性。太仓市设立100万元专项资金用于"玉货出山"补贴,对玉屏县农副产品销往太仓市乃至江苏省给予20%~30%的物流补贴及包装补贴,对太仓市乃至江苏省农副产品购销企业在玉屏县定向采购、基地认领定销等给予5%~15%的采购货款补贴。常熟市组织思南县企业到苏州市及常熟市等地开展农产品展销活动4次,新增东西部扶贫协作思南县消费扶贫特约经营单位、思南县优质农特产品常熟推广展销点、"黔货出山、思货出彩"常熟体验店3个单位,当年"思货出山"销售额达1374.89万元,带动贫困人口440人。

2020年3月17日,经苏州市政府同意,苏州市政府办公室印发《苏州市开展消费扶贫行动的实施方案》,明确以消费扶贫为抓手,推动铜仁市及其他受援贫困县绿色优质

2019年1月26日，贵州省铜仁市松桃县"黔货出山"消费扶贫订单集中签约仪式在苏州工业园区举行

2019年7月25日，苏州市政府党组成员，铜仁市委常委、副市长，江苏省对口帮扶贵州省铜仁市工作队领队查颖冬（左）与苏州市政府副秘书长韩卫（右）共同为贵州铜仁"梵净山珍"（苏州）展示中心揭牌

2019年10月17~18日，苏州市政府副秘书长张剑（左列右三）率市农业农村局、商务局、市场监管局等部门到铜仁市商洽共建生猪养殖基地及猪肉调配工作，并召开苏铜生猪养殖基地建设及供应工作座谈会

2019年11月8日，由国家发改委主办的2019消费扶贫市长论坛在苏州市举办。"苏州市深化东西协作　助推消费扶贫""精准破解生产、流通、消费瓶颈制约　江苏太仓助推贵州玉屏主导产业由弱变强""'黔货进苏'助力铜仁市万山区消费扶贫"入选国家发改委发布的19个消费扶贫典型案例

农产品进入苏州市市场，确保销售额增长25%以上。9月3日，成立苏州市消费扶贫工作专班，由苏州市发展和改革委员会、中共苏州市委网络安全和信息化委员会办公室、市教育局、市财政局、市农业农村局、市商务局、市人民政府国有资产监督管理委员会、市供销合作总社、市工商业联合会抽调业务骨干组成，明确专人专门负责消费扶贫工作的协调和组织实施，精准支持消费扶贫产业发展，为提高苏铜两地消费扶贫的协作水平提供坚实的组织保障。9月10日，苏州市消费扶贫月活动启动会暨专柜专馆专区现场观摩推进会召开，推进消费扶贫专柜、消费扶贫专馆、消费扶贫专区和中国社会扶贫网平台建设。以"千企参与、万人同行"为主题的消费月活动从9月上旬一直到10月底。是

年,苏州高新区由区扶贫办、农业农村局、工业和商务局、市场监督管理局、电商局、供销联社等部门组成"黔货进苏"工作专班,主要对接生产、检验、销售等多个环节,确保"黔货进苏"顺利推进。昆山市在铜仁·苏州产业园投入500万元建立奖励机制,鼓励园区企业采购贫困户农产品、面向苏州市直销农产品和开展农超对接、农校对接、农企对接。昆山市政府与碧江区政府签订生猪保供合作协议,全年向昆山提供存栏生猪1.75万头,6月,铜仁市首批域外保供生猪1000头调运试点顺利运抵昆山市。太仓市、玉屏县签订生猪保供合作协议,玉屏县每年为太仓市提供6万头生猪活体储备,太仓市政府向玉屏县政府支付每头100元的生猪调节金。吴江区与印江县签订生猪产销挂钩共建合作框架协议,明确合作期限为2020~2021年,每年11月底前由印江县向吴江区提供存栏2.4万头和出栏4万头的生猪储备,吴江区按照每头100元的标准向印江县支付相应生态补偿。是年,江苏省和苏州市采购、销售铜仁市农特产品6.24万吨,价值16.64亿元,带动贫困人口49247人,其中销售扶贫产品13.78亿元,带动贫困人口39731人。

2017~2020年,通过东西部扶贫协作平台,苏州市农业委员会、农业发展集团有限公司、茶业行业协会与铜仁市商务局、农业委员会、茶叶行业协会签订《梵净山珍·健康养生铜仁农特产品供销合作协议》《苏州·铜仁茶叶产销对接合作协议》等合作协议,积极搭建供销协作关系,加快农产品供销基地建设,不断强化与贫困农户的利益联系。铜仁市制定出台《支持铜货出山产销对接奖励办法(试行)》《关于支持铜货出山助推脱贫攻坚的奖励扶持办法》《铜仁市"梵净山珍·健康养生"绿色农产品品牌创建三年行动方案(2018—2020年)》等,对在苏州市设立铜仁市优质农产品旗舰店的企业、组织、个体经营社会力量予以扶持和奖励。苏铜两市分别制定实施消费扶贫行动方案,推进需求定制、保供体系、产品认定、品牌提升、优先采购、线上线下、以购代帮、以奖代补、旅游体验等九大行动不断提升消费扶贫工作组织化水平。

2021年,江苏省和苏州市采购、销售铜仁市农特产品4.8亿元,认定扶贫产品金额2.4亿元。

二、平台搭建

针对铜仁市农特产品质量好、品种多但产地分布散、单品供应量小的问题,苏铜两市下辖各结对县(市、区)积极开展现代农业园区共建,利用现代农业技术进一步提高单位土地面积产出量和单位农产品附加值。充分发挥苏州市农业龙头企业优势,积极联系苏州市农产品加工销售企业、大型超市、社区农产品供货系统到铜仁市实地考察各区县食用菌、特色水果、生鲜食品等各类专业合作社、生产基地,采取"农户+合作社+企业"模式开展合作,并通过健全完善公司、合作社、创业致富带头人与贫困人口的利益联结机制，促进铜仁村集体经济发展壮大，帮助贫困户增收脱贫，建立长期定向采购合作机制，实施订单式生产认购模式，打通农产品"出山"路径。

2017年，张家港市与沿河县两地的供销合作社、商务局签订张家港市—沿河县东西部扶贫协作《优质农特产品产销定向合作框架协议》《沿河土家族自治县特色农产品（张家港公共仓）建设项目合作框架协议》，开展产销对接协作。太仓市供销合作总社与玉屏县供销合作社联合社签订《太仓—玉屏脱贫攻坚产销对接战略合作协议》，当年玉屏县茶油通过供销协作销往江苏省等地1500余千克。德江县（区）农商联动专班与苏州黔净高原食品有限公司合作建立德江县优质农产品（苏州）推广中心。常熟市王四食品有限公司打通与思南亿农绿色产业有限公司的产销渠道，通过专柜展示及常熟交通广播网的宣传推介，共计销售年货产品价值120余万元，被思南县授予思南县优质农特产品常熟推广展销点。

2018年，张家港市和沿河县建立绿色农产品直供基地3000亩，两地供销合作总社在张家港市共同设立沿河山货店铺，张家港永联天天鲜配送有限公司和新百信超市连锁经营有限公司与沿河县达成销售协议，沿河县每年向新百信超市输送农产品红苕50吨，黄花1万千克、竹笋1万千克、豆腐干2.5万千克、红苕粉2.5万千克、干萝卜2.5万千克、牛肉干2.5万千克；天天鲜集团按每千克5元的价格采购空心李2万余千克，销往苏州、上海等东部城市沿河茶叶、空心李、牛羊肉干、珍珠花生等农特产品729万元，带动1103个建档立卡贫困人口增收。常熟市商务局捐赠50万元"思货出山入苏"专项物流补贴基金。思南县与常熟市王四食品有限公司在2018江南美食文化节暨常熟市名特优农产品博览会上联合设立贵州思南特产专区，年内借助王四食品公司成熟的市场网络体系设立思南县优质农特产品展销专柜，累计帮助思南县销售茶叶、大蒜、皮蛋等1000余万元的农特产品。江苏农牧人电子商务股份有限公司帮助石阡县销售农特产品564.23735万元，苏州市相城文商旅发展（集团）有限公司在石阡县注册成立的石阡县相韵文化旅游发展有限公司帮助石阡县销售农特产品3848万元，带动贫困人口624户2506人实现脱贫。铜仁市印江县红色木黄酒厂、沿河县马家庄千年古茶公司在苏州市开店营业，销售额突破400万元。张家港市与沿河县以沿河县21万亩生态茶产业为抓手创建的茶叶品牌"洲州茶"辐射带动沿河县20个乡镇（街道）183个行政村13087户贫困户4.5万人增收致富。苏州工业园区梵稻食品科技发展有限公司与松桃县合作开发有机农产品，形成"松桃食材，苏州味道"——"梵稻"系列绿色健康食品品牌，制作梵稻汤品、粥品、糕点（茶点）、月饼等系列食品。

2019年，苏州市在铜仁市建成绿色农产品直供基地3.22万亩，铜仁市在苏州市开设贵州省铜仁"梵净山珍"（苏州）展示中心、农产品展销中心（旗舰店、专柜）等31个，销售农特产品5.72亿元，带动21886名贫困人口增收。昆山市与碧江区联通城市物流,建立展销中心等推广碧江区农特产品品牌。助推碧江打通区、乡、村三级物流,采取"1+10+N"模式,即以1个区级物流中心,联动10个乡镇电商服务站,覆盖N个村级物流站点(已建成63个村级物流站点),实现农产品2天内完成区内配送或区外发货。太仓市助推玉屏县建成县级电子商务物流分拣配送中心,包括货物分拣流水作业线、网络货物安检设备设施,建成冷库8个总容积18380立方米,配备冷藏车6辆、货运物流车2辆,形成县、乡、村三级物流配送体系。太仓市农业农村局与玉屏县农业农村局签订黄桃直供基地框架协议,玉屏县农业农村局组织黄桃联合社种植2050亩黄桃提供给太仓市,太仓市农业农村局负责对接提供黄桃销售交易区。碧江滑石白水贡米专业合作社与昆山绿色农产品开发有限公司签订1000亩农产品直供基地协议,与上海捷强集团昆山配销中心、昆山市粮油购销有限责任公司、江苏社区集网络科技连锁有限公司、江苏一多文化创意有限公司等7家企业签订供销协议。直销昆山的白水贡米1.75万千克,销价达每千克12~39.6元。由江苏省中医院和贵州信邦制药股份有限公司2013年共同投资2亿元建设的贵州同德药业股份有限公司,实行"政府+公司+专业合作社+农户"的运行模式,在石阡县、松桃县、德江县等地自建2万余亩的中药材种植基地,至2019年带动当地5000余户20000多名建档立卡贫困户种植中药材20多万亩。常熟市引导300多家企业和行业组织把2个基地作为茶叶采购基地。在苏州市及常熟市开设白茶推广中心、展销中心、旗舰店、专柜等12个,实现思南白茶销售苏州地区全覆盖,全面打造"思南白茶"公共品牌。苏州工业园区在现代大厦等设立专铺,销售珍珠花生、百香果、茶树菇、猕猴桃、山茶籽油等农产品。相城区引导布瑞克(苏州)农业信息科技有限公司援建石阡县的农业大数据平台,开创"农业大数据+品牌农业电商"模式。万山区电商生态城在苏州6个市辖区分别设立农特产品直营店。苏高新集团有限公司与食行生鲜电子商务有限公司合作,在万山经开区投资1.5亿元建设苏高新集团·食行生鲜供应链中心项目。

2019年3月18日,位于常熟市琴川街道香榭路的思南白茶常熟推广中心开业

2020年,苏州市累计开设铜仁"梵净山珍"(苏州)展示中心、农产品展销中心(旗舰店、专柜)等37个,新建20个消费扶贫专柜、20个消费扶贫专馆、108个消费扶贫专

区。张家港市累计帮助沿河县消费扶贫1.1亿元，带动贫困人口9259人。认定扶贫产品90种，认定产品价值14亿元。思南县出台《思南县东西部农产品直供基地管理办法》，规范基地动态管理。建成面向常熟市的农产品直供基地8个共6200亩，覆盖茶叶、红薯、板栗等思南县农特产品。太仓市以助推玉屏县500亩以上坝区及农产品仓储物流中心建设为重点，建成面向太仓市的农产品直供基地2050亩，有效带动当地3091人就业，引导大龙健康油脂有限公司、玉屏黄桃专业合作社等7家企业入驻脱贫地区农副产品网络销售平台，推荐申报22个扶贫产品。年内玉屏县农产品在江苏省销售18241.7万元。昆山市与碧江区采取两地共建的方式，联合昆山仙云谷农工坊（苏州）贸易有限公司，在昆山市商业中心规划建设推介碧江、展示碧江区的"昆碧乐比邻"展示中心，搭建"公司+公司+合作社"的供货模式，与碧江区农产品公司建立合作关系。相城区布瑞克（苏州）农业信息科技有限公司把一线城市品牌孵化团队引进铜仁市，其中农牧人团队累计完成铜仁市53个区域特色农产品品牌设计与上线销售。吴江区有印江农特产品专区专柜销售点8个，销售印江县农产品100多万元。吴中区协作办配合德江县共同完成农产品销售额1093.44万元。建设面向帮扶城市农产品直供基地2个（潮砥脐橙、永志茶厂）1.5万亩。认定扶贫产品商家24家、产品34个。姑苏区开设"梵净山珍，健康养生"农特产品销售中心、东西部扶贫协作特色产品展示中心等专馆2个、专区10个，帮助江口县认定22家119个扶贫产品，产品价值近13亿元。苏州工业园区协助铜仁望乡生态农业开发有限公司在苏州市吴江区建立农产品物流基地，占地面积23亩，建成冷库和集配中心，解决农产品冷链物流问题，畅通消费扶贫"最后一公里"。苏州高新区帮助万山区完成"黔货出山"销售额1.9917亿元，组织区内38家扶贫产品供应商和212款产品在全国消费扶贫工作系统中通过审核，产品总价值达10.7321亿元，平台销售额940万元。苏高新集团·食行生鲜供应链中心投运，当年基地累计销售铜仁市农特产品2256吨，销售额达1亿元，带动4700多户贫困户增收。鸿海（苏州）食品科技股份有限公司投资6000万元规划建设学生营养餐食材保供配送、农产品深加工、智能冷链物流，研发孵化四个中心，学生营养餐食材保供配送中心和农产品深加工中心投入运营，可同时满足每日10万人规模配送保障和5000吨农产品年加工量。

至2020年，苏州市将铜仁市优质农产品列入苏州食品企业优质原料供应采购目录，申报扶贫产品1369款，累计通过国务院扶贫办审核公示供应商415家，扶贫产品1126个。

三、推广宣传

2016年，苏州市工商联和铜仁市工商联联合主办"精准扶贫、黔货出山"——铜仁农产品走进苏州活动，并推出铜仁会员卡，提供购买和游览打折优惠。铜仁市扶贫办参照某知名小吃品牌的营销模式，统一设计铜仁市优质农产品旗舰店的标识和门头店招，由各享受优惠政策的销售主体统一使用，进一步加强对"梵净山珍·健康养生"品牌的塑造和宣传。

2017年6月，2017"梵净山珍·健康养生"铜仁绿色优质农产品苏州招商推介展示会在苏州国际博览中心开幕，现场集中签约项目30个，签约资金46.66亿元。12月15~17日，在于苏州广电国际会展中心举办的第十六届苏州市农产品交易会暨2017中国·武陵山区（铜仁）第六届农产品交易会上，苏州市茶业行业协会和铜仁市茶叶行业协会签署《苏州·铜仁茶叶产销对接合作协议》。

2017年12月15~17日，第十六届苏州市农产品交易会暨2017中国·武陵山区（铜仁）第六届农产品交易会在苏州广电国际会展中心举办

2018年，铜仁市先后在苏州市及下辖相关市（区）举办铜仁优质农产品展销、展示活动7次，苏铜两地积极探索"电商+农产品"的销售模式。3月，苏州食行生鲜电子商务有限公司签下万山区第一单1.25万余千克新鲜香菇，通过公司App，几天就销售一空，首次将万山香菇搬上苏州等东部城市市民的餐桌。同时在食行生鲜App构建扶贫馆，推选贫困地区优质农产品，通过二维码追溯技术，为铜仁扶贫对象设立专有二维码名片，打造从生产源头到流通环节可追溯的"二维码"体系。4月，2018年万山区农商旅产品苏州展销会在苏州高新区举办。9月，在吴中区举办的2018苏州金秋优质农产品展销会上，69家铜仁农业企业和农产品生产基地到苏参展，现场销售额70多万元，直接带动1300余名建档立卡贫困户增收。11月9~10日，铜仁市2018年"黔货进苏"订货会在苏州举行，会上，苏州新港物业服务有限公司、苏州食行生鲜电子商务有限公司、常熟王四食品有限公司、苏州市南环桥农副产品批发市场等与铜仁市农特产品供应方签订300万元的合作协议。12月14日，在2018黔货出山暨铜仁农产品资源推介会上，铜仁市政府向苏州市烹饪大师颁发聘书，向苏州市有关单位和企业授予"贵州材·苏州味"美食研发推广单位证书，苏州市有关企业与贵州省企业签订东西部协作发展农产品供销合作协议，推介会现场签约订单14个，签约金额达2.564亿元，其中铜仁市签约11个。沿河县在张家港市开展"电商扶贫、黔货出山"暨2018贵州沿河空心李采摘月活动暨旅游推介活动，半年销售沿河县农特产品10余吨，销售额621万元，是年，沿河县电商交易额突破3亿元。吴江供销社下属云

商电子商务有限公司携手印江县，建立吴江经纬线商城"印江馆"，上线梵净山茶、土豆面、红色木黄系列白酒等特色农副产品25种。吴江日报社旗下线上商城"东太湖云商城"与印江县4家企业合作销售印江特色农副产品，当年销售额10万余元。苏州高新区和万山区在苏州汇融广场假日酒店设立万山区展示中心，布展面积470平方米，总投资200万元，推广展示万山区形象，参观者在现场可通过扫描二维码直接采购万山区的优质农产品。布瑞克（苏州）农业信息科技有限公司与铜仁市政府签署农业大数据建设及智慧农业战略合作框架协议，在其农牧人网上商城销售石阡特色农产品564.23735万元。

2019年，铜仁市在苏州开展农产品展销活动21次，先后举办或受邀参加2019年苏州·铜仁春季茶产业融合发展座谈会、贵州茶产业南京产销对接招商引资洽谈会、苏州中国农民丰收节、苏州农展会等各类农产品展销会等。7月25~26日，铜仁市"黔货进苏"产销对接活动在"梵净山珍"（苏州）展示中心举行。对接活动现场，共有来自贵州省及铜仁市80余家企业代表组织的600余种产品参展，通过现场展示农产品、供需双方一对一看样订货等形式，苏州市80余家采购企业与铜仁市的企业达成采购协议，采购金额近2亿元。两地企业开展直供直配合作，实现苏铜两地产销直供、质量可溯、食用放心。苏州市科协组织成员单位市烹饪协会启动铜仁菜品研发项目，14家苏州知名餐饮企业、近20位烹饪大师历时半年共同研发出150余道"山珍苏味"菜。联合市农业农村局、市文广旅局等单位策划出版《梵净山遇见太湖水》美食科普图书，香煎花田粑、牛肉红薯粉、苏式酸汤面等特色美食列入新梅华、同得兴等的菜单。10月26日，"相约阳澄·蟹逅苔茶"2019东西部扶贫协作感恩汇演暨扶贫产品推介会举办。苏州阳澄湖生态休闲旅游有限公司与石阡国荣尚品苔茶发展有限公司举行扶贫产品产销对接签约仪式。张家港与沿河持续开展"洲州茶""幸福李"公共联创牌产品在张家港及华东市场的销售推广，通过邮政张家港分公司将洲州茶推荐为苏州邮政2019年扶贫合作产品，进入苏州四县（市）六区消费市场及其200余个邮政网点，并结合邮政"919电商节"搭载"邮乐小店"全域推广。玉屏县工作组牵线中国国际电子商务有限公司、大象慧云信息技术有限公司等专业公司，加强玉屏县农特产品质量安全溯源体系建设，实现12家企业安装溯源系统，可溯源产品8种，设计农产品包装6款，培育农特产品品牌6个，创建"玉水屏山"县域电商公共品牌，策划"侗米坊""贵圆龙"等多个农产品品牌网络促销案例。昆山市会同昆山新宁物流有限公司、布瑞克（苏州）农业信息科技有限公司等农业大数据和物流公司，整合淘宝网、贵农网，昆山"昆意浓""食行生鲜""邮政与你有约"等省内外电商平台，与江苏一多文化创意有限公司、昆山市粮油购销有限责任公司等7家单位签订农产品线下直销合同，构建线上线下农产品大数据平台。线上销售碧江农产品578吨,销售额4845万元。苏州银行在手机银行App中开发出"黔货进苏"模块,并通过银行积分兑换、优惠购买等活动,使苏州银行200多万名客户能在线上选购铜仁优质农产品。苏州工业园区管委会与中国建设银行、松桃县政府及企业合作,用"银行+电商"扶贫方式,中国建设银行苏州分行携手贵州松桃苗食产业联盟,上线该行首个善融扶贫商户,发挥善融商务平台优势,对接帮助松桃县商户销售特色农副产品。在善融扶贫商户上线5个月时销售总额超57万元,订单6700余笔。

2019年1月,中国建设银行苏州分行消费扶贫支票移交仪式在松桃县举行

2019年5月17日,万山区电商生态城亿创电商正在将铜仁市农特产品装车发往苏州市。2019年上半年,亿创电商"黔货进苏"销售额已超千万元

2020年,苏州市组织铜仁企业参加江苏省级机关食堂、省国资委消费扶贫产销对接活动,中国苏州文化创意设计产业交易博览会、中国(苏州)国际品牌博览会、苏州优质农产品交易会、"双十二"苏州购物节等活动,思南白茶亮相全国扶贫日产业论坛,同程生活社区团购全年销售铜仁农产品超5000万元。5月19日,相城·石阡东西部协作产销对接"石阡矿泉水自动销售启动仪式"举行,首台自动售水机在相城区落地。6月起,苏州日报记者高戬等采访报道《向乌江黔山挥一挥手,不带走"五个背篓"》,苏州日报报业集团和铜仁日报社利用"五个背篓"的影响力,联手打造"五个背篓"公益计划助力"黔货进苏",苏州日报报业集团旗下专业的生活服务类App"家在苏州"中特别增设"五个背篓"专属电商扶贫频道,通过双倍积分、特别买赠、品牌故事等方式引流客户消费,有近百种铜仁特色产品纳入产品库。7月1日,中设集团携手集团公路服务区精准扶贫指定运营商苏州蔚然农业科技发展有限公司,在沪苏通长江公铁大桥张家港侧S19锡通高速张家港锦丰服务区建设精准扶贫展销馆,重点展销贵州省沿河县农特产品。8月9~10日,在由江苏省国资委、对口办、扶贫办联合主办的江苏省国资系统消费扶贫专

项活动展示会上，铜仁市扶贫开发投资有限责任公司、亿创电子商务经营管理有限责任公司等6家铜仁市农特产品生产、销售企业与江苏省属国资公司签订农产品采购意向协议，采购总金额超过50万元。布瑞克（苏州）农业互联网股份有限公司联合新华社策划"贵州礼物"系列宣传活动，将包括铜仁市在内的贵州省8个市域内的特色农产品通过"大数据+媒体宣传+线下活动"精准推送至8个对口帮扶城市消费端（苏州市、上海市、杭州市、宁波市、青岛市、大连市、广州市、深圳市），架起消费扶贫桥梁和渠道。12月，"贵州礼物"首站活动暨"苏·铜消费扶贫"与苏州市政府主办的"双十二"苏州购物节，在"双十二"期间预售数万份产品。12月17日，布瑞克（苏州）农业互联网股份有限公司与贵州省电子商务云运营有限责任公司签署战略合作协议，共同推动贵州省农特产品在全国200个地级市批发销售渠道建设。是年，思南县工作组牵线茶叶企业与天猫、京东、每日优鲜等主流电商平台加强合作，组建线上销售运营团队，搭建微信销售小程序，开展系列直播带货活动，推动"思南白茶"线上畅销。石阡县相韵文化旅游发展有限公司帮助石阡县销售农特产品2278.2943万元，带动贫困人口430户1728人实现脱贫，产品、场租及务工利益联结金额225万元。太仓市企业落户玉屏双桥电商营运中心，成立贵州苏铜鲜生农业科技有限公司，首期投资2000万元。江苏省对口帮扶贵州省铜仁市工作队松桃县工作组组长、松桃县委常委、副县长赵启亮通过梵净云天App"直播带货"推荐松桃梯田大米、棒棒米豆腐等15种农特产品，在线观看人数达31299人次，销售额2.5万元，带动销售额49.79万元。

2021年春节前后，布瑞克（苏州）农业互联网股份有限公司推出"贵州礼物"礼包产品，从石阡县到铜仁市再到贵州省9个地级市，单品数量达200个左右，对接相关企

2020年7月1日，沪苏通大桥张家港侧S19锡通高速张家港锦丰服务区内精准扶贫展销馆开业

2020年8月9日，江苏省国资系统消费扶贫专项活动在南京市举行。江苏省副省长马欣（左二），江苏省对口支援协作合作领导小组成员王志忠（前排左四）考察铜仁展位

业及合作社40家,组织线上及线下活动近20场,销售额达1000万。从1月1日至2月25日,工作队以苏州市举办年货节为契机,线上线下结合开展"苏铜一家亲年货盛宴"活动,帮助铜仁市在苏销售农特产品1.3亿元。至11月底,累计完成"黔货进苏"销售额4.83亿元。

四、定向购销

2018年起,苏州市将消费扶贫纳入"万企帮万村"精准扶贫行动,动员引导民营企业、商会、行业协会采取"以购代捐""以买代帮"等方式购买铜仁市农特产品,开展"买产品、献爱心、促脱贫"大礼包等系列消费扶贫活动,鼓励苏州市机关单位、爱心企业、慈善人士等社会力量优先采购铜仁市扶贫产品。苏铜两地供销合作总社签订优质农特产品产销定向合作协议,就铜仁市优质农特产品定向购销、按需择产、包装运输等达成协议。

2018年,常熟市企业与贵州思南梵山山泉饮业有限公司签订战略合作协议,该公司每星期向苏州市场销售13万瓶瓶装水,在常熟市建立梵净山泉总仓,下设700余个分销店。太仓市机关事业单位工作人员1万余人,用核定的个人工会费,每年每人定向采购两盒以上玉屏黄桃。相城区与石阡县推出"品色石阡"特色农产品大礼包,至2020年累计销售800多万元,带动当地农户就业5000多户,带动致富2万人。相城区区级机关事务管理中心与石阡县农牧科技局签订相城·石阡共建农产品专柜供销协议书。苏州银行捐赠资金150万元帮扶高峰村现代化生态茶园建设。茶园建成后,苏州银行每年回购20万~30万元茶叶助推消费扶贫。

2019年,太仓市工商联23家企业、璜泾镇商会16家企业、双凤镇商会35家企业及太仓市工商银行、太仓协鑫垃圾焚烧发电有限公司等企业采购玉屏黄桃。太仓市建筑行业协会定向向玉屏县朱家场镇谢桥村采购10万元茶油。太仓市供销社出资50万元入股玉屏圆龙野山鸡养殖项目,一方面帮助销售野山鸡,另一方面把项目所得利润全部用于项目所在地贫困户分红增收。张家港市区镇结对援助,大新镇出资5万元采购洪渡镇特色农产品,带动立档建卡贫困人口15人。张家港保税区(金港镇)销售沙子街道空心李4500千克,双山香山旅游度假区采购甘溪镇猕猴桃1300千克,市水政监察大队采购甘溪镇猕猴桃1750千克。永钢集团采取"以购代捐""以买代帮"方式一次性购买新景镇龙山村黄花菜810千克。昆山市10家民企整合资金50万元建立扶贫资金池,定向扶持碧江区7个村;村社结对围绕农产品供销、产业发展开展合作;爱心企业家和社会人士现场采购贫困户农副产品,零售金额达30万元。昆山市中医医院与贵州同德药业签署《中医药产业战略合作协议》，采购总额达5700万元。吴中区扶贫协作办公室连续两次发动区内百余家机关、企事业单位认购德江县22.55万千克脐橙和1.655万千克黑木耳，共计478.1万元。东山茶厂与德江永志茶厂进行产销合作，签订合作意向书，第一批认购茶叶106.85万元。2019年春节前，作为"黔货进苏"运营主体之一的铜仁市万山区亿创电商公司接到来自苏州高新区企事业单位总价值510万元的农特产品订单，该批订单覆盖贫困户400余人，其中，直接带动贫困户就业30余人，支付劳务费14000余元。苏州高新区总工会首创消费扶贫工会福利大礼包，号召全区各工会系统每年每人从工会福利中拿出600~800元额度专项购买铜仁市农产品——"梵净山珍·健康养生"礼包，采购礼包4万余份，价值1100余万元。

2019年1月11日，吴江区企事业单位采购的印江县农特产品发车，通过东西部协作，印江年货走俏吴江市场

2019年1月24日，思南梵净山泉采购项目、翟家坝村茶青包销项目签约仪式在思南县举行

2020年，苏州独墅湖科教创新区组织人员调研松桃县农产品生产加工情况，现场组织企业采购农产品4万余元，并安排农业产业园对接同程生活等电商平台。苏州市15家酒店与松桃县达成试用推广该县农产品协议，帮助松桃县增加农产品销售渠道。张家港经开区与沿河中界镇、泉坝镇、团结街道，冶金工业园与淇滩镇等签订镇级消费扶贫协议，张家港保税区高桥村与沿河晓景乡吴家村签订贵州省内首批村级消费扶贫协议，是年消费扶贫金额3884万元，带动贫困人口2203人。中国五矿集团有限公司子企业中国二十冶集团有限公司与沿河洲州茶业有限责任公司签订价值268万元的农特产品春节大礼包订购合同。相城区漕湖街道辖区爱心企业购买石阡山货258份、甘溪乡苔茶550余千克，全年购买的阡货总价值超46万元。梵净山泉瓶装水销往常熟达800万余瓶，销售金额800余万元，水产品还覆盖整个苏州地区。

2020年1月6日，德江县脐橙、黑木耳分批发往吴中区

2020年5月19日，相城·石阡东西部协作产销对接"石阡矿泉水自动销售启动仪式"在相城区举行

第五节　文化旅游产业合作

　　铜仁市生态良好、环境优美，境内有国家级自然保护区3个、国家级风景名胜区3个、AAAAA级旅游景区1个，2个国家级地质公园，6项国家级非物质文化遗产，21处文物古迹。其中武陵山脉主峰梵净山在国内外享有盛誉。苏州是中国首批历史文化名城之一，中国重点风景旅游城市，现有文物保护单位881处、列入世界文化遗产名录的园林9座。苏铜两地文化互补性强，结对帮扶以来，两地通过"走出去、请进来"，聚焦帮扶重点，深化文化旅游（简称"文旅"）产业合作，深入推进文旅人才交流。双方围绕以铜仁市"一带双核"文化旅游创新休闲度假区为重点的旅游景区建设，在铜仁景区整体开发、运营管理等方面开展合作，提高铜仁市旅游竞争力，并借助苏州市成熟的展示交易平台向外推介，不断提升铜仁市文化产品的设计水平与质量。苏州市先后对口援建铜仁市江口云舍、松桃桃花源和印江凤仪等历史文化名村，投入规划及建设资金上亿元，带动和促进铜仁市乡村旅游示范点的提档升级，帮助云舍景区创建为国家AAAA级景区；在南京市、苏州市的大力支持下，铜仁凤凰机场先后开通至南京市、无锡市的航线，缩短两地距离；苏州市及10个市（区）与铜仁市及下属10县（区）文旅部门分别建立旅游长效合作机制，围绕铜仁市特色旅游资源和区域地理优势，重点在旅游产业发展、智能景区建设和旅游宣传营销等方面开展帮扶。

　　苏州市与铜仁市连续3年组织"苏州百家旅行社走进铜仁"活动，助力梵净山景区成功申报世界非物质文化遗产和AAAAA级景区，为铜仁市输送苏州市游客10多万人次；协调苏州市专业团队，助力铜仁古城规划建设；与同程网络科技股份有限公司合作推进"互联网+旅游"建设，引导苏州市企业在铜仁市投资运营万山区牙溪生态农场、铜仁·苏州大厦、江口县云舍·姑苏小院、书香门第梵净山酒店、碧江区范木溪精品民宿等农业文化旅游项目；与铜仁市合作打造10个乡镇综合文化站和乡村旅游融合示范点。帮助铜仁市在苏州举办旅游推介活动近40次，广泛宣传铜仁市精品旅游线路和产品。出台优惠政策，吸引江苏省游客37万余人次到铜仁旅游消费。

一、对接宣传

2013年4月、12月，苏州市旅游局组织旅行社和媒体对铜仁市梵净山、大明边城、苗王城等景区进行实地考察踩线，对旅游线路优化提出建议。铜仁市博大旅行社与苏州旅行社、苏州文化国旅签订互送团队旅游合作协议。11月2日，由中共苏州市委宣传部、中共铜仁市委宣传部主办的2013铜仁·苏州文化旅游活动周——"梵天净土·桃源铜仁"走进苏州系列活动在苏州市公共文化中心拉开序幕，首届铜仁·苏州文化旅游活动周旅游推介活动成功举办。

2014年4月12~14日，铜仁市组团参加首届苏州国际旅游交易博览会并设置铜仁市展厅，推出各类特惠旅游线路、经典苏式美食、丰富精彩的民族风情表演、旅游产品"零元起拍"等系列活动，共发放各类宣传资料20000余份，接待咨询15000余人次。5月26~29日，苏州市、常熟市、无锡市等地20余家旅行社组成考察团，对铜仁市梵净山、苗王城、九龙洞等景区进行考察踩线。

2015年，借助苏州市国际国内著名旅游目的地的重要平台，铜仁市文旅系统在苏州成功举办以"美丽梵净山·铜仁过大年"及"铜仁生态美，梵净天下灵"为主题的旅游资源及产品推介会和铜仁·苏州文化旅游活动周等一系列活动，取得良好反响。11月5日，铜仁文化旅游推广中心在苏州拙政园景区挂牌成立，梵净山景区与拙政园景区签订合作协议，开展"联谊结盟"。

2015年11月2日，由中共苏州市委宣传部、中共铜仁市委宣传部主办的2013铜仁·苏州文化旅游活动周——"梵天净土·桃源铜仁"走进苏州系列活动拉开序幕

2016年，苏州市援建的碧江区漾头镇九龙村基础设施建设项目基本建成，帮扶指导建设旅游特色客栈40余座、农家乐30余户。3月24日，铜仁市联合贵州省旅游局在

苏州市举办"山地公园省·多彩贵州风"旅游促销活动。6月,苏州市旅游局落实"新三百工程",组织苏州"百家旅行社走进铜仁"踩线交流活动。苏州市旅游局与铜仁市旅游发展委员会,苏州市旅游协会与铜仁市旅游协会,苏州国家旅游标准研究与推广示范中心与铜仁市江口县分别签订旅游合作协议。确定包括"一趟专列""一次首航"在内的"五个一"旅游合作计划。提出"政府搭台,企业唱戏"的帮扶新模式,在两地政府签订旅游合作协议,实现宣传平台等资源互通的基础上,充分调动和发挥两地旅游企业积极性,组织开发线路和产品,互相输送客源,实现共赢。8月9日,苏州市旅游局在市会议中心广场举办"苏州铜仁旅游首航"启动仪式。首航团由200多名游客组成,全部由苏州本地旅行社面向社会公开招募,分别体验"铜仁双飞五日游"和"四日游"两种产品,包含铜仁市的梵净山、苗王城、亚木沟等精品景区。并推出高铁旅游专列。11月11~13日,工业园区联合"贵州省松桃苗族自治县旅游推广团"参加在上海举行的中国国际旅游交易会。11月29日至12月1日,金鸡湖景区协同松桃县旅游局参加在重庆、成都举行的苏州旅游推介会。12月2~4日,金鸡湖景区与松桃县旅游局联合参加2016成都国际旅游展。

2017年3月,铜仁市和苏州市联合举办铜仁市全域旅游发展论坛,为铜仁市旅游发展把脉。从5月11日起,《苏州日报》每隔两周在"悠游版"免费刊登介绍铜仁市旅游方面的文章,为期两年。6月,举办苏州·铜仁文化周活动,苏州旅游考察团到铜仁市考察洽谈旅游合作工作,苏州专家帮助铜仁市梵净山景区编写中、英、日、韩四种语言导游词共8万余字,助力梵净山成功申遗。铜仁市到苏州市考察学习AAAAA级景区创建工作经验,并洽谈旅游市场宣传营销等工作。7月中旬,苏州邀请复旦大学旅游系教授、酒店高管等行业专家到铜仁为全市旅行社120名管理人员开展培训,从理论知识、工作办法等方面提升铜仁旅行社管理人员知识水平。7月23~25日,苏州市旅游系统考察团到铜仁市开展旅游交流协作,双方举行苏州—铜仁旅游交流协作座谈会,进行苏州·铜仁百名导游结对帮扶签约仪式,10名苏州品牌导游被聘为铜仁市首批导游工作顾问。8月17日,江苏省政府专题会议研究同意南京市至铜仁市定期航班补贴政策继续延期两年(每年补贴500万元),有效推动对口帮扶旅游与经济融合发展。8月,德江县委、县政府举办德江·吴中文化周暨"德商文化周"活动。8月和12月,铜仁市在苏州市分别举办"多彩贵州风之印象铜仁风情嘉年华""梵天净土·桃源铜仁"2017铜仁冬季度假旅游和"'走进多彩贵州·寻找儿时年味'之德江邀您过大年"等系列推介活动。11月7日,苏州旅行社、徐霞客中国旅行商商会领导带领企业家到铜仁市洽谈旅游落地项目,对接旅游帮扶重点工作。12月11~17日,德江县到吴中区开展冬季文化旅游推介暨农特产品展示展销活动。开办为期3天的2017年德江县"农文旅"一体化培训班。12月11日,同程网络科技股份有限公司与铜仁市旅游发展委员会签订"新旅游"战略合作协议,加大铜仁市旅游景点与苏州市旅行商在产品开发、市场推广等方面的全面合作,以"梵天净土·桃源铜仁"高铁游、双飞游等旅游产品为重点,加强两地客源互送;并实行在每年3~12月铜仁市各收费景区对苏州市民实施门票挂牌价五折优惠的政策。至2019年,同程网络科技股份有限公司累计成交铜仁酒店订单11万单,服务15.6万人次;目的地为铜仁的交通类订单140万单,服务204万人次。12月18日,吴江旅游发展有限公司在印江设立印江吴韵旅游服务有限公司,注册资金200万元。在吴江旅游进上海宣传月中,增加印江元素,推介印江旅游资源。发挥苏州市文化创意、包装设计等产业优势,积极引导苏州市文化创意企业到铜考察投资,加强苏铜两地在设计服务、数字文化、动漫游戏等新兴业态领域的协作,把铜仁市丰富的民族特色文化资源融合到文化创意产业中去。姑苏区科技镇长团依托高校优势,深入调研江口文旅产业,将"平江课堂""走进平江文化讲习班"等文化学习品牌引入江口县。在第二届中国(姑苏)文创精英挑战赛中,增设"江口梵净山文创产品"分赛,由国内专业设计机构、设计师等共同为梵净山文化推广出谋划策。苏州历史文化名城保护集团有限公司在江口县设立旅游公司,加强两地旅游管理交流,打造"全域旅游"。是年起,常熟市将思南县景区(点)纳入常熟旅游休闲年卡范围,共建"常熟—思南"无障碍旅游区。

2018年,苏州市连续在《苏州日报》《姑苏晚报》对铜仁旅游进行宣传报道,苏州市协助铜仁市开展旅游宣传活动10余场,累积到铜旅游的苏州市游客达64.4万人次。苏铜两地旅游部门、涉旅企业开展互访交流10余批次。苏州市旅游局持续开展"百家苏州旅行社走进铜仁"活动,打造苏州—铜仁的旅游精品线路。助力梵净山成功"申遗"和成功创建AAAAA级景区,引导一批江苏省和苏州市企业到铜参与以"一带双核"为重点的旅游景区建设和运营管理,帮助铜仁市培训旅游从业人员150余名。6月12日,"非遗进园林"暨2018梵净山文化价值年系列活动"梵天净土苏黔雅集"在拙政园举行,铜仁市与苏州市两地非遗文化艺术大师进行表演交流,拙政园管理处与铜仁梵净山两大景区合作签约仪式举办,让"苏州园林"和"梵净山"不仅成为两地旅游的名片,更成为"非遗"与百姓之间的桥梁。吴江区人民政府将印江县作为吴江区劳动模范、先进工作者的疗养基地,6月,"吴江·印江旅游开发合作暨2018年百名劳模印江行"正式启动,两批40余名吴江区劳模抵达印江县。8月,太仓市旅游局依托旅游协会平台,推出"醉美贵州"太仓直发旅游线路,并将该线路纳入"和你从太仓出发"系列旅游产品中。9月,相城区委宣传部组织资深文旅类自媒体"大V"走进石阡,围绕石阡苔茶、楼上古寨、山城风物、特色温泉、风俗民情等主题,采写推介稿件,刊发于知名旅游网站和微信公众号，累计阅读量破百万。10月，常熟市旅游局与思南县文广新局签署《常熟、思南两地旅游战略合作框架协议》和合作备忘录。思南九天温泉景区、思南石林景区分别与常熟尚湖旅游度假区、沙家浜景区签订景区合作协议，制作"常来常熟 思念思南"旅游口袋书。11月起，石阡县文旅宣传短片持续2个月在苏州轨道交通1号线、2号线、4号线播放，日均覆盖客流量100万人次。苏铜两地加强铜仁傩戏、花灯、苗绣与苏剧、昆曲、苏绣等非物质文化遗产项目的对接。12月，苏州（铜仁）丝绸品牌展示中心在铜仁市筹备建设，推动苏铜两地在技术工艺、销售渠道和市场品牌等方面互动合作。在2018吴中区·德江县旅游客源互送交流推介会上，德江县重点旅游企业和吴中区原创读行学堂文化旅游发展有限公司、苏州春秋国际旅行社有限公司等6家企业分别达成战略合作协议和客源互送协议。是年，松桃县与苏州同程网络科技股份有限公司签订合作协议，由该公司为松桃县旅游产品提供线上销售平台，开辟专属流量入口，打造松桃目的地旗舰店，邀请优质验客走进松桃开展探秘苗乡踩线活动。验客游记阅读量83万多次，验客微博微信辐射人群1817.4万余人次，微博话题辐射人群1407万余人次。苏州高新区旅游产业集团有限公司在万山区重点投资打造万山牙溪旅游综合体项目，打造西南首家农庄、铜仁市旅游新地标，带动当地农户就业致富。

2018年4月10日，思南县到常熟市参加2018年第27届中国（常熟）尚湖牡丹花会并举行旅游口袋书首发仪式

2018年6月12日，"非遗进园林"暨"2018梵净山文化价值年"系列活动"梵天净土苏黔雅集"在拙政园举行。苏州市副市长曹后灵（左四）、铜仁市副市长曹晓钟（右四）等为活动启幕

2019年，铜仁市共计到苏州市开展旅游推介活动16次，双方协作打造乡村旅游合作试点10个；累计有10.5万名江苏籍游客到铜观光旅游。苏州市帮扶铜仁市实施乡村旅游项目开发，探索开展"景区+项目+就业+村寨+智慧扶贫+结对"的旅游消费帮扶模式，带动贫困人口就业1万多名；铜仁市乡村旅游接待游客3520.9万人次，综合收入179.2亿元，带动3.11万名贫困户增收脱贫，实现"旅游协作+脱贫攻坚"的高度融合。1

月，江苏华韶建设有限公司投资13亿元，筹建德江县全域旅游开发建设项目，把洋山河景区、泉口草场（石林）景区打造成为AAAAA级景区。3月6日，苏州市文广新局与铜仁市文广旅局签订苏铜文化旅游合作协议，并向铜仁市文广旅局捐赠30万元产业发展资金。是日，苏州（铜仁）丝绸品牌展示中心在铜仁市正式运营，中心展示面积近500平方米，太湖雪、慈云、绣娘、华佳、鼎盛、欧星、鸿成、凯地等8家首批通过苏州市丝绸品质认证的品牌企业的上千件（套）丝绸产品入驻中心，该中心成为苏州市丝绸文化的展示推广平台。4月19~22日，在2019年第八届中国苏州文化创意设计产业交易博览会期间特设铜仁手工艺品展区，展示铜仁文创产品。铜仁市在苏州举办2019文化产业招商引资暨旅游宣传推介会和"巾帼匠心·最美苏铜"——苏铜两地女性新手工艺展，搭建两地重点文化企业联络机制和平台，组织两地文化企业相互考察市场，对接产业项目。会上，铜仁市梵天文化产业集团与苏州星风暴互联网络有限责任公司、苏州和氏设计营造股份有限公司分别签订《铜仁·苏州文化创意企业合作协议》，铜仁梵旅投旅行社有限公司与苏州文化国际旅行社有限公司、苏州旅行社有限公司、苏州三九国际旅行社有限公司分别签订旅游合作协议。徐霞客中国旅行商商会国内自驾游管理委员会主任沈建妹向铜仁市九龙洞景区授予"中国自驾游基地"牌匾。松桃县委书记李俊宏一行到同程旅游苏州总部，双方签署"新旅游"战略合作协议。同程网络科技股份有限公司在松桃县设立铜仁龙程文化旅游投资有限公司，注册资金500万元。八爪鱼网络科技有限公司依据当地旅游资源设计铜仁市旅游线路。5月22日，苏州高新区对口协作文化旅游从业人员能力提升培训班在朱砂古镇悬崖酒店开班。旅游行业专家与学者围绕"乡村振兴和文旅融合""新媒体传播在景区营销中的作用"为50名万山旅游从业者授课。6月5日，苏州市科协立项30万元，联合江苏省对口帮扶贵州省铜仁市工作队江口县工作组、铜仁市文广旅局和江口县政府，委托中科院南京紫金山天文台将该台发现的一颗国际编号与苏州市邮政编码相同的"215021"号小行星申报命名为"梵净山星"；铜仁市召开专题会议调整古城保护利用方案，增加天文科普元素，丰富"一带双核"旅游规划内涵。6月14日，2019年度"苏州百家旅行社走进铜仁"旅游帮扶活动启动，活动延续到11月，推出"铜仁深度游""贵州铜仁精品游""铜仁暑期亲子游"和"铜仁夕阳红专线游"4条线路和产品，为铜仁输送客源。9月29日，吴江文旅（上海）展示中心在上海旅游集散中心正式落成启用，印江旅游宣传片、宣传资料与吴江旅游资源同时首批入驻。10月，姑苏区与江口县共同举办江口县伴手礼文创农创大赛，推出一批有特色、有品牌、有故事的文创、农创旅游产品，引导推动梵净山生态游、研学游。11月8日，国际天文学联合会小行星命名委员会发布公告，将国际编号"215021"号小行星永久命名为"梵净山星"。"梵净山星"是贵州唯一的以景区命名的宇宙天体，成为苏铜两地真情帮扶的永恒

2019年3月21日，德江县组织当地茶企和旅游企业到吴中区参加2019苏州吴中洞庭山碧螺春茶叶节暨太湖文化旅游节开幕式及相关活动

2019年5月1日，苏州市书香门第酒店在铜仁市江口县开设的书香门第梵净山酒店试营业，这是书香门第酒店在贵州省的首家品牌酒店

2019年5月15日，松桃县与同程网络科技股份有限公司签订战略合作协议

2019年9月5日，常熟文旅系统和市民组成30余人的"发现思南之美"思南游首发团到达思南县

2019年8月3日，"苏适生活，乐享铜仁"2019年苏州高新区与铜仁市万山区文化旅游推介会在苏州举办，苏州高新区旅行社与万山区朱砂古镇景区签订合作协议

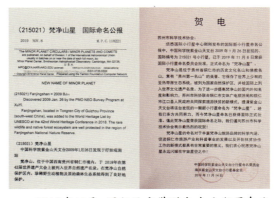

2019年11月，国际天文学联合会小行星命名委员会命名"梵净山星"公报和中国科学院紫金山天文台小行星命名委员会、南京紫金山天文台小行星基金会给苏州市科学技术协会的贺电

见证。11月5~8日,苏州市文化广电和旅游局组织开展相城区与石阡县全域旅游示范区创建对口帮扶座谈活动,共同探讨国家全域旅游示范区创建路径、方法举措。

2020年7月31日,2020年铜仁文化旅游产业招商推介会在苏州市举行,共签约8个项目,投资金额7.2亿元,其中现场集中签约的项目有7个,签约资金5.1亿元,以农特生鲜销售及城市物业智能化管理、5G智慧康养基地、沿河县黑水镇农旅一体化等项目打造具有"苏铜"特色的新IP。8月,相城区委宣传部组织苏州市平面设计师学会设计师深入石阡县,设计石阡县旅游景点广告5幅,农产品包装1组。"活力夏夜　心手相阡"2020年石阡县农产品展销暨旅游推荐活动在相城区活力岛广场举办,石阡县做旅游资源推介,现场发放文旅优惠券1000张,让利游客18余万元。9月11日,铜仁市文体广电旅游局与苏州市文化广电和旅游局签订《2020年苏州·铜仁对口网络帮扶协议》,借助"苏州旅游总入口"平台和用户优势,策划"网络帮扶铜仁专区活动",通过信息化平台互动进行线上帮扶,助力铜仁市文化旅游产品、特产、手工艺品等旅游资源及产品推广宣传;苏州市旅游创新研究会和江口县工商联签订《苏州市旅游创新研究会帮销江口特色农产品合作协议书》,由江口县工商联根据苏州市旅游创新研究会提供的订单供应本地特色农产品,苏州市旅游创新研究会通过直播带货等电商平台进行销售。苏州工业园区推出2020年旅游市场复苏消费政策,9月28~29日在苏州举办"绝技苗乡·神奇松桃"2020松桃(苏州)文旅招商推介会暨脱贫攻坚松货出山名优产品展销会。推动松桃县参加非凡园区YE之"城里的月光"启动仪式和在苏州中心举行的文艺快闪演出,展现松桃县文化特色。通过远程在线举办2020年苏州工业园区—松桃县旅游业服务及管理培训班,实现培训期间全程实时互动。苏州同程文化旅游发展有限公司与苗王城景区达成战略合作,参与苗王城景区乡村旅游合作试点开发建设。苗王城景区将部分收益用于正大镇贫困户分红,带动1102名贫困人口增收。12月28~30日,苏州市文广旅局组织文化旅游资源开发条线人员到铜仁市开展对口帮扶,重点围绕A级景区、乡村旅游区、旅游度假区和全域旅游创建等高品质发展进行专题授课,交流分享景区景点开发、规范管理、品质提升等方面的经验做法。姑苏区利用书香门第梵净山酒店、云舍·姑苏小院等良好合作基础,以江口县国资公司为投资主体,持续推动书香世家、书香府邸、姑苏小院2.0等新品牌引入,引导同程旅游与江口县合作,谋划推动江口县生态游、梵净山研学游,开发精品线路和智慧旅游服务平台;引导金陵饭店集团与江口县合作,谋划推动成立酒店餐饮行业商会和精品民宿联盟,助推酒店(民宿)餐饮行业规模化、组织化、品牌化发展;以黑岩楠木为抓手,协调苏州雷允上,打造"楠乡系列"文创产品,相关产品进驻"姑苏八点半"观前潮流集市、相城区夜市、苏州双塔集市和老友集市等。是年,苏州市科协组织专家参与铜仁古城梵天揽星阁、天

2020年7月31日，铜仁市文化旅游产业招商（苏州）推介会上举行文旅产业项目签约仪式，8个项目签约，投资额7.2亿元

2020年9月28～29日，松桃县在苏州工业园区举办"绝技苗乡·神奇松桃"2020松桃（苏州）文旅招商推介会暨脱贫攻坚松货出山名优产品展销会

文科普馆等场馆的规划设计，助力铜仁市天文科普事业和山水人文旅游的融合发展。还捐赠一台天文望远镜放置在梵天揽星阁中，让闪耀在宇宙苍穹的"梵净山星"成为苏铜两地对口帮扶的见证。

二、文旅项目

江口县云舍历史文化名村美丽乡村项目 位于江口县锦江之源太平河流域中段的河坎谷地。2013年，利用包括姑苏区在内的苏州市扶贫协作资金1500万元，建设云舍历史文化名村美丽乡村项目，完成云舍景区游客服务中心、停车场、旅游广场、新大门等入口区基础设施建设，于2015年4月28日投入试运营，2015年"五一"期间接待游客15580万人次，实现旅游综合收入118.3万元，带动36户从事旅游经营活动、94户房屋出租给他人从事旅游经营，直接带动264人从事旅游业服务，年人均收入4.2万元，使这个贫困村率先实现小康。云舍古村落得到保护与打造，2105年成功创建国家AAAA级景区，全面提升云舍景区旅游品牌形象。

松桃县桃花源美丽乡村项目 位于松桃县乌罗镇桃花源村。该项目是2014年苏州对口帮扶援建项目，占地243亩，涉及18个子项目。其中，苏州援建项目4个，援建资金1600万元，包括游客服务中心、公厕、广场及生态停车场和梵净山山门建设。

印江县木黄镇凤仪村美丽乡村建设项目 2015年，苏州市投入的扶贫协作资金1850万元，被整合到印江县木黄镇凤仪美丽乡村建设项目中。主要用于多闻天王广场绿化休闲区景观工程、旅游池景观工程、荷花池景观工程等。凤仪村美丽乡村建设项目是2015年度苏州市援建项目，位于梵净山脚下的红二六军团会师地木黄镇，山清水秀，环境优雅。印江县整合资金2.71亿元,举全县之力将其打造成梵净山西线旅游的重要接待中心,该项目主要包括多闻天王广场、旅游度假区、食用菌产业观光园等,2016年底完工。该项目让贫困人口221人受益。

昆碧旅游年卡　2016年5月13日,昆碧旅游年卡正式开始发行,游客只需花128元即可在一年内不限次数游玩两地10家景区,当年销售旅游年卡2000张。2019年12月19日,2020年昆碧旅游年卡开售,新增旅游商店、酒店、健身房、影城、休闲娱乐城等,最大限度地让利于民。昆碧年卡发行以来,两地输送游客力度加大,至2020年累计发行7000张,江苏籍到铜仁市的游客10万余人,带动消费约2亿元,实现昆山市碧江区旅游产品互推、旅游景点互动、客源市场互送,促进两地文化旅游市场的共同繁荣。

专项优惠政策　2016年推出苏州市居民持有效身份证件在铜仁市境内景区享受17个景区免费游览,9个景区5折优惠,8家四星级酒店、19家三星级酒店、11家二星级酒店挂牌房价6折优惠。2017年3~12月,铜仁市各收费景区对苏州市市民实施门票挂牌价5折优惠。8月17日江苏省政府专题会议研究同意南京市至铜仁市定期航班补贴政策继续延期两年(每年补贴500万元)。

印江县杉树镇大罗村生态旅游园区建设项目　2017年,吴江区投入东西部扶贫协作资金100万元,用于杉树镇大罗村生态旅游园区建设项目。主要用于新建游客接待中心1000平方米、接待室1栋建筑面积367平方米,水电安装380平方米,停车场1600平方米,挡土墙长100米、高0.4米;公路开挖长180米、宽4.5米,硬化180米、宽4米、厚0.15米;凉桥钢混加固1座,拱圈长28米、宽3米、厚0.2米;桥面加宽长30米、宽5米、厚0.2米;新建厕所20平方米;梯步长16米、宽3米。该项目让贫困人口77人受益。

常熟旅游年卡　2018年起,常熟市市民可以使用旅游年卡走进思南县,游览包括石林景区、"乌江明珠2号"游轮、九天温泉景区、思南古城、郝家湾景区、腾龙峡景区、白鹭湖景区、思南县茶叶公园、万圣山森林公园9个景区景点。6月28日,"千人游思南,殷殷常熟情"首发团100名游客走进思南县。2019年5月19日,由江苏省文化和旅游厅主办,苏州市文化广电和旅游局和常熟市政府共同承办的2019年"中国旅游日"江苏省分会场活动在常熟市尚湖景区启动,"常熟·思南·青铜峡三地旅游年卡"在活动中正式亮相。是年,吸引2000余名常熟市游客到思南县旅游。

沿河县思渠镇下庄村旅游项目　2018年,苏州市投入扶贫协作资金1050万元,用于思渠镇下庄村旅游步道、观景平台、停车场及农家乐等建设,项目为沿河乌江山峡风景名胜管理局管理,因PPP模式未能推行而未确定建设模式。

常熟—思南旅游口袋书　2018年4月10日,常熟市举办2018年第27届中国(常熟)尚湖牡丹花会。开幕式上,举行常熟—思南旅游口袋书首发仪式。该书把两地的风土人情通过几个"口袋"分装串联,趣味横生又便于携带。口袋书的发布进一步增进常熟市、思南县两地之间的经济文化交流,向社会各界展示两地的旅游资源,推动旅游结对合作。

石阡县国荣乡楼上村整村推进旅游扶贫项目 楼上村是集旅游度假、休闲娱乐、民俗民风于一体的民族历史文化村寨。2018年,相城区共计投入东西部扶贫协作资金600余万元完善楼上景区,建设内容包含新建楼上村旅游木栈道1.6千米,楼上古寨及周边村寨亮化灯具安装542盏,生态停车场建设2000平方米。该项目覆盖农户397户1653人,其中贫困户112户444人。该项目于2018年7月竣工,进一步加强楼上景区文物古迹保护。

云舍·姑苏小院精品民宿 位于江口县云舍村景区内。2019年,项目总投资约400万元(其中东西部扶贫协作资金200万元),完全按照苏州市民舍建筑风格设计和装修,室内建筑面积约800平方米、庭院面积约700平方米,包含客房11间、公区两处、室内外景观若干。由苏州文化旅游发展集团有限公司派驻的经营管理人员负责运营。2020年3月营业以来,平均

江口县云舍·姑苏小院精品民宿

入住率超80%,成为江口县文化旅游精品民宿(酒店)示范点,是云舍"网红打卡地",有力带动云舍旅游服务业态整体提升。其运作方式是以景区为平台,租赁景区农户房屋改造为民宿,农户可持续收益为"房屋租金+工资"。项目投入使用后向当地提供数个长期就业岗位,当地贫困户可在民宿务工,得到劳务费。同时江口县文化旅游发展有限公司每年拿出13.34万及当年总收益的5%,用于壮大凯德张家湾易地扶贫搬迁安置点扶贫资金池,期限为15年,涵盖贫困户1647户7239人。

德江县全域旅游开发建设项目(一期) 2019年1月筹建,计划总投资13亿元,建设期限3年,选址在高山、泉口两乡镇境内,以洋山河、泉口草场(石林)两景区为基础进行打造,根据规划,洋山河景区用地约1.6万亩(一期约3000亩),泉口草场景区用地约2.6万亩(一期约9000亩)。实行观光与休闲度假有机融合,建成"特色观光旅游+休闲度假+高山草原文化旅游+风情小镇旅游"综合体,把洋山河景区、泉口草场景区打造成AAAAA级景区。2020年9月,洋山河景区第一阶段建设竣工达产,建有游客服务中心、景观大道、停车场、栈道、广场、公厕等旅游服务设施和阡峰小察、健仙洞、索道、玻璃吊桥、天工地缝等旅游景观项目。

碧江区范木溪树蛙部落精品民宿 位于碧江区川硐街道板栗园村。2019年7月12日开工,由工作队碧江工作组、昆山旅游度假区和乡伴文旅集团树蛙部落发起设立,占地面积12亩,一期投资1500万元由昆山市财政帮扶资金投入,包含树蛙部落10栋、老房屋改造2栋及乡创中心风物馆、乡村振兴学堂、主题餐厅等配套基础设施。一期项目2020年5月运营,客房销

碧江区范木溪树蛙部落精品民宿

售火爆,7月和8月预售客房率超过70%,二期项目于2020年8月启动实施,至2021年5月尚在建设中。

该项目是旅游扶贫+乡村振兴的一次探索:扶贫协作资金入股合作社,引进乡伴民宿品牌"树蛙"负责建设运营,利润进行比例分红。乡伴集团举办旅游技能培训班,并在当地培训2名以上优秀管理人才参与民宿经营管理;村民可以参与项目建设、在酒店工作就业、利用培训掌握技能发展乡村农家乐、休闲娱乐等衍生产业。项目对于当地自然风貌采取保护性开发,保留当地特有植被,建成乡村特色建筑,通过修建搬迁安置点优化整体村庄布局。板栗园村范木溪村民组14户原住居民整体搬迁,并用老房置换新房。当地及周边农户、专业合作社与民宿洽谈合作,以实施"农业+"的方式打造乡村农业体验区,引导游客到体验区采摘、休闲、娱乐,促进周边区域特有的柚子、黄桃、竹笋、茶叶等农副产品的生产与销售。乡创中心风物馆用于展示当地民俗文化精品。该项目覆盖全村735户2386人,其中贫困户168户616人,村民通过务工、分红、土地流转,户均增收1000元以上,2021年1月25日,范木溪树蛙部落精品民宿举行分红仪式,分红资金18万元。

玉屏县乡舍农旅一体化配套建设项目 位于玉屏县朱家场镇茅坡村。该项目以创建西南首家炭文化主题休闲旅游新景区为目标,融合工业、农业及第三产业发展,着力延长产业链、提升价值链、组合供应链,带动周边农户走共同富裕道路。2019年,太仓市投入扶贫协作资金309万元,建设乡舍主要附属设施,包括暖气系统、住宿配套、林下温泉配套设施等。项目采取"公司+贫困户"运作模式,优先使用贫困户劳动力。前3年,项目实施公司自愿以项目投入资金的7.6%为72户198名建档立卡贫困户分红,使人均增收1000元。实现周边农户就近就业30余人。

玉屏县大湾侗韵精品民宿项目 位于玉屏县新店镇大湾村青树组。2019年,太仓市投入扶贫协作资金350万元,其中一期投入帮扶资金180万元,用于精品民宿主体工

程修缮、道路建设、基础设施工程建设；二期投入帮扶资金170万元，用于精品民宿室内装修、场地铺装、绿化、亮化等附属设施建设。项目采取"东西部扶贫协作资金+公司+村集体经济+贫困户"的模式。项目覆盖新店镇建档立卡贫困户614户2075人。项目实现收益后，60%用于建档立卡贫困户分红，20%作为滚动资金用于壮大产业发展，20%作为村集体经济收益。

玉屏县朱家场镇桐木村乡村旅游建设项目　位于朱家场镇桐木村上姚组坳坡。2019年，太仓市投入扶贫协作资金120万元，于2019年12月建成，建设内容有旱地花草道滑道2条、起点休息台120平方米、专用草道草皮1200平方米、斜坡堡坎专用草皮180.25平方米、堡坎150立方米等。经营所得纯利润的70%用于统筹产业分红，20%用于村集体经济，10%用于基地维护，利益联结覆盖桐木村建档立卡贫困户92户372人。通过项目的实施，增强村级集体经济"造血"功能，进一步拓宽群众增收渠道。

德江县乌江秘境旅游开发建设项目　2020年3月签约，计划总投资10亿元，建设期限2年，选址在潮砥、长堡、桶井3个乡镇境内，对潮砥、白果坨、新滩及三点间的乌江水域及周边区域进行开发建设。2020年底，实际投资3亿元，完成一期建设，主要包括白果坨区域游客中心、大门接待区、景点配套、景点打造、信息化建设、游船码头等，新滩区域古村商业、索道、景点配套等。

万山区牙溪生态农场　位于万山区谢桥街道。作为苏州·铜仁东西部协作重点项目，由苏州高新旅游产业集团有限公司投资1亿元建设，项目占地369亩，以107户原生态村民房屋为基础，保持原有的侗家民族特色，融合农庄风格进行整体全新规划，打造精品民宿酒店。2019年11月开工，2020年6月18日运营。牙溪生态农场结合万山区自然生态资源，分为民宿区、商业区、农场区三大特色区域。通过生态观光、农耕及DIY、亲子活动以及一系列主题活动的开展，打造铜仁市旅游"新地标"。是年，牙溪村入选贵州省第二批乡村旅游重点村名录，牙溪生态农场90间民舍获评贵州省精品级乡村旅游客栈。

通过土地流转和房屋租赁，苏州高新旅游集团有限公司每年足额支付牙溪村土地及房屋租金200万元。带动牙溪村107户家庭（其中21户64人为建档立卡贫困户）脱贫致富，户均年收入租金1.8万元。还额外按照每户6000元的标准支付一次性的搬迁费，并投入50余万元修建储物间，存放群众的老旧物件，切实解决搬迁

万山区牙溪生态农场

群众后顾之忧。项目投入运营后，牙溪生态农场在当地招聘员工66人，其中农村户口57人，建档立卡贫困户8人，人均月收入2500元。

铜仁·苏州大厦（铜仁万山假日酒店）　坐落于铜仁市万山区苏州路8号，是铜仁首家国际品牌酒店。项目由苏高新集团旗下苏州苏高新科技产业发展有限公司投资建设，总投资约2.5亿元，总用地面积12032平方米，总建筑面积24469平方米。该项目于2019年3月开工建设，2021年5月27日落成并正式投入运营。酒店融合苏州古典园林人文情怀与铜仁民族风情，是一座当代城市山水园林度假酒店，同时集住宿、餐饮、会务、康乐于一体。酒店设计为地下2层、地上9层，其中地上1楼为酒店大堂及宴会厅，2楼为西餐厅及游泳池，3楼到9楼为酒店客房。客房有200间，引入洲际酒店集团旗下假日酒店（Holiday Inn）品牌进行国际化标准的酒店管理服务。

铜仁·苏州大厦（铜仁万山假日酒店）

第五章

劳务协作

苏铜两地各级党委、政府加大就业扶贫力度,加强劳务输出地和输入地精准对接,全力推动苏州市资本、技术、市场等优势与铜仁市的资源、生态、劳动力等优势互补结合,组织、引导、支持贫困群众通过自己辛勤劳动实现脱贫致富,走出一条苏铜两地互惠互利、共赢发展的劳务协作之路。

2013年起,铜仁市在苏州市帮扶下建成铜仁·苏州人力资源市场,启用"苏州铜仁就业创业培训远程课堂""苏州铜仁远程视频招聘平台"和"苏州铜仁人才科技(就业创业)培训远程课堂"3个平台,组织500余家企业携近15万个就业岗位到铜仁举办劳务协作招聘会,促进贫困人口实现就业1.3万余人。2015年,铜仁市在苏州市举办首届急需紧缺人才专场招聘会。2018年,苏铜两市及各结对县(市、区)相互设立劳务协作工作站11个,在苏州市建立16个"铜仁之家",建设"人力资源服务零距离"劳务协作品牌。2017~2020年,苏铜两地人社部门联合举办劳务协作招聘会157场,提供就业岗位237316个;合作举办劳务协作培训班508期,培训贫困人口17572人,累计帮助44461名铜仁籍贫困劳动力实现就业,其中在苏就业6615人。苏铜两地累计开办"校校合作""校企合作"试点(班)28个,在苏就读职业学校的铜仁籍贫困学生共1033人(已有242名贫困学生实现就业)。2019年,苏州—铜仁就业扶贫项目获得"第二届全国创业就业服务展示交流活动优秀项目奖"。2020年苏州市人社局获评全国农民工工作先进集体。

2020年,面对新冠肺炎疫情,苏铜两地多措并举,通过稳岗补贴、社保补贴等配套激励政策,运用线上招聘会、人力资源调剂平台、微信公众号等,加强就业岗位推介。截至2020年底,苏铜两市在落实疫情防控措施基础上,采取组织复工专列、包机、包车等"点对点"方式,集中输送5710名铜仁籍务工人员到东部城市就业;在江苏省就业的铜仁籍贫困人口3165人中,返岗复工956人,新增就业2209人。

2021年,苏州市帮助铜仁市完成农村劳动力就业4238人,其中,在江苏省就业1183人(脱贫劳动力941人),就近就地就业3055人(脱贫劳动力1454人)。建立扶贫车间(基地)70个,吸纳就业2985人,其中脱贫人口1323人。5月13日,苏铜两地人力资源和社会保障局签订《人力资源合作框架协议书》,继续推动东西部人力资源合作。

第一节　协作平台

　　苏铜两地市县两级人社部门开展调研对接130余次,推动铜仁·苏州人力资源市场、东西部劳务协作工作站、联合举办招聘活动、校企合作等一系列重大成果落地。共建平台促进劳务协作,将劳务协作作为建档立卡贫困户增收脱贫的重要措施,积极推进两地人力资源市场、人力资源服务企业和人力资源中介服务机构间的交流与合作,将苏州市作为铜仁市农村劳动力转移就业的重要输出基地,不断促进铜仁市农村劳动力的长期性、有序化转移。分别制定发布涵盖职业中介补贴、免费技能培训、就业保障服务等的一系列优惠政策,鼓励铜仁市劳动力尤其是贫困劳动力到苏州市就业,劳务协作持续加强,就业扶贫得到有效提升。

一、协调交流平台

　　2013年3月28日,苏州市人社局与铜仁市人社局签订人才战略框架协议,约定人力资源信息共享、合作和培训等事宜。2014年,苏铜两市签署《铜仁·苏州劳务合作协议》,以促进两市间人力资源有序流动。2016年,苏铜两市人社局召开人力资源社会保障工作对口帮扶座谈会,签订对口帮扶合作协议,苏州市人社局捐赠对口帮扶资金100万元用于铜仁市的公共就业、社会保障服务能力建设。

2016年5月16日,苏州市·铜仁市人力资源和社会保障工作对口帮扶座谈会在铜仁市举行。苏州市人社局局长程华国(左)代表苏州市人社局向铜仁市人社局捐赠对口帮扶资金100万元

　　2017年11月3日,苏铜两地人社部门正式签订劳务合作协议。根据协议,双方将深化各项合作机制,共建人力资源市场、创业孵化基地、人力资源能力提升中心等劳务协作平台,建立苏铜两地定期互访机制,搭建劳务协作协调和信息交流平台。两市人社部门制定实施《苏州·铜仁就业岗位信息交流制度》,以两地人力资源网为主要载体加强沟通协调,建立QQ群、微信群等搭建快捷沟通平台,每周交互苏州市企业就业岗位需求信息和铜仁市农村劳动力资源信息。为铜仁市务工人员推荐就业岗位并提供跟踪服务,协调解决劳务协作问题。苏州市人社部门通过身份证信息比对等方式统计在苏就业铜

仁籍就业人员,掌握就业基础数据,并及时收集、整理苏州市企业就业岗位需求情况,建立岗位信息数据库。9月,苏州高新区人社局与铜仁市万山区就业局签订《2017年度结对帮扶贫困户就业援助委托协议书》,建立完善劳务输出精准对接机制。11月,吴中区人社局对区内重点密集型企业进行岗位梳理,对10家制造业、6家服务业企业统计用工数,整理出4680个用工岗位,用于对口帮扶德江县人到苏州市就业。11月26日,太仓市人社局与玉屏县人社局签署《"十三五"期间人力战略资源合作框架协议》。太仓市鼓励太仓市市民办职介机构到对口扶贫地区开展人力资源开发和引进工作。对到太仓市就业的对口扶贫地区劳动力,每人给予500元就业扶贫补贴;对建档立卡贫困户,每就业一人给予1000元就业扶贫补贴。12月,苏州工业园区人力资源公司在松桃县投资设立全资子公司,开展人力资源开发与劳务协作项目。

2018年,苏州市会同铜仁市制定《关于做好当前和今后一个时期促进就业工作实施方案的通知》《东西部劳务协作促进铜仁籍建档立卡贫困劳动力稳定就业有关补贴实施方案》《关于做好东西部扶贫协作资金开发就业扶贫援助岗位有关事项的通知》等政策性文件,帮助建档立卡贫困人口更快实现就业。苏州市人社局援助200万元,帮助铜仁市建成首个固定的人力资源市场铜仁·苏州人力资源市场,建立远程平台。制定《苏州市、铜仁市扶贫协作就业岗位信息交互管理办法(暂行)》,由铜仁市人社部门负责收集农村贫困劳动力就业意向信息,每月末提供给苏州市人社局,由苏州市人社局结合农村贫困劳动力就业意向,收集苏州辖区企业用工需求信息,每周五反馈铜仁市各级就业部门进行宣传发布。是年,铜仁市人社部门共向苏州市人社部门提供有就业意愿的农村贫困劳动力10919人次,苏州市提供就业岗位47533个,帮助农村贫困劳动力到苏州市就业540人。常熟市人社局与思南县人社局签订《关于深入推进常熟市—思南县劳务合作工作备忘录》,并在常熟市高新人力资源服务有限公司设立劳务协作思南县驻常熟市

2018年6月1日,苏州市副市长曹后灵(左)、铜仁市副市长刘岚(右)共同为铜仁·苏州人力资源市场和铜仁·苏州人力资源能力提升中心揭牌

2018年10月29日,铜仁市的应聘者通过苏州市人社局援建的苏州·铜仁远程招聘系统远程面试

工作站。昆山市制定《碧江区东西部扶贫协作深化合作劳务输出协作工作实施方案》，两地互访8次，建成稳定的就业供需交流平台1个，昆山市人社部门组织优质企业到碧江区举办大型现场招聘会5次，提供岗位15613个。相城区人社局印发《对口帮扶石阡劳务协作人才交流三年工作计划（2018~2020年）》，包括加强组织领导、开展劳务协作、开展人才交流、保障措施等内容。

2019年，工作队会同苏铜两地人社部门研究出台《东西部劳务协作促进铜仁籍建档立卡贫困劳动力稳定就业有关补贴实施方案》《关于做好东西部扶贫协作资金开发就业扶贫援助岗位有关事项的通知》等政策性文件，有效促进铜仁市贫困人口就业。常熟市人社局印制《"常熟·思南"东西部劳务协作就业扶持政策口袋书》，内容涵盖常思两地就业扶贫政策。通过各乡镇（街道）劳动保障所将口袋书分发给辖区企业里的铜仁籍（思南籍）务工人员，同时向思南县邮寄3200份用于扩大宣传，引导到常就业。5月，与思南县人社局共同制定《2019年常熟对口帮扶思南劳务协作专项资金管理使用实施细则》，以政府购买服务方式引入社会力量参与劳务协作项目，具体承担劳务输出、技能培训、专场招聘、就业服务、生活保障等事务，助推劳务协作工作。苏州高新区和万山区出台《万山区2019年组织劳务输出实施方案》，成立由政府分管领导任组长，财政、人社、发改、工业商务、农业农村、扶贫等部门和各镇（乡、街道）及人力资源公司参加的劳务协作工作领导小组，统筹推进劳务协作工作。

2019年5月11日，相城·石阡东西部劳务协作洽谈会在相城区召开

2020年，着力克服新冠肺炎疫情影

2020年2月20日，印江县东西部协作暨劳务协作工作推进会在木黄镇召开

2020年5月9日，苏州·沿河东西部劳务协作就业扶贫工作座谈会在沿河县召开

响,苏铜两地人社部门签订年度对口帮扶劳务协作协议和稳就业协议,苏铜两市各结对县(市、区)人社部门均签订深化劳务协议和稳就业协议。苏州市人社部门全面升级铜仁籍建档立卡就业人员服务管理,实施"一人一档"精准服务和"一对一"动态跟踪管理,对到苏就业的铜仁籍劳动力进行全面摸排,并与铜仁市人社部门进行数据比对,实现数据每周更新和及时跟踪服务。

二、线上线下人力资源市场平台

铜仁·苏州人力资源市场每周五常态化举办苏铜劳务协作专场招聘会,打造"天天有招聘、周五是专场"的就业服务品牌,并在网上开辟劳务协作招聘专区。苏州市及10个市区利用春节农民工返乡高峰,结合"就业援助月""春风行动"等就业扶贫专项活动,积极举办扶贫协作招聘会,为用工企业和求职者搭建交流平台。2014年5月,铜仁市到苏州市组织举办以"广聚人才·携手铜仁跨越发展"为主题的首届急需紧缺人才专场招聘会。共设展位36个,拟招聘岗位466个,现场接待各类人才1000余人次,初步达成意向153人,现场签约高层次人才15人,其中博士生3人、硕士生12人。2017年,苏铜合作开展"春风行动""民营企业招聘周"等活动,举办首届苏州·铜仁扶贫协作劳动力招聘会,累计36家苏州市企业为铜仁市务工人员提供就业岗位1.4万余个,达成就业意向1000余个。

2018年春节前夕,常熟市人社局将两地人社工作的具体内容和常熟人才微官网二维码印制成"致思南县农民工朋友们的一封信",发放到思南县每家每户;张贴招聘会海报至每镇每村,向在常熟市工作的100多位思南籍务工人员多次发送短信,扩大招聘活动知晓度。8月,苏铜两地人社部门合作建设远程视频招聘系统,在铜仁市设立"苏州铜仁就业创业培训远程课堂""苏州铜仁远程视频招聘平台"和"苏州铜仁人才科技(就业创业)培训远程课堂"3个站点,实现低宽带高清视频传输和远程交流"唇音同步",达到"零距离"通话效果。苏州阔地教育科技有限公司、苏州工业园区金管家家政服务公司等企业与69名铜仁市求职者通过远程视频进行面试招聘。苏州市会同铜仁市举办大型人才(劳务)招聘、毕业生就业招聘等系列活动3次,组织179家苏州市企业到铜招聘,提供就业岗位25943个。7月,张家港市人社局在沿河县组织2018年张家港—沿河劳务协作宣传月活动,张家港·沿河人力资源市场举行揭牌仪式。7月31日,张家港·沿河劳务协作专场招聘会在沿河县红军渡广场举办,43人达成就业意向,其中建档立卡贫困户17人。年内,双方共建人力资源协作微信公众号,在沿河全县22个乡镇、街道设置LED就业信息显示屏,定期发布张家港市企业用工信息,实现精准就业。8月,相城区人社局向石阡县人社局资助20万元,用于在龙塘镇、本庄镇易地扶贫搬迁安置点安装2台

2018年2月25日，苏州姑苏·铜仁江口"就业帮扶、东西联动、真情相助"暨"春风行动"现场招聘会在江口县举办

2018年2月25日，思南县2018年"春风行动"暨常熟·思南扶贫协作劳动力招聘会在思南县举办

2018年3月23~24日，碧江区2018年"春风行动"暨昆山碧江劳务协作招聘会在碧江区举办

2018年6月2日，铜仁·苏州2018年高校毕业生校园招聘会在铜仁学院举办

户外型LED彩色电子显示屏等。太仓市人社局在玉屏县大龙镇、朱家场镇等4个重点镇上线"玉屏、周至—太仓跨地区一体化就业平台"，太仓市12个人力资源市场的招聘信息实时同步到对口帮扶地区，实现外出务工人员"未离家已定岗"。

2019年，依托"苏州·铜仁人力资源市场"和远程面试招聘系统，建立每周五举办劳务协作专场招聘会常态化机制。工作队会同苏州人社部门组织百余家苏州企业携4.5万多个就业岗位到铜参加劳务协作招聘会30场，2146人达成赴苏就业意向。全年举办铜仁·苏州就业扶贫对口帮扶专场招聘会、周五招聘会等各类公共招聘活动70场，提供岗位38995个，促进1316名劳动者就业。在铜仁学院、铜仁职院联合举办高校毕业生校园招聘会6场，提供就业岗位4.6万个，达成就业意向协议5681人。2月16日，太仓玉屏人力资源市场揭牌，并在是年完成跨地区一体化人力资源就业信息平台建设的镇级全覆盖，以太仓人才网和太仓市人力资源市场为后台技术和数据信息支撑，每周发布招聘岗位1500个以上。是年，张家港市在官舟镇、黄土镇、洪渡镇安装LED屏，维护运行张家港—沿河人力资源市场网络平台，借助现代信息手段定期向沿河推送岗位信息42期，提供岗位4894个；采用招聘小分队的形式，深入沿河县各乡镇和深度贫困村举办小型"家门口"招聘会，组织45家企业11个小分队深入沿河县乡镇、街道开展对口招聘，提供就业岗位3253个，712人达成就业意向，128人到张家港市务工，其中贫困劳动力88人。昆山市与碧江区组建昆山·碧江人力资源市场，投入运营费10万元和价值20万元的市场硬件设备；在灯塔街道矮屯易地移民搬迁点同步开设昆山用工信息发布电子平台。建设昆山·碧江技能培训基地，投入技能培训设备、教材72万元，重点做好贫困人口的就业培训、职业介绍和就业指导。7月，由苏州高新区出资20万元在万山区旺家社区共建的人力资源市场正式运营，有8家上万人用工规模的苏州市企业在人力资源市场开设长期招聘窗口，51家就地就近灵活用工企业入驻，日均可提供适合贫困劳动力就业岗位6000余个。万山区成为贵州省第一个把人力资源市场建在易地扶贫搬迁安置点的区县。8月22~24日，相城区人社局组织苏州相城·石阡东西部劳务协作暨易地扶贫搬迁贫困劳动力就业援助专场招聘会，8家企业带去600个岗位，121人达成就业意向。

2019年4月1日，苏州吴江·铜仁印江劳务协作企业用工专场招聘会在印江县举办

2020年1月17日，苏州高新区·铜仁万山区扶贫协作招聘会在万山区丹都街道旺家社区举行

2020年2月17日，苏州市人社部门开发的苏州抗击疫情人力资源调剂平台上线，加强企业和劳动者、企业和企业、行业和行业之间的用工对接和调剂，向铜仁市发布用工需求15.52万个。江苏省对口帮扶贵州省铜仁市工作队思南县工作组申请开发"思南常熟"小程序，打造"常思荟萃"就业扶贫模块，采用微信朋友圈广告投放方式，覆盖思南和铜仁地区共130万微信用户。常熟市、思南县两地人社部门将原定于2月初在思南县举办的"春风行动"暨劳务协作专场招聘会改为网络招聘会，在东西部扶贫协作市

（区、县）中首推"春风行动"线上招聘会，并将招聘会时间延长到2月底。太仓市和玉屏县联合开展太仓玉屏、大龙"春风行动"专场劳务招聘会，共有62家太仓、玉屏、大龙经济开发区的企业前来招聘，提供13500余个就业岗位。5月29日，苏州工业园区劳动和社会保障局组织金鸡湖大酒店、金龙联合汽车工业（苏州）有限公司、京东方科技开发有限公司等10余家重点企业和人力资源服务机构到松桃县中等职业技术学校开展苏州工业园区企业校园招聘会暨"校园苏州日"专场活动，为松桃职校800名毕业学生提供就业岗位。昆山市人社局联合碧江区在区、乡、村"三级"及易地扶贫搬迁安置点建立企业用工信息公开专栏13个，发布用工电话短信80万条，发放东西部劳务协作用工手册5万余份，举办招聘会5场，发布岗位15613个。吴江区人社局在铜仁市开展扶贫巡回专场招聘16场，231家企业提供2100个岗位，并开通"吴江—印江在线学习中心"，开发线上培训资源共13个专业143门课程。苏州高新区、万山区共建的人力资源市场召开10场扶贫招聘会，68家企业提供4737个岗位。

至2020年，苏州·铜仁人力资源市场已有562家企业通过认证，线上累计发布3万余个岗位；累计举办线下招聘会136场，2396家企业进场，提供9万余个岗位，现场达成就业意向5131人。

2021年春节后，工作队会同苏铜两市人社部门举办劳务协作招聘会27场，提供8377个就业岗位，新增就业劳动力6327人，其中在东部就业2279人。

三、人力资源服务平台

2018年，苏铜两市及各结对县（市、区）互相设立劳务协作工作站11个，在苏州建立16个"铜仁之家"，为铜仁市在苏务工人员提供就业信息与保障服务，采取"政府引导+人力资源服务机构+贫困劳动力"运作模式，通过政府购买服务形式，面向贫困人口提供职业中介和技能培训服务。苏州市运用市场化手段，创新打造"人力资源服务零距离"劳务协作品牌，通过政府搭台、市场化运作，利用社会力量开展劳务协作。

2019年开始，由苏州市人力资源服务行业协会牵头协调，12家苏州人力资源服务机构负责具体实施，共投入资金276万余元，开展对口扶贫工作，实施对口帮扶劳务协作"百千万"目标，即每年帮助100名建档立卡贫困人员就业，为1000名就业困难人员提供就业服务，提供10000个就业岗位。2019年8月，12家苏州市人力资源服务机构深入对口帮扶地区，结对铜仁市一个区（县），其中6家人力资源服务机构与铜仁市沿河县4个深度贫困村结对帮扶，对应建立市场化运作的职业经纪人精准扶贫服务队伍，开展有组织的转移就业服务，将服务延伸到村口小卖部、快递点，打通就业帮扶"最后一公里"。人力资源服务机构组织铜仁籍人员开展劳务经纪人培训，建立本土化劳务经纪人精准扶贫服务队伍，为铜仁市建档立卡贫困劳动力、有劳动能力和就业愿望人员提供精准的人力资源服务。12家机构通过培养铜仁籍劳务经纪人683人，精准掌握企业用工需求、聚焦政府关注热点重点，及时深入铜仁市区（县）、乡镇（街道）和易地搬迁扶贫安置点开展苏州综合环境、优惠政策宣传，适时组织专场招聘、岗位推介等活动。至2020年11月，共组织专项招

2018年3月23日，江苏省昆山市人力资源和社会保障局驻碧江劳务协作工作站在碧江区揭牌

聘会116次，提供岗位9394个，累计引进铜仁籍劳动力到苏就业2682人。苏州市12家人力资源机构还与铜仁地区的17所高校、职业院校建立紧密合作关系，常态化开展企业专场招聘、技能培训等活动，重点吸纳建档立卡贫困户学生群体到苏州市就业，培训铜仁籍劳动力2227人。

2020年1月15日，两江（吴江、印江）劳务协作共建项目木黄就业服务中心揭牌，引入人力资源服务企业江苏文鼎集团，开启对口扶贫劳务协作社会化运作新模式，形成在县级设立就业服务窗口、乡级设立就业服务站、村级选聘劳务经纪人的就业扶贫三级服务体系，实现"县级有就业服务窗口，各乡设就业服务站，各村有劳务经纪人"的服务格局。就业服务中心覆盖印江县14个乡镇，128名劳务经纪人深入村庄挖掘输送务工人员。新冠肺炎疫情防控期间，就业扶贫三级服务体系高效运转，通过视频面试等途径，使吴江区企业迅速、精准匹配到合适劳动力。至2020年末，在吴江区与印江区的就业扶贫三级服务体系运转下，共开展24场专场招聘，302家企业提供7139个岗位；线上推送岗位信息121批次，580家企业总需求人数约9018人；累计转移就业1259人，其中新增且已就业满3个月铜仁籍建档立卡人员275人，大幅超额完成目标任务。2020年，人社部流动管理司、国务院扶贫办专题调研，中央电视合、《人民日报》等国家级媒体连续5次宣传报导相关经验做法。12月31日，新华社客户端《大国小村的那些脱贫故事》直播连线吴江"铜仁之家"之温暖异乡年活动。玉屏县坚持县乡村"三级联动"，成立县劳务就业工作专班，建立县级劳务公司1个、乡级劳务公司8个、村级劳务合作社104个，跨省组建劳务工作站4个，和太仓市人社部门创新实行"3个3"的稳岗工作机制，做好"管家式"服务，即岗前开展3次扶志教育、务工期间开展3项关怀、离职返乡把好3道关口，动态掌握建档立卡贫困劳动力工作和生活状况，及时帮助解决务工人员实际困难。吴中区对从德江县招用外来劳动力到重点企业就业、签订劳

动合同且缴纳社保费满2个月的人力资源服务机构，按照每人1500元标准给予补贴。姑苏区协助江口县创建就业扶贫三级服务体系，2020年9月，中央电视台新闻频道专题报道江口县探索利用脱贫攻坚之星"扶贫一线就业经纪人+合作社+劳务协作中心"的模式。

2020年1月15日，印江县首个镇级就业服务中心——吴江区和印江县劳务协作共建项目木黄就业服务中心在木黄镇挂牌

2020年6月22日，苏州高新区党工委委员、管委会副主任高晓东（右）与万山区委副书记、区长张吉刚（左）在苏州华旃航天电器公司为"铜仁·万山之家"揭牌

2021年，苏州市人力资源和社会保障局、张家港市人力资源和社会保障局、常熟市人力资源管理服务中心、太仓市人力资源和社会保障局、吴江区人力资源和社会保障局被中共江苏省委、江苏省人民政府评为全省脱贫攻坚暨对口帮扶支援合作先进集体。

第二节　就业增收

在促进就业方面，苏铜两地探索出"政府宣传引导+人力资源机构输送安置+政府服务保障"劳务协作路径，强化对铜仁市务工人员的服务保障，利用东西部扶贫协作资金，通过点对点开发公益性岗位、建设扶贫车间、发布稳定就业政策等方式，在铜仁全市开发1万个就业扶贫援助岗位，政策兜底安置就业困难的贫困劳动力，帮助44461名铜仁籍贫困劳动力实现就业，其中6615人在苏就业。2020年，面对新冠肺炎疫情，苏铜两地开通"点对点"复工专车专列专机等输送2.14万名务工人员返岗，打通返岗、用工双向通道。苏铜两地残联通过积极探索资产收益扶贫新模式，采取的"入股分红"模式，开创贫困残疾人多渠道增收的新路径。

一、劳务输出与返岗复工

苏铜两地人社部门实施劳务输出计划,精准筛选符合农村贫困劳动力特点的就业岗位,聚焦解决劳务组织化程度低的问题,开通苏铜两地"劳务协作直通车",将有意愿到苏就业成员集中组织输出就业。农村贫困劳动力到苏州市企业就业,主要从事家政服务、车间制造、电子生产等工作,最高月薪达8000元以上。苏铜两地相继出台《铜仁市建档立卡贫困劳动力到苏州市稳定就业补助办法》《东西部劳务协作促进铜仁籍建档立卡贫困劳动力稳定就业有关补贴实施方案》《关于落实东西部扶贫劳务协作有关政策的实施意见(试行)》等东西部劳务协作有关政策文件,先后兑现各类补贴1500多万元,促进大批铜仁籍建档立卡劳动力到苏州市就业。2020年,面对新冠肺炎疫情,苏铜两地多措并举,解决铜仁市务工人员赴苏返岗难、就业求职难和苏州市企业用工缺口大等问题。铜仁市对到江苏省稳定就业3个月以上的贫困劳动力一次性补贴3000元;对稳定就业达6个月以上的,给予每人1000元的一次性求职创业补贴;对缴纳企业职工社会保险满6个月以上的,发放每人1000元的社会保险补贴。苏州市对到苏稳定就业的铜仁籍贫困劳动力参照各类用人单位吸纳就业困难人员社会保险补贴政策,给予用人单位缴费部分全额补贴。对介绍铜仁籍贫困劳动力到苏州市就业的人力资源服务机构,每成功推荐就业1人给予1500元职业介绍补贴。

苏铜各县(市、区)出台相应配套激励政策,形成叠加效应。2020年,苏铜两地联合发布《做好疫情期间组织铜仁籍建卡贫困劳动力到苏州就业有关工作的通知》。苏州市人社局上线"苏州市抗击疫情人力资源调剂平台"发布岗位15.52万个,人力资源服务机构深入铜仁市各县、区组织发动当地劳动力来苏就业,通过包车、包专列、包机"点对点、一站式"方式,输送2.14万名务工人员返岗。张家港市印发《东西部劳务协作促进沿河籍建档立卡贫困劳动力和易地扶贫搬迁劳动力稳定就业有关政策实施方案》,对符合条件的企业和沿河籍务工人员发放职业介绍补贴、社会保险补贴、技能培训补贴、生活补助、稳岗奖励,并对有组织输出到张家港稳定就业3个月以上和6个月以上的沿河贫困劳动力分别给予一次性5000元、9000元补贴,补贴奖励力度之大为全省之最。全年12次共向沿河县提供岗位信息35期,提供岗位10930个。全县行政村(社区)全覆盖建立劳务经纪网格服务站,一季度"点对点"免费组织输送8批372名沿河县劳动力到张家港市务工,其中建档立卡贫困劳动力269人。5月,张沿两地人社局签订铜仁市首个县域东西部劳务协作稳就业协议;张家港保税区(金港镇)与结对帮扶的沿河县沙子街道、中寨镇、晓景乡签订贵州省内首批乡镇层面的东西部劳务协作稳就业协议，并率先在全省实现东西部就业扶贫协作乡镇层面稳就业协议签订全覆盖。至2020年末，累计安排1164万元用于劳务协作就业扶贫。常熟市设立"劳务协作直通车常熟对接站"，为在疫情防控期间到常熟市务工的思南县人员提供绿色通道，使其免受疫情影响。4月至12月，常熟市使用东西部扶贫协作资金300万元，以思南县未脱贫户、脱贫不稳定户中难以通过市场实现就业的弱劳动力或半劳动力为对象，开发以工代赈岗位666个，主要为公共服务类岗位，如村道保洁、村寨保洁等，帮助666名贫困人口通过从事以工代赈相关工作获得每人每月500元补贴，实现增收。太仓市出台玉屏县建档立卡贫困劳动力稳定就业奖励政策，对2020年新增在太仓市稳定就业3个月以上的建档立卡贫困劳动力发放稳定就业奖励每人1000元，对所有输送到太仓市务工稳定就业3个月以上的人员给予最高500元的交通补贴。太仓市先后组织6批次返岗复工专车，接回返岗人员共计291人次。昆山市人社部门"点对点"开通专列1趟、包机3架，接回铜仁市务工人员共计751人，全部安置到昆山市4家龙头企业，并组织680家企业向铜仁市线上发布就业岗位信息12584个。姑苏区创新开展劳务招聘远程面试，开通赴苏"返岗直通车"3次，累计引导127名贫困劳动力赴苏务工就业。吴中区以"就业直通车"的形式组织输送有意愿的贫困户到苏务工就业，跟踪就业服务115人。苏州高新区出台《管委会（区政府）关于新冠肺炎防控期间支持企业复产用工的通知》，明确引进万山区建档立卡贫困人员在苏州高新区成功入职的奖励办法，共组织6批次300多名万山籍劳动力到重点企业入职，发放区级稳定就业补贴46.5万元，并开辟集中临时集宿点为他们提供入厂前的免费食宿和体检服务，集宿点由专人负责管理。万山区安排东西部扶贫协作资金55.8万元用于支持贫困劳动力稳岗就业。吴江区建立县、乡、村（社区）三级就业服务体系，第一时间将吴江区企业用工信息传递给印江县群众，迅速组织6批447名印江籍务工人员到吴江区企业就业，其中建档立卡户198名。2020年3月27日人民网发文介绍吴江经验，4月25日中央电视台新闻频道《战疫情特别报道》对此进行专题和跟踪报道。相城区与石阡县开展"抗疫保畅送雁行动"，"点对点、门对门"输送60余名石阡籍务工人员到相城区。苏州工业园区劳动和社会保障局与松桃县人社局联合在松桃县开展苏州工业园区重点企业—松桃职校校企合作招聘会暨"苏州日"专场活动，新建元控股集团旗下苏州工业园区人力资源开发有限公司共提供松桃县应届毕业生30个岗位。宝时得科技（中国）有限公司录用松桃县的5名应届毕业生。

2020年2月23日，思南县58名务工人员到常熟市就业

2020年2月23日，万山区举行"抗疫保畅"赴苏州务工首发仪式

2020年2月23日，印江县44名务工人员到吴江区就业

2020年2月27日，碧江区为第一批到昆山市务工人员举行欢送仪式。此次145人乘坐包机到丘钛科技（集团）有限公司就业，其中贫困户72人

2020年3月4日，江口县40名务工人员到姑苏区返岗复工

2020年3月4日，石阡县在香树园客运站举行疫情防控期间建档立卡贫困户到相城区务工欢送仪式

2020年3月4日，沿河县组织第四批贫困劳动力到张家港务工就业

2020年3月29日，松桃县开展"送雁行动"，帮助建档立卡贫困户到苏州工业园区就业

2020年6月18日，德江县按照"六稳""六保"要求，有组织输送贫困人员到吴中区务工

2020年10月20日，玉屏县贫困群众乘坐"致富专列"直达太仓市就业

二、扶贫车间吸纳就业

2018年，苏州市援建铜仁市扶贫车间13个。2019年，援建扶贫车间31个，吸纳就业2573人，其中建档立卡贫困人口901人。2020年，援助资金投向紧盯"两不愁三保障"，聚焦易地扶贫搬迁安置点的"教育医疗配套设施建设+扶贫车间+就业"，统筹2.3亿元财政帮扶资金和0.3亿元社会帮扶资金，专门用于各区（县）易地扶贫搬迁安置点教育、医疗、文化等配套设

碧江区矮屯社区新市民扶贫车间

施建设,新建扶贫车间74个,新建学校、医院28个,文化活动场所6个,有效解决搬迁群众就医就学和文娱需求,让农民搬迁后稳得住、能增收。太仓市出台招商引资优惠政策,积极引导太仓市企业到玉屏县投资并开办扶贫车间。对入驻太仓·玉屏共建产业园区的企业,加大财政补贴力度,按就业贫困劳动力不少于总用工数20%标准,完善贫困群众利益联结机制,确保每个就业贫困人员月收入超过3000元。至2020年底,太仓·玉屏共建产业园区内企业吸纳1051名贫困劳动力就近就地就业。碧江工作组协调东西部扶贫协作资金350万元建设"昆碧·梦工厂——矮屯新市民扶贫车间",并采取"企业+扶贫车间+农户"的模式对进驻的江苏省企业吸纳铜仁籍建档立卡贫困户和易地搬迁劳动力就业达70人且稳定就业3个月以上的,按标准给予企业一次性带贫补贴10万至30万元不等。

2018~2020年,苏铜两地进一步加大政策支持力度,在易地扶贫搬迁安置点、合作共建园区等地兴建厂房式、居家式、合作社式等不同类型"扶贫车间"130个。吴江区援建扶贫车间18个,吸纳就业1100多人。相城区协助石阡县设立扶贫车间6个,吸纳就业285人,其中吸纳贫困人员就业235人,带动残疾贫困人员就业27人。吴中区对口帮扶德江县援建帮扶车间认定企业30家,吸纳贫困人员就业643人。2019~2020年,苏州高新区投入600万元帮扶资金搭建就业服务平台。在万山区旺家社区易地扶贫搬迁安置点投入350万元帮扶资金建设微工厂产业园,新建包括中国首个阿里巴巴大数据扶贫车间在内的扶贫车间5个、人力资源市场1个、扶贫超市1个,定向为旺家花园跨区域搬迁安置点贫困劳动力提供就业岗位700个,并从受援扶贫车间纯利润中提取资金用于社区差异化分红、零就业家庭补助和就学困难资助,让460名搬迁群众实现就近就业,其中建档立卡贫困人口103人(贫困残疾人9人),人均增收2500元。贵州省委副书记、省长谌贻琴肯定万山区"小区建工厂""农民变工人"的做法。2019~2020年,吴中区对口帮扶德江县援建扶贫车间认定企业16家,吸纳贫困人员就业851人。

万山区易地搬迁微工厂产业园

2021年,铜仁市建立扶贫车间(基地)70个,吸纳就业2985人,其中脱贫人口1323人。

三、贫困劳动力服务

2018年，铜仁市及各区（县）在苏州市建立劳务协作工作站11个。每个工作站选派2名熟悉劳务工作的人员驻站工作，收集和反馈苏州市企业用工信息，协助做好劳务输出和办理进企入职手续，开展劳动维权等。全年通过劳务协作站共输出农村贫困劳动力到苏州市就业404人，为71名铜仁籍在苏务工人员开展维权服务。万山区建立"万山驻苏州高新区劳务协作站"微信群，收集万山籍在苏务工195人，识别建档立卡贫困劳动力98人。

2019年，10名铜仁籍到苏州市就业的建档立卡贫困人员入选苏州市"2019年人社领域对口帮扶就业典型"。4月和11月，张家港市先后出资扶贫协作资金136万元和65万元，沿河县自筹资金46万元，总投资182万元和65万元用于2019年度"两江家园"张家港·沿河劳务协作项目，帮助有意愿在张家港就业的务工人员边培训、边就业，再培训、再就业。"两江家园"劳务协作驿站入选2019年度贵州省优秀劳务协作工作站。是年，苏州市人力资源服务行业协会牵头，倡导吸纳铜仁籍劳动力较多的企业在苏州市成立"铜仁之家"，共计16家，为铜仁籍到苏就业人员及到访亲友提供免费短期食宿，适时开展节假日慰问、沟通交流、素质培训等活动，为铜仁籍就业人员稳定就业、素质提升、用工调剂、过渡安置提供有效常态化服务，帮助他们亲近苏州、融入苏州、创业苏州。

2019年8月13日，太仓市、玉屏县两地妇联在玉屏县驻太仓市帮扶联络和就业指导工作站成立"妇女微家"

2019年8月28日，"两江家园"沿河·张家港劳务协作驿站启用

到2020年，"铜仁之家"已实现苏州市10个板块全覆盖，16个工作站点全部实体化运作。各地"铜仁之家""苏铜劳务工作站""工作驿站""两江家园"等类似服务平台除发挥就业帮扶作用外，还主动关注铜仁籍就业人员思想动态，丰富他们的业余生活，帮助他们了解苏州、融入苏州。太仓市、玉屏县两地妇联在玉屏县驻太仓市帮扶联络和

就业指导工作站成立"妇女微家",搭建起妇联组织联系服务女职工的新载体。太仓市妇联及微家成员一行多次深入企业走访看望铜仁籍务工妇女,加强职业道德、家庭教育、妇女儿童维权、就业技能等培训指导,帮助她们提升劳动技能、拓展就业机会。吴中区"铜仁之家"组织铜仁德江籍就业人员开展吴文化体验活动,参观吴中博物馆,体验苏扇艺术。张家港市人社局向24名沿河籍在张家港市务工人员发放市民卡和社会保障卡,并免费赠送张家港旅游年卡,组织部分沿河籍务工人员开展"两江一家亲 携手看港城 共话致富路"主题活动。太仓市向每位务工人员发放"连心卡",帮助解决他们实际困难。高新区开展对288名万山籍务工人员"送温暖"走访服务,向他们发放防疫物资和劳保用品,联合总工会组织"看新区"活动。苏州高新区和万山区在华游航天电器有限公司、金管家职业培训学校成立第一个"铜仁·万山之家"工作室,及时了解和解决大家生产生活中的困难,提高两地协作的针对性和精准度。文鼎集团"铜仁之家"系列活动之"聚在盛夏"特别邀请21名印江籍在吴江区的务工人员一同交流学习。苏州世友职业介绍集团有限公司专门成立"铜仁之家"基金,帮助铜仁市劳动力技能培训、学历提升。常熟市揭牌成立关爱基金和务工人员之家,对东西部结对扶贫劳务协作16名优秀务工人员、15名优秀工作人员和11家优秀单位进行表彰。

苏州人社部门升级铜仁籍建档立卡就业人员服务管理,实施"一人一档"精准服务,建立周报、周核、周反馈制度,确保在苏就业铜仁籍建档立卡贫困劳动力到

2020年1月2日,常熟市东西部结对扶贫劳务协作先进表彰暨关爱基金、务工人员之家成立仪式在常熟市举行

2020年5月11日,张家港市人社局组织部分沿河务工人员开展看港城活动

2020年8月1日,文鼎铜仁之家举办吴江"铜仁之家"系列活动之聚在盛夏

苏州记录准、在苏州服务优、离苏州去向明。2020年为2459人次提供电话交流、上门走访、岗位推介等跟踪服务。苏州市人社局拍摄人物专题片《希望——远在苏州的家》，太仓市人社局拍摄《就在太仓》宣传片，选取铜仁籍务工人员典型代表在苏州市的工作生活进行宣传。苏州还在全市进行对口帮扶就业典型和优秀企业评选等，在全社会树立就业脱贫典型，在全社会营造携手脱贫奔小康的良好氛围。

四、残疾人就业增收

2018年，苏州市残联与铜仁市残联共同下发《关于苏州·铜仁残联对口帮扶项目推进会议纪要》《关于印发〈苏州·铜仁东西部协作结对帮扶助残疾人"助力脱贫幸福工程"两年计划行动实施方案〉的通知》，实现4160名贫困残疾人脱贫。苏州市残联除给予残疾人职业技术培训、康复治疗技术支持外，还出资520多万元帮扶铜仁市贫困残疾人入股分红；按"两地残联出资，残疾人受益，企业发展"的协作方式用活用好帮扶资金，明确要求各区县残联必须选择投入当地具有产业优势、能持续发展的扶贫项目和基地，为2500多名建档立卡重度贫困残疾人入股，进一步扩大铜仁市建档立卡贫困残疾人的受益面，加速建档立卡贫困残疾人增收脱贫的步伐。石阡县残联牵头与爱心企业、红利受益残疾人签订三方协议，对口帮扶解决贫困残疾人脱贫就业问题，让扶贫方式从"输血"转向"造血"，助力建档立卡残疾人脱贫。苏州绿源农业科技有限公司通过申请与石阡县残联达成协议：由石阡县残联为该县花桥镇北坪村、杨柳塘村、双星村、长安营村的重度残疾人、建档立卡残疾人、特殊困难残疾人群体按每人3000元作为股金入股到石阡县绿源农业开发有限公司。该企业确保每年不低于20%的分红，确保每年为入股残疾人优先分红、优先安置就业。

2019年4月，苏铜两地商定，将石阡县的对口帮扶模式在铜仁全市推广。两市残联共同印发《苏州铜仁东西部协作结对帮扶残疾人"助力脱贫幸福工程"两年行动计划实施方案》和《关于印发2019年江苏省东西部扶贫协作项目资金帮扶铜仁市贫困残疾人入股分红工作实施方案》，建立结对帮扶机制，按照两市对口帮扶县（区）与苏州市企业助残联盟形成多方合作模式，打造苏州·铜仁东西部扶贫协作结对帮扶残疾人"助力脱贫幸福工程"。2019年铜仁市共投入资金1104.9万元为3909名贫困残疾人开展入股工作，其中东西部协作资金715.8万元（苏州帮扶资金547.2万元，铜仁市残联系统自筹资金168.6万元），入股人数2949人。围绕"两不愁、三保障"目标，优先建立残疾贫困人员与苏州帮扶资金实施项目利益联系机制，助力在东西部扶贫协作项目覆盖村岗位中优先安排残疾人担任护路员、护河员及环境保洁员，优先扶持残疾人因地制宜发展种养业和手工业。提升专业合作社、扶贫基地及村级集体经济组织对残疾人的辐射带动能力，有195名残疾贫困群众获得就业岗位。优先联结经济实体，建立用残疾人就业扶贫资金为重度残疾人、贫困残疾人入股分红利益联结机制，与东西部协作项目覆盖的7个村集体经济专业合作社或企业签订协议，扩大残疾人利益连接受益覆盖面，投入资金50.9万元，覆盖19个乡镇254个村，762名重度残疾人和贫困残疾人每人可获得500~1000元的分红。截至当年底，碧江、石阡、万山3个县（区）有500名贫困残疾人得到分红，红利共计12.75万元；石阡县重度残疾人（一、二级）6168人实现全部脱贫。太仓市在2019年出台《江苏省苏州市东西部扶贫协作帮扶玉屏侗族自治县帮扶资金变股金工作方案》，对出资人（县残联）、入股企业、入股期限、资金管理、分红方式、红利受益人等方面进行明确。当年玉屏市残联先后投入东西部扶贫协作帮扶资金和残保金共计111.5万元，其中东西部扶贫协作帮扶资金55万元（苏州市级资金15万元，太仓市级资金30万元，太仓市残联资金10万元），东西部扶贫协作帮扶资金占全部入股资金的49.3%；入股4户企业，受益覆盖4个村223名残疾人，其中建档立卡贫困残疾人178人、其他重度残疾人45人，入股分红建档立卡贫困残疾人受益占比80%。当年玉屏县4户入股企业共聘用当地26名残疾人就业，其中建档立卡贫困残疾人8人。玉屏县残兴洗消服务有限公司是东西部扶贫协作帮扶资金变股金的试点企业。太仓市拨付玉屏县残联帮扶资金30万元，该县残联匹配资金3万元，共同入股该企业，采取帮扶资金变股金入股企业分红的模式，红利收益66人。至2020年末，公司拥有员工42人，其中残疾人17人，年营业收入360万元。吴中区与德江县残联签订《吴中区残联—德江县残联对口帮扶协议》。在东西协作扶贫车间中设置贫困残疾人力所能及的工作岗位，引导鼓励企业聘用贫困残疾人就业。提供10万元帮扶资金入股德江嘉艺装饰建材有限公司，带动当地147名贫困残疾人就业脱贫。常熟市投入185万元，由思南县残联持有股权，以每人2000元的方式入股，确保每名受益残疾人每年获得不少于200元的分红收益。铜仁市聋人协会与苏州市聋人协会达成合作协议，签订高质量就业项目协议书，给铜仁市聋哑残疾人培训电脑修图技术，全年12名聋哑残疾人通过培训实现就业。

相城区、石阡县东西部扶贫协作项目——宏信服饰有限公司的扶贫车间

2020年，苏州市投入东西部扶贫协作资金620万元，用于铜仁市10个区县残疾人扶贫项目，直接受益的残疾贫困人口达3309人。苏州市残联捐助10万元帮助铜仁市18

2019年5月19~21日，苏铜两市残联签订合作协议，聚焦特殊贫困群体，从2019年起制订实施"助力脱贫幸福工程"两年行动计划

2020年10月22日，太仓市残联·玉屏县残联对口帮扶协议签订

　　个村50位贫困残疾人入股分红。

　　至2020年，铜仁市将东部帮扶的2100万元资金作为9875名重度贫困残疾人的入股资本金，使每人每年获取不低于600元的分红，并带动800余名贫困残疾人实现就业，使其获得稳定性工资收入，有效加速铜仁市贫困残疾人脱贫奔小康的进程。

第三节　就业培训

一、技能培训

　　苏州市同铜仁市建立劳务输出技能提升培训计划，由苏州市选派培训导师、下发培训资金，并通过政府购买服务等形式，结合铜仁市贫困劳动力特点和苏州市企业用工需求，到铜仁职业院校、乡镇和易地扶贫搬迁安置点针对性地开展创业、家政、养老护理、电工维修等就业培训，提高贫困劳动力外出就业技能。2017年，苏州市人社部门与铜仁市各级人社部门分别签订2017年职业技能培训委托培训协议书，加大对铜仁市农村贫困劳动力的就业技能培训力度，完成培训班次99期。苏州市积

2017年5月6日，松桃县举办松桃·苏州金螳螂公益慈善基金会"千人工匠"精准帮扶计划第二期开班仪式

极组织铜仁市贫困劳动力参加医院护工、家政服务业职业技能培训,并鼓励受训人员到苏州市金管家、安丽文等家政服务公司就业,全年培训1201人,签订就业协议78人。支持铜仁市创建工匠创业创新培训基地10个,培养工匠1023人。苏州工业园区社会事业局、慈善基金会联合苏州金螳螂公益慈善基金会开展"千人工匠"精准帮扶项目,共投入资金45万元,通过组织松桃县200名精准脱贫对象无偿参加瓦工、水电工、涂裱工、镶贴工、油漆工、木工等建筑、装饰施工技能培训,打造一支技能人才队伍,101人培训合格后在苏州金螳螂建筑装饰股份有限公司实现就业。

2018年,苏铜两地合作举办劳务协作培训班99期,开展贫困人口就业培训5107人,帮助贫困人口实现就业1.07万人。在铜仁市成立"铜仁·苏州人力资源能力提升中心",围绕人力资源服务、基层公共就业服务水平等薄弱环节开展针对性培训。实施就业技能培训计划,对铜仁学院、铜仁幼儿师范专科学校2694名2018年应届毕业生开展就业创业培训。举办贫困劳动力技能培训47期,共培训2461人。张家港市与沿河县共同组织开展维修电工、挖掘机驾驶、工具五金制作等工种技能培训13次,528个劳动力接受技能培训。张家港市专业技能教师到沿河县开展中式烹饪师和服装缝纫工培训300人次。太仓市对玉屏县实施免费职业技能培训,玉屏县建档立卡的贫困家庭人员和到太仓市就业的劳动者,在玉屏县人社部门认定的定点培训机构或太仓市参加技能培训的,均可列入太仓市免费培训基地管理,对玉屏县建档立卡的贫困家庭人员取得《职业资格证书》的,按每人1000元的标准给予培训补贴;取得《就业培训结业证书》的,按每人600元的标准给予培训补贴。是年,太仓市为玉屏县提供扶贫协作培训资金150万元,自9月30日开始,共举办培训班10期,培训总人数为1000人,帮助697人实现就业,在江苏省稳定就业贫困人口51人。常熟市人力资源培训指导中心和思南县就业局签订委托培训协议书,年内完成农艺工和中式烹调2批次115人次的就业技能培训活动。吴中区人社局选派苏州市吴中技师学院优秀教师到德江县6个深度贫困村举办中式烹调、SYB创业培训班、种植养殖培训班,培训贫困劳动力300人。苏州高新区推进万山区"锦绣计划",组织优秀"锦绣女"赴苏州培训学习,精准帮助贫困妇女实现居家灵活就业。姑苏区人社局委托姑苏E管家服务中心苏州阿姨来了信息科技有限公司组织师资赴江口县开展家

2018年10月11日,太仓·玉屏2018年东西部帮扶协作项目第二期(家政服务)培训班举行结业典礼

庭护理工种职业技能培训。江口县30余名贫困家庭劳动力、留守妇女参加培训并全部获得结业证书。苏州工业园区选派教师到松桃县开展家政服务技能培训2期，培训人数36人。

2019年，苏铜两地累计合作举办劳务协作培训班127期，培训贫困人口4670人。苏州市人社部门协助培训381名铜仁人社干部、职业培训教师。苏州市扶贫协作资金出资118.15万元加大对铜仁市创业致富带头人的培育、培训力度，年内累计为铜仁市开展10期培训班，培训1023人。张家港市出台《沿河土家族自治县贫困村致富带头人培训管理扶持政策（试行）》，对致富带头人带领贫困户创业的在扶贫资金项目安排上给予倾斜，在融资贷款上给予贴息，在物流成本上给予补贴。杨简和曾顺武两位致富带头人分别成功创立德江鱼塘越峰果蔬种植专业合作社和贵州普罗旺斯农业开发有限公司，共计带动当地593名贫困户实现就业增收。张家港市扶贫协作资金出资近百万元购置设备及材料，在沿河职校设立"沿河自治县•张家港市服装培训中心"，建立短期服装加工培训基地，为沿河籍学员提供免费培训。张家港市扶贫协作资金出资136万元，用于扶贫协作技能培训500人、劳务经纪人培训10人；举办34期劳务协作培训班，培训贫困劳动力779人。张家港市职业培训指导中心联合市高级技工学校、张家港市环宇职业培训学校，为在张家港市的沿河县务工人员定制挖掘机驾驶技能培训，累计培训36人，其中13人留在张家港市就业。太仓市出资180万为玉屏县举办技能提升培训及劳务输出培训班9期，参加培训的玉屏县贫困劳动力和农村劳动力总计600人，帮助贫困人口实现就业874人。苏州金螳螂公益慈善基金会在松桃县启动"千人工匠"电工培训，对参训学员120人进行为期一个月的培训，其中建档立卡贫困人口80人。苏州独墅湖科教创新区企业正大针织有限公司联合松桃县人社局，组织松桃县贫困妇女16人，在苏州市举办为期1个月的产线技能培训。吴中区选派吴中技师学院讲师到德江县玉水街道楠木园培训点，针对贫困劳动力举办包括中式烹调、育婴员、家禽饲养工、农艺工在内的4个培训班，培训贫困劳动力241人，其中121人通过培训实现就业。相城区选派培训团队到石阡县对有创业意愿的贫困残疾群众进行培训，开展农村残疾人实用技术培训1期，培训120余人次，其中40人实现就业。苏州高新区先后投入近100万元资金举办技能培训11期，培训建档立卡贫困人口331人，其中41人实现就业脱贫。由苏州市妇联主办，铜仁市妇联协办，苏

2019年4月15日，吴中区人社局组织吴中技师学院老师到德江县开展中式烹饪师培训

2019年7月22日，苏绣传人张黎星、钱晓丽到万山巾帼锦绣坊指导刺绣技艺

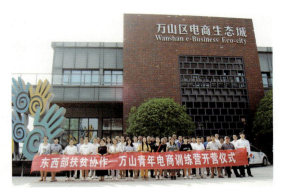

2019年8月24日，东西部扶贫协作——万山青年电商训练营开营

州工艺美术职业技术学院全国妇女手工艺培训示范基地承办的2019年铜仁·苏州"锦绣计划"妇女手工艺培训班在万山区举办，为铜仁市40名易地搬迁扶贫妇女提供手工艺和就业培训。苏州高新区和万山区妇联签订两地刺绣技术引进协议。东西部扶贫协作——万山青年电子商务训练营在万山区电商生态城创客谷开营，4名苏州经贸职业技术学院教师为万山区春晖使者、农村青年致富带头人、创业达人、返乡待业大学生等50余人传授电商致富经。

2020年，苏铜两市人社部门合作举办劳务培训班183期，培训贫困劳动力5283人，帮助建档立卡贫困人口实现就业17313人。苏州市人社部门举办17期培训班，培训铜仁市人社干部、职业培训教师224人。6月8~12日，苏州市人力资源社会保障培训指导中心组织通过首期线上培训，培训铜仁市职业技能师资43人次。江苏省级资金出资77.33万元，安排1142名创业致富带头人到张家港市参加培训。引导苏州市培训机构进驻铜仁市开办技工院校和培训机构，创建"扶智提技"技能培训品牌。苏州铠盟教育投资有限公司筹建铜仁现代技工学校，江苏文鼎企业服务集团有限公司投资组建铜仁市智能手职业培训学校有限公司，填补印江现代化技能培训载体的空白，学校所有培训均采取企业定制委派方式，入校即入企。姑苏区从2018年开始通过"双培"模式举办培训班21期，累计投入资金101.6万元，培训铜仁籍建档立卡对象1232人。7月1日，姑苏区对口帮扶江口县职业技能提升培训班开班，并启动"阳光双扶"

2020年6月14日，张家港环宇职业培训学校"订单式"挖掘机培训班学员到张家港市就业

党建联盟对口帮扶特色品牌活动。太仓市与玉屏县举办各类东西部就业培训班11个，培训内容包括电工、家政服务、手工编织、养老护理等，参加培训人数539人，其中贫困人口450人，通过培训实现就业的贫困人口436人。张家港市全年举办劳务协作培训15期，培训建档立卡贫困劳动力420人次，培训后实现就业110人。张家港市环宇职业培训学校在沿河县举办张家

2020年10月，中国梵净山世界遗产地"松桃苗绣"可持续生计活动项目研修班在苏州市举办

港·沿河装载机、挖掘机驾驶技能培训班，100名沿河籍贫困人员分2期参加为期两周的"定岗、定向、定单"培训，有36名学员到张家港沙钢集团等企业就业，其中建档立卡贫困劳动力35人。苏州工业园区与松桃县就业局联合举办技能培训班13期，培训贫困人口525人，培训后实现就业303人。2020年，中国梵净山世界遗产地"松桃苗绣"可持续生计活动项目研修班在苏州工艺美术职业技术学院开班，松桃县15名非遗扶贫带头人或业务骨干参加培训。昆山市委托苏州市8家职业培训学校在碧江区共培训农村贫困劳动力942人。

二、校企合作

2017年，苏铜两市人社局积极为两地校企合作搭建交流平台，组织苏州市优质企业和铜仁市各地中高等职业院校开展交流合作，引导、鼓励和组织苏州地区优秀用工企业与铜仁市各类中职院校开展校企合作洽谈，探索两地人才帮扶输出新模式。苏州市人社部门先后组织科沃斯机器人、恒力化纤等9家苏州市知名企业与铜仁职业技术学院、铜仁幼儿师范专科学校、贵州工程职业学院等4所高校、5所职校签署校企合作协议，仁宝电子科技（昆山）集团有限公司、纬创资通（昆山）有限公司等优质企业与铜仁市6所职业学校合作开办"昆山班"订单式培养技能人才，组织开展技能定向培训班24个（期），储备培养技能型劳动力1425人。"太仓·玉屏手牵手、心连心"首期就业培训班在太仓市举办，玉屏县45名学生参加培训，其中建档立卡贫困家庭学生28名。全年，玉屏职校共选派6批次102名学生到太仓市进行跟岗实习学习培训。吴江中专、吴江酒店管理集团同印江职校开展联合办学，开设"两校一企、1+2分段式"高星级酒店服务与管理专业东西部合作人才联合培训班（一年级在印江职校就读，二年级在吴江中专就读，三年级在吴江酒店管理集团顶岗实习、就业推荐安排工作），该专业招生37人。吴中区人力资源服务行业协会与贵州工程职业学院、德江县中等职业学校，吴中高级技

工学校与铜仁学院乌江学院分别签订校企合作协议书。双方在铜仁市成立就业培训基地，培养技能人才到吴中进行定岗学习，并享受择优录用的权益。吴中区人社局对区内10家制造业、6家服务业企业统计用工数，整理出4680个用工岗位，用于对口帮扶德江到苏州就业。格瑞特外包服务集团与德江县方面达成有关学生就业、定向培养的长期合作协议，并将设立长期就业服务站和人才培养专项基金，委托德江县职业院校为苏州市企业定向培训需要的各类专业人才。苏州高新区促成铜仁市交通学校与苏州铠盟教育投资有限公司签订"轨道交通服务与管理"专业订单培养校企合作协议，采取产教融合"2+1"人才培养模式，招收轨道交通专业订单班2017级学生50余人；与上海利悦教育科技有限公司开展校企合作，招收机电技术应用（电梯方向）班2017级学生49名。相城区工商联与石阡县中等职业学校签订相城区工商联支持石阡县中等职业技术学校办学协议书，向学校捐赠25万元，并明确石阡县中等职业学校为相城区工商联帮扶旅游管理实训基地。

2018年，铜仁职业技术学院、贵州工程职业学院等11所高职院校与科沃斯机器人科技有限公司、江苏恒力化纤股份有限公司、雅鹿集团股份有限公司、凡甲电子（苏州）有限公司等14家苏州知名企业签署校企合作协议，贵州健康职业学院等6所铜仁市职业教育院校与雷允上药业集团有限公司、江苏百佳惠瑞丰大药房连锁有限公司、仁宝电子科技（昆山）有限公司、纬创资通（昆山）有限公司等优质企业合作开办"订单班"，培养技能人才。铜仁市到江苏省就读职业学校贫困学生426人。张家港市东渡纺织集团与沿河职校合作开设服装设计专业"东渡纺织班"，实行"订单式"培养。东渡纺织集团为沿河县中等职业学校提供机器设备及配套设施70套，建立一条服装生产流水线，供学员教育实践、操作培训，并利用基地开展贫困劳动力就业培训，实现教学与生产过程对接，促进产教融合、工学结合。当年招生59人，第二年招生2个班95人，其中建档立卡贫困户学生44人，学生毕业后推荐到东渡纺织集团就业。常熟市、思南县两地率先建立"3+1+X"校企合作模式，即常熟3所职校、思南1所职校以及X家常熟用工企业合力培养产业工人。凡甲电子（苏州）有限公司与玉屏职校开设三年制电子运行与控制专业班2个，招收学生78名。是年起，借力太仓"中德双元制"教育，玉屏县每年组织学生到太仓市培训600余人次，选派500名学生到太仓市企业跟岗实习。江苏雅鹿品牌运营股份有限公司与玉屏职校开设三年制服装设计与工艺专业班，招收学生22名。太仓市为就读太仓健雄学院的玉屏籍学生免除全部学费，贫困生还享受每年4000元补助。29名印江县学子入学吴江区的"两校一企"2017级高星级酒店服务与管理班，其中建档立卡贫困户学生15人。苏州高新区第21家技能人才输出基地落户贵州健康职业学院。苏州胜利精密制造科技股份有限公司设立"玉根基金"，捐赠100万元用于与铜仁市交通学校联合办学。相城区中等专业学校与石阡县中等职业学校建立2+1合作办学模式，首届招收学生24人，其中贫困学生12人。相城区职业中介（人力资源）行业协会等8家企业与石阡县中等职业学校签订劳务合作框架协议书。

2018年，太仓·玉屏携手职业教育智能制造（凡甲）、品牌运营（雅鹿）订单班在玉屏县开班

2018年4月26日，贵州健康职业学院、江苏百佳惠瑞丰大药房、苏州雷允上药业集团签订校企合作协议

　　2019年，苏州市会同铜仁市出台《苏州市—铜仁市东西部扶贫协作职业教育千人培养计划》，开办"校校""校企"合作试点班28个，到苏州市就读职业学校的铜仁籍贫困学生共1033人（有242名贫困学生实现就业）。苏州技师学院牵头，试点打造"1+1+1"读书助贫帮扶品牌：帮助1名建档立卡贫困学生到苏就读，解决至少1名学生家长到苏就业，带动1户贫困家庭实现稳定脱贫。2019年，苏州技师学院招收31名铜仁籍建档立卡贫困学生组建"铜仁班"，免除学费、住宿费，每月提供800元的生活补助，学生毕业后直接推荐到苏州市就业，苏州市人社部门还专门为"铜仁班"学生家长"量身定制"推荐就业岗位。根据苏州对口帮扶铜仁中等职业教育"2+1"合作办学协议，首批来自铜仁市思南县中等职业学校、碧江区中等职业学校的57名学生到苏州高等职业技术学校电子商务专业和服装设计与工艺两个专业进行为期1年的学习。铜仁市交通学校汽修、电子商务、计算机等专业的157名学生分别到贵州鑫洪英智能科技有限公司、苏州住电装有限公司、江苏远洋数据股份有限公司进行为期6个月的顶岗实习。常熟市电子商务协会在思南设立电商创业和人才培养基地，采取"2+1"分段培养模式合作办学，输送44名电子商务学生到苏州高等职业技术学校就读，逐步建立良好的职业教育输送就业机制。苏州健雄职业技术学院与玉屏职业技术学校开设三年制数控技术运用班，与玉屏民族中学、大龙中学等学校开设会计、电气自动化技术、建筑室

内设计等专业，共招收学生59名，并为2019年入学的30名玉屏县贫困学生免除每年学费。苏州高新区以铜仁市交通学校为载体，与苏州铠盟教育投资有限公司、苏州胜利精密制造科技股份有限公司、苏州泛洋船舶管理有限公司等单位合作，开设订单班11个，招收学生476人，其中贫困学生190余人。苏州营财安保服务股份有限公司同江口县中等职业学校签订帮扶协议，在专业技能培养和输送培训生等方面达成意向合作。苏州慧湖立新教育发展基金会、苏州金螳螂公益慈善基金会捐赠50万元支持松桃发展职业教育，规划和落实松桃县职校旅游专业的实训室建设，每年线上线下开展各种形式的培训，定期去松桃县职校开展经验分享，解决高星级饭店运营与管理专业联办班级到苏州市学习事宜。

2019年，铜仁市交通学校苏州胜利精密制造科技股份有限公司机电专业订单班学生进行实操演练

2019年6月20日，苏州独墅湖科教创新区管委会、金螳螂基金会、苏州工业园区工业技术学校支持松桃苗族自治县中等职业学校实训基地建设项目启动仪式在松桃县举办

2020年，苏州技师学院等技工院校和35家重点用人企业与铜仁市中高等职业院校开展校校合作、校企合作，围绕苏州市市场需要的家政、养老护理、育婴员、电工等工种开展贫困劳动力技能培训。苏州市12家人力资源机构与铜仁地区的17所高校、职业院校建立紧密合作关系，强化当地产教融合。苏州技师学院完成第二期"铜仁班"招生工作，在电气自动化设备安装与维修专业招收铜仁籍贫困学生29名。东渡纺织集团与沿河职校合作招收东渡纺织专业班3个班95名学生，其中建档立卡贫困学生49人。常熟市通过职教帮扶"3+1+X"模式共开设电子商务、汽车修理等7个订单班，向常熟市输送实习生180余名，并确保建档立卡学生每月3000元左右的实习工资。常熟市36家企业向思南籍农村贫困对象提供用工岗位2765个，当年有57名建档立卡贫困人口到常熟市就业。昆山市政府办公室、人社局率仁宝电子科技（昆山）有限公司、纬创资通（昆山）有限公司、世硕电子（昆山）有限公司、立讯精密工业（苏州）有限公司、丘

钛微电子科技有限公司、昆山诚翔工业自动化科技有限公司等爱心企业代表到碧江区开展"就在苏州·昆山如意"2020基地职校行对接活动座谈会暨捐赠仪式。昆山市人社局分别向碧江区就业局、铜仁职业技术学院捐赠"20+20人力资源合作计划"基地运营补贴各10万元，并向碧江区人社局捐赠信息化建设费20万元；纬创资通（昆山）有限公司向铜仁职业技术学院捐赠工业机器人设备经费20万元。苏州文鼎集团与印江职业学校联合开设技工班，联办汽车运用与维修、中餐烹饪与营养膳食、美发与形象设计等专业，共计9个班363人。苏州高新区促成苏州企业与贵州健康职业学院、铜仁市交通学校合作，采取产教融合"2+1"人才培养模式，向贫困学生倾斜，至2020年底共计开办机电技术、轨道交通等7个专业29个订单班，招收390名贫困学生就读。

2020年6月17日，常熟市与思南县签订东西部扶贫协作校企合作协议

2020年12月24日，"两校一企"2018级印江酒店班结业典礼在吴江宾馆举行

第六章

『携手奔小康』行动

2015年11月29日，中共中央、国务院印发《关于打赢脱贫攻坚战的决定》，要求"启动实施经济强县（市）与国家扶贫开发工作重点县'携手奔小康'行动"。

2016年7月20日，东西部扶贫协作座谈会在宁夏银川召开，习近平总书记进一步对"携手奔小康"行动作出部署，强调"帮扶双方要着力推动县与县精准对接，组织辖区内经济较发达县（市、区）同对口帮扶省份贫困县结对帮扶，实施'携手奔小康'行动"。经江苏省委、省政府研究确定，2017年2月8日，江苏省对口支援工作领导协调小组办公室印发江苏省"携手奔小康"结对帮扶名单，明确苏州市及10个市（区）与铜仁市及10个区（县）之间实施的"一对一"精准帮扶关系，实施"携手奔小康"行动。2017年11月1日，苏州市人民政府下发《关于进一步加强携手奔小康行动　开展乡镇结对帮扶工作的通知》，积极创新探索乡镇（村）结对帮扶新模式，苏州市所辖10个市（区）均安排3至5个乡镇与结对的贫困区（县）的乡镇开展乡镇结对帮扶工作。进一步促进帮扶重心下沉到镇、村两级，加强全方位、多层次结对帮扶。2018年，苏州市所有乡镇均参加结对帮扶，张家港市、昆山市、高新区分别与沿河县、碧江区、万山区实现乡镇（街道）、深度贫困村结对全覆盖。张家港市在全国率先探索实践"市县、乡镇、村村、村企、园区"五个层面的"五位一体"东西部协作帮扶新模式。2019年，铜仁全市319个深度贫困村和乡镇以上中小学、医院实现结对帮扶全覆盖。苏州市工商联50个直属商会与铜仁市50个贫困村开展结对帮扶，进一步增强贫困村脱贫动力。在铜仁全市推广张家港市善港村与沿河县高峰村"整村推进全面提升"村村结对帮扶模式，把脱贫攻坚与乡村振兴有机结合。至2020年，苏州市102个镇（街道、开发区）、379个村（社区、协会、商会、企业）、469所学校、136所医院与铜仁市119个贫困乡镇、417个贫困村、579所学校、208所医院（卫生院、疾病预防控制中心、妇幼保健院等医疗机构）结对帮扶，实现对铜仁市319个深度贫困村和乡镇以上中小学校、医院的结对帮扶全覆盖。苏州市工商联先后组织52家行业商会和10家重点民营企业结对帮扶62个贫困村。苏铜两地通过深入实施"携手奔小康"行动，既结好对子，更搞好帮扶，结对双方细化工作方案和规划，同时认真组织实施，在减贫成效、劳务协作、产业合作、人才支援、资金支持等方面取得实质性进展，形成自上而下的帮扶协作大格局。

苏铜两地不仅实现党政携手，还加强社会扶贫宣传，广泛动员，激发社会力量源源不断参与扶贫协作。两地结对帮扶以来,苏州市爱心企业家、行业协会、地方商会、公益组织、慈善机构等为铜仁市捐赠扶贫物款达5889.9万元,惠及295个贫困村的近2万名困难群众,江苏省和苏州市社会各界向铜仁市捐赠扶贫物款超过2.4亿元,惠及铜仁市694个贫困村,12万人次困难群众。新冠肺炎疫情突如其来,2020年初,苏州市各界向铜仁市援赠防疫物款505万元,帮助铜仁市解决防疫物资短缺的问题。苏铜携手奔小康,通过多层次、多形式、宽领域、全方位的扶贫协作,有效助力铜仁市10个贫困区(县)在2020年底全部脱贫出列,贫困村全部脱贫摘帽。

第一节 精准对接

苏铜两市在各县(市、区)"一对一"结对帮扶的基础上,推动"携手奔小康"行动不断往深里走、往实里走。2017年后,苏铜两市10个结对县(市、区)党委政府负责人每年均到对方县(市、区)开展互访交流,调研对接扶贫协作有关工作,召开扶贫协作联席会议。苏铜两地各结对县(市、区)、有关市级机关和县(市、区)部门、国有企业、镇(乡、街道、开发区)、村(社区)间累计互访考察2586批29364人次。

一、张家港市对口帮扶沿河县

2017年11月16日,张家港市党政代表团到沿河县开展东西部对口帮扶工作,商谈脱贫攻坚相关事宜,双方议定,围绕产业合作、人才交流、农业发展等方面进一步深化务实合作,并形成联席会议纪要。12月14~17日,沿河县党政代表团到张家港市学习考察,举行张家港市—沿河县党政联席会议,围绕劳务合作、产业合作、土地整合、人才培养等方面广泛进行商讨,双方讨论通过张家港市—沿河县党政联席会议制度和对口协商协作机制,明确建立双方互动交流制度:沿河县党政主要领导每年到张家港市考察1次以上、邀请张家港市党政主要领导每年到沿河县实地调研1次以上、对口协作部门每季度对接洽谈1次以上、沿河县每季度到张家港市等东部城市开展招商引资活动1次以上。

2018年,沿河县县级领导前往长三角地区开展招商考察活动7次;东部地区企业到沿河县考察20余次;张家港市进驻沿河县项目5项,签约资金8.83亿元,到位资金8.23亿元。至2018年末,张家港市到沿河县考察对接的县处级以上干部19人次,沿河县到张家港市考察交流的县处级以上干部24人次,干部挂职帮扶800余人次。张家港市—沿河县两地对口部门、乡镇、社会组织多层级互动,协作对接,相互考察交流194批次

2484人次,仅2018年张家港市就有126批次1342人次到沿河县调研对接,沿河县到张家港市对口部门、区镇考察45批次765人次。2017~2018年,张家港市为沿河县招商引资和旅游推介8次,签订投资协议25个,项目落实落地7项。

2019年,张家港市有97批次1010人次到沿河县交流对接,主动推进对口协作扶贫工作。沿河县到张家港市对口部门、乡镇、园区考察39批次965人次。张家港市参与的"我们的中国梦"——文化进万家中国文联、中国曲协文艺志愿服务小分队走进沿河县送欢笑。特邀沿河县选拔青少年组队到张家港市参加由中国足球协会、中国宋庆龄基金会、张家港市人民政府共同主办的第22届(2019)"贝贝杯"青少年(12岁男子组)足球赛,为山里娃提供走出大山参加国家级赛事的机会。张家港市文体广电和旅游局到沿河县开展"小书包,大梦想"活动。

2020年,张家港市有111批次994人次到沿河县交流对接。5月21日,张家港市委书记潘国强率张家港市党政代表团考察沿河县,其间,举行新时代文明实践志愿服务指导中心"志愿沿河"网暨24小时新时代文明实践驿站启用仪式,召开张家港沿河东西部扶贫协作联席会议,进行张家港大道命名揭牌仪式,并签订年度东西部扶贫协作协议。7月3~4日,沿河县委副书记、县长何支刚率党政代表团15人到张家港市考察对接东西部扶贫协作工作,并召开东西部扶贫协作联席会议。8月14~15日,沿河县委书记任廷浬率沿河县党政代表团到张家港市考察对接东西部扶贫协作工作,召开张家港·沿河东西部扶贫协作联席会议,会上签订《东西部扶贫协作官舟食用菌产业园区共建框架协议》和全国县域东西部协作对口帮扶首个脱贫攻坚与乡村振兴有效衔接框架协议——《张家港市·沿河土家族自治县深化东西部协作有效衔接乡村振兴战略合作框架协议》。

2018年8月3日,张家港市委书记朱立凡(左列右三)率团到沿河县考察,召开扶贫协作联席会议

2019年4月24日，张家港市委书记沈国芳（后排左四）率张家港市党政代表团访问沿河县，召开结对帮扶座谈会，并出席签约仪式

2020年5月21日，张家港市委书记潘国强（右列左二）率党政代表团到沿河县考察交流，召开东西部扶贫协作联席会议

二、常熟市对口帮扶思南县

2014年5月底，常熟市委常委、常务副市长沈晓东带领发改委、教育、卫生、接待办等部门，到思南县推动拟定结对帮扶计划、开展结对帮扶具体项目。9月16日，思南县委副书记、县长刘云成一行到常参观、考察，细化帮扶项目。

2015年8月5~6日，常熟市委书记惠建林率党政代表团到思南县考察，实地了解当地产业园区建设和城镇化推进情况，并明确除继续保持两地部门间频繁的交流合作外，两地党政之间至少每年开展1次交流与互动。10月22~23日，市委副书记、市长王飏率常熟市政府考察团到贵州思南县交流考察，先后考察双塘工业园、文庙、思南中学、文化街等地，实地了解当地产业园区建设、城市建设和民俗风情等情况并座谈交流。12月1~5日，思南县党政代表团到常熟市考察学习。

2016年7月13日，常熟市政协组织到思南县考察交流，共同商讨进一步推进常熟市和思南县帮扶工作。8月24日，常熟市委书记王飏在常熟会议中心会见思南县委副书记、代理县长席龙海。11月28日，常熟市副市长陶理带领常熟市政府办公室、卫生计生委等部门负责人考察思南县医疗卫生体制改革工作。

2017年6月7~8日，思南县委书记刘云成，县委常委、常务副县长田杰，县委常委、副县长王晓东，县委常委、宣传部长徐英，副县长许国栋一行到常熟市招商考察。11月30日至12月1日，常熟市委书记王飏到思南县开展对口帮扶交流活动。其间，王飏全面考察思南县孙家坝镇迎春村并现场办公座谈。2017年12月5日，常熟市政府建立常熟市结对帮扶思南县工作联席会议制度，明确联席会议成员名单。

2018年4月22~26日，思南县委副书记杨秀明率队到常熟市对接2018年东西部扶贫协作工作并开展招商引资活动。常熟市与思南县就新一年对口帮扶工作召开联席会议。5月22~24日，思南县委副书记、县长席龙海率团到常熟市开展东西部扶贫协作及招商引资工作。其间，常熟市委书记王飏会见考察团一行，并就2018年东西部扶贫协作工作进行交流。7月10~11日，常熟市委副书记、市长周勤第一行到思南县考察对接2018年东西部扶贫协作工作，并与思南有关部门召开常熟、思南东西部扶贫协作联席会议。10月18~21日，思南县委副书记陈刚，县委常委、副县长王晓东率相关部门负责人和东西部扶贫协作专班相关人员一行到常熟市开展对口交流、考察调研活动。19日，常熟市和思南县双方召开2018年扶贫协作第4次联席会议。10月29~31日，常熟市委副书记、市政协主席韩卫兵，市委常委、市纪委书记、市监委主任华红率团到思南县就人才支援、三资管理、纪检监察等工作进行对口交流和考察调研。

2019年1月24日，常熟市副市长雷波率队到思南县开展东西部扶贫协作考察交流工作，并举行2019年常熟·思南东西部扶贫协作工作第一次联席会。4月12日，常熟市委副书记、市长焦亚飞一行到思南县开展调研和帮扶对接工作，双方召开2019年常熟·思南东西部扶贫协作第2次联席会议，会上常熟市和思南县两地政府主要领导共同为思南县"常熟大道"揭牌。5月28~29日，思南县委副书记、县长席龙海一行到常熟市交流考察。双方在常熟国际会议中心召开第3次联席会议。5月29日，铜仁市委书记陈昌旭率铜仁市代表团在常熟市召开苏州（常熟）、铜仁（思南）东西部扶贫协作工作座谈会。7月14~16日，思南县委书记刘云成率县党政代表团一行到常熟市开展东西部协作考察对接活动。9月9日，常熟市召开全市东西部扶贫协作专题会议。

2020年4月1日，2020年常熟·思南东西部扶贫协作工作第一次例会召开。常熟市委副书记、市长焦亚飞，思南县委副书记、县长席龙海出席会议。两地参会单位就2020年扶贫协作重点工作进行交流。4月29日，常熟市召开2020年东西部扶贫协作推进会。8月4~7日，市委书记周勤第率常熟市党政代表团到贵州省铜仁市思南县考察，共商东西部协作，深化双向交流，携手奔小康。8月6~7日，双方召开2020年常熟·思南东西部扶贫协作第2次联席会议。8月17日,思南县委书记刘云成率党政代表团到常熟经济开发区考察。

至2020年底,常熟县级以上领导累计互动交流200人次,合作共识不断深化。共召

2017年12月1日,常熟市委书记王飏(左七)率团到思南县考察,并看望慰问常熟市援助思南县的医疗专家

2019年4月12日,常熟市委副书记、市长焦亚飞(左三)一行到思南县鹦鹉溪镇翟家坝茶叶基地考察

2020年8月7日,常熟市委书记周勤第(前排右一)一行到常熟市思南县共建的农业产业示范园区农产品加工中心考察

开联席会议7次,市(县)委常委会议、政府常务会议12次,专题会议15次,签署一批协议、推动一批项目,形成"党委政府牵头抓总、主管部门统筹协调、前方工作组实施落实"的对口帮扶机制。

三、太仓市对口帮扶玉屏县

2013年10月15~18日,玉屏县党政领导一行8人到太仓市考察。太仓市委书记王剑锋、副市长赵建初陪同,双方表示将在结对帮扶的基础上寻求资源互补、共促发展。2014年1月4~6日,太仓市副市长赵建初率发改委、农委以及安佑生物科技集团股份有限公司负责人等一行5人到玉屏县考察交流。双方约定由太仓市发改委和玉屏县发改局负责结对帮扶的日常联络工作。此后,两地党政领导就两地帮扶工作多次互访交流。

2015年12月14日,玉屏县党政代表团一行13人到太仓市对接"十三五"期间对口扶贫工作,重点开展各部门对接工作。2016年3月14~16日,太仓市委书记王剑锋率党政代表团一行15人到玉屏县交流考察,其间召开结对帮扶座谈会并向玉屏县捐赠2016年度帮扶资金。

2017年11月25~27日,太仓市委副书记、市长王建国率队到玉屏县考察调研,两地签订《江苏太仓贵州玉屏东西部扶贫协作战略合作框架协议》。2017年11月30日至12月2日,玉屏县委副书记、县长杨德振率党政代表团到太仓市交流考察,其间,召开太仓玉屏东西部扶贫协作联席会议,两地4对单位和部门签订合作协议。全年,太仓市、玉屏县两地党政主要领导率党政代表团互访2次,召开党政联席会议2次,签订"携手奔小康"协议3项,两地还就劳务协作、现代农业产业合作、农产品产销对接、共建科普示范村、爱心包裹对接等方面签订合作协议。

2018年5月17~19日,太仓市委书记沈觅率党政代表团到玉屏县交流考察,其间,召开两地党政联席会议,就进一步深化交流合作,携手助推玉屏脱贫攻坚工作达成新共识。10月8~9日,玉屏县党政代表团到太仓市交流考察东西部扶贫协作工作。全年,太仓市、玉屏县党政主要领导率党政代表团互访3次,召开党政联席会议2次,签订携手奔小康协议4项,签订部门对口帮扶协议4项。

2019年5月30日,铜仁市委书记陈昌旭率党政代表团到太仓市考察并召开苏州(太仓)·铜仁(玉屏)东西部扶贫协作工作座谈会。7月9日,太仓市委副书记、市长王建国率太仓市党政代表团到玉屏交流考察东西部扶贫协作工作开展情况,两地召开玉屏·太仓东西部扶贫协作党政联席会,并举行太仓港经济技术开发区捐赠玉屏经济开发区园区共建产业引导资金授牌仪式,签订太仓·玉屏农业园区共建协议和教育、医疗"组团式"帮扶协议。是年,太仓市、玉屏县党政主要领导率党政代表团互访5次,召开党政联席会议3次,签订太仓·玉屏农业园区共建协议和教育、医疗"组团式"帮扶协议等协议。

2020年5月17~19日,玉屏县委书记杨启明一行到太仓市考察学习,两地召开太仓·玉屏2020年党政联席会议,重点就消费扶贫、劳务协作、园区共建、智力帮扶进行安排部署。8月3~5日,太仓市委副书记、市长汪香元率政府代表团一行10人到玉屏县考察,重点就人才支援、产业发展、劳务协作、消费扶贫进行安排部署。全年,太仓市、玉屏县党政主要领导率党政代表团互访5次,召开党政联席会议3次,召开专题研究部署扶贫协作会议5次。

太仓市构建形成"政府主导、部门攻坚、镇村携手、企业结对、社会参与"的工作体系。每年均召开党政联席会议2次以上,2018~2021年,两地党政、各镇(乡、街道)、部门每年互访交流均超过200批次。

2017年11月24~26日,太仓市委副书记、市长王建国(前左一)率团到玉屏县考察,参加座谈会并现场签约

2018年10月8~9日,太仓·玉屏东西部扶贫协作联席会议在太仓市召开。太仓市委书记、太仓港经济技术开发区党工委书记沈觅(前右三)参加会议

2020年3月30日至4月1日，玉屏县委副书记、县长杨德振率党政代表团到太仓市考察交流，两地召开太仓·玉屏2020年东西部扶贫协作联席会议。太仓市委副书记、市长汪香元（右）和杨德振（左）代表双方政府签订《生猪保供合作协议》

四、昆山市对口帮扶碧江区

2017年12月21~22日，昆山市委副书记、市长杜小刚率团到碧江区考察东西部扶贫协作。双方召开昆山·碧江东西部扶贫协作座谈会，签订《东西部扶贫协作助推脱贫攻坚合作协议》。杜小刚到碧江区六龙山乡龙田组慰问因火灾受灾的群众，代表昆山市委、市政府捐赠房屋重建资金100万元。12月，昆山市委常委、昆山高新区党工委书记、昆山高新区管委会主任管凤良率团到碧江区对接产业共建事宜。

2018年1月、6月和10月，碧江区委书记陈代文率团到昆山市考察招商。2月和4月，碧江区区长黄洪洲到昆山高新区对接铜仁·苏州产业园核心区建设。6月，昆山市委常委、昆山高新区党工委书记、昆山高新区管委会主任管凤良，昆山市副市长宋德强率团到碧江区专题调研铜仁·苏州产业园核心区建设。同月，昆山市委副书记张月林率团到碧江区考察对接扶贫协作。8月，昆山市委副书记、代市长周旭东带队到碧江区对接东西部协作。9月，昆山市副市长李文带队到碧江区考察东西部协作。11月，昆山市委常委、组织部部长陈丽艳到碧江区考察东西部扶贫协作。

2019年5月9日，昆山市人大常委会副主任江雪龙率考察组到碧江区考察。5月15~18日，昆山市副市长陆陈军率团到碧江区考察东西部扶贫协作。6月21~23日，昆山市人大常委会主任张雪纯率团到碧江区考察。6月24日，昆山市副市长蔡皿、肖立中一行到碧江区考察。7月11~12日，昆山市委副书记、市长周旭东率党政代表团到碧江区对接东西部扶贫协作工作。双方召开昆山·碧江2019年东西部扶贫协作联席会议，昆山市向碧江区捐赠帮扶资金1500万元，助力范木溪精品民宿项目开工建设。是年，铜仁市人大常委会副主任、碧江区委书记陈代文到昆山市考察对接工作4次，碧江区区长黄洪洲到昆山市考察对接工作3次，碧江区人大常委会主任安超、政协主席刘先银及区委常委、宣传部部长张海峰等先后到昆山市考察对接工作。

2020年5月18日,铜仁市人大常委会副主任、碧江区委书记陈代文率团到昆山市考察学习,共同召开联席会议,协商铜仁·苏州产业园建设、打赢脱贫攻坚歼灭战等事宜。5月25日和9月19日,昆山市副市长李文到碧江区对接考察东西部扶贫协作工作,商定农业技术帮扶、生猪保供及白水贡米直购合作事宜。8月4~5日,昆山市委书记吴新明率昆山市党政代表团到碧江区对接东西部扶贫协作工作。双方召开2020年昆山·碧江扶贫协作联席会议,共同为昆山碧江东西部扶贫协作昆碧爱基金揭牌。昆山市政府、昆山市慈善基金会、昆山市瑾晖慈善基金分别对碧江区进行捐赠。

2017~2020年,昆碧两地开展考察交流300余批次2000余人次,其中高层互访24次。昆碧双方东西部扶贫协作工作领导小组各成员单位建立"一对一"的帮扶关系和沟通机制。昆山市教育、农业、医疗、民政、旅游等近30个部门相继带着资金、项目到碧江

2017年12月21日,昆山市委副书记、市长杜小刚(前排左二)慰问碧江区受灾群众

2018年6月1日,铜仁市人大常委会副主任、碧江区委书记陈代文(左列左五)率碧江区党政代表团访问昆山市,与昆山市委常委、昆山高新区党工委书记、昆山高新区管委会主任管凤良(右列左四)等举行扶贫协作工作座谈会

2020年8月5日，昆山市委书记吴新明（右四）与铜仁市人大常委会副主任、碧江区委书记陈代文（右五）等领导出席范木溪民宿一期开业暨二期启动仪式

区开展民生扶贫、产业扶贫、消费扶贫等工作。双方互访频繁，开展干部培训800多人次，党政干部挂职交流18人次。

五、吴江区对口帮扶印江县

2014年1月，印江县委书记陈代军到吴江区考察访问。5月28～30日，印江县委副书记、县长张浩然率党政代表团到吴江区对接考察，共同探讨今后对口协作的途径，走访吴江区农业龙头企业江苏金杨集团和同里科技农业示范园。10月23日，吴江区委副书记、区长沈国芳率党政代表团到印江县考察。

2016年3月25日，印江县委书记田艳到吴江区考察访问，签订两地智慧交通项目合作协议。2017年11月2～4日，吴江区委副书记、代区长李铭率领党政代表团前往印江县对接工作，并召开吴江·印江扶贫协作联席会议。11月30日，印江县委副书记、县长张浩然率访问团一行9人，访问位于平望镇的国望高科产业园。

2018年3月16～17日，印江县委书记田艳率队至吴江区开展招商引资项目对接和考察活动，举办旅游产业招商会，考察苏州铁近机电科技股份有限公司和吴江欧普照明有限公司等企业。4月，印江县人民政府驻长三角招商办事处在吴江成立，并揭牌。10月15日，吴江区委副书记、区长李铭率队到印江县考察，召开苏州吴江·铜仁印江东西部扶贫协作2018年第3次党政联席会议，就如何深化两地对口协作，助力印江打赢精准脱贫攻坚战进行交流探讨，签订农产品产销对接合作协议。11月28日，印江县县长张浩然带队到吴江区进行招商考察，两地召开2018年第4次党政联席会议。

2019年5月25日，苏州吴江·铜仁印江东西部扶贫协作2019年第1次党政联席会议在印江县举行。会议上,吴江区委、区政府向印江县捐助2019年东西部扶贫协作帮扶资金658万元。印江县中小学(中心校)、乡镇(街道)卫生院与吴江区教育局、吴江区卫生健康委员会全面结对,进行教育、医疗"组团式"帮扶签约。5月26日,吴江区委书记王庆华率吴江区党政代表团到印江县实地考察朗溪镇石漠化治理生态产业园区、合水镇梵净汇浦抹茶生产加工建设、紫薇镇慕龙村老旧危房改造建设等项目,在吴江区·印江县联席会议上,吴江区向印江县捐助财政帮扶资金,用于脱贫产业发展及搬迁移民安置点配套设施建设。7月29日,苏州吴江·铜仁印江东西部扶贫协作2019年第2次党政联席会议在印江县召开,吴江区委副书记、区长李铭带队东西部扶贫协作的吴江区镇(街道)、部门及企业代表参加会议,看望慰问吴江区挂职干部和在印江县的支农专家人才,并考察对口帮扶项目,进一步深化两地重点领域合作。8月22日,印江县党政代表团一行26人,到吴江区开展东西部扶贫协作考察交流,并召开苏州吴江·铜仁印江东西部扶贫协作2019年第3次党政联席会议。

　　2020年5月17~19日,印江县委书记田艳率印江党政代表团到吴江区开展考察交流活动,召开苏州吴江·铜仁印江扶贫协作2020年第1次党政联席会议,会上两地签署《生猪产销挂钩共建合作框架协议》。8月18~19日,吴江区委副书记、代区长王国荣一行10人到印江县考察,在印江博物馆召开吴江·印江2020年第2次党政联席会议。王国荣代表吴江区向印江县捐赠东西部扶贫协作资金700万元。10月17~19日,印江县委副书记、县长张浩然率队到吴江区对接东西部扶贫协作工作,其间与文鼎集团举行招商引资项目签约仪式,签订印江县人力资源产业园暨平台经济产业园项目合同书、印江·文鼎技工学校项目框架协议书、印江县校企合作协议书。是年,两地党政主要领导实现互访3

2019年7月29日,苏州吴江·铜仁印江东西部扶贫协作2019年第2次党政联席会议上,吴江区委副书记、区长李铭(右)代表吴江区政府向印江县政府捐赠842万元帮扶资金

2020年5月19日，苏州吴江·铜仁印江扶贫协作2020年第1次党政联席会议在吴江区召开，会上吴江区委书记王庆华（右四）与印江县委书记田艳（右五）签订生猪产销挂钩共建合作框架协议

2020年8月18日，吴江区委副书记、代区长王国荣（右三）到印江县新寨镇生态茶叶示范园区考察

次，召开党政联席会议3次，召开专题部署会议9次，两地互访交流达124批983人。

2021年5月5~7日，印江县委书记张浩然一行到吴江区开展东西部协作回访暨招商引资考察交流。

2017~2021年，吴江区、印江县两地党政主要领导实现互访15次，各领域互访交流358批3100余人次，达成产业、劳务、教育及医疗"组团式"帮扶等120余项帮扶合作协议。

六、吴中区对口帮扶德江县

2014年5月，由德江县委书记张珍强和县长李云德带队的德江党政考察团到吴中区考察，在吴中区举办吴中·德江对口帮扶协作座谈会和德江·吴中招商引资宣传推介会。6月，吴中区副区长王卫星受区委、区政府委托，带领区发改委、经信局等部门人员到德江县开展协作对接工作，考察德江县的产业情况，并就双方具体协作方向和方式进行深入的探讨。

2015年6月26~29日,吴中区区长金洁、副区长王卫星率领吴中区党政代表团到德江县考察交流,并与德江县签订两地政府间及6个对口部门间的协作协议。

2017年3月,德江县委书记商友江率德江县招商考察团一行16人,到吴中区对接协商帮扶合作相关事宜。11月5~9日,由德江县委副书记丁凤鸣,县委常委、副县长李向上以及副县长张静霞带队,到吴中区就农产品销售渠道、村级集体经济、乡村旅游考察学习。11月17~18日,吴中区委书记唐晓东带领吴中区党政代表团一行到德江县,举行吴中·德江对口帮扶工作座谈会,签署《2017~2020年对口帮扶合作框架协议》。木渎镇、胥口镇、东山镇、临湖镇和越溪街道分别与桶井乡、长堡镇、煎茶镇、泉口镇和沙溪乡签订5个板块对口帮扶合作框架协议,吴中区向德江县捐赠对口帮扶资金200万元。

2018年,两地区(县)领导交流互访8批,吴中区共有7名区领导到德江县开展学习交流、帮扶协作。3月11日,德江县委书记商友江率党政代表团一行到吴中区学习考察,召开年度第1次吴中·德江扶贫协作联席会议。5月23日,吴中区副区长周黎敏率队到达德江县,召开2018吴中区·德江县旅游发展协作暨旅游客源互送交流推介会。7月25日,吴中区区长陈嵘率党政代表团到德江县走访调研,召开第2次吴中·德江扶贫协作联席会议。会上,吴中高新区与德江经开区签订共建园区协议。甪直镇、光福镇、金庭镇分别与长丰乡、共和镇、稳坪镇签订对口帮扶结对协议,吴中区民政局与德江县民政局签订捐赠协议。8月8~11日,吴中区委副书记李朝阳率吴中高新区党政代表团一行8人,到德江县经开区对接共建园区相关事宜。9月13~15日,德江县委副书记丁凤鸣一行22人到吴中区,开展"党政携手·推进多层面合作"活动,双方座谈交流,吴中区、德江县两地党校签订合作协议,德江县驻吴中区东西部扶贫协作办事处举行揭牌仪式。10月10~13日,吴中区委常委顾建列一行23人,到德江开展对口扶贫协作,并参加铜仁市第七届旅游产业发展大会暨德江县美丽乡村文化旅游展示活动。

2019年,两地区(县)领导交流互访9批19人次,吴中区共有8名区领导到德江县开展调研对接工作。3月5~6日,德江县委副书记、县长秦智坤率党政代表团一行到吴中区考察对接工作,召开当年第1次吴中·德江对口帮扶协作工作高层联席会议,签订共建食用菌园区协议和深度贫困村结对帮扶协议,新增53个村(社区)参与结对帮扶。6月24~26日,吴中区委书记唐晓东率党政代表团一行到德江县考察学习,召开第2次吴中·德江对口帮扶协作工作联席会议,签订义务教育学校、乡镇卫生院全面结对暨"组团式"帮扶协议书,会上,吴中区人民政府向德江县人民政府捐赠1500万元,苏州市吴中区慈善基金会向德江县慈善总会捐赠20万元。8月,吴中区委常委、副区长荣德明一行到德江县,召开吴中·德江村村深度对接座谈会,签订吴中区·德江县"整村帮扶"

全面合作框架协议。10月22~23日，德江县委书记商友江率党政代表团一行到吴中区开展对口帮扶和学习考察，参加吴中·德江东西部扶贫协作工作座谈会。

2020年5月18日，德江县委书记商友江率德江县党政代表团到吴中区考察学习，并举行吴中·德江对口帮扶工作联席会议，签订2020年度吴中区德江县东西部扶贫协作协议、2020年度吴中·德江劳务协作稳定就业协议、吴中区太湖街道结对帮扶德江县龙泉乡协议。7月6日，德江县委副书记、县长秦智坤率队到吴中区考察学习，并举行吴中·德江对口帮扶工作联席会议。8月10日，吴中区委副书记、代区长李朝阳率队到德江开展帮扶考察，并召开吴中·德江东西部扶贫协作高层联席会。两地政府签订了生猪保供协议、德江县第八中学远程教育合作协议，吴中区人民政府向德江县人民政府捐赠帮扶资金1500万元。8月12~13日，德江县委书记商友江率德江县党政代表团到吴中区对接考察。

2018年7月26日，吴中区委副书记、区长陈嵘（中间右列左五）率团到德江县考察，召开帮扶协作联席会议

2019年6月25日，吴中区委书记唐晓东（右二）率团到德江县潮砥镇脐橙基地考察，并捐赠扶贫协作资金1500万元

2020年8月10日,吴中区委副书记、代区长李朝阳(左)到德江县考察,并召开高层联席会议,会上捐赠资金1500万元

七、相城区对口帮扶石阡县

2014、2015年9月,相城区人大常委会主任顾鉴英、副主任王长生率队到石阡县调研,考察扶贫项目开展情况。

2016年5月,相城区委副书记、区长查颖冬率团到石阡县考察,走访城南温泉三期工程施工现场、五方国际商贸城电商产业园、五德镇省级高效精品水果示范园,就推动对口帮扶工作进行交流探讨。9月,石阡县委副书记、县长田运栋,县人大常委会主任周胜龙,县政协副主席夏和银率队到相城区考察,就产业合作、区域发展交流经验。

2017年5月25日,相城区委副书记、代区长张永清带队到石阡县开展东西扶贫协作工作调研,并召开相城·石阡东西部扶贫协作联席会议。6月6日,铜仁市委常委、石阡县委书记皮贵怀带队到相城区考察,双方召开东西部扶贫协作联席会议,磋商石阡县承接相城区部分产业、企业转型升级,加强智慧农业、文化农业、婚庆基地等产业对接,强化扶贫沟通交流,加大干部挂职锻炼力度等工作。8月,相城区人大常委会副主任钱志华率队到石阡县调研残疾人保障"一法一条例"工作。是月,相城区委常委、组织部部长、统战部部长葛宇红率队到铜仁市开展"铜仁行"活动,举行相城区工商联支持石阡县中等职业学校办学帮扶基地挂牌和助学捐赠仪式。12月1日,相城·石阡东西部扶贫协作联席会议在相城区召开。双方就做好产业转移和承接,促进石阡县域经济发展,支持"黔货出山"行动等工作进行交流。

2018年2月,铜仁市委常委、石阡县委书记皮贵怀带队到相城区交流考察、对接东西部扶贫协作工作,双方举行联席会议。5月,相城区委书记顾海东、区人大常委会主任屈玲妮带队到石阡考察交流,并看望慰问相城区援阡教育、医疗工作者。

2019年4月,相城区委常委、常务副区长潘春华带队到石阡县对接交流。5月,铜仁市委常委、石阡县委书记皮贵怀带队到相城区考察交流。6月,石阡县委副书记、县长田运栋，县委常委、副县长朱建荣带队到相城区考察。7月，相城区区长张永清率队到石阡县实地考察石阡县电商产业园、相城·石阡共建现代农业产业园、聚凤油茶加工厂、国荣乡楼上古寨。11月，石阡县委副书记、县长田运栋率县领导朱建荣、杨峡等到相城区开展回访考察。

2020年5月，石阡县委副书记、县长田运栋带队到相城区考察交流。石阡县与相城区签订生猪养殖基地建设项目，与相城区人民政府签订4.5万头生猪保供合作协议。8月，相城区委副书记、代区长季晶带队到石阡县考察交流。实地考察相城·石阡共建现代农业产业园和楼上古寨景区，了解产业园规划建设、生产经营、市场销售及古寨的保护与传承等情况。

2014~2020年，相城区与石阡县两地党政领导互访考察交流46次。其中，石阡县到相城区考察交流23次，相城区到石阡县考察交流23次。2017~2020年，相城区与石阡县召开东西部扶贫协作联席会议12次。

2018年5月26日，相城区委书记顾海东（右四）参加相城·石阡共建现代农业产业园开工仪式

2019年7月16日，相城区委副书记、区长张永清（右列左四）带队到石阡县考察并召开相城·石阡东西部扶贫协作联席会议

2020年8月22~23日，相城区委副书记、代区长季晶（右三）率相城区党政代表团到石阡县考察

八、姑苏区对口帮扶江口县

2013年12月，江口县委书记袁刚、县长黄霞率领江口县党政代表团到姑苏区考察交流，专题交流对接对口帮扶工作。

2014年4月，姑苏区委副书记、区长王庆华带队到江口县考察交流，实地调研江口县第二小学、县医院、江口中学及体育馆、云舍"土家第一村"、骆象万亩茶园、凯德特色工业园区等，并召开对口帮扶交流会。

2015年7月，姑苏区委书记翟晓声带队到江口县考察交流，实地调研云舍"土家第一村"、佛教文化苑、寨沙侗寨等文化旅游资源，并召开两地帮扶协作交流座谈会。

2016年4月，江口县委书记袁刚、县长黄霞率领江口县党政代表团到姑苏区考察交流，开展贵州·江口2016年春季（苏州）招商引资暨旅游资源推介会，并召开对口帮扶座谈会。

2017年11月，姑苏区委副书记、区长徐刚带队到江口县对接交流，召开姑苏区与江口县对口帮扶合作备忘录签约仪式，开启两地帮扶协作新篇章。12月，江口县委书记杨华祥带队到姑苏区考察交流，召开工作座谈会，共同谋划帮扶协作事宜。

2018年3月，姑苏区委书记王庆华带队到江口县考察交流，考察协作项目，看望挂职干部人才，召开对口帮扶工作座谈会，共同部署研究东西部扶贫协作工作。9月，江口县委书记杨华祥带队到姑苏区考察交流，实地调研苏州瀛黔农业公司、长发商厦"黔货出山"农特产品展销专柜等，并召开高层联席会议，在会上形成园区共建、劳务协作站挂牌等一系列成果。12月7~9日，江口县委副书记、县长杨云带队到姑苏区招商考察及旅游推介，并召开对口帮扶座谈会。

2019年5月27~28日，江口县委副书记、县长杨云到姑苏区调研对接东西部扶贫协作工作,并召开东西部扶贫协作座谈会。5月31~6月1日,江口县委书记杨华祥带队到姑苏区考察交流,召开党政联席会议,对接协作事宜。7月11~12日,苏州市委常委、姑苏区委书记黄爱军带队到江口县考察交流,实地调研黑岩村党群服务中心和"花红黑岩"党建品牌、贵州瀛黔农业公司,看望苏州市中医院在江口县人民医院挂职专家,慰问凯德街道黑岩村部分贫困群众,并召开党政联席会议,交流谋划协作事宜。

2020年3月26日,疫情防控期间,姑苏区、江口县率先以"移动云视讯"视频连线方式召开2020年东西部扶贫协作党政联席会议,迅速学习贯彻习近平总书记在决战决胜脱贫攻坚座谈会上的重要讲话精神,高位部署年度协作任务。5月,江口县委书记杨华祥带队到姑苏区考察交流。6月,江口县委副书记、县长杨云带队到姑苏区考察对接,召开两地党政联席会议,并开展"姑苏八点半盛夏夜"优质农产品、生态旅游推

2017年11月7日,姑苏区委副书记、区长徐刚(后排右三)率团到江口县考察,并参加对口帮扶合作备忘录签约仪式

2018年9月,江口县委书记杨华祥(右)到姑苏区对接东西部协作工作,并与姑苏区委书记王庆华(左)共同为铜仁市江口县驻苏州市姑苏区劳务协作工作站揭牌

2019年7月12日，苏州市委常委、姑苏区委书记黄爱军（右二）调研姑苏区、江口县党建联建提振乡村振兴试点——凯德街道黑岩村党建联建情况

介活动。6月29日至7月1日，姑苏区委副书记、区长徐刚带队到江口县考察交流，实地考察协作项目，看望慰问"三支"队员。8月4~6日，苏州市委常委、姑苏区委书记黄爱军带队到江口县考察交流，实地调研协作项目，考察江口旧城改造推进情况。8月10~12日，江口县委副书记、县长杨云聚焦落实2020年苏黔党政联席会议精神，带队到姑苏区考察交流。

2021年5月7~8日，江口县委副书记、县长杨云带队到姑苏区考察，并召开工作座谈会，赠送江口县委、县政府致姑苏区委、区政府感谢信，谋划长效合作相关事项。

九、苏州工业园区对口帮扶松桃县

2014年4月，经苏州工业园区与松桃县双方协商，由松桃县选派县委常委、宣传部部长杨红军到苏州独墅湖科教创新区挂职副主任，开展交流、对接和联络工作。

2014年8月，苏州工业园区主要领导带队到松桃县考察，就进一步加强帮扶工作交流座谈、交换意见。11月，苏州工业园区经济贸易发展局率企业家到松桃县考察投资环境，为松桃县矿产资源深加工，茶叶、中药材、文化旅游品牌打造提出发展思路。

2014~2016年，苏州工业园区先后接待松桃县党政代表团到园区考察3次，分别是2014年铜仁市政协副主席、松桃县委书记冉晓东一行，2015年松桃县委副书记、县长吴洋富一行，2016年松桃县委副书记、县长龙群跃一行。

2017年，苏州市到松桃县考察交流50批次。苏州市委常委、副市长吴庆文，苏州市副市长蒋来清，苏州市政协副主席周晓敏等分别到松桃县考察。苏州工业园区党工委副书记、管委会副主任黄继跃带队到松桃县考察帮扶项目建设和慈善公益事业帮扶情况；苏州工业园区党工委委员、管委会副主任、宣传部部长夏芳率园区教育、卫生、文化旅游相关负责人到松桃县考察，10名教师和10名医生开展为期一个月的帮扶工作。苏州工业园区经济发展委员会、科技和信息化局、国有资产监督管理办公室、社会事业局、教育局、劳动和社会保障局、国际商务区、工商业联合会、外商投资企业协会等分别到松桃县开展农业、科技、医疗、教育、就业方面帮扶活动。

2018年，松桃县党委政府到园区调研对接工作共35人次。3月15日，松桃县委副书记、县长龙群跃率党政考察团到苏州工业园区对接东西部扶贫协作工作。7月23日，铜仁市政协副主席、松桃县委书记冉晓东率党政考察团到园区对接东西部扶贫协作工作。8月10日，松桃县委副书记、县长龙群跃率党政考察团到苏州工业园区对接东西部扶贫协作工作。苏州工业园区娄葑街道到普觉镇考察交流2次，斜塘街道到长兴堡镇考察交流3次，唯亭街道到盘信镇考察交流3次，胜浦街道到九江街道考察交流2次，独墅湖科教创新区、苏州工业园区疾病防治中心等也先后到松桃县交流。松桃县普觉镇、九江街道、盘信镇、长兴镇、太平街道、长坪乡组织学习考察团到苏州工业园区开展结对帮扶回访交流及学习考察累计12次180余人。

2018年，苏州工业园区党工委、管委会到松桃县调研对接工作共17人次。12月6日，苏州市委常委、苏州工业园区党工委书记吴庆文一行到松桃县考察调研，并慰问支医支教人员。

2019年5月14日，苏州市委常委、苏州工业园区党工委书记吴庆文与松桃县委书记李俊宏一行在苏州工业园区共商帮扶工作。考察期间，双方召开扶贫协作联席会议。5月28日，松桃县委书记李俊宏率团到苏州工业园区调研，并召开东西部扶贫协作工作座谈会。6月27日，松桃县委副书记、县长龙群跃率团到苏州工业园区调研，并召开工作座谈会。7月4~6日，苏州工业园区党工委副书记、管委会主任丁立新率经济发展委员会、社会事业局、教育局、劳动和社会保障局、研究室、国有资产监督管理办公室相关人员到松桃县对接调研，召开扶贫协作联席会议。8月23日，松桃县委副书记、县长龙群跃率党政考察团到苏州工业园区对接工作，召开对口帮扶座谈会。苏州工业园区全年到松桃县交流对接共56批次452人次。

2020年4月20~24日，松桃县招商团到苏州工业园区对接东西部扶贫协作，并召开东西部对口帮扶联席会议。5月17~19日，松桃县委书记李俊宏率队到苏州工业园区对接东西部扶贫协作事宜暨开展招商引资活动，并与江苏风云科技服务有限公司、苏州益高电动车辆制造有限公司签订合作协议。8月11~12日，松桃县委副书记、县长龙群跃带队到苏州市开展招商引资活动。8月19~20日，松桃县委书记李俊宏到苏州工业园区考察，推进扶贫协作，深化交流合作。8月24~25日，苏州市委常委、苏州工业园区党工委书记吴庆文一行到松桃县考察苏铜扶贫协作项目松桃新盛包装制品有限公司、松桃民族中学等地考察调研，并慰问苏州市在松桃县的支教支医人员。10月21~23日，苏州工业园区党工委委员、管委会副主任卢渊、周志刚一行到松桃县考察东西部扶贫协作工作，召开东西部扶贫协作联席会议，并启动"松桃苗食产业联盟"，举行农产品供销协议签约仪式。

2018年12月7日，苏州市委常委、苏州工业园区党工委书记吴庆文（前排右三）率团到松桃县孟溪镇鲋鱼养殖基地考察

2019年7月5日，苏州工业园区党工委副书记、管委会主任丁立新（前排右三）率团到松桃县大坪场镇农业产业园区考察

2020年8月20日，苏州市委常委、苏州工业园区党工委书记吴庆文（左三）会见松桃县委书记李俊宏（左二）一行，就深化两地合作进行交流探讨

十、苏州高新区对口帮扶万山区

2013年10月17日，万山区委常委、常务副区长龙成林带队到苏州高新区开展招商引资和帮扶对接工作。2014年11月19~20日，苏州高新区党工委副书记、管委会主任周旭东率党政代表团到万山区学习考察并开展对口帮扶工作对接。2015年9月13日，苏州高新区管委会副主任蒋国良率队到万山区开展访问对接，并捐资用于万山区人民医院医疗设备购置项目。2016年9月，苏州高新区领导蒋国良率队到铜仁市万山区开展对口帮扶，捐资用于铜仁市第六中学教学楼项目建设。11月，万山区区长张吉刚率党政代表团一行到苏州高新区考察学习文化旅游、卫生、教育、招商及经开区建设经验。

2017年9月19~21日，苏州市副市长、高新区党工委书记徐美健率苏州高新区党政代表团到万山区考察并开展对口帮扶工作，双方签订《苏州高新区万山区对口帮扶框架协议（2016~2020）》。12月5日，万山区委书记田玉军一行到苏州高新区考察，加强东西部交流协作。

2018年3月11~13日，苏州高新区党工委副书记、管委会主任，虎丘区委副书记、区长吴新明率党政代表团到万山区考察。双方举行苏州高新区·铜仁市万山区东西部扶贫协作2018年高层联席会议，全面签订"一对一"结对帮扶协议。5月8日，苏州高新区党工委委员、管委会副主任高晓东，区人社局负责人到万山区参加苏州高新区驻铜仁市万山区劳务协作工作站揭牌仪式。7月3~5日，苏州市虎丘区人大常委会副主任蒋国良带队到铜仁市万山区开展帮扶对接和人大工作交流，并向万山区妇幼保健院项目捐资。7月25日，苏州高新区党工委副书记、统战部部长宋长宝带领区委统战部、工会、团委、妇联、苏高新集团相关负责人及部分企业家一行，到万山区开展对口帮扶协作座谈，双方签订"苏高新集团·食行生鲜供应链示范基地"等5个对口帮扶协作协议。8月18日，万山区委书记田玉军、副书记罗钧贤等一行到苏州高新区考察。10月，苏州高新区慈善总会、区卫计局分别捐赠社区建设资金和帮扶之家建设资金，苏州高新区人民医院与万山区中医医院签订帮扶协作协议。11月21~23日，苏州高新区和铜仁市万山区签订科技合作框架协议。

2019年3月26日，苏州高新区党工委书记、虎丘区委书记、虎丘区区长吴新明率苏州高新区党政代表团到万山区调研，举办高新区与万山区扶贫协作项目集中开工仪式和扶贫协作高层联席会议。5月27日，苏州高新区管委会副主任周晓春携苏州高新区住房和建设局相关负责人及部分企业家一行到万山区下溪乡开展结对帮扶工作，向青龙村、报溪村分别捐赠资金5万元，苏州中设建设集团、苏州晨光建设集团捐赠下溪乡政府资金10万元。

2020年5月17~18日，铜仁市人大常委会副主任、万山区委书记田玉军一行到苏州高新区考察交流。6月22日、8月4日，万山区委副书记、区长张吉刚率万山区党政代表团,苏州高新区党工委副书记、区长毛伟率苏州高新区党政代表团开展互访,双方举行高新区与万山区2020年东西部协作高层联席会。9月24日,苏州高新区党工委书记、虎丘区委书记方文浜率队到铜仁市万山区调研经济社会发展情况。

2018年3月12日,苏州高新区党工委副书记、虎丘区区长吴新明(右列右六)率团考察万山区,出席高层联席会议,签订帮扶协议

2020年8月4日,苏州高新区党工委副书记,虎丘区委副书记、区长毛伟(前右二)率团到万山区对接两地扶贫协作工作

2020年9月24日,苏州高新区党工委书记方文浜(前右三)率团到铜仁市万山区苏高新农产品供应链示范基地考察

第二节　结对帮扶

苏州市集聚东部优势资源，聚焦深度贫困，主动作为，不断丰富和充实"携手奔小康"的形式和内容，鼓励苏州市经济强镇（街道）、经济强村（社区）、优强企业（社区组织）、学校、医院等开展结对，大力拓展结对帮扶的广度和深度，向基层深化，促进贫困乡村和易地搬迁点的全面发展，两地间区镇结对、村企牵手，使得扶贫协作工作由政府主导逐步走向全社会参与，广泛开展扶贫济困、爱心助学、助医、助残、助老等主题活动，形成携手同步小康的强大合力。至2020年底，苏州市与铜仁市结对的镇（街道）、村（社区）、企业、社会组织、学校、医院全部到铜仁市开展考察对接、捐资助学、支教支医等具体帮扶工作。

一、镇村结对

2017年，苏州市人民政府下发《关于进一步加强携手奔小康行动　开展乡镇结对帮扶工作的通知》，要求苏州市所辖10个市（区）均安排3至5个乡镇与结对的13个贫困县（市、区）的乡镇开展乡镇结对帮扶工作。10个市（区）相继印发开展乡镇结对帮扶工作的通知，明确各地结对帮扶的乡镇。结对的各乡镇相继开展走访对接，并签订合作框架协议，开展精准扶贫对接、捐助帮扶资金、推进帮扶项目等，帮扶资金向深度贫困地区倾斜，助力受授乡镇的脱贫致富工作。当年苏铜两地累计完成结对帮扶乡镇64对、贫困村51对。其中，张家港市10个镇（区）与沿河县22个乡镇（街道）全面结对帮扶，张家港市8个行政村与沿河县8个深度贫困村建立结对帮扶关系，张家港市4个国有企业与沿河县4个深度贫困村结对；张家港市2家国家级开发区和1家省级开发区一起参与沿河经济开发区的共建工作；两地农业部门签订协议，共同推进农业产业园区的项目引进和人才交流。张家港市在全国率先探索实践"市县、乡镇、村村、村企、园区"五个层面的"五位一体"东西部协作帮扶新模式。

2018年，苏州市在贵州省帮扶的7个城市中，率先明确乡镇（街道）结对单向全覆盖，全年96个乡镇（街道、开发区）结对铜仁市乡镇116个，完成苏州市所有乡镇（街道）均参与东西部结对帮扶，苏铜两市各结对镇（街道、开发区）互派年轻干部定期到对方乡镇帮扶或挂职学习。苏州市张家港市、太仓市、昆山市、相城区、姑苏区、苏州高新区6个区（市）的57个经济强镇（街道）与铜仁市对应的76个贫困乡（镇）实现区镇双向结对全覆盖。是年,苏州市对口扶贫协作领导小组办公室印发《关于推进深度贫困村结对和产销对接的工作通知》,推动深度贫困村结对全覆盖,实现苏州市240个村(社区、商会、企业)与铜仁市242个贫困村(其中深度贫困村210个)结成"一对一"帮扶关系,其中,参与村村结对的东部强村结对数103个、西部深度贫困村97个。张家港市、太仓市、昆山市、吴江区、相城区、苏州高新区、姑苏区实现与铜仁对口帮扶区(县)深度贫困村结对全覆盖。张家港市善港村结对帮扶沿河县高峰村,围绕"支部联建、文化共建、乡村治理共建、产业同建、人才共建"等方面,率先探索"整村推进结对帮扶"新模式,该做法得到高度认可,沿河县作为贵州省唯一县(区)在2018年全国"携手奔小康"现场培训会上做经验交流发言。张家港市塘桥镇何桥村与沿河县思渠镇蛟龙村签订村级党组织对口联建协议,成为全国东西部扶贫协作首个对口联建村级党组织。从2018年起,张家港市经济开发区(杨舍镇)农联村连续3年派出村党委副书记带队扶贫工作队10多人,进驻结对的沿河县泉坝镇黄池村,开展1个月以上的驻村入户帮扶。昆山市与碧江区、苏州高新区与万山区864户家庭"一对一"结对,其中万山区实现644户未脱贫家庭全覆盖。

2019年,苏州市103个镇(街道、开发区)、189个村(社区)与铜仁市117个贫困乡镇、418个贫困村建立结对帮扶关系。其中,铜仁全市319个深度贫困村实现结对帮扶全覆盖。在铜仁市全力推广张家港市善港村与沿河县高峰村"整村推进全面提升"帮扶模式。苏州高新区各文明单位主动与万山区2019年最后一批542户脱贫户及94户脱贫监测户建立爱心结对关系。通过开展资金扶持、助残助医等爱心举措,帮助困难群众解决实际困难,实现稳定脱贫。投入80万元建设的奶山羊养殖基地项目,探索"公司+合作社+农户代养"的合作模式,建成5个奶山羊代养点12栋圈舍,利益联结40户

2018年4月26日,吴中区木渎镇到德江县桶井乡开展对口帮扶工作,并捐赠扶贫资金30万元

2018年5月15日,昆山市巴城镇与碧江区漾头镇东西部扶贫协作座谈会上,巴城镇向漾头镇捐赠帮扶资金80万元及衣物等物资

2019年3月19日，张家港保税区（金港镇）到沿河县晓景乡考察并召开协作帮扶座谈会，金港镇山北村向晓景乡吴家村捐赠帮扶资金5万元

2019年4月4日，松桃县普觉镇组团到苏州工业园区娄葑街道考察学习鸡头米种植技术并赠送锦旗

2019年5月22日，江口县桃映镇到姑苏区沧浪街道举办招商引资推介会，并与姑苏区企业签订意向合作协议

2019年6月6日，苏州高新区狮山横塘街道与万山区敖寨乡签订洋世界村"鱼跃世界"产业帮扶项目合作协议，并现场捐赠帮扶资金100万元

脱贫户，每户增收1200元以上。在千灯镇的帮助下，桐木坪乡于2019年实现贫困人口"动态清零"，并被评为贵州省乡村振兴示范乡镇。

至2020年，苏州市102个镇（街道、开发区）、189个村社区与铜仁市119个贫困乡镇、417个贫困村结对帮扶，镇村结对工作走在全国前列。苏州市下辖10个市（区）积极动员文明单位、党员干部家庭、爱心人士家庭与铜仁市受援区（县）2029户未脱贫贫困户开展家庭结对。2017~2020年，张家港市各区镇投入结对帮扶保底资金740余万元，每年选派年轻干部至结对帮扶的乡镇（街道）挂职帮扶1个月，带动建档立卡贫困人口1万余人，带动建档立卡贫困残疾人300余人。2020年，张家港保税区晨阳村、朱家宕村分别与沙子街道回洞村、中寨镇红色村签订微实事项目认领协议并捐赠5万元资金实施微实事项目,帮助补齐民生短板。8月,张家港市与沿河县率先签订全国县域东西部扶贫协作首个脱贫攻坚与乡村振兴有效衔接框架协议。苏州高新区动员555个文明单位与万山区未脱贫的555户贫困户结对。昆山市为和平乡争取到苏州市、昆山市和陆家镇各级帮扶资金1145万元、社会帮扶资金217万元,昆山市党员干部向和平乡49结对户贫困户共捐赠帮扶资金6.63万元。两地探索乡村"造血"模式,在和平乡重点实施油茶、蔬菜种植加工等产业扶贫项目,聂大姐牌酸豇豆、盐菜酸、葱葱酸等系列农产品不断销往昆山市、贵阳市、铜仁市,和平乡农业产业发展不断推进。昆山市号召机关单位党员干部开展"一对一"结对帮扶或"点对点"慈善捐赠,首期募集资金500万元,昆山市1048名党员与碧江区789户贫困家庭结对,实现贫困家庭结对全覆盖。

2019年6月27日,相城区北桥街道组团到石阡县枫香乡对接帮扶工作

2020年3月5~6日,思南县大河坝镇党政考察团到常熟市尚湖镇开展结对交流活动

2020年3月31日,玉屏经开区与太仓港区共建园区推进会在太仓港区召开

2020年6月3日,吴江区桃源镇到印江县木黄镇开展携手奔小康座谈会,并捐赠帮扶资金10万元

表6-1　2013~2020年苏州市帮扶单位、镇（街道）、村（社区）
与铜仁市结对镇（街道）、村（社区）一览

序号	苏州帮扶单位	铜仁帮扶单位
1	张家港市凤凰镇	沿河县板场镇
2		沿河县官舟镇
3		沿河县土地坳镇
4	张家港市冶金园（锦丰镇）	沿河县和平街道
5		沿河县淇滩镇
6		沿河县黑水镇
7	张家港市常阴沙现代农业园区管委会	沿河县新景镇
8	张家港市大新镇	沿河县客田镇
9		沿河县中界镇
10		沿河县团结街道
11		沿河县洪渡镇
12	张家港市经济开发区（杨舍镇）	沿河县泉坝镇
13	张家港市保税区（金港镇）	沿河县中寨镇
14		沿河县晓景乡
15		沿河县沙子街道
16	张家港市塘桥镇	沿河县黄土镇
17		沿河县思渠镇
18	张家港市南丰镇	沿河县塘坝镇
19		沿河县后坪乡
20	张家港市乐余镇	沿河县夹石镇
21		沿河县谯家镇
22	张家港市双山岛旅游度假区	沿河县甘溪镇
23	张家港市凤凰镇安庆村	沿河县官舟镇爱新村
24	张家港市锦丰镇店岸村	沿河县淇滩镇铜鼓村
25	张家港市锦丰镇联兴村	沿河县淇滩镇岭山村
26	张家港市杨舍镇田垛里村	沿河县团结街道谢家村
27	张家港市大新镇海坝村	沿河县洪渡镇皂角村
28	张家港市乐余镇乐余村	沿河县夹石镇后村村
29	张家港市乐余镇长丰村	沿河县夹石镇屋基村
30	张家港市杨舍镇农联村	沿河县泉坝镇黄池村
31	张家港市大新镇长丰村	沿河县泉坝镇马家村
32	张家港市金港镇巫山村	沿河县沙子街道回洞村
33	张家港市塘桥镇何桥村	沿河县思渠镇蛟溪村
34	张家港市塘桥镇欧桥村	沿河县思渠镇一口刀村
35	张家港市南丰镇南丰村	沿河县塘坝镇凤凰村
36	张家港市南丰镇永联村	沿河县塘坝镇小石界村
37	张家港市凤凰镇程墩村	沿河县土地坳镇沙湾村

续表

序号	苏州帮扶单位	铜仁帮扶单位
38	张家港市金港镇北山村	沿河县晓景乡吴家村
39	张家港市杨舍镇善港村	沿河县中界镇高峰村
40	张家港市卫生健康委员会	沿河县中界镇银山村
41	张家港市金港镇长江村	沿河县中寨镇红色村
42	常熟市尚湖镇	思南县大河坝镇
43	常熟市梅李镇	思南县邵家桥镇
44	常熟市辛庄镇	思南县香坝镇
45	常熟市沙家浜镇	思南县孙家坝镇
46	常熟市古里镇	思南县鹦鹉溪镇
47	常熟虞山高新区常福街道	思南县双塘街道
48	常熟市碧溪街道	思南县兴隆乡
49	常熟市东南街道	思南县瓮溪镇
50	常熟市董浜镇	思南县思林乡
51	常熟市海虞镇	思南县长坝镇
52	常熟市莫城街道	思南县合朋溪镇
53	常熟市琴川街道	思南县亭子坝镇
54	常熟市虞山街道	思南县张家寨镇
55	常熟市支塘镇	思南县许家坝镇
56	常熟市沙家浜镇唐北村	思南县孙家坝镇迎春村
57	常熟市古里镇坞圩村	思南县鹦鹉溪镇翟家坝村
58	常熟市辛庄镇卫家塘村	思南县香坝镇白滩村
59	常熟市辛庄镇张港泾村	思南县香坝镇长河村
60	常熟市尚湖镇翁家庄村	思南县大河坝镇泥溪村
61	常熟市尚湖镇新裕村	思南县大河坝镇桃子桠村
62	常熟市尚湖镇东桥村	思南县大河坝镇孙岩村
63	常熟市梅李镇天字村	思南县邵家桥镇珠池坝村
64	常熟市支塘镇何北村	思南县杨家坳乡安家沟村
65	常熟市辛庄镇合泰村	思南县香坝镇岗寨村
66	常熟市辛庄镇嘉菱村	思南县香坝镇冷溪村
67	常熟市辛庄镇洞港泾村	思南县香坝镇汤家山村
68	常熟市东南街道小康村	思南县瓮溪镇黄坪村
69	常熟市梅李镇胜法村	思南县三道水乡周寨村
70	常熟市梅李镇赵市村	思南县三道水乡红溪村
71	常熟市梅李镇沈市村	思南县三道水乡邓家坡村
72	常熟市梅李镇瞿巷村	思南县三道水乡高坡村
73	常熟市碧溪街道港南村	思南县兴隆乡马中岭村
74	太仓市浏河镇	玉屏县田坪镇
75	太仓市城厢镇	玉屏县朱家场镇

续表

序号	苏州帮扶单位	铜仁帮扶单位
76	太仓市璜泾镇	玉屏县新店镇
77	太仓市双凤镇	玉屏县亚鱼乡
78	太仓市娄东街道	玉屏县平溪街道
79	太仓市沙溪镇	玉屏县皂角坪街道
80	太仓市浮桥镇	玉屏县大龙街道
81	太仓市陆渡街道	玉屏县麻音塘街道
82	太仓市娄东街道岳南村	玉屏县平溪街道杨柳村
83	太仓市璜泾镇雅鹿村	玉屏县新店镇大湾村
84	太仓市城厢镇东林村	玉屏县朱家场镇柴冲村
85	太仓市浏河镇何桥村	玉屏县田坪镇彰寨村
86	太仓市双凤镇新湖村	玉屏县田坪镇岩屋口村
87	太仓市双凤镇庆丰村	玉屏县朱家场镇詹家坳村
88	太仓市双凤镇勤力村	玉屏县亚鱼乡郭家湾村
89	太仓市双凤镇新闸村	玉屏县亚鱼乡沙子坳村
90	太仓市璜泾镇新明村	玉屏县新店镇朝阳村
91	太仓市璜泾镇永乐村	玉屏县新店镇新名村
92	太仓市璜泾镇孟河村	玉屏县新店镇丙溪村
93	太仓市浏河镇浏南村	玉屏县田坪镇金竹村
94	太仓市浏河镇闸北村	玉屏县田坪镇马家屯村
95	太仓市城厢镇电站村	玉屏县朱家场镇桐木村
96	太仓市城厢镇伟阳社区	玉屏县朱家场镇大兴村
97	太仓市城厢镇太丰社区	玉屏县朱家场镇长华村
98	昆山旅游度假区	碧江区六龙山乡
99	昆山市周市镇	碧江区瓦屋乡
100	昆山市张浦镇	碧江区坝黄镇
101	昆山市巴城镇	碧江区漾头镇
102	昆山市千灯镇	碧江区桐木坪乡
103	昆山市陆家镇	碧江区和平乡
104	昆山市淀山湖镇	碧江区滑石乡
105	昆山市锦溪镇	碧江区川硐街道 .
106	昆山市周庄镇	碧江区云场坪镇
107	昆山市柏庐城市管理办事处	碧江区河西街道办事处
108	昆山市震川城市管理办事处	碧江区环北街道办事处
109	昆山市青阳城市管理办事处	碧江区市中街道办事处
110	昆山市亭林城市管理办事处	碧江区灯塔街道办事处
111	昆山市张浦镇七桥村	碧江区坝黄镇高坝田村
112	昆山市张浦镇新塘村	碧江区和平乡孟溪村
113	昆山市周市镇市北村	碧江区瓦屋乡丁家溪村

续表

序号	苏州帮扶单位	铜仁帮扶单位
114	昆山市周市镇新塘村	碧江区瓦屋乡溪坎村
115	昆山市陆家镇合丰村	碧江区和平乡冷水村
116	昆山市陆家镇邹家角村	碧江区和平乡八村
117	昆山市锦溪镇盛塘村	碧江区和平矮龙村
118	昆山市锦溪镇顾家浜村	碧江区川硐街道小江口村
119	昆山市巴城镇正仪村	碧江区漾头镇漾头社区
120	昆山市巴城镇巴城湖村	碧江区漾头镇茶园山村
121	昆山市巴城镇凤凰村	碧江区漾头镇九龙村
122	昆山市淀山湖镇金家寨村	碧江区滑石乡新寨村
123	昆山市淀山湖镇永新村	碧江区滑石乡老麻塘村
124	吴江区平望镇	印江县合水镇
125	吴江区七都镇	印江县朗溪镇
126	吴江区桃源镇	印江县木黄镇
127	吴江区震泽镇	印江县紫薇镇
128	吴江区吴江经济技术开发区	印江县经济开发区
129	江苏省汾湖高新技术产业开发区	印江县龙津街道
130	江苏省汾湖高新技术产业开发区	印江县罗场乡
131	吴江经济技术开发区	印江县沙子坡镇
132	吴江区盛泽镇	印江县刀坝镇
133		印江县天堂镇
134	吴江区太湖新城	印江县板溪镇
135	吴江区平望镇莺湖村	印江县合水镇土洞村
136	吴江区盛泽镇黄家溪村	印江县刀坝镇天坪村
137	吴江区盛泽镇永和村	印江县刀坝镇席联村
138	吴江区盛泽镇桥南村	印江县刀坝镇下大坪村
139	吴江区盛泽镇东港村	印江县天堂镇金城村
140	吴江区黎里镇东联村	印江县龙津街道江家坡村
141	吴江区黎里镇梨花村	印江县罗场乡坪窝村
142	吴江区太湖新城农创村	印江县板溪镇梨坪村
143	吴江区盛泽镇溪南村	印江县刀坝镇大屯村
144	吴江区七都镇群幸村	印江县朗溪镇打铁坳村
145	吴江区七都镇庙港村	印江县朗溪镇泡木村
146	吴江区七都镇隐读村	印江县朗溪镇坪阳村
147	吴中区木渎镇	德江县桶井乡
148	吴中区东山镇	德江县煎茶镇
149	吴中区临湖镇	德江县泉口镇
150	吴中区胥口镇	德江县长堡镇
151	吴中区越溪街道	德江县沙溪乡

续表

序号	苏州帮扶单位	铜仁帮扶单位
152	吴中区金庭镇	德江县稳坪镇
153	吴中区甪直镇	德江县长丰乡
154	吴中区光福镇	德江县共和镇
155	吴中区郭巷街道	德江县楠杆乡
156	吴中区横泾街道	德江县潮砥镇
157	吴中区城南街道	德江县高山镇
158	吴中区香山街道	德江县钱家乡
159	吴中区吴中高新区（长桥街道）	德江县经开区
160	吴中区太湖街道	德江县龙泉乡
161	吴中区木渎镇香溪社区	德江县桶井乡场坝村
162	吴中区木渎镇天平村	德江县桶井乡下坪村
163	吴中区木渎镇五峰村	德江县桶井乡金盆村
164	吴中区木渎镇西跨塘村	德江县桶井乡芭蕉村
165	吴中区木渎镇金山村	德江县桶井乡长江村
166	吴中区木渎镇尧峰村	德江县桶井乡春塘村
167	吴中区甪直镇湖浜村	德江县桶井乡七里村
168	吴中区甪直镇澄湖村	德江县桶井乡青云村
169	吴中区甪直镇前港村	德江县桶井乡望牌村
170	吴中区甪直镇澄东村	德江县桶井乡沿江村
171	吴中区甪直镇瑶盛村	德江县桶井乡鱼塘村
172	吴中区甪直镇江湾村	德江县桶井乡郑家村
173	吴中区甪直镇澄墩村	德江县桶井乡竹园村
174	吴中区甪直镇淞南村	德江县长丰乡大田村
175	吴中区甪直镇淞浦村	德江县长丰乡出水村
176	吴中区甪直镇甫田村	德江县长丰乡桐坝村
177	吴中区甪直镇淞港村	德江县长丰乡胜坝村
178	吴中区甪直镇甫港村	德江县长丰乡石板村
179	吴中区甪直镇澄北村	德江县长丰乡新光村
180	吴中区甪直镇甫南村	德江县长丰乡中庄村
181	吴中区甪直镇长巨村	德江县长丰乡农晨村
182	吴中区甪直镇三马村	德江县长堡镇杨井坪村
183	吴中区胥口镇东欣村	德江县长堡镇大宅头村
184	吴中区胥口镇新峰村	德江县长堡镇硐溪村
185	吴中区胥口镇采香泾村	德江县长堡镇上堡村
186	吴中区胥口镇合丰村	德江县长堡镇杨河村
187	吴中区临湖镇采莲村	德江县泉口镇大土村
188	吴中区临湖镇界路村	德江县泉口镇大湾村
189	吴中区临湖镇牛桥村	德江县泉口镇大元村

续表

序号	苏州帮扶单位	铜仁帮扶单位
190	吴中区临湖镇灵湖村	德江县泉口镇马喇村
191	吴中区临湖镇前塘村	德江县泉口镇水塘村
192	吴中区临湖镇东吴村	德江县泉口镇天池村
193	吴中区临湖镇浦庄村	德江县泉口镇先坝村
194	吴中区临湖镇石庄村	德江县泉口镇先联村
195	吴中区临湖镇石舍村	德江县稳坪镇鲊鱼村
196	吴中区光福镇迂里村	德江县共和镇青杠堡村
197	吴中区光福镇福利村	德江县稳坪镇游庄村
198	吴中区金庭镇蒋东村	德江县稳坪镇盖坪村
199	吴中区金庭镇元山村	德江县稳坪镇金庄村
200	吴中区东山镇渡口村	德江县煎茶镇尖台村
201	吴中区长桥街道新南社区	德江县龙泉乡岸山村
202	吴中区长桥街道新家社区	德江县龙泉乡邓家村
203	吴中区越溪街道张桥村	德江县沙溪乡申家村
204	吴中区越溪街道旺山村	德江县沙溪乡空山村
205	吴中区越溪街道龙翔社区	德江县沙溪乡庞家村
206	吴中区越溪街道木林社区	德江县桶井乡二友村
207	吴中区越溪街道珠村社区	德江县桶井乡凤凰村
208	吴中区越溪街道吴山社区	德江县桶井乡高井村
209	吴中区越溪街道溪上社区	德江县桶井乡金潮村
210	吴中区郭巷街道姜家社区	铜仁市德江县龙寨村
211	吴中区郭巷街道姜庄社区	德江县潮砥镇腾溪村
212	吴中区城南街道南石湖社区	德江县高山镇谭家村
213	吴中区城南街道东湖社区	德江县高山镇旋溪村
214	吴中区城南街道宝带桥社区	德江县高山镇中和村
215	吴中区城南街道新江社区	德江县桶井乡黎明村
216	吴中区城南街道龙南社区	德江县桶井乡毛岭村
217	吴中区香山街道长沙社区	德江县桶井乡木朗村
218	吴中区香山街道香山村	德江县钱家乡大坪村
219	吴中区香山街道墅里社区	德江县钱家乡青龙村
220	相城区黄埭镇	石阡县中坝街道
221	相城区黄埭镇冯梦龙村	石阡县中坝街道大湾村
222	相城区黄埭镇胡桥村	石阡县中坝街道太坪村
223	相城区黄埭镇青龙社区	石阡县中坝街道群家山村
224	妇幼保健院黄埭镇裴圩社区	石阡县中坝街道坪道溪村
225	相城区漕湖街道	石阡县甘溪乡
226	相城区漕湖街道卫星村	石阡县甘溪乡晒溪村
227		石阡县甘溪乡坪望村

续表

序号	苏州帮扶单位	铜仁帮扶单位
228	相城区漕湖街道下堡村	石阡县甘溪乡各票村
229	相城区漕湖街道永昌泾社区	石阡县甘溪乡泥山村
230	相城区北桥街道	石阡县枫香乡
231	相城区北桥街道石桥村	石阡县枫香乡地古屯村
232	相城区北桥街道灵峰村	石阡县枫香乡新屯村
233	相城区北桥街道北渔社区	石阡县枫香乡明星村
234	相城区北河泾街道	石阡县大沙坝乡
235	相城区北河泾街道朱泾社区	石阡县大沙坝乡芹菜塘村
236	北河泾街道常楼社区	石阡县大沙坝乡邵家寨村
237	相城区黄桥街道	石阡县青阳乡
238	相城区黄桥街道张庄村	石阡县青阳乡茶园村
239	相城区黄桥街道生田村	石阡县青阳乡露溪村
240	相城区元和街道	石阡县五德镇
241	相城区元和街道御窑社区	石阡县五德镇烂沟村
242	相城区太平街道	石阡县石固乡
243	相城区太平街道黎明村	石阡县石固乡泥塘村
244	相城区太平街道花倪村	石阡县石固乡王家沟村
245	阳澄湖生态休闲旅游度假区	石阡县国荣乡
246	阳澄湖生态休闲旅游度假区新泾村	石阡县国荣乡葛坪村
247	阳澄湖生态休闲旅游度假区洋沟溇村	石阡县国荣乡罗家寨村
248	阳澄湖生态休闲旅游度假区清水村	石阡县国荣乡楼上村
249	相城区阳澄湖镇	石阡县坪山乡
250	相城区阳澄湖镇枪堂村	石阡县坪山乡大坪村
251	相城区阳澄湖镇岸山村	石阡县坪山乡长溪村
252	相城区望亭镇	石阡县花桥镇
253	相城区望亭镇迎湖村	石阡县花桥镇周家湾村
254	相城区望亭镇宅基村	石阡县花桥镇鸭头坡村
255	相城区望亭镇项路村	石阡县花桥镇长安营村
256	相城区望亭镇华阳村	石阡县花桥镇凯镇村
257	相城区渭塘镇	石阡县坪地场乡
258	相城区渭塘镇凤凰泾村	石阡县坪地场乡石尧村
259	相城区澄阳街道	石阡县聚凤乡
260	相城区澄阳街道泰元社区	石阡县聚凤乡指甲坪村
261	相城区澄阳街道徐庄社区	石阡县聚凤乡高原村
262	姑苏区金阊街道	江口县坝盘镇
263	姑苏区双塔街道	江口县德旺乡
264	苏州历史文化名城保护集团有限公司	江口县官和乡

续表

序号	苏州帮扶单位	铜仁帮扶单位
265	苏州历史文化名城建设集团有限公司	江口县凯德街道
266	苏州历史文化名城发展集团有限公司	
267	姑苏区平江街道	江口县民和镇
268	姑苏区白洋湾街道	江口县闵孝镇
269	姑苏区虎丘街道	江口县怒溪镇
270	姑苏区苏锦街道	江口县双江街道
271	姑苏区吴门桥街道	江口县太平镇
272	姑苏区沧浪街道	江口县桃映镇
273	姑苏区苏锦街道光华社区	江口县双江街道槐枫社区
274	姑苏区吴门桥街道南环二社区	江口县太平镇岑忙村
275	姑苏区沧浪街道泰南社区	江口县桃映镇妙石村
276	姑苏区白洋湾街道民主村股份合作社	江口县闵孝镇鱼粮溪村
277	姑苏区金阊街道白莲社区	江口县坝盘镇铁广村（深度贫困村）
278	姑苏区双塔街道网师巷社区	江口县德旺乡净河村
279	姑苏区平江街道官渎股份合作社	江口县民和镇韭菜村
280	姑苏区虎丘街道观景社区	江口县怒溪镇麻阳溪村（深度贫困村）
281	苏州工业园区胜浦街道	松桃县九江街道办事处
282	阳澄湖度假区管委会	松桃县长坪乡盘报村
283	苏州工业园区娄葑街道	松桃县普觉镇人民政府
284	苏州工业园区斜塘街道办事处	松桃县长兴堡镇人民政府
285	苏州独墅湖科教创新区管委会	松桃县长坪乡
286	苏州工业园区唯亭街道	松桃县盘信镇人民政府
287	苏州工业园区高端制造与国际贸易区	松桃县九江街道办事处莫子叫村
288	苏州工业园区金鸡湖商务区	松桃县平头镇久安村
289	苏州工业园区娄葑街道独墅湖社区	松桃县牛郎镇红卫村
290	苏州工业园区娄葑街道新苏社区	松桃县牛郎镇黄腊溪村
291	苏州工业园区胜浦街道浪花苑社区	松桃县九江街道毛堰村
292	苏州工业园区斜塘街道淞渔社区	松桃县冷水溪镇陆家坝村
293	苏州工业园区斜塘街道彩莲社区	松桃县冷水溪镇通塔坪村
294	苏州工业园区唯亭街道青剑湖社区	松桃县冷水溪镇三脚坡村
295	苏州工业园区唯亭街道浦田社区	松桃县冷水溪镇齐心坝村
296	苏州工业园区胜浦街道吴淞社区	松桃县瓦溪乡岩桑坝村
297	苏州高新区阳山街道	万山区鱼塘乡
298	苏州高新区浒墅关镇	万山区大坪乡
299	苏州高新区镇湖街道	万山区高楼坪乡
300	苏州高新区东渚镇	万山区黄道乡
301	苏州高新区狮山横塘街道	万山区敖寨乡
302	苏州高新区通安镇	万山区下溪乡

续表

序号	苏州帮扶单位	铜仁帮扶单位
303	苏州高新区枫桥街道	万山区万山镇
304	苏州高新区东渚镇龙惠社区	万山区谢桥街道冲广坪社区
305	苏州高新区枫桥街道马浜社区	万山区万山镇土坪社区
306	苏州高新区阳山街道浒墅人家社区	万山区鱼塘乡江屯村
307	苏州高新区浒墅关镇青灯村	万山区大坪乡清塘村
308	苏州高新区镇湖街道马山村	万山区高楼坪乡龙田村
309	苏州高新区东渚镇长巷村	万山区黄道乡马黄村
310	苏州高新区狮山横塘街道狮山社区	万山区敖寨乡瓮背村
311	苏州高新区通安镇树山村	万山区下溪乡官田村
312	苏高新文旅集团有限公司	万山区丹都街道
313	苏州高新区经济发展集团总公司	万山区仁山街道
314	苏州新区高新技术产业股份有限公司	万山区谢桥街道
315	苏州高新创业投资集团有限公司	万山区茶店街道

二、企业、商会结对

2017年起,苏州市发动社会各界踊跃捐助资金和捐赠物资,开展民营企业"万企帮万村"行动,张家港梁丰集团等企业捐赠233万元,苏州银行、浦项(张家港)不锈钢有限公司、张家港市阳光助学服务中心等社会组织向沿河县捐赠资金、物资305万元。

2018年,以东西部协作为契机,充分发挥统战工作优势,苏铜两地实现"百企帮百村"精准扶贫,完成137家企业与铜仁145个贫困村的结对,为当地村组集体经济发展注入活力。张家港市6个国资企业与沿河县6个深度贫困村分别建立结对帮扶关系,12家规模型民营企业与沿河县深度贫困村建立结对关系。张家港市金茂公司投资近100

2018年5月29日,吴江区新一代企业家商会组团到印江县考察交流,并向印江县工商联捐赠50万元设立扶贫捐助基金,用于当地产业和教育事业发展

2018年6月29日,江苏省侨商总会常务副会长顾文彬(后排左五)一行到德江县考察并开展捐资助学活动

2018年8月27日，常熟市工商联组织爱心企业到思南县瓮溪镇考察，并开展爱心助学活动

2018年11月8~9日，苏州工业园区金鸡湖商务区、国企组团到松桃县开展帮扶活动，并分别与平头镇久安村、沙坝河乡泡木村等结成"一对一"帮扶关系

万元帮助结对的晓景乡暗塘村发展特色李100亩，带动贫困户35户120人持续增收。太仓市100余家企业、商会、行业协会积极参与"万企帮万村"行动，3000多名爱心人士注册中国社会扶贫网，开展帮扶3900余人次。昆山市青年商会捐赠碧江区爱心帮扶资金10万元，31个爱心企业家家庭与和平乡陈家寨、龙渔村、德胜屯3个村的31户贫困家庭建立结对帮扶关系。吴中区11家企业与德江县21个贫困村建立结对帮扶关系，捐助帮扶资金55万元。

2019年，苏州市140家企业、56个企业协会（商会）等社会组织分别与铜仁市161个、67个贫困村建立结对帮扶关系。江苏省工商联定向捐助社会扶贫资金500万元，用于支持铜仁市深度贫困村脱贫攻坚工作，共涉及松桃、德江、思南、石阡、沿河、碧江6个区（县）44个项目，其中农业产业发展类项目20个353万元、基础设施类项目18个96万元、教育扶贫类项目2个11万元、住房保障类项目3个30万元、其他类项目1个10万元。8月13日，在苏州市召开的苏铜两市工商联对口帮扶工作座谈会上，明确苏州市工商联50家直属商会与铜仁市50个贫困村（深度贫困村38个、一类贫困村12个）的结对帮扶关系，采取"1个商会+N个会员企业对1个村"的模式，凝聚商会力量参与到帮扶工作中去，通过产业扶贫、消费扶贫、就业扶贫、智力扶贫、捐赠扶贫等各类有效帮扶途径，切实帮助50个村加快脱贫奔小康进程。苏州市50家直属商会全部到各自帮扶村开展结对帮扶调研考察工作，捐助资金200余万元帮助帮扶村发展产业、基础设施建设、捐助助学及改善村民生产生活条件。10月17日，江苏省、苏州市工商联到铜对口帮扶调研座谈会召开，推进苏州市直属商会与铜仁市深度贫困村结对帮扶工作。江苏省委统战部副部长、省工商联党组书记顾万峰，贵州省铜仁市委书记陈昌旭出席会议并讲话，江苏省、苏州市工商联及苏州苏汽集团联合向铜仁市工商联捐赠帮扶资金30万元。在

2019年10月17日，江苏省、苏州市工商联到铜仁市考察，并召开对口帮扶调研座谈会。江苏省委统战部副部长、省工商联党组书记顾万峰（左列右四），铜仁市委书记陈昌旭（右列左四）出席会议并讲话

"整村推进结对帮扶"试点村——九江街道莫子叫村，苏州工业园区航港物流有限公司派人到该村开展驻点帮扶。苏州工业园区工商联结对帮扶10个深度贫困村。是年，苏州工业园区共有60余家外资、民营企业通过开展建基地、建加工厂、建扶贫车间、建电商平台、劳动就业技能培训及劳动力就业帮扶等行动，直接让3万余名建档立卡贫困人口受益脱贫，成为松桃县脱贫攻坚的重要力量。昆山市13家企业帮扶茶园山、陈家寨、卜口、小冬云等13个村。昆山市工商联整合企业捐助资金50万元建立扶贫资金池，定向扶持10个产业项目，并与贫困村的建档立卡贫困户建立利益联结机制，帮扶瓦屋乡梅花鹿养殖、和平乡油茶种植等8个项目，惠及贫困户937户2088人。昆山市青年企业家协会、昆山市女企业家协会、巴城正仪商会、巴城蟹业协会、张浦女企业家协会等协会总捐助75万元，用于农村基础设施建设、产业、留守人员关爱等。苏州高新区12个企业与万山区21个贫困村建立结对帮扶关系，鼓励有条件的企业设立慈善基金。苏高新集团与谢桥街道合作开发旅游项目，在牙溪村投资1亿元建设泰迪旅游综合体；绿叶科技集团有限公司主动与万山区10个贫困村结对，每年投入帮扶资金30万元。

2020年，苏州市151家企业、38个社会组织与铜仁市221个贫困村签订结对帮扶协议，进行"一对一"帮扶。4月21日，江苏省、苏州市重点民营企业（商会）结对帮扶沿河县未出列贫困村工作座谈会在铜仁市沿河县召开，江苏省工商联、省光彩会向铜仁市工商联捐赠帮扶资金500万

2020年4月21日，苏州市民营企业、商会捐赠沿河县未出列贫困村120万元

元,共涉及松桃、德江、思南、石阡、沿河、碧江6个区(县)44个项目建设,并联合苏州市光彩会向沿河县捐赠帮扶资金30万元,支持铜仁市深度贫困村脱贫攻坚工作。沙钢集团、亨通集团、雅鹿集团等12家重点民营企业(商会)与沿河县12个未出列贫困村签订结对帮扶协议,实现沿河县22个未出列贫困村结对帮扶全覆盖,开展帮扶活动16次,捐赠帮扶资金200余万元。吴中区11家企业、1家商会与德江县18个贫困村建立结对帮扶关系,捐助帮扶资金47万元。至2020年底,苏州市统一战线通过产业帮扶、就业帮扶等措施,落实帮扶资金1160万元。

表6-2 2013~2020年苏州市企业、社会组织与铜仁市贫困村结对一览

序号	东部帮扶单位	西部帮扶单位
1	张家港市发展和改革委员会	沿河县沙子街道鱼塘村
2	张家港市人力资源和社会保障局	沿河县淇滩镇洋南村
3	张家港市财政局	沿河县板场镇永丰村
4	张家港市文化和旅游局	沿河县黄土镇平原村
5	张家港市出入境检验检疫局	沿河县夹石镇河坝村
6	张家港市经济和信息化委员会	沿河县淇滩镇艾坝村
7	张家港市教育局	沿河县淇滩镇檬子村
8	张家港市苏闽金属制品有限公司	沿河县淇滩镇竹园村
9	张家港市澳洋集团有限公司	沿河县泉坝镇大泉村
10	张家港市梁丰食品集团有限公司	沿河县团结街道红盖村
11	江苏海狮机械集团有限公司	沿河县夹石镇野毛水村
12	江苏国泰国际集团股份有限公司	沿河县淇滩镇沙子坡村
13	张家港市城投集团有限公司	沿河县泉坝镇算子村
14	张家港市新芳集团有限公司	沿河县泉坝镇岩园村
15	张家港市鹿港文化股份有限公司	沿河县思渠镇院山村
16	苏州晶樱光电科技股份有限公司	沿河县土地坳镇丰岩村
17	中国银行张家港分行	沿河县土地坳镇关怀村
18	张家港市金城投资发展有限公司	沿河县土地坳镇五七村
19	张家港市金茂投资发展有限公司	沿河县晓景乡暗塘村
20	苏州天沃科技股份有限公司	沿河县晓景乡大土村
21	张家港奥斯佳纺织助剂有限公司	沿河县晓景乡高寨村
22	江苏永钢集团有限公司	沿河县新景镇龙山村
23	张家港市总商会	沿河县中寨镇大堡村
24	张家港市浙江商会	沿河县中寨镇大坪村
25	张家港市安徽商会	沿河县中寨镇大宅村
26	张家港市电子商务商会	沿河县中寨镇金山村

续表

序号	东部帮扶单位	西部帮扶单位
27	张家港市装修装饰行业商会	沿河县中寨镇清河村
28	张家港市华昌药业有限公司	沿河县中寨镇杨坪村
29	张家港市暨阳湖开发发展有限公司	沿河县中寨镇志强村
30	中国农业银行张家港支行	沿河县淇滩镇柳池村
31	常熟市鑫达公司	思南县杨家坳乡小丰溪村
32	常熟市路灯安装公司	思南县杨家坳乡青年台村
33	常熟市农业科技发展有限公司	思南县三道水乡永兴村
34	常熟市农业科技发展有限公司	思南县三道水乡川坪村
35	奇瑞捷豹路虎公司	思南县长坝镇谢窝沟村
36	江苏康诺医疗器械股份有限公司	思南县天桥乡梧桐村
37	常熟古建园林股份有限公司	思南县鹦鹉溪镇青中村
38	常熟市金香槟纺织股份有限公司	思南县鹦鹉溪镇踏溪村
39	常熟市振泰无纺机械有限公司	思南县杨家坳乡坪上村
40	常熟服装城集团有限公司	思南县文家店镇大坪村
41	江苏云企供应链管理有限公司	思南县文家店镇尖峰村
42	常熟市宝鼎服装有限责任公司	思南县文家店镇龙山村
43	常熟金石机械有限公司	思南县瓮溪镇胜利村
44	常熟市生益科技有限公司	思南县瓮溪镇汤家坝村
45	江苏洲艳服饰有限公司	思南县瓮溪镇杉树坡村
46	常熟市佳美金属制品有限公司	思南县瓮溪镇大林村
47	江苏金辰针纺织有限公司	思南县瓮溪镇山峰村
48	常熟市龙腾特种钢有限公司	思南县瓮溪镇竹山村
49	苏州市阿尔法羊绒制品有限公司	思南县大坝场镇杨家寨村
50	常熟市常力紧固件有限公司	思南县大坝场镇尧上村
51	常熟国际汽配城投资置业有限公司	思南县亭子坝镇盆丰村
52	常熟市董浜农业旅游发展有限公司	思南县思林乡合联村
53	常熟市达敏机械有限公司	思南县板桥镇增沙村
54	常熟市总工会	思南县鹦鹉溪镇映山红村
55	常熟市房地产业商会	思南县张家寨镇关锋村
56	常熟市浦江商会	思南县张家寨镇三联村
57	常熟市虞山尚湖度假区商会	思南县张家寨镇井岗村
58	常熟市外商投资服务中心	思南县天桥乡湾里村
59	常熟市供销合作总社	思南县枫芸乡白岩村
60	常熟市民营经济协会	思南县青杠坡镇茶溪村
61	常熟市银行协会	思南县杨家坳乡土井村
62	常熟市银行协会	思南县杨家坳乡栏杆村

续表

序号	东部帮扶单位	西部帮扶单位
63	常熟市纺织服装协会	思南县宽坪乡胜利村
64	苏州市兴福公益基金会	思南县合朋溪镇大石窖村
65		思南县合朋溪镇井坝村
66	常熟市海虞镇商会	思南县长坝镇尖山村
67		思南县长坝镇三合场村
68		思南县长坝镇佘溪村
69		思南县长坝镇张家湾村
70	常熟市莫城商会	思南县合朋溪镇荞子溪村
71	沙家浜玻璃模具商会	思南县宽坪乡和平村
72		思南县宽坪乡迎风村
73	沙家浜纺织服装商会	思南县宽坪乡张湾村
74	太仓市房地产业协会	玉屏县朱家场镇长华村
75	太仓市城市建设投资集团有限公司	玉屏县皂角坪街道铁家溪村
76	太仓市雁月湖城镇化建设投资有限公司	玉屏县新店镇洞坪村
77		玉屏县新店镇沙水坪村
78	苏州金双凤集团有限公司	玉屏县亚鱼乡瓮袍村
79	太仓市金仓湖旅游发展有限公司	玉屏县朱家场镇鱼塘村
80	太仓市滨江新城发展有限公司	玉屏县田坪镇迷路村
81	太仓市璜泾镇商会	玉屏县田坪镇田冲村
82	太仓市沙溪城乡建设投资有限公司	玉屏县皂角坪街道枹木垅村
83	江苏省太仓港港口开发建设投资有限公司	玉屏县大龙街道前龙村
84	太仓华金港口服务有限公司	玉屏县大龙街道九龙村
85	太仓娄城高新建设有限公司	玉屏县平溪街道马头田村
86	太仓市华盛园社区	玉屏县平溪街道道安坪村
87	太仓市资产经营集团公司	玉屏县朱家场镇洪家湾村
88	苏州市二手车业商会	玉屏县朱家场镇鱼塘村
89	江苏英迈供应链管理有限公司	碧江区和平乡孟溪村
90	江苏苏杭电子有限公司	坝黄镇高白果村
91		桐木坪乡卜口村
92	昆山商贸股份有限公司	碧江区和平乡孟溪村
93	昆山市张浦镇新塘村	
94	昆山市巨仲电子有限公司	碧江区滑石乡老麻塘村
95	昆山市科塑快速印务有限公司	碧江区和平乡八村
96	苏州蓝科缘生物科技有限公司	瓦屋乡瓦屋社区
97	昆山市华伟纳精密公司	碧江区滑石乡新寨村

续表

序号	东部帮扶单位	西部帮扶单位
98	昆山市德源环保公司	桐木坪乡棉花坪村
99		桐木坪乡桐木坪社区
100	昆山市华丽线塑公司	碧江区和平乡陈家寨村
101	昆山市上华电器成套设备有限公司	
102	贵州同仁之光节能科技有限公司	
103	昆山市青年企业家协会	
104	上海市奇智宝贝教育投资有限公司	碧江区和平乡和平村
105	昆山市张浦商会	碧江区坝黄镇高坝田村
106	昆山市女企业家协会	碧江区坝黄镇坪茶村
107	昆山市五金机电商会	碧江区坝黄镇宋家坝村
108	苏州宝嘉新能源科技有限公司	印江县郎溪镇甘龙村
109	江苏微康生物科技有限公司（2018）	印江县沙子坡镇凉水村
110	苏州恒美电子科技股份有限公司（2019）	
111	苏州嘉诺环境工程有限公司（2020）	
112	江苏亨通光电股份有限公司	印江县丹都街道挞扒洞社区
113	江苏凯伦建材股份有限公司	印江县朗溪镇白沙村
114	江苏盛泽城乡投资发展有限公司	印江县天堂镇金城村
115	苏州东吴水泥有限公司	印江县罗场乡靛厂村
116	苏州荣盛达喷气织造有限公司	印江县木黄镇桅杆村
117	苏州东吴水泥有限公司	印江县龙津街道龙溪村
118	苏州胜信光电科技有限公司（太湖新城企业）	印江县缠溪镇塘房岭村
119	苏州盛达药业有限公司	印江县龙津街道杉木岭村
120	苏州顶裕节能设备有限公司	印江县罗场乡广东坪村
121	吴江滨湖新城产业投资发展有限公司	印江县中兴街道罗星村
122	吴江滨湖投资集团有限公司	印江县缠溪镇甘家寨村
123	吴江现代农业产业园	印江县峨岭街道峨岭关村
124	克莱斯电梯（中国）有限公司	印江县朗溪镇塘岸村
125	吴江区平望商会	印江县合水镇汤家井村
126	吴江区横扇商会	印江县板溪镇梨坪村
127	吴江区松陵商会	印江县板溪镇高坪村
128	吴江区盛泽镇黄家溪商会	印江县刀坝镇天坪村
129	吴江区震泽商会	印江县紫薇镇大园址村
130	苏州太湖旅游发展集团有限公司	德江县长堡镇马家溪村
131		德江县长堡镇马家溪村
132	苏州木渎集团有限公司	德江县泉口镇先田村
133		德江县泉口镇先洋村

续表

序号	东部帮扶单位	西部帮扶单位
134	苏州市胥惠集团有限公司	德江县长堡镇坝上村
135		德江县长堡镇徐家岩村
136	吴中区东山多种经营服务公司	德江县龙泉乡闹水村
137		德江县龙泉乡桃园村
138	苏州太湖现代农业发展有限公司	德江县泉口镇岩门村
139		德江县泉口镇银甲村
140	苏州光福集团有限公司	德江县共和镇三联村
141		德江县共和镇姜家渡村
142	苏州金庭旅游集团有限公司	德江县稳坪镇三角村
143		德江县稳坪镇木叶村
144	苏州道滨湖集团有限公司	德江县潮砥镇联盟村
145		德江县高山镇堰塘村
146	苏州城南集团有限公司	德江县高山镇鸟溪村
147		德江县高山镇冷溪村
148	相城区黄埭镇商会	石阡县中坝街道群家山村
149		石阡县中坝街道坪道溪村
150		石阡县龙井乡丝栗坳村
151		石阡县龙井乡关口坪村
152	相城区高铁新城商会	石阡县大沙坝乡邵家寨村
153		石阡县大沙坝乡芹菜塘村
154		石阡县石固乡王家沟村
155	相城区阳澄湖度假区商会	石阡县国荣乡葛坪村
156		石阡县国荣乡罗家寨村
157	相城区望亭商会	石阡县花桥镇鸭头坡村
158		石阡县花桥镇长安营村
159		石阡县花桥镇凯镇村
160	相城区阳澄湖服装商会	石阡县坪山乡大坪村
161		石阡县坪山乡长溪村
162	相城区渭塘商会	石阡县中坝街道太坪村
163		石阡县中坝街道大湾村
164	相城区澄阳商会	石阡县聚凤乡高原村
165	相城区北桥商会	石阡县枫香乡明星村
166		石阡县枫香乡地古屯村
167		石阡县枫香乡新屯村

续表

序号	东部帮扶单位	西部帮扶单位
168	相城区黄桥商会	石阡县青阳乡露溪村
169		石阡县青阳乡茶园村
170		石阡县坪地场乡石尧村
171	苏州城发建筑设计院有限公司	江口县德旺乡潮水村
172	苏州历史文化名城保护集团有限公司	江口县官和乡泗渡村
173		江口县官和乡江溪村
174	苏州新塘实业总公司	江口县双江街道齐心村
175	苏州历史文化名城建设集团有限公司	江口县凯德街道大冲村
176	苏州瀛黔农业发展科技有限公司	江口县民和镇四宝村
177	苏州苏科环保科技有限公司	江口县闵孝镇长岗岭村
178	苏州市钱万里桥小商品市场有限公司	江口县闵孝镇苟脚村
179	铜仁市苏铜朝阳鹿业科技发展有限公司	江口县怒溪镇麻阳溪村
180	牙博士医疗控股集团股份有限公司	江口县怒溪镇田坝溪村
181	江苏蓝园商业管理发展有限公司	江口县太平镇岑忙村
182	苏州市会议中心	江口县桃映镇新寨村
183	苏州雷允上国药连锁总店有限公司	江口县凯德街道黑岩村
184	江苏瀛元律师事务所	江口县坝盘镇铁广村
185	苏州工业园区疾病防治中心	松桃县太平营街道芭蕉社区
186	苏州中方财团控股股份有限公司	松桃县乌罗镇石塘村
187	苏州工业园区国有资本投资运营控股有限公司	松桃县世昌街道木厂村
188	苏州工业园区纳米产业技术研究院有限公司	松桃县牛郎镇岑朵村
189	苏州新建元城市发展有限公司	松桃县沙坝河乡泡木村
190	苏州工业园区市政服务集团有限公司	松桃县瓦溪乡小沟村
191	苏州工业园区社会事业局	松桃县残疾人联合会
192	苏州二建建筑集团有限公司	松桃县盘信镇长坪村
193	苏州市高新区科技材料有限公司	松桃县盘信镇盐厂村
194	苏州工业园区新天伦服饰有限公司	松桃县盘信镇上潮村
195	同程网络科技股份有限公司	松桃县盘信镇三宝营村
196	苏州元禾控股股份有限公司	松桃县木树镇杨家村
197	苏州新时代文体会展集团有限公司	松桃县木树镇上石花村
198	苏州恒泰控股集团有限公司	松桃县妙隘乡塘坳村
199	苏州工业园区科技发展有限公司	松桃县妙隘乡新庄村
200	苏州工业园区生物产业发展有限公司	松桃县妙隘乡岩门村
201	苏州工业园区金鸡湖酒店发展集团有限公司	松桃县大路镇大湾村
202	苏州工业园区城市重建有限公司	松桃县大路镇沿坪村
203	苏州工业园区阳澄湖半岛开发建设有限公司	松桃县大路镇大溪村

续表

序号	东部帮扶单位	西部帮扶单位
204	苏州独墅湖科教发展有限公司	松桃县世昌街道岩脚村
205	苏州工业园区机关事务管理中心	松桃县世昌街道石花村
206	水星海事技术（苏州）有限公司	松桃县孟溪镇桃子坪村
207	苏州硒谷科技有限公司	松桃县石梁乡简家沟村
208	东吴证券股份有限公司	松桃县乌罗镇半坡台村
209	苏州聚明投资管理合伙企业（有限合伙）	松桃县乌罗镇中厂村
210	三星电子（苏州）半导体有限公司	松桃县乌罗镇中利村
211	中衡设计集团股份有限公司	松桃县长兴堡镇中坝村
212	苏州鹏云置业有限公司	松桃县长兴堡镇白竹村
213	苏州汇思人力资源有限公司	松桃县长兴堡镇大花村
214	苏州禾昌聚合材料股份有限公司	松桃县长兴堡镇凤花村
215	苏州江南嘉捷电梯有限公司	松桃县迓驾镇石头村
216	苏州晶方半导体科技股份有限公司	松桃县迓驾镇晚森村
217	苏高新文旅集团有限公司	万山区茶店街道老屋场村
218	苏州高新区经济发展集团总公司	万山区丹都街道挞扒洞社区
219	苏州新区高新技术产业股份有限公司	万山区谢桥街道瓦屋坪村
220	苏州高新创业投资集团有限公司	万山区茶店街道梅花村
221	苏州高新区城乡发展局	万山区鱼塘乡新龙村
222	苏州高新区城市管理局	万山区鱼塘乡高峰村
223	苏州高新区住房和建设局	万山区下溪乡报溪村
224		万山区下溪乡青龙村
225	苏州联讯仪器有限公司	万山区谢桥街道龙门坳村
226	浒墅关经济开发区资产经营总公司	万山区鱼塘乡金盆村
227	苏州高新区新浒物业管理有限公司	万山区大坪乡地慢村
228	苏州高新区镇湖集体资产经营公司	万山区高楼坪乡赶场坝村
229	苏州高新区东渚市政服务有限公司	万山区黄道乡白屋场村
230	苏州高新区狮山街道资产经营有限公司	万山区敖寨乡两河口村
231	苏州华通开发建设有限公司	万山区下溪乡瓦田村
232	苏州高新有轨电厂有限公司	万山区下溪乡桂花村
233	苏州中设建设集团有限公司	万山区黄道乡长坳村
234		万山区黄道乡力坳村
235	苏州绿叶科技集团有限公司	万山区茶店街道垢溪村
236		万山区鱼塘乡云山村
237		万山区大坪乡大冲村
238		万山区大坪乡龙门村
239		万山区大坪乡瓮岩村
240		万山区高楼坪乡小湾村

续表

序号	东部帮扶单位	西部帮扶单位
241	苏州绿叶科技集团有限公司	万山区黄道乡黄溪村
242		万山区黄道乡锁溪村
243		万山区敖寨乡洋世界村
244		万山区下溪乡铁门村
245	苏州高新区（虎丘区）中小企业服务联盟	万山区鱼塘乡登峰村
246		万山区大坪乡川硐村
247		万山区高楼坪乡羊尾舟村
248		万山区敖寨乡中华山村

三、"携手奔小康"行动创新工作

张家港市杨舍镇善港村与沿河县中界镇高峰村探索"整村推进结对帮扶"新模式

高峰村是沿河县深度贫困村，2018年3月与张家港市善港村结对并签订《善港村—高峰村"整村推进帮扶"协议书》，善港村援助对口帮扶资金500万元，派出15名村干部、村集体企业管理层组成帮扶工作队，常驻高峰村开展帮扶，工作队队员每3个月轮换一次。2017～2019年，善港村向高峰村派出7批105名驻村工作队队员，善港村精准扶贫驻村工作队临时党支部与高峰村党支部实行支部联建，开展整村推进及产业发展规划工作，形成以党建领扶贫、以文化提素质、以产业促发展、以治理提效益的结对帮扶新思路，发展高峰村茶叶、山羊养殖、香米和美国金瓜等特色产业，以"公司+合作社+贫困户+村组织"的合作方式，采取"保底+1234分红"，实现公司、合作社、贫困户、村组织四方共赢，脱贫攻坚与乡村振兴有机结合。2018年，邀请赵亚夫团队专家等实地考察，谋划高峰村产业布局，做好产业发展规划。善港村驻高峰村扶贫工作队在高峰村建设生态农业产业园1个，建设大棚及设施农业涉及土地面积58.7亩，建有2万平方米高标准大棚。同时，发展示范种植美国香瓜7亩、红玫糯玉米4亩。产业发展惠及带动该村贫困户50户，119人从中获利。驻村工作队推进村庄环境综合整治，改善生产生活环境，完善公共基础设施以及农田水利设施，发动群众开展整治行动200余

2018年6月，善港村驻高峰村扶贫工作队队员在田间指导种植技术

次,探索村民自治章程、村规民约,成立村民议事会,引导村民主动参与村务管理,建立沿河县首个村级新时代文明实践站,探索设立"善扶康"健康医疗互助基金。2019年,高峰村在善港村帮助下建起有机产业园。善港村—高峰村率先探索实践村村结对的"整村推进结对帮扶"新模式,成为可推广、可复制的深度贫困村精准扶贫、精准脱贫的村村结对的"善登高峰"范例。善港村党委书记葛剑锋荣获"2018年全国脱贫攻坚创新奖"。2019年10月16日,《光明日报》专栏《光明视野》整版刊登善港村结对帮扶做法;2019年10月22日,《人民日报·内部参阅》第1052期刊出相关专题调研报告;2020年3月26日,中央广播电视台播出《决不掉队》第三季第十二集《沿河故事·"石旮旯"的变迁》。2021年2月,中共张家港经济技术开发区(杨舍镇)善港村委员会被党中央、国务院表彰为"全国脱贫攻坚先进集体"。

璜泾·新店"村村结对帮扶"全覆盖 太仓市璜泾镇和玉屏县新店镇创新基层结对模式,实现两镇村村结对全覆盖。两镇充分发挥太仓市镇级商会作用,坚持规划引领,落实帮扶资金和项目,推进"一村一品"结对帮扶。2017年12月2日,太仓市雅鹿村率先与玉屏县新店镇大湾村结对。2018年11月,璜泾镇其他村及相关单位实现与新店镇9个村"村村结对帮扶"全覆盖。至2020年,双方结对内容多样,璜泾镇2名驻村帮扶干部分别挂任大湾村第一书记和新店村第一书记;成功组织动员新店镇贫困人员到太仓市务工45人次,为建档立卡户就业和稳定增收提供保障;璜泾镇女企业家协会到玉屏县新店镇新店寄宿制学校开展爱心助学活动,捐赠床上四件套255套。

在村村结对中还开创"大湾振兴·雅鹿同行"党建扶贫品牌。2017年全国文明村璜泾镇雅鹿村与玉屏县新店大湾村进行支部联建,挂牌成立雅鹿·大湾联合党支部,以团队带团队,党员带党员的方式联结共建,帮助深度贫困村党支部进一步加强和改进新形势下基层党建工作,努力提升党建工作水平,助推打赢脱贫攻坚战。2019年6月28日,太仓市驻玉工作队临时党支部与玉屏县大湾村党支部开展庆"七·一"系列活动;9月17日,雅鹿村派出8名党员"一对一"帮扶大湾村8户未脱贫户,助力脱贫"清零"行动。雅鹿村专门安排1名村干部挂任大湾村第一书记,指导和帮助建强基层党组织,帮助大湾村形成以村党组织为领导核心,村民会议、村民代表会议决策,村民委员会执行,村务监督委员会监督,群团组织、集体经济组织为补充的村级治理体

2019年6月28日,太仓市派驻玉屏县工作队临时党支部开展走进大湾村共庆"七·一"系列活动

系，并最终成功探索出深度贫困村整体脱贫致富的新思路。

昆山碧江"七结对"助力两地"携手奔小康" 2017年10月，昆山市与碧江区建立东西部扶贫协作结对帮扶，两地不断优化机制、整合资源、精准发力，通过"七结对"即部门对口结对、园区产业结对、乡镇项目结对、贫困村全面结对、家庭广泛结对、村企柔性结对、社会力量参与结对，形成了多元化、多层次、多领域的精准协作帮扶格局，助推2018年碧江区整体脱贫出列。2019年，"昆山碧江'七结对'助力两地携手奔小康"入选第二届中国优秀扶贫案例。推进部门结对，昆山市实施人才交流"六个十"计划，即每年派10名优秀教师支教、10名骨干医生支医、10名农技专家支农、10名科技人才交流、10名优秀企业家考察、10名社会工作专家辅导，为碧江区社会、经济发展注入人才血液与智力支撑。推进乡镇结对、村村结对，昆山市13个乡镇（街道办）与碧江区13个乡镇（街道办）双向结对，三年结对资金1200多万元。昆山市8个经济强村与碧江区的8个深度贫困村结对，实施范木溪民宿项目、蓝莓和食用菌种植等项目，增强碧江区乡村造血功能。推进园区产业结对，昆山高新区与碧江经济开发区结对，引入银行贷款支持，健全产业发展人才培训机制，推动项目落地，共建园区工业新引擎。推动村企结对，昆山市已有13家企业结对帮扶碧江区13个村。昆山市工商联还整合企业捐助资金建立扶贫资金池，定向扶持碧江区10个产业项目，并与贫困户建起利益联结机制。推进昆山市家庭与碧江区贫困家庭结对全覆盖，开展1024名党员干部与碧江区788户贫困家庭结对活动，筹集捐赠资金102万元、物资30万元，助推碧江区贫困群众"清零"。推动社会力量结对，充分调动和发挥昆山市企业、社团组织等力量参与东西扶贫协作，争取社会帮扶资金1900万元。昆山市张浦镇金华村退休老支书汤仁青7次奔波两地，整合各类社会资金在坝黄镇坪茶村发起"昆碧幸福里"项目，关注留守儿童和孤寡老人等弱势群体。

2019年4月25日，江苏省对口帮扶贵州省铜仁市工作队碧江区工作组"七结对"助力两地"携手奔小康"典型经验做法入选第二届中国优秀扶贫案例

探索党建联建引领乡村振兴协作的"姑苏小样"黑岩支部模式 姑苏区把扶贫开发、东西部协作同基层组织建设有机结合起来，在江口县凯德街道黑岩村试点创建"花红黑岩"党建品牌，为探索脱贫出列地区东西部深度协作共建、助推乡村振兴提供"黑岩样本"。一方面，将苏州市"海棠花红"先锋阵地建设与铜仁市"民心党建"相结合，将姑苏区"行动支部"工作法与江口县规范性支部建设相结合，让党员动起来、支部活

起来、阵地建起来,形成"花红黑岩"新品牌。注重整合力量,以贵州省扶贫办驻黑岩村第一书记为"头雁",整合苏州历史文化名城发展集团一支部、苏州历史文化名城建设集团二支部、姑苏区国资党工委驻黑岩村临时党支部3个支部力量,带动村支委员形成"红色矩阵",将28名党员分为7个小组,明确各自任务要求,有序引领村民自治小组协同发挥作用。注重健全机制,引入苏州市基层党建项目化、清单化机制方法,建立联建责任制、行动清单制、党员积分制、红色涟漪制,并提炼形成"2345工作法"。注重建强阵地,参照"海棠花红"先锋阵地建设标准,整合党建共建、乡土文化、文创展示及村民服务等,建成党群服务中心,并建立黑岩"初心广场",形成有阵地、有成效、有内涵的"花红黑岩"党建品牌。相关做法曾获人民网、贵州新闻网、《苏州日报》《铜仁日报》等媒体宣传推广,苏黔两地省、市、县(市、区)领导多次实地调研指导。另一方面,持续深化"花红黑岩"东西部党建联建品牌内涵,积极探索东西部党建联建引领乡村振兴。2020年,结合黑岩村实际需要,围绕文化创意、市场营销、品牌设计等方向,姑苏区国有资产监督管理办公室选派2批6名一线业务骨干驻村帮扶,以驻村第一书记为"头雁",组成乡村振兴"黑岩战队"。试点打造乡村品牌,将黑岩生产、黑岩制造统一注册为"花红黑岩"商标,涵盖"楠乡系列"香囊、刮痧板、驱蚊包等文创产品,以及百香果、红心猕猴桃、山竹笋等特色农产品,形成乡村产品"花红黑岩"系列。发挥姑苏区国资驻村党(团)员资源力量,在苏州市建立"黑岩小铺",专项展销"花红黑岩"系列产品,分别进驻"姑苏八点半"观前街潮流市集、苏州市"网红"双塔市集和雷允上国药,并与苏州文旅集团、雷允上药业集团有限公司、苏州瀛黔农业科技发展有限公司等达成长期销售协议,实现"支部引领好、集体带动好、产品销路好",切实推动群众增收、乡村振兴。2021年2月,江口县凯德街道黑岩村党支部被中共中央、国务院表彰为"全国脱贫攻坚先进集体"。

2019年5月1日,姑苏区国资党工委派驻江口县凯德街道黑岩村驻村工作队临时党支部正式成立

苏州高新区以党建引领脱贫攻坚　2018年,苏州高新区扶贫协作驻村工作组(简称"驻村工作组")进驻万山区梅花村。中共苏州高新区工委组织部选派杜芳林、于乐平、钱振宇、吴志飞、朱孔进、朱天广6名党员干部到梅花村挂职,开展梅花村整村推进工作。梅花村共有共产党员107人。驻村工作组成立临时帮扶党支部,与村党支部开展"党建+阵地建设""党建+产业发展""党建+惠民服务"。先后投入100万元帮扶资金打造梅花村党群服务中心,将苏式建筑元素与当地特色巧妙融合,引入苏州市"海棠花红"

先锋阵地群建设经验，开创"梅开花红"党建品牌，创立"党建+"的工作模式，确定打造一块红色阵地、探索一条致富之路、保持一片碧水蓝天、锻造一支文明队伍、留下一套高新模式的五大工作目标，为梅花村脱贫攻坚"整村推进"提供"动力引擎"。帮扶党员立足梅花村烂泥山蔬菜大棚的种植优势，开辟5亩哈密瓜种植试验田。邀请二级推广研究员、原新疆维吾尔自治区种子管理总站站长许建指导，并聘请专业种植人员管护。临时帮扶党支部党员及驻村干部集体下田，同时吸纳精准扶贫户协助种植，拓宽就业渠道。2019年11月，梅花村哈密瓜试验田成功采收首批哈密瓜。通过双方1年多的努力，梅花村于2019年末顺利脱贫。2020年梅花村将哈密瓜种植面积扩大到20亩。

驻村工作组临时党支部联合村内党员开展"不忘初心、牢记使命"等系列主题教育活动，制定《梅花村整村携手奔小康工作方案》，下乡走访80余次，走访村民300余户；发动苏州经贸职业技术学院"益路黔行"支教团队到村里围绕留守儿童支教、空巢老人关爱、美丽乡村建设等主题开展帮扶活动，协调苏州高新区驻万山医疗工作志愿者服务队为村民集体义诊。

2018年起，苏州高新区动迁示范社区龙惠社区与万山区搬迁示范社区冲广坪社区从社区党建共建、文化活动共建、社会组织共建、居民自治共建等方面共同打造（"1+1+N"——党建+院落共建+多种服务）帮扶模式，投入50万元，为两区乡村振兴打造社区样板工程。苏州高新区先后选派8批16名社区干部和社区工作专家到万山区冲广坪社区挂职指导。组建议事共建平台，确定议事机制，建立7支志愿者自治团队。实施楼道美化和公共晾衣架搭建等治理项目，直接服务600余名社区居民。成立社区公益金，为162位困难居民提供支持。冲广坪社区社会组织、专业社工、社区居委会"三社"齐进，初步形成以社区党组织为核心，以居委会为主导，以社工组织做指导，以居民为主体，多元参与、良性互动的治理结构。

2019年8月18日，苏州高新区驻梅花村帮扶工作队队员栽种哈密瓜苗

2020年6月，苏州高新区成立中共对口帮扶铜仁市万山区工作组行动支部（简称"万山行动支部"），将党的组织优势转化为脱贫攻坚、乡村振兴的发展优势、能力优势，党建指导扶贫，建立行动支部党建阵地，激发援万人员扶贫动力，打造"红雁领飞"党建品牌，注重党课党性精准教育，发挥下乡服务先锋作用，为取得脱贫攻坚胜利、实施乡村振兴强化政治保障，提供强有力的组织支持。2020年，万山区行动支部被贵州省委表彰

为"全省脱贫攻坚先进党组织"。

苏州工业园区和松桃县"千企帮千村"共谱新篇章 苏州工业园区本着"松桃所需、企业所能、合作共赢、共同发展"的原则积极动员外资、民营企业到松桃县开展"千企帮千村"精准扶贫行动。至2019年10月,苏州工业园区共有60余家外资、民营企业通过开展建基地、建加工厂、建扶贫车间、建电商平台、劳动就业技能培训及劳动力就业帮扶等行动,直接让30000余名建档立卡贫困人口受益脱贫,成为松桃县扶贫攻坚的重要力量。

"千企帮千村"促进产业发展。2019年,苏州硒谷科技有限公司与松桃县合作,编制富硒功能农业产业发展规划(2019~2025年),开展富硒功能农业土壤及农产品硒元素检测检验和开展富硒示范基地建设:在盘石镇打造富硒优质稻示范基地200亩,在寨英镇打造富硒茄子示范基地300亩,在石梁乡打造富硒西兰花示范基地200亩,在大路镇打造富硒百香果示范基地300亩,在正大镇、普觉镇打造富硒茶叶示范基地200亩。实现松桃县有机农业向功能农业的突破。

"千企帮千村"携手同步小康。2019年,苏州工业园区与松桃县42个深度贫困村结对帮扶全覆盖,18家商会到松桃县18个贫困村参与帮扶,累计捐赠结对帮扶资金60万余元。在"整村推进结对帮扶"试点村——九江街道莫子叫村,苏州工业园区航港物流有限公司派人员到该村开展驻点帮扶,苏州市胜浦街道选派农业专家吴凤娥驻点。苏州工业园区工商联结对帮扶10个深度贫困村,动员外资企业、民营企业、社会公益慈善组织到贫困村开展帮扶。

"千企帮千村"推动教育医疗新台阶。2017年,苏州工业园区外商投资企业协会到太平营街道芭蕉村完小助学捐赠,为学生量身定制雨鞋、雨衣、羽绒服、围巾、袜子各124套,棉被128床;为教师定制冲锋衣14套。12月,博世汽车部件(苏州)有限公司与松桃县蓼皋街道樟桂社区签订帮扶协议,开展助学、助教。2018年12月,苏州工业园32家外资、民营企业到松桃县开展帮扶捐赠,资助松桃县200名(初、高中)学生、133户建档立卡贫困户,共计33.3万元;苏州德善书院在贵州省的第一个分院孟溪学堂正式揭牌;东吴证券股份有限公司捐款25万元建乌罗镇团龙村卫生室,并与松桃县教育局签订捐助协议,捐助松桃县100名学生每人每年2000元共3年;苏州金螳螂公益慈善基金会在松桃县大坪场镇长里营村、盘信镇柳浦村、平头镇莲塘村建卫生室;苏州慧湖立新教育发展基金会捐赠松桃县第六小学价值6.65万元的1300个午休抱枕和737套精准扶贫户孩子的校服。

"千企帮千村"助推黔货出山。苏州工业园区梵稻食品科技发展有限公司与江南大学等科研机构合作,在松桃县建立农产品直供基地,将苏州市鸡头米移到松桃县种植,开发"松桃食材,苏州味道"——"梵稻"系列绿色健康食品品牌,并将"梵稻"营业利润的15%~20%定向用于对松桃县助学帮困。

"千企帮千村"促进消费扶贫。在苏州工业园区湖东邻里中心建立松桃县农产品销售旗舰店(专柜、展示中心),依托建设银行苏州分行善融商务平台探索松桃农产品电脑、微商城和手机App的全渠道销售模式,并将善融商务平台每单销售金额的6%,用于帮助松桃县当地深度贫困家庭和困难学生。苏州工业园区教育科技服务有限公司、苏州三港农副产品配送有限公司等就松桃县农特产品直供(团膳)苏州工业园区学校、酒店、机关食堂、公司企业等单位达成协议。截至2019年10月,松桃县农特产品在江苏省销售总额524.1073万元。

"千企帮千村"带动社会帮扶。2019年,苏州工业园区映山红助学联合会、苏州工业园区雪莲花助学联合会、苏州工业园区外企党委为寨英镇邓堡村捐赠路灯60盏。11月4日,苏州东吴餐饮管理有限公司捐赠羽绒服800件。苏州金螳螂公益慈善基金会、中海发展(苏州)有限公司等公益组织及工商企业界累计为松桃捐款捐物(折款)合计422.2464万元。

"千企帮千村"促进劳务协作。2019年,苏州工业园区通过在松桃网公布东西部协作就业资讯,联合举办现场招聘会等方式,帮助贫困人口稳定就业1075人,其中到苏州工业园区稳定就业136人。联合苏州金螳螂公益慈善基金会在松桃县开展水电工培训班1期,培训建档立卡贫困劳动力53人;建立扶贫车间4个,带动贫困人口就业达60%以上。2021年,苏州金螳螂公益慈善基金会"千人工匠·精准帮扶组合计划"成功入选国务院扶贫办公布的2020年中国社会组织扶贫案例50佳。

2018年11月8日,苏州工业园区外商投资企业协会到松桃县太平营街道芭蕉村举行爱心助学捐赠活动

第三节　社会帮扶

苏州市动员全社会力量广泛参与对口帮扶铜仁市工作,整合"万企帮万村""10·17"扶贫日、中国社会扶贫网等社会帮扶资源,形成政府引导、全社会广泛参与、上下联动的

立体式帮扶格局。2013~2016年,苏州市对铜仁市社会帮扶捐款捐物(折款)1000余万元。2017~2020年,江苏省和苏州市社会各界向铜仁市捐赠扶贫物款超过2.7亿元,惠及铜仁市694个贫困村,困难群众12万人次。共组织215个社会组织参与脱贫攻坚工作,开展产业、智力、商贸、捐赠、志愿服务等多种帮扶,开展免费技术培训6100户18300人次,志愿服务260次,服务贫困群众94800人。仅2020年,江苏省和苏州市社会各界给铜仁市各地捐赠物款9271.23万元。2021年,苏州市向铜仁市提供各类社会帮扶款物3963.36万元。

一、设施建设

江苏省、苏州市除投入大量帮扶资金援建铜仁市的基础设施和公共服务设施外,还积极拓展企事业单位、社会团体、爱心企业、慈善机构和爱心人士等社会帮扶渠道,捐赠物款不断改善基层群众的饮水、用电、住房、就学、就医等设施条件。整合苏州各市(区)总工会、妇联、团委帮扶资金及社会资金,在铜仁市各结对区(县)易地扶贫搬迁移民安置点新建职工之家、青年之家、妇女之家、儿童之家、春晖社、社区组织培育服务共建站34个,在安置点建设一批人力资源市场(服务点),引进东部劳动密集型企业在安置点设立扶贫微工厂、扶贫车间42个,有效解决部分搬迁移民的文化、就业服务需求。

公共设施 2016年,苏州市委农办、水利局分别向铜仁市农委、水务局捐赠帮扶资金100万元用于设施建设。2017年,苏州市科协援助铜仁市科协LED科普显示屏18个36万元。苏州立升净水科技有限公司捐赠价值35万元净水设备用于提升思南县鹦鹉溪镇石阶水村饮用水安全,3000余村民因此受益。常熟市货架商会向思南县大河坝镇马河坝村捐助20万元,用于马河坝村的供水项目。

2016年5月31日,苏州市委农办向铜仁市农委捐赠对口帮扶资金100万元

2016年5月31日,苏州市水利局向铜仁市水务局捐赠对口帮扶资金100万元

　　2018~2020年，苏州市总工会捐赠铜仁市总工会项目资金700万元，用于加强易地扶贫搬迁集中安置点工会组织建设。2019年，在全国扶贫日"苏铜携手·同心圆梦"捐赠仪式现场会上，苏州市民政局向铜仁市民政局捐赠30万元用于德江县复兴镇敬老院建设；苏州市总工会捐赠铜仁易地搬迁安置点职工服务中心建设资金30万元；共青团苏州市委苏州市青少年发展基金会捐赠易地搬迁安置点青年之家建设经费10万元。是年，石阡县整合相城区帮扶资金，将贫困残疾人家庭优先纳入危房改造保障范围，按照残疾类别、家居条件及需求实行"一户一策"，通过改厨、改厕、硬化坡道及院坝等方式，共实施残疾人贫困家庭危房改造1130户，实施人居环境改造49118户。常熟市虞山街道发动5家企业共同捐赠10万元修建"虞山桥"，为张家寨镇关峰村合口林组、荆竹坪组2个组共182名村民提供出行便利。苏州路之遥科技股份有限公司通过"光彩

2018年8月7日，太仓市有关村、企业联合向玉屏县黔东民族寄宿制中学"职工之家"捐资30万元

2018年10月15日，苏州市人大常委会副主任、总工会主席温祥华（左）带队到铜仁市考察，向铜仁市总工会捐助帮扶资金700万元

2020年10月27~29日，苏州市红十字会捐助的铜仁市红十字应急救护培训基地暨生命健康安全体验馆揭牌

虞山桥

基金"捐赠万山区90万元,用于下溪乡万田村农业技能人才培训基地建设、高楼坪乡龙田村大棚蔬菜基地建设和万山区易地搬迁小区的智能电子显示屏项目。

2020年,苏州市红十字会专项资助90万元援建铜仁市红十字应急救护培训基地暨生命健康安全体验馆。该基地占地面积480平方米,设有消防安全、溺水演练、地震逃生、交通安全等多种体验模块。常熟市货架商会向思南县7个"常思春晖励志超市"赠送价值30万元的货架。常熟市市场监管局为思南县捐赠400多万元的爱心物资。9月,常熟市董浜镇发动辖区爱心企业江苏永丰建设集团有限公司、常熟市顺丰混凝土有限公司出资14万元,用于思林乡丰联村板栗产业路(董浜路)建设。

教育设施 2013年开始,苏州市青少年发展基金会出资96万元,在铜仁市捐建"爱立方希望小学""苏州谷恩希望小学"和"姑苏富顺希望小学"3所希望小学,并提供希望小学的配套设施建设,受益学生达1000余人,总建筑面积达2413平方米。苏州市青少年发展基金会筹资82万元,为铜仁市山区学龄前留守儿童建设功能较为齐全的儿童班"爱立方·希望童园"。筹资20万元,在铜仁市南长城小学、第六小学、松桃县苏州谷恩希望小学及石阡县高王希望小学援建4个"苏苏州州"驿站,受益少年儿童1000余人。常熟市江南印染厂捐赠100万元用于邵家桥镇毛坝小学修建教学楼。

2014年9月13日,石阡县河坝场乡姑苏富顺希望小学奠基仪式举行

2015年,江苏省向铜仁市捐赠1500万元教育帮扶专项资金,主要用于铜仁民族师范学校硬件建设。常熟市向思南县捐助50万元用于希望童园建设。中国农工民主党苏州市委员会向江口县第二小学捐赠高科技教育教学设备"科普一点通"以及新华字典等图书1800余册,设立"同心"公益奖教金,资助该校10名教师每年1万元。2015~2016年,太仓市将连续两届市青年学生歌手大赛的相关奖金和选手的爱心基金各10万元捐赠给玉

2015年11月21日,苏州市第一建筑集团有限公司为碧江区希望童园建设捐款50万元

屏县2所希望童园和学校建设。

2017年,苏州市妇女联合会资助30万元用于江口县太平镇中心幼儿园、梵净幼儿园贫困学生"儿童快乐家园"项目建设。苏州市儿童少年基金会捐赠夹石中学贫困学生助学金10万元。苏州工业园区博世汽车部件(苏州)有限公司和易马达公司分别捐资30万元、40万元,用于樟桂小学和世昌乡彭心潮小学食堂建设。吴江中等专业学校为印江中等职业学校援建计算机实训室1间,配备计算机51台,并每台增加网络同传和硬盘保护功能,总价值30万元。5月22日,东吴期货有限公司向甘溪乡扶堰小学捐赠20万元公益基金用于建设学生集中浴室,为30名贫困家庭儿童资助36000元助学资助。

2018年,苏州市捐赠资金200万元用于扩大铜仁市特殊教育学校建设。苏州市妇联向铜仁市妇联资助6个"儿童快乐家园"项目和困难助学金共40万元。苏州工业园区组织部对口帮扶松桃建设小学项目160万元,东吴证券股份有限公司累计捐款321万元支持石阡县枫香乡梨子园村小学教学楼、思南县板桥乡初级中学食堂、松桃县乌罗镇团龙村卫生室等8个教育、医疗基础设施建设项目。张家港市民政局等单位制订对口帮扶三年行动计划(2018—2020年),确定"三社联动"推进关爱儿童工作。吴中区工商联和华成集团等5家企业向德江县第七中学捐赠10万元,用于购置电脑教学设备。苏州信托有限公司出资设立国内首个慈善信托基金——苏信·慈心1号,并通过该基金向思南县场坪小学捐赠50万元学校食堂建设资金;翌年6月21日,再次出资10万元为场坪小学购置食堂餐桌、教师桌椅、音响设备等设施,并向场坪小学全体学生发放价值2.72万元的校服。

2018年3月28日,江苏省人大常委会原副主任、江苏省慈善总会会长蒋宏坤(左三)等在思南县长坝镇为长坝波司登中心小学奠基

2018年8月9日,昆山团市委携昆山青年企业家协会成员在碧江区举行坪茶留守儿童关爱中心揭牌及捐赠授牌仪式,昆山青企协32名会员家庭与碧江区32户贫困户家庭结成"一对一"帮扶关系

2018年,苏州工业园区博世汽车捐资30万元建设松桃县樟桂小学食堂

2019年6月27日,常熟市常福街道6家爱心企业捐资修建的双塘常福希望小学常福楼启用

2019年7月20日,东吴证券监事会主席方敏(前右一)代表公司捐助30万元援建石阡县枫香乡梨子园小学教学楼

2019年7月29日,常熟市董浜镇率2家爱心企业为思南县思林中学田园董浜爱心食堂揭牌

　　2019年,江苏省慈善总会、苏州市慈善总会、常熟市慈善总会、波司登集团等捐赠1100万元建造长坝波司登中心小学。该小学成为长坝镇"最好的建筑",惠及1119户贫困家庭的650多名适龄儿童。常福街道6家爱心企业捐赠250万元在双塘常福希望小学修建教学楼"常福楼"。相城区教育局援建石阡县第三高级中学价值45.79万元的录播教室1个。相城区澄阳街道"江南箱包爱心团队"18家爱心企业向聚凤小学捐赠学生储物专用组合柜60组540个、学生单人课桌600套。苏州万盛文仪家具股份有限公司向石阡县100套学生课桌椅。

　　2020年10月,苏州市妇联捐助10万元用于铜仁市易地搬迁点的5个儿童之家建设。苏州高新区乐米科技股份有限公司向万山区第一幼儿园捐赠价值120万元的智能晨检机器人。苏州山石网科通信技术股份有限公司向铜仁市交通学校、铜仁学院和铜仁职业技术学院捐赠价值共计535.7万元的安全实验室设备。吴中区妇联捐助5万元用于建设德江县共和镇青杠堡村"妇儿之家"。苏州高新区妇联向万山区妇联捐赠"妇儿之家"及10000册图书。

2021年,爱心人士顾江明、张丽为铜仁市第四小学捐助价值19.8万元的电脑和体育器材。

卫生设施　2016年5月,苏州金螳螂公益慈善基金会捐资60万元,用于建设松桃县2个村卫生室。

2017年,中国致公党江苏省委员会先后与松桃县、印江县签订帮扶协议,并分别向两县捐赠总价值100万元的药品、20千瓦太阳能发电站设备和信息化教学设备。苏州市政协副主席、民建江苏省委副主委、民建苏州市委主委周晓敏带队到铜仁市考察,向铜仁市人民医院捐赠一批医疗器械。张家港市第一人民医院向沿河县医院捐赠价值8万元的医疗设备。吴江区第一人民医院支医医生茅惠群先后捐赠新生儿宝宝套装80套、高级八乐梦新生儿床30张、夏凉被40床、医用床上用品(三件套)400套、妇产科病员服和孕妇裙各100套(条)。

2018年8月,张家港市第一人民医院再次捐赠治疗车27台、婴儿监护车1台。唯亭街道捐赠盘信镇中心卫生院远程设备1套,价值19万元。

2019年,苏州市科学技术协会捐赠江口县科协青少年科普教育器材60套、眼科医疗器械10套。苏州市民政局和苏州市慈善总会投入帮扶资金268万元用于残疾人康复工作,其中200万元用于残疾儿童抢救性康复,68万元用于"残疾人之家"社区康复基础设施等建设。苏州工业园区慈善总会援助松桃县资金10万元用于帮扶残疾人就业。苏州独墅湖科教创新区内企业飞依诺科技股份有限公司、苏州慧湖立新教育发展基金会捐赠松桃县普觉镇中心卫生院彩超设备1台,价值40余万元。华大集团向铜仁市红

2020年6月9日,农工党苏州高新区总支部向万山区人民医院捐赠医疗设备

2020年8月14日,深圳市猛犸公益基金会到铜仁考察,并向铜仁市人民医院捐赠价值150万元的远程超声机器人1套

十字会和卫健局分别捐赠价值320万元的BGISEQ高通量测序应用系统1套和150万元健康扶贫专项资金,用于铜仁市胎儿出生缺陷检测。

2020年8月,苏州市残联投入省、市帮扶资金100万元用于铜仁市58名建档立卡残疾儿童的康复训练。吴中区残联、吴中区特殊儿童康复中心组成的帮扶小组向德江县4名贫困家庭听障儿捐赠助听器。相城区残联为石阡县146名困难下肢残疾人捐赠轮椅,价值9.49万元。昆山高新区向碧江区人民医院捐赠1套价值159万元的"华大智造云影远程超声机器人MGIUS—R3"医疗设备。

2021年,虎丘区人大工作理论研究会、爱心学生林凡分别向万山区人民医院捐赠价值10万元的8台心电监护仪和6万元的康复设备等。

文体设施 2014年10月开始,《姑苏晚报》联合苏州市贵州商会,发起社会各界为铜仁市山区孩子捐赠图书的活动。至2018年,已有22所"姑苏图书室"在铜仁市山区学校交付使用,惠及山区学生3万余人。2015年,昆山市体育局考察团到碧江区开展帮扶,昆山市体育产业联合会向铜仁市第二小学捐赠100万元用于田径场建设。2016年,苏州广电总台向铜仁市广播电视台捐赠价值近1500万元的8讯道电视转播车1辆。苏州职业大学"爱心书屋"捐赠乌罗镇书籍1万余册,价值17万

2015年12月8日,昆山市体育局考察团来碧考察座谈会暨捐赠仪式在铜仁市第二小学举行,昆山市体育产业联合会为铜仁市第二小学田径场建设捐赠100万元

元。昆山经济技术开发区为铜仁职业技术学院捐赠100台教学电脑。苏州金螳螂公益慈善基金会自2016年起,连续3年在松桃县开展"同读一本书·携手共成长"的助学项目,20所乡村小学受益。

2018年,浦项(张家港)不锈钢股份有限公司捐助15万元,为沿河县淇滩镇中学等4所学校购买课桌等;张家港市篮球协会捐赠沿河县篮球协会价值10.2万元篮球架8副。太仓市文化广电新闻出版局与玉屏县文体广电新旅局共建朱家场镇文化站、枪木垅村综合性文化服务中心文化示范点,并捐赠价值10万余元的图书与电脑等设备。苏州高新区绿叶科技集团有限公司向万山区龙田村捐赠帮扶资金50万元,建设绿叶文化中心。6月1日,江苏省对口帮扶贵州省铜仁市工作队印江工作组会同印江团县委,向沙子坡镇韩家坪小学和杨柳镇曹门小学、凯坪教学点等学校赠送图书3000余册图书。图书系由吴江开发区团工委发起募集,并由苏州孔氏物流免费运送至印江县。

2019年6月，常熟市常思爱心会捐赠3万元建设基金；常熟市5所学校共捐赠书籍2500册，常熟爱心企业东洋机械（常熟）有限公司捐赠价值5000元的空调1台，合力建设"常思爱心书屋"。常熟团市委、常熟市青年联合会等联合捐建"常思青春书屋"。12月18日，"常思爱心书屋"正式投用。12月，由苏州市委老干部局组织，苏州工业园区善城公益联合会承办的"2020年度百所西部爱心图书室"项目，定向实施于贵州省铜仁地区农村图书室及学校图书室建设。2019~2020年，张家港在两个易地扶贫搬迁安置点分别建设藏书各5000册的24小时新时代文明实践驿站。至2020年末，张家港累计投入市级财政对口帮扶资金420万元，赠建24小时新时代文明实践驿站5个。

2020年，苏州市体育局捐助100万元用于支持铜仁市体育事业发展。苏州绿叶科技集团有限公司设立的苏州绿基金公益基金会捐赠80万元用于支持万山区乡村振兴事业；资助高楼坪乡龙田村50万元用于该村文化活动中心建设；每年为万山区10个结对帮扶贫困村提供3万元资金用于基础设施建设。苏州金合盛控股有限公司捐赠100万元用于支持茶店街道梅花村脱贫攻坚。苏州大乘环保新材有限公司捐赠价值60余万元的环保跑道给鱼塘乡小学。苏州工业园区司法局、律师协会援助松桃县价值11.0851万元的"1元+1个鸡蛋午餐升级计划"和"爱心图书""移动折叠椅"等物品；光大信托向松桃县捐建"逸云爱心图书室"。

2021年，中国邮政集团有限公司江苏省太仓市分公司向玉屏县图书馆捐赠11.7万元的图书。4月，张家港市投入东西部协作资金100万元在沿河县中界镇孙家村建设的24小时新时代文明实践驿站正式开工。

2018年"六一"儿童节，吴江开发区团工委将"书送未来"公益捐书活动募集到的3000册图书赠送给印江县沙子坡镇韩家坪小学、杨柳镇曹门小学等学校

2020年7月10日，碧江区在铜仁市第三十三小学举办第三届"最美昆山·书香振侨"主题捐书活动受赠仪式。所赠图书全部由江苏省振侨建设工程有限公司捐赠

二、文明志愿服务

2016年7月，由常熟市爱心人士成立的常思爱心会对接常熟市、思南县两地爱心资源和助学需求，团结常熟爱心人士的力量，帮助思南县困难儿童和群众。2017年，吴中团区委成立"吴中·德江"携手行志愿服务队，通过结对当地企业和个人，开展精准公益扶贫和志愿服务活动：要求团队人员所在镇、街道各结对德江县1个村，所在部门结对德江县2户贫困家庭，所在企业各结对德江县1家企业。

2018年起，苏州市委老干部局连续3年组织开展"银发生辉"志愿服务"铜仁行"活动，通过书画捐赠、艺术传习、社区义诊、结对帮困、产业扶贫等方式，拓展更多惠及当地民生的服务和项目，更好扶智、励志、送技。6月，苏州市老干部活动中心举办"铜仁印象——大美铜仁老干部摄影展"。7月，铜仁市老干部工作者专题培训班在苏州市开班。11月，由中国好人、道德模范、老专家、老科技工作者组成的苏州"银发先锋"志愿服务队到铜仁市服务。

2018年，张家港市突出"文明港城沿河行"的引领带动作用，全国文明村南丰镇永联村、保税区（金港镇）长江村、经济开发区（杨舍镇）农联村，全国文明单位市文广新局、张家港出入境检验检疫局、市财政局、中国农业银行张家港支行、中国银行张家港支行、市水政监察大队结对帮扶沿河县9个深度贫困村。文明引领对口帮扶沿河县深度贫困村做法得到中宣部、国务院扶贫办的肯定。7月，常熟市壹悦公益团选派15名文艺工作志愿者，到思南县儿童福利院开展为期1周的支教活动，并捐赠价值2万余元的乐器。此后，该团连续2年将公益演出门票收益捐赠给该院，共计4万余元。团长戴旭辉被聘为思南县儿童福利院名誉院长。8月11~19日，由江苏省坤达建设工程有限公司资助，沿河县黑水镇22名师生（2名教师、20名学生）到张家港市开展"少年行·坤达筑梦"沿河学子沙洲游学活动。太仓市妇联招募90个单位200多位干部职工争当"太仓妈妈"，与玉屏县150名贫困学生结对。苏州高新区文明委牵头协调区扶贫协作和对口支援工作

2018年8月13~15日，由昆山亚香香料股份有限公司全额资助的"昆碧同圆梦"首期"亚香"夏令营在昆山举办。碧江区3所小学的19名学生在苏州工业园区诚品书店合影

领导小组、工商联、慈善总会等单位搭建社会参与平台,开展"文明高新·情暖万山"系列共建结对帮扶,苏州工业园区汤妈妈公益慈善中心、苏州信服桥公益服务中心、苏州高新区城市管理志愿者联盟3家慈善组织主动参与志愿扶贫协作项目。苏州工业园区汤妈妈公益慈善中心共为万山区贫困学校筹集梦想礼包296个、各种课外绘本等图书3000余册、教具若干。苏州高新区(虎丘区)城市大家管城市管理志愿者联盟团队共为万山区贫困村学校学生筹集儿童服装197套、成人服装460套。2018~2020年,昆山对口帮扶碧江工作组组织开展3期"亚香"夏令营活动。活动由昆山市教育局和碧江区教育局承办,由昆山亚香香料股份有限公司捐助100万元帮扶资金,专项用于碧江区贫困家庭孩子的奖学金和夏令营活动经费。

2019年,苏州市委老干部局在松桃县援建首个"苏州老干部爱心图书室",通过召开项目推介会,发布项目倡议书,号召广大离退休干部参与"铜仁行"活动。活动有千余名老干部参与,筹得捐款55645元、爱心图书3000余册。11月25~27日,苏州市老干部局到铜仁市开展"银发生辉"志愿服务活动并召开座谈会,联合苏州工业园区善城公益联合会在铜仁地区开展援建"苏州老干部爱心图书室"项目,捐赠3万元爱心善款作为后续购书款。苏州高新区各文明单位与万山区所有未脱贫贫困户建立全面结对帮扶关系,苏州高新区(虎丘区)志愿者协会积极开展志愿扶贫项目,引导专业社会工作和志愿服务力量围绕建档立卡贫困人口中的五保户、残疾人、中小学生等困难群体开展各类志愿服务活动。张家港市指导沿河县建立和完善志愿服务运行机制、志愿者权益保障和激励机制,帮助设计"先锋知音""彩虹桥""法惠万家""美家美户""情满三农""微孝"等志愿服务项目。在张家港市支教帮扶教师的带动和指导下,沿河职校组建7支志愿服务队,1780余名师生注册为贵州志愿者,近200人在张家港市友爱港城网上注册,其中20人获张家港市志愿者协会颁发的星级志愿者证书。志愿者们开展支农扶贫、文明交通、创卫环保、大型会务服务、关爱老人儿童、技能培训等六大类常态化志愿服务活动200多个,累计志愿服务时间1万余小时,志愿服务活动范围覆盖沿河县22个乡镇、街道,宣传和服务群众逾1万人。8个张家港市社会组织走进沿河县,实施儿童之家建设、爱心助学、禁毒防艾、心理辅导等公益项目15个,筹集善款11.17万元。张家港市凤凰镇挂职青年干部携手沿河县官舟镇青年志愿者在爱新村开展以"敬老爱幼,东西同行"为主题的新时代文明实践活动,开展爱心义诊、爱心义剪等志愿服务;沿河县委宣传部组织志愿服务中心、各乡镇(街道)新时代文明实践所(站)有关负责人到张家港市考察学习志愿服务阵地打造、运行机制、工作模式等经验,打造"善行沿河·和美土家"志愿服务品牌;沙洲职业工学院教师及大学生志愿者到官舟第二小学开展"青春志愿行——沙工学子到官舟"暑期陪伴志愿活动;张家港市耆彩社会工作服务社组织10

名志愿者到沿河晓景小学开展以"陪伴·韶华"为主题的志愿服务,与沿河春晖公益协会在晓景中学联合举办"港沿牵手行·春晖汇爱心"志愿服务项目,开展爱心陪护;张家港市百姓公益义工协会组织24名志愿者到沿河黑水镇,与黑水中心小学的孩子们同吃农家饭、同走上学路、同住农家屋、同叙两地情,张家港市融媒体中心记者随行拍摄并制作成视频发布在新华社客户端,视频关注量超过100万人次。

2019年5月13日,苏州高新区城市大家管城市管理志愿者联盟志愿者在贵州省铜仁市万山区大坪乡清塘村(深度贫困村)小学开展"文明高新情暖万山暨爱心农站"志愿扶贫活动

2019年5月30日,苏州高新区文明委"文明高新·情暖万山"志愿扶贫活动在万山区下溪乡铁门小学开展

2019年6月18日,张家港市凤凰镇20名挂职干部在板场镇大寨完全小学参加"关心教育　关爱孩子　阳光助学"捐助仪式

2019年7月28日至8月4日,常熟市流水琴川义工协会到思南毛坝江南希望小学组织开展"常相思守"爱心支教夏令营活动

　　2020年,12座"苏州老干部爱心图书室"建成并投用。苏州市各地老干部出资为沿河县土地坳镇初级中学援建校园"读书亭"和人行步道,为思南县沙沟小学、竹园小学援建2所"思虞启蒙书屋",募集爱心资金用于捐助思南县胡家湾中学贫困生。张家港市级财政扶贫协作资金出资200万元,在易地扶贫搬迁安置点配套建设2个24小时新时

代文明实践驿站、1个新时代文明实践志愿服务指导中心以及全国西部地区首个县级志愿服务网"志愿沿河",标志着沿河县在全国县域率先建立新时代文明实践驿站体系,在贵州省率先形成新时代文明实践志愿服务体系和图书馆总分馆服务体系,在公共阅读服务和"互联网+"志愿者工作方面实现与东部发达地区齐头并进。是年,体现张沿两地文明共建成效的2个项目"'艺'起绽放群众文艺创作"和"'长江水·乌江情'土家书房"入选文化和旅游部、中央文明办2020年"春雨工程"——全国文化和旅游志愿服务行动计划全国示范性实施项目。至2020年,常熟市常思爱心会开展助老、助学、助残、助困等各种形式的爱心公益活动15次,资助爱心书包、羽绒服、毛毯、学习用品等物资18万元,发放爱心助学金38.8万元,资助学生280余人次,开展暖冬行动涉及82个村落共计帮助1200户人家。

2020年10月27~29日,苏州市政协原主席冯瑞渡(右四)率江苏·省市县"银发人才"志愿服务团到铜仁市开展志愿服务活动,并为12个爱心图书室揭牌

2021年3月,苏州工业园区慈善总会启动"我和我的家乡"美育公益项目,通过线上线下结合的方式,将苏州市优质美育课程传授给松桃县学校教师。

三、爱心助学

教育扶贫在政府牵头带动的同时,也离不开社会各界的共同参与。2013~2016年,苏州对口帮扶铜仁前方工作队的前方负责人路军等,通过多种途径向苏州市爱心人士宣传发动希望童园爱心助学公益计划,募集到善款700余万元,帮助更多经济发展水平低、居住分散的铜仁市贫困山区幼儿获得早期启蒙教育。常熟市相关商会、企业家围绕思南县希望童园项目和爱心助学工作,先后捐助200多万元,捐助服装、电脑等实物折价200万元,结对资助贫困学子200多人。太仓市红十字会从2016年起与玉屏县红十字会缔结为友好姊妹红十字会,至2019年,太仓市红十字会、太仓市慈善总会向玉屏县捐赠助学资金总额36.44万元。

2017年,苏州社会各界为铜仁·苏州产业园区学校募集善款、教育设备和春晖励志基金累计1070万元。苏州市政府向铜仁市特殊教育学校捐赠200万元,东吴证券股份有限公司分别向思南县、石阡县各捐资助学100万元。张家港市建立社会捐助的张家港·沿河助学帮扶基金,募集帮扶资金100万元。常熟市梅李镇向思南县毛坝小学捐赠"春晖·梅李江南助学基金"5万元,毛坝江南希望小学建设款100万元以及16台饮水机、1台冰柜、1台消毒柜等爱心助学物资。常熟市建材家居装饰协会为思南县大河坝镇12名贫困学生捐助"春晖常熟励志奖学金"7.2万元,向大河坝镇政府捐赠办公桌椅30张,为大河坝镇小学捐赠教学用具资金1万元。玉屏县教育局出台《争取太仓市资助玉屏县贫困学生实施方案》,资助玉屏县普通高中和幼儿园经济困难学生500人共50万元,做到精准扶贫、精准资助。是年,太仓市政府向玉屏县100名贫困生捐赠助学金30万元,每人3000元。苏州工业园区映山红助学联合会共设立贵州省铜仁市松桃县、贵州省铜仁市江口县、贵州省铜仁市思南县等7个助学点,资助学生677名,累计捐资1100多万元;走访贵州省松桃县3次,参与志愿者14人次,共向200名困难学生发放现金和实物合计100万元。苏州工业园区雪莲花助学联盟参与志愿者100人次,共向52名困难学生发放10万元。苏州国际发展集团党建扶贫、苏州慈善信托向场坪村党支部及场坪村现场捐赠60万元善款及爱心物资280份。

2017年11月16日,张家港市委副书记、市长黄戟(右)率团到沿河县考察并举行张家港市·沿河县助学帮扶基金成立暨首批基金捐赠仪式

2018年,苏州市级有关部门统筹用于铜仁学校和个人的捐助资金110万元,资助贫困学生278人。张家港市政商界人士捐资100万元用于沿河县中等职业学校困难学生就读补助;张家港市青年商会、澳洲昆士兰华人俱乐部等到沿河县捐助教学设备价值20万元,资助贫困学生65人;江苏申港锅炉有限公司徐国平等4人资助沿河县14名贫困学生每年每人3000元,直至他们读完大学。昆山市律师协会和7家律师事务所向碧江区司法局法律援助中心和贫困学生捐赠帮扶资金7.7万元。"太仓妈妈"结对助学玉屏县150名学生,捐赠2018年度助学金15万元,人均1000元。吴江区教育局向印江中学捐赠价值20万元的1885套校服;面包树公益组织向印江县合水中学、合水小学380余名困难学子发放275件羽绒服、200余套校服、45套文具用品,向印江木黄中学38名困难学子发放资助金;"大爱吴江·心心相印"吴江区建筑业协会向印江县木黄民族小学捐赠助

学金26.4万元，结对资助203名困难学子；吴江区美美与共助学志愿者协会与印江县25名贫困学子结成"一对一"帮扶关系，受助小学生、初中生、高中生与大学生每人每月分别领取200元、300元和500元的助学金，直至大学毕业。苏州市保险行业协会向江口县桃映镇妙石小学、坝竹坪小学的111名建档立卡贫困户学生、优秀学生、一般贫困家庭学生发放助学金10万元。常熟市常福街道爱心企业丽瀑光能（常熟）有限公司出资120万元为思南县田秋小学、双龙小学200名困难学生提供连续6年的学业资助。苏州工业园区统战部募捐资金31.4万元帮扶松桃114户贫困户和200名贫困户学生，每户（每人）1000元；苏州汇运动向荣公益基金会、东吴证券股份有限公司等企业向松桃县孟溪镇完全小学等学校、建档立卡贫困户学生等捐助物资达120万元。苏州新科教育在万山区仁山学校设立"苏州新科教育奖学金"15万元。

2018年6月8日，苏州市成长之树公益助学中心结对帮扶150名江口县贫困家庭学生

2018年7月6日，吴中区金融行业联合会到德江县开展爱心助学捐赠

2018年8月4日，共青团苏州市委书记万利（右二）率苏州市青年企业家代表一行到铜仁市考察共青团助力脱贫攻坚工作，向共青团铜仁市委捐赠苏州·铜仁"爱立方"希望行春晖爱心助学金10万元

2018年9月6日,"大爱吴江·心心相印"吴江区建筑业协会在印江县开展爱心助学活动

2018年9月12日,苏州市保险行业协会向江口县桃映镇妙石小学、坝竹坪小学111名建档立卡贫困户学生、优秀学生、一般贫困家庭学生捐赠助学金10万元

　　2019年,张家港·沿河助学帮扶基金对符合条件的学生进行助学生活补助每人每月300元;张家港市慈善总会及5家大型企业捐赠沿河中等职业学校贫困生助学金100万元。常熟市共向思南县儿童捐赠资金和爱心物资46.66万元,长期"一对一"结对帮扶思南县困难学生超1000人。昆山市与碧江区共同发起成立昆碧爱基金,专项账户设在昆山市慈善总会,下设助学、助医、助残、助困、助业5个子基金开展各类专项救助。太仓市工商联为黔东民族寄宿制中学"思源·佑华教育移民班"的同学捐赠10万元爱心助学金;太仓市浙江商会捐赠给玉屏县教育扶贫资金10万元。苏州市吴江区美美与共助学志愿者协会资助54名印江贫困学生,合计捐款21.62万元。吴中区慈善总会开展"双百助学工程",为德江200名贫困学生提供20万元援助资金。吴中区58所学校师生针对德江县结对帮扶学校进行点对点"送温暖",募捐活动共计筹集善款(含折物价)166.4万元。苏州历史文化名城保护集团有限公司资助江口县"邹雁"奖学金16万元。苏州爱心达人公益基金会联合刘欣通识教育发展基金奖励江口县优秀教师和优秀学生20万元。苏州市成长之树公益助学中心现金10万元资助江口县河坝中学贫困学生。苏州慧湖立新教育发展基金会、苏州金螳螂公益慈善基金会捐赠50万元支持发展职业教育,用于酒店服务实训基地建设及教育人才培训。相城区统筹社会捐赠资金,发放39万元助学金,惠及石阡县190户残疾人家庭,特殊教育入学率达到93.5%,108名残疾人获得"一对一"个性化送教上门服务。苏州工业园区外企党委组织开展"一帮一"牵手行动计划,连续两年累计结对学生50名。苏州高新区统战部联合团委、妇联、工商联、劳模协会共同发起"同心逐梦"助学行动,向爱心企业、爱心组织每年募集20万元,用于专项资助品学兼优的万山区建档立卡贫困学生。第一批资助金20万元发放给万山区200贫困学生。苏州高新区牵线北京少年正气教育科技有限公司向万山区46所中小学1250名建档立卡贫困户学

生捐赠62.5万元资助金。苏州高新区创业精英协会设立助学金，每年定向资助至少30名品学兼优的建档立卡贫困大学生每人3000元，持续资助到大学毕业。

2019年4月26日，苏州工业园区教育局携星海爱心基金会、汇运动向荣基金会到松桃县开展教育帮扶捐赠仪式暨苏州德善书院贵州松桃孟溪学堂揭牌仪式

2019年5月22~23日，北京少年正气教育科技有限公司企业代表团向万山区46所中小学建档立卡贫困学生捐赠62.5万元

2019年6月1日，常熟市爱心人士到思南县凉水井镇磨石溪小学开展"春晖心行·圆梦行动"爱心助学活动

2019年6月18日，苏州市归国华侨联合会、江苏省华侨公益基金会在德江县沙溪中心小学举行助学捐赠仪式

2019年6月21日，苏州国际发展集团有限公司、苏州信托有限公司到思南县场坪小学开展助学活动

2020年8月3日，江苏省妇联、省妇女儿童福利基金会联手江苏省国资委、苏州市妇联、张家港市组织实施"苏黔精准扶贫·春蕾计划"项目，计划分3年实施，通过腾讯公益平台，联合社会爱心力量，共筹措资金676万元。江苏省政府国有资产监督管理委员会协调江苏省国信集团有限公司、省苏豪控股集团有限公司、省农垦集团有限公司、华泰证券股份有限公司、省港口集团有限公司、省铁路集团有限公司等多家省属企业捐赠360万元，苏州市妇联捐赠158万元，张家港市捐赠158万元。所有款项全部用于帮扶贵州省铜仁市沿河县2587名建档立卡户女童。9月15日，苏州市总工会与铜仁市总工会联合举行"苏铜携手·助学圆梦"项目签约暨助学金发放仪式，启动"苏铜携手·助学圆梦"行动。苏州市总工会从2020年开始连续3年给予铜仁市总工会共计600万元的资金支持，帮助铜仁市易地扶贫搬迁安置点困难职工（农民工）子女和因脱贫攻坚、新冠疫情防控被追授市级劳动模范（先进工作者）子女等对象圆求学梦。10月，苏州市青少年发展基金会投入项目资金30万元用于实施"春晖助

2020年9月15日，"苏铜携手·助学圆梦"项目签约暨助学金发放仪式在碧江区矮屯安置区举行

脱贫·圆梦微心愿"项目和沿河县团结街道留守儿童关爱行动项目。是月，昆山钱七虎院士"瑾晖慈善基金"捐赠的第一批44万元注入昆碧爱基金，捐助碧江区高中生100名和当年录取本科的贫困生48名。吴江区慈善总会向印江慈善总会捐助20万元用于贫困家庭助学；99公益日期间，工作队印江县工作组带头为印江春晖助贫计划募集助学资金10.6199万元。东吴证券股份有限公司开展"同圆童梦"牵手行动，至2020年，564名员工以"一对一""一对多"或"多对一"的方式自愿捐助400名铜仁市贫困学生，帮助贫困学生完成学业。

2021年，"苏黔精准扶贫·春蕾计划"项目继续用于帮扶铜仁市沿河县女童助学214.85万元。苏州工业园区映山红助学联合会向松桃县各乡镇学校贫困生资助20万元，各资助人另向资助学生一对一助学共计30.15万元。苏州市爱心达人公益慈善基金会向江口县19所学校255名学生捐助共计16.775万元。吴江区美美与共助学志愿者协会资助印江籍学生24.85万元。东吴证券股份有限公司向铜仁市各乡镇学校贫困生资助20万元。

四、扶贫济困

2013~2017年，苏州市妇联、市儿童少年基金会、市女企业家联谊会累计帮扶铜仁市妇联资金、物资114万元，帮扶铜仁市妇女儿童事业发展。2014年1月和9月，苏州市妇联、苏州市女企业家联谊会分两批帮扶铜仁市贫困母亲日常生活用品"母亲邮包"700个，每个价值200元，总计14万元。

2017年6月12日，《苏州日报》与《铜仁日报》携手发起"山村希望关注留守儿童·贵州铜仁公益行动"，得到江苏梦兰集团、苏州工业园区外商投资企业协会以及广大苏州市民的支持，主要为松桃县盘石镇民族完小的187名寄宿学生募捐。至7月19日，苏州现场募集阶段累计收到苏州企业、学校与市民爱心善款与捐赠物资14.35万元。

2017年6月8日，昆山市爱心企业向碧江区红十字会和慈善总会捐赠善款共计50万元

2018年1月，由苏州和合文化基金会、苏州弘化社慈善基金会联合发起的2018年"苏铜携手·温情暖冬"衣物捐赠仪式在铜仁市江口县举行，苏州捐赠方为铜仁市困难群众捐赠5000套羽绒服、50000双棉袜，价值265万元。中国农工民主党苏州市委员会协助引进"隆力奇·爱家眼科慈善基金会"公益项目走进铜仁，从2018年6月至2020年5月对全市患斜弱视眼部疾病的贫困家庭儿童开展治疗救助，在铜仁市第十五小学开展眼病筛查爱心公益活动，捐赠价值1.6万元的洗漱用品和眼科辅助用药。苏州市妇联、市儿童少年基金会帮扶铜仁40万元，用于开展"锦绣计划"妇女特色手工从业人员培训、新建"儿童之家"以及资助贫困儿童。苏州市工商联捐赠江口县残疾人现金20万元及轮椅300件，姑苏区民政局和区慈善基金会资助30万元用于江口县贫困家庭。2017~2018年，张家港市企业、社会组织和行业协会等捐赠款物603.15万元。梁丰集团等企业捐赠233万元。张家港"善扶康"健康医疗互助基金成立，清华5.1班老共产党员、中国扶贫志愿服务促进会和善港村驻村工作队捐赠10万元作为启动资金。是年，张家港市善港村携手沿河县高峰村建立"善登高峰"公益基金，涵盖帮学、助残、敬老、双拥、创业、教育、心理关怀、身边好人等15个项目。太仓市慈善总会、太仓市红十字会向玉屏县贫困户捐赠价值10万元的床上用品。吴江区慈善总会与印江县慈善总会签署定向捐赠协议，捐资20万元用于助学助困项目。吴江区常青爱心帮困会到印江县开展对口帮扶考察活动，向印江县捐赠100万元帮扶资金，用于印江县剩余贫困人口"清零"工作。吴中区金融行业联合会帮扶团队到德江县开展爱心公益"精准帮扶"

2018年1月31日，苏州和合文化基金会、苏州弘化社慈善基金会联合发起的"苏铜携手·温情暖冬"衣物捐赠仪式在铜仁市江口县举行

2018年3月12日，苏州高新区民政局、苏州高新区发改局、万山区扶贫办签订三方协议，共同成立"苏州高新区慈善基金会铜仁市万山区扶贫基金"，助力万山区脱贫攻坚

2018年6月13日，太仓市慈善总会、红十字会向玉屏县捐赠扶贫协作物资，价值10万元

2018年8月4日，致公党苏州市委主委、相城区副区长黄靖（左）代表致公党苏州市委向石阡县捐赠支教资金12万元，向双龙村、地袍村捐赠帮扶资金18万元

活动，向尖台村捐助脱贫攻坚帮扶资金3万元，向煎茶中学捐赠400套被单、价值1万元的体育用品。是年，常熟市委宣传部、常熟市文明办、中国邮政集团有限公司江苏省常熟市分公司开展"爱邮梦想"活动，至2020年，累计向思南县捐赠近1万个爱心包裹，价值近100万元。苏州高新区设立"苏州高新区慈善基金会铜仁市万山区扶贫基金"，引导和发动高新区商会、企业及企业家和爱心人士积极参与扶贫，扶贫基金管理及项目审定由苏州高新区（虎丘区）慈善总会负责。

2019年，江苏省妇女儿童福利基金会向万山区109名贫困孤儿（含事实孤儿）每人发放1000元帮扶资金。苏州市妇联及辖区妇联组织对口帮扶铜仁市及铜仁市各区（县）

妇联的帮扶资金达到190余万元。在10月17日全国扶贫日"苏铜携手·同心圆梦"活动期间,铜仁市累计收到苏州市政府机关、学校、银行、企业协会、商会、社会慈善机构、国有企业、民营企业、外资企业和爱心个人捐赠的扶贫资金1507.5万元和图书、学习用品、教学设备、衣物、农业生产器材等价值367.1万元的物资。苏州市慈善总会向铜仁市慈善总会捐赠价值36.5万元的1000件衣物;苏州市妇女联合会开展"捐爱心、献真情"孤残儿童、困境儿童帮扶活动,捐赠30万元;苏州市残联实施"结对帮扶残疾人,助力脱贫幸福工程",捐赠120.2万元。苏州广电总台、苏州市电影电视艺术家协会、苏州东吴美而高工艺服饰有限公司向铜仁市捐赠价值500万元的衣物。苏州市红十字会向铜仁市红十字会捐赠100万元帮扶项目资金。苏州市部分企业家联盟资助江口县凯德街道易地扶贫搬迁安置点贫困户爱心包裹,价值81万元。张家港市民政局福彩公益金捐助沿河县福利机构50万元。昆山全市党员干部开展"一对一"结对帮扶或"点对点"慈善捐赠,筹集捐赠资金102万元,物资价值30万元;2019~2020年组织开展2次"六个一"冬日送温暖活动,"六个一"即一笔爱心资金、一套床上用品、一条棉被、一件棉衣、一桶油、一袋米。两年共为碧江区建档立卡贫困户募集150万元,爱心物资价值33万元。常熟市文明办、教育局、总工会、团市委、妇联、工商联、邮政常熟分公司联合主办的"爱邮梦想 圆梦2019"活动,向思南县捐赠爱心包裹4000个,价值(折价)40万元。常熟市各界在"常思有爱 携手同行"——10·17全国扶贫日主题活动中,捐款捐物210万元。常熟市印染商会向思南县易地扶贫搬迁万山区安置点及其他贫困户捐赠价值72万元的1.2万条"小康毯"。常熟市发改委与奇瑞捷豹路虎汽车有限公司、常熟市纺织服装商会到思南县考察对接,捐赠41万元的善款及物资。常熟市交通局为思南县三道水乡6个村42户农户募集生猪补栏金10万元。苏州工业园区外企协会以及孟溪镇完全小学挂职副校长陶彩红"爱心友盟团"为梦溪镇完小留守住宿孩子捐赠棉被、雨衣、热水器、无线键盘鼠标等价值3.6万元的物资。姑苏区开展"小包裹·大爱心·姑苏江口心连心"爱心捐赠,向江口县捐赠学习成长包4194个,价值58.7万元;捐赠关爱儿童包1204个,价值22.87万元。苏州高新区按照每户1000元的标准,将扶贫资金64.4万元全部用于开展对1580名未脱贫贫困户的春节慰问活动;苏州高新区志愿者协会开展"梦想礼包"关爱未成年人志愿服务项目,捐赠教具、体育用品和近3000册图书等物资,向296名未脱贫贫困中小学生捐赠学习用品折合人民币10万元;"爱心衣站"公益志愿服务项目为55名未脱贫贫困五保户送去折合15万元的各类衣物657件;"扶残助残,有你有我"关爱残疾人志愿服务项目为225名未脱贫残疾人送去生活必需品和助残设备折合人民币8.3万元等。东吴证券股份有限公司从党组织和党员中筹集375万元帮扶资金,定向用于贵州省铜仁地区的脱贫攻坚工作。

2019年4月13日，苏州东吴人寿董事长沈晓明（右）在碧江区坝黄镇高坝田村看望慰问贫困户

2019年10月17日，在常熟市人民政府举办"常思有爱　携手同行"2019年全国扶贫日主题活动上，常熟市印染商会、常熟电商协会海虞分会、常思爱心会、麦田计划常熟团队、尚湖镇、常熟农商银行（常熟小雏鹰爱心社）、红十字会等单位向思南县捐赠小康毯、衣裤、爱心包裹、书籍等各类爱心物资价值近140万元

2019年10月22日，吴江区常青爱心帮困会代表、原吴江市委书记汝留根（右）向印江县委、县政府捐赠帮扶资金100万元，用于该县剩余贫困人口"清零"工作

2019年11月6日，中国邮政集团公司江苏省常熟市分公司为思南县张家寨小学发放爱心包裹

2020年1月10日，苏州工业园区汤妈妈公益慈善中心向松桃县第六小学捐赠价值15万元的学生冬衣1202套、流动图书4000册。5月，苏州市慈善总会向铜仁市捐赠100万元用于扶贫攻坚、慈善助学及铜仁市精神病医院医疗设备购置。6月9日，苏州陈霞爱心慈善基金会铜仁爱心站揭牌捐赠暨铜仁市江苏商会·南京市宜兴商会助力铜仁脱贫攻坚协作会议在铜仁市召开，苏州陈霞爱心慈善基金会铜仁爱心站现场捐赠爱心基金10万元和价值10万元的爱心物资。张家港市金融工作服务中心牵头港城"融之汇"党建联盟成员单位向沙子街道明星村捐赠脱贫攻坚"补短板"专项资金1.97万元，并向明星村11位留守儿童捐赠爱心助学金每人300元共3300元。是年，万山区共获得"苏州高新区慈

善基金会铜仁市万山区扶贫基金"536.096万元,实施项目8个,涵盖农业产业、文化扶贫、贫困户困难救助等方面,苏州高新区(虎丘区)中小企业服务联盟、苏州高新区(虎丘区)博商汇企业管理服务中心、苏州国家环保高新技术产业园发展有限公司、苏州高新区(虎丘区)绿色发展协会通过"铜仁市万山区扶贫基金"定向捐赠12万元扶贫资金。苏州高新区慈善总会(基金会)联合苏州高新区通安中学校、苏州新区邮政支局向铜仁市万山区仁山学校捐赠2020年"爱心包裹"221个。常熟市举办"助残脱贫 决胜小康"第30次全国助残日主题活动,爱心人士为思南县特殊教育学校捐赠价值10万元的教学器具,为思南县贫困残疾人捐赠20万元入股分红本金。常熟市蓝海爱心助学团、社会爱心人士等累计帮助思南县5个乡镇(街道)6所学校,共捐资捐物140余万元。昆山市残联向碧江区残联捐赠10万元帮扶资金,向在碧江区颐康残疾人托养中心进行康复训练的63名残疾儿童发放学习生活用品。吴中区妇联组织吴中区女企业家协会向德江县妇联捐赠价值20万元的物资,向易地扶贫搬迁安置群众的楠木园社区30名贫困学子送上每人1000元的助学款。10月25日,苏州·铜仁扶贫协作捐赠暨2020年"锦绣计划"女性手工艺刺绣人才培训班在铜仁市举行。开班仪式上,苏州市儿童少

2020年6月9日,苏州陈霞爱心慈善基金会铜仁爱心站揭牌捐赠暨铜仁市江苏商会·南京市宜兴商会助力铜仁脱贫攻坚协作会议在铜仁召开。会上,陈霞(中)代表基金会向铜仁市卫健局捐赠基金10万元和价值10万元的物资

2020年8月3日,"苏黔精准扶贫·春蕾计划"向沿河县捐赠善款676万元,资助沿河县2587名建档立卡户贫困女童

2020年10月25日,苏州·铜仁妇联扶贫协作捐赠暨"梵净匠心·指尖生花"锦绣计划培训开班仪式在铜仁市举办,苏州市妇联主席王燕红(左二)代表单位向铜仁市妇联捐赠30万元资金用于锦绣计划培训、儿童之家建设和贫困助学

年基金会捐赠帮困助学资金10万元,定向资助铜仁市100名困境儿童。

2021年,经工作队协调,中华慈善总会向铜仁市慈善总会捐赠价值1000万元的羽绒服1万件。昆山市慈善总会的昆碧爱基金捐赠154万元用于碧江区"六个一"冬日送温暖、扶老、助困等。"苏州高新区慈善基金会铜仁市万山区扶贫基金"捐助101.6万元用于万山区乡镇、村建

2021年1月25日,昆山·碧江东西部扶贫协作"六个一"冬日送温暖活动现场

设。太仓市海之贝青少年足球训练中心球员和太仓市慈善总会为玉屏县贫困群众赠送价值9万元的衣物。

五、疫情防控物资

新冠肺炎疫情突如其来,为帮助铜仁市解决防疫物资短缺问题,2020年初,苏州市各界累计向铜仁市援赠30余万只医用口罩、2.3万副手套、2000件防护服、5000个鞋套等价值人民币150余万元的防疫物资和善款354.7万元。相城区政府和吴江区政府从辖区内的口罩生产企业统筹调配5万只一次性医用口罩,援赠铜仁市及石阡县、印江县政府。苏州高新区管委会每天调配500只口罩给铜仁市万山区人民医院。张家港市善港村向沿河县政府援赠2.5万余只口罩。昆山市政府向碧江区捐赠60万元的疫情防控物资,昆山国有企业捐赠2万只口罩给铜仁市政府及碧江区。常熟市常福街道向思南县双塘街道捐赠2万只口罩和2000件防护服,馨悦医疗科技(常熟)有限公司、思南顺嘉服装有限公司向铜仁市思南县中等职业学校、思南县特殊教育学校捐赠总价值4.9万元的1.2万只口罩等防疫物资。太仓市苏州欧睿家机电工程有限公司向玉屏县捐赠1万只口罩。姑苏区向江口县捐助口罩近1万只,向江苏联防联控工作机制物资保障组申请9万只口罩。苏州工业园区慈善总会向松桃县捐赠100万元用于疫情防控。苏州茂恒商贸有限公司,经纬无尘科技(苏州)有限公司,江苏亚隆路桥工程有限公司,苏州艾克讯贸易有限公司,太仓市沙溪镇商会,苏州历史文化名城建设集团、保护集团、发展集团有限公司及苏州瀛黔农业发展科技有限公司,苏州蓝沃奇纳米科技有限公司,张家港各中小学幼儿园等爱心企业、学校和个人出资购买口罩并通过东西部扶贫协作平台捐赠给铜仁市有关单位使用。

2020年2月,苏州市委、市政府克服疫情影响,积极动员全社会力量支援贵州省和铜仁市。工作队协调吴江区、工业园区有关企业提前复工,如期交付箱式房侧板35000平方米、门877樘、双开门362樘以及病房集成卫浴345套,保障贵阳市公共卫生救治

中心将军山医院工程所需相关建筑材料。

2021年，苏州艾达仕电子科技有限公司和相城区发展和改革委员会向石阡县卫生健康委员会捐赠口罩8万只、洗手液10箱、额温枪30把。

2020年2月14日，常熟市支援思南县人民医院的负压隔离房改造材料运抵铜仁市思南县

2020年2月15日，昆山市向碧江区捐赠口罩、防护服、温度计等防疫物品

2020年3月3日，常熟市中联化工有限公司、苏州麻之库文化传播有限公司为思南县教育局捐赠防疫物资

2020年3月7日，江苏省对口帮扶贵州省铜仁市工作队江口县工作组等单位向江口县红十字会捐赠防疫物资

2020年4月14日，吴中区琦伟（苏州）纺织有限公司向德江教育系统捐赠1万只医用口罩

2020年8月1日，太仓市沙溪镇商会向玉屏县捐赠防疫物资

第七章

人物

人才交流是东西部扶贫协作的一项重要工作。江苏省、苏州市大力推动苏铜两地干部人才双向挂职和交流，着力促进两地人员互动、技术互学、观念互通、作风互鉴。他们把扶贫开发、东西部协作同基层组织建设有机结合，将江苏省、苏州市的先进经验和铜仁市的实际情况相结合，整体推进资金支持、产业合作、人才支援、劳务协作、"携手奔小康"等重点工作，探索东西部党建联建，发挥桥梁纽带作用。2017年，工作队成立临时党支部，加强自身思想、组织、作风、制度建设，各市（区）工作组和苏州市在铜支教、支医、支农队伍中的党员，成立扶贫协作行动支部，深入一线、深入基层，强化党建引领，凝聚队伍力量，在脱贫攻坚、助学帮困、扶贫扶智等方面起到模范带头作用，助力铜仁市按时保质打赢脱贫攻坚战。

本名录主要收录2013~2021年，由苏州市委组织部派遣的长期挂职铜仁市的党政干部及苏州市到铜仁市开展1个月以上帮扶的教育、医疗、农业、文旅人才情况。

2018年6月21日，苏州市副市长蒋来清（前排右六）在沿河县调研张家港市善港村与沿河县中界镇高峰村结对帮扶工作，并看望张家港市善港村驻高峰村扶贫工作队队员

2018年7月30日，江苏省委常委、苏州市委书记周乃翔（前排右六）在铜仁市考察期间，看望慰问苏州市援铜医疗卫生专家

2019年5月23日，江苏省对口帮扶贵州省铜仁市工作队思南县工作组常思扶贫协作行动支部成立，开展"帮扶周周行"活动，支部成员每周走访贫困村、贫困户，进行教育、医疗帮扶活动

2019年6月7日，姑苏区国资党工委派驻江口县黑岩村驻村工作队临时党支部为黑岩村儿童举办端午节教育活动

2019年10月25日，江苏省对口帮扶贵州省铜仁市工作队在印江县举行"不忘初心、牢记使命"主题教育

2020年7月1日，江苏省对口帮扶贵州省铜仁市工作队碧江区工作组临时党支部党员到铜仁市周逸群纪念馆重温入党誓词，进行集体宣誓

2020年12月19日及24日，江苏省对口帮扶贵州省铜仁市工作队分两次召开苏州市在铜仁市"支教、支医、支农"专业技术人员座谈会

第一节　对口帮扶干部名录

2015~2017年，苏州市组建苏州对口帮扶铜仁前方工作队，苏州市委组织部派遣5名干部到铜仁市挂职，开展帮扶工作。

表7-1　苏州对口帮扶铜仁前方工作队队员情况

序号	姓名	性别	派出单位及职务	帮扶起讫时间	帮扶时职务
1	路　军	男	—	2015.1~2017.2	铜仁市政府顾问、苏州对口帮扶铜仁前方工作队负责人
2	王　晋	男	苏州市住建局副调研员	2015.1~2017.2	碧江区副区长、碧江经济开发区管委会副主任
3	沈　晶	男	苏州市商务局副调研员	2015.1~2017.2	松桃县副县长、松桃经济开发区管委会副主任
4	马春青	男	张家港市锦丰镇副镇长（副处级）	2015.1~2017.2	沿河县副县长、贵州沿河经济开发区管委会副主任
5	程　锋	男	常熟市沙家浜镇镇长（副处级）	2015.1~2017.2	思南县副县长、思南经济开发区管委会副主任

2017~2021年，江苏省、苏州市组建江苏省对口帮扶贵州省铜仁市工作队，苏州市委组织部先后选派2批33名党政干部到铜仁市长期挂职，开展对口帮扶工作。

表7-2　江苏省对口帮扶贵州省铜仁市工作队队员情况

序号	姓名	性别	派出单位及职务	帮扶起讫时间	帮扶时职务	说明
1	查颖冬	男	苏州市政府党组成员、相城经济技术开发区管委会主任	2017.4~2021.5	铜仁市委常委、副市长，江苏省对口帮扶贵州省铜仁市工作队领队	第一批队员，延长一个帮扶周期
2	沈　晶	男	苏州市商务局副调研员、副局长	2017.4~2019.6	铜仁市政府副秘书长	第一批队员
3	张　皋	男	相城区政府办副主任	2017.4~2021.5	铜仁市扶贫办综合科副科长，铜仁市发改委主任助理	第一批队员，延长一个帮扶周期
4	王晓东	男	常熟市尚湖镇党委书记（副处级）	2017.4~2021.5	思南县委常委、副县长	第一批队员，延长一个帮扶周期

续表

序号	姓名	性别	派出单位及职务	帮扶起讫时间	帮扶时职务	说明
5	刘飞	男	常熟市政协办公室联络科科长	2017.4~2019.6	思南县政府办副主任、县投资促进局副局长	第一批队员
6	赵启亮	男	苏州工业园区经济发展委员会党组成员、副主任	2017.4~2021.5	松桃县委常委、副县长	第一批队员，延长一个帮扶周期
7	顾坚	男	苏州工业园区娄葑街道副科级干部	2017.4~2021.5	松桃县发改局副局长、县扶贫办副主任	第一批队员，延长一个帮扶周期
8	陈世海	男	张家港市委宣传部副部长，市文体广旅局党委书记，市政协党组成员、副主席	2017.10~2021.5	沿河县委常委、副县长	第一批队员，延长一个帮扶周期
9	姜超	男	太仓市璜泾镇党委书记（副处级）	2017.10~2021.5	玉屏县委常委、副县长	第一批队员，延长一个帮扶周期
10	孙道寻	男	昆山市张浦镇党委副书记、镇长（副处职）	2017.10~2021.5	碧江区委常委、副区长	第一批队员，延长一个帮扶周期
11	沈健民	男	汾湖高新技术开发区党工委委员、管委会副主任	2017.10~2021.5	印江县委委员、常委，副县长	第一批队员，延长一个帮扶周期
12	李向上	男	吴中区木渎镇人大主席（副处职）	2017.10~2021.5	德江县委常委、副县长	第一批队员，延长一个帮扶周期
13	朱建荣	男	相城区政府党组成员，相城区黄埭镇党委副书记、镇长	2017.10~2021.5	石阡县委常委、副县长	第一批队员，延长一个帮扶周期
14	祝郡	男	姑苏区、保护区拙政园历史文化片区管理办公室主任、党委书记，平江街道党工委书记	2017.10~2021.5	江口县委常委、副县长	第一批队员，延长一个帮扶周期
15	杨亮	男	苏州科技城党工委委员、管委会副主任	2017.10~2021.5	万山区委常委、副区长	第一批队员，延长一个帮扶周期
16	黄建浩	男	张家港市政府办党组成员、副主任	2017.10~2019.10	沿河县政府办党组成员、副主任，县扶贫办党组成员、副主任	第一批队员
17	吴龙	男	太仓市璜泾镇党委副书记、副镇长	2017.10~2019.2	玉屏县扶贫办党组成员、副主任	第一批队员
18	朱南新	男	昆山旅游度假区经济发展服务局（财政和资产管理局）副局长	2017.10~2019.10	碧江区扶贫办党组成员、副主任	第一批队员

续表

序号	姓名	性别	派出单位及职务	帮扶起讫时间	帮扶时职务	说明
19	刘　森	男	吴江日报社副总编辑，吴江区融媒体中心副主任、党委委员	2017.10~2019.10	印江县扶贫办党组成员、副主任	第一批队员
20	黄文伟	男	吴中区商务局副局长、党组成员	2017.10~2019.10	德江县扶贫办党组成员、副主任	第一批队员
21	潘建民	男	相城区北河泾街道党工委委员、人武部部长、工会主席	2017.10~2019.10	石阡县扶贫办党组成员、副主任	第一批队员
22	娄子琛	男	姑苏区、保护区党政办公室综合一处副处长	2017.10~2019.10	江口县扶贫办党组成员、副主任，桃映镇副镇长	第一批队员
23	徐文清	男	苏州高新区东渚镇副镇长、社区管理中心主任	2017.10~2019.10	万山区扶贫办党组成员、副主任	第一批队员
24	谷易华	男	苏州市委组织部副调研员	2019.6~2021.5	铜仁市政府副秘书长	第二批队员
25	徐　震	男	太仓市委机要局副局长	2019.3~2021.5	玉屏县扶贫办党组成员、副主任	第二批队员
26	陈　剑	男	常熟市政府办副主任科员	2019.6~2021.5	思南县政府党组成员、办公室副主任	第二批队员
27	陈先冬	男	姑苏区委、保护区党工委组织部办公室主任	2019.10~2021.5	江口县扶贫办（生态移民局）党组成员、副主任，德旺乡党委副书记	第二批队员
28	吴鹏程	男	苏州高新区（虎丘区）社会事业局社会救助与福利处处长	2019.10~2021.5	万山区扶贫办（生态移民局）副主任（副局长）	第二批队员
29	赵中华	男	张家港市政府党组成员、副主任	2019.10~2021.5	沿河县政府办党组成员、副主任，县扶贫办党组成员、副主任	第二批队员
30	顾利青	男	吴中区人社局党委委员、副局长	2019.10~2021.5	德江县扶贫办党组成员、副主任	第二批队员
31	李建平	男	昆山市周市镇党委委员、纪委书记	2019.10~2021.5	碧江区扶贫办党组成员、副主任	第二批队员
32	庄荣金	男	苏州市吴江文化旅游发展集团有限公司副总经理、党委委员	2019.10~2021.5	印江县扶贫办党组成员、副主任	第二批队员
33	万文敏	男	相城区黄埭镇党委委员、人武部部长	2019.10~2021.5	石阡县扶贫办党组成员、副主任	第二批队员

第二节　对口帮扶人才名录

2015~2021年,苏州市共选派1719名专业技术人才到铜仁市开展支教、支医、支农等专项帮扶。其中,苏州市教育系统派遣到铜仁市开展1个月以上挂职帮扶的教师有432名。

表7-3　2015~2021年苏州市到铜仁市开展教育帮扶人员情况

序号	姓名	派出单位和职务（职称）	帮扶单位和职务	帮扶时间
1	陈张荣	苏州高等职业技术学校信息工程系主任助理	铜仁市教育局教学设备管理中心科员	2015.8~2016.7
2	顾　园	苏州高等职业技术学校教师	铜仁市第二中学教师	2015.8~2016.7
3	李　沂	江苏省苏州第一中学校地理教研组组长	贵州省铜仁第一中学高中地理教师,苏州市教育局赴铜仁市支教组长	2015.8~2016.7
4	徐新秀	苏州市第二十六中学校教师	铜仁第一中学地理教师	2015.8~2016.7
5	俞　洁	江苏省苏州中学教师	铜仁市民族中学副校长	2015.8~2016.7
6	沈　阳	江苏省相城中等专业学校教师	石阡县中等职业学校教师	2017.9~2017.11
7	董晓博	江苏省相城中等专业学校教师	石阡县中等职业学校教师	2017.11~2018.1
8	吴少华	苏州工业职业技术学院党委组织部（统战部）部长	贵州健康职业学院副院长	2017.11~2018.11
9	刘　坚	昆山市柏庐实验小学党政办主任	铜仁市第八小学副校长	2017.12~2018.1 2019.5~2021.5
10	杨　萌	昆山市第二中学教师	铜仁市第十中学教师	2017.12~2018.1
11	范一珺	昆山市绣衣幼儿园团支部书记	铜仁市第五幼儿园教师	2017.12~2018.1
12	张帼英	昆山震川高级中学教科处副主任	铜仁市第十五中学教师	2017.12~2018.1
13	孙　军	昆山市第二小学总务处主任	铜仁市第二小学教师	2017.12~2018.1
14	沈为慧	江苏省昆山中学历史教师	铜仁市第二中学教师	2017.12~2018.1
15	夏中伟	昆山市娄江实验学校教师	铜仁第一中学教师	2017.12~2018.1
16	朱晓琼	昆山市实验幼儿园教科主任	铜仁市第三幼儿园教师	2017.12~2018.1
17	何　英	常熟市森泉中学一级教师	思南县第三中学教师	2017.12~2018.1
18	蒋飒英	常熟市第一中学高级教师	思南县第三中学教师	2017.12~2018.1
19	李　进	常熟市昆承中学二级教师	思南县第五中学教师	2017.12~2018.1
20	刘　冬	常熟市谢桥中学高级教师	思南县第五中学教师	2017.12~2018.1
21	陆卫东	常熟市海虞中学一级教师	思南县第三中学教师	2017.12~2018.1

续表

序号	姓名	派出单位和职务（职称）	帮扶单位和职务	帮扶时间
22	谭文倩	常熟市实验中学一级教师	思南县第五中学教师	2017.12~2018.1
23	吴华芳	常熟市锦荷中学一级教师	思南县第三中学教师	2017.12~2018.1
24	吴惠英	常熟市外国语初级中学高级教师	思南县第五中学教师	2017.12~2018.1
25	徐建中	常熟市孝友中学高级教师	思南县第三中学教师	2017.12~2018.1
26	张文龙	常熟市大义中学高级教师	思南县第五中学教师	2017.12~2018.1
27	曹磊	苏州市平江新城实验小学校副教导，中小学一级教师	江口县第一小学教师	2017.12~2018.1
28	朱诚	苏州市沧浪新城第一实验小学校中小学一级教师	江口县第一小学教师	2017.12~2018.1
29	黄敏	苏州市沧浪实验小学校中小学一级教师	江口县第一小学教师	2017.12~2018.1
30	傅荀皓	苏州市平直实验小学校中小学二级教师	江口县第二小学教师	2017.12~2018.1
31	王智浩	苏州市平江实验学校中小学二级教师	江口县第二小学教师	2017.12~2018.1
32	刘昱	苏州市东中市实验小学校中小学二级教师	江口县第二小学教师	2017.12~2018.1
33	曹陈一	苏州市三元实验小学校副教导，中小学一级教师	江口县第三小学教师	2017.12~2018.1
34	潘琪	苏州市金阊实验小学校副教导，中小学一级教师	江口县第三小学教师	2017.12~2018.1
35	钱品花	姑苏区教师发展中心教研员，中小学一级教师	江口县第三小学教师	2017.12~2018.1
36	金卫国	苏州市彩香实验小学副校长，中小学高级教师	江口县第三小学教师	2017.12~2018.1
37	邹根林	吴江区芦墟初级中学教师	印江县第二中学、第三中学、第四中学、思源实验中学教师	2017.12~2018.1
38	费伟虎	吴江区笠泽实验初级中学总务处主任	印江县第二中学、第三中学、第四中学、思源实验中学教师	2017.12~2018.1
39	邓真伟	吴江区黎里中学教师	印江县第二中学、第三中学、第四中学、思源实验中学教师	2017.12~2018.1
40	戴乐传	吴江区同里中学教师	印江县第二中学、第三中学、第四中学、思源实验中学教师	2017.12~2018.1
41	李小明	吴江区平望实验小学教师	印江县第一小学、第二小学、第三小学、实验小学教师	2017.12~2018.1
42	沈志浩	吴江经济技术开发区山湖花园小学副校长	印江县第一小学、第二小学、第三小学、实验小学教师	2017.12~2018.1

续表

序号	姓名	派出单位和职务（职称）	帮扶单位和职务	帮扶时间
43	朱 凤	吴江经济技术开发区山湖花园小学德育处主任	印江县第一小学、第二小学、第三小学、实验小学教师	2017.12~2018.1
44	沈 利	吴江区盛泽实验小学教师	印江县第一小学、第二小学、第三小学、实验小学教师	2017.12~2018.1
45	夏国斌	江苏省吴江中等专业学校安全保卫处主任	印江县中等职业学校教师	2017.12~2018.1
46	钱韫怡	江苏省吴江中等专业学校教师	印江县中等职业学校教师	2017.12~2018.1
47	徐 静	张家港中等专业学校机械工程部德育处主任	沿河县中等职业学校教师	2017.12~2018.1
48	陈 娟	张家港中等专业学校机械工程部英语备课组组长	沿河县中等职业学校教师	2017.12~2018.1
49	赵菊芳	张家港中等专业学校汽修教研组组长	沿河县中等职业学校教师	2017.12~2018.1
50	王 颖	张家港市东渡实验学校教师	沿河县第四中学教师	2017.12~2018.1
51	曹树坤	张家港市常阴沙学校教务处主任	沿河县第四中学教师	2017.12~2018.1
52	张 艳	张家港市三兴学校德育处副主任	沿河县第四中学教师	2017.12~2018.1
53	俞亚萍	张家港市实验小学副校长	沿河县第六完全小学副校长	2017.12~2018.1
54	季丽琴	张家港市云盘小学副校长	沿河县第六完全小学副校长	2017.12~2018.1
55	钱卫刚	张家港市万红小学总务处主任	沿河县民族小学教师	2017.12~2018.1
56	秦 梦	张家港市鹿苑小学教导处副主任	沿河县民族小学教师	2017.12~2018.1
57	瞿勇峰	太仓市第二中学教师	玉屏县田坪中学教师	2017.12~2018.1
58	毛益杰	太仓市沙溪实验中学教师	玉屏县黔东民族寄宿制中学教师	2017.12~2018.1
59	黄 伟	太仓市新区中学教师	玉屏县黔东民族寄宿制中学教师	2017.12~2018.1
60	陈 侃	太仓市沙溪第一中学教师	玉屏县黔东民族寄宿制中学教师	2017.12~2018.1
61	邵 军	太仓市城厢镇第一小学教师	玉屏县田坪小学教师	2017.12~2018.1
62	孟远芳	太仓市弇山小学教师	玉屏县大屯小学教师	2017.12~2018.1
63	刘 祯	太仓市城厢镇第四小学教师	玉屏县皂角坪中心完全小学教师	2017.12~2018.1
64	范世忠	太仓市沙溪镇第一小学教师	玉屏县平溪中心完全小学教师	2017.12~2018.1
65	邹晓英	太仓市沙溪镇第二小学教师	玉屏县印山民族小学教师	2017.12~2018.1
66	周 益	太仓市沙溪镇第三小学教师	玉屏县第二小学教师	2017.12~2018.1
67	翁世荣	江苏省木渎高级中学教师	德江县第一中学教师	2017.12~2018.1
68	薛丽文	吴中区苏苑高级中学教师	德江县第一中学教师	2017.12~2018.1
69	周敏芳	吴中区迎春中学教师	德江县实验中学教师	2017.12~2018.1
70	周晓燕	吴中区城西中学工会主席	德江县实验中学教师	2017.12~2018.1

续表

序号	姓名	派出单位和职务（职称）	帮扶单位和职务	帮扶时间
71	孙筼筼	吴中区苏苑实验小学教师	德江县青龙镇第五小学教师	2017.12~2018.1
72	叶 涛	吴中区宝带实验小学教师	德江县青龙镇第五小学教师	2017.12~2018.1
73	濮敏霞	吴中区幼儿教育中心园教技室副主任	德江县实验幼儿园教师	2017.12~2018.1
74	许晓萍	吴中区城区幼儿园教科室副主任	德江县实验幼儿园教师	2017.12~2018.1
75	李群英	江苏省吴中中等专业学校系副主任	德江县中等职业学校教师	2017.12~2018.1
76	王志成	苏州市太湖旅游中等专业学校教科室主任	德江县中等职业学校教师	2017.12~2018.1
77	王 伟	相城区御窑小学教师	石阡县第一小学教师	2017.12~2018.1
78	曹 明	相城区陆慕实验小学教师	石阡县第二小学教师	2017.12~2018.1
79	雷天胜	相城区黄桥实验小学教师	石阡县第三小学教师	2017.12~2018.1
80	李秋生	相城区蠡口实验小学教导处副主任	石阡县实验小学教师	2017.12~2018.1
81	顾 凤	苏州市相城实验中学教师	石阡县汤山中学教师	2017.12~2018.1
82	周 宇	相城区蠡口中学教师	石阡县汤山中学教师	2017.12~2018.1
83	吴梓毅	相城区漕湖学校教师	石阡县汤山中学教师	2017.12~2018.1
84	徐 敏	相城区黄桥中学教师	石阡县汤山中学教师	2017.12~2018.1
85	梁文洁	苏州工业园区翰林小学教师	松桃县盘信镇民族完全小学教师	2017.12~2018.1
86	刘寿华	苏州工业园区第二实验小学教师	松桃县实验小学教师	2017.12~2018.1
87	司庆强	苏州工业园区独墅湖学校教师	松桃县盘信民族中学教师	2017.12~2018.1
88	周伟祥	苏州工业园区星湾学校教师	松桃县长兴中学教师	2017.12~2018.1
89	左其正	苏州工业园区星洲学校教师	松桃县第二完全小学教师	2017.12~2018.1
90	张元建	西安交通大学苏州附属中学教师	松桃县第三高级中学教师	2017.12~2018.1
91	王静静	西安交通大学苏州附属中学教师	松桃县第三高级中学教师	2017.12~2018.1
92	赵 空	苏州工业园区工业技术学校教师	松桃县中等职业学校教师	2017.12~2018.1
93	诸 峰	苏州工业园区工业技术学校教师	松桃县中等职业学校教师	2017.12~2018.1
94	卜延中	西安交通大学苏州附属中学教师	松桃县第三高级中学教师	2017.12~2018.1 2019.8~2019.9
95	蒋利军	苏州市勤惜实验小学校校长, 高级教师	江口县第一小学教师	2018.3~2018.4
96	孙斯宇	苏州市善耕实验小学校中小学一级教师	江口县德旺乡中心小学教师	2018.3~2018.4
97	洪 松	苏州市沧浪新城第二实验小学校中小学二级教师	江口县德旺乡中心小学教师	2018.3~2018.4
98	严国清	苏州市盘溪中心小学校中小学一级教师	江口县民和镇中心小学教师	2018.3~2018.4
99	柳 健	苏州市新庄小学校中小学一级教师	江口县民和镇中心小学教师	2018.3~2018.4
100	赵 斌	苏州市阳光城实验小学校中小学一级教师	江口县闵孝镇中心小学教师	2018.3~2018.4

续表

序号	姓名	派出单位和职务（职称）	帮扶单位和职务	帮扶时间
101	杨晓枫	苏州市挹秀幼儿园园长中小学一级教师	江口县实验幼儿园教师	2018.3~2018.4
102	杜玉成	苏州市平江实验幼儿园中小学一级教师	江口县实验幼儿园教师	2018.3~2018.4
103	陈　洁	苏州市新康小学校附属幼儿园幼儿园一级教师	江口县第二幼儿园教师	2018.3~2018.4
104	钱贞妮	苏州市阊西实验幼儿园中小学一级教师	江口县第二幼儿园教师	2018.3~2018.4
105	赵晓宇	江苏省相城中等专业学校教师	石阡县中等职业学校教师	2018.3~2018.5
106	沈以春	昆山市裕元实验学校安保主任	铜仁市第八小学教师	2018.4~2018.5
107	张其萍	昆山市城北中心小学教师	铜仁市第七小学教师	2018.4~2018.5
108	吕剑平	昆山市玉山中学专家	铜仁市第四中学教师	2018.4~2018.5
109	傅　旻	昆山市机关幼儿园副园长	铜仁市实验幼儿园副园长	2018.4~2018.5
110	徐冰倩	昆山高新区鹿城幼儿园教技主任	铜仁市第一幼儿园教师	2018.4~2018.5
111	张　蕾	苏州高等职业技术学校教师	碧江区中等职业学校教师	2018.5~2018.6
112	张国宇	张家港市沙洲中学教务处主任	沿河县第二高级中学教师	2018.5~2018.6
113	张钟玉	张家港市暨阳高级中学校长办主任	沿河县第二高级中学教师	2018.5~2018.6
114	丁春娟	张家港市塘市初级中学教务处主任	沿河县第四中学教师	2018.5~2018.6
115	丁建军	张家港市锦丰初级中学德育处主任	沿河县第四中学教师	2018.5~2018.6
116	张晓阳	张家港市后塍学校副校长	沿河县思源实验学校副校长	2018.5~2018.6
117	戴建丰	张家港市护漕港中学校长办主任	沿河县思源实验学校教师	2018.5~2018.6
118	严建红	张家港市实验小学德育处主任	沿河县实验小学教师	2018.5~2018.6
119	陈一叶	张家港市江帆小学副校长	沿河县实验小学副校长	2018.5~2018.6
120	苏海峰	张家港市东莱小学副校长	沿河县第二完全小学副校长	2018.5~2018.6
121	顾雨春	张家港市塘桥中心小学副校长	沿河县第二完全小学副校长	2018.5~2018.6
122	陆静雯	张家港市花园浜幼儿园副园长	沿河县民族幼儿园副园长	2018.5~2018.6
123	邵　燕	张家港市云盘实验幼儿园教研主任	沿河县民族幼儿园教师	2018.5~2018.6
124	虞春梅	张家港市塘桥中心幼儿园教务处副主任	沿河县实验幼儿园教师	2018.5~2018.6
125	许和霞	张家港市后塍幼儿园副园长	沿河县实验幼儿园副园长	2018.5~2018.6
126	储胜国	江苏省相城中等专业学校教师	石阡县中等职业学校教师	2018.5~2018.6
127	刘　红	苏州高新区狮山实验小学教师	铜仁市第四小学挂职副校长	2018.5~2018.6
128	樊　茜	苏州高新区竹园幼儿园教师	铜仁市万山区第一幼儿园挂职副园长	2018.5~2018.6
129	王黑铁	苏州高新区实验中学教师	铜仁市第六中学教师	2018.5~2018.6
130	朱小明	苏州高新区第五初级中学教师	铜仁市第六中学教师	2018.5~2018.6
131	陆月仙	苏州高新区通安中心小学教师	铜仁市第四小学教师	2018.5~2018.6

续表

序号	姓名	派出单位和职务（职称）	帮扶单位和职务	帮扶时间
132	赵伟康	苏州高新区镇湖实验小学教师	铜仁市第四小学教师	2018.5~2018.6
133	顾颖妤	苏州高新区狮山实验小学教师	铜仁市第四小学教师	2018.5~2018.6
134	刘 卓	苏州高新区东渚实验小学教师	铜仁市第四小学教师	2018.5~2018.6
135	张大为	苏州学府实验小学教师	铜仁市第四小学教师	2018.5~2018.6
136	陈慧雯	苏州高新区实验幼儿园教师	铜仁市万山区第一幼儿园教师	2018.5~2018.6
137	许晴艺	苏州高新区东渚实验幼儿园教师	铜仁市万山区第一幼儿园教师	2018.5~2018.6
138	常昕萌	苏州高新区通安实验幼儿园教师	铜仁市万山区第一幼儿园教师	2018.5~2018.6
139	潘 亮	江苏省相城中等专业学校教师	石阡县中等职业学校教师	2018.5~2018.7
140	胡继彬	江苏省太仓中等专业学校汽修教研室主任	玉屏县中等职业学校教师	2018.6~2018.7
141	徐 徐	江苏省太仓中等专业学校模具教研室主任	玉屏县中等职业学校教师	2018.6~2018.7
142	张 研	江苏省太仓中等专业学校旅游教研室主任	玉屏县中等职业学校教师	2018.6~2018.7
143	袁永红	江苏省太仓中等专业学校教师	玉屏县中等职业学校教师	2018.6~2018.7
144	后林枫	江苏省太仓高级中学教师	玉屏县民族中学语文教师	2018.6~2018.7
145	王文彬	江苏省太仓高级中学教师	玉屏县民族中学数学教师	2018.6~2018.7
146	陆 萍	太仓市沙溪高级中学教师	玉屏县民族中学语文教师	2018.6~2018.7
147	李静艳	太仓市沙溪高级中学教师	玉屏县民族中学英语教师	2018.6~2018.7
148	朱 承	太仓市明德高级中学教师	玉屏县民族中学数学教师	2018.6~2018.7
149	陈 鸿	太仓市明德高级中学教师	玉屏县民族中学政治教师	2018.6~2018.7
150	丁雪松	江苏省震泽中学教师	印江县民族中学教师	2018.6~2018.7
151	施蓓蓓	江苏省震泽中学教师	印江县民族中学教师	2018.6~2018.7
152	梁玉英	吴江中学教师	印江县民族中学教师	2018.6~2018.7
153	苗春兰	吴江中学教师	印江县民族中学教师	2018.6~2018.7
154	蒋 琳	吴江盛泽中学教师	印江县民族中学教师	2018.6~2018.7
155	吴红霞	吴江盛泽中学教师	印江县民族中学教师	2018.6~2018.7
156	徐 冬	吴江高级中学教师	印江县民族中学教师	2018.6~2018.7
157	王 磊	吴江高级中学教师	印江县民族中学教师	2018.6~2018.7
158	朱 铁	吴江平望中学教师	印江县民族中学教师	2018.6~2018.7
159	徐 峰	吴江汾湖高级中学副校长	印江县民族中学教师	2018.6~2018.7
160	陆振东	太仓市实验中学校长	玉屏第一中学校长	2018.8~2020.8
161	严卫中	太仓市第二中学副校长	玉屏第一中学副校长	2018.8~2020.8
162	方志文	太仓市实验中学政教主任	玉屏第一中学校长助理兼政教主任	2018.8~2020.8
163	夏平洲	相城区渭塘中学教导处副主任	石阡县汤山中学教师	2018.9~2018.10
164	董 斌	相城区太平中学教师	石阡县汤山中学教师	2018.9~2018.10

续表

序号	姓名	派出单位和职务（职称）	帮扶单位和职务	帮扶时间
165	李小慧	相城区阳澄湖中学教师	石阡县汤山中学教师	2018.9~2018.10
166	秦 芬	相城区东桥中学教师	石阡县汤山中学教师	2018.9~2018.10
167	曹 钢	相城区望亭中心小学教师	石阡县第一小学教师	2018.9~2018.10
168	王 涛	相城区东桥中心小学教师	石阡县实验小学教师	2018.9~2018.10
169	邹 军	相城区北桥中心小学教师	石阡县第二小学教师	2018.9~2018.10
170	沈 伟	相城区湘城小学教师	石阡县实验小学教师	2018.9~2018.10
171	支巧东	相城区太平实验小学教师	石阡县第一小学教师	2018.9~2018.10
172	汤怡杰	相城区元和小学教师	石阡县第二小学教师	2018.9~2018.10
173	朱罗光	昆山市玉山镇第一中心小学教师	铜仁市实验小学教师	2018.9~2019.7
174	陶彩红	苏州工业园区星洲小学德育处主任、工会主席	松桃县孟溪镇完全小学副校长，松桃县第六完全小学校长	2018.9~2020.8
175	张连合	西安交通大学苏州附属中学教科室主任	松桃县第三高级中学教师	2018.10~2018.11
176	张亚云	苏州工业园区第二高级中学教师	松桃县第三高级中学教师	2018.10~2018.11
177	朱红梅	苏州工业园区星海实验中学教发中心副主任	松桃县第四高级中学教师	2018.10~2018.11
178	施 斌	苏州工业园区独墅湖学校总务处主任	松桃县乌罗镇中学教师	2018.10~2018.11
179	邱 钰	苏州工业园区星洋学校教师	松桃县民族寄宿制中学教师	2018.10~2018.11
180	尹明坤	苏州工业园区第二实验小学教师	松桃县实验小学教师	2018.10~2018.11
181	高 超	苏州工业园区娄葑实验小学数学教研组组长	松桃县孟溪镇完全小学教师	2018.10~2018.11
182	周存芳	苏州工业园区工业技术学校电子技术系教师	松桃县中等职业学校教师	2018.10~2019.7
183	冯明涛	西安交通大学苏州附属初级中学教师	松桃县乌罗镇中学教师	2018.10~2019.7
184	李昌达	江苏省相城中等专业学校教师	石阡县中等职业学校教师	2018.10~2018.11
185	徐 杰	张家港市乐余中心小学教师	沿河县思源实验学校小学教师	2018.10~2018.11
186	陆惠凯	张家港市大新中心小学德育处主任	沿河县第二完全小学副校长	2018.10~2018.11
187	顾丽萍	张家港市南丰小学副校长	沿河县第六完全小学副校长	2018.10~2018.11
188	徐亚萍	张家港市第二中学教师	沿河县思源实验学校教师	2018.10~2018.11
189	王志洲	张家港市白鹿小学教师发展中心主任	沿河县第六完全小学教科室主任	2018.10~2018.11
190	钱春燕	张家港市江帆小学教务处主任	沿河县实验小学教务处主任	2018.10~2018.11
191	周 平	张家港市晨阳学校总务处主任	沿河县思源实验学校总务处主任	2018.10~2018.11
192	倪新梅	江苏省外国语学校教师	德江县第一中学教师	2018.10~2018.11
193	陈 艳	江苏省吴中中等专业学校系副主任	德江县中等职业学校教师	2018.10~2018.11
194	郭园园	吴中区横泾实验小学附属幼儿园教师	德江县实验幼儿园教师	2018.10~2018.11

续表

序号	姓名	派出单位和职务（职称）	帮扶单位和职务	帮扶时间
195	司马敏	吴中区甪直高级中学教师	德江县第二中学教师	2018.10~2018.11
196	周　莹	吴中区木渎实验中学教师	德江县第四中学教师	2018.10~2018.11
197	张璐佳	吴中区特殊教育学校教师	德江县特殊教育学校教师	2018.10~2018.11
198	沈　燕	吴中区吴中实验小学附属幼儿园副园长	德江县实验幼儿园教师	2018.10~2018.11
199	张　英	昆山市玉峰实验学校教科室主任	铜仁市第十五小学教师	2018.10~2018.11
200	钱静霞	常熟市石梅小学一级教师	思南县第五小学教师	2018.10~2018.11
201	马国强	常熟市滨江实验中学高级教师	思南县第五中学教师	2018.10~2018.11
202	陈雪娟	常熟市世茂实验小学一级教师	思南县田秋小学教师	2018.10~2018.11
203	季秋怡	常熟市崇文小学一级教师	思南县第五小学教师	2018.10~2018.11
204	时　英	常熟市福山小学高级教师	思南县田秋小学教师	2018.10~2018.11
205	华　丹	常熟市外国语初级中学一级教师	思南县第五中学教师	2018.10~2018.11
206	范　汭	常熟市实验中学高级教师	思南县第五中学教师	2018.10~2018.11
207	殷春兰	常熟市辛庄中学一级教师	思南县第五中学教师	2018.10~2018.11
208	王　青	江苏省常熟中等专业学校高级讲师	思南县中等职业学校教师	2018.10~2018.11
209	朱月良	昆山市培本实验小学教师	铜仁市第十一小学教师	2018.10~2018.12
210	徐洁洁	昆山市玉山镇朝阳小学教师	铜仁市第十九小学教师	2018.10~2018.12
211	丁俊杰	常熟市尚湖中心小学二级教师	思南县田秋小学教师	2018.10~2019.4
212	张晓岚	苏州市虎丘中心幼儿园园长，高级教师	江口县实验幼儿园江口县学前教育总顾问	2018.10~2019.4
213	丁仕武	江苏省木渎高级中学教师	德江县实验中学教师	2018.10~2019.4
214	金　峰	吴中区甪直实验小学教师	德江县第一小学教师	2018.10~2019.4
215	邵　怡	苏州市东中市实验小学校中小学一级教师	江口县第三小学挂职副校长	2018.10~2019.4
216	沈　晟	江苏省汾湖高新技术产业开发区职业高级中学教师	印江县中等职业学校教师	2018.10~2019.5
217	沈　强	吴江经济技术开发区长安实验小学教师	印江县实验小学教师	2018.10~2019.5
218	张爱军	张家港市合兴初级中学教师	沿河县第四中学校长助理	2018.10~2019.5
219	李启德	张家港市梁丰初级中学教师	沿河县第四中学校长助理	2018.10~2019.5
220	缪志锋	常熟市古里中心小学一级教师	思南县田秋小学教师	2018.10~2019.6
221	马黎明	苏州高新区第五初级中学校教师	铜仁市第六中学教师	2018.10~2019.7
222	刘玉勇	苏州高新区敬恩实验小学教师	铜仁市第四小学教师	2018.10~2019.7
223	赵彬羽	江苏省昆山市第二中等专业学校教师	碧江区中等职业学校教师	2018.10~2019.7
224	杨明晔	苏州市平江新城实验小学校总务处副主任，中小学一级教师	江口县第三小学挂职副校长	2018.10~2019.9
225	沈　路	常熟市大义中心小学一级教师	思南县田秋小学教师	2018.10~2019.10

续表

序号	姓名	派出单位和职务（职称）	帮扶单位和职务	帮扶时间
226	赵 瑜	吴中区石湖中学教师	德江县第七中学教师	2018.10~2019.10
227	金金良	苏州高新区第三中学校教师	铜仁市第六中学教师	2018.10~2019.11
228	杨丽清	昆山市城北高科园中心小学一级教师	铜仁市第六小学教师	2018.10~2019.12
229	汪 晔	吴江高级中学教师	印江县中学教师	2018.10~2019.12
230	曾德新	张家港市第三职业高级中学教师	沿河县中等职业学校副校长	2018.10~2019.12
231	沈 忱	昆山市玉山镇振华实验小学教技室主任	铜仁市南长城小学教师	2018.11~2018.12
232	杨娟红	相城区春申中学教师	石阡县汤山中学教师	2018.11~2019.5
233	杨叶繁	相城区元和小学教师	石阡县第一小学教师	2018.11~2019.5
234	邢入德	江苏省黄埭中学教师	石阡县中学教师	2018.11~2020.6
235	周汉东	江苏省梁丰高级中学副校长	沿河县第二高级中学副校长	2019.3~2019.4
236	杭志明	张家港市塘桥高级中学副校长	沿河县民族中学副校长	2019.3~2019.4
237	孙德勤	张家港市崇真中学校办主任	沿河县第三高级中学副校长	2019.3~2019.4
238	苏海峰	张家港中等专业学校综合基础部主任	沿河县中等职业学校副校长	2019.3~2019.4
239	高友凤	张家港市第二职业高级中学实训处主任	沿河县中等职业学校副校长	2019.3~2019.4
240	侯静霞	张家港市暨阳湖实验学校副校长	沿河县第四中学副校长	2019.3~2019.4
241	朱鸿飞	张家港市第三中学教务处主任	沿河县泉坝镇初级中学副校长	2019.3~2019.4
242	孙旭东	张家港市凤凰中学副校长	沿河县官舟镇第二中学副校长	2019.3~2019.4
243	张彩虹	张家港市南沙中学副校长	沿河县中寨镇初级中学副校长	2019.3~2019.4
244	苏秋晓	张家港市云盘小学教务处主任	沿河县民族小学副校长	2019.3~2019.4
245	丁向华	张家港市白鹿小学德育处主任	沿河县第六完全小学副校长	2019.3~2019.4
246	朱剑强	张家港市晨阳学校副校长	沿河县实验小学副校长	2019.3~2019.4
247	张 峰	张家港市凤凰中心小学副校长	沿河县官舟镇第一完全小学副校长	2019.3~2019.4
248	朱建荣	张家港市乐余中心小学副校长	沿河县谯家镇中心完全小学副校长	2019.3~2019.4
249	沈秋兰	张家港市江帆幼儿园副园长	沿河县实验幼儿园副园长	2019.3~2019.4
250	耿李英	张家港市金港中心幼儿园副园长	沿河县沙子街道中心幼儿园副园长	2019.3~2019.4
251	王 欣	江苏省相城中等专业学校教师	石阡县中等职业学校教师	2019.3~2019.6
252	王惠芳	苏州市留园中心小学校副校长，中小学一级教师	江口县凯德民族学校教师	2019.5~2019.6
253	武 芸	苏州市八一小学校副教导，中小学一级教师	江口县凯德民族学校教师	2019.5~2019.6
254	王佳雯	苏州市大儒中心小学校附属幼儿园中小学二级教师	江口县第二幼儿园教师	2019.5~2019.6

续表

序号	姓名	派出单位和职务（职称）	帮扶单位和职务	帮扶时间
255	倪　蕊	江苏省常熟职业教育中心校讲师	思南县中等职业学校教师	2019.5~2019.6
256	徐　杰	江苏省常熟职业教育中心校讲师	思南县中等职业学校教师	2019.5~2019.6
257	陆　娴	昆山市玉峰实验学校教师	铜仁市第八小学教师	2019.5~2019.6
258	裴　蓓	昆山市娄江实验学校教师	铜仁市第八小学教师	2019.5~2019.6
259	诸顺莉	昆山市玉山镇第一中心小学教师	铜仁市第八小学教师	2019.5~2019.6
260	荆　宏	江苏省常熟职业教育中心校讲师，经济师、物流师、创业实训师	思南县中等职业学校教师	2019.5~2020.7
261	方继章	昆山开发区实验小学德育处副主任	铜仁市第八小学教师	2019.5~2021.1
262	金耀敏	苏州高新区金色小学校教科室副主任	铜仁市第四小学教师	2019.6~2019.7
263	陈熙然	苏州新区枫桥实验小学德育处助理	铜仁市第四小学教师	2019.6~2019.7
264	许　峥	苏州高新区成大实验小学校教师	铜仁市第四小学教师	2019.6~2019.7
265	陈　英	苏州学府实验小学校教师	铜仁市第四小学教师	2019.6~2019.7
266	靳　玮	苏州高新区通安中心小学校教师	铜仁市第四小学教师	2019.6~2019.7
267	卢金宝	江苏省太仓高级中学中小学高级教师	玉屏县民族中学数学教师	2019.6~2019.7
268	王亚萍	江苏省太仓高级中学中小学高级教师	玉屏县民族中学英语教师	2019.6~2019.7
269	于汇源	太仓市明德高级中学中小学高级教师	玉屏县民族中学语文教师	2019.6~2019.7
270	陆永芬	太仓市艺术幼教中心中小学一级教师	玉屏县实验幼儿园教师	2019.6~2019.7
271	黄志杰	江苏省太仓中等专业学校主任，高级讲师	玉屏县中等职业学校物理、数控教师	2019.6~2019.7
272	朱丽亚	江苏省太仓中等专业学校主任，高级讲师	玉屏县中等职业学校美术教师	2019.6~2019.7
273	陈彩玲	江苏省太仓中等专业学校讲师	玉屏县中等职业学校电子教师	2019.6~2019.7
274	张　臻	苏州叶圣陶实验小学教师	德江县第二小学教务处副主任	2019.6~2019.12
275	苏敏磊	吴中区郭巷实验小学总务处副主任	德江县第二小学教育处副主任	2019.6~2019.12
276	陆曙良	相城区望亭中心小学教技室副主任	石阡县实验小学教导处副主任	2019.6~2019.12
277	顾盛栋	相城区蠡口实验小学教导处副主任	石阡县实验小学教导处副主任	2019.6~2019.12
278	龚雪生	相城区渭塘实验小学副校长	石阡县实验小学副校长	2019.6~2020.6
279	吴文宏	相城区阳澄湖路小学工会主席	石阡县实验小学工会主席	2019.6~2020.6
280	徐　勇	吴中区吴中实验小学教科室主任	德江县第二小学业务副校长	2019.6~2020.6
281	陆劲红	常熟市浒浦学校一级教师	思南县思源实验学校教师	2019.8~2019.9
282	顾利军	常熟市东张中心小学一级教师	思南县思源实验学校教师	2019.8~2019.9
283	赵建峰	常熟市大义中学一级教师	思南县思源实验学校教师	2019.8~2019.9
284	刘　星	常熟市实验小学一级教师	思南县思源实验学校教师	2019.8~2019.9
285	丁　方	常熟市实验中学高级教师	思南县思源实验学校教师	2019.8~2019.9
286	黄　丽	苏州工业园区星海实验中学教务处副主任	松桃县民族寄宿制中学教师	2019.8~2019.9

续表

序号	姓名	派出单位和职务（职称）	帮扶单位和职务	帮扶时间
287	毛艳	苏州市金阊新城实验小学校附属幼儿园中小学一级教师	江口县第二幼儿园教师	2019.8~2019.9
288	叶菲	苏州市金阊实验小学校中小学一级教师	江口县第二小学教师	2019.8~2019.9
289	任琴芳	苏州市虎阜实验幼儿园中小学一级教师	江口县第三幼儿园教师	2019.8~2019.9
290	谢燕萍	吴中区西山中心小学工会主席、校长办主任	德江县第二小学教师	2019.8~2019.9
291	吕研	吴中区碧波实验小学教师	德江县第二小学教师	2019.8~2019.9
292	江华	吴中区东山实验小学教师	德江县第二小学教师	2019.8~2019.9
293	王昕	吴中区临湖第一中心小学教技室助理	德江县第三小学教务处副主任	2019.8~2019.9
294	李加希	吴中区胥口实验小学教师	德江县第三小学教育处副主任	2019.8~2019.9
295	郭留根	吴中区城西中学教科室副主任	德江县第四中学教科处副主任	2019.8~2019.9
296	林森涛	吴中区东山莫厘中学教务处副主任	德江县第四中学教务处副主任	2019.8~2019.9
297	霍斌	常熟市任阳中心小学一级教师	思南县思源实验学校教师	2019.8~2020.1
298	许光曙	吴江区实验初级中学中层干部	印江县思源实验中学副校长、教务处主任	2019.8~2020.1
299	金加林	吴江区实验初级中学中层干部	印江县思源实验中学校长助理、政务主任	2019.8~2020.1
300	梅国芳	吴江区松陵第一中学教师	印江县思源实验中学教师	2019.8~2020.1
301	杨云其	吴江区桃源中学教师	印江县思源实验中学教师	2019.8~2020.1
302	常程富	吴江区横扇学校教师	印江县思源实验中学教师	2019.8~2020.1
303	钮文忠	吴江区实验初级中学教师	印江县思源实验中学教师	2019.8~2020.1
304	石芹	吴江区笠泽实验初级中学教师	印江县思源实验中学教师	2019.8~2020.1
305	张真文	吴江区运河实验初级中学教师	印江县思源实验中学教师	2019.8~2020.1 2020.8~2021.1
306	施朝华	苏州市山塘中心小学校中小学一级教师	江口县第二小学校委会委员	2019.8~2020.2
307	周倩岚	苏州市沧浪实验小学校附属幼儿园中小学一级教师	江口县第三幼儿园挂职副园长	2019.8~2020.2
308	宋耕	吴江区黎里中学副校级干部	印江县思源实验中学校长	2019.8~2020.7
309	叶志骅	吴江盛泽中学教师	印江县思源实验中学教师	2019.8~2020.7
310	王涛	张家港中等专业学校汽修中心副主任	沿河县中等职业学校实训中心副主任	2019.8~2020.7
311	朱庆和	张家港中等专业学校图文信息处主任	沿河县中等职业学校教务科科长	2019.8~2020.7
312	金烨	苏州大学附属中学副校长	松桃县民族寄宿制中学副校长	2019.8~2020.8

续表

序号	姓名	派出单位和职务（职称）	帮扶单位和职务	帮扶时间
313	何积培	苏州工业园区东沙湖学校教务处主任	松桃县民族寄宿制中学教师	2019.8~2020.8
314	周海卿	常熟市特殊教育学校一级教师	思南县特殊教育学校教师	2019.8~2020.8
315	顾 颖	苏州市草桥实验小学校副校长，中小学一级教师	江口县第二小学挂职副校长	2019.8~2020.9
316	吴 祥	苏州市沧浪新城第二实验小学校中小学二级教师	江口县第二小学校委会委员	2019.8~2020.9
317	卢庆生	张家港市第三职业高级中学督导处主任	沿河县中等职业学校副校长	2019.8~2021.2
318	李 玲	相城区漕湖学校少先队总辅导员	石阡县实验小学教导处副主任	2019.9~2019.10
319	余荣军	苏州大学实验学校教师	石阡县实验小学教导处副主任	2019.9~2019.10
320	秦 梅	相城区北桥中心小学教师	石阡县实验小学教导处副主任	2019.9~2019.10
321	沈一帆	相城区玉成实验小学团支部书记	石阡县实验小学教导处副主任	2019.9~2019.10
322	张瑞玉	相城区黄埭中心小学教师	石阡县实验小学教师	2019.9~2019.10
323	张建忠	相城区珍珠湖小学教师	石阡县实验小学教师	2019.9~2019.10
324	孙大武	苏州高新区实验小学校教科室副主任	铜仁市第四小学教务处副主任	2019.9~2020.2
325	邹伟卫	苏州高新区实验小学校总务处副主任	铜仁市第四小学总务处副主任	2019.9~2020.2
326	陆 伟	苏州高新区实验小学校副校长	铜仁市第四小学副校长	2019.9~2020.8
327	黄建玉	昆山市城北中心小学校教师	铜仁市第八小学教师	2019.10~2019.11
328	王丛碧	昆山实验小学教师	铜仁市第八小学教师	2019.10~2019.11
329	邱思宇	昆山高新区西塘实验小学教师	铜仁市第八小学教师	2019.10~2019.11
330	李小杰	昆山市城北高科园中心小学教师	铜仁市第八小学教师	2019.10~2019.11
331	梁 军	苏州工业园区星海实验中学副校长	松桃县民族寄宿制中学教师	2019.10~2019.11
332	贾茗越	苏州工业园区星湾学校英语备课组组长	松桃县民族寄宿制中学教师	2019.10~2019.11
333	徐竞开	苏州工业园区星汇学校初中语文教师	松桃县民族寄宿制中学教师	2019.10~2019.11
334	薛以好	昆山市培本实验小学安保副主任、教师	铜仁市第八小学教师	2019.10~2020.7
335	洪家平	西安交通大学苏州附属初级中学课程中心主任	松桃县民族寄宿制中学教务处副主任	2019.10~2020.9
336	王欣源	苏州工业园区斜塘学校副校长	松桃县民族寄宿制中学教师	2019.11~2019.11
337	张月兰	苏州工业园区星海实验中学初中部德育处主任	松桃县民族寄宿制中学教师	2019.11~2019.12
338	李 康	苏州工业园区金鸡湖学校教师	松桃县民族寄宿制中学教师	2019.11~2019.12
339	徐翠凤	苏州市杨枝小学校附属幼儿园中小学一级教师	江口县第三幼儿园教师	2019.11~2019.12
340	曹兆勇	吴江区同里中学教师	印江县思源实验中学教师	2020.2~2020.7
341	钱文峰	吴江区笠泽实验中学教师	印江县思源实验中学教师	2020.2~2020.7

续表

序号	姓名	派出单位和职务（职称）	帮扶单位和职务	帮扶时间
342	郎雪冰	吴江区实验初级中学教师	印江县思源实验中学教师	2020.2~2020.7
343	盛蓉琴	吴江经济技术开发区实验初级中学教师	印江县思源实验中学教师	2020.2~2020.11
344	汪明峰	苏州高新区实验小学教育集团教科室主任	铜仁市第四小学中层干部	2020.3~2020.10
345	王剑锋	苏州高新区实验小学教育集团教导处主任	铜仁市第四小学中层干部	2020.3~2020.10
346	王 茵	苏州市三元实验小学校中小学一级教师	江口县凯德民族学校校委会成员	2020.5~2020.6
347	李诗晴	昆山市裕元实验学校教师	铜仁市第八小学教师	2020.5~2020.7
348	赵 青	昆山市周市永平小学教师	铜仁市第八小学教师	2020.5~2020.7
349	沈 炜	昆山市玉山镇第一中心小学教师	铜仁市第八小学教师	2020.5~2020.7
350	朱 凯	苏州市金筑实验小学校中小学二级教师	江口县凯德民族学校挂职副校长	2020.5~2020.10
351	王晶磊	苏州市敬文实验小学校中小学二级教师	江口县凯德民族学校挂职副校长	2020.5~2020.10
352	查伟新	相城区太平中学总务处主任	石阡县汤山中学副校长	2020.5~2020.10
353	陈树林	相城区春申中学校长办主任	石阡县汤山中学副校长	2020.5~2020.10
354	许雅潇	苏州市相城实验中学教师	石阡县汤山中学教师	2020.5~2020.10
355	范聚慧	苏州大学实验学校教师	石阡县汤山中学教师	2020.5~2020.10
356	周邵丹	苏州市相城第三实验中学副校长	石阡县汤山中学副校长	2020.5~2021.5
357	李 军	常熟市尚湖高级中学一级教师	思南县民族中学教师	2020.6~2020.7
358	姚志明	常熟市王淦昌中学一级教师	思南县民族中学教师	2020.6~2020.7
359	殷志明	江苏省常熟中学高级教师	思南县民族中学教师	2020.6~2020.7
360	邵志芳	常熟市浒浦高级中学讲师	思南县民族中学教师	2020.6~2020.7
361	丁伟峰	常熟外国语学校高级教师	思南县民族中学教师	2020.6~2020.7
362	张晓丹	江苏省常熟中学高级教师	思南县民族中学教师	2020.6~2020.7
363	周 雷	常熟市梅李高级中学高级教师	思南县民族中学教师	2020.6~2020.7
364	章 瑛	苏州高新区新升实验小学校语文教师	铜仁市第四小学教师	2020.6~2020.7
365	陈 珑	苏州高新区新升实验小学校语文教师	铜仁市第三十四小学教师	2020.6~2020.7
366	华芳芳	苏州高新区金色小学校数学教师	铜仁市第四小学教师	2020.6~2020.7
367	赵 伟	苏州高新区成大实验小学校体育教师	铜仁市第四小学教师	2020.6~2020.7
368	刘晓彤	苏州高新区白马涧小学音乐教师	铜仁市第四小学教师	2020.6~2020.7
369	赵 庭	苏州高新区白马涧小学英语教师	铜仁市第四小学教师	2020.6~2020.7
370	羊洪岗	苏州高新区镇湖实验小学校体育教师、教导处副主任	铜仁市第四小学教师	2020.6~2020.7
371	翁球兵	苏州香雪海小学校长办副主任	德江县第二小学中层干部	2020.6~2020.12

续表

序号	姓名	派出单位和职务（职称）	帮扶单位和职务	帮扶时间
372	胡兴生	吴中区木渎实验小学教技室副主任	德江县第二小学中层干部	2020.6~2020.12
373	王雪芳	吴中区宝带实验小学教科室主任	德江县第二小学副校长	2020.6~2021.6
374	卜祥玉	苏州大学附属中学教师	松桃民族中学校长	2020.7~2021.7
375	张慧俊	吴中区姑苏实验小学教师	德江县第五小学教师	2020.8~2020.9
376	郑莉君	吴中区东山中心小学教师	德江县第五小学教师	2020.8~2020.9
377	黄珍	吴中区西山中心小学教师	德江县第五小学教师	2020.8~2020.9
378	秦婵玉	吴中区碧波实验小学教师	德江县第三小学教师	2020.8~2020.9
379	朱佳华	吴中区车坊小学教师	德江县第三小学教师	2020.8~2020.9
380	蔡文辉	吴中区城西中学副校长	德江县第七中学教师	2020.8~2020.9
381	周卫新	吴中区藏书中学工会主席、德育处主任	德江县第七中学教师	2020.8~2020.9
382	顾园园	张家港市梁丰初级中学教师	沿河县第五初级中学政教处副主任	2020.8~2020.10
383	徐杨	张家港市第一中学教师	沿河县实验中学教科室副主任	2020.8~2020.10
384	阮素玲	张家港市第八中学教师	沿河县第五初级中学政教处副主任	2020.8~2020.10
385	朱超	张家港市暨阳湖实验学校教师	沿河县实验中学教科室副主任	2020.8~2020.10
386	陈利新	张家港市港口学校教师	沿河县土地坳镇中心完全小学教科室副主任	2020.8~2020.10
387	詹亚龙	张家港市中兴小学校长办主任	沿河县第十完全小学副校长	2020.8~2020.10
388	陶虹	张家港市合兴小学校长办副主任	沿河县民族小学副校长	2020.8~2020.10
389	孙方明	吴江区七都中学德育处主任	印江县思源实验中学德育处主任	2020.8~2021.1
390	瞿金荣	吴江区笠泽实验初级中学办公室主任	印江县思源实验中学教务处主任	2020.8~2021.1
391	周建新	吴江区梅堰中学副校级干部	印江县思源实验中学副校长	2020.8~2021.1
392	张晨	昆山市花桥集善小学教师	铜仁市第八小学教师	2020.8~2021.2
393	荀德华	常熟市练塘中学总务处主任、数学教师	思南县第三中学教师	2020.8~2021.2
394	何惠岐	常熟市东张中学化学教研组组长	思南县第三中学教师	2020.8~2021.2
395	乔蕾	张家港市万红小学德育处副主任	沿河县第六完全小学副校长	2020.8~2021.5
396	钱越胜	张家港市世茂小学总务处主任	沿河县民族小学副校长	2020.8~2021.5
397	高春明	南京航空航天大学苏州附属中学教师	松桃民族中学教师	2020.8~2021.7
398	王海燕	苏州工业园区星港学校教师	松桃县第四中学教师	2020.8~2021.7
399	仲雁斌	常熟市滨江职业技术学校机电工程部副部长	思南中等职业学校副校长	2020.8~2021.8

续表

序号	姓名	派出单位和职务（职称）	帮扶单位和职务	帮扶时间
400	崔小兵	苏州高新区实验小学校数学教师、校长助理、工会主席	铜仁市第四小学副校长	2020.8~2021.9
401	孙汝英	张家港市塘市小学副校长	沿河县第六完全小学副校长	2020.8~2021.12
402	余 静	相城区渭塘中学教师	石阡县汤山中学教师	2020.9~2020.10
403	徐焱铭	相城区蠡口中学教师	石阡县汤山中学教师	2020.9~2020.10
404	王险峰	相城区北桥中学教师	石阡县汤山中学教师	2020.9~2020.10
405	周 云	相城区阳澄湖中学校长办副主任	石阡县汤山中学教师	2020.9~2020.10
406	吴晓锋	相城区漕湖学校教师	石阡县汤山中学教师	2020.9~2020.10
407	蒋 华	昆山经济技术开发区中华园小学教师	铜仁市第八小学教师	2020.9~2020.10
408	郭 萍	昆山市周市永平小学教师	铜仁市第八小学教师	2020.9~2020.10
409	沙婷婷	昆山市娄江实验学校教师	铜仁市第八小学教师	2020.9~2020.10
410	沈 茜	苏州市平江实验幼儿园高级教师	江口县第三幼儿园园务会成员	2020.9~2020.10
411	沈 萍	苏州市平江新城实验小学校中小学一级教师	江口县凯德民族学校校委会成员	2020.9~2020.10
412	周铁君	苏州市敬文实验小学校中小学一级教师	江口县凯德民族学校挂职副校长	2020.9~2021.9
413	张擎宇	苏州市善耕实验小学校中小学一级教师	江口县凯德民族学校校委会成员	2020.10~2020.11
414	顾婷婷	苏州市崇道小学校副教导,中小学一级教师	江口县凯德民族学校校委会成员	2020.10~2020.11
415	邵建华	太仓市明德小学教科室主任	玉屏县麻音塘中心完全小学教师	2020.10~2020.11
416	王学奇	太仓市朱棣文小学体育教师	玉屏县大龙小学教师	2020.10~2020.11
417	张建良	太仓市双凤镇新湖小学副校长	玉屏县兴隆小学教师	2020.10~2020.11
418	陆惠芳	太仓市实验幼教中心教师	玉屏县实验幼儿园教师	2020.10~2020.11
419	施雅倩	太仓市城厢镇幼教中心教师	玉屏县平溪第二幼儿园教师	2020.10~2020.11
420	尹 强	太仓市港城幼教中心副主任	玉屏县皂角坪中心幼儿园教师	2020.10~2020.11
421	吴 艳	太仓市浮桥幼教中心副园长	玉屏县平溪中心幼儿园教师	2020.10~2020.11
422	王鹏飞	太仓市经贸小学体育教师	玉屏县平溪中心完全小学教师	2020.10~2021.4
423	顾宇旸	太仓市科教新城南郊小学美术教师	玉屏县新店寄宿制学校教师	2020.10~2021.4
424	武亚楠	苏州市虎丘实验小学校中小学二级教师	江口县凯德民族学校校委会成员	2020.11~2020.12
425	陆子卓	苏州市勤惜实验小学校中小学二级教师	江口县凯德民族学校校委会成员	2020.11~2020.12
426	韩善霞	苏州大学附属中学化学教师	松桃民族中学化学教师	2020.11~2020.12
427	赵 建	西安交通大学苏州附属中学英语教师	松桃民族中学英语教师	2020.11~2020.12

续表

序号	姓名	派出单位和职务（职称）	帮扶单位和职务	帮扶时间
428	曾　茗	南京航空航天大学苏州附属中学历史教师	松桃民族中学历史教师	2020.11~2020.12
429	王　亭	苏州工业园区星海实验中学劳技教师、教科室副主任	松桃县第六完全小学综合实践教师	2020.11~2020.12
430	顾　君	苏州工业园区星湾学校数学教师	松桃县长兴镇中学教师	2020.11~2020.12
431	尧熙平	苏州工业园区莲花学校语文教师	松桃县普觉镇中学语文教师	2020.11~2020.12
432	洪　磊	苏州工业园区星洲小学数学教师	松桃县第六完全小学数学教师	2020.11~2020.12

2016~2021年，苏州市卫生健康系统共派出医务人员720人次到铜仁市开展1个月以上的医疗帮扶。

表7-4　2016~2021年苏州市到铜仁市开展医疗帮扶人员情况

序号	姓名	派出单位和职务（职称）	帮扶单位和职务（职称）	帮扶时间
1	钱平康	昆山市中医医院医师	碧江区中医医院科室副科长	2016.3~2016.4
2	谢　丹	昆山市中医医院医师	碧江区中医医院科室副科长	2016.3~2016.4
3	范志江	常熟市第一人民医院副主任医师	思南县人民医院医师	2016.4~2016.7
4	汤　程	常熟市第一人民医院副主任医师	思南县妇幼保健院医师	2016.4~2016.7
5	刘响宇	常熟市第一人民医院副主任医师	思南县人民医院医师	2016.4~2016.7
6	孙利国	常熟市第二人民医院主任医师	思南县民族中医院医师	2016.4~2016.7
7	凌文娟	常熟市第二人民医院副主任医师	思南县民族中医院医师	2016.4~2016.7
8	赵雨花	常熟市第二人民医院副主任医师	思南县民族中医院医师	2016.4~2016.7
9	季　勇	常熟市第二人民医院副主任医师	思南县人民医院医师	2016.4~2016.7
10	丁建平	常熟市中医院副主任中医师	思南县民族中医院医师	2016.4~2016.7
11	顾伟群	常熟市中医院主任医师	思南县妇幼保健院医师	2016.4~2016.7
12	顾梅青	常熟市中医院副主任医师	思南县妇幼保健院医师	2016.4~2016.7
13	顾　烨	昆山市中医医院医师	碧江区中医医院科室副科长	2016.5~2016.6
14	周晓萍	昆山市中医医院医师	碧江区中医医院科室副科长	2016.5~2016.6
15	许邹华	昆山市中医医院医师	碧江区中医医院科室副科长	2016.7~2016.8
16	吴晓峰	昆山市中医医院医师	碧江区中医医院科室副科长	2016.7~2016.8
17	周玉林	苏州大学附属儿童医院医生	松桃县人民医院普儿一科副主任医师	2016.7~2017.9
18	游斌权	苏州九龙医院心内科副主任医师	松桃县人民医院心血管内科副主任医师	2016.7~2017.9
19	陈润祥	苏州九龙医院心血管内科主任医师	松桃县人民医院心血管内科主任医师	2016.8~2016.10
20	邢玉刚	昆山市中医医院医师	碧江区中医医院科室副科长	2016.9~2016.10

续表

序号	姓名	派出单位和职务（职称）	帮扶单位和职务（职称）	帮扶时间
21	顾喜明	昆山市中医医院医师	碧江区中医医院科室副科长	2016.9~2016.10
22	殷德猛	苏州市中医医院胸外科副主任医师	松桃县人民医院外五科副主任医师	2016.10~2016.11
23	李　红	常熟市血站主管护师	思南县中心血库护师	2016.10~2016.11
24	曹　健	常熟市血站主管医师	思南县中心血库医师	2016.10~2016.11
25	俞　赟	苏州大学附属儿童医院新生儿科主治医师	松桃县人民医院新生儿科主治医师	2016.10~2016.12
26	丁　立	常熟市第一人民医院主任医师	思南县人民医院医师	2016.10~2017.1
27	朱怿东	常熟市第一人民医院副主任医师	思南县人民医院医师	2016.10~2017.1
28	支鹏飞	常熟市第一人民医院主任医师	思南县人民医院医师	2016.10~2017.1
29	陈　英	常熟市第二人民医院主任医师	思南县人民医院医师	2016.10~2017.1
30	陶建军	常熟市第二人民医院副主任医师	思南县人民医院医师	2016.10~2017.1
31	钱建青	常熟市中医院主任医师	思南县民族中医院医师	2016.10~2017.1
32	于　民	常熟市中医院副主任中医师	思南县民族中医院医师	2016.10~2017.1
33	张　鸽	常熟市第二人民医院主任医师	思南县民族中医院医师	2016.10~2017.1
34	蔡奚梅	常熟市中医院主任医师	思南县妇幼保健院医师	2016.10~2017.1
35	黄卫良	常熟市第二人民医院主任医师	思南县妇幼保健院医师	2016.10~2017.1
36	邵　波	苏州九龙医院心血管内科副主任医师	松桃县人民医院心血管内科副主任医师	2016.11~2016.12
37	王　卓	昆山市中医医院医师	碧江区中医医院科室副科长	2016.11~2016.12
38	杨　炜	昆山市中医医院医师	碧江区中医医院科室副科长	2016.11~2016.12
39	季　伟	张家港市第一人民医院妇产科主治医师	沿河县人民医院产科医师	2016.12~2017.1
40	周红娟	张家港市第一人民医院儿科秘书，副主任医师	沿河县人民医院儿科医师	2016.12~2017.1
41	吴耀刚	张家港市第一人民医院骨科副主任医师	沿河县人民医院骨科医师	2016.12~2017.1
42	曹　雷	张家港市第一人民医院影像科主治医师	沿河县人民医院影像科医师	2016.12~2017.1
43	杰　辉	苏州市中医医院主治中医师	江口县人民医院内二科副主任	2017.3~2017.5
44	唐方英	苏州市中医医院科护士长，主管护师	江口县人民医院护理部主任	2017.3~2017.5
45	王建伟	昆山市中医医院医师	碧江区中医医院科室副科长	2017.3~2017.5
46	陆　琦	昆山市中医医院医师	碧江区中医医院科室副科长	2017.3~2017.5
47	皮　斌	苏州大学附属第一医院医生	石阡县人民医院医生	2017.3~2017.5
48	李万鑫	苏州大学附属第一医院医生	石阡县人民医院医生	2017.3~2017.5
49	桂　琦	苏州大学附属第一医院医生	石阡县人民医院医生	2017.3~2017.5
50	刘建刚	苏州大学附属第一医院医生	石阡县人民医院医生	2017.3~2017.5 2018.4~2019.4

续表

序号	姓名	派出单位和职务（职称）	帮扶单位和职务（职称）	帮扶时间
51	茅惠群	吴江区第一人民医院妇产科主任，副主任医师	印江县人民医院妇产科副主任	2017.3~2017.9
52	贾振宇	张家港市第一人民医院急诊科副主任，副主任医师	沿河县人民医院急诊科（ICU）医师	2017.4~2017.6
53	黄海伟	张家港市第一人民医院妇产科秘书，副主任医师	沿河县人民医院妇产科医师	2017.4~2017.6
54	宋锦程	张家港市第一人民医院骨科副主任医师	沿河县人民医院骨科医师	2017.4~2017.6
55	周晓春	苏州市相城人民医院普外科、肝胆外科负责人	石阡县中医医院普外科主治医师	2017.4~2017.7
56	陈 金	苏州市相城人民医院骨科副主任医师	石阡县中医医院骨科主治医师	2017.4~2017.7
57	马庆华	相城区第三人民医院预防保健科科长，主治医师	石阡县中医医院、石阡县疾病预防控制中心主治医师	2017.4~2017.7
58	杨 毅	苏州大学附属第二医院影像科副主任医师	松桃县人民医院放射科医师	2017.4~2017.7
59	章春园	苏州大学附属第二医院神经内科副主任医师	松桃县人民医院神经内科业务主任	2017.4~2017.7
60	钟丰云	苏州大学附属第二医院普外科副主任医师	松桃县人民医院普外科业务主任	2017.4~2017.7
61	周萃阶	张家港市第一人民医院普外科主任，主治医师	沿河县人民医院普外科医师	2017.4~2017.7
62	顾红芳	苏州市中西医结合医院感染管理科科长	德江县人民医院妇科副主任	2017.4~2017.7
63	谢凤珠	苏州市中西医结合医院大内科护士长	德江县人民医院护理部副主任	2017.4~2017.7
64	郭 洁	苏州九龙医院副主任医师	松桃县人民医院心血管内科副主任医师	2017.5~2017.6
65	金 钧	苏州大学附属第一医院医生	石阡县人民医院医生	2017.5~2017.6
66	孔小行	苏州大学附属儿童医院主任医师	松桃县人民医院普儿二科主任医师	2017.6~2017.7
67	高懋峰	苏州大学附属第一医院医生	石阡县人民医院医生	2017.6~2017.8
68	毕永峰	苏州大学附属第一医院医生	石阡县人民医院医生	2017.6~2017.8
69	卢谦益	苏州大学附属第一医院医生	石阡县人民医院医生	2017.6~2017.8
70	陈宣伊	苏州市中医医院科教学秘书，主治中医师	江口县人民医院妇产科副主任、科教科副主任	2017.6~2017.8
71	朱惠萍	苏州市中医医院科教学秘书，副主任中医师	江口县人民医院医务科副科长、内二科副主任	2017.6~2017.8
72	陈 云	苏州市中医医院护师	江口县人民医院护理部主任	2017.6~2017.8
73	陈 雪	昆山市中医医院医师	碧江区中医医院科室副科长	2017.6~2017.9

续表

序号	姓名	派出单位和职务（职称）	帮扶单位和职务（职称）	帮扶时间
74	曹珍珍	昆山市中医医院医师	碧江区中医医院科室副科长	2017.6~2017.9
75	薛　毅	苏州市中西医结合医院医师	松桃县民族中医院血透室副主任	2017.8~2017.9
76	崔　巍	苏州市相城人民医院骨科副主任医师	石阡县中医医院骨科主治医师	2017.8~2017.11
77	赵业剑	苏州市相城人民医院普外科副主任医师	石阡县中医医院普外科主治医师	2017.8~2017.11
78	张立峰	苏州大学附属第一医院医生	石阡县人民医院医生	2017.9~2017.11
79	孙智勇	苏州大学附属第一医院医生	石阡县人民医院医生	2017.9~2017.11
80	黄　坚	苏州大学附属第一医院医生	石阡县人民医院医生	2017.9~2017.11
81	赵文露	苏州大学附属第二医院影像科主治医师	松桃县人民医院放射科医师	2017.9~2017.12
82	姜　山	苏州大学附属第二医院肾内科副主任医师	松桃县人民医院肾内科医师	2017.9~2017.12
83	胡伟东	苏州大学附属第二医院神经内科副主任医师	松桃县人民医院神经内科医师	2017.9~2017.12
84	郑小兵	昆山市中医医院医师	碧江区中医医院科室副科长	2017.9~2017.12
85	尹自飞	昆山市中医医院医师	碧江区中医医院科室副科长	2017.9~2017.12
86	许耀丰	苏州市中医医院副主任中医师	江口县人民医院外二科主任	2017.9~2017.12
87	胡史珍	苏州市中医医院科护士长，主管护师	江口县人民医院护理部主任	2017.9~2017.12
88	周　进	苏州大学附属第一医院医生	石阡县人民医院医生	2017.9~2017.9
89	陆　勇	苏州大学附属第一医院医生	石阡县人民医院医生	2017.9~2018.2
90	赵青萍	张家港市第一人民医院儿科主任医师	沿河县人民医院儿科医师	2017.10~2017.11
91	施海伟	张家港市中医医院骨伤科主任医师	沿河县人民医院骨科医师	2017.10~2017.11
92	石利华	张家港市第五人民医院放射科副主任医师	沿河县人民医院放射科医师	2017.10~2017.11
93	黄云琴	张家港市第六人民医院血透室护士长，护师	沿河县人民医院血透室护师	2017.10~2017.11
94	朱建芬	张家港市第二人民医院妇产科副主任，副主任医师	沿河县第一人民医院妇产科医师	2017.10~2017.11
95	李晓君	太仓市第一人民医院泌尿外科副主任医师	玉屏县人民医院医师	2017.10~2017.12
96	陈永昌	常熟市第二人民医院主任医师	思南县人民医院医师	2017.10~2018.1
97	黄正如	常熟市第二人民医院主任医师	思南县人民医院医师	2017.10~2018.1
98	成翠娥	常熟市第二人民医院主任医师	思南县人民医院医师	2017.10~2018.1
99	顾惠芳	常熟市第一人民医院副主任医师	思南县人民医院医师	2017.10~2018.1
100	潘　莹	常熟市第一人民医院副主任医师	思南县人民医院医师	2017.10~2018.1
101	屠文健	常熟市第一人民医院副主任医师	思南县民族中医院医师	2017.10~2018.1

续表

序号	姓名	派出单位和职务（职称）	帮扶单位和职务（职称）	帮扶时间
102	王晓锋	常熟市第一人民医院副主任医师	思南县民族中医院医师	2017.10~2018.1
103	顾　俊	常熟市第二人民医院副主任医师	思南县民族中医院医师	2017.10~2018.1
104	陆美华	常熟市中医院主任医师	思南县妇幼保健院医师	2017.10~2018.1
105	王春兰	常熟市中医院主任医师	思南县妇幼保健院医师	2017.10~2018.1
106	马春芳	苏州市中西医结合医院肾病内分泌科护士长	德江县人民医院中医康复科副护士长、桶井分院副院长	2017.10~2017.11
107	洪文明	张家港市中医医院功能科主任、B超室主任，主治医师	沿河县人民医院超声科医师	2017.11~2017.11 2018.6~2018.7
108	陈　江	苏州市中医医院医务科科长，主任中医师	江口县人民医院副院长	2017.11~2018.11
109	钱　平	太仓市第一人民医院重症监护室副主任医师	玉屏县人民医院医师	2017.12~2018.1
110	刘　艳	太仓市第一人民医院感染科副主任医师	玉屏县人民医院医师	2017.12~2018.1
111	黄锦山	太仓市第一人民医院普外科主治医师	玉屏县人民医院医师	2017.12~2018.1
112	刘仁红	太仓市第一人民医院重症护理主管护师	玉屏县人民医院护师	2017.12~2018.1
113	李　慧	太仓市第一人民医院神经内科护理主管护师	玉屏县人民医院护师	2017.12~2018.1
114	谢　斌	太仓市浏河人民医院外科副主任医师	玉屏县中医院及其医共体乡镇卫生院医师	2017.12~2018.1
115	李海龙	太仓市浏河人民医院外科主治医师	玉屏县中医院及其医共体乡镇卫生院医师	2017.12~2018.1
116	张　润	太仓市璜泾人民医院外科主治医师	玉屏县中医院及其医共体乡镇卫生院医师	2017.12~2018.1
117	赵灿灿	太仓市璜泾人民医院内科主治医师	玉屏县中医院及其医共体乡镇卫生院医师	2017.12~2018.1
118	曾武兵	太仓市沙溪人民医院外科主治医师	玉屏县中医院及其医共体乡镇卫生院医师	2017.12~2018.1
119	江　海	太仓市卫计委预防科科长	玉屏县中医院及其医共体乡镇卫生院医生	2017.12~2018.1
120	邹　勇	苏州工业园区跨塘社区卫生服务中心医师	松桃县民族中医院内二科医师	2017.12~2018.1
121	鞠振华	苏州工业园区斜塘社区卫生服务中心门诊主任	松桃县民族中医院内二科医师	2017.12~2018.1
122	简晓华	苏州工业园区胜浦社区卫生服务中心医师	松桃县民族中医院内一科医师	2017.12~2018.1

续表

序号	姓名	派出单位和职务（职称）	帮扶单位和职务（职称）	帮扶时间
123	王 华	苏州工业园区车坊社区卫生服务中心医师	松桃县民族中医院内一科医师	2017.12~2018.1
124	潘建良	苏州工业园区娄葑社区卫生服务中心医师	松桃县民族中医院急诊科医师	2017.12~2018.1
125	张国栋	苏州工业园区金鸡湖社区卫生服务中心医师	松桃县民族中医院针灸科医师	2017.12~2018.1
126	李 迪	苏州工业园区星海医院心血管科主治医师	松桃县人民医院心血管内科业务主任	2017.12~2018.1
127	颜舒影	苏州工业园区星湖医院神经内科医师	松桃县人民医院急诊科医师	2017.12~2018.1
128	赵永春	苏州工业园区跨塘社区卫生服务中心医务科主任，副主任医师	松桃县人民医院消化肿瘤科副主任医师	2017.12~2018.1
129	田 宇	苏州工业园区唯亭社区卫生服务中心内科副主任医师	松桃县人民医院呼吸与危重症医学科业务主任	2017.12~2018.1
130	黄小平	苏州大学附属第一医院医生	石阡县人民医院医生	2017.12~2018.1
131	王海鹏	苏州大学附属第一医院医生	石阡县人民医院医生	2017.12~2018.1
132	陈 彦	苏州大学附属第一医院医生	石阡县人民医院医生	2017.12~2018.2
133	沈胡刚	昆山市中医医院医师	碧江区中医医院科室副科长	2017.12~2018.3
134	王恒杰	昆山市中医医院医师	碧江区中医医院科室副科长	2017.12~2018.3
135	马奇翰	苏州市中医医院副院长，副主任中医师	江口县人民医院县公立医院管理委员会副主任	2017.12~2020.12
136	张国栋	苏州市中医医院主治中医师	江口县人民医院康复医学科副主任	2018.1~2018.4
137	顾圣陶	苏州市中医医院科副护士长，主管护师	江口县人民医院护理部副主任	2018.1~2018.4
138	魏 超	苏州大学附属第一医院医生	石阡县人民医院医生	2018.2~2018.4
139	沈芳荣	苏州大学附属第一医院医生	石阡县人民医院医生	2018.3~2018.5
140	李雪峰	苏州大学附属第一医院医生	石阡县人民医院医生	2018.3~2018.5
141	王 刚	吴江区第一人民医院普外科副主任医师	印江县人民医院普外科副主任	2018.3~2018.6
142	陈光强	苏州大学附属第二医院放射科主任医师	松桃县人民医院放射科业务主任	2018.3~2018.6
143	姜林森	苏州大学附属第二医院肾内科副主任医师	松桃县人民医院肾内科医师	2018.3~2018.6
144	张海东	苏州市相城人民医院普外科副主任医师	石阡县中医医院普外科副主任医师	2018.3~2018.6
145	孙 浩	苏州市相城人民医院麻醉科副主任医师	石阡县中医医院麻醉科副主任医师	2018.3~2018.6

续表

序号	姓名	派出单位和职务（职称）	帮扶单位和职务（职称）	帮扶时间
146	葛建宇	相城区漕湖人民医院预防保健科主治医师	石阡县疾病预防控制中心主治医师	2018.3~2018.6
147	朱建兵	苏州科技城医院影像科副主任	万山区人民医院放射科医师	2018.3~2018.6
148	张国强	苏州科技城医院肿瘤外科医生	万山区人民医院普外科医生	2018.3~2018.6
149	蔡世宏	苏州科技城医院麻醉科医生	万山区人民医院麻醉科医生	2018.3~2018.6
150	高焕焕	苏州科技城医院呼吸内科医生	万山区人民医院内一科医生	2018.3~2018.6
151	王 骏	昆山市中医医院医师	碧江区中医医院科室副科长	2018.4~2018.7
152	王义明	昆山市中医医院医师	碧江区中医医院科室副科长	2018.4~2018.7
153	万智钢	吴江区第一人民医院麻醉科副主任医师	印江县人民医院手术麻醉科副主任	2018.4~2018.7
154	戴 骏	江苏盛泽医院神经内科副主任医师	印江县人民医院神经内科副主任	2018.4~2018.7
155	沈建锋	江苏盛泽医院妇产科副主任医师	印江县人民医院妇产科副主任	2018.4~2018.7
156	陆一平	吴江区中医医院（吴江区第二人民医院）口腔科主任，主治医师	印江县人民医院口腔科副主任	2018.4~2018.7
157	董 荣	吴江区第五人民医院骨科主治医师	印江县人民医院骨科副主任	2018.4~2018.7
158	周炳荣	江苏盛泽医院骨科副主任医师	印江县中医医院副院长	2018.4~2018.11
159	夏 正	江苏盛泽医院医务部主任，主任中医师	印江县人民医院副院长	2018.4~2021.4
160	金少娟	张家港市第一人民医院新生儿科主治医师	沿河县人民医院儿科医师	2018.5~2018.6
161	李海燕	张家港市中医医院产科副主任医师	沿河县人民医院妇产科医师	2018.5~2018.6
162	徐 沁	张家港市第一人民医院脊柱外科副主任医师	沿河县人民医院骨科医师	2018.5~2018.6
163	盛宇峰	张家港市第一人民医院心内科副主任医师	沿河县人民医院心内科医师	2018.5~2018.6
164	朱国强	张家港市中医医院功能科（B超）副主任，副主任医师	沿河县人民医院超声科医师	2018.5~2018.6
165	刘玉平	苏州大学附属第一医院医生	石阡县人民医院医生	2018.5~2018.7
166	蒋亚文	苏州市中医医院副主任中医师	江口县人民医院护理部副主任	2018.5~2018.8
167	朱 洁	苏州市中医医院干事，主管护师	江口县人民医院康复科副科长	2018.5~2018.8
168	张 婷	常熟市第一人民医院副主任医师	思南县人民医院医师	2018.5~2018.8
169	裴逸伶	常熟市第一人民医院副主任医师	思南县人民医院医师	2018.5~2018.8
170	陈 前	常熟市第二人民医院副主任医师	思南县人民医院医师	2018.5~2018.8
171	邢 茜	常熟市第二人民医院主任医师	思南县人民医院医师	2018.5~2018.8
172	徐晓叶	常熟市第一人民医院副主任医师	思南县民族中医院医师	2018.5~2018.8
173	陶 锋	常熟市第一人民医院主任医师	思南县民族中医院医师	2018.5~2018.8

续表

序号	姓名	派出单位和职务（职称）	帮扶单位和职务（职称）	帮扶时间
174	殷 勋	常熟市第二人民医院主任医师	思南县民族中医院医师	2018.5~2018.8
175	郭建林	常熟市第二人民医院副主任医师	思南县民族中医院医师	2018.5~2018.8
176	赵晓霞	常熟市中医院副主任医师	思南县妇幼保健院医师	2018.5~2018.8
177	赵 娜	常熟市中医院副主任医师	思南县妇幼保健院医师	2018.5~2018.8
178	王 建	昆山市中医医院医师	碧江区中医医院外一科副科长	2018.5~2019.8
179	张 敏	太仓市第一人民医院儿科主治医师	玉屏县人民医院医师	2018.6~2018.7
180	马海青	太仓市浏河人民医院消化内科主治医师	玉屏县人民医院医师	2018.6~2018.7
181	黄启立	太仓市浏河人民医院骨科主治医师	玉屏县人民医院医师	2018.6~2018.7
182	王群东	太仓市沙溪人民医院普外科副主任医师	玉屏县人民医院医师	2018.6~2018.7
183	朱晓亮	太仓市沙溪人民医院内科主治医师	玉屏县人民医院医师	2018.6~2018.7
184	张国平	太仓市双凤人民医院内科主治医师	玉屏县中医院医师	2018.6~2018.7
185	顾红芳	太仓市璜泾人民医院内科副主任医师	玉屏县中医院医师	2018.6~2018.7
186	林宏庆	太仓市璜泾人民医院内科主治医师	玉屏县中医院医师	2018.6~2018.7
187	梅 飞	太仓市港区医院外科副主任医师	玉屏县中医院医师	2018.6~2018.7
188	王彩琴	太仓市港区医院全科副主任医师	玉屏县中医院医师	2018.6~2018.7
189	曹 泽	张家港市第一人民医院脊柱外科主治医师	沿河县人民医院骨科医师	2018.6~2018.7
190	任 骋	张家港市第一人民医院心内科副主任医师	沿河县人民医院心内科医师	2018.6~2018.7
191	谭惠丰	张家港市中医医院肾内科主治医师	沿河县人民医院血透室医师	2018.6~2018.7
192	贺明庆	苏州大学附属第一医院医生	石阡县人民医院医生	2018.6~2018.8
193	王晓飞	苏州大学附属第一医院医生	石阡县人民医院医生	2018.6~2018.8
194	朱锦舟	苏州大学附属第一医院医生	石阡县人民医院医生	2018.6~2018.8
195	杨 静	苏州大学附属第一医院医生	石阡县人民医院医生	2018.6~2018.8
196	王明玥	苏州大学附属第一医院医生	石阡县人民医院医生	2018.6~2018.8
197	周 遊	苏州大学附属第一医院医生	石阡县人民医院医生	2018.6~2018.8
198	钮利娟	苏州大学附属第一医院医生	石阡县人民医院医生	2018.6~2018.8
199	黄 燕	苏州大学附属第一医院医生	石阡县人民医院医生	2018.6~2018.8
200	郭 艳	苏州大学附属第一医院医生	石阡县人民医院医生	2018.6~2018.8
201	支显明	苏州工业园区唯亭社区服务中心外科副主任医师	松桃县人民医院普外科业务主任	2018.6~2018.9
202	张 强	苏州工业园区金鸡湖社区卫生服务中心全科主治医师	松桃县人民医院急诊科医师	2018.6~2018.9
203	刘 娟	苏州市吴中人民医院产科主任医师	德江县妇幼保健院院长助理	2018.6~2018.9
204	宋 锴	苏州大学附属第二医院肾内科副主任医师	松桃县人民医院肾内科医师	2018.6~2018.9

续表

序号	姓名	派出单位和职务（职称）	帮扶单位和职务（职称）	帮扶时间
205	蔡　武	苏州大学附属第二医院放射科副主任医师	松桃县人民医院放射科医师	2018.6~2018.9
206	黄　燕	苏州市中西医结合医院妇产科主治医师	德江县人民医院产科副主任	2018.6~2018.9
207	徐雅娟	苏州市中西医结合医院重症医学科副主任护师	德江县人民医院重症医学科副护士长	2018.6~2018.9
208	侯红波	苏州市中西医结合医院医师	松桃县民族中医院外一科副主任	2018.6~2018.9
209	朱　莉	苏州市中西医结合医院护士	松桃县民族中医院儿科副护士长	2018.6~2018.9
210	张为新	苏州科技城医院口腔科医生	万山区人民医院医生	2018.6~2018.12
211	杨立国	吴江区卫生监督所计划生育监督科科长	印江县卫生监督所稽查科副科长	2018.7~2018.8
212	张海红	吴江区疾病预防控制中心检验科副科长，主管技师	印江县疾病预防控制中心检验科副主任	2018.7~2018.8
213	陈小冬	吴江区第一人民医院消化科主治医师	印江县人民医院消化内科副主任	2018.7~2018.10
214	曹建华	吴江区中医医院（吴江区第二人民医院）中医、针灸推拿主治医师	印江县人民医院中医康复科副主任	2018.7~2018.10
215	洪　禹	吴江区第四人民医院内科副主任医师	印江县人民医院神经内科副主任	2018.7~2018.10
216	徐立新	苏州工业园区娄葑社区卫生服务中心全科副主任医师	松桃县人民医院普外科医师	2018.8~2018.9
217	杨少锋	苏州工业园区星海医院普外科副主任医师	松桃县人民医院普外科业务主任	2018.8~2018.9
218	殷大梅	苏州工业园区星浦医院医师	松桃县人民医院呼吸内科医师	2018.8~2018.9
219	毛锦宁	苏州大学附属第一医院医生	石阡县人民医院医生	2018.8~2018.9
220	刘　曼	苏州大学附属第一医院医生	石阡县人民医院医生	2018.8~2018.10
221	邹吉林	苏州市中医医院主任中医师	江口县人民医院外二科副主任	2018.8~2018.11
222	李　洁	苏州市中医医院护师	江口县人民医院内二科副护士长	2018.8~2018.11
223	曹俊涛	昆山市中医医院医师	碧江区中医医院科室副科长	2018.8~2018.11
224	徐德华	苏州市相城人民医院普外科副主任医师	石阡县中医医院普外科副主任医师	2018.8~2018.11
225	方　敏	苏州市相城人民医院麻醉科主治医师	石阡县中医医院麻醉科主治医师	2018.8~2018.11
226	张　栋	相城区第二人民医院骨外科医师	石阡县中医医院骨外科副主任医师	2018.8~2018.11

续表

序号	姓名	派出单位和职务（职称）	帮扶单位和职务（职称）	帮扶时间
227	范秋红	苏州市吴中人民医院儿科主治医师	德江县妇幼保健院儿科主任	2018.8~2018.11
228	严志强	昆山市中医医院医师	碧江区中医医院科室副科长	2018.8~2019.11
229	洪　钰	苏州大学附属第一医院医生	石阡县人民医院医生	2018.9~2018.11
230	胡天燕	苏州大学附属第一医院医生	石阡县人民医院医生	2018.9~2018.11
231	陆一枫	苏州大学附属第一医院医生	石阡县人民医院医生	2018.9~2018.11
232	蒋晓鸣	苏州大学附属第一医院医生	石阡县人民医院医生	2018.9~2018.11
233	苏　楠	苏州大学附属第一医院医生	石阡县人民医院医生	2018.9~2018.11
234	冯婷婷	苏州大学附属第一医院医生	石阡县人民医院医生	2018.9~2018.11
235	陶朵朵	苏州大学附属第一医院医生	石阡县人民医院医生	2018.9~2018.11
236	冯　胜	苏州大学附属第二医院肾内科副主任医师	松桃县人民医院肾内科医师	2018.9~2018.12
237	朱江涛	苏州大学附属第二医院放射科副主任医师	松桃县人民医院放射科医师	2018.9~2018.12
238	周永强	吴江区第一人民医院泌尿外科副主任医师	印江县人民医院泌尿外科副主任	2018.9~2018.12
239	张建凤	江苏盛泽医院大科护士长，副主任护师	印江县人民医院护理部副主任	2018.9~2018.12
240	沈卫忠	江苏盛泽医院放射科副主任，副主任医师	印江县人民医院放射科副主任	2018.9~2018.12
241	孙丽娜	常熟市第五人民医院主治医师	思南县塘头镇卫生院医师	2018.9~2018.12
242	张　秀	江苏盛泽医院妇产科副主任医师	印江县中医医院妇产科副主任	2018.9~2019.2
243	朱建峰	常熟市支塘人民医院副主任医师	思南县许家坝镇中心卫生院医师	2018.9~2019.3
244	金永祥	常熟市梅李人民医院副主任医师	思南县许家坝镇中心卫生院医师	2018.9~2019.3
245	高　彦	常熟市第五人民医院主治医师	思南县塘头镇卫生院医师	2018.9~2019.12
246	马　云	苏州科技城医院麻醉科医生	万山区人民医院麻醉科医生	2018.10~2018.12
247	钱晓萍	苏州科技城医院药学科医生	万山区人民医院药剂科医生	2018.10~2018.12
248	李倩倩	苏州科技城医院护理部医生	万山区人民医院护理部医生	2018.10~2018.12
249	薛小英	苏州科技城医院回访办医生	万山区人民医院回访办医生	2018.10~2018.12
250	王春红	苏州市中西医结合医院护士	松桃县民族中医院重症医学科副护士长	2018.10~2019.1
251	吴晓东	苏州市中西医结合医院医师	松桃县民族中医院骨伤科副主任	2018.10~2019.1
252	孙　建	相城区第二人民医院超声科医师	石阡县中医医院超声科主治医师	2018.10~2019.1
253	王晓红	苏州市吴中人民医院产科主管护师	德江县妇幼保健院产科护士长	2018.10~2019.1
254	张海涛	苏州市中西医结合医院儿科主治医师	德江县人民医院儿一科副主任	2018.10~2019.1

续表

序号	姓名	派出单位和职务（职称）	帮扶单位和职务（职称）	帮扶时间
255	荣　蓉	苏州市中西医结合医院骨伤科主管护师	德江县人民医院中医科副护士长	2018.10~2019.1
256	钱永坤	苏州市立医院普外科主任医师	铜仁市人民医院医师	2018.10~2019.1
257	席与斌	苏州市立医院急诊重症科副主任医师	铜仁市人民医院医师	2018.10~2019.1
258	国　风	苏州市立医院肿瘤内科副主任医师	铜仁市人民医院医师	2018.10~2019.1
259	谭英斌	昆山市中医医院医师	碧江区中医医院科室副科长	2018.10~2019.4
260	夏晓伟	昆山市中医医院医师	碧江区中医医院科室副科长	2018.10~2019.4
261	张姗姗	姑苏区疾病预防控制中心检验科（体检中心）科员，公共卫生执业医师	江口县疾病预防控制中心主任助理	2018.10~2019.4
262	宗天舟	姑苏区疾病预防控制中心免疫规划管理科科长助理，公共卫生执业医师	江口县疾病预防控制中心主任助理	2018.10~2019.4
263	徐厚高	苏州市相城人民医院骨科副主任医师	石阡县中医医院骨科副主任医师	2018.10~2019.4
264	周卫军	张家港市中医医院呼吸科主治医师	沿河县人民医院呼吸科副主任	2018.10~2019.4
265	张　燕	张家港市妇幼保健所超声科主治医师	沿河县人民医院超声科副主任	2018.10~2019.4
266	陆　健	苏州科技城医院骨科医生	万山区人民医院骨科医生	2018.10~2019.4
267	张　霞	苏州市吴中人民医院麻醉科副主任医师	德江县妇幼保健院麻醉科主任	2018.10~2019.5
268	李海勇	苏州市中西医结合医院老年科主治中医师	德江县人民医院中医科副主任	2018.10~2019.5
269	汪　超	姑苏区卫生监督所消杀与传染病防治监督科科长	江口县卫生监督所副所长	2018.10~2019.11
270	刘　华	相城区第三人民医院医务科科长，主任医师	石阡县中医医院挂职副院长	2018.10~2019.11
271	吴玉燕	相城区第三人民医院妇幼保健科主治医师	石阡县中医医院妇幼保健科主治医师	2018.10~2019.11
272	任元庆	苏州市吴中人民医院中医科主治医师	德江县妇幼保健院中医科主任	2018.10~2019.11
273	刘　健	张家港市第一人民医院消化内科主任医师	沿河县人民医院副院长	2018.10~2019.11
274	戴　超	苏州科技城医院泌尿外科医生	万山区人民医院泌尿外科医生	2018.10~2019.11
275	尤　晨	常熟市第三人民医院副主任医师	思南县卫健局、思南县人民医院、思南县民族中医院、思南县塘头镇卫生院、思南县许家坝镇卫生院医师	2018.10~2019.12
276	仇圣玥	苏州工业园区金鸡湖社区卫生服务中心医师	松桃县民族中医院治未病科医师	2018.11~2018.12
277	朱明辉	张家港市第一人民医院心内科副主任医师	沿河县人民医院医师	2018.11~2019.1

续表

序号	姓名	派出单位和职务（职称）	帮扶单位和职务（职称）	帮扶时间
278	金 燕	吴江区中医医院（吴江区第二人民医院）主管护师	印江县中医医院护理部副主任	2018.11~2019.1
279	夏凯文	苏州市中医医院副主任中医师	江口县人民医院外二科副主任	2018.11~2019.2
280	李燕兰	苏州市中医医院科副护士长，主管护师	江口县人民医院内二科副护士长	2018.11~2019.2
281	卢 丁	太仓市港区医院内科主治中医师	玉屏县中医医院医师	2018.11~2019.2
282	魏 强	太仓市沙溪人民医院内科主治医师	玉屏县人民医院医师	2018.11~2019.4
283	史国华	苏州工业园区跨塘社区卫生服务中心中医科主任	松桃县民族中医院门诊医师	2018.11~2019.5
284	朱新华	苏州工业园区车坊社区卫生服务中心医师	松桃县民族中医院急诊科医师	2018.11~2019.5
285	贾 彤	太仓市妇幼保健计划生育服务中心妇保科副主任医师	玉屏县妇幼保健计划生育服务中心医师	2018.11~2019.10
286	沈 超	苏州工业园区疾病防治中心科员	松桃县疾病预防控制中心科员	2018.11~2019.12
287	张建福	苏州市相城人民医院放射科副主任医师	石阡县中医医院放射科副主任医师	2018.12~2019.1
288	张锦贤	苏州市相城人民医院护理部主管护师	石阡县中医医院外科主管护师	2018.12~2019.1
289	顾春亮	相城区第二人民医院麻醉科副主任医师	石阡县中医医院麻醉科副主任医师	2018.12~2019.1
290	沈康飞	吴江区中医医院（吴江区第二人民医院）肾内科主治医师	印江县中医医院血透中心副主任	2018.12~2019.2
291	徐彩华	苏州大学附属第一医院医生	石阡县人民医院医生	2018.12~2019.2
292	王 伟	苏州大学附属第一医院医生	石阡县人民医院医生	2019.1~2019.3
293	沈艳萍	苏州大学附属第一医院医生	石阡县人民医院医生	2019.1~2019.3
294	葛建荣	苏州大学附属第一医院医生	石阡县人民医院医生	2019.1~2019.3
295	何文君	苏州大学附属第一医院医生	石阡县人民医院医生	2019.1~2019.3
296	李勉贤	苏州大学附属第一医院医生	石阡县人民医院医生	2019.2~2019.4
297	李晓新	苏州市中医医院科员，副主任中医师	江口县人民医院急诊科副主任	2019.2~2019.5
298	纪亚燕	苏州市中医医院主管护师	江口县人民医院中医科护士长	2019.2~2019.5
299	许乐乐	苏州大学附属第一医院医生	石阡县人民医院医生	2019.3~2019.5
300	丁 娇	苏州大学附属第一医院医生	石阡县人民医院医生	2019.3~2019.5
301	陈 超	苏州大学附属第一医院医生	石阡县人民医院医生	2019.3~2019.5
302	何志洁	苏州市立医院肿瘤内科主任医师	铜仁市人民医院医师	2019.3~2019.5
303	李晓英	苏州市立医院重症医学科主任医师	铜仁市人民医院医师	2019.3~2019.5
304	于 泓	苏州市立医院普外科主任医师	铜仁市人民医院医师	2019.3~2019.5
305	王 峙	苏州大学附属第二医院肾内科副主任医师	松桃县人民医院肾内科业务主任	2019.3~2019.6

续表

序号	姓名	派出单位和职务（职称）	帮扶单位和职务（职称）	帮扶时间
306	徐　瑾	苏州大学附属第二医院主治医师	松桃县人民医院影像科业务主任	2019.3~2019.6
307	刘　滔	太仓市沙溪人民医院副主任医师	玉屏县朱家场镇中心卫生院医师	2019.4~2019.5
308	戴伟峰	太仓市璜泾人民医院普外科主任，副主任医师	玉屏县大龙镇中心卫生院医师	2019.4~2019.5
309	钱美萍	太仓市双凤人民医院副院长，副主任中医师	玉屏县平溪街道社区卫生服务中心医师	2019.4~2019.5
310	王刘强	太仓市城厢社区卫生服务中心副主任医师	玉屏县田坪镇中心卫生院医师	2019.4~2019.5
311	李　勤	太仓市高新区社区卫生服务中心副主任，副主任医师	玉屏县平溪街道社区卫生服务中心医师	2019.4~2019.5
312	吴晓明	太仓市浏河人民医院副主任医师	玉屏县亚鱼乡卫生院医师	2019.4~2019.5
313	程仲武	太仓市港区医院主治医师	玉屏县新店镇卫生院医师	2019.4~2019.5
314	胡义群	苏州工业园区唯亭社区服务中心医生	松桃县人民医院急诊科业务主任	2019.4~2019.5
315	程付伟	苏州大学附属第一医院医生	石阡县人民医院医生	2019.4~2019.6
316	徐德宇	苏州大学附属第一医院医生	石阡县人民医院医生	2019.4~2019.6
317	陈　澄	苏州大学附属第二医院医生	石阡县人民医院医生	2019.4~2019.6
318	朱珏华	苏州大学附属第一医院医生	石阡县人民医院医生	2019.4~2019.6
319	夏婷婷	苏州大学附属第一医院医生	石阡县人民医院医生	2019.4~2019.6
320	杜　宣	苏州大学附属第一医院医生	石阡县人民医院医生	2019.4~2019.6
321	曹　成	苏州科技城医院医师	万山区人民医院骨科学科带头人	2019.4~2019.7
322	张　莹	苏州科技城医院医师	万山区人民医院内一科学科带头人	2019.4~2019.7
323	夏焱志	苏州科技城医院麻醉科副主任医师	万山区人民医院麻醉科学科带头人	2019.4~2019.7
324	秦　刚	苏州科技城医院信息处科员	万山区人民医院信息科学科带头人	2019.4~2019.7
325	周　伟	苏州科技城医院主管护师	万山区人民医院护理部副主任	2019.4~2019.7
326	吴美亚	常熟市第五人民医院副主任技师	思南县塘头镇卫生院医生	2019.4~2019.7
327	钱宇英	常熟市第五人民医院副主任护师	思南县塘头镇卫生院护师	2019.4~2019.7
328	霍晓飞	常熟市梅李人民医院副主任医师	思南县许家坝镇中心卫生院医师	2019.4~2019.7
329	戴美萍	常熟市支塘人民医院副主任中医师	思南县许家坝镇中心卫生院医师	2019.4~2019.7

续表

序号	姓名	派出单位和职务（职称）	帮扶单位和职务（职称）	帮扶时间
330	吴庆华	苏州市中西医结合医院副主任医师	松桃县中医院内儿科副主任	2019.4~2019.7
331	王丽虹	苏州市中西医结合医院专科护士	松桃县中医院血透室副护士长	2019.4~2019.7
332	施银仙	苏州市中西医结合医院大外科护士长	德江县人民医院护理部副主任	2019.4~2019.7
333	王家星	常熟市第一人民医院副主任医师	思南县人民医院、思南县民族中医院医师	2019.4~2019.10
334	陆维娜	常熟市第一人民医院副主任医师	思南县民族中医院医师	2019.4~2019.10
335	徐连生	常熟市第一人民医院副主任医师	思南县民族中医院医师	2019.4~2019.10
336	姚　兰	常熟市第一人民医院主管护师	思南县人民医院护师	2019.4~2019.10
337	金　科	常熟市第二人民医院副主任医师	思南县人民医院医师	2019.4~2019.10
338	缪　瑜	常熟市第二人民医院副主任医师	思南县人民医院医师	2019.4~2019.10
339	肖　龙	常熟市第二人民医院副主任医师	思南县人民医院医师	2019.4~2019.10
340	李　健	常熟市第二人民医院主治医师	思南县人民医院医师	2019.4~2019.10
341	冯庆国	常熟市中医院主任医师	思南县妇幼保健院医师	2019.4~2019.10
342	姜　缨	常熟市中医院副主任医师	思南县妇幼保健院医师	2019.4~2019.10
343	夏成涛	苏州工业园区金鸡湖社区卫生服务中心医生	松桃县人民医院急诊科业务主任	2019.4~2019.10
344	王　镇	苏州市中西医结合医院儿科主治医师	德江县人民医院新生儿科副主任	2019.4~2019.12
345	王秀竹	苏州工业园区娄葑社区卫生服务中心群力站负责人及中心药事会成员	松桃县人民医院院长助理	2019.4~2020.4
346	朱　寅	苏州市中西医结合医院骨伤科主治医师	德江县人民医院骨科副主任	2019.4~2020.5
347	陆燕洪	太仓市中医医院主任中医师	玉屏县中医院医师	2019.4~2020.10
348	华文良	太仓市第一人民医院心内科主任，主任医师	玉屏县人民医院医师	2019.4~2020.11
349	柏　杨	苏州市第九人民医院主管护师	印江县人民医院护理部副主任	2019.5~2019.6
350	沈晓静	苏州市第九人民医院主管护师	印江县人民医院护理部副主任	2019.5~2019.6
351	姚　红	吴江区中医医院（吴江区第二人民医院）血透室主管护师	印江县中医院护理部副主任	2019.5~2019.6
352	侯　芳	苏州市吴中人民医院妇科副主任	德江县妇幼保健院妇科主任	2019.5~2019.7
353	孙　琴	苏州市吴中人民医院产科主管护师	德江县妇幼保健院产科护士长	2019.5~2019.7
354	陈丽君	张家港市中医医院康复科主治中医师	沿河县泉坝镇卫生院医师	2019.5~2019.7
355	浦建枫	张家港市第二人民医院中医科主任，主治医师	沿河县沙子街道社区卫生服务中心、沿河县中寨镇卫生院、沿河县板场卫生院、沿河县晓景乡卫生院医师	2019.5~2019.7

续表

序号	姓名	派出单位和职务（职称）	帮扶单位和职务（职称）	帮扶时间
356	陈　超	张家港市第三人民医院中医科副主任中医师	沿河县黄土镇中心卫生院、沿河县思渠镇中心卫生院、沿河县中界镇卫生院医师	2019.5~2019.7
357	周　峰	张家港市第五人民医院医务科副主任，内科主治医师	沿河县谯家镇中心卫生院、沿河县夹石镇中心卫生院、沿河县新景镇卫生院、沿河县甘溪镇民族中心卫生院医师	2019.5~2019.7
358	钱冬平	张家港市第六人民医院心内科副主任，副主任医师	沿河县淇滩镇卫生院、沿河县和平街道社区卫生服务中心、沿河县黑水镇卫生院、沿河县官舟镇中心卫生院医师	2019.5~2019.7
359	张　颖	张家港市凤凰镇人民医院外科主治医师	沿河县土地坳镇中心卫生院医师	2019.5~2019.7
360	张权全	张家港市大新镇人民医院内科主治医师	沿河县客田镇中心卫生院、沿河县洪渡镇中心卫生院医师	2019.5~2019.7
361	陆建刚	张家港市南丰镇人民医院医务科主任，内科主治医师	沿河县塘坝镇卫生院、沿河县后坪乡卫生院医师	2019.5~2019.7
362	潘叶飞	张家港澳洋医院医务部副主任、内科科长，主治医师	沿河县团结街道社区卫生服务中心医师	2019.5~2019.7
363	袁亚琴	张家港市妇幼保健所妇女保健副主任医师	沿河县妇幼保健院产科、妇产科医师	2019.5~2019.7
364	丁瑞接	吴江区中医医院（吴江区第二人民医院）心血管内科主治中医师	印江县中医医院心病科副主任	2019.5~2019.8
365	杨忠华	吴江区中医医院（吴江区第二人民医院）肛肠科主治中医师	印江县中医医院肛肠科副主任	2019.5~2019.8
366	杨美芳	江苏盛泽医院妇产科副主任医师	印江县人民医院妇产科副主任	2019.5~2019.8
367	沈勇桃	江苏盛泽医院麻醉科副主任医师	印江县人民医院手术麻醉科副主任	2019.5~2019.8
368	赵　蕾	昆山市中医医院医师	碧江区中医医院妇科副科长	2019.5~2019.8
369	赵超臣	昆山市中医医院医师	碧江区中医医院康复科副科长	2019.5~2019.11
370	丁　勇	昆山市中医医院医师	碧江区中医医院骨伤科副科长	2019.5~2019.11
371	叶　茜	姑苏区妇幼保健所主管医师	江口县妇幼保健和计划生育服务中心公卫科副主任	2019.5~2019.11
372	刘　卓	张家港市第一人民医院肿瘤内科主任医师	沿河县人民医院呼吸与重症医学科副主任	2019.5~2019.12
373	张　勇	张家港市中医医院放射科主治医师	沿河县人民医院医学影像科副主任	2019.5~2019.12

续表

序号	姓名	派出单位和职务（职称）	帮扶单位和职务（职称）	帮扶时间
374	周丽琴	苏州市相城人民医院妇产科副主任医师	石阡县妇幼保健计划生育服务中心副主任医师	2019.6~2019.8
375	林玉琴	苏州市相城人民医院急诊科主管护师	石阡县中医医院代理护士长	2019.6~2019.8
376	阚振峰	相城区漕湖人民医院外科主治医师	石阡县中医医院主治医师	2019.6~2019.8
377	鞠正伟	姑苏区虎丘街道桐星社区卫生服务中心主治医师	江口县妇幼保健和计划生育服务中心副主任	2019.6~2019.8
378	曹春雷	姑苏区吴门桥街道南环社区卫生服务中心副主任医师	江口县妇幼保健和计划生育服务中心副主任	2019.6~2019.8
379	陆金花	苏州大学附属第一医院医生	石阡县人民医院医生	2019.6~2019.8
380	颜燕红	苏州大学附属第一医院医生	石阡县人民医院医生	2019.6~2019.8
381	段开鹏	苏州大学附属第一医院医生	石阡县人民医院医生	2019.6~2019.8
382	杭永付	苏州大学附属第一医院医生	石阡县人民医院医生	2019.6~2019.8
383	姚运海	苏州大学附属第一医院医生	石阡县人民医院医生	2019.6~2019.8
384	朱燕	苏州大学附属第一医院医生	石阡县人民医院医生	2019.6~2019.8
385	杨苾雯	苏州大学附属第一医院医生	石阡县人民医院医生	2019.6~2019.8
386	曾颖	苏州大学附属第二医院肾内科副主任医师	松桃县人民医院肾内科业务主任	2019.6~2019.9
387	魏超刚	苏州大学附属第二医院医学影像科主治医师	松桃县人民医院影像科业务主任	2019.6~2019.9
388	薛礼美	苏州市中医医院急诊科主任中医师	江口县人民医院重症医学科副主任	2019.6~2019.9
389	沈明娥	苏州市中医医院主管护师	江口县人民医院护理部副主任	2019.6~2019.9
390	邵嘉鑫	苏州市第九人民医院神经内科主治医师	印江县人民医院神经内科副主任	2019.6~2019.9
391	陆烨	苏州市立医院肿瘤内科副主任医师	铜仁市人民医院医师	2019.6~2019.9
392	赵富丽	苏州市立医院重症医学科主任医师	铜仁市人民医院医师	2019.6~2019.9
393	许伯平	苏州市立医院普外科主任医师	铜仁市人民医院医师	2019.6~2019.9
394	殷国建	苏州大学附属第二医院消化科主任医师	松桃县人民医院消化内科业务主任	2019.6~2019.11
395	吴强	苏州市第九人民医院消化内科副主任医师	印江县人民医院消化内科主任	2019.6~2019.12
396	汪益	苏州科技城医院副主任医师	万山区人民医院副院长	2019.6~2020.6
397	沈波	太仓市第一人民医院超声科主治医师	玉屏县人民医院医师	2019.7~2019.8
398	常新	苏州大学附属第一医院医生	石阡县人民医院医生	2019.7~2019.9
399	沈霞红	苏州大学附属第一医院医生	石阡县人民医院医生	2019.7~2019.9
400	范晴敏	苏州大学附属第一医院医生	石阡县人民医院医生	2019.7~2019.9
401	李群	苏州市吴中人民医院科教科科长	德江县妇幼保健院医务科科长	2019.8~2019.9

续表

序号	姓名	派出单位和职务（职称）	帮扶单位和职务（职称）	帮扶时间
402	陈先乐	苏州工业园区星海医院内科副主任医师	松桃县人民医院神经内一科副主任医师	2019.8~2019.9
403	郎咸波	苏州工业园区跨塘社区卫生服务中心外科医师	松桃县民族中医院外一科医师	2019.8~2019.9
404	许 婧	苏州工业园区星湖医院中医科负责人	松桃县民族中医院门诊医生	2019.8~2019.9
405	唐玉辉	苏州工业园区星浦医院妇产科医生	松桃县妇幼保健院妇产科医生	2019.8~2019.9
406	李芳芳	苏州工业园区车坊社区卫生服务中心妇产科医生	松桃县妇幼保健院妇产科医生	2019.8~2019.9
407	王乐华	苏州工业园区疾病防治中心检验员	松桃县疾病预防控制中心科员	2019.8~2019.9
408	孙 钰	苏州市第九人民医院主管护师	印江县人民医院护理部副主任	2019.8~2019.9
409	陈 丽	苏州大学附属第一医院医生	石阡县人民医院医生	2019.8~2019.9
410	吴宜华	相城区中医医院脾胃病科主任中医师	石阡县中医医院副主任医师	2019.8~2019.10
411	郁金芬	张家港市中医医院妇产科副主任，副主任医师	沿河县妇幼保健院妇产科医师	2019.8~2019.10
412	蔡晓晨	张家港市中医医院产房护师	沿河县妇幼保健院妇产科护师	2019.8~2019.10
413	陆崇君	姑苏区平江街道娄江社区卫生服务中心副主任，主治医师	江口县太平镇卫生院副院长	2019.8~2019.10
414	宋志伟	姑苏区沧浪街道三香社区卫生服务中心主治医师	江口县凯德街道中心卫生院副院长	2019.8~2019.10
415	赵国祥	姑苏区虎丘街道留园社区卫生服务中心主治医师	江口县闵孝镇卫生院副院长	2019.8~2019.10
416	柳正清	苏州市第九人民医院内分泌科主治医师	印江县人民医院内分泌科副主任	2019.8~2019.11
417	吕志强	苏州市第九人民医院普外科副主任医师	印江县人民医院普外科副主任	2019.8~2019.11
418	王春明	江苏盛泽医院骨科副主任医师	印江县人民医院骨科副主任	2019.8~2019.11
419	赵晓平	昆山市第五人民医院科员	碧江区中医医院放射副科长	2019.8~2019.11
420	洪 叶	昆山市第五人民医院科员	碧江区中医医院放射科副科长	2019.8~2019.11
421	鞠智慧	昆山市第三人民医院科员	碧江区中医医院内一科副科长	2019.8~2019.11
422	王 进	江苏盛泽医院康复科中级治疗师	印江县人民医院中医康复科副主任	2019.8~2019.11
423	计小东	吴江区中医医院（吴江区第二人民医院）骨伤科主任，主任医师	印江县中医医院骨伤科副主任医师	2019.8~2019.11
424	汤华平	苏州市吴中人民医院儿科副主任医师	德江县妇幼保健院副院长	2019.8~2020.1
425	罗益红	相城区第二人民医院妇产科副主任医师	石阡县妇幼保健计划生育服务中心妇产科副主任医师	2019.8~2020.2

续表

序号	姓名	派出单位和职务（职称）	帮扶单位和职务（职称）	帮扶时间
426	姜茂林	苏州工业园区金鸡湖社区卫生服务中心全科副主任医师	松桃县人民医院心内科业务主任	2019.8~2020.2
427	王秋琴	江苏盛泽医院妇产科主任医师	印江县人民医院妇产科副主任	2019.8~2020.2
428	陈　栋	苏州市相城人民医院骨科副主任医师	石阡县中医医院外二科业务主任，副主任医师	2019.8~2020.8
429	吴诗城	昆山市中医医院医师	碧江区中医医院副院长	2019.8~2020.11
430	管学妹	苏州市第九人民医院科教处主任，副主任护师	印江县人民医院科教科副主任	2019.9~2019.10
431	王　华	江苏盛泽医院质量管理办公室主任、口腔科副主任医师	印江县人民医院医务部副主任	2019.9~2019.10
432	沈晓莉	江苏盛泽医院副主任护师	印江县人民医院护理部副主任	2019.9~2019.10
433	葛婳姣	吴江区疾病预防控制中心主管技师	印江县疾病预防控制中心检验科副科长	2019.9~2019.10
434	周殿凯	吴江区中心血站检验科副科长，主管技师	印江中心血库副主任	2019.9~2019.10
435	朱　健	太仓市中医医院儿科副主任医师	玉屏县中医院医师	2019.9~2019.10
436	汤晓宇	太仓市中医医院放射科主治医师	玉屏县中医院医师	2019.9~2019.10
437	冯泽雄	苏州大学附属第一医院医生	石阡县人民医院医生	2019.9~2019.11
438	叶　妮	苏州大学附属第一医院医生	石阡县人民医院医生	2019.9~2019.11
439	高　鑫	苏州大学附属第一医院医生	石阡县人民医院医生	2019.9~2019.11
440	蔡　峰	苏州大学附属第一医院医生	石阡县人民医院医生	2019.9~2019.11
441	卢　曼	苏州大学附属第一医院医生	石阡县人民医院医生	2019.9~2019.11
442	谢　诚	苏州大学附属第一医院医生	石阡县人民医院医生	2019.9~2019.11
443	唐圣辉	吴江区第四人民医院儿科主任，副主任医师	印江县中医医院儿科副主任	2019.9~2019.12
444	陈娟华	吴江区第五人民医院手术麻醉科副主任医师	印江县中医医院手术麻醉科副主任	2019.9~2019.12
445	申小娟	苏州市中西医结合医院妇产科主治医师	德江县民族中医院妇科副主任	2019.9~2019.12
446	史秀丽	苏州市中西医结合医院脑外科主管护师	德江县民族中医院护理部副主任	2019.9~2019.12
447	邱贝芬	苏州大学附属第二医院医师	松桃县人民医院肾内科业务主任	2019.9~2019.12
448	王二磊	苏州大学附属第二医院医师	松桃县人民医院影像科业务主任	2019.9~2019.12
449	郭　宁	苏州市中西医结合医院医师	松桃县民族中医院内一科副主任	2019.9~2019.12

续表

序号	姓名	派出单位和职务（职称）	帮扶单位和职务（职称）	帮扶时间
450	曾　洁	苏州市中西医结合医院护士	松桃县民族中医院护理部副主任	2019.9~2019.12
451	郑　青	苏州市立医院重症医学科主任医师	铜仁市人民医院医师	2019.9~2019.12
452	计丽燕	江苏盛泽医院护理部副主任,副主任护师	印江县人民医院护理部副主任	2019.10~2019.11
453	周月琴	苏州工业园区斜塘社区卫生服务中心妇产科医师	松桃县人民医院产科医师	2019.10~2019.11
454	袁　宇	苏州工业园区唯亭社区卫生服务中心内科医师	松桃县人民医院肾内科医师	2019.10~2019.11
455	张爱华	苏州工业园区娄葑社区卫生服务中心医师	松桃县人民医院消化内科医师	2019.10~2019.11
456	韩伟理	姑苏区吴门桥街道沧浪新城社区卫生服务中心主管护师	江口县妇幼保健和计划生育服务中心护理部主任	2019.10~2019.12
457	潘　恺	姑苏区双塔街道横街社区卫生服务中心主治医师	江口县德旺乡卫生院副院长	2019.10~2019.12
458	嵇学明	太仓市中医医院放射科副主任医师	玉屏县中医院医师	2019.10~2019.12
459	梅士兰	太仓市中医医院儿科主治医师	玉屏县中医院医师	2019.10~2019.12
460	周广海	相城区漕湖人民医院内科主治医师	石阡县中医院主治医师	2019.10~2019.12
461	李　磊	苏州市相城人民医院肝胆外科副主任医师	石阡县中医院主治医师	2019.9~2019.12
462	万岱维	苏州大学附属第一医院医生	石阡县人民医院医生	2019.10~2019.12
463	尤闻道	苏州大学附属第一医院医生	石阡县人民医院医生	2019.10~2019.12
464	李　晶	苏州高新区人民医院耳鼻喉科副主任医师	万山区人民医院耳鼻喉科学科带头人	2019.10~2019.12
465	严心波	苏州高新区人民医院康复医学科主治医生	万山区人民医院康复医学科学科带头人	2019.10~2019.12
466	徐　丹	苏州高新区人民医院重病医学科护士长	万山区人民医院重病医学科学科带头人	2019.10~2019.12
467	顾筱旻	苏州市立医院普外科副主任医师	铜仁市人民医院医师	2019.10~2020.1
468	朱　忻	苏州市立医院放疗科副主任医师	铜仁市人民医院医师	2019.10~2020.1
469	朱　吉	苏州市中医医院主管护师	江口县人民医院内一科护士长	2019.10~2020.1
470	朱建洲	苏州高新区人民医院检验科副主任技师	万山区人民医院检验科学科带头人	2019.10~2020.3
471	杨　扬	姑苏区卫生监督所学校卫生监督科科员	江口县卫生监督所公共场所监督执法股股长	2019.10~2020.4
472	林俊珍	相城区中医医院妇产科副主任医师	石阡县中医院主治医师	2019.10~2020.4

续表

序号	姓名	派出单位和职务（职称）	帮扶单位和职务（职称）	帮扶时间
473	陆沄鹏	姑苏区疾病预防控制中心传染病防治科科员，公共卫生执业医师	江口县疾病预防控制中心流行病防治科科长	2019.10~2020.10
474	黄艳星	张家港市中医医院妇产科副主任医师	沿河县妇幼保健院妇产科医师	2019.11~2019.12
475	汤云仙	苏州市立医院妇产科主治医师	铜仁市妇幼保健院医师	2019.11~2019.12
476	钱雪峰	昆山市中医医院科员	碧江区中医医院放射科副主任	2019.11~2020.2
477	凌 洁	苏州市吴中人民医院院感科主管护师	德江县妇幼保健院院感科主任	2019.11~2020.2
478	任 翔	太仓市中医医院急诊科副主任、重症医学主治医师	玉屏县人民医院医师	2019.11~2020.5
479	孙异锋	太仓市第一人民医院院长，副主任医师	玉屏县人民医院医师	2019.11~2020.11
480	褚云锋	张家港市中医医院耳鼻喉科副主任医师	沿河县人民医院副院长、五官科副主任医师	2019.11~2020.12
481	顾学明	江苏盛泽医院麻醉科副主任，主任医师	印江县人民医院手术麻醉科副主任	2019.12~2020.2 2020.4~2020.5
482	周颖异	苏州大学附属第一医院医生	石阡县人民医院医生	2019.12~2020.2 2020.5~2020.6
483	方琼蕾	苏州大学附属第一医院医生	石阡县人民医院医生	2019.12~2020.3 2020.5~2020.6
484	徐国民	常熟市第一人民医院副主任医师	思南县卫健局党组成员、副局长，思南县民族中医院副院长	2019.12~2020.12
485	翁冶君	苏州市中医医院医务处副处长，主治中医师	江口县人民医院副院长	2019.12~2020.12
486	秦义人	苏州大学附属第一医院医生	石阡县人民医院医生	2020.1~2020.1 2020.4~2020.6
487	肖艳辉	苏州大学附属第一医院医生	石阡县人民医院医生	2020.1~2020.1 2020.4~2020.6
488	肖军华	苏州大学附属第一医院医生	石阡县人民医院医生	2020.1~2020.1 2020.4~2020.6
489	胡珺婷	苏州大学附属第一医院医生	石阡县人民医院医生	2020.1~2020.1 2020.5~2020.7
490	刘 文	江苏盛泽医院普外科副主任医师	印江县人民医院普外科副主任	2020.1~2020.6
491	梅 芳	江苏盛泽医院产科主治医师	印江县妇幼保健医院产科副主任	2020.1~2020.6
492	沈勤峰	吴江区中医医院（吴江区第二人民医院）耳鼻咽喉科主任，副主任医师	印江县中医医院耳鼻咽喉科副主任	2020.1~2020.6
493	杨梦凡	张家港市中医医院针灸推拿科主治中医师	沿河县泉坝镇卫生院中医科主治中医师	2020.3~2020.4

续表

序号	姓名	派出单位和职务（职称）	帮扶单位和职务（职称）	帮扶时间
494	陆肇民	张家港市第二人民医院内科主治医师	沿河县沙子街道社区卫生服务中心、沿河县中寨镇卫生院、沿河县板场卫生院、沿河县晓景乡卫生院医师	2020.3~2020.4
495	卢晓丰	张家港市第三人民医院内科副主任中医师	沿河县黄土镇中心卫生院、沿河县思渠镇中心卫生院、沿河县中界镇卫生院医师	2020.3~2020.4
496	钱宇杰	张家港市第五人民医院内科主治医师	沿河县谯家镇中心卫生院、沿河县夹石镇中心卫生院、沿河县新景镇卫生院、沿河县甘溪镇民族中心卫生院医师	2020.3~2020.4
497	周玉梅	张家港市第六人民医院消化内科秘书,副主任医师	沿河县淇滩镇卫生院、沿河县和平街道社区卫生服务中心、沿河县黑水镇卫生院、沿河县官舟镇中心卫生院医师	2020.3~2020.4
498	陆 军	张家港澳洋医院呼吸内科主治医师	沿河县团结街道社区卫生服务中心医师	2020.3~2020.4
499	冯建新	张家港市凤凰镇人民医院主治医师	沿河县土地坳镇中心卫生院医师	2020.3~2020.4
500	戴其祥	张家港市南丰镇人民医院中医科主治中医师	沿河县塘坝镇卫生院、沿河县后坪乡卫生院医师	2020.3~2020.4
501	陈 涛	张家港市大新镇人民医院中医科主治中医师	沿河县客田镇中心卫生院、沿河县洪渡镇中心卫生院医师	2020.3~2020.4
502	宋 洁	张家港市妇幼保健所B超主治医师	沿河县妇幼保健院超声科医师	2020.3~2020.4
503	戴 凌	苏州科技城医院妇产科教研室副主任	万山区人民医院医生	2020.3~2020.7
504	吴万军	苏州科技城医院麻醉科医生	万山区人民医院医生	2020.3~2020.7
505	施于国	苏州科技城医院肿瘤外科医生	万山区人民医院医生	2020.3~2020.7
506	周园园	苏州科技城医院心内科护士	万山区人民医院护士	2020.3~2020.7
507	梅冬兰	苏州高新区人民医院急症科医师	万山区人民医院医师	2020.3~2020.7
508	宋 伟	苏州高新区人民医院重症医学科医师	万山区人民医院医师	2020.3~2020.7
509	姚 华	苏州高新区人民医院重症医学科护士	万山区人民医院护士长	2020.3~2020.8
510	杜秀銮	苏州科技城医院病理科副主任	万山区人民医院医生	2020.3~2020.10
511	陆海英	苏州高新区人民医院妇产科医师	万山区人民医院挂职院长助理兼产科主任	2020.3~2020.10
512	张金坤	张家港市第一人民医院骨科副主任医师	沿河县人民医院骨外科副主任	2020.3~2020.10
513	陈 玲	张家港市中医医院妇产科主治医师	沿河县人民医院妇科副主任	2020.3~2020.10

续表

序号	姓名	派出单位和职务（职称）	帮扶单位和职务（职称）	帮扶时间
514	聂萍萍	相城区第三人民医院口腔科主任医师	石阡县中医医院副主任医师	2020.4~2020.6
515	黄梅香	相城区漕湖人民医院妇产科医师	石阡县中医医院副主任医师	2020.4~2020.6
516	吴惠春	苏州大学附属第一医院医生	石阡县人民医院医生	2020.4~2020.7
517	朱春丽	苏州市中西医结合医院护理部主任助理	松桃县中医院护理部副主任	2020.4~2020.7
518	王 鑫	苏州市中西医结合医院科教科副科长	松桃县中医院医务科副科长	2020.4~2020.7
519	陶 贤	苏州市中西医结合医院骨伤科副主任医师	德江县人民医院骨一科副主任	2020.4~2020.7
520	陈 纯	苏州市中西医结合医院骨伤科主任护师	德江县人民医院骨二科护士长	2020.4~2020.7
521	王月旺	苏州市吴中人民医院麻醉科主治医师	德江县妇幼保健院麻醉科主任	2020.4~2020.7
522	任利华	苏州市吴中人民医院新生儿科主管护师	德江县妇幼保健院新生儿科护士长	2020.4~2020.7
523	王 鹰	常熟市第一人民医院副主任医师	思南县人民医院医师	2020.4~2020.7
524	石 轶	常熟市第一人民医院副主任医师	思南县民族中医院医师	2020.4~2020.7
525	庾 胜	常熟市第二人民医院副主任医师	思南县人民医院医师	2020.4~2020.7
526	孟逸芳	常熟市第二人民医院副主任医师	思南县人民医院医师	2020.4~2020.7
527	陈建锋	常熟市中医院副主任医师	思南县人民医院、思南县妇幼保健院医师	2020.4~2020.7
528	高文宝	常熟市梅李人民医院副主任医师	思南县塘头镇卫生院医师	2020.4~2020.7
529	陆钦贤	常熟市支塘人民医院医师	思南县许家坝镇卫生院医师	2020.4~2020.7
530	张 颂	常熟市医学检验所主管技师	思南县许家坝镇卫生院医生	2020.4~2020.7
531	朱 平	常熟市辛庄中心卫生院主治医师	思南县塘头镇卫生院医师	2020.4~2020.7
532	韩曙光	苏州市相城人民医院胃肠外科副主任医师	石阡县中医医院副主任医师	2020.4~2020.10
533	滕正华	苏州市吴中人民医院妇科副主任医师	德江县妇幼保健院副院长	2020.4~2021.4
534	丁贤飞	昆山市巴城镇社区卫生服务中心医疗质量管理科医生	碧江区妇幼保健院医务科副主任医生	2020.5~2020.6
535	秦双双	昆山经济技术开发区蓬朗社区卫生服务中心市民综合健康管理办公室（基公办）主任	碧江区中医医院防保科副科长	2020.5~2020.6
536	周保清	昆山市柏庐社区卫生服务中心诊疗科副科长	碧江区中医医院质控科副科长	2020.5~2020.6
537	沈 嘉	太仓市疾病预防控制中心传防科主治医师	玉屏县疾病预防控制中心医师	2020.5~2020.6
538	马国仓	太仓市城厢社区卫生服务中心副主任医师	玉屏县中医院医师	2020.5~2020.6

续表

序号	姓名	派出单位和职务（职称）	帮扶单位和职务（职称）	帮扶时间
539	梁振艳	苏州工业园区星塘医院妇产科医师	松桃县妇幼保健院妇科医师	2020.5~2020.6
540	黄志超	苏州大学附属第二医院神经内科主治医师	松桃县人民医院内一科业务主任	2020.5~2020.6
541	王云峰	姑苏区妇幼保健所主治医师	江口县妇幼保健和计划生育服务中心办公室副主任	2020.5~2020.7
542	董胜林	姑苏区金阊街道彩香一村社区卫生服务中心主治医师	江口县坝盘镇中心卫生院院长助理	2020.5~2020.7
543	李瑞波	姑苏区白洋湾街道社区卫生服务中心医疗负责人，主治医师	江口县凯德街道中心卫生院院长助理	2020.5~2020.7
544	潘琦	苏州市立医院超声科主治医师	铜仁市妇幼保健院医师	2020.5~2020.7
545	徐红梅	苏州市立医院儿科主任医师	铜仁市妇幼保健院医师	2020.5~2020.7
546	叶侃	苏州市立医院儿保科主任医师	铜仁市妇幼保健院医师	2020.5~2020.7
547	俞丽娟	苏州大学附属第一医院医生	石阡县人民医院医生	2020.5~2020.7
548	杨翼	苏州大学附属第一医院医生	石阡县人民医院医生	2020.5~2020.7
549	李建中	苏州大学附属第一医院医生	石阡县人民医院医生	2020.5~2020.7
550	薛琼花	常熟市第一人民医院副主任医师	思南县人民医院医师	2020.5~2020.8
551	王艳	昆山市中医医院心血管外科科员	碧江区中医医院外一科副主任	2020.5~2020.8
552	李彩霞	昆山市中医医院妇科医师	碧江区妇幼保健院产科副主任	2020.5~2020.8
553	张丽萍	常熟市中医院副主任中医师	思南县民族中医院、思南县妇幼保健院医师	2020.5~2020.8
554	王辉	苏州市立医院新生儿科副主任医师	铜仁市妇幼保健院医师	2020.5~2020.8
555	陆鹰	苏州市立医院重症医学科副主任医师	铜仁市人民医院医师	2020.5~2020.8
556	陈杰	苏州市立医院放疗科副主任医师	铜仁市人民医院医师	2020.5~2020.8
557	程易	常熟市第二人民医院副主任医师	思南县人民医院、思南县民族中医院医师	2020.5~2020.11
558	陶剑	常熟市中医院主治中医师	思南县人民医院、思南县民族中医院医师	2020.5~2020.11
559	董桂杰	姑苏区卫生监督所职业和放射卫生监督科科员	江口县卫生健康综合行政执法大队副大队长	2020.5~2020.11
560	杨雨迪	姑苏区疾病预防控制中心公共卫生科科员，公共卫生执业医师	江口县疾病预防控制中心公卫科副科长	2020.5~2020.11
561	赵晓彬	苏州市中医医院主管护师	江口县人民医院内一科护士长	2020.5~2020.11
562	王禹	昆山市第三人民医院放射科副主任	碧江区中医医院放射科副主任	2020.5~2020.11
563	刘建伟	昆山市第四人民医院心内科医师	碧江区中医医院心内科副主任	2020.5~2020.11
564	陈月萍	常熟市第五人民医院主治医师	思南县塘头镇卫生院医师	2020.5~2020.11
565	张琪	常熟市古里中心卫生院护师	思南县许家坝镇卫生院护师	2020.5~2020.11
566	毛秋卉	太仓市第一人民医院消化内科主治医师	玉屏县人民医院医师	2020.5~2020.11

续表

序号	姓名	派出单位和职务（职称）	帮扶单位和职务（职称）	帮扶时间
567	胡培植	太仓市中医医院骨伤科副主任医师	玉屏县中医医院医师	2020.5~2020.11
568	朱晔丰	太仓市双凤人民医院主治医师	玉屏县人民医院医师	2020.5~2020.11
569	古小松	苏州大学附属第二医院医务部副主任、心血管科副主任医师	松桃县人民医院副院长	2020.5~2020.12
570	范志海	苏州大学附属第二医院脊柱外科主任医师	松桃县人民医院外二科业务主任	2020.5~2020.12
571	陈寒冰	苏州大学附属第二医院浒关院区超声科现场副主任	松桃县人民医院B超室业务主任	2020.5~2020.12
572	陶建庚	苏州工业园区唯亭社区卫生服务中心普外科医师	松桃县民族中医院外一科门诊医师	2020.5~2020.12
573	徐军奇	太仓市金浪卫生院副主任医师	玉屏县中医医院医师	2020.5~2021.5
574	牟　维	姑苏区虎丘街道桐星社区卫生服务中心医疗负责人，副主任医师	江口县太平镇中心卫生院院长助理	2020.5~2021.5
575	田振江	苏州工业园区金鸡湖社区卫生服务中心主治医师	松桃县人民医院内一科业务副主任	2020.5~2021.6
576	顾亚琴	苏州工业园区跨塘社区卫生服务中心五官科医师	松桃县民族中医院五官科医师	2020.6~2020.7
577	黄克斌	苏州工业园区星海医院超声科医师	松桃县妇幼保健院超声科医师	2020.6~2020.7
578	沈菊仙	苏州工业园区车坊社区卫生服务中心妇产科主任	松桃县妇幼保健院妇科医师	2020.6~2020.7
579	钱秀珍	苏州市立医院普外科副主任医师	铜仁市人民医院医师	2020.6~2020.8
580	孙　红	苏州大学附属第一医院医生	石阡县人民医院医生	2020.6~2020.8
581	顾　静	苏州大学附属第一医院医生	石阡县人民医院医生	2020.6~2020.8
582	刁珊珊	苏州大学附属第一医院医生	石阡县人民医院医生	2020.6~2020.8
583	李　晨	苏州大学附属第一医院医生	石阡县人民医院医生	2020.6~2020.8
584	蒋　浩	苏州科技城医院信息处科员	万山区人民医院信息科学科带头人	2020.6~2020.10
585	王　君	张家港市第一人民医院胸外科副主任医师	沿河县人民医院普外科副主任	2020.6~2021.6
586	朱宏伟	张家港市中医医院儿科副主任中医师	沿河县妇幼保健院中医科主任	2020.6~2021.6
587	杨元明	相城区中医医院心脑病科副主任医师	石阡县中医医院医师	2020.7~2020.8
588	俞又佳	苏州市相城人民医院麻醉科主治医师	石阡县中医医院医师	2020.7~2020.8
589	沈景昊	苏州市相城人民医院呼吸内科副主任医师	石阡县中医医院医师	2020.7~2020.8
590	张　超	苏州市第九人民医院财务科副科长，中级会计师	印江县人民医院财务科副科长	2020.7~2020.8
591	李　玲	姑苏区金阊街道白莲社区卫生服务中心主治医师	江口县妇幼保健和计划生育服务中心妇科副主任	2020.7~2020.9

续表

序号	姓名	派出单位和职务（职称）	帮扶单位和职务（职称）	帮扶时间
592	谢良斌	姑苏区平江街道西北街社区卫生服务中心主治医师	江口县妇幼保健和计划生育服务中心病案科副主任	2020.7~2020.9
593	施苏萍	姑苏区双塔街道锦帆社区卫生服务中心副主任医师	江口县妇幼保健和计划生育服务中心儿科副主任	2020.7~2020.9
594	张蕴乐	姑苏区吴门桥街道润达社区卫生服务中心主治医师	江口县妇幼保健和计划生育服务中心儿保科副主任	2020.7~2020.9
595	陈小娟	苏州大学附属第一医院医生	石阡县人民医院医生	2020.7~2020.9
596	李世芹	苏州市立医院儿科副主任医师	铜仁市妇幼保健院医师	2020.7~2020.9
597	谢雅贞	太仓市中医医院副主任中医师、医务处副处长	玉屏县中医医院医师	2020.7~2020.10
598	袁晓东	吴江区第四人民医院呼吸内科副主任医师	印江县人民医院呼吸内科副主任	2020.7~2020.12
599	陈同磊	苏州市第九人民医院骨科主治医师	印江县人民医院骨科副主任	2020.7~2020.12
600	吴元初	苏州市第九人民医院心内科主治医师	印江县人民医院心血管内科副主任	2020.7~2020.12
601	陆建春	吴江区儿童医院主治医师	印江县妇幼保健院儿内科副主任	2020.7~2020.12
602	王津津	江苏盛泽医院神经外科副主任医师	印江县人民医院神经外科副主任	2020.7~2020.12
603	沈　旭	江苏盛泽医院康复医学科主治中医师	印江县人民医院中医康复科副主任	2020.7~2020.12
604	姚月平	苏州市第九人民医院ICU副主任医师	印江县中医医院重症医学科副主任	2020.7~2020.12
605	张　燕	吴江区中医医院（吴江区第二人民医院）肾病科主管护师	印江县中医医院护理部副主任	2020.7~2020.12
606	章　斌	苏州大学附属第一医院医生	石阡县人民医院医生	2020.7~2021.7
607	高　雪	太仓市沙溪人民医院医生	玉屏县田坪卫生院医生	2020.8~2020.9
608	王良义	太仓市浏河人民医院医生	玉屏县亚鱼乡卫生院医生	2020.8~2020.9
609	江坚丰	太仓市璜泾人民医院医生	玉屏县大龙镇卫生院医生	2020.8~2020.9
610	邵颖文	太仓市港区医院医生	玉屏县新店镇卫生院医生	2020.8~2020.9
611	宋伟华	苏州市吴中人民医院护理部主任	德江县妇幼保健院护理部主任	2020.8~2020.9
612	蒋新卫	苏州市立医院普外科主任医师	铜仁市人民医院医师	2020.8~2020.9
613	杨　雯	苏州大学附属第一医院医生	石阡县人民医院医生	2020.8~2020.10
614	陈思文	苏州大学附属第一医院医生	石阡县人民医院医生	2020.8~2020.10
615	徐建国	苏州大学附属第一医院医生	石阡县人民医院医生	2020.8~2020.10
616	龚　寅	苏州大学附属第一医院医生	石阡县人民医院医生	2020.8~2020.10
617	姚　辉	苏州大学附属第一医院医生	石阡县人民医院医生	2020.8~2020.10
618	陈旖婷	苏州大学附属第一医院医生	石阡县人民医院医生	2020.8~2020.10

续表

序号	姓名	派出单位和职务（职称）	帮扶单位和职务（职称）	帮扶时间
619	王海波	苏州大学附属第一医院医生	石阡县人民医院医生	2020.8~2020.10
620	徐凤兰	苏州市立医院超声科主治医师	铜仁市妇幼保健院医师	2020.8~2020.11
621	李丽利	苏州市立医院新生儿科副主任医师	铜仁市妇幼保健院医师	2020.8~2020.11
622	唐甲凡	太仓市第一人民医院医生	玉屏县人民医院医生	2020.8~2020.11
623	李颖迪	太仓市中医医院医生	玉屏县中医院医生	2020.8~2020.11
624	叶聪辉	太仓市璜泾人民医院医生	玉屏县人民医院医生	2020.8~2020.11
625	周磊	苏州市中西医结合医院脾胃病科副主任医师	德江县民族中医院胃镜中心副主任	2020.8~2020.11
626	邱国英	苏州市中西医结合医院重症医学科副主任护师	德江县民族中医院护理部副主任	2020.8~2020.11
627	赵江	苏州市中西医结合医院基层指导科科长	松桃县民族中医院老年病科副主任	2020.8~2020.11
628	刘佳	苏州市中西医结合医院普外科护士长	松桃县民族中医院护理部副主任	2020.8~2020.11
629	郭艳	太仓市中医医院妇产科副主任中医师	玉屏县中医院医师	2020.8~2020.12
630	李佳	苏州市立医院重症医学科副主任医师	铜仁市人民医院医师	2020.8~2020.12
631	曹峰	苏州市中西医结合医院骨伤科副主任医师	德江县民族中医院骨科副主任	2020.8~2021.2
632	邹公民	苏州市吴中人民医院儿科副主任医师	德江县妇幼保健院儿科主任	2020.8~2021.2
633	刘稳	昆山市震川社区卫生服务中心副主任医师	碧江区市中社区卫生服务中心副主任	2020.9~2020.10
634	陈林	昆山市千灯社区卫生服务中心基公办主任	碧江区河西社区卫生服务中心副主任	2020.9~2020.10
635	沈春芳	昆山市花桥社区卫生服务中心工作人员	碧江区灯塔社区卫生服务中心副主任	2020.9~2020.10
636	薛景	苏州市立医院放疗科副主任医师	铜仁市人民医院医师	2020.9~2020.11
637	张大勇	相城区第三人民医院内科副主任	石阡县中医医院重症监护室主治医师	2020.9~2020.11
638	刘美蓉	苏州大学附属第一医院医生	石阡县人民医院医生	2020.9~2020.11
639	王振宇	苏州大学附属第一医院医生	石阡县人民医院医生	2020.9~2020.11
640	王燕	苏州大学附属第一医院医生	石阡县人民医院医生	2020.9~2020.11
641	孙婧悦	苏州大学附属第一医院医生	石阡县人民医院医生	2020.9~2020.11
642	陆赵阳	苏州市第九人民医院超声科副主任医师	印江县人民医院超声医学科副主任	2020.9~2020.11
643	石开霞	相城区第二人民医院护士长	石阡县中医医院院长助理	2020.9~2021.3
644	林洁	苏州市相城人民医院重症监护室主治医师	石阡县中医医院重症监护室主治医师	2020.9~2021.3

续表

序号	姓名	派出单位和职务（职称）	帮扶单位和职务（职称）	帮扶时间
645	唐雪梅	苏州工业园区星湖医院全科主任医师	松桃县人民医院妇科主任医师	2020.10~2020.11
646	吴 蕾	苏州工业园区疾病防治中心妇幼卫生科副科长	松桃县妇幼保健院信息科医师	2020.10~2020.11
647	周冠华	苏州工业园区娄葑社区卫生服务中心医师	松桃县民族中医院门诊医师	2020.10~2020.11
648	沈 烨	相城区中医医院妇产科主任	石阡县中医医院妇产科主治医师	2020.10~2020.12
649	陆小华	江苏盛泽医院纪委监察室主任，副主任药师	印江县人民医院药剂科副主任	2020.10~2021.1
650	卢毅斌	苏州工业园区星浦医院全科主治医师	松桃县人民医院普外科主治医师	2020.10~2021.4
651	仇俊兰	苏州科技城医院肿瘤内科医生	万山区人民医院挂职副院长	2020.10~2021.11
652	刘 芳	太仓市第一人民医院康复科医师	玉屏县人民医院医师	2020.11~2020.12
653	周 云	苏州工业园区星海医院麻醉科副主任医师	松桃县人民医院麻醉科副主任医师	2020.11~2020.12
654	张 屹	苏州工业园区星塘医院全科副主任医师	松桃县人民医院感染科副主任医师	2020.11~2020.12
655	朴泉宇	苏州工业园区星湖医院医师	松桃县民族中医院门诊医师	2020.11~2020.12
656	蒯留牛	昆山市第五人民医院泌尿外科副主任	碧江区云场坪镇卫生院副院长	2020.11~2020.12
657	翟柏枝	昆山市第六人民医院普外科副主任	碧江区桐木坪乡卫生院副院长	2020.11~2020.12
658	张文举	昆山市锦溪人民医院副主任	碧江区瓦屋乡卫生院副院长	2020.11~2020.12
659	徐正其	昆山市淀山湖人民医院副主任	碧江区六龙山乡卫生院副院长	2020.11~2020.12
660	黄玉龙	昆山市周庄人民医院副主任	碧江区滑石乡卫生院副院长	2020.11~2020.12
661	夏 琴	相城区中医医院妇产科主治医师	石阡县中医医院医师	2020.11~2020.12
662	姜 英	苏州市第九人民医院产科副主任医师	印江县人民医院妇产科副主任	2020.11~2021.1
663	闫 伟	苏州大学附属第一医院医生	石阡县人民医院医生	2020.11~2021.1
664	李寅旻	苏州大学附属第一医院医生	石阡县人民医院医生	2020.11~2021.1
665	陈 昊	苏州大学附属第一医院医生	石阡县人民医院医生	2020.11~2021.1
666	刘 超	苏州大学附属第一医院医生	石阡县人民医院医生	2020.11~2021.1
667	王 旭	苏州大学附属第一医院医生	石阡县人民医院医生	2020.11~2021.1
668	王英明	苏州大学附属第一医院医生	石阡县人民医院医生	2020.11~2021.1
669	陈 玲	苏州大学附属第一医院医生	石阡县人民医院医生	2020.11~2021.1
670	韩俊霞	苏州大学附属第一医院医生	石阡县人民医院医生	2020.11~2021.1
671	邱 峰	苏州大学附属第一医院医生	石阡县人民医院医生	2020.11~2021.1
672	戴允浪	苏州大学附属第一医院医生	石阡县人民医院医生	2020.11~2021.1
673	徐 俊	苏州大学附属第一医院医生	石阡县人民医院医生	2020.11~2021.1
674	徐 祥	苏州大学附属第一医院医生	石阡县人民医院医生	2020.11~2021.1
675	钱筱健	苏州市立医院普外科副主任医师	铜仁市人民医院医生	2020.11~2021.1

续表

序号	姓名	派出单位和职务（职称）	帮扶单位和职务（职称）	帮扶时间
676	史建平	苏州市立医院放疗科主任医师	铜仁市人民医院医师	2020.11~2021.1
677	朱海娟	苏州市立医院新生儿科副主任医师	铜仁市妇幼保健院医师	2020.11~2021.1
678	周　亦	太仓市第一人民医院神经内科医师	玉屏县人民医院医师	2020.11~2021.2
679	金　珠	昆山市卫生健康委员会医政医管科医生	碧江区中医医院院级领导	2020.11~2021.2
680	陆文青	昆山市第二人民医院骨科副主任	碧江区中医医院骨科副主任	2020.11~2021.5
681	杨忠慧	太仓市第一人民医院副院长	玉屏县人民医院医生	2020.11~2021.5
682	季宏耀	昆山市中医医院副主任	碧江区中医医院妇科副主任	2020.11~2021.11
683	叶经纬	张家港市第一人民医院脑外科副主任医师	沿河县人民医院副院长	2020.11~2021.12
684	周　琴	苏州市立医院儿保科副主任医师	铜仁市妇幼保健院医师	2020.11~2022.12
685	张红兵	苏州大学附属第一医院主治医师	石阡县人民医院医师	2021.3~2021.5
686	潘　晨	苏州大学附属第一医院主治医师	石阡县人民医院医师	2021.3~2021.5
687	殷　雪	苏州大学附属第一医院主治医师	石阡县人民医院医师	2021.3~2021.5
688	周　赟	苏州大学附属第一医院主治医师	石阡县人民医院医师	2021.3~2021.5
689	冯　斌	苏州大学附属第一医院主治医师	石阡县人民医院医师	2021.3~2021.5
690	许建平	苏州大学附属第一医院主治医师	石阡县人民医院医师	2021.3~2021.5
691	胡　优	苏州大学附属第一医院主治医师	石阡县人民医院医师	2021.3~2021.5
692	钱丽娟	苏州大学附属第一医院主治医师	石阡县人民医院医师	2021.3~2021.5
693	张大伟	苏州大学附属第一医院主治医师	石阡县人民医院医师	2021.3~2021.5
694	赵　瑶	苏州大学附属第一医院主治医师	石阡县人民医院医师	2021.3~2021.5
695	杨博宇	苏州大学附属第一医院主治医师	石阡县人民医院医师	2021.3~2021.5
696	殷虎明	苏州大学附属第一医院主治医师	石阡县人民医院医师	2021.3~2021.5
697	许华宇	苏州大学附属第一医院主治医师	石阡县人民医院医师	2021.3~2021.5
698	周丽君	苏州大学附属第一医院主治医师	石阡县人民医院医师	2021.6~2021.8
699	沈续瑞	苏州大学附属第一医院主治医师	石阡县人民医院医师	2021.6~2021.8
700	刘　铮	苏州大学附属第一医院主治医师	石阡县人民医院医师	2021.6~2021.8
701	王　艳	苏州大学附属第一医院主治医师	石阡县人民医院医师	2021.6~2021.8
702	陈志刚	苏州大学附属第一医院主治医师	石阡县人民医院医师	2021.6~2021.8
703	汤　香	苏州大学附属第一医院主治医师	石阡县人民医院医师	2021.6~2021.8
704	顾慧媛	苏州大学附属第一医院主治医师	石阡县人民医院医师	2021.6~2021.8
705	汤　晶	苏州大学附属第一医院主治医师	石阡县人民医院医师	2021.6~2021.8
706	孙云娟	苏州大学附属第一医院主治医师	石阡县人民医院医师	2021.6~2021.8
707	王　超	苏州大学附属第一医院主治医师	石阡县人民医院医师	2021.6~2021.8
708	郭兴坡	苏州大学附属第一医院主治医师	石阡县人民医院医师	2021.6~2021.8
709	薛　婷	苏州大学附属第一医院主治医师	石阡县人民医院医师	2021.10~2021.12
710	贾振宇	苏州大学附属第一医院主治医师	石阡县人民医院医师	2021.10~2021.12
711	丁冬雪	苏州大学附属第一医院主治医师	石阡县人民医院医师	2021.10~2021.12

续表

序号	姓名	派出单位和职务（职称）	帮扶单位和职务（职称）	帮扶时间
712	孙　鑫	苏州大学附属第一医院主治医师	石阡县人民医院医师	2021.10~2021.12
713	张林林	苏州大学附属第一医院主治医师	石阡县人民医院医师	2021.10~2021.12
714	夏玉蕊	苏州大学附属第一医院主治医师	石阡县人民医院医师	2021.10~2021.12
715	刘　晓	苏州大学附属第一医院主治医师	石阡县人民医院医师	2021.10~2021.12
716	许　瑶	苏州大学附属第一医院主治医师	石阡县人民医院医师	2021.10~2021.12
717	李瑶琴	苏州大学附属第一医院主治医师	石阡县人民医院医师	2021.10~2021.12
718	刘秋晨	苏州大学附属第一医院主治医师	石阡县人民医院医师	2021.10~2021.12
719	徐寅凯	苏州大学附属第一医院主治医师	石阡县人民医院医师	2021.10~2021.12
720	陈冰心	苏州大学附属第一医院主治医师	石阡县人民医院医师	2021.10~2021.12

2017~2021年，苏州市共向铜仁市派遣167名农业技术人才开展农业帮扶。

表7-5　2017~2021年苏州市到铜仁市开展农业帮扶人员情况

序号	姓名	派出单位和职务（职称）	帮扶单位和职务（职称）	帮扶时间
1	陆　慧	张家港市作物栽培技术指导站农艺师	沿河县经济作物工作站专技人员	2017.12~2018.1
2	陶　笑	张家港市蔬菜办公室副主任	沿河县经济作物工作站专技人员	2017.12~2018.1
3	宋正海	吴中区东山动防站副站长	德江县畜牧中心办事员	2018.1~2019.4
4	陆俊强	相城区农业农村局阳澄湖动物卫生防疫站副站长	石阡县农业农村局畜牧产业发展中心动物监督管理所副主任	2018.1~2018.12 2019.6~2021.1
5	陆小芳	苏州工业园区娄葑街道群力社区农业技术人员	松桃县普觉镇大元村农业技术人员	2018.4~2018.10
6	俞大弟	吴中区甪直镇农业技术人员	松桃县长兴堡镇白果村农业技术人员	2018.4~2018.10 2019.1~2019.12
7	陆志良	苏州工业园区娄葑街道群力社区主任	松桃县普觉镇大元村农业技术人员	2018.4~2018.5 2019.6~2019.7
8	褚海波	苏州康德生态农业有限公司董事长	松桃县孟溪翔龙公司农业技术人员	2018.5~2019.6 2019.1~2019.12
9	吕　军	昆山市动物卫生监督所监督三科科长	碧江区畜牧水产中心动物卫生监督所副所长	2018.5~2018.6
10	贾建仁	昆山市第五动物防疫站科员	碧江区畜牧水产中心动物疫控中心副主任	2018.5~2018.6
11	朱喜明	苏州益友园林建设发展有限公司办公室副主任	石阡县农业农村局种子站副站长	2018.6~2019.12

续表

序号	姓名	派出单位和职务（职称）	帮扶单位和职务（职称）	帮扶时间
12	白友建	苏州益友园林建设发展有限公司经理	石阡县农牧科技局经济作物工作站助理农艺师	2018.6~2018.12 2020.3~2021.3
13	唐坤江	常熟市农业农村局高级兽医师	思南县动物疫病预防控制中心副主任	2018.6~2018.7 2018.10~2019.4
14	蒋天强	苏州工业园区白鹭原果业有限公司总经理	松桃县大坪场镇干串村农业技术人员	2018.7~2018.8 2019.1~2019.6 2020.3~2021.3
15	黄晓燕	昆山市林业站科员	碧江区农业农村局经济作物工作站副站长	2018.8~2019.8
16	赵占春	张家港市蔬菜办公室蔬菜股股长，高级农艺师	沿河县经济作物工作站副站长	2018.8~2018.9
17	高　巍	张家港市锦丰镇动物防疫站副站长，高级兽医师	沿河县动物疫病防控中心副主任	2018.8~2018.9
18	王卫中	昆山市畜牧兽医站工作人员	碧江区畜牧水产中心工作人员	2018.10~2018.11
19	蒋　明	昆山市水产技术推广站工作人员	碧江区渔业技术推广站工作人员	2018.10~2018.11
20	潘林杰	太仓市现代农业管理处规划科科长，农艺师	玉屏县农牧科技局林果办副主任	2018.10~2018.11
21	叶　明	太仓市204国道动检站副站长，兽医师	玉屏县动物卫生监督所副所长	2018.10~2018.11
22	宋　勇	太仓市浮桥动防站副站长，兽医师	玉屏县动物疫病预防控制中心副主任	2018.10~2018.11
23	马　俞	吴中区农业干部技术学校办事员	德江县农牧科技局经济作物工作站办事员	2018.10~2018.11
24	严震晶	吴中区果蔬园艺站办事员	德江县农牧科技局经济作物工作站办事员	2018.10~2018.11
25	唐英明	吴中区农业机械安全监理所副所长	德江县农牧科技局经济作物工作站办事员	2018.10~2018.11
26	刘　奇	苏州高新区农林水利综合执法大队、综合管理科副科长	万山区畜牧兽医管理办公室副主任	2018.10~2018.11
27	金华杰	苏州高新区农林水利综合执法大队、执法一中队中队长	万山区畜牧产业办副主任	2018.10~2018.11
28	龚晓东	苏州高新区农业技术服务中心科员	万山区农业技术推广站副站长	2018.10~2018.11
29	王少华	昆山市耕保植保植检站副站长	碧江区农业农村局植保站站长	2018.10~2018.12
30	勾起洪	相城区农业农村局农业综合执法大队副队长	石阡县农业农村局动物监督管理所副所长、县畜牧产业发展中心主任	2018.10~2018.12 2019.6~2019.12

续表

序号	姓名	派出单位和职务（职称）	帮扶单位和职务（职称）	帮扶时间
31	吴佳磊	苏州忆乡源生态农业有限公司副经理	石阡县农业农村局植保植检站农艺师、石阡县农业农村局助理工程师、石阡县经济作物工作站副站长	2018.10~2018.12 2019.8~2019.12 2020.6~2020.12
32	李志峰	苏州忆乡源生态农业有限公司总经理	相城·石阡共建现代农业产业园技术指导、石阡县经济作物工作站副站长	2018.10~2019.12 2020.1~2020.12
33	黄日峰	苏州市相城区农业农村局现代农业发展科正股职干部	石阡县农业农村局科教信息站副站长	2018.10~2018.12 2019.6~2019.12
34	朱旭东	苏州农业职业技术学院教授	江口县农业农村局野生兰草建设保护首席专家	2018.10~2018.12
35	吴松芹	苏州农业职业技术学院副教授	江口县农业农村局食用菌种植首席专家	2018.10~2018.12
36	陈金龙	常熟市植保植检站副股级干部、农业农村局推广研究员	思南县植保植检站副站长	2018.10~2018.12
37	陶庆	常熟市畜禽屠宰检疫和城区动物防疫中心副主任，高级兽医师	思南县动物疫病预防控制中心副主任	2018.10~2018.12
38	徐向东	常熟市碧溪街道动物防疫站站长，兽医师	思南县动物疫病预防控制中心副主任	2018.10~2018.12
39	陈绍彬	苏州农业职业技术学院高级农艺师	江口县农业农村局精品水果种植首席专家	2018.10~2018.12 2020.5~2020.7
40	张卫东	吴江区动物卫生监督所盛泽分所	印江县科技农牧局产业办科员	2018.10~2019.1
41	何敏	吴中区动物卫生监督所办事员	德江县畜牧中心办事员	2018.10~2019.4
42	张丽华	昆山市农业农村局第五动物防疫站工作人员	碧江区农业农村局疫病预防控制中心工作人员	2018.10~2019.4
43	孙柳青	昆山市农业技术推广中心副主任	碧江区农业农村局产业办副主任	2018.10~2019.4
44	金天翼	常熟市作物栽培技术指导站职工	思南县经济作物工作站副站长	2018.10~2019.4
45	宋琪浩	苏州高新旅游产业集团有限公司宜必思酒店副总经理（主持工作）	万山区农业产业化经营办公室副主任	2018.10~2019.4 2019.5~2021.6
46	曹亚茹	太仓市农业技术推广中心土肥站工作人员，助理农艺师	玉屏县农牧科技局经济作物技术推广站副站长	2018.10~2019.5
47	张迪	太仓市浏河动物防疫站检疫员，助理兽医师	玉屏县畜牧产业办公室副主任	2018.10~2019.5
48	董建明	苏州市蔬菜研究所高级农艺师	江口县农业农村局果蔬种植首席专家	2018.10~2019.5
49	陈虎根	苏州市农业科学院推广研究员	江口县农业农村局植物保护首席专家	2018.10~2019.5 2020.8~2021.2

续表

序号	姓名	派出单位和职务（职称）	帮扶单位和职务（职称）	帮扶时间
50	杨青学	苏州市双阳鹿业有限公司技术员	江口县农业农村局畜牧业技术员	2018.10~2019.10
51	马庆男	昆山市水产技术推广站工作人员	碧江区渔业技术推广站工作人员	2018.10~2019.10
52	陈乃华	吴中区临湖动防站副站长	德江县畜牧中心办事员	2018.10~2019.10
53	戴志刚	苏州苏高新科技产业发展（溧阳）有限公司工程管理部经理	万山区农业产业化经营办公室副主任	2018.10~2019.10
54	华建峰	常熟市农业科学研究所职工，高级农艺师	思南县经济作物工作站副站长	2018.10~2019.10
55	王茂宇	太仓市农业技术推广中心工作人员，农艺师	玉屏县农牧科技局新农村建设办公室副主任	2018.10~2019.11
56	金福源	吴江区动物卫生监督所七都分所副所长	印江县科技农牧局产业办科员	2018.10~2019.11
57	李国锋	苏州硒谷科技有限公司职员	松桃县大坪镇干串村农业技术人员	2018.11~2018.12 2019.1~2019.6
58	陆　慧	张家港市作物栽培技术指导站农艺师	沿河县经济作物工作站副站长	2018.11~2018.12 2019.1~2019.6
59	蒋留泉	吴江区渔政监督大队副股级干部	印江县科技农牧局产业办科员	2018.11~2019.1
60	顾东华	吴江区松陵镇农业服务中心	印江县科技农牧局产业办科员	2018.11~2019.1
61	宋火生	吴江区平望镇农业服务中心	印江县科技农牧局农业发展办科员	2018.11~2019.1
62	朱　慧	吴江区盛泽镇农村工作局	印江县科技农牧局产业办科员	2018.11~2019.5
63	俞　忠	张家港市作物栽培技术指导站副站长，高级农艺师	沿河县农牧科技局副局长	2018.11~2019.5
64	宋百华	张家港市农机技术推广站工程师	沿河县农业机械服务中心副主任	2018.11~2019.6
65	李　彬	张家港市金港镇动物防疫站兽医师	沿河县动物疫病预防控制中心副主任	2018.11~2019.12
66	陈国祥	苏州高新旅游产业集团有限公司副经理	万山区畜牧兽医管理办公室副主任	2018.12~2019.12
67	汪文斌	吴江区动物卫生监督所畜牧科科长（副股职）	印江县农业农村局产业办科员	2019.2~2019.8
68	陆志华	苏州工业园区娄葑街道群力社区农业技术人员	松桃县普觉镇大元村农业技术人员	2019.3~2019.10
69	周利岳	常熟市古里镇动物防疫站副站长，兽医师	思南县动物疫病预防控制中心副主任	2019.5~2019.6
70	祖若川	苏州高新区（虎丘区）农业技术服务中心工作人员	万山区农业技术推广站副站长	2019.5~2019.6

续表

序号	姓名	派出单位和职务（职称）	帮扶单位和职务（职称）	帮扶时间
71	刘晋阁	苏州高新区（虎丘区）农业技术服务中心工作人员	万山区农村合作经济经营管理站副站长	2019.5~2019.6
72	朱小琴	苏州高新旅游产业集团有限公司运营部经理	万山区畜牧产业办公室副主任、万山区农业产业化发展中心副主任	2019.5~2019.6 2020.2~2020.11
73	汤留弟	昆山市农业农村局耕地质量与植物保护站副站长	碧江区农业农村局植保站站长	2019.5~2019.6 2019.8~2019.12 2020.5~2021.5
74	王建东	常熟市禽畜屠宰检疫和城区动物防疫中心职工，高级兽医师	思南县动物疫病预防控制中心副主任	2019.5~2019.8 2019.11~2020.3
75	王　栋	苏州市双阳鹿业有限公司技术员	江口县农业农村局畜牧业技术员	2019.5~2019.10
76	朱　震	昆山市农业农村局农村发展科科员	碧江区农业农村局产业办主任	2019.5~2019.11
77	黄　帅	昆山市农业综合行政执法大队科员	碧江区农业农村局执法大队副队长	2019.5~2019.11
78	贺凤莲	苏州高新旅游产业集团有限公司财务部经理	万山区农业资源区划研究中心副主任、万山区畜牧产业发展中心副主任	2019.5~2019.11 2020.3~2020.11
79	薛博文	苏州市蔬菜研究所助理农艺师	江口县农业农村局蔬菜种植首席专家	2019.5~2019.12
80	卞　杰	太仓市科教新城新丰社区工作人员，农技员	玉屏县节能站副站长	2019.6~2019.7
81	潘銮皓	太仓市城厢镇万丰村工作人员，农技员	玉屏县植保站副站长	2019.6~2019.7
82	胡青青	太仓市农业技术推广中心工作人员，农艺师	玉屏县土肥站副站长	2019.6~2019.7
83	沈静静	太仓市娄东街道岳南村工作人员，农技员	玉屏县新店镇东西部共建园区工作人员	2019.6~2019.7
84	凌　滢	太仓市政府娄东街道社区事务科副科长	玉屏县新店镇东西部共建园区工作人员	2019.6~2019.7
85	王志阳	太仓市科教新城南郊社区居委会工作人员，农技员	玉屏县新店镇东西部共建园区工作人员	2019.6~2019.7
86	沈钰林	太仓市城厢镇农技站工作人员，农艺师	玉屏县林果办副主任	2019.6~2019.7
87	沈宇力	吴江区农业农村局农村事业促进科	印江县农业农村局办公室科员	2019.6~2019.7
88	顾仁芳	张家港市科技局农业与社会发展科科长，高级农艺师	沿河县农牧科技局副局长	2019.6~2019.7
89	王凌锋	常熟市农业机械技术推广站职工，工程师	思南县农业机械服务中心副主任	2019.6~2019.8

续表

序号	姓名	派出单位和职务（职称）	帮扶单位和职务（职称）	帮扶时间
90	陆振强	吴江区汾湖农村工作局农水科	印江县农业农村局监管股科员	2019.6~2019.9
91	周 伟	吴江现代农业产业园区管理办公室	印江县农业农村局监管股科员	2019.6~2019.9
92	金 良	相城区农业农村局农业生产管理科正股职干部	石阡县农业农村局经济作物工作站副局长	2019.6~2019.12 2020.5~2020.6
93	胡玉梅	相城区农业农村局农业技术综合服务中心正股职干部	石阡县农业农村局农业机械服务中心主任	2019.6~2019.12
94	蒋建华	苏州益友园林建设发展有限公司总经理	相城·石阡共建现代农业产业园技术指导	2019.6~2019.12
95	陈 晨	吴江区震泽镇农业服务中心技术员	印江县农业农村局监管股科员	2019.6~2019.12
96	许 立	太仓市璜泾镇雅鹿村工作人员，农技员	玉屏县新店镇东西部共建园区工作人员、新店镇大湾村第一书记	2019.6~2020.6
97	林婷婷	太仓市动物卫生监督所工作人员	玉屏县动物卫生监督所副所长	2019.6~2020.12
98	周 青	吴中区横泾动物防疫站站长	德江县畜牧业发展中心办事员	2019.7~2019.8
99	沈家林	吴中区胥口动物防疫站站长	德江县畜牧业发展中心办事员	2019.7~2019.8
100	钱 誉	吴中区农业农村局农业行政执法大队科员	德江县农业农村局执法大队科员	2019.7~2019.8
101	刘金根	苏州农业职业技术学院副教授	江口县农业农村局蔬菜种植首席专家	2019.7~2019.8
102	孙鹏翔	吴中区甪直动物防疫站站长	德江县畜牧业发展中心办事员	2019.7~2019.12
103	周祖雄	吴中区城区动物防疫站站长	德江县畜牧业发展中心办事员	2019.7~2020.1
104	王开峰	张家港市植保植检站副站长，高级农艺师	沿河县农业农村局局长助理	2019.7~2020.2
105	闵文龙	张家港市杨舍镇动物防疫站副站长，兽医师	沿河县畜牧兽医局局长助理	2019.7~2020.2
106	黄 浩	太仓市璜泾镇永乐村工作人员，农技员	玉屏县农业农村局产业办副主任、新店镇新店村第一书记	2019.7~2020.12
107	季 远	吴中区农业农村局农技植保推广站办事员	德江县农业农村局植保站办事员	2019.7~2021.1
108	江美芳	苏州农业职业技术学院教授	江口县农业农村局农业产业化经营管理首席专家	2019.8~2019.9
109	杨伟球	苏州农业职业技术学院副教授	江口县农业农村局农村能源首席专家	2019.8~2019.9
110	马锦华	常熟市辛庄镇动物防疫站副站长，兽医师	思南县动物疫病预防控制中心副主任	2019.8~2019.9
111	张 晶	常熟市植保植检站职工，农艺师	思南县植保植检站副站长	2019.8~2020.2
112	陶 笑	张家港市蔬菜办公室副主任	沿河县农业农村局局长助理	2019.10~2019.11
113	陆 慧	张家港市作物栽培技术指导站农艺师	沿河县农业农村局局长助理	2019.10~2019.11

续表

序号	姓名	派出单位和职务（职称）	帮扶单位和职务（职称）	帮扶时间
114	吴凤娥	苏州工业园区市政物业公司绿化部经理	松桃县九江街道莫子叫村农业技术人员	2019.10~2019.12
115	杨 潇	常熟市古里镇坞坵村副书记	思南县鹦鹉溪镇翟家坝村驻村帮扶工作队队长	2019.10~2020.2
116	程惠新	常熟市禽畜屠宰检疫和城区动物防疫中心副股职干部，兽医师	思南县动物疫病预防控制中心副主任	2019.10~2020.10
117	华菊根	吴江区桃源镇农业服务中心	印江县农业农村局产业办科员	2019.11~2020.10
118	王科峰	张家港市种子管理站站长，高级农艺师	沿河县农业农村局副局长	2019.11~2020.12
119	任兆伟	相城区农业农村局农业综合执法大队二中队中队长	石阡县农业农村局农业综合行政执法大队副大队长	2020.1~2021.1
120	钱惠平	张家港市乐余镇动物防疫站副站长，高级兽医师	沿河县动物卫生监督所所长	2020.3~2020.10
121	许雨晨	张家港市作物栽培技术指导站助理农艺师	沿河县农业技术推广中心副主任	2020.3~2020.10
122	孙 艺	张家港市农业农村局综合业务科农艺师	沿河县农业技术推广中心副主任	2020.3~2020.4
123	孙朋朋	张家港市农机技术推广站工程师	沿河县农业机械管理服务中心副主任	2020.3~2020.4
124	丁大伟	张家港市农业试验站农艺师	沿河县农业机械管理服务中心副主任	2020.3~2020.4
125	李良国	苏州高新区城乡发展局监测中心副主任	万山区农产品质量监督检测站副站长	2020.3~2020.4
126	赵 斌	苏州高新区城乡发展局农林水利综合执法大队科员	万山区农业农村综合执法大队副大队长	2020.3~2020.4
127	孙 杰	苏州高新区城乡发展局河道管理所工作人员	万山区水产站副站长	2020.3~2020.4
128	黄亚川	常熟市植保植检站职工，农艺师	思南县植保植检站副站长	2020.3~2020.5
129	严晓晨	常熟市农业机械技术推广站职工，工程师	思南县农业农村局能源站副站长	2020.3~2020.5
130	陈丽萍	张家港市农业综合行政执法大队兽医师	沿河县畜牧养殖发展中心副主任	2020.3~2021.3
131	张王杰	硒谷科技有限公司技术工程师	松桃县大路镇农业技术人员	2020.4~2020.5
132	王张民	南京恒宝田功能农业研究院副院长	松桃县大路镇农业技术人员	2020.4~2020.6
133	张泽洲	苏州硒谷科技研发中心副主任	松桃县大路镇农业技术人员	2020.4~2020.6
134	陈亚旭	吴江区七都镇农业服务中心	印江县农业农村局产业办科员	2020.4~2020.7
135	卢汝华	苏州工业园区娄葑街道农业技术人员	松桃县普觉镇农业技术人员	2020.4~2020.11
136	戴留生	苏州工业园区娄葑街道农业技术人员	松桃县木树镇农业技术人员	2020.4~2020.11

续表

序号	姓名	派出单位和职务（职称）	帮扶单位和职务（职称）	帮扶时间
137	强伟宸	苏州工业园区白露山生态农业发展有限公司总经理	松桃县乌罗镇农业技术人员	2020.4~2021.1
138	张月平	相城区农业农村局农村发展综合科正股职干部	石阡县农业农村局农办秘书股副股长	2020.5~2020.6
139	邹春荣	苏州市相城区黄埭镇建设管理局副站长	石阡县农业农村局农业技术推广站副站长	2020.5~2020.6
140	李　辉	昆山市职业农民培育指导站副站长	碧江区农业农村局农经站副站长	2020.5~2020.6
141	黄金鑫	昆山市农业机械化技术推广站科员	碧江区农业农村局农机中心副主任	2020.5~2020.6
142	吴建明	昆山市农业技术推广中心科员	碧江区农业农村局农业技术推广站副站长	2020.5~2020.6
143	潘　军	太仓市畜牧兽医站工作人员，兽医师	玉屏县动物疫病控制中心工作人员	2020.5~2020.6
144	朱哲沁	太仓市现代农业园区管理处工作人员，助理农艺师	玉屏县农业农村局植保站工作人员	2020.5~2020.6
145	李　赫	太仓市农村集体资产管理科副科长	玉屏县农业农村局农经股工作人员	2020.5~2020.6
146	霍　尧	苏州农业职业技术学院高级农艺师	江口县农业农村局植物保护首席专家	2020.5~2020.7
147	陈敏炀	常熟市作物栽培技术指导站职工，农艺师	思南县经济作物工作站副站长	2020.5~2020.9
148	邓　鹏	太仓市农业技术推广中心工作人员，技术员	玉屏县农业农村局农业技术推广站工作人员	2020.5~2020.11
149	陈小星	昆山市第一动物防疫站副站长	碧江区农业农村局动监所副所长	2020.5~2020.11
150	王志斌	昆山市农业农村局农业生产管理科科员	碧江区农业农村局监管科副科长	2020.5~2020.11
151	朱鸿峰	太仓市双凤动物防疫站工作人员，兽医师	玉屏县动物卫生监督所工作人员	2020.5~2020.12
152	欧永胜	太仓市动物卫生监督所工作人员	玉屏县新店镇大湾村第一书记	2020.5~2021.4
153	潘斌清	常熟市农业科学研究所职工，农艺师	思南县农业农村局能源站副站长	2020.5~2021.4
154	顾理流	吴江区蚕桑园艺站副站长	印江县农业农村局饲草饲料站技术员	2020.6~2020.12
155	李京隆	吴江区农业农村局农业农机科	印江县农业农村局项目办科员	2020.6~2020.12
156	谈为忠	吴中区金庭动物防疫站副站长	德江县农业农村局动物疾病预防控制中心办事员	2020.7~2020.8

续表

序号	姓名	派出单位和职务（职称）	帮扶单位和职务（职称）	帮扶时间
157	向达旦	吴中区甪直动物防疫站办事员	德江县农业农村局动物疾病预防控制中心办事员	2020.7~2020.8
158	顾一奇	吴中区动物卫生监督所办事员	德江县农业农村局动监所办事员	2020.7~2020.8
159	张东篱	吴中区渔政监督大队科员	德江县农业农村局农田水利建设站办事员	2020.7~2020.8
160	许俊伟	吴中区农业环境与土壤肥料站办事员	德江县农业农村局农环站办事员	2020.7~2020.8
161	夏　爽	吴江区七都镇农业服务中心	印江县农业农村局经济作物工作站技术员	2020.7~2020.9
162	贾伟强	苏州市双阳鹿业有限公司农业技术员	江口县农业农村局畜牧业技术员	2020.8~2021.2
163	朱晓国	苏州农业职业技术学院副研究员	江口县农业农村局蔬菜种植首席专家	2020.9~2020.10
164	万德荣	吴江区农业综合执法大队	印江县农业农村局农业综合执法大队科员	2020.10~2020.12
165	程中欣	吴中区农业农村局农机技术推广站办事员	德江县农业农村局农田水利建设站办事员	2020.10~2021.4
166	唐厦宇	常熟市禽畜屠宰检疫和城区动物防疫中心职工，兽医师	思南县动物疫病预防控制中心副主任	2020.10~2021.4
167	杨　浩	常熟市禽畜屠宰检疫和城区动物防疫中心职工，兽医师	思南县动物疫病预防控制中心副主任	2020.10~2021.4

2018~2021年，苏州市共有29名文化旅游人才到铜仁市开展1个月以上帮扶工作。

表7-6　2018~2021年苏州市到铜仁市开展文化旅游帮扶人员情况

序号	姓名	派出单位和职务	帮扶单位和职务	帮扶时间
1	石意华	吴中区旅游局科员	德江县旅游局工作人员	2018.5~2018.6
2	季明晔	苏州文旅集团酒店管理有限公司总经理助理	云舍·姑苏小院品牌开发部副经理	2019.6~2020.11
3	张秋岳	张家港市文体广电和旅游局组织人事科科长	沿河县文体广电旅游局局长助理	2019.8~2019.9
4	冷　凝	张家港市文体广电和旅游局宣传技术科（安全播出监控中心）副科长	沿河县文体广电旅游局办公室副主任	2019.8~2019.9
5	胡勇军	张家港市文体广电和旅游局办公室（法制科）副主任	沿河县文体广电旅游局办公室副主任	2019.8~2019.9

续表

序号	姓名	派出单位和职务	帮扶单位和职务	帮扶时间
6	付　强	张家港市体育中心副主任	沿河县群众体育指导中心副主任	2019.8~2019.9
7	陆正霞	张家港市文体广电和旅游局办公室（法制科）科员	沿河县群众体育指导中心副主任	2019.8~2019.9
8	贾　健	张家港市文化馆剧目创作室副主任	沿河县文化馆副馆长	2019.8~2019.9
9	吕至峰	张家港市文化馆工作人员	沿河县文化馆副馆长	2019.8~2019.9
10	田玮博	张家港市锡剧艺术中心副主任	沿河县文化馆副馆长	2019.8~2019.9
11	浦　杨	张家港博物馆陈列展览部主任	沿河县文化遗产保护中心副主任	2019.8~2019.9
12	陈　超	张家港市文化市场综合执法大队网络监管综合执法中队中队长、党支部副书记	沿河县文化市场综合行政执法大队副大队长	2019.8~2019.9
13	陈玉珠	张家港市图书馆数字体验部主任	沿河县图书馆副馆长	2019.8~2019.9
14	李　洁	张家港市旅游咨询服务中心副主任	沿河县旅游产业发展中心副主任	2019.8~2019.9
15	姚　佩	苏州文旅集团酒店管理有限公司运营部负责人	云舍·姑苏小院运营部经理	2019.9~2020.5
16	刘　佺	苏州文旅姑苏小院酒店宣州会馆门店经理	云舍·姑苏小院门店店长	2020.5~2021.5
17	范　群	苏州日报报业集团"范群工作室"主任	铜仁日报社社长助理	2020.5~2021.5
18	马京江	张家港市文体广电和旅游局组织人事科副科长	沿河县文体广电旅游局办公室副主任	2020.8~2020.8
19	侯溢萍	张家港市文化市场综合执法大队综合科科长	沿河县文化市场行政综合执法大队副大队长	2020.8~2020.8
20	刘彬彬	张家港市文物保护管理中心	沿河县文化遗产保护中心副主任	2020.8~2020.8
21	满佳鑫	张家港市文化馆	沿河县文化馆副馆长	2020.8~2020.8
22	于天泊	张家港市文化馆副馆长	沿河县文化馆副馆长	2020.8~2020.8
23	田　笛	张家港博物馆	沿河县文化遗产保护中心副主任	2020.8~2020.8
24	缪晓峰	张家港市体育中心	沿河县群众体育指导中心副主任	2020.8~2020.8
25	殷艳红	张家港市旅游咨询服务中心副主任	沿河县旅游产业发展中心副主任	2020.8~2020.8
26	毛志龙	张家港市图书馆	沿河县图书馆副馆长	2020.8~2020.8
27	惠　超	张家港市锡剧艺术中心	沿河县文化馆副馆长	2020.8~2020.8
28	祁　晔	张家港市评弹艺术传承中心	沿河县文化馆副馆长	2020.8~2020.8
29	范　利	张家港市体育运动学校	沿河县群众体育指导中心副主任	2020.8~2020.8

第八章

荣誉

　　苏州全市深入学习贯彻习近平总书记关于脱贫攻坚工作的重要讲话和重要指示精神，全面贯彻落实党中央、国务院决策部署，尽锐出战、攻坚克难，圆满完成对口帮扶铜仁市任务。2017年后，江苏省对口帮扶贵州省铜仁市工作队精心组织、积极行动、深入一线、靠前指挥，连续两次被评为贵州省脱贫攻坚先进集体，所有工作队员在铜仁市年度考核均为"优秀"，第二批23名工作队队员全部获得省级以上荣誉称号，15名工作队队员被铜仁市政府记二等功；工作队队员和支教、支医、支农专家获得贵州省省级以上荣誉称号45人次，工作队沿河县工作组组长陈世海在第三届中国优秀扶贫案例报告会上入选"最美人物"优秀案例。全国各类省级以上新闻媒体报道苏铜扶贫协作工作近1500次。2021年2月，江苏省对口帮扶贵州省铜仁市工作队和碧江区工作组，工作队领队和1名队员分获全国脱贫攻坚先进集体和先进个人荣誉称号。5月27日，苏州·铜仁扶贫协作工作总结座谈会召开，会议上向苏州市帮扶工作队和专业技术人才代表颁发省级纪念章，并对在2015~2020年东西部扶贫协作工作中表现优秀的369名援铜帮扶干部人才予以通报表扬。

　　苏州市各级党委政府、各方机构统筹协调、精准调度，社会各界协同发力、合力攻坚，凝聚起决胜全面小康、决战脱贫攻坚的强大合力，涌现出一大批实绩过硬、事迹感人的先进典型。2021年10月31日，常熟市农业农村局等29个集体被江苏省委、省政府授予全省脱贫攻坚暨对口帮扶支援合作先进集体称号，卜祥玉等44名个人被授予全省脱贫攻坚暨对口帮扶支援合作先进个人称号。是日，中共江苏省委、江苏省人民政府对全省脱贫攻坚暨对口帮扶支援合作工作表现突出集体予以通报表扬，江苏省对口帮扶贵州省铜仁市工作队万山区工作组等8个对口帮扶工作组被评为全省脱贫攻坚暨对口帮扶支援合作工作表现突出的集体"三对"工作先进集体。

第一节　集体荣誉

一、国家级和国家条线表彰的先进集体

2013~2021年苏州市对口帮扶铜仁市工作中，苏州市有3个集体获得国家级表彰。

表8-1　2013~2021年苏州市对口帮扶铜仁市所获国家级集体荣誉一览

序号	获奖单位	荣誉称号	获奖时间	表彰机关
1	江苏省对口帮扶贵州省铜仁市工作队	全国脱贫攻坚先进集体	2021.2	中共中央、国务院
2	江苏省对口帮扶贵州省铜仁市工作队碧江区工作组	全国脱贫攻坚先进集体	2021.2	中共中央、国务院
3	中共张家港经济技术开发区(杨舍镇)善港村委员会	全国脱贫攻坚先进集体	2021.2	中共中央、国务院

二、省级表彰先进集体

2013~2021年苏州市对口帮扶铜仁市工作中,苏州市有24个集体获得贵州省和江苏省级表彰34项。

表8-2　2013~2021年苏州市对口帮扶铜仁市所获省级集体荣誉一览

序号	获奖单位	荣誉称号	获奖时间	表彰机关
1	苏州市吴中区人民政府	社会扶贫先进集体	2015.10	贵州省扶贫开发领导小组
2	江苏省对口帮扶贵州省铜仁市工作队	脱贫攻坚先进集体	2017.12	贵州省扶贫开发领导小组
3		脱贫攻坚先进集体	2019.11	贵州省扶贫开发领导小组
4	中共张家港经济技术开发区(杨舍镇)善港村委员会	脱贫攻坚先进党组织	2019.6	中共贵州省委
5	江苏省对口帮扶贵州省铜仁市工作队沿河县工作组	脱贫攻坚先进集体	2019.11	贵州省扶贫开发领导小组
6		全省脱贫攻坚暨对口帮扶支援合作工作表现突出的集体"三对"工作先进集体	2021.10	中共江苏省委 江苏省人民政府
7	江苏省对口帮扶贵州省铜仁市工作队思南县工作组	脱贫攻坚先进集体	2019.11	贵州省扶贫开发领导小组
8		脱贫攻坚先进集体	2021.4	中共贵州省委 贵州省人民政府
9		全省脱贫攻坚暨对口帮扶支援合作工作表现突出的集体"三对"工作先进集体	2021.10	中共江苏省委 江苏省人民政府
10	江苏省对口帮扶贵州省铜仁市工作队玉屏县工作组	脱贫攻坚先进集体	2019.11	贵州省扶贫开发领导小组
11		全省脱贫攻坚暨对口帮扶支援合作工作表现突出的集体"三对"工作先进集体	2021.10	中共江苏省委 江苏省人民政府
12	江苏省对口帮扶贵州省铜仁市工作队碧江区工作组	脱贫攻坚先进集体	2019.11	贵州省扶贫开发领导小组
13		组织创新奖	2020.10	江苏省扶贫工作领导小组

续表

序号	获奖单位	荣誉称号	获奖时间	表彰机关
14		脱贫攻坚先进集体	2019.11	贵州省扶贫开发领导小组
15	江苏省对口帮扶贵州省铜仁市工作队印江县工作组	全省脱贫攻坚暨对口帮扶支援合作工作表现突出的集体"三对"工作先进集体	2021.10	中共江苏省委 江苏省人民政府
16		脱贫攻坚先进集体	2019.11	贵州省扶贫开发领导小组
17	江苏省对口帮扶贵州省铜仁市工作队江口县工作组	全省脱贫攻坚暨对口帮扶支援合作工作表现突出的集体"三对"工作先进集体	2021.10	中共江苏省委 江苏省人民政府
18		脱贫攻坚先进集体	2019.11	贵州省扶贫开发领导小组
19	江苏省对口帮扶贵州省铜仁市工作队万山区工作组	全省脱贫攻坚暨对口帮扶支援合作工作表现突出的集体"三对"工作先进集体	2021.10	中共江苏省委 江苏省人民政府
20	苏州科技城医院	脱贫攻坚先进集体	2019.11	贵州省扶贫开发领导小组
21	苏州市相城区卫生健康委员会	脱贫攻坚先进集体	2019.11	贵州省扶贫开发领导小组
22	常熟市常思爱心会	脱贫攻坚先进集体	2019.11	贵州省扶贫开发领导小组
23	波司登公益基金会	脱贫攻坚先进集体	2019.11	贵州省扶贫开发领导小组
24	张家港市对口帮扶贵州省沿河县工作组党支部	脱贫攻坚先进党组织	2020.6	中共贵州省委
25	苏州高新区对口帮扶铜仁市万山区工作组行动党支部	脱贫攻坚先进党组织	2020.6	中共贵州省委
26	苏州市相城区望亭商会	全国"四好"商会	2021.1	全国工商业联合会
27		脱贫攻坚先进集体	2021.4	中共贵州省委 贵州省人民政府
28	江苏省对口帮扶贵州省铜仁市工作队松桃县工作组	全省脱贫攻坚暨对口帮扶支援合作工作表现突出的集体"三对"工作先进集体	2021.10	中共江苏省委 江苏省人民政府
29	苏州苏高新集团有限公司	脱贫攻坚先进集体	2021.4	中共贵州省委 贵州省人民政府
30	东吴证券股份有限公司	脱贫攻坚先进集体	2021.4	中共贵州省委 贵州省人民政府
31	江苏省对口帮扶贵州省铜仁市工作队德江县工作组	全省脱贫攻坚暨对口帮扶支援合作工作表现突出的集体"三对"工作先进集体	2021.10	中共江苏省委 江苏省人民政府

续表

序号	获奖单位	荣誉称号	获奖时间	表彰机关
32	江苏省（苏州市相城区）对口帮扶贵州省铜仁市工作队石阡县工作组	全省脱贫攻坚暨对口帮扶支援合作先进集体	2021.10	中共江苏省委江苏省人民政府
33	昆山市对口帮扶贵州省铜仁市碧江区支医工作组	全省脱贫攻坚暨对口帮扶支援合作先进集体	2021.10	中共江苏省委江苏省人民政府
34	苏州工业园区对口帮扶贵州省铜仁市松桃县支医工作组	全省脱贫攻坚暨对口帮扶支援合作先进集体	2021.10	中共江苏省委江苏省人民政府

第二节　个人荣誉

一、国家级个人荣誉

2013~2021年苏州市对口帮扶铜仁市工作中,苏州市有4人获得国家级表彰5项。

表8-3　2013~2021年苏州市帮扶干部人才所获国家级个人荣誉一览

序号	姓名	工作单位、职务	荣誉称号	获奖时间	表彰机关
1	葛剑锋	张家港经济技术开发区(杨舍镇)善港村党委书记、江苏善港生态农业科技有限公司党委书记	全国脱贫攻坚创新奖	2018.10	国务院扶贫开发领导小组
			全国劳动模范	2020.11	中共中央、国务院
2	查颖冬	铜仁市委常委、副市长(挂职),苏州市政府党组成员	全国脱贫攻坚先进个人	2021.2	中共中央、国务院
3	仇圣富	苏州市发展和改革委员会支援合作处处长	全国脱贫攻坚先进个人	2021.2	中共中央、国务院
4	张　皋	贵州省铜仁市扶贫办综合科副科长(挂职),苏州市相城区政府办副主任	全国脱贫攻坚先进个人	2021.2	中共中央、国务院

二、省级个人荣誉

2013~2021年苏州市对口帮扶铜仁市工作中,苏州市有45人获得贵州省和江苏省级表彰60项。

表8-4　2013~2021年苏州市到铜仁市帮扶干部人才所获省级个人荣誉一览

序号	姓名	工作单位、职务	荣誉称号	获奖时间	表彰机关
1	李平	太仓市发展和改革委员会经济协作科科长	社会扶贫先进个人	2015.10	贵州省扶贫开发领导小组办公室
2	陈世海	张家港市政协党组成员、副主席，沿河县委常委、副县长，江苏省对口帮扶贵州省铜仁市工作队沿河县工作组组长	脱贫攻坚优秀共产党员	2018.6	中共贵州省委
3			江苏好人（敬业奉献）	2020.9	江苏省委宣传部江苏省文明办
4			全省脱贫攻坚暨对口帮扶支援合作先进个人	2021.10	中共江苏省委江苏省人民政府
5	刘建刚	苏州大学附属第一人民医院神经外科副主任医师，石阡县人民医院副院长	贵州省五一劳动奖章	2019.4	贵州省总工会
6	查颖冬	苏州市政府党组成员，铜仁市委常委、副市长，江苏省对口帮扶贵州省铜仁市工作队领队	脱贫攻坚优秀共产党员	2019.6	中共贵州省委
7	姜超	太仓市政府党组成员，玉屏县委常委、副县长，江苏省对口帮扶贵州省铜仁市工作队玉屏县工作组组长	脱贫攻坚优秀共产党员	2019.6	中共贵州省委
8	王晓东	常熟市尚湖镇党委书记，思南县委常委、副县长，江苏省对口帮扶贵州省铜仁市工作队思南县工作组组长	脱贫攻坚优秀共产党员	2019.6	中共贵州省委
9	孙道寻	昆山市张浦镇党委副书记、镇长，碧江区委常委、副区长，江苏省对口帮扶贵州省铜仁市工作队碧江区工作组组长	脱贫攻坚优秀共产党员	2019.6	中共贵州省委
10	沈健民	吴江区汾湖高新区党工委委员、管委会副主任，印江县委常委、副县长，江苏省对口帮扶贵州省铜仁市工作队印江县工作组组长	脱贫攻坚优秀共产党员	2019.6	中共贵州省委
11			年度优秀个人	2020.12	中国扶贫基金会
12			脱贫攻坚先进个人	2021.4	中共贵州省委贵州省人民政府
13	李向上	吴中区人大常委会党组成员，德江县委常委、副县长，江苏省对口帮扶贵州省铜仁市工作队德江县工作组组长	脱贫攻坚优秀共产党员	2019.6	中共贵州省委
14			脱贫攻坚先进个人	2021.4	中共贵州省委贵州省人民政府
15	朱建荣	相城区黄埭镇党委副书记、镇长，石阡县委常委、副县长，江苏省对口帮扶贵州省铜仁市工作队石阡县工作组组长	脱贫攻坚优秀共产党员	2019.6	中共贵州省委

续表

序号	姓名	工作单位、职务	荣誉称号	获奖时间	表彰机关
16	祝　郡	姑苏区城市管理委员会副主任，江口县委常委、副县长，江苏省对口帮扶贵州省铜仁市工作队江口县工作组组长	脱贫攻坚优秀共产党员	2019.6	中共贵州省委
17			脱贫攻坚先进个人	2021.4	中共贵州省委贵州省人民政府
18	赵启亮	苏州工业园区经济发展委员会党组成员、副主任，松桃县委常委、副县长，江苏省对口帮扶贵州省铜仁市工作队松桃县工作组组长	脱贫攻坚优秀共产党员	2019.6	中共贵州省委
19	杨　亮	苏州科技城党工委委员、管委会副主任，万山区委常委、副区长，江苏省对口帮扶贵州省铜仁市工作队万山区工作组组长	脱贫攻坚优秀共产党员	2019.6	中共贵州省委
20			优秀共产党员	2021.6	中共江苏省委
21			全省脱贫攻坚暨对口帮扶支援合作先进个人	2021.10	中共江苏省委江苏省人民政府
22	吴　龙	太仓市行政审批局副局长、党组副书记，玉屏县扶贫办党组成员、副主任	脱贫攻坚优秀共产党员	2019.6	中共贵州省委
23	黄建浩	张家港市政府办党组成员、副主任，沿河县政府办党组成员、副主任，沿河县扶贫办党组成员、副主任	脱贫攻坚优秀共产党员	2019.6	中共贵州省委
24	徐文清	苏州高新区（虎丘区）东渚街道办事处副主任，万山区扶贫办党组成员、副主任	脱贫攻坚先进个人	2019.11	贵州省扶贫开发领导小组
25	宋海忠	张家港市泗港办事处主任，沿河县中界镇高峰村驻村工作队副总指挥、队长	脱贫攻坚先进个人	2019.11	贵州省扶贫开发领导小组
26	刘　森	吴江区融媒体中心副主任、党委委员，印江县扶贫办党组成员、副主任	脱贫攻坚先进个人	2019.11	贵州省扶贫开发领导小组
27	娄子琛	姑苏区党政办公室综合一处副处长，江口县扶贫办党组成员、副主任，桃映镇副镇长	脱贫攻坚先进个人	2019.11	贵州省扶贫开发领导小组
28	顾　坚	苏州工业园区娄葑街道副主任科员，松桃县政府办副主任、松桃县扶贫办副主任	脱贫攻坚先进个人	2019.11	贵州省扶贫开发领导小组
29			脱贫攻坚优秀共产党员	2020.6	中共贵州省委
30			致公党脱贫攻坚先进个人	2021.9	中国致公党中央委员会

续表

序号	姓名	工作单位、职务	荣誉称号	获奖时间	表彰机关
31	夏　正	江苏盛泽医院医务部主任，吴江区援黔医疗队队长，印江县人民医院副院长	脱贫攻坚先进个人	2019.11	贵州省扶贫开发领导小组
32			2016~2020年全国社会服务先进个人	2020.9	九三学社中央委员会
33	陶彩红	苏州工业园区星洲小学德育处主任、工会主席，松桃县第六完全小学副校长	脱贫攻坚先进个人	2019.11	贵州省扶贫开发领导小组
34			全省脱贫攻坚暨对口帮扶支援合作先进个人	2021.10	中共江苏省委江苏省人民政府
35	谷易华	苏州市委组织部四级调研员，铜仁市人民政府副秘书长	脱贫攻坚优秀共产党员	2020.6	中共贵州省委
36			脱贫攻坚先进个人	2021.4	中共贵州省委贵州省人民政府
37	赵中华	张家港市政府办党组成员、副主任，沿河县政府办党组成员、副主任，沿河县扶贫办党组成员、副主任	脱贫攻坚优秀共产党员	2020.6	中共贵州省委
38	徐　震	太仓市委机要局副局长，玉屏县扶贫办党组成员、副主任	脱贫攻坚优秀共产党员	2020.6	中共贵州省委
39			脱贫攻坚先进个人	2021.4	中共贵州省委贵州省人民政府
40	陈　剑	常熟市政府办副主任科员，思南县政府党组成员、办公室副主任	脱贫攻坚优秀共产党员	2020.6	中共贵州省委
41	李建平	昆山市周市镇党委委员、纪委书记，碧江区扶贫办党组成员、副主任	脱贫攻坚优秀共产党员	2020.6	中共贵州省委
42	陈先冬	姑苏区委组织部办公室主任，江口县扶贫办党组成员、副主任，江口县德旺乡党委副书记	脱贫攻坚优秀共产党员	2020.6	中共贵州省委
43	张　皋	相城区政府办副主任，铜仁市扶贫办综合科副科长	脱贫攻坚优秀共产党员	2020.6	中共贵州省委
44	万文敏	相城区黄埭镇武装部长，石阡县扶贫办党组成员、副主任	脱贫攻坚优秀共产党员	2020.6	中共贵州省委
45	庄荣金	苏州市吴江文化旅游发展集团有限公司党委委员、副总经理，印江县扶贫办党组成员、副主任	脱贫攻坚优秀共产党员	2020.6	中共贵州省委
46	顾利青	吴中区人社局副局长，德江县扶贫办副主任	脱贫攻坚优秀共产党员	2020.6	中共贵州省委
47	金　烨	苏州大学附属中学副校长，松桃县民族寄宿制中学副校长	脱贫攻坚优秀共产党员	2020.6	中共贵州省委

续表

序号	姓名	工作单位、职务	荣誉称号	获奖时间	表彰机关
48	吴鹏程	苏州高新区社会事业局副局长，万山区扶贫办副主任	脱贫攻坚先进个人	2021.4	中共贵州省委贵州省人民政府
49			农工党脱贫攻坚工作先进个人	2021.6	中国农工党中央委员会
50	汤留弟	昆山市农业农村局耕地质量与植物保护站副站长，碧江区农业农村局植保植检站站长，东西部扶贫协作碧江区工作组农业团队队长	脱贫攻坚先进个人	2021.4	中共贵州省委贵州省人民政府
51	陆振东	太仓市实验中学校长，玉屏第一中学校长	江苏省事业单位脱贫攻坚专项奖励记大功	2021.4	江苏省人力资源和社会保障厅
52	尤　晨	常熟市第三人民医院副主任医师，常熟援思医疗队队长	江苏省事业单位脱贫攻坚专项奖励记大功	2021.4	江苏省人力资源和社会保障厅
53	卜祥玉	苏州大学附属中学副校长，松桃民族中学校长	全省脱贫攻坚暨对口帮扶支援合作先进个人	2021.10	中共江苏省委江苏省人民政府
54	茅惠群	苏州市第九人民医院妇科副主任，印江县人民医院妇产科副主任	全省脱贫攻坚暨对口帮扶支援合作先进个人	2021.10	中共江苏省委江苏省人民政府
55	刘　坚	昆山市柏庐实验小学党政办主任，铜仁市第八小学副校长	全省脱贫攻坚暨对口帮扶支援合作先进个人	2021.10	中共江苏省委江苏省人民政府
56	严卫中	太仓市沙溪第一中学党支部书记、校长，玉屏第一中学副校长	全省脱贫攻坚暨对口帮扶支援合作先进个人	2021.10	中共江苏省委江苏省人民政府
57	周邵丹	苏州市相城第三实验中学副校长，石阡县汤山中学副校长	全省脱贫攻坚暨对口帮扶支援合作先进个人	2021.10	中共江苏省委江苏省人民政府
58	崔小兵	苏州高新区实验小学校党委委员、校长助理、工会主席，铜仁市第四小学校副校长	全省脱贫攻坚暨对口帮扶支援合作先进个人	2021.10	中共江苏省委江苏省人民政府
59	徐国民	常熟市第一人民医院党委委员、副院长，思南县卫生与健康管理局党组成员、副局长，思南县人民医院副院长，思南县民族中医院副院长	全省脱贫攻坚暨对口帮扶支援合作先进个人	2021.10	中共江苏省委江苏省人民政府
60	席与斌	苏州市立医院（东区）医务处副主任，铜仁市人民医院医务人员	全省脱贫攻坚暨对口帮扶支援合作先进个人	2021.10	中共江苏省委江苏省人民政府

注：所列人物工作单位、职务为受表彰时工作单位、职务。

2018年5月1日，在石阡县人民医院挂任副院长的苏州大学附属第一医院神经外科博士刘建刚获得贵州省五一劳动奖章

2018年10月17日，张家港经济技术开发区（杨舍镇）善港村党委书记、江苏善港生态农业科技有限公司党委书记葛剑锋获得2018全国脱贫攻坚创新奖

2019年7月1日，在贵州省和铜仁市举行的全省（市）脱贫攻坚"七·一"表彰大会上，工作队23人获得表彰。其中，获评贵州省脱贫攻坚优秀共产党员的有12人，获评铜仁市脱贫攻坚优秀共产党员的有11人

2019年11月，贵州省脱贫攻坚领导小组评选出江苏省对口帮扶贵州省铜仁市工作队等12个苏州市帮扶集体全省脱贫攻坚先进集体

2020年6月，苏州高新区对口帮扶铜仁市万山区工作组行动党支部和张家港市对口帮扶贵州省铜仁市工作队沿河县工作组党支部被中共贵州省委员会评为全省脱贫攻坚先进党组织

2020年7月1日，贵州省2020年脱贫攻坚"七一"表彰大会在贵阳市举行。江苏省张家港市对口帮扶贵州省沿河县工作组党支部和苏州高新区对口帮扶铜仁市万山区工作组行动党支部被评为贵州省脱贫攻坚先进党组织，谷易华等12名帮扶干部人才被评为贵州省脱贫攻坚优秀共产党员

2021年2月25日，全国脱贫攻坚总结表彰大会在京召开。江苏省对口帮扶贵州省铜仁市工作队、江苏省对口帮扶贵州省铜仁市工作队碧江区工作组、中共张家港经济技术开发区（杨舍镇）善港村委员会被中共中央和国务院评为全国脱贫攻坚先进集体

2021年2月，江苏省对口帮扶贵州省铜仁市工作队被中共中央、国务院评为全国脱贫攻坚先进集体

2021年2月25日，铜仁市委常委、副市长（挂职），苏州市政府党组成员查颖冬被中共中央和国务院评为全国脱贫攻坚先进个人

2021年2月25日，苏州市发展和改革委员会支援合作处处长仇圣富被中共中央和国务院评为全国脱贫攻坚先进个人

2021年2月25日，贵州省铜仁市扶贫办综合科副科长（挂职），苏州市相城区政府办副主任张皋被中共中央和国务院评为全国脱贫攻坚先进个人

2021年4月23日，贵州省召开脱贫攻坚总结表彰大会。4个苏州市帮扶集体获得贵州省脱贫攻坚先进集体表彰，6名帮扶干部人才获得贵州省脱贫攻坚先进个人表彰

2021年6月，江苏省对口帮扶贵州省铜仁市工作队队员吴鹏程获评农工党脱贫攻坚工作先进个人

2021年9月，江苏省对口帮扶贵州省铜仁市工作队队员顾坚获评中国致公党脱贫攻坚先进个人

附录

苏州坚持扶贫与扶智扶志相结合

实现区域协调发展,如期完成脱贫攻坚任务,根本在人。苏州市不断加大对铜仁市的人才智力帮扶力度,助力铜仁市经济社会发展;不断巩固人才、教育、科技、文化、卫生、旅游相结合的工作格局,全面提升对口帮扶铜仁市工作成效,使苏州市对口帮扶铜仁市工作更加符合中央要求、贴近铜仁市需要、体现苏州市特色,力争走在全国前列。

一、加大干部人才培训力度,发挥苏州市人才智力和干部教育培训优势

苏州市坚持用人主体组织、人才参与、形式多样的交流培训活动,为铜仁市提供智力支撑和人才保障。同时,扎实开展互派干部挂职和赴苏州市开展干部教育培训工作。

一是坚持互派干部挂职。每年,铜仁市选派6名县处级干部挂任苏州市省级以上开发区副职,挂职时间1年;苏州市组建以1名厅级干部为领队的对口帮扶铜仁市工作队,选派12名县处级干部和11名科级干部赴铜仁市开展对口帮扶工作,实现每个结对县(区)有2名对口帮扶干部。同时,两市积极做好互派干部的服务管理工作,不断拓宽科级以下干部挂职的路径,为受援地干部的培养和锻炼创造更多的机会和平台。

二是做好干部培训工作。按照苏铜两地组织部门确定的干部培训计划,每年苏州市为铜仁市举办各类培训班12期,培训600名干部。2018年增加培训1000名农村致富带头人,3年完成2800名干部及创业致富带头人的培训工作。

三是探索选派干部培训锻炼工作。采取"集中培训+跟班锻炼+调研总结"的方式,从2017年9月起,每年选派2批(每批50人)优秀年轻干部到苏州市培训锻炼,每批培训锻炼4个月,3年共计培训锻炼300名选派干部。采取主体培训与专题班次相结合、理论培训与挂职锻炼相结合、"请进来"与"走出去"相结合等方式,重点抓好各级党政干部、创新创业人才、公共服务领域人才三支队伍的培训。着眼工作需要重点培训各级党政干部,稳步推进受援地基层干部赴苏州市轮训工作,推进基层党组织联建共建,全面提高受援地干部促进发展、助力如期脱贫的能力。

四是加大经济人才培训工作。立足增强内生动力,依托苏州市企业和高层次人才创新创业基地,培养一支懂经营、善管理的企业家和企业高级管理人员队伍。结合民生需求抓紧培训公共服务等重点领域人才,通过技能培训、网络培训以及支教、支医、支农等多种途径和方式,为受援地培养科技、教育、医疗等更多领域的实用型人才。指导帮助受援地制定优惠政策,营造良好环境,改变当地人才外流的现状,并积极帮助铜仁市从外地引进急需专业人才。

二、全力实施五个"一百工程",提升专业人才帮扶的工作力度

创新人才智力帮扶和交流的途径,五个"一百工程"成效显著。根据两市协议,苏州市每年组织百名教师、百名医生、百名教授(专家)、百名艺术家、百家旅行社走进铜仁市开展交流活动,进行"传帮带",铜仁市每年选派一批教育、卫生、科技、文化等方面人才到东部交流学习,成效显著。2016年和2017年,苏州市共派出60余批1000多名(家)名教师、医生、教授(专家)、艺术家、旅行社帮扶铜仁市,为铜仁市培训各类人才2万余人次。苏州市211所学校与铜仁市相应的学校建立"一对一"帮扶关系,并开展"铜仁所需、苏州所能"帮扶工作。苏州市教育局和市卫计委分别克服当地教师和医生资源紧张情况,市教育局3年派出援铜教师394人次,市卫计委3年派出援铜医卫专家341人次。

三、以点带面,探索农村致富带头人培训模式

张家港市善港农村干部学院主动承担苏州市对口帮扶铜仁市农村致富带头人的培训任务。5月21~30日在张家港市举行的第一期苏州·铜仁贫困村创业致富带头人培育班的落地,就是张家港市善港村与沿河县高峰村整村推进结对帮扶"善登高峰"模式的延伸和提升。来自张家港市结对的沿河县的45名贫困村创业致富带头人,围绕思维创新、典型示范、党建统领、乡村治理等方面"取经""充电"。第二期培育班于6月23日至7月1日举行,沿河县45名贫困村学员参加。计划未来在张家港市善港农村干部学院陆续举办有铜仁市各县(区)千人参加的贫困村创业致富带头人培训班,并争取将张家港市善港农村干部学院打造成全国第三家贫困村创业致富带头人培训基地。

张家港市、沿河县两地,积极探索两村结对并作为深度贫困村整体脱贫试点的主要做法是立足产业发展,高点定位、谋划高峰村产业布局,做好高峰村产业发展规划;因地制宜,引进善港村优势农业项目,并适度推广;探索村集体经济培育路径,实现该村集体经济的发展壮大;加强村民农业技能培训,培养致富带头人;形成可持续发展动力,带动高峰村实现经济脱贫。驻村工作队实地考察、走访调研、咨询专家、共商发展大计,已初建高峰村生态农业产业园1个,建设大棚等设施农业涉及土地面积58.7亩,同时发展示范种植"美国香瓜"7亩、"红玫糯玉米"4亩。产业发展将带动该村贫困人口50户119人增收。

(2018年11月入选国务院扶贫办在广西壮族自治区河池市巴马县举办的全国"携手奔小康"行动培训班案例选编)

高质量打赢脱贫攻坚战　携手共赴"小康之约"

苏州高新区是全国首批国家级高新区,是苏南国家自主创新示范区核心区,素有"真山真水园中城、科技人文新天堂"的美誉。铜仁市万山区因朱砂闻名,被誉为"丹砂王国"。自两区结对帮扶以来,按照国家、省、市要求,不断深化东西部扶贫协作,形成全方位、多渠道、深层次的结对共建模式,助推万山区在2018年以优异成绩顺利通过国家第三方评估,实现脱贫摘帽。

一、担一份责任,以协作共赢好思路共筑对口帮扶好机制

两区签订了全面的对口帮扶框架协议,推进"携手奔小康"行动不断深入。一是完善机制凝聚协作合力。2018年以来,两区主要领导互访7次、召开高层联席会5次;各级领导带队互访150余批次2000余人次,达成协议50余项。贵州省委副书记、省长谌贻琴,江苏省委常委、苏州市委书记周乃翔互访考察期间对两区东西部扶贫协作工作给予高度认可。二是"造血式"扶贫提升致富能力。在万山区开工运营的农产品供应链中心项目,建成后将成为铜仁地区"黔货进苏"的桥梁纽带。2018年以来,推动落户万山区的11家东部企业投资7亿多元,苏州高新区国资投资3个项目4.5亿元。苏州高新区已投入支持万山区发展的帮扶资金近1亿元,落实项目150多个,带动3000多人脱贫。三是线上线下同步激发消费扶贫活力。苏州高新区"食行生鲜""苏州银行"等App全力助推"黔货出山",在苏州市开设万山农产品批发部,助推铜仁市农产品进驻苏州市商场超市。今年已助推销售铜仁市农特产品700多万元,2900多名贫困人口受益。四是精准化智力扶贫做实内生动力。两区互派各领域专业技术人才交流420多人次,通过共建人力资源市场、搭建劳务工作站、开设苏州企业订单班等系列举措,帮助万山区100多名贫困劳动力在苏州市实现稳定就业。

二、聚八方合力,以结对帮扶全覆盖实现脱贫攻坚全胜绩

通过深入调研、广泛宣传、深挖潜力,促成两区各领域全方位结对共建。一是对口单位部门广泛结对。苏州高新区区级各部门与万山区相应部门完成结对共建,两区乡镇街道实现结对全覆盖,苏州高新区经济强村、企业及社会组织与万山区37个贫困村深入结对,通过搭建刺绣艺术培训、青年创新创业、残疾人就业等交流平台,以资金扶持、项目共建、人才交流等方式,全力支持万山区脱贫攻坚。二是文明单位与贫困户暖心结对。苏州高新区各文明单位与万山区未脱贫贫困户建立帮扶关系,助推万山区剩余553户未脱贫户今年全面脱贫。三是教育医疗领域组团结对。两区62所中小学、幼儿园,25个医疗机构、乡镇卫生院建立结对帮扶关系,实现乡镇以上中小学、幼儿园、医疗卫生机构结对帮扶全覆盖。设立苏州高新区慈善基金会铜仁市万山区扶贫基金,已筹集500多万元用于支持万山区脱贫攻坚,捐赠各类款物近2000万元。

三、建两个试点,以社区共建新样板打造可复制推广新模式

选派苏州高新区优秀年轻干部驻村(社区)开展帮扶工作,以党建引领、社区共建撬动城市转型发展。一是创立"梅开花红"党建品牌。在万山区茶店街道梅花村开展整村推进帮扶试点,以党建品牌建设为引领,推动产业革新、乡村治理、乡村文化等工作全面提升,探索一条乡村振兴的致富之路。二是探索社区结对共建。打造苏州高新区动迁示范社区龙惠社区与万山区搬迁示范社区冲广坪社区结对共建试点示范,加强双方在社区共治、文化共融等方面的协作,致力于探索在易地搬迁小区可复制可推广的社区治理模式。

(2019年8月苏州高新区管委会在于四川省泸州市、宜宾市举办的全国"携手奔小康"行动培训班上的交流发言材料)

共建消费扶贫区域合作新机制

苏州市委、市政府深入贯彻落实习近平总书记关于扶贫协作工作重要论述,根据上级安排,苏州市承担的对口支援扶贫协作任务"点多、面广、线长",任务光荣而艰巨,涉及9省10市24县,今年安排对口帮扶财政资金12.5亿元。按照党中央、国务院关于深入开展消费扶贫的决策部署,在消费扶贫方面积极探索实践,不断加强引导和实践总结,消费扶贫取得了一定的成效。去年以来,对贵州省铜仁市进行消费扶贫4.99亿元,超过2万名贫困户直接受益实现脱贫。引导15万余名江苏省游客到铜仁市观光旅游,有效带动6000余名贫困户增收脱贫。

一、"东部＋西部"并重,优化消费扶贫组织方式

贯彻落实国家消费扶贫政策,需要东西部共同树立消费扶贫理念、健全机制、同步发力,优化消费扶贫的组织方式。

(一)统一思想,树立消费扶贫理念。围绕贯彻中央和国务院消费扶贫要求,苏州市多次召开市委常委会、政府常务会议、东西部扶贫协作和对口支援工作部署会议,研究扶贫协作及消费扶贫工作,突出思想统一,深刻认识消费扶贫重大意义,全市上下形成消费扶贫可以直接帮助贫困户致富增收的共识,持续增强贫困户内生动力,完善稳定脱贫的长效机制,满足人民群众日益增长的多样化消费需求,营造社会广泛参与扶贫的良好氛围。通过组织发动,形成消费扶贫合力,打牢思想和组织基础。

(二)分解任务,建立目标管理机制。苏州市对2019年消费扶贫任务进行分解,并形成《关于印发2019年苏州市东西部扶贫协作任务计划的通知》,明确要求各市(区)

贯彻落实,确保完成各项目标任务。

(三)层层发动,建立长效运作机制。充分发挥"携手奔小康"结对关系向基层拓展和深化的网络化优势,鼓励各市乡镇(街道)、村(社区)、企业、学校、医院和群团组织将消费扶贫作为结对帮扶重点工作内容之一。目前,苏州市共100个乡镇(街道)、175个村(社区)、168家企业、66家社会组织(商会)、438所各类学校、127家医疗单位等与铜仁市相应单位开展结对帮扶工作。其中张家港市、沿河县和昆山市、碧江区在县(市、区)结对的基础上,深入开展部门、园区、乡镇、贫困村、学校、医院等"七结对"全覆盖。各结对县(市、区)充分依托"携手奔小康"全面结对帮扶新模式,层层发动、广泛联动,形成齐抓共管、常态长效的消费扶贫协作工作运作机制。

(四)东西合作,建立理论研究机制。结对后,苏铜两地职能部门进行铜仁市农业产业化发展的课题研究,完成《铜仁市农业产业化发展研究报告》,为苏铜两地携手推进农业合作提供理论支撑。2018年,苏铜两地开展产业结构分析,形成《铜仁与苏州产业合作重点研究报告》,明确以大健康、农特产品加工、水产业、大数据、文化旅游等经济类企业为重点招商对象,有的放矢地开展针对性招商。结对以来,苏州市领导多次考察铜仁市农业产业,全面走访调研乡镇农业产业基地,组织召开相关调研座谈会,围绕贵州省委关于在全省开展农村产业革命,为助力发展精品特色农业产业出谋划策。

二、"政府+社会"并举,形成社会参与合力

注重政府引导与社会参与相结合,苏铜两地紧密对接,形成了东西互动、上下联动、点线结合、连点成网的消费扶贫强大合力,着力激发全社会参与消费扶贫的积极性。

(一)加大政策支持。围绕建立消费扶贫工作长效机制,苏州市印发《2019年度苏州市东西部扶贫协作工作要点》、转发《省商务厅等11部门印发多渠道拓宽经济薄弱地区和贫困地区农产品营销渠道实施的通知》、印发《关于推进深度贫困村结对和产销对接的工作通知》、层转财政部·国务院扶贫办《关于运用政府采购政策支持脱贫攻坚的通知》,分别对消费扶贫的组织、重点工作、贫困村结对工作重点、采购贫困地区农产品等工作进行安排和部署;所辖10市(区)根据结对双方的实际,出台若干支持消费扶贫的政策和措施。如2019年昆山市和太仓市分别用财政资金500万元和100万元设立产销对接或定向采购补贴资金。将消费扶贫工作上升到制度层面,巩固消费扶贫工作成果,建立良好的长效运行机制。

(二)加大宣传力度。积极运用和鼓励各类媒体、媒介、展销会、推介会,通过多种形式,向社会积极宣传铜仁市深入开展消费扶贫助力打赢打好脱贫攻坚战的相关政策和有益经验,大力推介铜仁市优质特色农产品和精品特色旅游,调动社会各方主动参与东西部扶贫协作工作的积极性和主动性,不断壮大参与消费扶贫的"朋友圈",营造出各种力量集聚,人人皆愿为、人人皆可为、人人皆能为的良好社会扶贫氛围,推动形成消费扶贫的强大合力。碧江区成功举办2019年农村产业革命现场推进会,会上,碧江白水贡米专业合作社分别与昆山市5家企业签订1000亩农产品直供基地协议1份和供销协议4份。苏州银行主动与铜仁市职能单位合作,专门在该行手机银行App中开发出"黔货进苏"手机平台模块,使苏州银行200多万名客户能在线上选购铜仁市优质农产品,助推"黔货出山"。鼓励各级机关工会在同等条件下优先采购结对地区的农产品,采取以购代捐,积极参与到消费扶贫大军当中。苏州高新区总工会今年以来已采购4万余份,太仓市教育、卫生等有关部门每年采购5万千克以上玉屏县黄桃。

三、"线下+线上"并行,助力打通流通销售环节

(一)线上线下开辟"销"的渠道。线上,与阿里巴巴(天猫)、京东(中国特产·贵州馆)等主流电商平台和苏州食行生鲜电子商务有限公司、布瑞克农业信息科技有限公司等电商企业加强合作,推动铜仁市农特产品线上触网畅销;线下,以苏州市为中心,开设贵州铜仁"梵净山珍"(苏州)展示中心、农产品展销中心(旗舰店、专柜)等31个,并与苏州农业发展集团有限公司、常熟王四食品有限公司、江苏新合作常客隆连锁超市有限公司、苏州市园厨坊农副产品有限公司、苏州黔净高原食品有限公司等企业展开合作,苏州南环桥农副产品批发市场开设"黔货进苏"批发部。每个结对市(区)均成立"梵净山珍"展销中心,近百个种类的铜仁市农副产品进入苏州市市场,打响"梵净山珍·健康养生"公共品牌。

(二)做优做实招商营销活动。协助铜仁市在苏州市及江苏省举办各类农特产品推介会、招商洽谈会。今年以来,先后举办或参加2019年苏州·铜仁春季茶产业融合发展座谈会、贵州茶产业南京产销对接招商引资洽谈会、苏州中国农民丰收节、各类农产品展销会、"买产品、献爱心、促脱贫"大礼包等系列消费扶贫活动,鼓励爱心企业、慈善人士等社会力量优先采购铜仁市扶贫产品。2019年以来,铜仁市已建成主要销往苏州市的绿色农产品直供基地30703亩,累计实现线上交易额10.3亿元,完成网络零售额2.9亿元;完成线下交易额1.6亿元,其中销往江苏省的1.4亿元,带动贫困人口13693人。

(三)积极发展"互联网+消费"模式。积极发展"互联网+消费"扶贫模式,苏州布瑞克农业大数据科技有限公司为石阡县援建农业大数据平台,开创"农业大数据+品牌农业电商"模式,助力当地农业转型升级和精准扶贫工作。万山区电商生态城抢抓东西协作机遇,从2018年9月开展铜仁市农特产品"黔货进苏"起至2019年9月,已通过线上线下相结合方式实现销售额2351万元,并在苏州市6个市辖区分别设立农特产品直营店。

(四)强化龙头带动。充分发挥苏州市农业龙头企业优势,搭建产销对接平台,建立长期定向采购合作机制,实施订单式生产认购模式。苏州苏高新集团有限公司与苏州食行生鲜电子商务有限公司合作在万山经开区投资1.5亿元建设的农产品供应链中心项目,集农产品收购、分拣、加工、检测、包装、冷链配送于一体,建成后每年可向沪、苏、锡三地200万户居民提供铜仁市绿色优质农产品5000吨以上,真正做到"一头连着贫困地区,一头连着广阔市场",形成长效发展的消费扶贫机制。

四、"供应+需求"并联,助力提升供应水平质量

全力打通流通消费环节制约消费扶贫的痛点、难点和堵点,积极推动"黔货出山",融入东部市场。

(一)示范引领,做强主导产业。聚焦产业项目,携手做强市场主体。一是加大农业项目帮扶资金投入。2017年以来,苏州市支持铜仁市的10.4亿元财政帮扶资金中,有2.9亿元用于深度贫困地区的161个产业项目,并形成德江县食用菌、思南县茶叶等特色产业集群,有效带动12.98万名建档立卡贫困人口脱贫。太仓市助推对口帮扶的玉屏县做强油茶、黄桃、食用菌、生猪四大主导产业,强化产销对接,破解流通堵点,做优销售渠道,汇聚社会各方力量,破解消费难点,扩大消费规模,助推玉屏县主导产业由弱变强,起到了很好的典型示范作用。二是发挥东西协作优势,引导东部地区转移产业向铜仁市集聚。苏州市双阳鹿业有限公司于2018年从姑苏区外迁并落户铜仁市,现已投入2000余万元建厂养殖梅花鹿412头。按照"龙头企业+村集体经济+农户"的模式,该公司通过收购当地种植的青储饲料、入股分红、劳务就业等方式,每年可为当地集体经济增收8万元,贫困户户均增收950元。三是注重落户项目带贫效益。今年以来,通过东西部扶贫协作平台,铜仁市累计引进以苏州市为主的东部企业47家,实际完成投资27.2亿元,带动1209名贫困人员就业。从江苏省到铜仁市投资的贵州同德药业有限公司,以"政府+公司+专业合作社+农户"的运行模式,在铜仁市石阡县、松桃县、德江县等地建立2万余亩中药材种植基地,带动当地5000余户20000多名建档立卡贫困户种植中药材20多万亩。去年,贵州同德药业有限公司共加工生产中药饮片1000余吨,85%的产品销往南京市市场,实现销售收入8581.2万元。昆山市在坝黄镇高坝田村以"公司+合作社+农户"的经营模式发展蓝莓基地,通过公司出苗、出技术、负责包销,联结建档立卡贫困户188户734人,受益覆盖482户1410人。

(二)共建园区,强化载体建设。针对铜仁市农特产品质量好、品种多但产地分布散、单品供应量小的问题,苏铜两市下辖各结对县(市、区)积极开展现代农业园区共建,并通过发展设施农业和利用现代农业技术进一步提高单位土地面积产出量和产品附加值。苏州工业园区与松桃县合作共建农业园区,通过引进苏州硒谷科技有限公司为该园区茶叶基地提供有机生物硒营养强化技术,使该基地茶叶的硒含量从每千克0.186

毫克提高到 0.272 毫克,亩均增加经济价值 7 万元。常熟市与思南县共建农业产业(茶叶)示范园区,通过打造年加工能力 300 吨的茶叶加工中心、1023 亩翟家坝白茶基地和 1500 亩训家坝白茶基地等"一中心两基地",带动周边 2000 余名贫困人口实现分红脱贫或就业脱贫。

(三)人才帮扶,强化人才支撑。充分发挥苏州市帮扶专家作用。依托苏州市开展的五个"一百工程"和"三支"人才计划,积极引进农业技术、市场营销等方面专家到铜仁市开展帮扶工作。张家港市善港村与沿河县中界镇高峰村结成对口帮扶村后,善港村每两个月选派 15 名工作队员到高峰村开展驻村帮扶,投入数百万元资金帮助高峰村建起设施农业大棚,引进种植"美国金瓜""日本草莓"等优良品种,并邀请著名农业专家赵亚夫到沿河县开展农业技术指导,将当地远近闻名的深度贫困村变为受省级表彰的先进村。由印江县农业农村局牵头撰写、吴江区援印农技专家参与撰写的《农业重要数据核实报告》和《农民专业合作社调研报告》被评为贵州省十佳优秀调研报告。在把专家"请进来"的同时,铜仁市坚持"走出去"学习,依托苏州市丰富的培训资源,对全市专业技术人员开展培训。从 2018 年开始,铜仁市每年实施贫困村创业致富带头人培训,目前已选送 1848 人到苏州市开展培训,回铜仁市后,600 余人已成功创业,带动 5000 多名贫困人口实现就业。昆山市探索农业"组团式"帮扶,在滑石乡建立 250 亩白水大米示范种植基地,实施标准化种植、无害化管理、品牌化创建,积极申创白水贡米绿色食品认证。

(四)助力完善县、乡镇(街道)、村三级物流体系建设。积极推动县级集配平台建设,提升县域集配能力。各结对县(市、区)助推建成县级电子商务物流分拣配送中心,制定物流整合方案,形成县、乡、村三级物流配送体系,大大提升农产品流通效率。万山区建立区级农产品仓储物流中心,完善冷库、冷链车等基础配套,整合乡镇电子商务服务中心及村级电子商务服务站的功能,充分发挥乡镇电子商务服务中心和村级电子商务服务站的收发货功能,通过邮政物流等物流公司规划开通物流专线,做到"日发日达",从根本上解决物流收发货"最后一公里"的问题。昆山市助力结对的碧江区,对内打通乡村物流,以碧江区 1 个区级物流中心,联动 10 个乡镇电子商务服务站,覆盖 63 个村级物流站点,可实现农产品 2 天内完成配送。

五、"旅游+消费"并进,助力创新消费扶贫方式

充分依托铜仁市旅游资源禀赋,助力提高旅游基础设施保障能力,积极发展休闲观光农业,带动旅游和消费双促进、双提升。

(一)架设"消费+旅游"扶贫运行机制。自 2013 年与铜仁市结对以来,苏州市将美丽乡村项目列为每年扶贫重点项目。投入帮扶资金 1000 万元,实施铜仁梵净山云舍历史文化名村建设项目,使这个远近闻名的贫困村率先实现小康。发挥苏州市旅游优势,助力梵净山景区成功"申遗"创"5A"。支持同程网等苏州市旅游企业与铜仁市旅游部门深化合作,打造苏铜旅游精品路线。自2017年与铜仁市开展合作以来,同程网累计成交铜仁市酒店订单11万单,服务15.6万人次;目的地为铜仁市的交通类订单140万单,服务204万人次。"政府推动+市场参与"模式双轮驱动,昆山市组织1048名党员与碧江区789户贫困家庭结对,鼓励广大干部职工自发购买碧江区农产品。

(二)实施乡村旅游扶贫模式。帮扶铜仁市实施乡村旅游项目开发,在苏州市的支持下,江口县云舍村、寨沙侗寨,玉屏县泉花泉、侗寨风情园,碧江区九龙洞、松桃县苗王城等景区旅游服务水平和交通条件显著改善。探索开展"景区+项目+就业+村寨+智慧扶贫+结对"的旅游消费帮扶模式,直接或间接带动1万多名贫困人口就业,提升梵净山景区周边乡村旅游发展水平。苏州高新区旅游产业集团投资1亿元,在万山区谢桥街道牙溪村建设乡村旅游综合体,直接带动该村居民户均增收2万元。昆山市在川硐街道板栗园村探索"农旅结合+村级集体经济和农户分红"的模式,建设范木溪精品民宿,将教育帮扶、产业富民、旅游度假三者融为一体,变"输血式"扶贫为"造血式"扶贫。

(三)深入挖掘旅游资源。与铜仁市结对的10个板块,依托当地旅游资源,加大招商引资、扶贫资金投入力度。苏州高新区投资2亿元在万山区开工建设铜仁·苏州大厦精品酒店,进一步丰富当地旅游业态,更好地满足旅游市场需求。改造提升当地休闲农业和乡村旅游道路、景区连接线通行能力,扶持建设一批乡村旅游项目。张家港市与沿河县合作重点打造乌江画廊黎芝峡景区。苏州银行与乌江投资发展有限公司签订1.5亿元的融资租赁合作协议,用于购买游轮及建设游客服务中心、望夫岩码头等项目,开发乌江夜游,打造沿河县旅游品牌。张家港市打造农旅结合的乡村旅游基地,统筹安排各类资金1030万元,帮助深度贫困村中界镇高峰村规划"三园(有机农业产业园、茶叶公园、生态养殖园)三业(种植业、养殖业、乡村旅游业)一中心(贫困村致富带头人培训中心)"产业布局,目前乡村旅游业态发展势头良好,预计今年可实现集体经济收益300万元,带动整村脱贫。

(2019年11月8日苏州市在2019消费扶贫市长论坛上的交流发言材料)

新时代东西部扶贫协作的创新实践

党的十八大以来,以习近平同志为核心的党中央高度重视东西部扶贫协作工作,中共中央办公厅、国务院办公厅印发《关于进一步加强东西部扶贫协作工作的指导意见》,

国务院扶贫开发领导小组制定东西部扶贫协作考核办法,有扶贫协作任务的地方因地制宜制定扶贫协作规划,出台具体实施意见。江苏省苏州市与贵州省铜仁市在新时代脱贫攻坚进程中,发挥各自优势,有力有序推进全方位、多层次、宽领域的扶贫协作工作,为铜仁市脱贫攻坚连战连捷做出了重要贡献。苏州市与铜仁市扶贫协作是新时代东西部扶贫协作的创新实践,丰富了我国东西部扶贫协作的成功经验,为欠发达地区发挥东西部扶贫协作作用助力高质量打赢脱贫攻坚战、推进乡村振兴提供了有益借鉴。

一、新时代东西部扶贫协作创新实践的生动呈现

以系统性思维把握扶贫协作基本规律。对口帮扶必须因地制宜,而不是把产业简单移植。只有深入了解被帮扶地区的优势在哪、短板是什么,看清形势,找准路径,扶贫协作才能真正有效果。2017年至今,苏黔两省主要领导互访考察6次,苏铜两市主要负责人互访12次,多次召开联席会、座谈会、专题会,研究具体问题,出台具有针对性的协作方案,推动苏州铜仁扶贫协作工作落地落实,为铜仁全市脱贫攻坚顺利开展提供坚实的组织保障。在2017年以来的全国东西部扶贫协作考核中,苏州市和铜仁市均两次被评为"好"的等次。苏州与铜仁的扶贫协作创新实践取得了显著成效。

以人才交流提质增效促进扶贫更扶智。两地通过多层次多渠道的对口交流,提升相关人才的业务技能和专业素养。2017年以来,苏铜两市互派挂职和交流党政干部707人、专技人员2775人。苏州市帮助铜仁市培训党政干部5716人次、专技人员16227人次,有效提升铜仁市干部人才的综合素质。2018年开展的21个教育和医疗"组团式"帮扶试点,从管理理念到技术革新全方位提升了铜仁中小学校和医院管理水平。太仓市与玉屏县合作开展的教育"组团式"帮扶模式作为国家发改委第二批新型城镇化试点经验在全国推广。

以拓展产业深度合作巩固脱贫攻坚成效。贫困地区由于现代营销意识不强、产销信息不对称等,往往陷于"产品卖不出去、卖不上好价"的发展困境。近年来,苏铜两市通过"江苏企业+贵州资源""江苏市场+贵州产品""江苏总部+贵州基地""江苏研发+贵州制造"等模式,深化农业、工业、文旅等产业的全方位合作。苏州向铜仁输出开发区建设经验,两地结对县(市、区)合作共建19个产业园区。其中,铜仁·苏州产业园成功获批国家级和省级双创示范基地以及贵州省级高新区。探索形成消费扶贫"五到位"联动模式,苏州苏高新集团有限公司及苏州食行生鲜电子商务有限公司与万山区合作建设农产品供应链示范基地,为"黔货出山"消费扶贫提供借鉴经验。

以劳务协作内容创新推动人力资本持续提升。苏铜两市将劳务协作作为建档立卡贫困户增收脱贫的重要措施。双方互设14个劳务协作工作站,苏州帮助铜仁建成市内首个固定的人力资源市场,针对苏州用工市场需求合作举办劳务协作技能培训。推动双方中职院校合作办学,实施技能人才"千人"培养计划,创办"1+1+1"就学就业脱贫"铜仁班",全力打造"产业军校",为铜仁未来发展储能。面对新冠肺炎疫情,苏铜两市多措并举,采取复工专列、包机、包车等"点对点"方式,解决铜仁务工人员赴苏返岗难、就业求职难和苏州企业用工缺口大等问题,真正做到一人就业,全家脱贫。

以"携手奔小康"行动探索区域精准帮扶新路径。来自苏州的帮扶力量,为铜仁决战决胜脱贫攻坚注入强劲动力。苏州市各级政府、单位、企业与铜仁市广泛结对,实现对铜仁319个深度贫困村以及乡镇以上中小学校、医院结对帮扶全覆盖。昆山与碧江两地开展的"七结对"模式,张家港市善港村与沿河县高峰村从支部联建、文化共建、乡村治理、产业同建等方面开展的"全面结对整村帮扶"模式等得到各方肯定。

二、东西部扶贫协作的成功经验

习近平总书记指出,坚持社会动员、凝聚各方力量,充分发挥政府和社会两方面力量作用,形成全社会广泛参与脱贫攻坚格局。坚持以习近平总书记关于东西部扶贫协作的重要论述为指引,做好东西部扶贫协作顶层设计,是东西部扶贫协作深化发展的基础。苏州和铜仁将坚持工作项目化、项目目标化、目标节点化、节点责任化,把准扶贫协作"方向盘",全力推动苏州铜仁扶贫协作高质量发展,助力铜仁贫困人口全部脱贫、沿河县顺利摘帽,与全国同步进入全面小康社会。

坚持以共建共享为原则推进东西部扶贫协作,构建多元化的社会扶贫主体。这是东西部扶贫协作体系拓展的重要内容。苏铜两市在协作打赢脱贫攻坚战过程中,始终坚持不蛮干、不乱干,充分尊重市场价值规律,把握经济发展客观规律,充分发挥优势互补,共建共享。苏铜两市在政府主导推进扶贫协作的同时,下大力气培育多元化的社会扶贫主体,倡导民营企业扶贫。鼓励民营企业积极承担社会责任,充分激发市场活力,发挥资金、技术、市场、管理等优势,通过资源开发、产业培育、市场开拓、村企共建等多种形式到贫困地区投资兴业、培训技能、吸纳就业、捐资助贫,参与扶贫开发,发挥辐射和带动作用。充分尊重自然规律,坚守生态红线。守住铜仁的青山绿水,因地制宜科学开发、科学发展,让铜仁百姓践行"绿水青山就是金山银山"理念,共享发展成果。

坚持"输血"与"造血"相结合,不断增强铜仁贫困地区和贫困群体的自我发展能力。这是东西部扶贫协作成效提升的关键。苏州对铜仁的扶贫协作,除了出钱出物外,还针对铜仁产业发展采取了共建产业园区、引导产业转移、加大招商引资力度等一系列扎实举措。铜仁市切实加强对贫困地区干部群众的宣传、教育、培训、组织工作。江苏省对口帮扶贵州省铜仁市工作队沿河县工作组带着"团结拼搏、负重奋进、自加压力、敢于争先"的张家港精神,以现身说法的形式开展志智双扶工作,激发沿河当地广大干群的脱贫信心和热情,描摹出一起脱贫共奔小康,筑梦未来,扬帆起航的生动画面。

坚持对口支援与双向协作相结合,努力建立完善苏州铜仁两市协同发展、双向循环机制。东西部扶贫协作双方各有优势劣势。只有根据实际了解援受方所能所需,将各自所能所需紧密结合,才能在能需互促中形成优势互补、劣势互弥,携手并进、共建共享共赢的工作格局。苏州和铜仁在扶贫协作中着力探索新途径新模式。比如,加强生态环境建设,促进生态资源转化,放大生态效应,促进共建共享机制形成。再如,将巩固脱贫成果作为双方构建国内大循环为主体、国内国际双循环互相促进的新发展格局的重要动力。这既加快了贵州的全面脱贫、巩固脱贫成果,又为苏州在新征程中开放再出发注入新激情新动能,也在人才协作合作中构建起锻炼培养干部队伍的新平台。

(2020年9月14日《光明日报》06版　黄承伟)

凝聚各方力量　携手共奔小康
—— 苏州昆山帮扶铜仁碧江结对帮扶案例

昆山市与碧江区自2017年12月结对以来,深入开展多元化、多层次、多领域、多路径的结对帮扶,助力碧江区脱贫出列和携手奔小康。近三年来,双方开展高层互访18次,带动各层面考察交流700余批次;争取各级各类帮扶资金1.6亿元,实施项目72个,覆盖贫困群众1.2万人。2018年,碧江区以"零漏评、零错退、群众认可度97.64%"的成绩通过脱贫攻坚国家第三方评估检查,2019年贫困发生率清零。2019年,"昆山碧江'七结对'助力脱贫攻坚"入选第二届中国优秀扶贫案例、"昆山碧江着力打好'三张牌'深入推进东西扶贫协作"入选在四川省召开的全国"携手奔小康"培训班案例。江苏省对口帮扶贵州省铜仁市工作队碧江区工作组被贵州省委、省政府评为"脱贫攻坚先进集体",2020年被江苏省扶贫工作领导小组授予"组织创新奖";工作组组长和成员先后被贵州省委授予"脱贫攻坚优秀共产党员"称号。

一、构建四级结对体系,夯实帮扶协作基础

积极构建多元化结对关系,实现市区、镇级、村级及家庭四级结对。一是市区层面结对。通过每年的高层互访、下发年度工作要点、纳入绩效考核等,高位推动两地东西部扶贫协作。二是乡镇和部门层面结对。13个乡镇(街道)、30个成员单位、16家医疗单位、55所学校实现结对全覆盖。三是村级层面结对。2018年,昆山市8个经济强村与碧江区8个深度贫困村率先实现结对全覆盖,26个一般贫困村实现村企、村村、村社(社区)结对。四是家庭层面结对。积极发动商会、协会、企业和个人参与到贫困家庭结对之中,累计家庭结对超过500户。2019年底,昆山市1024名党员干部与788户建档立卡贫困户建立家庭结对关系,并开展"六个一"(一份党员关爱金、一床棉被、一件冬衣、一桶油等）活动,助推碧江区建档立卡贫困户全部清零。

二、探索四个"组团式"帮扶,发挥人才队伍优势

立足教育、医疗和农技人才交流实际,积极探索"组团式"帮扶的新模式。一是积极探索教育"组团式"帮扶。累计派出教育骨干36名整体帮扶铜仁八小,建立昆碧教育论坛、"亚香"夏令营等特色品牌。2019年,铜仁八小综合评估从全区倒数第二跃升至第四名。二是深化探索医疗"组团式"帮扶。累计派出医生43名,两地中医院签订十年共建协议,围绕重点科室打造。2020年5月,碧江区中医医院成功创建为三级乙等医院。三是率先探索农业"组团式"帮扶。累计派出农业专家18名,重点实施标准化种植和"三品一标"认证,现已认证无公害产地8万亩,获批无公害产品18个、有机食品3个、绿色食品1个、地理标志保护产品2个。四是创新探索社区"组团式"帮扶。整合昆山市民政、就业、文体广旅及亭林街道等帮扶力量,在矮屯易地移民搬迁安置点创新建成劳务协作就业信息同步发布平台和远程面试系统、昆碧·梦工厂——矮屯新市民扶贫车间、24小时自助图书室和五彩益家——昆碧社会组织共建站,提升社区管理、教育及医疗服务水平。

三、探索四化融合机制,提升项目扶贫实效

一是以市场化为导向共建蓝莓基地。确立"公司+合作社+农户""试种+跟种""零售+企业包销"的合作模式和"622"分配模式,在高坝田深度贫困村发展蓝莓产业。蓝莓基地规模达1200亩,覆盖贫困户185户726人,121人在基地务工获劳务费32万元。二是以民生为导向共筑幸福小院。探索"政府支持+社会参与"相结合的模式,在坪茶村建设"昆碧幸福里"。该项目将昆山市服务特殊困难群众的理念与碧江区实际做了有效衔接,已覆盖五保户17人、留守儿童65人、留守妇女62人。三是以生态化为导向共谋精品民宿。借助良好的生态资源,在川硐板栗园开发建设范木溪精品民宿,并引进乡伴文旅集团树蛙部落负责建设运营,范木溪村民实现住房条件改善、土地租金收益、营运分红收益、就业岗位增加等综合效益。项目一期于5月试营业,现已成为网红民宿,7~9月客房预售率在90%以上,二期项目正加快建设。四是以品牌化为导向共推白水贡米。运用昆山市现代生态循环农业科技成果,提升白水大米品牌效应。由全国水稻专家张洪程担任技术顾问,种植白水大米4380亩,实施"稻+鸭""稻+鱼"共作模式,并引进"南粳46""常农粳12"两个江苏优质稻米品种进行试种。2020年5月,白水贡米获国家农产品地理标志认证。

四、深化四项帮扶路径,拓展社会扶贫外延

积极引导昆山市各界力量参与碧江区扶贫事业,持续提升帮扶成效、夯实脱贫成果。一是深化产业扶贫。以铜仁·苏州产业园为载体,推荐引进鸿典包装、同仁之光等东部产业转移项目31个,涉及资金15亿元。开设扶贫车间9个,带动贫困人口就业193人。二是深化就业扶贫。开展校企合作和定向输送,已开办"淳华班""百家惠班"等多个定制班。新冠肺炎疫情防控期间,通过专机、专列向昆山市劳务输出759人,实现贫困户到东部稳定就业882人、就地就近就业2112人。三是深化消费扶贫。累计发行"昆山·碧江旅游年卡"7000张,江苏籍来铜游客10万余人,带动消费约2亿元。在昆山市建成昆碧乐比邻农产品展销中心和3个销售专区,到东部地区参加农产品展会11次,实现"黔货出山"2995吨,价值3亿余元。四是深化社会扶贫。2017年以来,共争取社会帮扶资金约1500万元,党员干部捐赠超过100万元。成立"昆碧·爱基金",下设助残、助学、助困、助医和助业子基金实施精准帮扶。今年6月,碧江区遭遇特大洪水,昆山市向社会募集灾后重建资金100万元;昆山市钱七虎院士瑾辉基金捐赠44万元注入"昆碧·爱基金",专项用于资助碧江区贫困家庭品学兼优的高中生、大学生。同时,昆山市新联会捐赠助学专款60万元,昆山市文明办捐赠学习用品爱心包裹6000个。

（2020年10月入选国务院扶贫办在甘肃宁夏州举办的全国"携手奔小康"行动培训班案例选编）

张家港市与沿河县携手同心战深贫　合力打好歼灭战

对口帮扶以来,江苏省张家港市与贵州省深度贫困县沿河县不断深化"携手奔小康"行动,全方位、多层次、宽领域开展东西部扶贫协作。特别是今年,面对决战决胜脱贫攻坚收官之战和新冠肺炎疫情影响双重压力,张沿两地紧盯沿河县2020年脱贫摘帽目标,坚持"战疫""战贫"两手抓、两不误,充分利用挂牌督战契机,以"督"促"战"、"督""战"结合,推动"携手奔小康"行动不断向深入实,为打赢深度贫困歼灭战提供有力支撑。

一、全域结对帮扶　确保"不留死角"

对口帮扶以来,张沿两地就在全国县域东西部扶贫协作中率先探索实践"五位一体（即市县、乡镇、园区、村村、村企五个层面）"结对帮扶新模式,成功构建起立体式的全域结对帮扶机制。市县层面:2017年以来（至今年10月21日）,两地主要领导互访10次,召开联席会议,研究部署推动扶贫协作工作。区镇层面:张家港市10个区镇结对帮扶沿河县22个乡镇（街道）,在全国县域率先实现乡镇结对全覆盖。园区层面:张家港市2个国家级开发区、1个省级开发园区共同参与沿河经济开发区建设;两地农业部门合作共建沿河县中界镇高峰有机农业产业园区和官舟镇食用菌产业示范园区。村村、村企层面:张家港市18个行政村、6个国资企业、10个民营规模企业、9个市级部门、5个社会组织、2个金融机构结对帮扶沿河县50个深度贫困村,率先实现深度贫困村结对帮扶全覆盖。2019年,苏州市无锡商会等10个商会(协会)又结对帮扶沿河县10个贫困村。今年,聚焦沿河县22个未出列贫困村,对其中12个无结对贫困村,发动沙钢集团等12家重点民营企业结对帮扶,每个村捐助10万元,率先实现未出列贫困村结对帮扶全覆盖;对其中10个已结对深度贫困村中的4个深度贫困村,促成英格玛人力资源集团等6家企业进行"多对一"结对帮扶。2017年以来,张家港市累计派出317批次3416人次到沿河县帮扶交流(今年79批次755人次),沿河县累计派出134批次3131人次到张家港市对接交流(今年19批次376人次)。两地互动交流力度和频次在全国县域扶贫协作中居于领先地位。

二、强化资金投入 实现"精准滴灌"

今年争取张家港市级财政对口帮扶资金2000万元、江苏省对口帮扶财政资金一半以上共2.3亿元支持沿河县,县域扶贫协作财政资金总量居贵州省第一、全国前列。乡镇层面结对帮扶资金由往年保底10万元提高到今年的15万元,总计330万元;50个深度贫困村结对帮扶资金保底5万元;社会捐赠款物1394.6万元,其中资金1109.7万元。2017年以来,累计投入张家港市级财政及以上对口帮扶资金3.7亿元,其中张家港市级财政资金5570万元;乡镇结对帮扶资金780万元;社会捐赠款物3187.6万元,其中资金2583.5万元。帮扶资金使用按照精准扶贫要求,聚焦"两不愁三保障",重点向贫困村、贫困户倾斜,2017年以来累计利用张家港市级及以上财政对口帮扶资金实施产业发展等各类项目254个(其中今年89个),覆盖建档立卡贫困人口14.95万人,有效提升了沿河县自我发展"造血"功能和民生事业发展水平。此外,推动沿河县4685亩城乡建设用地增减挂钩结余指标跨省流转,为沿河县争取8.424亿元财政资金。

三、坚持智志双扶 激发"内生动力"

结合张家港市所需和沿河县所能,大力推动党政干部双向挂职锻炼,持续推动支农、支医、支教等专技人才交流。一是干部人才培训交流大力度。2017年以来,张家港市累计选派322名党政干部到沿河县挂职锻炼1个月(今年83名),举办沿河县党政干部培训班33期,培训721人次(今年3期150人次);选派专技人才156人次到沿河县帮扶1个月以上(今年35人次),举办专技人才培训班35期,培训629人次(今年7期379人次);为沿河县培训创业致富带头人454人次(今年100人次),124人创业成功,带动2012人脱贫。沿河县累计选派78名党政干部到张家港市挂职锻炼3个月以上(今年22名),选派专技人才198人次到张家港市交流学习1个月以上(今年42人次)。二是教育医疗帮扶结对全覆盖。张家港市62所中小学、幼儿园结对帮扶沿河县88所中小学、幼儿园,由张家港中等专业学校牵头对沿河职校实施"组团式"帮扶,在全国县域教育系统率先实现各个乡镇、各类学校、各个学段"三个全覆盖"结对帮扶；11家医疗卫生单位结对帮扶沿河县24家医疗卫生单位，由张家港市第一人民医院牵头对沿河县人民医院实施"组团式"帮扶，在全国县域卫健系统率先实现县级医院、乡镇卫生院、公共卫生单位"三个全覆盖"结对帮扶。教育及医疗卫生系统全覆盖结对帮扶做法在贵州全省推广。三是文明实践共建引领新风尚。今年在沿河县易地扶贫搬迁安置点配套建设2个24小时新时代文明实践驿站（2017年以来累计赠建5个）、1个新时代文明实践志愿服务指导中心和全国西部地区首个县级志愿服务网——"志愿沿河"，推动沿河县在全国县域率先建立新时代文明实践驿站体系，在贵州省率先形成新时代文明实践志愿服务体系和图书馆总分馆服务体系。今年10月，体现张沿两地文明共建成效的2个项目——"'艺'起绽放"群众文艺创作和"长江水·乌江情"土家书房，入选文化和旅游部、中央文明办2020年"春雨工程"——全国文化和旅游志愿服务行动计划全国示范性项目（江苏省共3个项目入选）。

四、创新帮扶举措　敢于"率先争先"

今年以来，张沿两地各结对单位在强化资金帮扶基础上，不断创新帮扶举措，实现多样化帮扶。一是创新推进劳务协作。张沿两地率先签订铜仁市首个县域东西部劳务协作稳就业协议；率先签订贵州省内首批乡镇层面稳就业劳务协作协议（张家港保税区与沿河县沙子街道、中寨镇、晓景乡），并实现乡镇层面全覆盖；苏州文鼎人力资源服务有限公司在结对帮扶的官舟镇爱新村设立贵州省内东西部扶贫协作首家村级"就业服务站"。二是创新推进消费扶贫。签订贵州省内首批村级消费扶贫协议（张家港保税区高桥村与沿河县晓景乡吴家村）和镇级消费扶贫协议（张家港经开区与沿河县中界镇、泉坝镇、团结街道，冶金工业园与淇滩镇等）。今年以来消费扶贫达3884万元（是2019年729万元的5.3倍），带动贫困人口2203人（2017年以来累计4752万元，惠及贫困人口3447人）。三是创新推进民生帮扶。张家港保税区晨阳村、朱家宕村分别与沙子街道回洞村、中寨镇红色村签订微实事项目认领协议并捐赠5万元资金实施微实事项目，帮助补齐民生短板。此外，今年8月，张家港市与沿河县率先签订全国县域东西部扶贫协作首个脱贫攻坚与乡村振兴有效衔接框架协议，张沿两地扶贫协作翻开新的篇章。

（2020年10月入选国务院扶贫办在甘肃宁夏州举办的全国"携手奔小康"行动培训班案例选编）

编后记

　　2017年11月，江苏省政府办公厅和省地方志办公室统一部署，全面启动《江苏援藏援疆建设志》编纂工作。12月，苏州市政府发文成立编纂工作领导小组和《苏州扶贫协作和对口支援志》编纂委员会。2018年2月1日，市政府组织召开编纂工作启动会，《江苏援藏援疆建设志》苏州片工作暨《苏州扶贫协作和对口支援志》编纂工作正式启动。在完成《江苏援藏援疆建设志》苏州部分内容编纂基础上，苏州市地方志编纂委员会办公室陆续完成《苏州对口支援新疆志》《苏州对口支援西藏志》编纂任务，两志分别于2021年5月和6月正式出版。

　　苏州市对口帮扶铜仁市工作属于全国东西部扶贫协作范畴。从2013年帮扶起始，至2021年5月根据国家新一轮东西部协作结对关系调整，苏铜结束帮扶与被帮扶关系。八年间，苏州市助推铜仁市按时保质打赢脱贫攻坚战。为了真实完整全面反映苏州市对口帮扶铜仁市的脱贫历程和工作成效，经苏州市地方志编纂委员会办公室党组研究，于2021年2月组织启动编纂《苏州对口帮扶铜仁志》。

　　2021年3月，苏州市地方志编纂委员会办公室和10个板块的地方志办公室编纂人员赴铜仁市收集资料，并在铜仁市召开《苏州对口帮扶铜仁志》编纂座谈会，广泛听取帮扶干部意见建议。6月，苏州市地方志编纂委员会办公室编纂处在完成《苏州对口帮扶铜仁志》26万字初稿基础上，向编纂委员会成员单位23家、10个工作组的帮扶干部及各板块地方志办公室征求意见和建议。2021年12月30日、2022年6月29日，苏州市地方志编纂委员会办公室分别召开两轮复审会，邀请江苏省对口帮扶贵州省铜仁市工作队队员代表、相关成员单位、各板块地方志办公室参会，对数据、史实进行核实补充。2022年7月，形成36万字终审稿，再次向苏州对口帮扶铜仁前方工作队队员路军、沈晶，及江苏省对口帮扶贵州省铜仁市工作队全体队员、相关成员单位和各板块地方志办公室征求意见。2022年8月16日，苏州市地方志编纂委员会办公室组织召开《苏州对口帮扶铜仁志》终审会,江苏省地方志办公室领导、对口帮扶铜仁市干部代表、各板块地方志办公室编纂人员等参加志书终审。江苏省地方志办公室副主任陈华宣读终审意见。通过终审后,苏州市地方志编纂委员会办公室进行又一轮统稿修改,于9月上旬交由古吴轩出版社进入出版环节。

苏州市副市长,原江苏省对口帮扶贵州省铜仁市工作队领队,原铜仁市委常委、副市长查颖冬对本志的编纂出版高度重视,给予很多关心支持。他亲自部署,对编纂工作提出"三个把握好"的要求,即把握好工作队、大后方、受援地之间的协作关系,以及前后方的资料平衡关系,要客观真实地反映脱贫攻坚的进程;把握好时间节点,从开展对口帮扶的2013年开始,完整记录整个对口帮扶工作;把握好省、市、县的关系,要把省级层面的顶层设计,市级层面的工作运转,县级层面的落实落地及广泛的社会帮扶都反映出来。他全程指导,先后组织召开《苏州对口帮扶铜仁志》编纂座谈会和审改专题会,积极协调工作队(组)、市发改委等提供资料、修改补充,为志稿质量的提升创造了良好的条件。

质量是志书的生命线。苏州市地方志编纂委员会办公室始终把援建志书的编纂作为重要政治任务予以推进落实,本着对历史负责的态度,精益求精、打造精品,增加复审次数,终审后请帮扶干部再次对志书验收,确保志书的真实性和权威性。在4市6区方志工作机构认真组织初稿编纂的基础上,苏州市地方志编纂委员会办公室编纂处通力合作,数易其稿,反复修改10多次,不断提升《苏州对口帮扶铜仁志》质量。

本书编纂得到了各有关部门、单位的密切配合,得到了苏州市对口帮扶铜仁市全体干部人才的支持帮助。参加志稿复审、终审的单位有:苏州市委组织部和市发改委、财政局、农业农村局、科协、教育局、人社局等,参加复审、终审的帮扶干部有谷易华、张皋、李建平、顾利青、吴鹏程、陈学冬、顾坚、庄学金。参加验收的有沈晶、谷易华、张皋、李建平、仇圣富。还要特别感谢江苏省地方志办公室主任左健伟、副主任陈华率《江苏援藏援疆建设志》项目成员给予全程业务指导。在此,对所有关心、支持、帮助《苏州对口帮扶铜仁志》编纂出版的单位和人员一并表示最诚挚的感谢。

由于帮扶内容浩繁,编纂时间紧张,志稿内容可能挂一漏万,有不足之处,尚请读者批评指正。

苏州市地方志编纂委员会办公室
2022年12月